Pragmatische Kategorien

Pragmatische Kategorien
Form, Funktion und Diachronie

Akten der Arbeitstagung der Indogermanischen Gesellschaft vom 24. bis 26. September 2007 in Marburg

Herausgegeben von
Elisabeth Rieken und Paul Widmer

WIESBADEN 2009
REICHERT VERLAG

Bibliografische Information der Deutschen Nationalbibliothek
Die Deutsche Nationalbibliothek verzeichnet diese Publikation in der Deutschen Nationalbibliografie; detaillierte bibliografische Daten sind im Internet über http://dnb.ddb.de abrufbar.

ISBN: 978-3-89500-591-6
www.reichert-verlag.de

Gedruckt auf säurefreiem Papier
(alterungsbeständig pH7 –, neutral)
Printed in Germany

Inhaltsverzeichnis

Vorwort der Herausgeber .... xi–xii

Anna Bauer
Der phorische Skopus des hethitischen Pronomens vom Stamm *-a-* 1–13

The present paper investigates the scope of the *-a-* pronouns in Middle Hittite. Several different aspects are considered: (i) the frequency of the forms, (ii) the scope (for both distance to the lexical referent and saliency despite a lack of continued reference), (iii) the types of clauses used and (iv) possible ambiguity. The main findings are that the scope usually extends over one up to three clause boundaries, and that texts from the written domain (instructions and indictment) show greater complexity than others (letters and prayers); thus it is reasonable to consider the latter as being closer to spoken language.

Bettina Bock
Relativsätze mit Nebensinn in altindogermanischen Sprachen 15–28

If the speaker determines the facts which permit the listener the identification of an object or a person in the restrictive relative clause as eventual / future or possible, the listener can understand a causal relation with the feature [- real]: The facts in the relative clause can be probable, possible or desirable. Conditional interpretation is possible, if the facts are prior or contemporaneous to those in the main clause. If the facts are later, consecutive and final (with the feature [+ voluntial]) interpretation is possible.

Anna Bonifazi
The pragmatic meanings of some discourse markers in Homer 29–36

The author suggests a new reading of some adverbs as they are used in the Homeric epic. Such a reading profits from the notion of "discourse markers" – used in current studies in pragmatics and in discourse analysis –, which is here introduced. The specific adverbs under consideration are *αὖ*, *αὖτε* and *αὐτάρ*. The proposed analysis highlights notable discourse functions, such as the marking of upcoming discourse segments and of different kinds of shifts to visual details. Overall, the findings lend support to pragmatic accounts of other ancient Greek particles as well.

Eystein Dahl
Semantische und pragmatisch-kontextuelle Faktoren
in der Entwicklung des altindoarischen Perfekts 37–52

This paper discusses the semantics of the Old Indo-Aryan Perfect Indicative from a synchronic and a diachronic perspective. Adopting a Neo-Reichenbachian framework, I argue that the Perfect Indicative represents a present anterior category in the earliest books of the Rigveda, while it has a past perfective character in the later books which in turn develops into a more general past character in the later stages of Vedic. I also claim that the inferential reading associated with the Perfect Indicative in the most recent stages of Vedic can be understood as the conventionalization of a pragmatic implicature, originating in the use of this category in intensional contexts.

Alexandra Daues
Form und Funktion – die Wortstellung in den lykischen Grabinschriften 53–63

The syntax of Lycian funeral inscriptions is influenced by their function: (A) the frequently attested topicalization (left dislocation) has a pragmatic, exophoric function, while the rarely attested non-funeral inscriptions do not show this phenomenon. (B) Another characteristic feature of the funeral inscriptions is the preposition *hrppi*, which is used as a marker for the one who the grave is dedicated to (right dislocation). This usage of *hrppi* is caused by language contact. (C) In non-funeral inscriptions, *hrppi* functions as a local preverb with the meaning 'upon'. Within the funeral inscriptions, the position of *hrppi* also marks its function (preverbal position: local use, prepositional position: transferred use).

GISELLA FERRARESI
Die Funktion der präverbalen Positionen der Adverbkonnektoren im Deutschen: Anmerkungen aus synchroner und diachroner Sicht 65–77

This article deals with those positions in the *Vorfeld* where so-called adverbial connectors can appear in Modern German. After a comparison (of the latter) with coordinating conjunction(s) and focus particle(s), it is shown how the different positions preceding the finite verb with adverbial connectors have either been newly added in the course of the development from adverbials to connectors (e. g. the so-called *Nacherstposition*, which has the function of contrasting the topics preceding it), or acquired an entirely new function, like the null position, which is followed by independent illocutions in Modern German.

JOSÉ LUIS GARCÍA RAMÓN
Primär- und Sekundärendungen im Konjunktiv im Vedischen: Deixis und Sprechakt 79–91

The ocurrence of primary and secondary endings in the subjunctive in Vedic has defied explanation so far. In fact, in the *-s*-aorists a complementary distribution may now be stated, namely 2.sg **-s-a-si*, whence **-s-i* by haplology (primary ending) :: 3.sg. **-s-a-t* (secondary ending), e. g. *dárṣi* (and *dárṣasi*) vs. *dárṣat*. This distribution is conditioned by the interaction of deixis and speech: the second person is addressed ("der Angesprochene") and its form has the *-i-* deixis, whereas the third person, who is spoken about ("der Besprochene"), stands further outside of the sphere of the speaker. This complementary distribution may be inherited, as the haplology itself, which has lead to the so-called **-si*-imperatives.

PETRA GOODEGEBUURE
Focus in Hittite and the stressed pronoun *apā-*: in search of a method 93–112

Hittite *apāš* as a Replacing or Selecting Focus constituent is overwhelmingly found in immediately preverbal position. Thus, the main function of the stressed pronoun *apāš* is to mark a highly topical referent as the Contrastive Focus of a clause (as opposed to the enclitic pronoun *-a-*), falsifying claims that stressed pronouns select less topical or cognitively accessible discourse referents. This surprising result was reached using the onomasiological approach, which maps forms on well-defined meanings or functions.

GRAHAM R. ISAAC
Die Urgeschichte der verbalen Morphosyntax im Keltischen: eine Schnittstelle zwischen Grammatik, Semantik und Pragmatik 113–123

The contrast in Celtic between absolute and conjunct verbal flexion is traced to the distinction between tonic sentence-initial verbs and atonic sentence-medial/final verbs in Proto-Indo-European. Given the origin of the Celtic double flexion in a functional system, it is assigned synchronic functionality in the extant languages themselves. The distribution of the double flexion is shown to correlate with the features of scalar transitivity posited by Hopper and Thompson. Celtic verb-inital basic order is explained as arising in prehistory through the complete cliticisation of the verb due to strongly falling sentence-intonation.

GÖTZ KEYDANA
Latente Objekte und altindische Diskursgrammatik 125–142

This paper deals with latent objects in Vedic. In the first part an inventory of latent objects in Vedic is given: Ellipses, operator chains, and null pronouns can be identified. The last are shown to follow binding principle B. The second part is an investigation into discourse grammatical constraints on the use of anaphoric null pronouns. The most important of these is an adjacency constraint. In Vedic narrative prose this constraint can be violated if antecedent and anaphor bear the same thematic role. The data surveyed show that information structure has no role to play in licencing null pronouns.

In this article a case is made for a linguistic approach to Latin which considers the discourse pragmatic category of Act (rather than the semantico-syntactic category of Clause) as the basic unit of linguistic analysis. By discussing a number of linguistic phenomena in Latin, in particular the Latin particle *quidem*, it is demonstrated that the linguistic relevance of distinguishing units of analysis that are essentially communicative in nature. By way of theoretical background the main principles of Functional Discourse Grammar are introduced, a theory of language in which formal properties of language are directly and explicitly related to the communicative aims and strategies of the language user.

The article discusses two interrelated methodological questions concerning the diachrony of Latin discourse particles: (i) whether, and under what conditions, it is possible to make use in diachronic research of the discourse-pragmatic framework proposed by C. Kroon for the basically synchronic analysis of these particles; (ii) to what extent it is possible to differentiate between those variations in the usage of discourse particles across different texts which are caused by a diachronic development and those conditioned by other factors. Several sources of variation in particle usage are examined, namely (i) discourse structure, (ii) the traditions of literary genres, and (iii) individual factors, such as educational or sociolectal background.

In Vedic there are unstressed and stressed particles in the Wackernagel position. Hitherto it is unknown which function the stressed particles have. Information structure plays an important role here. While focus particles are confined to the actual sentence, the stressed particles are genuine discourse particles by being beyond the scope of the sentence. They appeal to the hearer to activate common knowledge which is required for the discourse and they function as background particles. Foreground particles, on the other hand, may belong to another kind of Wackernagel particles. The particles demonstrate the importance of the left sentence periphery for information structure.

Hittite *-ma* is not a focus particle, but a conjunction that links a specific constituent or an entire clause to a preceding clause. Its basic function is to mark a change in the direction of the discourse: new information, contrastive content, or merely the elevation of old information to topic status ("anaphoric" use). Since the constituent linked by *-ma* has a certain prominence, its use is regularly accompanied by "fronting", but "fronting" itself marks saliency more generally. The use of *-ma* in a given instance is not grammatically, but pragmatically conditioned, depending on how the speaker/author wishes to structure the discourse.

The article deals with two IE verbs that changed meaning by the influence of pragmatics. The first is the verbal composite **u̯o-tk$^{u̯}$-* 'run away, run down', being itself of IE age and continued in Hittite *watku-* 'run away, jump'. Secondly, an attempt is made to show that the original meaning of Hittite *nink-* was both 'lift' and 'lift something from its place'. For pragmatic reasons the verb is often found in contexts with somehow negative connotations, which changed its meaning to 'lift in an aggressive way (active), rise in an aggressive way (middle)'. This development may have started in PIE times already.

ANNA ORLANDINI – PAOLO POCCETTI
Semantisch-pragmatische Beziehungen zwischen koordinierenden adversativen Strukturen im Lateinischen und in den Sprachen Altitaliens 205–219

This paper examines adversative coordination and provides an exemplary demonstration of pragmatic analysis, which is a necessity for the correct interpretation of any text. Romance adversative particles such as French *mais*, Italian *ma* which replaced various Latin particles such as *sed, at, autem* etc. derive from the Latin *magis*. The fundamental functions of *magis* are: a) the quantitative function with an additive meaning which works like a connective particle (equivalent to Spanish *sino*, German *aber*); and b) the corrective function with a disjunctive meaning which is close to an exclusive particle (equivalent to Spanish *sino*, German *sondern*).

GEORGES-JEAN PINAULT
On the formation of the Tocharian demonstratives 221–245

The demonstratives of the Tocharian languages (A and B) are used both as independent pronouns and as determiners. On the formal side, the seven paradigms (three in Toch. A and four in Toch. B) share the same basic inflexional system, which is based ultimately on the PIE demonstrative pronoun **so/to-*. In synchrony, the demonstrative sets are differentiated by the final vowel or consonant. From the diachronic point of view, Common Tocharian and the two Toch. languages have redistributed through several steps the reflexes of different PIE stems, while keeping the threefold opposition between anaphora, near-deixis and far-deixis.

ERICH POPPE
The pragmatics of Middle Welsh word order:
Some conceptual and descriptive problems 247–264

Word-order patterns in positive main clauses in Middle Welsh (prose) have conventionally been classified as either 'abnormal' or 'mixed'; the two types have been assigned distinct pragmatic characteristics, but there is considerable formal overlap between them. My paper argues against an unambiguous mapping of syntactic form on pragmatic function and the discreteness of the pragmatic functions 'topic' and 'focus', and in favour of a pragmatic cline with 'topic' and 'focus' as polar values. Other issues briefly addressed concern the rise of a specifically Breton type of cleft construction and the changing syntax of Middle Welsh *canys*.

ELISABETH RIEKEN
Hethitisch *kāša, kāšma, kāšat(t)a*: drei verkannte deiktische Partikeln 265–273

The function of the three Hittite particles *kāša, kāšma* and *kāšat(t)a* has been analysed by Hoffner as adding a temporal immediacy to the verbal action. In this article, it is argued that the deictic force is not a temporal, but a local one. The particle *kāša* indicates that the verbal action takes place in the local sphere of the speaker, while *kāšma* (in Middle and Neo-Hittite) and *kāšat(t)a* (in Old Hittite) mark the action as being located in the sphere of the addressee. This result has been achieved by using a combination of philological analysis and a heuristic method developed by Kroon for the discovery of pragmatic categories in corpus languages.

ALFREDO RIZZA
Left and right periphery in Hittite. The case of the translations from Hattic 275–286

This paper is about pronominal clitics with "cataphoric use" that can be found in Hattic-Hittite and Hurrian-Hittite bilinguals. The massive presence of cataphoric pronominal clitics in texts of translation from Hattic is not determined by some morphosyntactic properties of the Hattian verb (this seems to be the interpretation of, e. g., Schuster), but they emerge as a consequence of a different (re)analysis of the pragmatic context and/or for pure syntactic reasons within Hittite, but somehow connected to the textual and pragmatic properties of both Hattic and Hittite. Cataphoric pronominal clitics are also of interest for Hittite sentence structure.

AUGUSTIN SPEYER
Versuch zur Syntax im Proto-Indoeuropäischen 287–305

Reconstructing the syntactic system of a proto-language is possible, if several daughter languages have a uniform syntax. For Proto-Indoeuropean (based on Germanic, Latin, Greek) we can find a basic word order Subject–Object–Adjuncts–Verb with optional verb fronting and a top position for sentence mood markers. So Proto-Indoeuropean was no non-configurational language. The basic word order is, however, often obscured by information structurally motivated re-orderings, in which scene-setting elements are at the front, followed by topics. Poset-elements do not show uniform behaviour; they probably had no positional preferences in Proto-Indoeuropean.

CARLOTTA VITI
A quantitative analysis of the OSV word order in Vedic 307–322

The OSV word order is cross-linguistically particularly rare, and is often considered as being an exceptional arrangement due to poetic license in the grammars of the early IE languages. Here we perform a quantitative analysis of OSV in the Rig-Veda, the earliest Vedic text, where word order is syntactically flexible. It is found that this word order occurs in a consistent set of situations, where the object is presented as a more salient piece of information with respect to the subject. Such information structure is at odds with that of the usual transitive clause, and this may explain the diachronic decay of OSV in Old Indian.

PAUL WIDMER
Hethitisch *nu* als Mittel der informationsstrukturellen und syntaktischen Verknüpfung 323–335

In this paper, it is argued that, on the text level, the characteristic Middle and Neo-Hittite connector *nu* serves to connect overtly the two parts of topic-comment constructions. On a less complex interclausal level, it combines clauses to form a coherent chain of expectancy, in which the propositions basically conform to the current state of the common ground. *-(i̯)a* 'also, and' and *-(m)a* 'in addition; but' sharply contrast with *nu* in that the propositions they connect prototypically do not combine to form a complex sequential event, and by the fact that they signal that the common ground needs to be accomodated at the present stage of disourse by selecting relevant entities out of a set of alternatives.

Vorwort der Herausgeber

Vom 24. bis 26. September 2007 fand in der Philipps-Universität Marburg die Arbeitstagung der Indogermanische Gesellschaft statt. Mit dem Rahmenthema „Pragmatische Kategorien. Form, Funktion und Diachronie“ hatten wir bewusst eine Thematik in den Brennpunkt der Diskussion gerückt, die zuvor nicht zu den zentralen Fragestellungen der Indogermanistik gehört hatte, in der allgemeinen Sprachwissenschaft aber seit einiger Zeit ein etablierter Forschungsgegenstand war. Ein Ziel dieser Rahmensetzung war es, die Implementierung der Erkenntnisse der Pragmatikforschung in der Indogermanistik zu intensivieren und die Vorteile und Nachteile der verschiedenen Forschungsansätze und Schulen im Meinungs- und Erfahrungsaustausch zu diskutieren. Im Zentrum stand die Methodik der Erschließung pragmatischer Kategorien in Corpussprachen, ihrer Beschreibung und Rekonstruktion, um die Erforschung ihrer diachronen Entwicklung voranzutreiben. Es waren sowohl vorwiegend philologisch als auch stärker allgemein-sprachwissenschaftlich arbeitende Forscher(innen) aufgefordert, sich diesem wichtigen Arbeitsgebiet zuzuwenden und herauszustellen, welchen Beitrag hierzu die verschiedenen Richtungen der Historisch-Vergleichenden Sprachwissenschaft jeweils in ihrem eigenen Rahmen und in interdisziplinärer Zusammenarbeit leisten können.

Dieser Zielsetzung entsprechend waren die drei Hauptvorträge den methodischen Möglichkeiten pragmatischer Forschung in Corpussprachen gewidmet, die anhand von Fallstudien aus drei verschiedenen Themen und Sprachzweigen illustriert wurden. Während Petra Goedegebuure (Chicago) das deiktische System des Hethitischen behandelt hat, befasste sich Caroline Kroon (Amsterdam) mit der Verwendung von Satzpartikeln und Kohäsion im Bereich des Lateinischen. Erich Poppe (Marburg) hatte die Informationsstruktur der mittelalterlichen keltischen Sprachen zum Thema.

Die Vorbereitung und der Verlauf der Tagung haben gezeigt, daß das Thema auf eine hohe Akzeptanz stieß. Die hohe Zahl der Vortragsanmeldungen von Wissenschaftlern(innen) aus anderen Ländern und mit angrenzenden Arbeitsgebieten der Allgemeinen Sprachwissenschaft beweisen, dass der internationale und interdisziplinäre Dialog möglich und von allen Seiten gewünscht ist. Nicht nur waren die Indogermanisten, wie uns von vielen versichert wurde, dankbar für die Möglichkeit, neue methodische Anregungen zu erhalten und Kontakte zu knüpfen; auch die eingeladenen Hauptvortragenden zeigten sich ausgesprochen interessiert an der Fülle des den Indogermanisten zur Verfügung stehenden Sprachmaterials, das sie über die Grenzen ihrer eigenen Philologie hinausgeführt hat. Die lebhafte Diskussion, die sich an die meisten Vorträge anschloss und die sofort in die Anwendung des vorher Mitgeteilten überging, macht deutlich, daß hier neue Denkanstöße gegeben worden sind, die es nun auch für die eigenen Arbeit an einzelnen Problemen wie an übergreifenden Fragestellen fruchtbar zu machen gilt. Es ist uns eine große Freude, den größeren Teil dieser interessanten und vielfältigen Plenumsbeiträge nun in dem vorliegenden Tagungsband präsentieren zu können.

Wir stehen in der angenehmen Pflicht, all denjenigen unseren Dank auszusprechen, die zum Gelingen der Arbeitstagung maßgeblich beigetragen haben. Die Stadt Marburg und die Philipps-Universität Marburg haben mit ihrer infrastrukturellen Unterstützung entscheidend für die angenehme Stimmung während der drei Tage gesorgt. Substanzielle finanzielle Förderung konnte die Tagungsorganisation des weiteren von der Deutschen Forschungsgemeinschaft entgegennehmen, die die Einladung der Hauptvortragenden möglich gemacht hat. Diesen Institutionen sei für ihr wohlwollendes Entgegenkommen herzlich gedankt. Großzügigerweise hat Frau Ursula Reichert uns die Möglichkeit eröffnet, den vorliegenden Tagungsband in der bekannten Reihe des Dr. Reichert-Verlages zu publizieren – ein Angebot, für das wir ihr unseren Dank aussprechen möchten. Viele andere haben zusätzlich durch ihre aktive Mithilfe in verschiedenen Phasen der Planung und Durchführung dazu beigetragen, die Arbeitstagung zu dem zu machen, was sie sein sollte: ein angenehmer Tagungsaufenthalt in einem anregenden Ambiente mit Raum für informelle Diskussionen auch vor und nach den Vorträgen. Namentlich möchten wir uns in diesem Sinne bedanken bei Renate Klein und Cornelia Oepen, die für das leibliche Wohl gesorgt haben, sowie bei Anna Bauer, Julia Gießler, Jürgen Lorenz und Thomas Rieken, durch die der reibungslose Ablauf gewährleistet wurde. Patrick Zecher hat uns erheblich bei der Erstellung der Druckvorlage unterstützt. Unser ganz besonder Dank gilt schließlich den Autorinnen und Autoren der Beiträge, die durch die zügige Erstellung ihrer Manuskripte überhaupt erst die Möglichkeit geschaffen haben, diesen Tagungsband innerhalb einer angemessenen Frist zu publizieren.

Elisabeth Rieken Paul Widmer

Der phorische Skopus des hethitischen Pronomens vom Stamm *-a-*

Anna BAUER (Georg-August-Universität Göttingen)

1 Einleitung

In vielen Sprachen werden die regulären Personalpronomina der dritten Person am häufigsten für kohärenzbildende Verweise im Text verwendet. Damit geht generell eine Numerus- und Genuskongruenz zwischen dem Pronomen und seinem Antezedens einher, so denn die untersuchte Sprache die betreffenden Kategorien differenziert. Die Pronomina werden in solch einem Fall phorisch verwendet, d. h. einer sog. „phorischen Prozedur" unterzogen. Diese definiert HOFFMANN (2000: 295) als ein „Verfahren, mit dem eingeführte Gegenstände oder Sachverhalte in der Orientierung präsent gehalten werden": Sie dient also „der Themafortführung, aber auch der Verbalisierung satzinterner Rekurrenz."

Im Allgemeinen werden die deiktisch unmarkierten Personalpronomina der dritten Person innerhalb eines Textes als phorische Elemente eingesetzt,[1] so auch im Hethitischen, das verschiedene Arten von Verweisen kennt, wie z. B. die Wiederholung eines Lexems oder aber die Wiederaufnahme mit Pronomina, bei denen es sich um die deiktisch unmarkierten vom Stamm *-a-* handeln kann.

Nicht alle Pronomina, die in einer Sprache zur Verfügung stehen, werden phorisch verwendet, denn beispielsweise Indefinitpronomina haben innerhalb eines Textes meistens kein Antezedens im üblichen Sinne. Das kommt auch bei Personalpronomina gelegentlich vor, wie das folgende Beispiel verdeutlicht:

(1) *A and B turn a corner on the pavement, and suddenly find themselves face to face with a rather large dog.*
A to B: "Do you think it's friendly?"
(CORNISH 1996: 19)

Der Diskursreferent ist in diesem Fall vorher nicht genannt, aber durch das Welt- und Situationswissen ist er für Sender und Empfänger gleichermaßen salient.

Es soll hier der Skopus der hethitischen Pronomina vom Stamm *-a-* behandelt werden. Das defektive Paradigma ist in Tabelle 1 (S. 2) dargestellt.

Im Folgenden soll untersucht werden, über wie viele Klausengrenzen hinweg sich im Mittelhethitischen eine Referenz aufrechterhalten lässt, mit und ohne Wiederaufgriff durch ein Pronomen. Außerdem werden die Arten von Klausen, die als Trennung zwischen Referenz und phorischem Element geduldet werden, betrachtet, und es soll festgestellt werden, ob die Referenz in jedem Fall eindeutig ist. Dabei wird stets darauf eingegangen, wie sich die untersuchten Textgenres voneinander unterscheiden.

---

1 Diese Art der Zweiteilung der Pronominalparadigmen liegt typischerweise in den idg. Sprachen vor. Es ist deshalb verschiedentlich versucht worden, eine neue Einteilung zu finden, vgl. das Referat bei HOFFMANN 2000: 297; Gegenargumente bei BOURSTIN 1996: 17.

	sg.	pl.	
		älter	neuer
N.c.	*-aš*	*-e*	*-at*
A.c.	*-an*	*-uš*	*-aš*
N./A.n.	*-at*	*-e*	*-at*

Tabelle 1: Paradigma von heth. *-a-* (cf. HOFFNER/MELCHERT 2008: 135)

Vorab muss noch erwähnt werden, dass die Verwendung der *-a*-Pronomina gewissen Regeln unterliegt: Es ist auch im Hethitischen zunächst einmal immer nur der salienteste Diskursreferent, der mit einem Pronomen wiederaufgenommen werden kann (GOEDEGEBUURE 2003: 72).[2] In den allermeisten Fällen wird eine grammatische Kongruenz zwischen Pronomen und Bezugswort hinsichtlich des Genus und des Numerus angestrebt. Außerdem gilt in nachalthethitischer Zeit die strikte syntaktische Regel, dass bei transitiven und ditransitiven Verben das Objekt genannt werden muss, bei intransitiven Verben das Subjekt (GARRETT 1990: 96), wie das folgende Beispiel illustriert:

(2) IBoT 1.36, Vs. II 30–31[3]
nu GIŠGU.ZA *ANA* L[Ú.GU].ZA *parā pāi* ...
*n=**aš**=kan AN[A* L]Ú.MEŠ*MEŠEDI anda* ⸢*iyannai*⸣
‚Er übergibt den Thron dem Ma[nn des Thr]ons. ... **Er** marschiert mi[t] den Leibwächtern hinein.‘

Im ersten Satz liegt mit *pai* ‚er gibt‘ ein ditransitives Verb vor und das Subjekt wird nicht overt genannt. Im zweiten Satz ist das Verb intransitiv (*iyannai* ‚er marschiert‘), und hier steht das Pronomen *-aš*. Dies resultiert darin, dass nie zwei enklitische Pronomina vom Stamm *-a-* in derselben Partikelkette auftreten.[4]

2.1 Korpus

Die vorliegende Untersuchung stützt sich vor allem auf die folgenden mittelhethitischen Texte:

- Instruktionen für die königliche Leibwache (CTH 262)
- etwa zwei Drittel der Briefe aus Maşat
- Madduwatta-Text (CTH 147)

Außerdem wurden noch zwei ebenfalls mittelhethitische Gebete (CTH 375 und 376) und ein Ritual (CTH 330) zu Vergleichen herangezogen. Durch die Bruchstückhaftigkeit mancher Stellen hat sich das Material etwas reduziert.

2.2 Frequenz der Formen

Die Verteilung der einzelnen Flexionsformen des Pronomens *-a-* ist sehr unterschiedlich in den verschiedenen Genres, wie Tabelle 2 zeigt.

2 Vgl. das Referat bei GOEDEGEBUURE 2003: 38.
3 Zur Verdeutlichung der Klausengrenzen wird in diesem und allen folgenden Beispielen die Kolatrennung der Zeilentrennung vorgezogen.
4 Dies gilt natürlich nur für unterschiedliche Formen. Die gelegentlich auftretenden Wiederholungen sind davon zu trennen (HOFFNER/MELCHERT 2008: 374) und werden hier nicht miteinbezogen.

	N.sg.c.	A.sg.c.	N./A.sg.n.	N.pl.c.	A.pl.c.	N./A.pl.n.	Σ
Instruktionen	41	12	11	33	0	6	103
Maşat-Briefe	13	36	25	3	16	11	104
Madduwatta	8	18	10	1	7	2	46
Gebete	0	1	12	3	0	4	20
Ritual	4	9	7	1	5	3	29
Σ	66	76	65	41	28	26	302

Tabelle 2: Frequenz der Formen

Im Vergleich mit den anderen Texten fällt bei den Instruktionen die hohe Anzahl an Nominativen auf – im Singular wie im Plural –, die insgesamt ca. 72% ausmachen. Dies ist darin begründet, dass bei einer solchen Beschreibung viele intransitive Verben der Bewegung verwendet werden, die die Nennung des Subjektes syntaktisch erforderlich machen, wie bereits am oben angeführten Beispiel 2 deutlich wurde.

In den Maşat-Briefen ist dagegen der Akkusativ am häufigsten, wieder sowohl im Singular als auch im Plural. Außerdem sticht hier die vergleichsweise hohe Zahl der N./A.sg.n.-Form heraus, was vor allem darauf zurückzuführen ist, dass in den Texten viele Passagen vom Typ ‚Was du mir über die Angelegenheit des X geschrieben hast, ...' vorkommen. Diese indirekten Zitate werden stets mit dem Neutrum zusammenfassend aufgegriffen und dann weiter vom Verfasser des Antwortbriefes kommentiert, so dass es sich um sog. begriffliche Anaphern handelt (VALENTIN 1996: 185).

Im Madduwatta-Text und im Ritual ist es der Akkusativ c., allerdings vor allem im Singular, der die Statistik anführt, während in den Gebeten vornehmlich das Neutrum im Singular Verwendung findet.

Grundsätzlich stimmen fast alle untersuchten Texte darin überein, dass die Singularformen häufiger sind als die Pluralformen und dass diejenige Form, die in einem bestimmten Genre im Singular am häufigsten auftritt, dort auch im Plural am meisten vorkommt. In fast allen Fällen entspricht sich auch die Abstufung der Häufigkeit in beiden Numeri.

2.3 Skopusausdehnung

Die Entfernung zum Referenten, die ein Pronomen im Hethitischen überbrücken kann, ist sehr variabel, und zwischen den einzelnen Genres bestehen Unterschiede. Tabelle 3 (S. 4f.) liefert einen Überblick über sämtliche Wiederaufnahmen (d. h. auch wiederholte Aufnahmen) eines identifizierbaren Referenten.[5]

Der Abstand zwischen der Nennung des Referenten als Lexem und der ersten Wiederaufnahme durch ein Pronomen ist im Allgemeinen gering, und es können maximal ein oder zwei kurze Klausen überbrückt werden.[6] In den allermeisten Fällen erfolgt die Referenz jedoch in der sich unmittelbar anschließenden Klause.

Die letzte Wiederaufnahme durch ein Pronomen, d. h. durch wie viele Klausen hindurch ein Referent nur durch Pronomina salient gehalten werden kann, weist erheblich mehr Varianz auf. Dabei ist zu bemerken, dass sich *-a-* ganz anders verhält als *apa-* (vgl. GOEDEGEBUURE 2003: 72 und 198f.), denn es ist nicht nötig (und bei transitiven Sätzen für

5 Pronomina, deren Referent womöglich in bruchstückhaftem Kontext verloren ist, sind hier demnach nicht erfasst.

6 Näheres zu den Klausen, die eine solche Aufnahme unterbrechen können, findet sich unter 2.4. Im weiter unten folgenden Bsp. 4 erfolgt die ausdrückliche Aufnahme erst nach sieben Klausengrenzen, was jedoch als Ausnahme gewertet werden muss; s. die Besprechung dort.

	Klausen-grenzen	N.sg.c.	A.sg.c.	N./A.sg.n.	N.pl.c.	A.pl.c.	N./A.pl.n.
Instruktionen	1	14	6	8	18		6
	2	8	4	1	3		
	3	8	1	1	7		
	4	4	1		2		
	5	2			1		
	6	2					
	7	1		1	2		
	8						
	9						
	10						
	11						
	12						
	13	1					
	14						
	15	1					
		41	12	11	33	0	6
Maşat	1	8	20	21	1	10	7
	2	1	8	4	1	3	4
	3	1	5		1	3	
	4	3					
	5		2				
	6		1				
		13	36	25	3	16	11
Madduwatta	1	8	13	6	1	6	2
	2			1			
	3		2	3		1	
	4						
	5		1				
	6		1				
	7		1				
		8	18	10	1	7	2
Gebete	1		1	9	3		4
	2			1			
	3			1			
	4			1			
		0	1	12	3	0	4

Tabelle 3: Skopusausdehnung

	Klausen-grenzen	N.sg.c.	A.sg.c.	N./A.sg.n.	N.pl.c.	A.pl.c.	N./A.pl.n.
Ritual	1	2	6	2		2	2
	2	1	1	2	1	1	1
	3	1	2	2		1	
	4					1	
	5			1			
		4	9	7	1	5	3

Tabelle 3: Skopusausdehnung (Fortsetzung)

das Subjekt auch nicht möglich), dass in jeder einzelnen Klause explizit auf das Antezedens verwiesen wird.[7]

In den untersuchten Texten können sich die Referenzen in der Regel über bis zu sieben Klausengrenzen mit und ohne Wiederaufnahme zwischendurch erstrecken. Bei den Instruktionen sind außerdem zwei Fälle einer längeren Überbrückung zu sehen, auf die mit Beispiel 4 eingegangen werden wird. Die große Mehrheit der Referenzen endet jedoch nach lediglich einer Klausengrenze, und bereits ab zwei Klausengrenzen sind die Belegzahlen deutlich niedriger, so dass in den Instruktionen ca. 50% aller Referenzlängen auf die Überbrückung einer einzigen Klausengrenze entfallen, ein Prozentsatz, der bei den Maşat-Briefen mit ca. 64% noch höher ist und beim Madduwatta-Text sogar ca. 78% erreicht.

Es scheint, dass es an manchen Stellen keinen Einfluss auf die Salienz eines Referenten hat, wenn ein Wechsel zwischen normaler Narration und direkter Rede besteht, wie im folgenden Beispiel aus den Maşat-Briefen deutlich wird:

(3) HKM 13, Vs. 3–11 + u. Rand
kī=mu kwit ŠA ^{m}***Marrūwa*** LÚ ^{URU}*Ḫimmuwa ḫaliyatar ḫatrāeš*
*parā=war=**an**=kan neḫḫun*
*n=**an**=mu tuppiyaz ḫatrāeš*
*parā=war=**an**=kan neḫḫun*
*kinun=**aš** namma UL wit*
*kinun=[**a**]**n** ANA* ^{LÚ}SIG$_5$ *peran ḫuinut*
*n=**an** MAḪAR* ^{d}UTU^{ŠI} *liliwaḫḫuwan=kan uwateddu*
‚Das, was Du mir über die Kapitulation des **Marruwa**, des Mannes aus Himmuwa, geschrieben hast: „Ich schickte **ihn** hinaus." Du hast mir (über) **ihn** auf einer Tontafel geschrieben: „Ich schickte **ihn** hinaus." Bis jetzt ist **er** nicht wiedergekommen. Jetzt lass [**i**]**hn** vor einem guten (Mann) herlaufen. Er soll **ihn** schnellstens vor die Majestät bringen.'

Es ist auffällig, dass gerade diejenige Pronominalform, die in einem Genre am häufigsten Verwendung findet, auch die Möglichkeit des weitesten phorischen Skopus zu haben scheint. Tatsächlich korreliert in vielen Fällen die Häufigkeit mit der Skopusausdehnung, wie Tabelle 3 zu entnehmen ist. In diese Beobachtung fügt sich auch der Ausnahmefall in den Instruktionen ein, wo der N.sg.c. *-aš*, der mit ca. 40% des Bestandes dort die häufigste Form ausmacht, im folgenden Beispiel über dreizehn und dann noch zwei weitere Klausengrenzen verwendet werden kann:

7 Näheres dazu am Ende von 2.3.

(4) IBoT 1.36, Vs. I 33–42
^{LÚ}***MEŠEDI***=*ya*=*kan* ZI-*it āška* [*UL*=*pat paizz*]*i*
mān=***an***=*za*=*kan šēḫunanza*=*pat tamāšzi*
n=***a***[***š*** *A*]*NA* ^{LÚ}*MEŠEDUTIM ḫūmandāš* EGIR-*an ḫuwāi*
nu=***šši*** *kwiš* ^{LÚ}[*MEŠE*]*DI pera(n)*=*ššit artari*
nu=*šši tezzi*
^{DUG}*kaltiya*=*wa kattan paimi*
apās=*a parā dametani* ^{LÚ}*MEŠEDI tezzi*
apaš=*a parā* ^{LÚ}*tarriyanalli tezzi*
^{LÚ}*tarriyanalliš*=*ma* ^{LÚ}*duyanalli tezzi* §
^{LÚ}*duyanalliš*=*ma ANA* UGULA.10.⸢*MEŠEDI*⸣ *tezzi*
mān ⸢GAL *MEŠEDI*=*ya*⸣ *ḫandaittari*
ŠA ^{LÚ}*MEŠEDI*=*aš* ^{É}[*ḫi*]*li ēszi*
n=*a*[*t* UG]ULA[.10.*MEŠED*]*I ANA* GAL *MEŠEDI*=*ya arnuzzi*
^{DUG}*kaltiya*=*war*=***aš*** *kattan* ⸢*paizzi*⸣
nu GAL *MEŠEDI tezzi*
paiddu=*war*=***aš*** §

‚Und ein **Leibwächter** soll [nicht] von sich aus zum Tor [gehen]. Wenn **ihn** der Harndrang plagt, läuft **e**[**r**] hinter allen Wächtern (vorbei) und sagt zu dem [Leibwäch]ter, der vor **ihm** steht: „Ich gehe zum Abort." Der aber sagt (es) weiter an einen anderen Leibwächter, und der aber sagt (es) zum Rangdritten. Der Rangdritte aber sagt (es) zum Rangzweiten. Der Rangzweite aber sagt (es) zum Anführer von Zehn der Leibwächter. Wenn auch der Vorsteher der Leibwache anwesend ist, er (also) im [H]of der Leibwächter ist, berichtet e[s der An]führer von [Zehn der Leibwächt]er dem Vorsteher der Leibwache: „**Er** geht zum Abort." Der Vorsteher der Leibwache sagt: „**Er** soll gehen." ‘

Hier steht im ersten Kolon der Referent in lexikalischer Form (^{LÚ}*MEŠEDI*), danach wird er noch einige Male mittels eines Pronomens aufgegriffen, bis im untersten Kolon die letzte Wiederaufnahme erfolgt. Bei dieser Passage handelt es sich allerdings um eine Ausnahme, wie in Tabelle 3 deutlich wurde. Durch ihre Formelhaftigkeit unterstützen sowohl der Kontext als auch die direkte Rede diesen ausgedehnten Fokus erheblich, so dass die Referenzen eindeutig sind und die Stelle für Leser wie auch Zuhörer verständlich bleibt.[8] Diese Erklärung gilt ebenso für die N./A.sg.n.-Form *-at*, die gegen Ende des oben zitierten Beispiels 4 enthalten ist. Sie ist die erste ausdrückliche Wiederaufnahme nach sieben Klausengrenzen und referiert auf die wörtliche Rede des Leibwächters, befindet sich also in einem sehr repetitiven Kontext.

Die zweithäufigste Form in den Instruktionen ist der N.pl.c. *-e/-at* mit etwa 32%, wo bis zu sieben Klausengrenzen zwischen Antezedens und letzte Wiederaufnahme treten können.

Die Textsorten differieren ein wenig in Bezug auf die Erhaltung der Salienz, die über die Skopusausdehnung entscheidet. Sieht man einmal von der gerade besprochenen Ausnahme (Bsp. 4) ab, so scheint es, dass sieben Klausengrenzen den normalen Rahmen darstellen. Diese Größenordnung findet sich in den Instruktionen und im Madduwatta-Text; in den Maşat-Briefen sind es sechs Klausengrenzen. Ein Vergleich mit dem Ritual und den Gebeten zeigt, dass die Salienz dort wohl weniger gut erhalten werden kann, denn hier sind vier bzw. fünf Klausengrenzen das Maximum.

8 Außerdem bleibt in diesem Fall der Status des Topik beim Subjekt, was sprachübergreifend der unmarkierte Fall ist (LAMBRECHT 1994: 131f.).

Wie bereits erwähnt, erfolgt meist in jeder Zwischenklause bei einer Reihe von Referenzen ein deutlicher Verweis:

(5) IBoT 1.36, Vs. I 25–26
UGULA.10.*MEŠEDI=ma kwin* GIŠGIDRU-*an ḫarzi*
*n=**a**[**n*** × × × *A*]*NA* LÚ*MEŠEDI pāi*
*n=**an**=š*[*i*] LÚ*MEŠEDI ḫarz*[*i*]
‚Der Anführer von Zehn der Leibwächter aber [. . .] gibt den **Stab**, **de**[**n**] er hält, dem Leibwächter. Der Leibwächter hält **ihn** für i[hn].‘

Im zitierten Beispiel wird in jeder Klause mittels des Pronomens *-an* eindeutig auf GIŠGIDRU-*an* ‚den Stab‘ verwiesen.

Allerdings ist diese durchgehende Setzung des Pronomens für die Erhaltung der Salienz nicht unbedingt nötig, was allein schon aus der eingangs genannten komplementären Verteilung in transitiven und intransitiven Verben geschlossen werden muss. So wird bspw. in den Maşat-Briefen in einem Drittel aller Klausen nicht mit einem Pronomen verwiesen. Die weiteste belegte Sperrung findet sich in den Instruktionen und erstreckt sich über zehn Klausengrenzen im oben angeführten Beispiel 4. Dort wird im vierten Kolon mit *-ši* ‚ihm‘ noch einmal auf den LÚ*MEŠEDI* ‚den Leibwächter‘ verwiesen, im Folgenden allerdings nicht mehr bis zum drittletzten Kolon; hierbei handelt es sich jedoch wohl um eine Ausnahme. Dagegen sind Trennungen durch zwei oder drei Grenzen wesentlich häufiger zu finden:

(6) IBoT 1.36, Vs. I 20–21
našma É NA4KIŠIB *kwitki ḫaššanzi*
nu **GI** *wakaššizi*
n=ašta mān appizziš DUMU.É.GAL *parā wizzi*
*n=**an**=ši* LÚŠUKUR.GUŠKIN *UL pāi*
‚Oder wenn man irgendein Lagerhaus öffnet (und) der **Schlüssel**? fehlt, wenn (dann) ein niederer Palastangestellter hervorkommt, gibt ihm der Mann des Goldspeeres **ihn** nicht.‘

Hier ist eine Zwischenklause eingeschoben, so dass zwischen dem Antezedens GI ‚Schlüssel?‘ und dem Pronomen *-an* zwei Klausengrenzen stehen.

2.4 Arten von Klausen

Im Folgenden soll genauer betrachtet werden, welche Arten von Klausen zwischen einem Referenten und seiner letzten Wiederaufnahme durch ein Pronomen stehen können. Aus den Daten ergibt sich in absteigender Häufigkeit die folgende Aufstellung:

- parataktische Reihungen
- Relativklausen
- Konditionalklausen
- erläuternde Einschübe
- direkte und indirekte Zitate
- direkte Rede

Grundsätzlich muss zwischen solchen Klausen unterschieden werden, in denen auf den Referenten in irgendeiner Form zurückgegriffen wird, und solchen, in denen das nicht geschieht und die hier zuerst behandelt werden sollen.

Bei den Passagen, in denen das Antezedens nicht aufgegriffen wird, kommen einige wenige Klausen vom Typ der parataktischen Reihung vor:

(7) HKM 27, Rs. 13–16
ŠA ^{GIŠ}GIGIR=*mu* ***kwit*** *ŠA* ANŠE.KUR.RA^{ḪI.A}=*ya* ***uttar*** *ḫatrāeš*
nu kāša EGIR-*an tiyami*
n=***at***=*kan parā arnumi*
‚**Was** du mir über die Angelegenheit der Wagen und der Wagenkämpfer geschrieben hast, ich kümmere mich (darum). Ich werde **es** weiterbefördern.‘

Dabei wird die Relativkonstruktion unterbrochen.

In einigen anderen Fällen handelt es sich um erläuternde Einschübe:

(8) IBoT 1.36, Vs II 64–66
⌜*namma*⌝ *mān ḫantezziaš kwiš kwit tarnai*
naššu ANŠE.KUR.RA^{ḪI.A}
našma tatrantan GU_4
n=***at*** *ḫantezziaš waštul*
‚Wenn dann einer der ersten etwas (durch)lässt – entweder Pferde oder einen wütenden Ochsen –, ist **es** der Fehler des ersten.‘

Hier wird der Textfluss unterbrochen, um weitere Informationen einzufügen, denn *kwit* ‚etwas‘ wird durch den Einschub spezifiziert, ist aber nicht derjenige Teil, der nachher wieder aufgegriffen wird; stattdessen ist es die Aktion des Hereinlassens als solche, auf die mit dem Pronomen referiert wird. Die Salienz des Referenten sinkt also für die Dauer von zwei Klausen auf ein sehr niedriges Niveau und wird erst danach durch die begriffliche Anapher wieder aufgebaut. Einschübe, die mehr als zwei Klausen lang sind, kommen deshalb auch nicht vor.

Klausen mit Aufgriff des Referenten sind häufiger, so etwa die folgende parataktische Reihung:

(9) HKM 60, Vs. 10–18
kāša=*mu* ^m*Tarḫunmiyaš kiššann*=*a memišta*
^mUDU-*šiwališ*=*wa*=*mu* **^m*Yarappiyašš***=*a dammišḫān ḫarkanzi* §
n=***at*** *apiya anda daišten*
n=[***a***]***t*** *punušten*
[*nam*]*ma*=***aš***=*mu*=*kan duw*[*ā*]*n p*[*ar*]*ā naišten*
‚Hier, Tarḫunmiya hat zu mir auch folgendermaßen gesprochen: „UDU-šiwali und Yarappiya haben mir Schaden angerichtet.“ § Stellt sie dort hinein. Verhört sie, [da]nn schickt sie mir hinaus.‘

In jeder Klause im obigen Beispiel wird der Referent mit einem Pronomen aufgegriffen, wobei in den ersten beiden Klausen mit *-at* eine Genusinkongruenz besteht, die erst bei der dritten Referenz in *-aš* berichtigt wird.

Die Klausen, ob mit oder ohne Pronomen, sind stets in sich geschlossen und weisen keine Einbettungen auf, wie sie etwa im Deutschen und Englischen mit Relativsätzen geläufig sind. Im untersuchten Korpus gibt es nur einen einzigen Beleg dafür, dass in eine Klause selbst eingegriffen wird:

(10) IBoT 1.36, Vs. II 39–41
I DUMU.É.GAL=*ma paizzi*

nu=šši ^{LÚ}ŠÀ.TAM ^{GIŠ}**PAN *ḫuittian***
and[a=m]a=⌜***at****=kan*⌝ ^{KUŠ}*parduggani tarnan*
I ^{KUŠ}É.MÁ.URU$_5$.URU=*ši* *ŠA* LÚ ^{GIŠ}ŠUK[UR ...] *IŠTU* ^{GI}GAG.Ú.TAG.GA
šūntan pāi
,Ein Palastangestellter aber geht. Ihm (gibt) der Kämmerer einen **gespannten Bogen** – **er** (ist) [ab]er i[m] Bogenkasten gelassen – (und) er gibt ihm einen Köcher des Mannes des Spee[res] gefüllt mit Pfeilen.'

Das Verb *pāi* wird erst ganz am Ende genannt, und der Satzteil vor dem Einschub ist ohne das Verb nicht vollständig. Trotz der Wiederaufnahme durch *-at*, die diese Art von Einschub wohl erst ermöglicht, ist dieser Fall aber trotzdem sehr ungewöhnlich, und man muss damit rechnen, dass das Verb nach ^{GIŠ}PAN *ḫuittian* ,gespannten Bogen' vom Schreiber vergessen wurde.

Es ist bemerkenswert, dass weder die Gebete noch das Ritual Einschübe aufweisen; im *Madduwatta*-Text kommt diese Art von Klause zwar vor, ist aber keineswegs häufig.

2.5 Eindeutigkeit der Referenz

Um innerhalb eines Textes Kohärenz zu erzeugen, ist es nötig, dass die Verweise sich schnell und sinnvoll zuordnen lassen. In den untersuchten Texten gibt es allerdings einige Stellen, an denen der Bezug einer Referenz nicht vollkommen eindeutig ist; dies kann geschehen, indem

- zwischen dem Antezedens und dem aufgreifenden Pronomen keine Kongruenz besteht, entweder hinsichtlich des Genus oder des Numerus (Sonderfall: Das Antezedens wird mehrere Male durch Pronomina aufgegriffen, aber diese sind nicht immer vom selben Genus.[9]);
- zu viele Referenten im Vorfeld genannt werden, die alle in Frage kommen;
- auf einen impliziten, aber nicht ausdrücklich genannten Referenten zurückgegriffen wird (assoziative Anapher).[10]

Fehlende Kongruenz kann hinsichtlich des Genus oder des Numerus vorliegen, meist handelt es sich aber um Genusinkongruenzen. In den untersuchten Texten treten solche Inkongruenzen fast nur in den Maşat-Briefen auf, und sie sind insgesamt recht selten:

(11) HKM 36, Vs. 6–9
n=ašta kā[š]a ERÍN^{MEŠ} *pangarīt parā ne[ḫḫu]n*
nu ***apūš*** **TÙR**$^{\textbf{ḪI.A}}$ *anda* SIG$_5$[*-in paḫḫašnu*]*tten*
*n=****at****=kan* SIG$_5$*-in ašnu*[*tten*]
,Hier, ich habe Truppen in großer Zahl hinausgeschickt. Schützt jene Viehhöfe gut. Versorgt sie (N./A.pl.n.) gut.'

Als Referent kommt hier nur *apūš* TÙR$^{\text{ḪI.A}}$,jene Viehhöfe' in Frage, dem allerdings ein hethitisches geschlechtiges Substantiv zu Grunde liegt, wie die Wahl des kongruenten Demonstrativpronomens zeigt. In diesem Fall lässt sich das Neutrum so erklären, dass das Genus des phorischen Elementes die Unbelebtheit des Referenten widerspiegelt. Phorische Elemente nehmen bekanntermaßen nicht auf eine vorangehende NP als solche Bezug, sondern verweisen auf einen Diskursreferenten, der eine außersprachliche Repräsentation

9 So im weiter oben besprochenen Bsp. 9.
10 Vgl. dazu Bsp. 1.

haben kann, aber nicht muss. Wie auch das explizitere Antezedens nehmen phorische Elemente diesen Diskursreferenten auf. Dies bedeutet also, dass Beschränkungen, denen die phorischen Elemente unterliegen, letztendlich nicht von der vorangehenden NP bestimmt werden, sondern vom Diskursreferenten und dem Welt- und Situationswissen, das über ihn vorhanden ist (HOFFMANN 2000: 302). Rein sprachliche Erfordernisse wie grammatische Kongruenz können so von extralinguistischen Gegebenheiten überlagert werden.[11]

Diese Art von Inkongruenz könnte darauf hindeuten, dass es sich bei den Briefen um Texte handelt, die sich näher an der gesprochenen Sprache orientieren als die anderen hier betrachteten Genres. Beim Diktat der Briefe gehen typische Fehler der gesprochenen in die geschriebene Sprache über, und eine gewisse Geschwindigkeit verhindert Korrekturen. Dies würde sowohl einmalige inkongruente Aufgriffe erklären als auch mehrmalige Referenzen mit unterschiedlichen Pronominalformen.

Es gibt jedoch auch Beispiele, die sich nicht in dieses Erklärungsmuster einfügen lassen. Wenn nämlich auf einen humanen Referenten wie GÉME ‚Magd' mehrmals mit einem Neutrum zurückgegriffen wird, dann muss – wenn man nicht von vornherein einen Fehler annehmen möchte – der Grund dafür vielleicht in einem Unterschied zwischen Besitztum und freier Person zu suchen sein, zumindest was diesen einen Brief betrifft:

(12) HKM 30, Rs. 20–22
nu **GÉME**-*Y*[*A ḫ*]*appalaš*[*a*?]*iš*[*i*?]
ANA [LÚ]*ṬEMI* SIG_5 *pai*
n=***at***=*mu kattimi udau*
‚… (und) du verletzt meine Magd. Gib (sie) dem Boten in gutem Zustand. Er soll sie (N./A.sg.n.) zu mir herunterbringen.'

In einem anderen Brief (HKM 36, Rs. 42–46) wird GÉME mit dem A.sg.c. aufgegriffen.

Es kommt selten vor, dass für ein Pronomen zu viele Referenten zur Auswahl stehen, was natürlich nicht zuletzt darin begründet ist, dass der Großteil der Wiederaufnahmen sich nur über eine Klausengrenze erstreckt. Das angegebene Beispiel ist das einzige, das nicht erst durch den fragmentarischen Zustand der Tafel unklar geworden ist:

(13) KUB 14.1, Rs. 25–27
ANA GAL GEŠTIN=*ma kiššan ḫatreškizi*
ANA KUR [URU]*Ḫapālla*=*wa*=*tta* I-*eaz tiyami*
zig=*a*=*wa*=*mu*=*kan awan arḫa* [*tarna*]
nu=*wa*=*kan īt*
KUR [URU]*Ḫapāla*=*wa*=*kan kweni*
našma=*war*=*at arnut*
maḫḫan=*ma*=***an***=*za*=*kan* GAL GEŠTIN *awan arḫa tarnaš*
namma=*mān*=*ši* EGIR-*an* KASKAL[MEŠ]-*TIM I*[*ṢBAT*]
mān=***an***=*kan* EGIR-*anta wal*(*a*)*ḫta*
‚An den Oberweinschenk aber schreibt er so: „Gegen das Land Ḫapālla will ich mich mit dir zusammentun; lass du aber mich (aus deinem Gebiet) heraus, und geh (und) schlag das Land Ḫapālla, oder bring es fort." Als **ihn** da aber der Oberweinschenk (aus seinem Gebiet) heraus ließ, hätte er ihm die Wege ve[rlegt], hätte **ihn** hinterrücks überfallen.'

Hier bleibt unklar, auf wen sich *-an* in der letzten Klause bezieht; zur Auswahl stehen der vorher genannte Madduwatta oder aber eben der Oberweinschenk, der der viel nähere und damit salientere Referent wäre.

11 So auch PAUSE 1991: 551. Vgl. VALENTIN 1996: 180f. zur Frage des Genus.

Mehrdeutigkeiten sind insgesamt allerdings selten zu verzeichnen, meist sind die Referenzen sehr deutlich. Gerade in den Instruktionen gibt es kaum eine Stelle, an der nicht zumindest aus dem Kontext deutlich wird, wer genau gemeint ist. An schwierigen Stellen wird der Titel der betreffenden Person sogar eher einmal zu viel als zu wenig genannt:

(14) IBoT 1.36, Rs. IV 18–20
māḫḫan=ma=kan LUGAL-*uš* ^{GIŠ}*ḫuluganaz katta tiyēzzi*
nu mān **GAL *MEŠEDI*** *arta*
nu **GAL *MEŠEDI*** EGIR-*anta UŠKEN*
nu LUGAL-*un* EGIR-*pa ANA* GAL DUMU^{MEŠ}.É.GAL *ḫikzi*
‚Wenn der König vom Wagen heruntersteigt (und) wenn der Oberste der Leibgarde anwesend ist, (dann) verbeugt sich der Oberste der Leibgarde dahinter und übergibt den König dem Obersten der Palastangestellten.‘

Der Grund dafür dürfte auf den Hand liegen: Ein solcher Instruktionstext darf keinerlei Fragen offen lassen.

Ebenfalls selten, aber doch vorhanden, sind rein implizite Referenten. In diesen Fällen ist es so, dass der thematische Rahmen für den Referenten vorhanden ist, er aber nicht ausdrücklich genannt wird:

(15) HKM 31, Vs. 8–12
ŠA ^{URU}*Gašaša=ma=mu kuit ŠA* ^{GIŠ}GEŠTIN *uttar ḫatrāeš*
nu EGIR-*an tiya*
*n=**aš** tuššandu*
n=at lē dammišḫandari
‚Was du mir betreffs der Angelegenheit des Weines der Stadt Gašaša geschrieben hast, kümmer dich (darum). Man soll sie (= die Trauben) abernten. Man soll es nicht beschädigen.‘

Hier ist es also wieder der Diskursreferent mit seiner mentalen Repräsentation, der bei Sender und Empfänger aktiviert ist. Deshalb ist es zwar grammatisch nicht möglich, das phorische Element an ein Antezedens zu knüpfen, aber das Weltwissen und die semantischen Felder um WEIN und ERNTEN ermöglichen dennoch ein Verständnis, wie dies schon in Beispiel 1 der Fall war (Hoffmann 2000: 302).[12]

3 Zusammenfassung

Zusammenfassend ist zu beobachten, dass es offenbar keinen negativen Einfluss auf die Salienz des Referenten hat, wenn er als Subjekt eines transitiven Verbs einmal nicht ausdrücklich genannt wird. Die Numeruskongruenz, die im Verb vorhanden ist, scheint also ein ausreichender Verweis zu sein.

Die Wiederholung von formelhaften Sätzen unterstützt offenbar die Kohärenz und kann so den Skopus eines phorischen Elementes um einiges erweitern, wie dies im weiter oben besprochenen Beispiel 4 deutlich wurde. Formelhafte Äußerungen tragen den thematischen Rahmen mit und ermöglichen es, ein Oberthema im Gedächtnis zu halten, selbst wenn es zunächst in den Hintergrund tritt. Dabei ist auch die Parallelität der Zwischenklausen von Bedeutung, denn ein informationsreicherer Kontext würde wohl eine nochmalige Nennung des Referenten erforderlich machen (Hoffmann 2000: 301).

12 Vgl. auch Valentin 1996: 185.

Mit seinem phorischen Skopus von zwei bis drei Klausengrenzen ohne Wiederaufnahme zwischendurch unterscheidet sich das Hethitische nicht oder nur geringfügig von modernen Sprachen wie dem Englischen oder Deutschen. Das liegt vor allem natürlich an der Informationsmenge, die ein normales menschliches Kurzzeitgedächtnis speichern kann (VALENTIN 1996: 182).[13] In Texten, die wohl als schriftsprachlich bezeichnet werden können, also besonders in den Instruktionen und im Madduwatta-Text, liegt eine größere Komplexität vor als in den Maşat-Briefen und den Gebeten; bei den beiden Letzteren handelt es sich wohl eher um gesprochene Sprache, wenngleich diese besonders in den Gebeten einen sehr formelhaften und gehobenen Charakter hat (HOFFMANN 2000: 303).

In diesem Zusammenhang erscheint es zunächst seltsam, dass die Maşat-Briefe als gesprochene Sprache mehr Einschübe aufweisen als etwa der Madduwatta-Text, weil Einschübe eine deutliche Unterbrechung darstellen. Jedoch sind sie ein Phänomen, das in der gesprochenen Sprache besonders gut wirkt, da sie im Allgemeinen prosodisch deutlich vom eigentlichen Informationsfluss abgesetzt werden, so dass der Hörer sie entsprechend einordnen kann.

Es wurde auch beobachtet, dass sich wegen Inkongruenz unklare Referenzen vor allem in den Maşat-Briefen finden lassen, was ebenfalls als Hinweis auf die Nähe zur gesprochenen Sprache gewertet werden kann. Dadurch unterscheidet sich dieses Genre deutlich von den anderen hier betrachteten.

Literatur

ALP, Sedat (1991): *Hethitische Briefe aus Maşat – Höyük.* Ankara: Türk Tarih Kurumu Basımevi.

BOURSTIN, Pierre (1996): „Wie funktionieren ‚anaphorische Pronomina'?". In: PÉRENNEC, Marie-Hélène (Hrsg.), 13–22.

CORNISH, Francis (1996): „'Antecedentless' anaphors: deixis, anaphora, or what? Some evidence from English and French". *Journal of Linguistics* 32:1, 19–41.

COWAN, Nelson (2005): *Working Memory Capacity.* New York: Psychology Press.

GARRETT, Andrew J. (1990): *The Syntax of Anatolian Pronominal Clitics.* Harvard Dissertation. Ann Arbor: UMI.

GLOCKER, Jürgen (1997): *Das Ritual für den Wettergott von Kuliwišna.* Eothen 6. Florenz: LoGisma.

GOEDEGEBUURE, Petra M. (2003): *Reference, Deixis and Focus in Hittite: The demonstratives* ka- *'this',* apa- *'that' and* asi *'yon'.* Leiden: Dissertation, nicht veröffentlicht.

GÖTZE, Albrecht (1928): „*Madduwattaš*". MVAG 32: 3. Leipzig: Hinrichs.

GÜTERBOCK, Hans. G.; VAN DEN HOUT, Theo P. J. (1991): *The Hittite Instruction for the Royal Bodyguard.* AS 24. Chicago: Oriental Institute.

HOFFMANN, Ludger (2000): „Anapher im Text". In: BRINKER, Klaus et al. (Hrsg.): *Text- und Gesprächslinguistik.* Bd. 1. HSK 16.1. Berlin: de Gruyter, 295–304.

HOFFNER, Harry A.; MELCHERT, H. Craig (2008): *A Grammar of the Hittite Language. Part I: Reference Grammar.* Winona Lake: Eisenbrauns.

LAMBRECHT, Knud (1994): *Information Structure and Sentence Form: Topic, Focus and the Mental Representations of Discourse Referents.* Cambridge: CUP.

PAUSE, Peter E. (1991): „Anaphern im Text". In: STECHOW, A.; WUNDERLICH, D. (Hrsg.): *Semantik.* HSK 6. Berlin: de Gruyter, 548–559.

PÉRENNEC, Marie-Hélène (Hrsg.) (1996): *Pro-Formen des Deutschen.* Tübingen: Stauffenburg.

SINGER, Itamar (2002): *Hittite Prayers.* Atlanta: SBL.

13 Vgl. COWAN 2005: 80ff. zum Problem des kontextabhängigen und hierarchischen chunkings, mit dem das Kurzzeitgedächtnis die Informationen einteilt. Ich danke sehr herzlich Jean-Claude Muller für den freundlichen Hinweis auf die Theorie.

TRABAZO, José V. G. (2002): *Textos religioses hititas: mitos, plegarias y rituales.* Madrid: Editorial Trotta.

VALENTIN, Paul (1996): „Anapher als kognitiver Prozeß". In: PÉRENNEC, Marie-Hélène (Hrsg.), 179–189.

Relativsätze mit Nebensinn in altindogermanischen Sprachen

Bettina Bock (Friedrich-Schiller-Universität Jena)

1 Einleitung

Relativsätze sind Attributsätze, die ihr Bezugswort entweder präzisieren oder die eine zusätzliche Information geben. Im ersten Fall sprechen wir von restriktiven, im zweiten Fall von nicht-restriktiven oder appositiven Relativsätzen. Aus funktional-pragmatischer Sicht dient der restriktive Relativsatz dazu, dass der Rezipient das Singuläre aus dem Generellen nachvollziehbar herauskristallisieren kann, aus der Menge aller Sitzplätze beispielsweise einen speziellen, also *den Platz, der in der vorletzten Reihe dem Fenster am zweitnächsten gelegen ist*. Diese funktional-pragmatische Komponente fehlt dem appositiven Relativsatz. Der in ihm genannte Sachverhalt dient nicht primär der Identifizierung des Bezugswortes, sondern er gibt eine weitere Information zum Bezugswort an. Da sowohl im Satz des Bezugswortes als auch im Relativsatz ein Sachverhalt benannt ist, kann implizit zwischen diesen Sachverhalten eine semantische Beziehung bestehen. Es sind prinzipiell die gleichen Beziehungen denkbar, wie wir sie bei den Nebensätzen kennen: Der Sachverhalt im Relativsatz kann gleichzeitig, nachzeitig, vorzeitig sein, ein Kausalzusammenhang ist denkbar oder – parallel zu den Modalangaben – eine Spezifikation des Sachverhaltes im übergeordneten Satz durch den Sachverhalt im Relativsatz. Da der Sachverhalt als solcher beim appositiven Relativsatz im Sinne einer zusätzlichen Information im Vordergrund steht, ist zu erwarten, dass so genannter Nebensinn häufiger bei diesem Typ auftritt.[1] Diese These soll nun überprüft werden.

2 Materialbasis

Die Untersuchung basiert auf Sprachmaterial, das durch Korpusanalysen gewonnen wurde: Aus dem Lateinischen wurden 3 Plautuskomödien und Catos Lehrwerk *Über die Landwirtschaft* herangezogen, aus dem Griechischen das 24. Buch der Ilias und zwei Musterreden von Gorgias, und schließlich wurde die altkirchenslavische Vita des Slavenapostels Kyrill,

1 Vgl. auch Lehmann 1984: 272: „Als Nebensatz ist [der appositive Relativsatz] frei für alle semantischen Relationen zum Hauptsatz, für die sonst Adverbialsätze verwendet werden." Die Verwendung bestimmter Partikeln (z. B. kausal lat. *quippe*, gr. *γέ*) weist darauf hin, dass Nebensinn etwas durchaus vom Sprecher Beabsichtigtes sein kann. Ähnlich geben auch Adverbien im übergeordneten Satz einen Hinweis auf eine bestimmte semantische Relation (z. B. konzessiv lat. *tamen* ‚dennoch'). Der Sprecher verfügt, um beispielsweise einen kausalen Zusammenhang zwischen zwei Sachverhalten auszudrücken, im Rahmen seiner Grammatik über einen Pool an Konkurrenten, vgl. Bock 2004–2004g. Auf der anderen Seite kann der Hörer bestimmte Zusammenhänge zwischen zwei Sachverhalten implizit herstellen, ohne dass sie vom Sprecher ausgedrückt oder gemeint sind.

die Vita Konstantini, analysiert.[2] Das slavische Material wird durch die bei HÄUSLER 2002 gesammelten Belege ergänzt. Dies erlaubt statistische Aussagen. Dabei ist Mehrfachnennung bei mehrdeutigen Relativsätzen möglich. Zum Vergleich werden außerdem altindische[3] und hethitische Relativsätze[4] herangezogen.

2.1 Temporale Relation

Obwohl Temporalsätze im Satzgefüge eine große Rolle spielen, finden sich im Korpus nur wenige Belege für temporalen Nebensinn bei Relativsätzen.[5] Zwei Gründe kommen meines Erachtens in Frage: 1. Die temporale Relation setzt eine unmittelbare zeitliche Abfolge oder Gleichzeitigkeit voraus. Häufig ist diese bei den beiden Sachverhalten nicht gegeben:

(1) PLAUT. Mil. 121f. / nicht-restriktiv / ind. pf.; HS: prs. historicum
hic postquam in aedis me ad se deduxit domum, video illam amicam erilem, Athenis quae fuit
‚Nachdem er mich hierher in das Haus zu sich nach Hause gebracht hat, sehe ich jene Freundin meines Herrn, die aus Athen war.'

Ansonsten ist die Gleichzeitigkeit der beiden Sachverhalte banal:

(2) PLAUT. Amph. 341 / nicht-restriktiv / ind. prs.; HS: ind. prs.
quo ambulas tu qui Volcanum in cornu conclusum geris?
‚Wohin wandelst du, der/während du den Vulkan, eingeschlossen in einem Horngefäß, trägst?'

2. Wenn eine zeitliche Abfolge gegeben ist, spielen oft andere Relationen gleichfalls eine Rolle, die „komplizierter" oder abstrakter sind[6]:

(3) PLAUT. Aul. 763f. / nicht-restriktiv / AcI mit inf. pf. nach ind. pf.; HS: ind. prs.
aulam auri, inquam, te reposco, quam tu confessu's mihi te apstulisse
‚Den Topf mit Gold, sage ich, fordere ich von dir zurück, nachdem/weil du ihn mir nach eigenem Bekenntnis gestohlen hast.'[7]

---

2 Das Material stammt aus einem DFG-Projekt „Indogermanische Konkurrenzsyntax" und ist über die Homepage des Lehrstuhls für Indogermanistik der Friedrich-Schiller-Universität Jena (Materialsammlungen) zugänglich: http://www.indogermanistik.uni-jena.de (siehe auch BOCK 2004–2004g).

3 HETTRICH 1988 hat umfangreiche Kapitel zu den Relativsätzen. Er geht dabei auch auf Nebensinn ein.

4 Die hethitischen Relativsätze entstammen einer Sammlung hethitischer Sätze mit syntaktischer Bestimmung von Susanne Zeilfelder, die ca. 64 A4-Seiten umfasst. Für die Überlassung des Materials bedanke ich mich vielmals.

5 Hierzu gehören im Griechischen im Relativsatz ausgedrückte iterative Sachverhalte, die jedoch auch als wiederholte Bedingung aufgefasst werden können (BORNEMANN/RISCH 1978: 301). Die Schulgrammatik von RUBENBAUER/HOFMANN 1975: 288 vergleicht lat. *Germani cum suos interfici viderent, ...* ‚als die Germanen sahen, dass die Ihren getötet werden' mit einer zweiten deutschen Übersetzungsmöglichkeit, nämlich ‚die Germanen, die sahen, dass die Ihren getötet werden'. Etwas häufiger scheint temporaler Nebensinn im Hethitischen zu sein. In der Sammlung von Susanne Zeilfelder finden sich ca. 56 restriktive und 12 appositive Relativsätze. Unter den letztgenannten zeigen 3 temporalen Nebensinn, z. B. Mşt 75/65 Vs 8ff.: ^{LÚ}KÚ]R-*ma ku-iš e-ip-ta* [*nu-u*]*n-na-aš* 35 LÚ^{MEŠ} [*ḫar-n*]*i-ik-ta* ‚Der Feind aber, der angriff (?) / Als aber der Feind angriff (?), hat (er) uns 35 Männer getötet'. Auch HETTRICH 1988: 614f. (restriktive Relativsätze) und 732 (appositive Relativsätze) hat eine Reihe von vedischen Relativsätzen als temporal klassifiziert.

6 Vgl. die Metaphorisierungsskala bei HEINE/CLAUDI/HÜNNEMEYER 1991: 48:

PERSON ⟩ OBJEKT ⟩ AKTIVITÄT ⟩ RAUM ⟩ ZEIT ⟩ QUALITÄT.

7 Vgl. noch (mit in den Relativsatz hineingezogenem Bezugswort) PLAUT. Mil. 597f. / restriktiv / ind.

Im Prinzip findet sich der gleiche Vorgang diachron bei der Grammatikalisierung von zunächst rein temporalen Konjunktionen zu kausalen, konzessiven u. a. Konjunktionen – lateinisch *cum* ist dafür ein gutes Beispiel.[8]

2.2 Kausale Relation

2.2.1 Nicht-restriktive Relativsätze

Lateinisch insgesamt:	33
Sachverhaltsbegründung:	14
Sprechaktbegründung:	11
Ausdrucksbegründung:	8

(4) PLAUT. Amph. 1043f. / nicht-restriktiv / Sachverhaltsbegründung / ind. pf.; HS: konj. prs. o. fut.
ego pol illum ulciscar hodie Thessalum veneficum, qui pervorse perturbavit familiae mentem meae
‚Beim Pollux, ich werde/will jenen thessalischen Giftmischer, da er mir böse den Verstand meiner Hausgenossenschaft durcheinandergebracht hat, dafür büßen lassen.'[9]

(5) PLAUT. Amph. 1046f. / nicht-restriktiv / Sprechaktbegründung / Frage / ind. prs.; HS: konj. prs.
quid nunc agam, quem omnes mortales ignorant et ludificant ut lubet?
‚Was soll ich nun machen, da mich alle Menschen nicht kennen und zum Narren halten, wie es beliebt?'[10]

(6) PLAUT. Mil. 370f. / nicht-restriktiv / Ausdrucksbegründung / Wertung / konj. prs.; HS: ohne vf
ego stulta et mora multum quae cum hoc insano fabuler, quem pol ego capitis perdam
‚Ich ⟨bin⟩ sehr dumm und närrisch, weil ich mit diesem Irren schwatze, den ich, beim Pollux, um den Kopf bringen werde/will.'[11]

---

prs.; ÜS: konj. prs.; HS: AcI mit inf. prs. nach imp.: *sinite me priu' perspectare, ne uspiam insidiae sient concilium quod habere volumus* ‚Gestattet, dass ich zuerst Ausschau halte, ob nicht irgendwo ein Hinterhalt (für den Rat) ist, wenn/weil wir Rat halten wollen.'

8 Vgl. BOCK 2006.

9 Weitere Beispiele: PLAUT. Amph. 869f. / nicht-restriktiv / Sachverhaltsbegründung / ind. prs.; ÜS: konj. prs.; HS: ind. pf.: *simul Alcumenae, quam vir insontem probri Amphitruo accusat, veni ut auxilium feram* ‚Zugleich kam ich zu Alcumena, um Hilfe zu bringen, weil ihr Mann Amphitruo sie unschuldig des Ehebruchs anklagt.'; PLAUT. Mil. 58f. / nicht-restriktiv / Sachverhaltsbegründung / konj. prs.; HS: ind. prs.: *amant ted omnes mulieres neque iniuria, qui sis tam pulcher* ‚Dich lieben alle Frauen und nicht mit Unrecht, weil du so schön bist.' (dieses doppeldeutige Beispiel ist zweimal gezählt).

10 Weitere Beispiele: PLAUT. Amph. 163f. / nicht-restriktiv / Sprechaktbegründung / Meinungsäußerung / ind. pf.; HS: ind. prs.: *haec eri immodestia coegit, me qui hoc noctis a portu ingratiis excitavit* ‚Die Unmäßigkeit des Herrn zwingt mich dazu, weil er mich, obwohl ich es nicht will, nachts hierher vom Hafen trieb.'; PLAUT. Aul. 785f. / nicht-restriktiv / Sprechaktbegründung / Wunsch / ind. pf.; HS: konj. prs.: *ut illum di immortales omnes deaeque quantum est perduint, quem propter hodie auri tantum perdidi infelix, miser* ‚Dass jenen doch alle unsterblichen Götter und Göttinnen, wieviele es sind, verderben, weil ich Unglücklicher, Armer seinetwegen heute so viel Gold verdarb.'

11 Weitere Beispiele: PLAUT. Amph. 325f. / nicht-restriktiv / Ausdrucksbegründung / Ausdruck / ind. pf.; HS: ind. pf.: *ne ego homo infelix fui qui non alas intervelli* ‚Wahrhaftig, ich war ein Unglückspinsel, weil ich nicht die Flügel herausriss.'; PLAUT. Mil. 58f. / nicht-restriktiv / Ausdrucksbegründung / Wertung / konj. prs.; HS: ind. prs.: *amant ted omnes mulieres neque iniuria, qui sis tam pulcher* ‚Dich lieben alle Frauen und nicht mit Unrecht, weil du so schön bist.' (dieses mehrdeutige Beispiel ist zweimal gezählt).

Griechisch insgesamt: 2
Sachverhaltsbegründung: 1
Sprechaktbegründung: 1

(7) HOM. Il. 24, 84–86 / nicht-restriktiv / Sachverhaltsbegründung / impf.; HS: impf.
ἣ δ' ἐνὶ μέσσῃς κλαῖε μόρον οὗ παιδὸς ἀμύμονος, ὅς οἱ ἔμελλε φθίσεσθ' ἐν Τροίῃ ἐριβώλακι τηλόθι πάτρης

‚Sie aber beklagte in der Mitte das Schicksal ihres untadligen Sohnes, weil es ihm vorherbestimmte, im großscholligen Troja fern der Heimat zu sterben.'

(8) GORG. Pal. 21 / nicht-restriktiv / Sprechaktbegründung / Frage / impf.; HS: ohne vf
οὐ μὴν οὐδὲ παρὰ τοῖς βαρβάροις πιστῶς ἂν διεκείμην· πῶς γάρ, οἵτινες ἀπιστότατον ἔργον συνηπίσταντό μοι πεποιηκότι, τοὺς φίλους τοῖς ἐχθροῖς παραδεδωκότι·

‚Freilich auch von den Barbaren hätte ich nicht mit Vertrauen behandelt werden können; wie denn, da sie mir Mitwisser waren, der ich die treuloseste Tat vollbracht hatte, der ich die Freunde den Feinden verraten hatte?'

Altkirchenslavisch /Altrussisch insgesamt: 3
Sachverhaltsbegründung: 1
Sprechaktbegründung: 2

(9) Igorlied 48 (300–305) / nicht-restriktiv / Sachverhaltsbegründung / aor. v.; Ü: prs. uv.
tu němci i venedici, tu greci i morava pojutъ slavu Svjatъslavlju, kajutъ knjazja Igorja, iže pogruzi žirъ vo dně Kajaly rěky poloveckyja, ruskago zlata nasypaša.

‚Da singen Deutsche und Venezianer, da Griechen und Mährer den Ruhm Svjatoslavs, sie tadeln den Fürsten Igor, weil er den Wohlstand auf dem Grund der Kajala, des Polovcerflusses, versenkte, weil er russisches Gold verschüttet hat.'

(10) Konst. 9 / nicht-restriktiv / Sprechaktbegründung / Frage / prs.; ÜS: prs.; HS: imp.
iudei že stoję̌šte okrъstъ jego rekošę jemu: rъci ubo, kako možetъ ženъsky polъ boga vъměsti vъ črěvo, na nъže ne možetъ ni vъzrěti, a ne [menъ] li roditъ i

‚Die Juden aber, die um ihn herumstanden, sagten zu ihm: Sag also, wie kann eine Frau (einen) Gott im Leib fassen, zumal sie ihn nicht sehen kann, und sie gebärt ihn doch wohl nicht.'

(11) Igorlied 40 (28–35) / nicht-restriktiv / Sprechaktbegründung / Aufforderung / aor. v.; ÜS: prs. o. fut. v.
počnemъ že, bratie, pověstь siju otъ starago Vladimera do nyněšnjago Igorja, iže istjagnu umъ krěpostiju svoeju i poostri serdca svoego mužestvomъ; naplъnivsja ratnago ducha, navede svoja chrabryja plъky na zemlju Polověcьkuju za zemlju Rusьkuju.

‚Lasst uns, Brüder, diese Erzählung führen vom alten Vladimir zum heutigen Igor, weil er den Verstand mit seiner Stärke erprobte und sein Herz mit Tapferkeit schärfte; erfüllt von kämpferischem Geist, führte er seine kühnen Heerscharen in das Polovcerland für die russische Erde.'

2.2.2 Restriktive Relativsätze

–

Auswertung: Kausaler Nebensinn findet sich im Korpus nur bei appositiven Relativsätzen.[12] Was begründet wird – ein Sachverhalt, der Sprechakt oder die Verwendung eines bestimmten Ausdrucks –, spielt keine Rolle.

2.3 Konditionale Relation

2.3.1 Nicht-restriktive Relativsätze

Lateinisch insgesamt:	6 (real)
sachverhaltsbezogen:	1
sprechaktbezogen:	4
ausdrucksbezogen:	1

(12) PLAUT. Amph. 122 / nicht-restriktiv / real / sachverhaltsbezogen / ind. prs.; HS: ind. prs.
omnesque eum esse censent servi, qui vident
,Und alle Sklaven meinen, wenn sie ⟨ihn, Jupiter⟩ sehen, dass er [Amphitruo] es ist.'[13]

(13) PLAUT. Mil. 1081 / nicht-restriktiv / real / sprechaktbezogen / Frage / ind. prs.; HS: fut.
quot hic ipse annos vivet, quoius filii tam diu vivont?
,Wieviele Jahre wird dieser selbst leben, wenn seine Söhne so lange leben?'[14]

(14) PLAUT. Amph. 289f. / nicht-restriktiv / real / ausdrucksbezogen / Wertung / ind. prs.; HS: ind. prs.
meu' pater nunc pro huius verbis recte et sapienter facit, qui complexus cum Alcumena cubat amans, animo obsequens
,Nach dessen Worten macht mein Vater es klug und richtig, wenn er bei Alcumena liegt, indem er ⟨sie⟩ umarmt, liebt und seiner Neigung nachgeht.'

Griechisch insgesamt: 3 (sprechaktbezogen, 2 real, 1 irreal)

(15) GORG. Hel. 20 / nicht-restriktiv / real / sprechaktbezogen / Frage / ind. aor.; HS: inf. aor. nach ind. prs.
πῶς οὖν χρὴ δίκαιον ἡγήσασθαι τὸν τῆς Ἑλένης μῶμον, ἥτις εἴτ' ἐρασθεῖσα εἴτε λόγωι πεισθεῖσα εἴτε βίαι ἁρπασθεῖσα εἴτε ὑπὸ θείας ἀνάγκης ἀναγκασθεῖσα ἔπραξεν ἃ ἔπραξε, πάντως διαφεύγει τὴν αἰτίαν·

---

12 Kausal interpretierbare appositive Relativsätze bezeugt HETTRICH 1988: 732f. auch für das Altindische. Aus der Sammlung von Susanne Zeilfelder kann ein appositiver Relativsatz (im Sinne einer Sprechaktbegründung) hierher gestellt werden: Mşt 75/112 Vs 17ff.: *ki-iš-ša-an-ma-mu ku-it ḫa-at-ra-a-eš ka-a-ša-wa* LÚ^{MEŠ} ^{URU}*Ga-aš-ga ták-šu-la-an-ni me-ik-ki i-ya-an-da-ri nu-wa-mu ma-aḫ-ḫa-an* ^{D}UTU$^{\check{S}I}$ *ḫa-at-ra-a-ši nu* LÚ^{MEŠ} ^{URU}*Ga-aš-ga ku-i-e-eš ták-šu-li i-ya-an-da-ri na-aš-kán MA-ḪAR* ^{D}UTU$^{\check{S}I}$ *pa-ra-a na-iš-ki*[ ] ,Weil du mir folgendermaßen geschrieben hast: „Siehe, die Kaskäer kommen in großer Anzahl zum Frieden, wie du, die Majestät, mir schreibst', so schicke die Kaskäer, die/weil sie zum Frieden kommen, vor die Majestät.'

13 Wenn man keinen konditionalen Nebensinn versteht, liegt ein restriktiver Relativsatz vor: ,alle ⟨diejenigen⟩ Sklaven, die ihn sehen'.

14 Vgl. auch: PLAUT. Amph. 1038 / nicht-restriktiv / real / sprechaktbezogen / Frage / ind. prs.; HS: ind. prs.: *quid med advocato opust qui utri sim advocatus nescio?* ,Wozu bin ich als Anwalt nötig, wenn ich nicht weiß, wessen Anwalt ich sein soll?'.

‚Wie ist es nun geziemend, die Beschimpfung Helenas für gerecht zu halten, wenn sie, sei es von Liebe übermannt, sei es von Rede überredet, sei es mit Gewalt geraubt, sei es von göttlichem Zwang bezwungen, tat, was sie tat, ⟨und daher⟩ allenthalben der Anschuldigung entgeht?‘[15]

2.3.2 Restriktive Relativsätze

Lateinisch insgesamt:	10
sachverhaltsbezogen:	1 (eventual)
sprechaktbezogen:	9 (2 real, 6 eventual, 1 potential)
ausdrucksbezogen:	–

(16) CATO Agr. 144,2 / restriktiv / eventual / sachverhaltsbezogen / fut. ex. (formgleich mit konj. pf.); ÜS: fut. ex. oder konj. pf.; HS: fut.
qui eorum non ita iuraverit, quod is legerit omne, pro eo argentum nemo dabit neque debebitur
‚Wenn einer von diesen nicht so geschworen haben wird, wird für das, was er alles gesammelt haben wird, niemand Geld geben, und es wird nicht geschuldet werden.‘[16]

(17) CATO Agr. 118 / restriktiv / eventual / sprechaktbezogen / Aufforderung / fut.; HS: imp. fut.
oleam albam, quam secundum vindemiam uti voles, sic condito
‚Die weiße Olive bewahre, falls du sie nach der Weinlese verbrauchen willst, so auf.‘[17]

Auswertung: Konditionaler Nebensinn findet sich im Korpus im Lateinischen und Griechischen bei appositiven Relativsätzen und im Lateinischen in restriktiven Relativsätzen. LEHMANN 1984: 333f. gibt als Bedingung für konditional interpretierbare Relativsatzkonstruktionen an, dass sie indefinit und unspezifisch sein müssen, also ebenso wie Konditionalsätze nicht referieren. Ob sie restriktiv oder appositiv sind, spielt also keine Rolle.[18]

15 Vgl. auch: GORG. Pal. 21 / nicht-restriktiv / irreal / sprechaktbezogen / Frage / impf.; HS: ohne vf: *οὐ μὴν οὐδὲ παρὰ τοῖς βαρβάροις πιστῶς ἂν διεκείμην· πῶς γάρ, οἵτινες ἀπιστότατον ἔργον συνηπίσταντο μοι πεποιηκότι, τοὺς φίλους τοῖς ἐχθροῖς παραδεδωκότι·* ‚Freilich auch von den Barbaren hätte ich nicht mit Vertrauen behandelt werden können; wie denn, wenn sie mir Mitwisser gewesen wären, der ich die treuloseste Tat vollbracht hatte, der ich die Freunden den Feinden verraten hatte?‘. Der Relativsatz ist aber auch kausal interpretierbar. Er wird zweimal gezählt.

16 Vgl. den *si*-Satz CATO Agr. 144,1 / Vordersatz / eventual / sachverhaltsbezogen / fut. ex. (formgleich mit konj. pf.); HS: fut.: *si adversus ea quis fecerit, quod ipse eo die delegerit, pro eo nemo solvet neque debebitur* ‚Wenn jemand dagegen gehandelt haben wird, wird niemand für das, was er selbst an diesem Tag gesammelt hat, bezahlen, noch wird es geschuldet werden.‘

17 Vgl. auch. PLAUT. Amph. 81–85 / restriktiv / potential / sprechaktbezogen / Aufforderung / konj. plpf.; ÜS: konj. impf.; HS: ind. pf.: *hoc quoque etiam mihi in mandatis ⟨is⟩ dedit ... qui sibi mandasset delegati ut plauderent quive quo placeret alter fecisset minus, eius ornamenta et corium uti conciderent* ‚Und auch dies trug mir dieser auf: ... wenn einer in Auftrag gegeben haben sollte, dass herbestellte ⟨Leute⟩, ihm Beifall zollen, oder wenn einer bewirkt haben sollte, dass ein anderer nicht gefällt, dass dessen Kleider und Haut zusammengeschlagen werden‘.

18 Dies belegen auch die Untersuchungen von HETTRICH 1988: 614–617 zu den restriktiven Relativsätzen im Vedischen, während er keinen appositiven Relativsatz als Äquivalent zu einem Konditionalsatz bestimmt. Ebenso weisen in der Sammlung von Susanne Zeilfelder 8 restriktive Relativsätze diese semantische Nuance auf, vgl. KUB XXIX 4 (Umsiedelung der Schwarzen Göttin) II 25f.: *a-aš-zi-ma-kán ku-iš* 1 NINDA*mu-u-la-ti-iš na-an* EGIR SISKUR *du-up-ša-ḫi-ti-i šar-la-at-ti da-an-zi* ‚Das Rosinenbrot aber, das / wenn aber Rosinenbrot übrigbleibt, nehmen sie (es) wieder für ein *dupsahi-* (oder) *sarlatti*-Opfer.‘

2.4 Finale Relation

2.4.1 Nicht-restriktive Relativsätze

Lateinisch: 16

(18) PLAUT. Amph. 950f. / nicht-restriktiv / konj. prs.; HS: konj. prs.
gubernatorem qui in mea navi fuit Blepharonem arcessat qui nobiscum prandeat
‚Er soll Blepharon, der auf meinem Schiff Steuermann war, holen, damit er mit uns isst.‘[19]

Griechisch: 5

(19) HOM. Il. 24, 149–151 / nicht-restriktiv / opt. prs.; HS: opt. prs.
κῆρύξ τίς οἱ ἕποιτο γεραίτερος, ὅς κ' ἰθύνοι ἡμιόνους καὶ ἅμαξαν ἐΰτροχον, ἠδὲ καὶ αὖτις νεκρὸν ἄγοι προτὶ ἄστυ, τὸν ἔκτανε δῖος Ἀχιλλεύς.
‚Irgendein älterer Herold soll ihn begleiten, um wohl die Maulesel und den gut laufenden Wagen zu lenken und zurück auch den Leichnam, den der göttliche Achill tötete, nach der Stadt zu führen.‘[20]

2.4.2 Restriktive Relativsätze

Lateinisch: 5

(20) PLAUT. Mil. 1301–1303 / restriktiv / konj. prs.; HS: imp.
i, Palaestrio, aurum, ornamenta, vestem, pretiosa omnia duc adiutores tecum ad navim qui ferant
‚Geh, Palaestrio, nimm Helfer, damit sie mit dir Gold, Schmuck, Kleidung, alles Kostbare zum Schiff tragen.‘[21]

Griechisch: 1

(21) HOM. Il. 24, 743–745 / restriktiv / opt. pf. (Zustandsperfekt); HS: ind. aor.
οὐ γάρ μοι θνῄσκων λεχέων ἐκ χεῖρας ὄρεξας, οὐδέ τί μοι εἶπες πυκινὸν ἔπος, οὗ τέ κεν αἰεὶ μεμνῄμην νύκτάς τε καὶ ἤματα δάκρυ χέουσα
‚Denn du hast mir nicht, als du starbst, die Hände vom Lager gereicht und mir kein verständiges Wort gesagt, damit ich wohl immer daran denken könnte, wenn ich Nächte und Tage Tränen vergieße.‘

Altkirchenslavisch: 1

(22) Konst. 1 / restriktiv / aor.; HS: ptz. prät. nach aor.
znaetъ bo gospodъ svoję, iže jego sǫtъ, jakože reče: ovъcę moję glasa mojego slyšętъ i azъ znajǫ ję i imenemъ vъzyvajǫ ję i po mně xodętъ i dajǫ imъ životъ věčъnyi. ježe sъtvorii i vъ našъ rodъ, vъzdvigъ namъ učitelja sice, iže prosvěti ęzykъ našъ,

---

19 Weitere Beispiele: CATO Agr. 21,4 / nicht-restriktiv / konj. prs.; HS: imp. fut.: *armillas IIII facito, quas circum orbem indas, ne cupa et clavus conterantur intrinsecus* ‚Mache 4 Vorlegescheiben, um sie um die Kollersteine zu geben, damit Querachse und Stift nicht innen zerrieben werden.‘; PLAUT. Amph. 182f. / nicht-restriktiv / konj. prs.; HS: konj. prs.: *ne illi ... aliquem hominem adlegent qui mihi advenienti os occillet probe* ‚Wahrhaftig, jene würden ... irgendeinen Menschen entsenden, damit er mir, wenn ich ankomme, ordentlich die Fresse zerschlägt.‘

20 Vgl. auch: HOM. Il. 24, 153f. / nicht-restriktiv / ind. fut.; HS: ind. fut.: *τοῖον γάρ οἱ πομπὸν ὀπάσσομεν Ἀργειφόντην, ὅς ἄξει εἱός κεν ἄγων Ἀχιλῆϊ πελάσσῃ* ‚Als einen so vortrefflichen Führer werden wir ihm nämlich den Argostöter mitgeben, damit er ⟨ihn⟩ führe, bis er ⟨ihn⟩ führend zu Achill hingebracht hat.‘

21 Vgl. auch: PLAUT. Aul. 522 / restriktiv / konj. prs.; HS: ind. prs.: *aliqua mala crux semper est, quae aliquid petat* ‚Irgendein ein Galgenstrick ist immer da, um irgendetwas zu fordern.‘

slabostiję omračьše umъ svoi, pače lьstiję diavoljeję, ne xotěvše vъ světě božiixъ zapovědexъ xoditi.

,Denn der Herr kennt die Seinen, die sein sind, so dass er sprach: Meine Schafe hören meine Stimme, und ich kenne sie und rufe sie mit Namen; und sie folgen mir, und ich gebe ihnen das ewige Leben. Was er auch in unserer Generation tat, indem er uns so einen Lehrer erhob, auf dass er unser Volk erleuchte, das seinen Verstand aus Schwachheit, mehr noch durch die Arglist des Teufels verfinstert hatte und das nicht im Licht der göttlichen Gebote gehen wollte.'[22]

Auswertung: Finaler Nebensinn findet sich überwiegend bei nicht-restriktiven Relativsätzen, ist jedoch bei restriktiven auch nicht ausgeschlossen.[23]

2.5 Konsekutive Relation

2.5.1 Nicht-restriktive Relativsätze

Lateinisch: 8

(23) PLAUT. Mil. 434f. / nicht-restriktiv / konj. prs.; HS: ind. prs.
quae te intemperiae tenent qui me perperam perplexo nomine appelles?
,Welche Tollheit hält dich gefangen, so dass du mich fälschlich mit verworrenem Namen anredest?'[24]

Griechisch: 3

(24) GORG. Pal. 10 / nicht-restriktiv / ind. prs.; HS: Ellipse der Kopula
ἀλλὰ πολλαὶ καὶ πυκναὶ φυλακαί, δι' ὧν οὐκ ἔστι λαθεῖν[25]
,Aber ⟨es gibt⟩ zahlreiche und dichte Wachen, so dass es ihretwegen nicht möglich ist, unbemerkt zu bleiben.'[26]

22 Es kann auch konsekutiver Nebensinn vorliegen. Der Satz wird zweimal gezählt.

23 In der Sammlung hethitischer Sätze von Susanne Zeilfelder findet sich kein final interpretierbarer Relativsatz. HETTRICH 1988: 592–595 weist darauf hin, dass einige vedische restriktive Relativsätze trotz (voluntativem) Konjunktiv keine unmittelbaren Äquivalente zu Finalsätzen sind, da bei einer finalen Umdeutung die indefiniten Bezugsnomina eine definite Lesart voraussetzen. Nicht ganz eindeutig bei seinen Beispielen ist jedoch 10, 63, 6a: *kó vaḥ stómaṃ rādhati yáṃ jújoṣatha/ víśve devāso manuṣo yáti ṣṭhána* ,Wer trifft euch das Lob richtig, an dem ihr Freude habet, ihr Götter alle des Manu, soviele ihr seid?' (nach GELDNER). Für *stómam* sind zwei Lesarten möglich: definit-unspezifisch und indefinit-unspezifisch (es gibt kein korrelierendes *tám*); der Relativsatz ist daher als appositiv zu bestimmen. Die finale Paraphrase lautet: ,Wer trifft euch das Lob richtig, damit ihr daran Freude habt ...?'. Appositive Relativsätze als Äquivalente zu Finalsätzen sind aber nicht selten, wie die zahlreichen Beispiele ebd. 671–673 zeigen.

24 Vgl. auch: CATO Agr. 21,2 / nicht-restriktiv / konj. prs.; HS: imp. fut.: *sub cupa tabulam ferream lata⟨m quam⟩ cupa media erit, pertusam figito, quae in columellam conveniat* ,Unter der Querachse hefte eine eiserne Platte an, breit, wie es die Querachse in der Mitte sein wird, ⟨und⟩ durchstoßen, so dass sie mit dem Zapfen zusammenpasst.'

25 Wenn man übersetzt ,Aber zahlreich und dicht ⟨sind die⟩ Wachen, weswegen es nicht möglich ist, unbemerkt zu bleiben', bezieht sich *δι' ὧν* auf den ganzen Hauptsatz. Es ist dann ein weiterführender Nebensatz mit konsekutivem Nebensinn.

26 Vgl. auch: GORG. Pal. 12 / nicht-restriktiv / ind. prs.; HS: ind. prs.: *ὑπαίθριος γὰρ ὁ βίος (στρατόπεδον γάρ) ἔστ' ἐν ὅπλοις, ἐν οἷς ⟨πάντες⟩ πάντα ὁρῶσι καὶ πάντες ὑπὸ πάντων ὁρῶνται* ,Unter freiem Himmel nämlich findet das Leben (als Heerlager nämlich) im Waffenlager statt, so dass darin alle alles sehen und alle von allen gesehen werden.'

Altkirchenslavisch: 1

(25) Konst. 6 / nicht-restriktiv / prs.; HS: prs.
vaše že jestъ jasno i udobno, ježe možetъ prěskočiti vъsakъ, malъ i velikъ.
‚Das Eure aber ist klar und einfach, so dass es jeder überspringen kann, klein und groß.'

2.5.2 Restriktive Relativsätze

Lateinisch: 3

(26) CATO Agr. 18,6 / restriktiv / ind. prs.; HS: imp. fut.
in iis trabeculis trabes, quae insuper arbores stipites stant, collocato
‚Auf diesen kleinen Balken platziere Balken, so dass sie über den Bäumen und Pfählen liegen.'[27]

(27) PLAUT. Amph. 985 / restriktiv / konj. prs.; HS: konj. prs.
nec quisquam tam au⟨i⟩dax fuat homo qui obviam opsistat mihi
‚Und kein Mensch sei so kühn, dass er sich mir in den Weg stellt.'

Griechisch: 1

(28) HOM. Il. 24, 480–483 / restriktiv / ind. aor.; 1. ÜS: konj. aor.; 2. ÜS: ind. prs.; HS: ind. aor.
ὡς δ' ὅτ' ἂν ἄνδρ' ἄτη πυκινὴ λάβῃ, ὅς τ' ἐνὶ πάτρῃ φῶτα κατακτείνας ἄλλων ἐξίκετο δῆμον ἀνδρὸς ἐς ἀφνειοῦ, θάμβος δ' ἔχει εἰσορόωντας, ὣς Ἀχιλεὺς θάμβησεν ἰδὼν Πρίαμον θεοειδέα
‚Aber wie wenn wohl starke Verblendung einen Mann ergriffen hat, so dass er, nachdem er einen Menschen im Vaterland getötet hat, zu einem Volk Fremder in ⟨das Haus⟩ eines begüterten Mannes gekommen ist, Erstaunen dann die ergreift, die ⟨ihn⟩ ansehen, so erstaunte Achill, als er den gottgleichen Priamos sah.'

Altkirchenslavisch: 1

(29) Konst. 1 / restriktiv / aor.; HS: ptz. prät. nach aor.
znaetъ bo gospodъ svoję, iže jego sǫtъ, jakože reče: ovьcę moję glasa mojego slyšętъ i azъ znajǫ ję i imenemь vъzyvajǫ ję i po mně xodętъ i dajǫ imъ životъ věčьnyi. ježe sъtvorii i vъ našъ rodъ, vъzdvigъ namъ učitelja sice, iže prosvěti ęzykъ našъ, slabostijǫ omračьše umъ svoi, pače lьstijǫ diavoljejǫ, ne xotěvše vъ světě božiixъ zapovědexъ xoditi.
‚Denn der Herr kennt die Seinen, die sein sind, so dass er sprach: Meine Schafe hören meine Stimme, und ich kenne sie und rufe sie mit Namen; und sie folgen mir, und ich gebe ihnen das ewige Leben. Was er auch in unserer Generation tat, indem er uns so einen Lehrer erhob, so dass er unser Volk erleuchtete, das seinen Verstand aus Schwachheit, mehr noch durch die Arglist des Teufels verfinstert hatte und das nicht im Licht der göttlichen Gebote gehen wollte.'[28]

Auswertung: Konsekutiver Nebensinn findet sich überwiegend bei nicht-restriktiven Relativsätzen, ist jedoch bei restriktiven auch nicht ausgeschlossen.[29]

27 Das zweite Beispiel ist: PLAUT. Aul. 407 / restriktiv / konj. prs.; HS: imp.: *date viam qua fugere liceat* ‚Schafft einen Weg, so dass es möglich ist zu fliehen.'

28 Es kann auch finaler Nebensinn vorliegen. Der Satz wird zweimal gezählt.

29 In der Sammlung hethitischer Sätze von Susanne Zeilfelder findet sich kein konsekutiv interpretierbarer Relativsatz. Auch HETTRICH 1988 klassifiziert keinen Relativsatz als konsekutiv.

2.6 Konzessive Relation

2.6.1 Nicht-restriktive Relativsätze

Lateinisch: 18

(30) PLAUT. Amph. 373 / nicht-restriktiv / ind. prs.; HS: AcI mit inf. prs. nach ind. prs.
tun te audes Sosiam esse dicere, qui ego sum?
‚Du wagst es zu sagen, dass du Sosia seist, obwohl ich es doch bin?‘[30]

2.6.2 Restriktive Relativsätze

Lateinisch: 1

(31) PLAUT. Mil. 190 / restriktiv / konj. prs.; HS: konj. prs.
qui arguat se, eum contra vincat iureiurando suo
‚Auch wenn sie einer beschuldigen sollte, mag sie ihn im Gegenzug durch ihren Eid besiegen.‘

Auswertung: Konzessiver Nebensinn ist in der Regel nur appositiven Relativsätzen eigen.[31]

2.7 Modale Relation

2.7.1 Nicht-restriktive Relativsätze

Lateinisch:	5
adversativ:	2
komitativ-instrumental:	3

(32) PLAUT. Mil. 5–8 / nicht-restriktiv / ind. prs.; 1. ÜS: konj. prs.; 2. ÜS: konj. prs.; HS: inf. prs. nach ind. prs.
nam ego hanc machaeram mihi consolari volo, ne lamentetur neve animum despondeat, quia se iam pridem feriatam gestitem, quae misera gestit fartem facere ex hostibus
‚Denn ich will mir dieses Schwert trösten, dass es nicht klagt und den Geist aufgibt, weil ich es schon lange müßig herumtrage, während es erbärmlich Verlangen hat, aus den Feinden Wurstfüllung zu machen.‘[32]

---

30 Weitere Beispiele: PLAUT. Aul. 723f. / nicht-restriktiv / ind. pf.; ÜS: ind. pf.; HS: ind. prs.: *nam quid mi opust vita, [qui] tantum auri perdidi, quod concustodivi sedulo?* ‚Denn was brauche ich das Leben, der ich so viel Gold verlor, obwohl ich es doch emsig bewacht habe?‘; PLAUT. Mil. 1276 / nicht-restriktiv / konj. pf. (Zustandspassiv); HS: konj. prs.: *egon ad illam eam, quae nupta sit?* ‚Ich soll zu jener gehen, obwohl sie verheiratet ist?‘.

31 Diese Tendenz bestätigen zwei konzessiv interpretierbare Relativsätze aus der Sammlung hethitischer Sätze von Susanne Zeilfelder: KUB XXIII 1+ (Šaušgamuwa-Vertrag) II 24ff.: [^{m}*Ma-aš-d*]*u-ri-iš-ma-kán ku-pí-ya-ti-in ku-up-ta na-an da-at-ta ku-iš* ^{m}NIR.GÁL-*iš* ^{LÚ}*ḪA-DA-NU-y*[*a-a*]*n ku-iš* DÙ-*at nu nam-ma a-pí-el* DUMU-*ŠU* ^{m}*Úr-ḫi-*^{D}U-*up-an Ú-UL pa-aḫ-ḫa-aš-ta* ‚Masturi aber sann auf Verrat und Muwatalli, der/obwohl er ihn aufgenommen und zum Schwager gemacht hatte, schon dessen Sohn Urḫitešub hat er nicht geschützt.‘; Mşt. 75/57 Vs 6ff.: ŠEŠ.DÙG.GA-*YA-mu ku-e tu-el ud-da-a-ar ḫa-at-ri-eš-ki-mi na-at I-NA* É.GAL^{LIM} *Ú-UL am-mu-uk-pát me-mi-iš-ki-mi* ‚Mein lieber Bruder, deine Angelegenheiten, über die/auch wenn ich (über sie) mehrfach schreibe, werde ich im Palast nicht zur Sprache bringen.‘ HETTRICH 1988: 616 führt nur Spezialfälle mit erweitertem Pronomen und verallgemeinernde Relativsätze an.

32 Auch konzessiver Nebensinn ist möglich. Der Satz wird zweimal gezählt.

(33) PLAUT. Aul. 462f. / nicht-restriktiv / ind. pf.; HS: ind. prs.
veluti Megadorus temptat me omnibus miserum modis, qui simulavit mei honoris mittere huc caussa coquos
‚So wie Megadorus mich Armen auf alle Art und Weise verleitet, indem er vorgab, mir zu Ehren Köche hierher zu schicken.‘[33]

Griechisch:	3
restriktiv:	1
komitativ-instrumental:	2

(34) HOM. Il. 24, 364f. / nicht-restriktiv / ind. prs.; HS: ind. aor.
οὐδὲ σύ γ' ἔδεισας μένεα πνείοντας Ἀχαιούς, οἵ τοι δυσμενέες καὶ ἀνάρσιοι ἐγγὺς ἔασι·
‚Und fürchtest du eben keine wutschnaubenden Achäer, dass sie, dir schlecht gesinnt und feindlich, in der Nähe sind?‘

(35) HOM. Il. 24, 432–434 / nicht-restriktiv / ind. prs.; HS: ind. fut.
τὸν δ' αὖτε προσέειπε διάκτορος Ἀργειφόντης· πειρᾷ ἐμεῖο γεραιὲ νεωτέρου, οὐδέ με πείσεις, ὅς με κέλῃ σέο δῶρα παρὲξ Ἀχιλῆα δέχεσθαι
‚Zu ihm sprach aber wiederum der Götterbote, der Argostöter: „Du, Alter, versuchst mich Jüngeren, aber du wirst mich nicht überreden, indem du mich bittest, ein Geschenk von dir an Achill vorbei zu empfangen. …“‘[34]

2.7.2 Restriktive Relativsätze

—

Auswertung: Modalen Nebensinn zeigen nur nicht-restriktive Relativsätze. Zumeist handelt es sich dabei um komitativ-instrumentale Interpretationen, aber auch adversative und restriktive Interpretation sind möglich.[35]

3 Gesamtauswertung

Zunächst wurde das Bild bestätigt, dass es zumeist die nicht-restriktiven, appositiven Relativsätze sind, die einen Nebensinn zeigen können. Auffallend ist aber, dass konditionaler, finaler und konsekutiver Nebensinn auch bei restriktiven Relativsätzen mitverstanden werden kann. Wie lässt sich das interpretieren?

Zur Beantwortung dieser Frage ist zunächst zu klären, was das Besondere einer kausalen Relation zwischen Sachverhalten ausmacht. Eine kausale Relation ist eine Ursache-[36]Wirkung-Relation. Wird diese Relation sprachlich zum Ausdruck gebracht, spricht man

33 Vgl. auch: CATO Agr. 14,3 / nicht-restriktiv / konj. prs.; HS: ohne vf: *huic operi pretium ab domino bono, qui bene praebeat quae opus sunt et nummos fide bona solvat in tegulas singulas II* ‚Als Lohn für dieses Werk von einem guten Herrn, wobei er ordentlich zur Verfügung stellt, was nötig ist, und voller Vertrauen bezahlt, für die einzelnen Ziegel 2 Sesterzen.‘

34 Vgl. auch: HOM. Il. 24, 374–377 / nicht-restriktiv / ind. aor.; HS: ind. aor.: *ἀλλ' ἔτι τις καὶ ἐμεῖο θεῶν ὑπερέσχεθε χεῖρα, ὅς μοι τοιόνδ' ἧκεν ὁδοιπόρον ἀντιβολῆσαι αἴσιον, οἷος δὴ σὺ δέμας καὶ εἶδος ἀγητός, πέπνυσαί τε νόῳ, μακάρων δ' ἔξεσσι τοκήων.* ‚Aber noch hat auch über mich einer der Götter schützend seine Hand gehalten, indem er mir einen derartigen Wanderer schickte, um ⟨mir⟩ glückverheißend zu begegnen, was für einer du nunmehr ⟨bist⟩, bewundernswert hinsichtlich Körperbau und Aussehen, und klug von Verstand bist du, von glücklichen Eltern aber stammst du.‘

35 Auch Hettrich 1988: 733 bestimmt einige appositive Relativsätze des Vedischen als komitativ-instrumental (d. h. als äquivalent „zu den Identitätssätzen“) und adversativ.

36 Die Ursache zerfällt dabei in (äußere) Umstände, (innere) Bedingungen und Auslösung.

korrekter von einer Grund-Folge-Relation. Zu unterscheiden sind innerhalb der kausalen Relation fünf Untergruppen:

1. Konditionale Relation[37]
   Wenn das nicht klappt/klappen sollte, will ich Emma heißen.

2. Kausale Relation im engeren Sinn[38]
   Weil das nicht geklappt hat/klappt, muss ich nun wohl Emma heißen.

3. Konsekutive Relation[39]
   Das hat nicht geklappt, so dass ich nun wohl Emma heißen werde.

4. Finale Relation[40]
   Das muss klappen, damit ich nicht Emma heiße!

5. Konzessive Relation[41]
   Obwohl es nicht geklappt hat/klappt, heiße ich doch nicht Emma.

Mit Blick auf die hier genannte Problematik fällt ein Unterschied zwischen diesen Relationen auf: Bei der kausalen Relation im engeren Sinn und bei der konzessiven Relation hat der Sachverhalt im Nebensatz das Merkmal [+real]. In den drei anderen Fällen ist das Merkmal [−real] bestimmend, was häufig auch in entsprechenden Modi und Tempora (Futur, Konjunktiv, Optativ, Modalverb) seinen Ausdruck findet. Bestimmt der Sprecher den Sachverhalt, der dem Hörer die Identifikation eines Gegenstandes oder einer Person erlaubt, im restriktiven Relativsatz als eventual/zukünftig oder möglich, so kann der Hörer damit gleichzeitig eine kausale Relation mit dem Merkmal [−real] mitdeuten: Der Sachverhalt im Relativsatz kann wahrscheinlich, möglich oder wünschenswert sein. Ist der im Relativsatz genannte Sachverhalt gleichzeitig oder vorzeitig zum Sachverhalt im übergeordneten Satz, so lässt dies nur eine Interpretation als konditionaler Nebensinn zu. Weiteres Kennzeichen für diese Interpretation ist, dass diese Relativsätze häufig dem Bezugswort vorangehen oder an einer frühen Stelle im übergeordneten Satz positioniert sind. Wir haben es hierbei vielfach mit präsupponierenden Relativsätzen zu tun, die gemäß ihrem Namen eine Voraussetzung benennen.[42] Wenn der Sachverhalt im Relativsatz nachzeitig

37 Bei der sprachlichen Realisierung werden im Konditionalsatz Umstände und Bedingungen für eine Wirkung/Folge genannt, während Auslösung und Wirkung/Folge im Hauptsatz erscheinen: *Wenn Zunder da ist (Umstand) und die Reibung eines Holzstabes auf Holz eine hinreichende Temperatur erzeugt (Bedingung), kann man durch vorsichtiges Pusten (Auslösung) ein Feuer entfachen (Wirkung).* Freilich werden selten Umstand, Bedingung und Auslösung so explizit gemacht. Im oben genannten Beispielsatz ist der Umstand die Durchführung eines Versuchs o. Ä., was sich aus dem Kontext ergibt. Die Bedingung ist das Nichtgelingen dieses Versuchs, die Auslösung ist, dass der Versuch wirklich nicht gelingt.

38 Anders wird im Kausalsatz die Ursache in ihrer Gesamtheit genannt.

39 Als Umkehrung (Inversion) einer Kausalrelation mit Kausalsatz kann eine Kausalrelation mit Konsekutivsatz angesehen werden.

40 Während Konditionalsatz und Kausalsatz jeweils den Grund angeben, liegt bei der finalen Relation ein Zweck zu Grunde. Der Zweck besteht in diesem Fall darin, dass die Sprecherin nicht Emma heißen will. In der Folge wünscht sie sich, dass der Versuch gelingen möge. Wenn dies eintritt, liegt eine nächste Ursache vor, deren Wirkung es ist, dass die Sprecherin nicht Emma heißt. Wie man sieht, ist die Finalrelation sehr komplex. Dadurch entsteht leicht der Eindruck, dass der Finalsatz wie der Konsekutivsatz nur eine Folge, wenn auch eine beabsichtigte ausdrückt. In Wirklichkeit ist jedoch die Handlung, die im Hauptsatz ausgedrückt wird, zunächst erst einmal eine Wirkung, deren Ursache der Wunsch nach der aus jener Handlung resultierenden Wirkung ist.

41 In der Sprache wird auch eine Relation zwischen Sachverhalten realisiert, bei der der eine Sachverhalt eine Ursache darstellt, die in ihrer Gesamtheit im Konzessivsatz erscheint, und der andere die unerwartete Wirkung.

42 Vgl. LÜHR 2000: 77f. (mit Literatur). Im Lehrwerk von Cato ist diese Voraussetzung oft weiter Bedingung für eine anschließende Ermahnung oder Aufforderung, d. h. die Bedingung ist sprechaktbezogen.

zum Sachverhalt im übergeordneten Satz ist, ist konsekutive oder finale Lesart möglich; es geht jeweils um eine Folge. Bei Finalität kommt zusätzlich zu dem Merkmal [−real] noch das Merkmal [+voluntional] hinzu. Diese Erklärung für die Verwendung restriktiver Relativsätze mit Nebensinn findet ihre Bestätigung in der konzessiven Lesart eines solchen Relativsatzes:

(36) PLAUT. Mil. 190 / restriktiv / konj. prs.; HS: konj. prs.
qui arguat se, eum contra vincat iureiurando suo
‚Auch wenn sie einer beschuldigen sollte, mag sie ihn im Gegenzug durch ihren Eid besiegen.'

Eine Interpretation als faktischer Konzessivsatz ist ausgeschlossen: *‚*Obwohl sie einer beschuldigt, mag sie ihn im Gegenzug durch ihren Eid besiegen.*' Möglich ist nur die Lesart als konzessiver Konditionalsatz.

Literatur

BALLES, Irene 2004: „KONKURRENZSYNTAX I: Auswertung Nebensätze und ihre Konkurrenten in der Altindischen Prosa". Materialsammlungen des Lehrstuhls für Indogermanistik der Friedrich-Schiller-Universität Jena.
http://www.indogermanistik.uni-jena.de/dokumente/PDF/AuswertungAltindisch.pdf.

BOCK, Bettina 2004: „KONKURRENZSYNTAX I: Der Nebensatz und seine Konkurrenten / CATO ‚De agri cultura' ". Materialsammlungen des Lehrstuhls für Indogermanistik der Friedrich-Schiller-Universität Jena.
http://www.indogermanistik.uni-jena.de/dokumente/PDF/CatoDeagicultura.pdf.

—— 2004b: „KONKURRENZSYNTAX I: Der Nebensatz und seine Konkurrenten / GORGIAS ‚Lobrede auf Helena' und ‚Verteidigungsrede des Palamedes' ". Materialsammlungen des Lehrstuhls für Indogermanistik der Friedrich-Schiller-Universität Jena.
http://www.indogermanistik.uni-jena.de/dokumente/PDF/Gorgias.pdf.

—— 2004c: „KONKURRENZSYNTAX I: Der Nebensatz und seine Konkurrenten / Homerus: Ilias 24 (ΙΛΙΑΔΟΣ Ω)". Materialsammlungen des Lehrstuhls für Indogermanistik der Friedrich-Schiller-Universität Jena.
http://www.indogermanistik.uni-jena.de/dokumente/PDF/Homer24.pdf

—— 2004d: „KONKURRENZSYNTAX I: Der Nebensatz und seine Konkurrenten / PLAUTUS ‚Amphitruo' ". Materialsammlungen des Lehrstuhls für Indogermanistik der Friedrich-Schiller-Universität Jena.
http://www.indogermanistik.uni-jena.de/dokumente/PDF/PlautusAmphitruo.pdf.

—— 2004e: „KONKURRENZSYNTAX I: Der Nebensatz und seine Konkurrenten / PLAUTUS ‚Aulularia' ". Materialsammlungen des Lehrstuhls für Indogermanistik der Friedrich-Schiller-Universität Jena.
http://www.indogermanistik.uni-jena.de/dokumente/PDF/PlautusAulularia.pdf.

—— 2004f: „KONKURRENZSYNTAX I: Der Nebensatz und seine Konkurrenten / PLAUTUS ‚Miles gloriosus' ". Materialsammlungen des Lehrstuhls für Indogermanistik der Friedrich-Schiller-Universität Jena.
http://www.indogermanistik.uni-jena.de/dokumente/PDF/PlautusMilesgloriosus.pdf.

—— 2004g: „KONKURRENZSYNTAX I: Der Nebensatz und seine Konkurrenten / Vita Konstantini." Materialsammlungen des Lehrstuhls für Indogermanistik der Friedrich-Schiller-Universität Jena.
http://www.indogermanistik.uni-jena.de / dokumente / PDF / KonstTeil1.pdf, /KonstTeil2.pdf, /KonstTeil3.pdf, /KonstTeil4.pdf, /KonstTeil5.pdf.

—— 2006: „Metaphorik und Metonymie in der Entwicklungsgeschichte lateinischer Konjunktionen". KOZMOVÁ, Ružena (Hg.): Sprache und Sprachen im mitteleuropäischen Raum. Vorträge der internationalen Linguistik-Tage Trnava 2005. Trnava: Filozofická fakulta, Univ. sv. Cyrila a Metoda, 47–61.

BORNEMANN, Eduard / RISCH, Ernst 1978: Griechische Grammatik. 2. Aufl. Frankfurt/M. / Berlin / München: Diesterweg.

HÄUSLER, Sabine 2002: Zur Hypotaxe im Alt- und Mittelrussischen – *Igorlied* und *Zadonščina* im Vergleich. Berlin: Logos-Verl.

HEINE, Bernd / CLAUDI, Ulrike / HÜNNEMEYER, Friederike 1991: Grammaticalization. A Conceptual Framework. Chicago / London: University of Chicago Press.

HETTRICH, Heinrich 1988: Untersuchungen zur Hypotaxe im Vedischen. Berlin / New York: de Gruyter. (Untersuchungen zur indogermanischen Sprach- und Kulturwissenschaft / Studies in Indo-European Language and Culture, NF/NS; 4).

KÜHNER, Raphael / STEGMANN, Carl 1955: Ausführliche Grammatik der lateinischen Sprache. 2. Teil: Satzlehre. 3. Aufl., durchges. v. A. THIERFELDER. Hannover: Hahnsche Buchhandlung.

LEHMANN, Christian 1984: Der Relativsatz: Typologie seiner Strukturen; Theorie seiner Funktionen; Kompendium seiner Grammatik. Tübingen: Narr. (Language universals; 3).

LÜHR, Rosemarie 2000: „Der Nebensatz und seine Konkurrenten in der Indogermania: Der altindische Relativsatz". Historische Sprachforschung 113, 71–87.

MENGE, Hermann 2000: Lehrbuch der lateinischen Syntax und Semantik. Völlig neu bearb. v. Thorsten BURKARD und Markus SCHAUER. Wiss. Beratung: Friedrich MAIER. Darmstadt: Wiss. Buchgesell.

RUBENBAUER, Hans / HOFMANN, Johannes B. 1975: Lateinische Grammatik. Neubearb. v. R. HEINE. Bamberg / München: Buchners, Lindauer, Oldenbourg.

The pragmatic meanings of some discourse markers in Homer*

Anna BONIFAZI (Harvard University and University of Turin)

The overarching topic of this paper is the grammaticalization of some Homeric discourse features; in other words, special attention is devoted to grammatical phenomena that signal how to process one or more discourse units. Discourse–either in written or in spoken form–refers to the manner of verbal communication; as such, it shows connections to the communicative context and it signals the speaker's/writer's communicative intentions.[1]

As BAKKER 1997 has convincingly shown, Homeric epic can be analyzed in terms of discourse; information units are conveyed by discourse units that articulate the flow of narration–hence we have breaks, developments of ideas, additions and so on. The manner of communication in the Homeric poems is detectable whenever the text includes meta-communicative features informing the recipients about what is going on at the level of performance. Especially in the last twenty years, secondary literature has more or less directly underscored several meta-communicative aspects of the Homeric language that tell us something about the relationship between the primary narrator and the audience. These aspects relate to non-impersonality through focalization (DE JONG 1987), to narrative continuity (RICHARDSON 1990), to the characters' speeches mirroring the poet's speech (MARTIN 1989), to the use of irony (DEKKER 1965), to misdirections (MORRISON 1992), and to the choice of elliptical messages to be presumably balanced by gestures (BOEGEHOLD 1999). To this I add the different modes of communication that characterize single sections of the epic narrative, such as performing similes, performing catalogues, performing laments–which involve both the primary narrator and the characters.

Discourse studies may enrich (and to some extent even modify) the grammatical account of many Homeric words, with notable consequences at the level of literary interpretation and of translation. A provocative example is *ἄνδρα*, the very first word of the *Odyssey*. *ἄνδρα* can be regarded as an anaphoric expression referring to Odysseus and lacking of any verbal antecedent, as it immediately gives access to "Odysseus" to any attendant to any performance of the *Odyssey*, whereas the traditional (written-oriented) perspective entails the reference to a nameless hero who becomes the specific hero Odysseus as the narration unfolds.

Discourse markers and Ancient Greek particles

The linguistic features I am going to spotlight are conjunctions/adverbs that seem to elude the canonical alternative between adversative and continuative meanings. Let us consider a modern example of such conjunctions, first. In Brothers Grimm's *Rosebud* (*Dornröschen*),

* The broader research project relating to this paper is supported by the European Commission through a Marie Curie Outgoing International Fellowship (MOIF-CT-2005, contract n. 8030; PRAGL 'Pragmatics of Archaic Greek Literature'). I wish to thank the participants in the conference for their comments.

1 On different approaches to discourse, see SCHIFFRIN 1994.

once the princess falls down lifeless, all in the castle is said to have fallen asleep. A detail about the absence of wind and no moving leaves is added. Then, the text goes on as follows:

(1) *Rings um das Schloß aber begann eine Dornenhecke zu wachsen,* (...)
So, all around the castle a spiny hedge started to grow. (GRIMM 1980: 259)

This is an example of *aber* resembling, in my view, many occurrences of *αὐτάρ* in Homer. It does not express any contrast, but it also does not simply give continuity to the discourse. Arguably, it marks the shift (both thematic and visual) to a different section of narration. Not by chance, this sentence is indented.

The main problem of detecting the function and the meaning of some adverbs or conjunctions as they are used in various modes of discourse is that they sometimes contribute to the content of what is said, whereas other times they seem not to add anything semantically relevant (which is why they often are not translated at all). Pragmatics, that is, the subfield of linguistics that embraces different studies on what speakers do or imply by uttering sentences, in the last thirty years has developed some interpretive frameworks in order to define what the meaning of such adverbs or conjunctions is, and how it is possible to read the semantic/pragmatic interface connected to their uses.

A relevant notion in this respect is that of "discourse markers".[2] Here I adopt the view according to which "discourse markers" designate a category of different lexical items (adverbs, conjunctions, interjections and short phrases) that do not contribute to the propositional content of sentences. Rather, they typically convey procedural aspects of the verbal communication (for example *what else?*); they may also convey interpersonal aspects of communication (for example *you know* in English), or a mix of procedural and interpersonal aspects (for example *interestingly enough, ...*). Let us analyze two sentences that show the difference between words that do contribute to the propositional content, and words that do not contribute to it but have a pragmatic relevance (for the sake of convenience, from now on the former meaning will be referred to as propositional, while the latter will be referred to as pragmatic).

(2) a. *I was sick, so I stayed in bed.*
b. *John is sick. So, let's start.* (VAN DIJK 1979: 453)

In these two examples, the same lexical item *so* works at two different levels of communication, namely the propositional one, dealing with states of affairs, and the pragmatic one, dealing with various contextual implications and with the speaker's meta-communicative intentions. *So* in the first sentence is what connects two states of affairs, that is, being sick and staying in bed. By contrast, *so* in the second sentence connects two discourse acts: the former informs the audience about the fact that John is sick, while the second marks what is going to start in the upcoming seconds. "One of the most prominent functions of discourse markers is to signal the kind of relations a speaker perceives between different parts of the discourse" (LENK 1997). Their most typical meaning is procedural, to use ROUCHOTA's terms (1998); they contribute to the "strategic organization of discourse", to use HANNAY and KROON's terms (2005). They signal where upcoming sections of discourse come from, and where discourse is going to. Their typical position is sentence initial; also, they have a separate tone contour (in written language a comma usually follows), that is, they are prosodically prominent.

The next step is to compare discourse markers and Ancient Greek particles. Particles suffer from being historically negatively defined; they escape specific grammatical classifications as they are considered as propositionally irrelevant elements. A major feature complicating

2 Basic literature on this includes SCHIFFRIN 1987, JUCKER & ZIV 1998 and LENK 1997. Works that are particularly relevant to the present topic include BRINTON 1996, BEZUIDENHOUT 2004 and COHEN 2007.

our understanding is that it is not always clear whether they connect states of affairs or discourse acts (*καί*, for instance, can be problematic in this respect). Finally, their sentence position may vary. All of this in principle does not encourage the identification of their functions and meanings. In which cases can we say that particles work as discourse markers? A general answer, so far, may be the following: they work as discourse markers each time they do not contribute to the content of what is said (they do not *alter* the content), and, instead, they signal how to process the upcoming discourse step. Particles working as discourse markers have a sentence initial position. What does that mean for Ancient Greek? Wackernagel's law concerning clitics in second position has been recently interpreted in terms of intonational relevance; thus, sentence initial enclitic particles may give prosodic prominence to words in first position.[3] Thus, both particles in first position and particles in second position may be considered as occupying a sentence initial position. A further similarity linking particles and discourse markers is the possible occurrence of chains (for example, *ἀλλ' ἄγε δή* in Ancient Greek, and *then, finally, you know* in English). The distinction between "pure" procedural meaning and "pure" interpersonal meaning of particles actually does not fit the reality of Homeric epic utterances. For example, *ἀτάρ* sometimes seems to adjust previous utterances (procedural meaning), and sometimes it seems to warn about a possible addressee's frustration of expectations (interpersonal meaning). Therefore, I propose to consider the values of Ancient Greek particles in a scalar continuum ranging from a most procedural to a most interpersonal meaning. In a decidedly small number of occurrences particles may have a propositional meaning, especially when they appear in mid sentence position and in syntactically subordinated clauses. However, the current paper will not include the analysis of those cases.

Before focusing on some Homeric discourse markers etymologically related, I would like to exemplify first what a procedural meaning of an Ancient Greek particle may consist in. *Γάρ* is a good instance of a procedural discourse marker, and it has already been studied in a discourse perspective.[4] Since particles, like discourse markers, are multifunctional by definition, I would like to quote a passage illustrating just one of the possible functions– usually accounted within the very broad definition of "explanatory" *γάρ*.

(3) *Odyssey* i 33–34; Zeus to other gods
Ὢ πόποι, οἷον δή νυ θεοὺς βροτοὶ αἰτιόωνται.
ἐξ ἡμέων γάρ φασι κάκ' ἔμμεναι· (...)

Oh for shame, how the mortals put the blame upon us
gods, for they say evils come from us, (...)[5]

The explicative nexus linking *how the mortals put the blame upon us* and the statement *from us, they say, evils come* is actually at the level of utterances, of discourse acts.[6] *Why am I saying that the mortals charge gods?* the speaker means; *Because mortals say evils come from us* (*ἐξ ἡμέων γάρ* is supposedly prosodically marked). Or else: *which evidence does support what I am saying? The fact that mortals say evils come from us.* A corresponding English example (of a well-known kind of pragmatic *because*) is the following:

(4) *Are you free tomorrow? Because I'd like to go rowing.*

Because here introduces a new and different discourse act that explains why the immediately preceding act of asking *Are you free tomorrow?* has been made.

3 Cf. Fraser 2001.
4 *Γάρ* in narratives may signal the embedding of a further narrative; cf. De Jong 1997.
5 All translations of passages from the *Iliad* and from the *Odyssey* are by Lattimore (1951 and 1967 respectively).
6 By discourse act I mean the smallest unit of verbal communicative behavior, after Hannay & Kroon 2005.

The pragmatic meanings of *αὖ*, *αὖτε* and *αὐτάρ*

All the remaining passages cited in this paper illustrate some discourse functions I read behind the uses of *αὖ*, *αὖτε* and *αὐτάρ*.[7] My results harmonize with what KROON 1995 and ORLANDINI 1999 argued about Latin *autem*. *αὖ* and cognates in Ancient Greek have two basic pragmatic meanings, namely they convey distinctiveness (which is to be connected to *αὖ* 'on the other side'), and recognition (which is to be connected to *αὖ* as 'back again'). According to my research, Ancient Greek *αὐτός*, together with *αὐτοῦ* adverb, *αὐτίκα*, and *αὔτως*, share with *αὖ*, *αὖτε*, and *αὐτάρ* a number of pragmatic and cognitive functions. Such functions pertain to the thematic, the emotional and, most of all, the visual level of narration (my results confirm that in Homer narration and visualization go together). Two more preliminary remarks have to precede the cases in point. First: *αὖ*, *αὖτε* and *αὐτάρ* overall mark different kinds of procedural and/or visual discontinuities; still, they do this within the overarching framework of the same source of utterances handling all the threads of narration (which I call performative continuity). Second: the same discourse marker can have different procedural and visual functions, on the one hand, and different discourse markers can accomplish the same function, on the other hand.

Let us consider now how *αὐ*-discourse markers work as procedural and visual prompts during the Homeric performance. A notable–and maybe older–function is to mark the visual shift from an item to a parallel one, from what is on one side and what is on the other side of the same frame:

(5) *Iliad* xxiii 727–728; the primary narrator
(...) *ἐπὶ δὲ στήθεσσιν Ὀδυσσεὺς*
κάππεσε· λαοὶ δ' αὖ θηεῦντό τε θάμβησάν τε

(...) so that Odysseus fell on his chest as the people [= shift and look at the other side of the imagined frame] gazed upon them and wondered.

The wrestling between Ajax and Odysseus is part of the funeral games in honor of Patroclus. In this passage *αὖ* allows for the external audience to visualize the Achaean spectators as spatially shifted: while the two fighters are "on the one side", they gaze upon them and wonder "on the other side". *δέ (λαοί δ')* generically introduces a different discourse act, and *αὖ* specifies that a visual shift is required. The cognitive activity of shifting to parallel focuses–both in visualization and in memory–is arguably implied by *αὐ*-discourse markers also in lists and in genealogies. Formulas indicating turn-taking in Homeric conversations often include *αὖ*, *αὐτάρ*, and most of all *αὖτε*, as in the very frequent wording *And to him/her, X αὖτε said ...*:

(6) *Iliad* xix 184; the primary narrator
Τὸν δ' αὖτε προσέειπεν ἄναξ ἀνδρῶν Ἀγαμέμνων·

Then in turn [= shift to the other interlocutor]
the lord of men Agamemnon answered him.

Αὖτε suggests a visual shift from the previous interlocutor (*τόν*, the individual who just spoke) to the next one (*ἄναξ*), the latter working as a parallel focus. The same holds for lists: a typical way of connecting more entries that are hierarchically equal is *δεύτερον αὖ* or *δεύτερον αὖτε*, and also, interestingly enough, *δεύτερον αὖτις*.[8]

7 On this see also BONIFAZI 2008.

8 In BONIFAZI 2008 I propose that sentence initial *αὖτις* works as a discourse marker, whereas in middle or in final position it works as a propositional adverb. *Again* in English does the same: let us think of the difference between *Again, this does not make any sense* (*again* having a pragmatic procedural meaning) and *I've lost my wallet again* (*again* having a propositional meaning).

Αὐτάρ, usually not translated at all, is a discourse marker primarily involved with the beginning of new narrative sections.[9] This basic function is so important in the flow of Homeric narration that it can even mark the beginning of entire embedded stories. It typically establishes a new setting, that is, a series of related actions that do not share with the previous setting the time and/or the place. Very often the gap between the two settings is temporal, and this is verbally made explicit by the occurrence of a temporal marker following *αὐτάρ* (typically *ἐπεί* or *ἔπειτα*).[10] However, *αὐτάρ* does not have the function of reinforcing the temporal gap; conversely, it suggests a visual shift–by the mind's eyes–that helps the recipients processing that moment of discourse. The following passage exemplifies this:

(7) *Odyssey* x 569–573; xi 1–2; Odysseus to the Phaeacians
ἀλλ' ὅτε δή ῥ' ἐπὶ νῆα θοὴν καὶ θῖνα θαλάσσης
ἤομεν ἀχνύμενοι, θαλερὸν κατὰ δάκρυ χέοντες,
τόφρα δ' ἄρ' οἰχομένη Κίρκη παρὰ νηῒ μελαίνῃ
ἀρνειὸν κατέδησεν ὄϊν θῆλύν τε μέλαιναν,
ῥεῖα παρεξελθοῦσα· τίς ἂν θεὸν οὐκ ἐθέλοντα
ὀφθαλμοῖσιν ἴδοιτ' ἢ ἔνθ' ἢ ἔνθα κιόντα·
ΟΔΥΣΣΕΙΑΣ Λ
Αὐτὰρ ἐπεί ῥ' ἐπὶ νῆα κατήλθομεν ἠδὲ θάλασσαν,
νῆα μὲν ἂρ πάμπρωτον ἐρύσσαμεν εἰς ἅλα δῖαν,

When we came down to our fast ship and the sand of the seashore,
we sat down, sorrowful, and weeping big tears. Circe
meanwhile had gone down herself to the side of the black ship,
and tethered aboard it a ram and one black female, easily
passing by us unseen. Whose eyes can follow the movement
of a god passing from place to place, unless the god wishes?
ODYSSEY 11
Now when we had gone down again to the sea and our vessel,
first of all we dragged the ship down into the bright water.

While book x ends with the description of Circe concealing herself while tethering a couple of animals, book xi catches up with the actions of Odysseus and the companions ('we'). The speaker (Odysseus) helps the audience (the Phaeacians) to visually shift from Circe to the unfortunate sailors. This is the procedural meaning of *αὐτάρ* in this case. The fact that *αὐτάρ* most typically starts the line fits with the hypothesis of a performative break preceding it; its utterance could have been associated with a deep breath taken beforehand, or with a special pitch in the voice, or a specific gesture, or a specific facial expression (I remind the reader of the sentence *So, let's start*). Whenever *αὐτάρ* marks the switch between different sections of the epic discourse, the speaker shows performative continuity, in that he underscores the connection-in-performance that links all of them.

Αὐτάρ is quite frequently followed by a first person pronoun. Beyond the *Iliad* and the *Odyssey*, a most striking instance is the closure of several Homeric Hymns, which recites:

(8) *Hymn iii to Apollo* 546, *Hymn iv to Hermes* 580, *Hymn vi to Aphrodite* 21 and others
αὐτὰρ ἐγὼ καὶ σεῖο καὶ ἄλλης μνήσομ' ἀοιδῆς

As for me, I will remember you as well as the rest of the song.

9 On discourse markers *well* and *but* cueing different sections of oral narratives, cf. NORRICK 2001.
10 About one third of the occurrences of *αὐτάρ* in the *Odyssey* and in the *Iliad* work in this way.

In these cases *αὐτάρ* draws the attention of the listeners to the source of the utterance; it causes a zoom effect that isolates the new target from the previous "shot".[11] *As for me* implies also *look at me, now, zoom in on me.* As such, it marks the crucial transition between the previous telling and the "dismissal" of the teller himself, which is explicitly self-referential (as in the closure of many fairy tales in different cultural traditions, by means of expressions such as *and they stayed there, and I stayed here*).

Homeric *αὖτε* allows for zooming in on individuals as well, especially when the latter are singled out from a plurality of persons. The Catalogue of Ships shows a number of instances of that, such as, for example:

(9) *Iliad* ii 601; the primary narrator
τῶν <u>αὖθ'</u> ἡγεμόνευε Γερήνιος ἱππότα Νέστωρ·
Of these [zoom in, now], the leader was the Gerenian horseman, Nestor.

The prominence is primarily visual. The catalogues of the Achaean and of the Trojan contingents in *Iliad* ii include 23 entries (out of 45) introducing the leaders of military groups by means of *αὖ*, *αὖτε* and *αὐτάρ*. Curiously enough, *αὐτός* is used as well, as in the following passage, where leader Menelaus is procedurally singled out.

(10) *Iliad* ii 586–589; the primary narrator
τῶν οἱ ἀδελφεὸς ἦρχε βοὴν ἀγαθὸς Μενέλαος
ἑξήκοντα νεῶν· ἀπάτερθε δὲ θωρήσσοντο·
ἐν δ' <u>αὐτὸς</u> κίεν ᾗσι προθυμίῃσι πεποιθὼς
ὀτρύνων πόλεμον δέ· (...)
Of these his brother Menelaus, good at the great war cry
was leader, with sixty ships marshalled apart from the others.
He himself [= zoom in on him; he is now the center of attention] went among them
in the confidence of in his valour,
driving them battleward. (...)

Αὐτός in Homer may qualify its referent as somebody–usually higher in rank–that occupies a central position in a given visual frame.[12]

The last function of *αὐ*-discourse markers I would like to mention is the mark of "flashes". Such a mark concerns a special kind of discontinuity, namely the acknowledgement of a special instant of narration, in which something remarkable happens. The visual component consists in a higher cognitive investment–suggested by the speaker–in the processing of that instant, as if a flash would be snapped with the purpose of fixing that moment. Adverb *αὐτοῦ* may be used to convey this (along with *αὖ* and *αὐτίκα*).

(11) *Odyssey* iv 700–703; Medon to Penelope; the primary narrator
Τηλέμαχον μεμάασι κατακτάμεν ὀξέϊ χαλκῷ
οἴκαδε νισόμενον· ὁ δ' ἔβη μετὰ πατρὸς ἀκουὴν
ἐς Πύλον ἠγαθέην ἠδ' ἐς Λακεδαίμονα δῖαν.
ὣς φάτο, τῆς δ' <u>αὐτοῦ</u> λύτο γούνατα καὶ φίλον ἦτορ·
Now they are minded to kill Telemachus with the sharp bronze
on his way home. He went in quest of news of his father

11 Cinematographic metaphors rest on a basic process enhanced by the Homeric epic, which is the so-called "cinema in the mind", that is, the spectators and the performer visualize the mythical deeds in a series of shots "appearing" to them as the narrative unfolds. Cf. Bakker 2005, Minchin 2001 and Bonifazi 2008. Beyond some discourse markers, other linguistic devices mark visuality, including deictic markers and evidentials.

12 On the pragmatic and cognitive implications of the Homeric uses of *αὐτός* see Bonifazi (forthcoming).

to Pylos the sacrosanct and to glorious Lacedaemon.
So he spoke, and her knees gave way and the heart in her.

The traditional propositional readings of *αὐτοῦ* are 'in that very place' or 'in that very moment' or 'on the spot'. However, none of these readings show the potentially co-existent reference to the *hic et nunc* of the performance. As a matter of fact, in the two Homeric poems *αὐτοῦ* means also 'here' or 'now'. In the quoted passage it occurs early in the sentence, close to *δέ* reinforcing the initial group[13]–comma after *φάτο* is totally arbitrary. As such, it parallels many Homeric instances of *ὁ/τὸν/τὴν δ' αὖ(τε)*. As for the meaning, it is as if the speaker would stress that the sudden moment he is speaking about is also the sudden moment in which he tells what happened to Penelope's knees and heart. *αὐτοῦ* may bridge the gap between the past of the events and the present of the performance. The special moment of the story and the special moment of discourse coincide. My reading of *αὐτοῦ* in *Odyssey* iv 703 as a discourse marker is supported by the fact that it may not affect the semantic content of the proposition: 'her knees gave way and the heart in her' is a state of affairs that is not "touched" by *αὐτοῦ* (Lattimore's translation, in fact, ignores *αὐτοῦ*). Rather, *αὐτοῦ* may convey the manner of communication, that is, the speaker's involvement in that flash, once he acknowledges and re-enacts Penelope's frightened reaction.[14]

Conclusion

Discourse markers express the kind of relations the speaker perceives between different parts of the discourse. Discourse markers usually occur in sentence initial position, and do not affect the propositional content of the sentence including them. The procedural meanings of Homeric *αὖ*, *αὖτε*, *αὐτάρ* rest on the visual discontinuities existing between different sections of the epic narration. They work as "road-signs" of discourse and prompt specific cognitive activities related to visual imagery: shifting between different kinds of takes (or shots, either in changes of scene or in changes of focus), shifting between less and more detailed depictions (zooming in) and shifting between ordinary moments and extraordinary moments of the narration (flashes). By means of these markers both the performer and the audience, who re-see in their mind's eyes the mythical events re-enacted in the ongoing performance, are helped in processing what is next.

References

Bakker, E. J. (1997). *Poetry in Speech: Orality and the Homeric Discourse*. Ithaca and London: Cornell University Press.

——— (2005). *Pointing at the Past. From Formula to Performance in Homeric Poetics*. Washington, D. C.: Center for Hellenic Studies – Harvard University Press.

Bezuidenhout, A. (2004). 'Procedural Meaning and the Semantics/Pragmatics Interface'. In: C. Bianchi (ed.), *The Semantics/Pragmatics Distinction*. Stanford: CSLI Publications, 101–131.

Boegehold, A. L. (1999). *When a gesture was expected*. Princeton: Princeton University Press.

Bonifazi, A. (forthcoming). 'Discourse Cohesion Through Third Person Pronouns: The Case of *κεῖνος* and *αὐτός* in Homer'. In: S. Bakker & G. Wakker (eds.), *Discourse Cohesion in ancient Greek*. Leiden: Brill.

——— 2008. 'Memory and Visualization in Homeric Discourse Markers'. In: A. Mackay (ed.), *Orality, Literacy, Memory in the Ancient Graeco-Roman World*. Leiden: Brill, 35–64.

13 See above, n. 3 and the related main text.
14 All of *αὐ*- adverbs are more extensively analyzed in a monograph that is in preparation.

BRINTON, L. J. (1996). *Pragmatic Markers in English: Grammaticalization and Discourse Functions.* Berlin and New York: De Gruyter.

COHEN, E. (2007). 'Discourse markers: Cotext and Context Sensitivity'. *Proceedings of the Israeli Linguistic Society* 16, v–xxiii.

DE JONG, I. J. F. (1987). *Narrators and Focalizers. The Presentation of the Story in the* Iliad. Amsterdam: Grüner.

——— (1997). '*ΓΑΡ* Introducing Embedded Narratives'. In: A. RIJKSBARON (ed.), *New Approaches to Greek Particles.* Amsterdam: Gieben, 175–185.

DEKKER, A. F. (1965). *Ironie in der Odyssee.* Leiden: Brill.

FRASER, B. (2001). 'The Clause Start in Ancient Greek: Focus and the Second Position'. *Glotta* 77, 138–177.

GRIMM, W. & J. (1980) [1812–1814]. *Kinder- und Hausmärchen I.* H. RÖLLEKE (ed.), Stuttgart: Reclam.

HANNAY, M. & C. KROON (2005). 'Acts and the relationship between discourse and grammar'. *Functions of Language* 12, 87–124.

JUCKER, A. H. & Y. ZIV (eds.) (1998). *Discourse markers. Description and Theory.* Amsterdam and Philadelphia: Benjamins.

KROON, C. (1995). *Discourse Particles in Latin. A Study of* nam, enim, autem, vero *and* at. Amsterdam: Gieben.

LATTIMORE, R. (1951). *The* Iliad *of Homer.* Chicago: Chicago University Press.

——— (1967). *The* Odyssey *of Homer.* New York: Harper & Row.

LENK, U. (1997). 'Discourse Markers'. In: *Handbook of Pragmatics online.* (http://benjamins.com/online/hop/).

MARTIN, R. P. (1989). *The Language of Heroes: Speech and Performance in the* Iliad. Ithaca: Cornell University Press.

MINCHIN, E. (2001). *Homer and the Resources of Memory. Some Applications of Cognitive Theory to the* Iliad *and the* Odyssey. Oxford and New York: Oxford University Press.

MORRISON, J. V. (1992). *Homeric Misdirection: False Predictions in the* Iliad. Ann Arbor: The University of Michigan Press.

NORRICK, N. R. (2001). 'Discourse markers in oral narrative'. *Journal of Pragmatics* 33, 849–878.

ORLANDINI, A. (1999). 'De la connexion: une analyse pragmatique des connecteurs latins *autem* et *ceterum*'. *Indogermanische Forschungen* 104, 142–163.

RICHARDSON, S. (1990). *The Homeric Narrator.* Nashville: Vanderbilt University Press.

ROUCHOTA, V. (1998). 'Procedural Meaning and Parenthetical Discourse Markers'. In: A. H. JUCKER & Y. ZIV 1998, 97–126.

SCHRIFFIN, D. (1987). *Discourse Markers.* Cambridge: Cambridge University Press.

——— (1994). *Approaches to Discourse.* Oxford and Cambridge, Mass.: Blackwell.

VAN DIJK, T. (1979). 'Pragmatic Connectives'. *Journal of Pragmatics* 3, 447–456.

Semantische und pragmatisch-kontextuelle Faktoren in der Entwicklung des altindoarischen Perfekts*

Eystein DAHL (Universität Oslo)

Ein zentrales Problem im Bereich der historischen Sprachwissenschaft, das leider allzu oft stillschweigend übersehen wird, betrifft die Frage, wie präzise die Aussagen sein können, die man über die Semantik grammatischer Kategorien in ausgestorbenen Sprachen machen kann. Meines Erachtens bleibt unser Verständnis der semantischen Eigenschaften einzelner Kategorien sowohl in den einzelnen indogermanischen Sprachen als auch in der indogermanischen Grundsprache in vielerlei Hinsicht mangelhaft, unter anderem deswegen, weil die philologische Tradition fast ausschließlich auf einer rein induktiven Methode basiert. Eine Konsequenz dieses Vorgehens ist, dass die traditionell angenommenen Funktionsbereiche einzelsprachlicher Kategorien in vielen Fällen zwei oder mehrere Funktionen mit einschließen, die sich bestenfalls mit Schwierigkeiten auf eine einheitliche semantische Definition zurückführen lassen, so dass die Kategorie mehrere grundsätzlich verschiedene Bedeutungen zu haben scheint, als ob sie genuin polysem wäre. Da grammatische Kategorien stark dazu tendieren, eine relativ einheitliche Bedeutung zu haben, erscheint die Annahme genuiner Polysemie bei einer grammatischen Kategorie vom Hause aus weniger plausibel als bei einer lexikalischen Kategorie. Dies bedeutet nicht, dass die Existenz genuin polysemer grammatischer Kategorien in natürlichen Sprachen a priori ausgeschlossen werden kann, sondern eher, dass eine derartige Annahme nur dann zulässig ist, wenn eine einheitliche Analyse der unterschiedlichen Lesarten einer gegebenen Kategorie unmöglich ist. In diesem Aufsatz möchte ich zeigen, wie sich mittels einiger Einsichten der theoretischen Semantik und der typologisch orientierten Linguistik die traditionelle induktive Philologie mit einigen theoretisch und empirisch wohl fundierten deduktiven Annahmen anreichern lässt, so dass man an ein präziseres und realistischeres Verständnis der semantischen Eigenschaften grammatischer Kategorien gestorbener Sprachen gelangen kann.

Das vedische Perfekt bietet aus mehreren Perspektiven einen interessanten Ausgangspunkt für eine Diskussion der Möglichkeiten und Beschränkungen, die sich aus der Anwendung moderner sprachwissenschaftlichen Methoden auf ausgestorbene Sprachen ergeben. Einerseits zeigt der Indikativ Perfekt im Rigveda eine Reihe Lesarten, die sich anscheinend nicht ohne weiteres miteinander in Einklang bringen lassen, obwohl allgemein anerkannt wird, dass er einen resultativ-perfektiven Charakter hat (vgl. z. B. KÜMMEL 2000, MUMM 2002, GARCÍA-RAMÓN 2004). Anderseits lässt sich anscheinend der Indikativ Perfekt in den späteren Stufen des Vedischen zunächst als eine vergangenheitsbezogene, aspektuell neutrale

* Dieser Aufsatz basiert auf meinem Vortrag *Von pragmatischer Implikatur zu semantischem Merkmal: Die Entwicklung der inferentialen Lesart des vedischen Perfekts*, der im Rahmen der Arbeitstagung der Indogermanischen Gesellschaft an der Philipps-Universität Marburg 24.–26. September 2007 präsentiert wurde. Ich bedanke mich bei den Teilnehmern für kritische Bemerkungen und Anregungen nach der Präsentation, insbesondere bei Frau Caroline Kroon und bei den Herren Alexander Lubotsky und Dag Haug.

Kategorie einstufen, danach als eine inferentielle Vergangenheitskategorie, wenigstens wenn man Pāṇinis Definition des Perfekts als *bhūte paro'kṣe* ‚in der Vergangenheit außerhalb der Sicht' ernst nehmen will (vgl. z. B. JOB 1994, CARDONA 2002). Im folgenden versuche ich zunächst, die semantischen Eigenschaften des frühvedischen Perfekts zu bestimmen, bevor ich seine weitere Entwicklung verfolge.[1]

Die folgenden Textstellen illustrieren einige der vielfältigen Lesarten des frühvedischen Indikativ Perfekts (vgl. auch KIPARSKY 1998, KÜMMEL 2000, MUMM 2002 und DAHL 2008a, 2008b).

(1) a. Resultativ
tám pṛchatā sá jagāmā *sá veda* (RV I 145.1)
‚Diesen fragt! Der ist gekommen (und nun da), der weiß es.'[2]

b. Stativisches Präsens
ádhā mitró ná súdhitaḥ pāvakó
agnír dīdāya *mā́nuṣīṣu vikṣú* (RV IV 6.7)
‚Nun leuchtet wie der freundliche Mitra Agni, der Reine, unter den menschlichen Stämmen.'[3]

c. Universell
purā́ nūnám̐ ca stutáye ṛ́ṣīṇām
paspṛdhrá *índre ádhi ukthaarkā́* (RV VI 34.1)
‚Früher und jetzt haben die Lobpreisungen der Ṛṣis, die Gedichte und Gesänge um Indra gewetteifert.'[4]

d. Existentiell
cakā́ra *tā́ kṛṇávan nūnám anyā́* (RV VII 26.3)
‚Er hat diese (Taten) getan und wird jetzt andere tun.'[5]

e. Präterital
adyā́ mamā́ra *sá hiyáḥ sám* āna (RV X 55.5)
‚Heute ist er tot/gestorben – der hat gestern noch geatmet.'[6]

f. Vorzeitig
áhann áhim párvate śiśriyāṇám̐
tváṣṭāsmai vájram̐ svaríyam̐ tatakṣa (RV I 32.2)
‚Er erschlug den Drachen, der sich auf dem Berge gelagert hatte. Tvaṣṭar hatte ihm die sausende Keule geschmiedet.'[7]

Hinsichtlich dieser Beispiele ist zu bemerken, dass einige der Lesarten des frühvedischen Indikativ Perfekts lexikalisch bedingt zu sein scheinen, während andere anscheinend von dem unmittelbaren Kontext abhängen. Einerseits scheinen die so genannten resultativen und stativischen Lesarten wenigstens teilweise komplementär verteilt zu sein, indem die erste vor allem mit Perfektformen nicht-punktueller, telischer Prädikate assoziiert ist, während man die zweite ausschließlich bei Perfektformen punktueller, telischer Prädikate findet (vgl. auch KIPARSKY 1998, KÜMMEL 2000, DAHL 2008a). Die letzte Gruppe von Prädikaten

1 Für eine ausführlichere Diskussion der semantischen Eigenschaften des frühvedischen Indikativ Perfekts, Imperfekts und Indikativ Aorists sowie der Entwicklung dieser dreier Kategorien in den späteren Phasen des Vedischen verweise ich auf DAHL (2008a, 2008b, 2008c, 2008d, 2008e, in Vorbereitung).
2 Übersetzung nach KÜMMEL (2000: 75, 155).
3 Übersetzung nach KÜMMEL (2000: 228).
4 Übersetzung nach GELDNER (1951b: 131).
5 Übersetzung nach GELDNER (1951b: 205).
6 Übersetzung nach KÜMMEL (2000: 96).
7 Übersetzung nach GELDNER (1951a: 36).

haben im Frühvedischen typischerweise keinen Präsensstamm und in diesen Fällen werden bekanntlich die Flexionskategorien des Präsensstammes durch die entsprechenden Formen des Perfektstammes ersetzt.

Diese beiden Lesarten drücken aus, dass ein zur Sprechzeit bestehender Zustand direkt oder indirekt als das Resultat einer in der Vergangenheit lokalisierten abgeschlossenen Situation erfasst wird. Wenden wir uns nun der sogenannten universellen Lesart zu, die vor allem mit atelischen Prädikaten assoziiert ist und eine Situation bezeichnet, die durch die Vergangenheit bis in die Gegenwart besteht. Wie die resultative und die stativische Lesart bezieht sich die universelle Lesart somit auf die Zeit des Sprechens. Diese drei Lesarten haben also einen eindeutigen Gegenwartsbezug. In den übrigen Fällen zeigt der Indikativ Perfekt dagegen einen relativ eindeutigen Vergangenheitsbezug, wie die Textstellen in (1d), (1e) und (1f) illustrieren. Im ersten Fall drückt er aus, dass eine Situation bzw. mehrere Situationen sich in einer unbestimmten Vergangenheit abgespielt haben, im zweiten bezeichnet er eine spezifische, in einer bestimmten Vergangenheit lokalisierte Situation und im dritten Fall eine spezifische Situation, die vor einer anderen vergangenen Situation zeitlich lokalisiert ist. Ich möchte an dieser Stelle bemerken, dass die in (1e) zitierte Textstelle das einzige Beispiel im Rigveda bildet, wo eine Form des Indikativ Perfekts von einem eindeutig vergangenheitsbezogenen Rahmenadverb modifiziert wird, d. h. von einem Adverb, das eine bestimmte vergangene Zeit bezeichnet.

Da diese Lesarten anscheinend grundsätzlich unterschiedliche zeitliche Relationen bezeichnen, ergibt sich die Frage, ob der frühvedische Indikativ Perfekt als eine semantisch einheitliche Kategorie angesehen werden kann oder ob er vielmehr genuin polysem ist. Um diese Frage befriedigend klären zu können, möchte ich zunächst kurz einige theoretische Annahmen erläutern, bevor ich die unterschiedlichen Lesarten des frühvedischen Indikativ Perfekts und seine Entwicklung in den späteren Phasen des Vedischen diskutiere.

Ich gehe davon aus, dass sich sprachliche Zeitausdrücke auf vier unterschiedliche zeitliche Parameter beziehen, nämlich die *Sprechzeit* (t_S) oder die Zeit der aktuellen Aussage, die *Ereigniszeit* (t_E) oder die Laufzeit des eigentlichen Erreignisses, die *Referenzzeit* (t_R) oder die Zeit, über die die Rede ist und schließlich die *Perspektivzeit* (t_P) oder die zeitliche Perspektive des Sprechers (vgl. z. B. KAMP & REYLE 1993, KLEIN 1995, KIPARSKY 1998, KRATZER 1998). Ich nehme ferner an, dass die Annahme der beiden ersten zeitlichen Parameter unumstritten ist, da meines Erachtens jegliche Analyse einer zeitlichen Relation minimal die Zeit des Sprechens und die Zeit des Ereignisses mit einschließen muss. Anderseits sind sie anscheinend für die Analyse vieler zeitlicher Relationen ausreichend; beispielsweise lässt sich die Vergangenheit, die Gegenwart und die Zukunft als zeitliche Relation vom Typ ‚Ereigniszeit vor Sprechzeit' ($t_E - t_S$), ‚Ereigniszeit gleich Sprechzeit' ($t_E = t_S$) und ‚Ereigniszeit nach Sprechzeit' ($t_S - t_E$) verstehen. Wozu brauchen wir dann die übrigen beiden Parameter?

Die sogenannte Referenzzeit wurde zuerst von dem Philosophen Hans Reichenbach (vgl. REICHENBACH 1947) angenommen, um den semantischen Unterschied zwischen dem englischen Simple Past und Present Perfect zu erklären, die beide etwa die Relation ‚Ereigniszeit vor Sprechzeit' ($t_E - t_S$) ausdrücken, die aber trotzdem nicht synonym sind, wie sich aus dem folgenden Kontrast ergibt:

(2) a. *Yesterday I read a book.*
b. * *Yesterday I have read a book.*

Laut Reichenbach besteht der semantische Unterschied zwischen diesen beiden Kategorien darin, dass das einfache Präteritum die Relation ‚Ereigniszeit gleich Referenzzeit, Referenzzeit vor Sprechzeit' ($t_E = t_R$, $t_R - t_S$) bezeichnet, während das Perfekt die Relation

,Ereigniszeit vor Referenzzeit, Referenzzeit gleich Sprechzeit' ($t_E - t_R$, $t_R = t_S$) ausdrückt. Der Terminus „Referenzzeit" spiegelt die Intuition, dass der relevante Parameter die Zeit betrifft, auf die sich der Diskurs bezieht. Im vorliegenden Fall wird diese Zeit durch das eindeutig vergangenheitsbezogene Adverb *yesterday* spezifiziert.

Obwohl diese drei Parameter eine relativ präzise Analyse unterschiedlicher temporaler Relationen ermöglichen, scheint ein vierter temporaler Parameter notwendig zu sein, um zu einem vollständigen Bild zu gelangen. Es gibt mehrere Argumente für die Annahme eines vierten temporalen Parameters, die sogenannte Perspektivzeit; im vorliegenden Kontext scheint es mir am günstigsten, auf die Tatsache zu verweisen, dass einzelsprachliche Tempuskategorien in den meisten Fällen zwar die Sprechzeit als ihre zeitliche Verankerung haben, dass sie aber in einigen Fällen nicht in der Sprechzeit, sondern in einer anderen, kontextuell bestimmten Zeit zeitlich verankert sind, was beispielsweise beim sogenannten historischen Gebrauch gegenwartsbezogener Kategorien der Fall ist.[8] Man bemerke, dass die Perspektivzeit im Normalfall mit der Sprechzeit identifiziert wird, deswegen werden im Folgenden diese beiden Parameter meistens als ein Parameter behandelt.

Oben wurde bemerkt, dass der semantische Unterschied zwischen dem englischen Simple Past und Present Perfect in Beispiel (2) als der zweier grundsätzlich unterschiedlicher temporaler Relationen zwischen der Referenzzeit, der Ereigniszeit und der Sprechzeit analysiert werden kann. Bisher habe ich die Frage der Werte der zeitlichen Parameter offen gelassen, ich werde aber im Folgenden annehmen, dass die Grundwerte der Parameter zeitliche Intervalle sind, und ferner, dass Punkte in temporaler Hinsicht als minimale Intervalle erfasst werden. Diese Annahme erlaubt uns anzunehmen, dass nicht nur eine Identitäts- ($=$) oder Prioritätsrelation ($-$), sondern auch unter anderem eine generelle Inklusionsrelation ($\subseteq$), eine echte Inklusionsrelation ($\subset$) oder eine allgemeine Überlappungsrelation ($\otimes$) zwischen den zeitlichen Parametern bestehen können. Ein unmittelbarer Vorteil dieser Annahme ist, dass sie eine einfache Analyse der semantischen Unterschied zwischen dem englischen Simple Past und dem Progressive Past erlaubt:

(3) a. *Yesterday I read a book.*
    b. *Yesterday I was reading a book.*

Ich nehme an, dass die unumstrittene Deutung dieser beiden Sätze die ist, dass sie sich vor allem dadurch voneinander unterscheiden, dass der erste Satz eine Situation von einem besonderen Typ als abgeschlossen, der zweite Satz eine ähnliche Situation als nicht abgeschlossen bzw. offen darstellt. In den beiden obigen Fällen sind die Ereigniszeit und die Referenzzeit vor der Sprechzeit lokalisiert, was teils durch die verbale Morphosyntax und teils durch das Adverb *yesterday* signalisiert wird. Diese Beobachtungen deuten darauf hin, dass der semantische Unterschied zwischen den Sätzen nicht temporal im engen Sinne, sondern vielmehr aspektuell ist. Ausgehend von der Annahme, dass die Grundwerte der zeitlichen Parameter als Intervalle verstanden werden, dürfte man den aspektuellen Unterschied zwischen den zur Diskussion stehenden Sätzen als grundsätzlich unterschiedliche Inklusionsrelation zwischen der Ereigniszeit und der Referenzzeit verstehen. Eine nicht unplausible Annahme wäre, dass das englische Simple Past die Relation ,Erreigniszeit innerhalb von Referenzzeit' ($t_E \subseteq t_R$) bezeichnet, während das Progressive Past etwa die Relation ,Referenzzeit innerhalb von Ereigniszeit' ($t_R \subseteq t_E$) ausdrückt. Ausgehend davon, dass der semantische Unterschied zwischen diesen beiden Kategorien aspektuell ist, dürfte man Aspekt als eine Relation zwischen der Referenzzeit und der Ereigniszeit und Tempus als eine Relation zwischen der Referenzzeit und der Sprechzeit definieren. Einige

8 Ich verweise auf Kamp & Reyle (1993), Kiparsky (1998) und Dahl (2008a, 2008b) für weitere Argumente für die Annahme einer separaten Perspektivzeit.

der wichtigsten Tempus-/Aspektkategorien lassen sich innerhalb des vorliegenden Rahmens in der folgenden Weise definieren:

Tempuskategorien:

Name	Gegenwart PRES	Vergangenheit PAST	Zukunft FUT
Semantische Spezifikation	$t_S \subseteq t_R$	$t_R - t_S$	$t_S - t_R$

Aspektkategorien:

Name	Neutral NEUT	Imperfektiv IPFV	Perfektiv PFV	Perfekt/Anterior ANT
Semantische Spezifikation	$t_R \otimes t_E$	$t_R \subseteq t_E$	$t_E \subseteq t_R$	$t_E - t_R$

Tabelle 1: Semantische Definitionen einiger Tempus- und Aspektkategorien

Dieser Theorie zufolge repräsentieren also Tempus und Aspekt zwei eindeutig distinkte Dimensionen in der von einem Satz gegebenen zeitlichen Information. Von einer kompositionellen Perspektive ließe sich annehmen, dass sich die einzelnen Tempuskategorien mit den einzelnen Aspektkategorien kombinieren lassen, man bemerke aber, dass die Tempus- und Aspektkategorien nicht ganz frei miteinander kombinierbar sind. Beispielsweise lassen sich bekanntlich der perfektive Aspekt und das Tempus Gegenwart im Allgemeinen nicht miteinander kombinieren. Es ist eine Aufgabe der zukünftigen Forschung festzustellen, ob es andere universelle oder sprachspezifische Beschränkungen der Kombinierbarkeit einzelner Tempus- und Aspektkategorien gibt. Man bemerke, dass dieses Model voraussetzt, dass in natürlichen Sprachen jede Aussage eine temporale sowie eine aspektuelle Bedeutung haben muss, um überhaupt sinnvoll geäußert werden zu können. Die Wahrheitsbedingungen der obigen Aspektkategorien lässt sich in der folgenden Weise formalisieren (vgl. ferner Kratzer 1998, von Stechow & Gerö 2002):

(4) $\text{PFV} = \lambda P \lambda t_R.\exists e\ (t_E(e) \subseteq t_R \wedge |e| \neq \varnothing \wedge P(e) = 1)$
$\text{NEUT} = \lambda P \lambda t_R.\exists e\ (t_R \otimes t_E(e) \wedge |e| \neq \varnothing \wedge P(e) = 1)$
$\text{IPFV} = \lambda P \lambda t_R.\exists e\ (t_R \subseteq t_E(e) \wedge |e| \neq \varnothing \wedge P(e) = 1)$
$\text{ANT} = \lambda P \lambda t_R.\exists e\ (t_E(e) - t_R \wedge |e| \neq \varnothing \wedge P(e) = 1)$

Diese Definitionen der aspektuellen Kategorien setzen unter Anderem voraus, dass es eine Proposition P und eine Referenzzeit (t_R) gibt, so dass es eine Situation e gibt, deren Erreigniszeit in der Referenzzeit inkludiert ist (PFV), deren Ereigniszeit mit der Referenzzeit überlappt (NEUT), deren Ereigniszeit die Referenzzeit inkludiert (IPFV) oder deren Ereigniszeit vor der Referenzzeit lokalisiert ist (ANT) und dass die Proposition P hinsichtlich Situation e wahr ist (1). Ferner setzen sie voraus, dass die Kardinalität der Situation e eins oder mehr ist ($|e| \neq \varnothing$).

Obwohl diese Definitionen aus einer Perspektive als ziemlich genau erscheinen, ist es ebenfalls klar, dass die sich daraus ergebenden Aspektkategorien relativ generelle bzw. unspezifische Bedeutungen haben, die ihrerseits durch kontextuelle Faktoren präzisiert werden können, so dass die Kategorien unterschiedliche Mengen kontextuell bedingter Lesarten erzeugen. Somit lassen sich die in (1) angegebenen Lesarten als spezifischere Variante einer grundlegenden, generellen Bedeutung des frühvedischen Perfekts verstehen. Quersprachliche Studien wie Dahl (1985) und Smith (1997) zeigen, dass die kontextuell bedingten Lesarten der einzelnen oben erläuterten Aspektkategorien in genetisch unverwandten Sprachen ziemlich genau übereinstimmen. Innerhalb des vorliegenden Rahmens ließe sich diese Beobachtung zu einer theoretischen Annahme formen, nach welcher die semantische Spezifikation einer grammatischen Kategorie ihre möglichen Lesarten systematisch beschränkt, indem sie einige Interpretationsmöglichkeiten erlaubt und andere ausschließt (vgl. auch DAHL 2008a: 86–89). Die verschiedenen Lesarten, die mit einer Kategorie assoziiert sind, lassen sich als kombinatorische Varianten ihrer semantischen Eigenschaften verstehen, die aus der Verbindung mit unterschiedlichen Lexemtypen und Kontexttypen entstehen. Diese Annahmen setzen ein grundsätzlich kompositionelles Modell linguistischer Semantik voraus, nach welchem die semantischen Eigenschaften lexikalischer und morphosyntaktischer Kategorien sozusagen als Bausteine aufgefasst werden, woraus komplexe Wörter mit besonderen semantischen Eigenschaften bestehen, die sich ihrerseits mit bestimmten Kontexttypen kombinieren lassen. Aus der entgegengesetzten Perspektive bietet der mit einer gegebenen morphosyntaktischen Kategorie assoziierte Cluster von Lesarten ein wichtiges heuristisches Mittel, um die semantischen Eigenschaften der Kategorie zu bestimmen. Da freilich die Menge von Lesarten einer Kategorie mit gegebenen semantischen Eigenschaften mit den Lesarten einer semantisch andersartigen Kategorie häufig überlappt, setzte ich als allgemeines methodologisches Prinzip voraus, dass sich zwei Kategorien mindestens hinsichtlich des Vorhandenseins bzw. Nicht-Vorhandenseins einer Lesart unterscheiden müssen, um als typologisch distinkte Kategorien zu gelten. Eine Lesart, die zur Unterscheidung zweier oder mehrerer typologisch distinkter Kategorien herangezogen werden kann, mag dementsprechend als „typologisch relevant" bezeichnet werden.

Kehren wir nun zum frühvedischen Perfekt zurück, um anhand der eben entwickelten theoretischen Annahmen seine semantischen Eigenschaften näher zu bestimmen. Im Folgenden diskutiere ich kurz den von KÜMMEL (2000) vorgeschlagenen Bedeutungsansatz des Indikativ Perfekts im Rahmen des vorliegenden Modells.

In seiner umfassenden Studie des vedischen Perfekts bietet Kümmel eine detaillierte Analyse der diachronen Entwicklung dieser Kategorie. Es ist aber auf der Basis dieses Werkes schwer festzustellen, ob er dem frühvedischen Perfekt einen einheitlichen semantischen Charakter zuschreibt oder ob er es eher als eine synchron polyseme grammatische Kategorie ansehen möchte. Jedenfalls stellt er S. 77 fest, dass sich das sogenannte faktische Perfekt als ein Tempus mit den Merkmalen Ereigniszeit vor Referenzzeit, Referenzzeit gleich Sprechzeit verstehen lässt ($t_E - t_R$, $t_S/t_P \subseteq t_R$). Im vorliegenden Rahmen deuten diese Bedeutungsangaben darauf hin, dass der Indikativ Perfekt zu dieser Zeit als eine gegenwartsbezogene Anteriorkategorie anzusehen ist, d. h. dass er ähnliche semantische Eigenschaften wie das englische Present Perfect hat. Diese Annahme macht Sinn, da der vedische Indikativ Perfekt und das englische Present Perfect anscheinend mehrere gemeinsame Lesarten haben, nämlich die existenzielle Lesart, die resultative Lesart und die universelle Lesart, die sich in der folgenden Weise formalisieren lassen:

(5) a. *yó na idám-idam purā́ prá vásya* āninā́ya *tám u va stuṣe sákhāya índram ūtáye* (RV VIII 21.9)

‚Der uns früher zu diesem und jenem Glück geführt hat, den preise ich, den Indra, zu eurem Beistand, Genossen.'[9]

$[||\text{PRES}||] \wedge [\lambda P \lambda t_R.\exists e<\textit{Á-NAY}^{I}>^{10} (t_E(e) - t_R \wedge |e| \neq \varnothing \wedge P(e) = 1)]$

9 Übersetzung nach GELDNER (1951b: 326).

10 Im Folgenden gebe ich das lexikalische Verbum in der formalen Notation als <X> nach der existentiell Quantifizierten Situation e. Demgemäß ist die obige Formel etwa wie folgt zu lesen: Es gibt eine Proposition P und eine Referenzzeit (t_R), so dass es eine Situation e vom Typ <X> gibt, deren Ereigniszeit in der Referenzzeit inkludiert ist.

b. *úpa nūnáṃ yuyuje vŕ̥ṣaṇā hárī ā́ ca* jagāma *vr̥trahā́* (RV VIII 4.11)

‚Angeschirrt hat er jetzt seine falben Hengste und her *ist gekommen* der Vr̥tratöter (Indra).'[11]

$[||\text{PRES}||] \wedge [\lambda P \lambda t_R.\exists e{<}GAM{>}\ \exists s([e \rightarrow s] \wedge t_E(e) - t_R \wedge t_R \subseteq t_E(s) \wedge \neg[t_E(e) \otimes t_E(s)] \wedge |e| \neq \varnothing \wedge P(e) = 1)]$

c. *śáśvad dhí vaḥ sudānava ā́dityā ūtíbhir vayám*
purā́ nūnám bubhujmáhe (RV VIII 67.16)

‚Denn immer wieder haben wir uns eurer Hilfen, ihr gütigen Ādityas, einst und jetzt gefreut.'[12]

$[||\text{PRES}||] \wedge [\lambda P \lambda t_R.\exists e{<}BHOJ{>}(t_E(e) - t_R \wedge t_E(e) \otimes t_R\ |e| \neq \varnothing \wedge P(e) = 1)]$

Nach dieser Analyse repräsentiert die durch Beispiel (5a) illustrierte sogenannte existenzielle Lesart die unmarkierte Deutung gegenwartsbezogener anteriorischer Kategorien. Sie besagt nur, dass eine oder mehrere Fälle des von dem Verbum spezifizierten Situationstyps vor der Referenzzeit stattgefunden haben, die ihrerseits die Sprechzeit mit einschließt. Im vorliegenden Beispiel deutet das Āmreḍitakompositum *idám-idam* ‚(etwa:) dieser und jener' darauf hin, dass sich mehrere Situationen desselben Typs vor der Referenzzeit, die die Sprechzeit mit einschließt, ereignet haben.

Anderseits scheint die vom Beispiel (5b) illustrierte resultative Lesart eine relativ markierte Deutung des gegenwartsbezogenen anteriorischen Aspekts darzustellen, da sie nicht nur eine Situation e, deren Ereigniszeit vor der Referenzzeit lokalisiert ist, sondern auch einen Zustand s voraussetzt, so dass Situation e eine hinreichende Bedingung für den Zustand s ist, die Referenzzeit die Ereigniszeit des Zustands s mit einschließt und die Ereigniszeit der Situation e nicht mit der Ereigniszeit des Zustands s überlappt. Obwohl diese Analyse der resultativen Lesart übermäßig kompliziert erscheinen mag und somit eine Vereinfachung benötigen könnte, kann ich im Moment keine einfachere anführen. Nicht desto weniger glaube ich, dass die hier vorgeschlagene Definition eine resultative Interpretation gewährleistet.

Endlich repräsentiert die vom Beispiel (5c) illustrierte universelle Lesart ebenfalls eine etwas markierte Deutung gegenwartsbezogener anteriorischer Kategorien, obwohl sie etwas einfacher als die resultative Lesart analysiert werden kann. Nach der hier vorgeschlagenen Analyse setzt sie neben der grundlegenden gegenwartsbezogenen anteriorischen Zeitrelation voraus, dass die Ereigniszeit der Situation e mit der Referenzzeit überlappt. Auf den ersten Blick mag diese Annahme als ein Wiederspruch erscheinen, da eine zeitliche Prioritätsrelation und eine zeitliche Überlappungsrelation als bis zu einem gewissen Grade entgegengesetzt verstanden werden können und somit anscheinend in einem Spannungsverhältnis zueinander stehen. Anderseits darf angenommen werden, dass die zeitliche Prioritätsrelation in diesem Fall nur voraussetzt, dass ein (minimales) Teilintervall der Ereigniszeit vor der Sprechzeit lokalisiert ist.[13]

Die obigen Beispiele illustrieren, dass einige der Lesarten des frühvedischen Indikativ Perfekts mit der Annahme kompatibel sind, dass er eine gegenwartsbezogene Anteriorkategorie repräsentiert. Dagegen spricht aber die Tatsache, dass er anders als das englische Present Perfect zum Ausdruck einer in einer bestimmten Vergangenheit versetzte Situation verwendet werden kann, wie die Textstelle (1e) gezeigt hat, die hier als (6a) wiederholt worden ist. Vgl. auch Beispiel (6b), wo eine ähnliche Interpretation plausibel ist.

11 Übersetzung nach KÜMMEL (2000: 407).
12 Übersetzung nach GELDNER (1951b: 391).
13 Vgl. ferner DAHL (2008a) für eine weitere Diskussion der Implikationen dieser Annahme.

(6) a. *adyā́ mamā́ra sá* hiyáḥ *sám* āna (RV X 55.5)

‚Heute ist er tot/gestorben – der hat gestern noch geatmet.‘[14]

$[||\mathrm{PAST}||] \wedge [\lambda P \lambda t_R.\exists e <\textit{SÁM-AN}> (t_E(e) \subseteq t_R \wedge |e| \neq \varnothing \wedge P(e) = 1)]$

b. *ágachad u vípratamaḥ sakhīyánn ásūdayat sukṛ́te gárbham ádriḥ*
sasā́na *máryo yúvabhir makhasyánn áthā abhavad áṅgirāḥ sadyó árcan* (RV III 31.7)

‚Und es kam der weiseste Gefährte. Der Pressstein machte den Embryo (d. h. Soma) süß für den Rechttuenden. Der junge Mann erlangte (den Soma) und wurde ein Aṅgiras, der auf einmal sang.‘

$[||\mathrm{PAST}||] \wedge [\lambda P \lambda t_R.\exists e <\textit{SAN}> (t_E(e) \subseteq t_R \wedge |e| \neq \varnothing \wedge P(e) = 1)]$

Derartige Beispiele deuten darauf hin, dass der frühvedische Indikativ Perfekt mit der zeitlichen Relation ‚Referenzzeit vor Sprechzeit‘ ($t_R - t_S/t_P$) kompatibel ist, was ferner bedeuten würde, dass die Annahme, dass er eine gegenwartsbezogene Anteriorkategorie wie das englische Present Perfect repräsentiert, kaum haltbar ist.[15]

Ein weiterer Hinweis darauf, dass der frühvedische Indikativ Perfekt nicht als eine gegenwartsbezogene Anteriorkategorie gelten kann, ist, dass er in einigen Fällen eine vorzeitige Deutung haben kann, wie Beispiel (1f), hier wiederholt als (7a), und Beispiel (7b) gezeigt wird:

(7) a. *índraś ca yád* yuyudhā́te *áhiś ca*
utā́parī́bhyo maghávā ví jigye (RV I 32.13)

‚Als Indra und der Drache kämpften, da blieb der Gabenreiche auch für alle Zukunft Sieger.‘[16]

$[||\mathrm{PAST}||] \wedge [\lambda P \lambda t_R.\exists e <\textit{YODH}> (t_E(e) \subseteq t_R \wedge |e| \neq \varnothing \wedge P(e) = 1)]$

b. *áhann áhim párvate śiśriyāṇám*
tváṣṭāsmai vájraṃ svaríyaṃ tatakṣa (RV I 32.2)

‚Er erschlug den Drachen, der sich auf dem Berge gelagert hatte. Tvaṣṭar hatte ihm die sausende Keule geschmiedet.‘[17]

$[||\mathrm{PAST}||] \wedge [\lambda P \lambda t_R.\exists e <\textit{TAKṢ}> (t_E(e) \subseteq t_R \wedge |e| \neq \varnothing \wedge P(e) = 1)]$

Obwohl derartige Textstellen gegen eine Analyse des frühvedischen Indikativ Perfekts als eine gegenwartsbezogene Anteriorkategorie sprechen, möchte ich darauf hinweisen, dass Kümmels Analyse im Übrigen den Vorteil hat, dass sie eine typologisch plausible Entwicklung des Perfekts aus einer urindogermanischen subjektsresultativen Kategorie skizziert, aus einem Kategorientyp, der bekanntlich dazu tendiert, sich zu einer gegenwartsbezogenen Anteriorkategorien zu entwickeln (vgl. Bybee et al. 1994). Derartige Kategorien neigen ihrerseits dazu, sich weiter zu vergangenheitsbezogenen perfektiven Kategorien fortzubilden und es liegt deshalb die Annahme nahe, dass der frühvedische Indikativ Perfekt sozusagen eine genuin polyseme Kategorie repräsentiert, die zwischen einer gegenwartsbezogenen Anteriorkategorie und einer vergangenheitsbezogenen perfektiven Kategorie steht. Es wurde aber oben erwähnt, dass es im Rigveda nur noch ein eindeutiges Beispiel gibt, wo eine

14 Übersetzung nach Kümmel (2000: 96).

15 Man bemerke ferner, dass die Wiedergabe der Formen des Indikativ Perfekts in den Beispielen (6a) und (6b) durch das englische Present Perfect semantisch etwas seltsam ist:

*Today he is dead. – *Yesterday he has lived.*

? The young man has won (the soma) and became an Angiras, who immediately sang.

16 Übersetzung nach Geldner (1951a: 38).

17 Übersetzung nach Geldner (1951a: 36).

Form des Indikativ Perfekts von einem eindeutig vergangenheitsbezogenen Rahmenadverb modifiziert wird, nämlich RV X 55.5, das in (1e) und (5a) wiedergeben worden ist, obwohl wir einige andere Textstellen finden, wo eine ähnliche Interpretation wegen des Kontexts plausibel ist. Es sollte an dieser Stelle bemerkt werden, dass diskursive Kontexte im Allgemeinen weniger semantisch spezifisch sind als Adverbien, so dass die Kompatibilität grammatischer Kategorien mit unterschiedlichen Kontexttypen weniger beschränkt ist als ihre Kompatibilität mit unterschiedlichen Rahmenadverbien. Somit haben unterschiedliche Kombinationen von grammatischen Kategorien und diskursiven Kontexten ein deutlich reicheres pragmatisches Potenzial und man dürfte erwarten, dass semantisch etwas markierte, aber trotzdem gestattete Kombinationen zum Ausdruck unterschiedlicher pragmatischer Funktionen verwendet werden können. Auf diesem Hintergrund scheint mir Kümmels Wiedergabe der Perfektform *sasā́na* in (6b) als ‚hat gewonnen'[18] in „faktischem" Sinne plausibel, indem sich dieser Gebrauch als eine pragmatische bzw. kontextuell hervorgerufene, aus der grundsätzlich gegenwartsbezogenen anteriorischen Bedeutung des Indikativ Perfekts entstehende Sonderbedeutung verstanden werden mag, während seine Interpretation der Perfektform *āna* ‚hat geatmet' in (1e) bzw. (6a) als „faktisch" weniger einleuchtend ist, da diese Konstellation anscheinend voraussetzt, dass die betreffende Perfektform mit einer bestimmten vergangenen Referenzzeit, die durch das Rahmenadverb *hiyáḥ* ‚gestern' spezifisiert wird, semantisch kompatibel ist, was gegen eine gegenwartsbezogene anteriorische Bedeutung spricht. Somit scheinen die frühvedischen Zeugnisse darauf hinzudeuten, dass der Indikativ Perfekt genuin polysem ist, was theoretisch kaum wünschenswert ist, aber nicht desto weniger empirisch wohl begründet ist.

Man bemerke aber, dass die zur Diskussion stehende Stelle zu den jüngeren Schichten des Rigveda gehört (vgl. z. B. Witzel 1989, 1995). Diese Tatsache dürfte als ein Hinweis darauf gedeutet werden, dass die Kompatibilität des Indikativ Perfekts mit Rahmenadverbien, die eine bestimmte vergangene Referenzzeit bezeichnen, eine Neuerung darstellt, die zeigt, dass sich in den jüngeren Stufen des Rigveda der Indikativ Perfekt zu einer vergangenheitsbezogenen perfektiven Kategorie entwickelt hat. Diese Hypothese würde nicht nur die scheinbare Polysemie des frühvedischen Indikativ Perfekts beseitigen, sondern sie würde auch implizieren, dass sich das frühvedische Perfekt von der entsprechenden morphosyntaktischen Kategorie der mantrasprachlichen Periode in typologisch relevanter Hinsicht unterscheidet, was ferner auch den Schwund der sogenannten universellen Lesart des Indikativ Perfekts in der Mantrasprache erklären könnte (vgl. Dahl in Vorbereitung). Wenn diese Annahme richtig ist, gelangen wir zum Entwicklungspfad, der in der Tabelle 2 schematisch dargestellt ist.

Indogermanisches Perf.	Indoiranisches Perf.	Frühvedisches Perf.	Mittelvedisches Perf.
$[t_S \subseteq t_R, t_E - t_R^{RES}]$	$[t_S \subseteq t_R, t_E - t_R]$	$[t_S \subseteq t_R, t_E - t_R]$	$[t_R - t_S, t_E \subseteq t_R]$

Tabelle 2: Die semantische Entwicklung des Perfekts vom Indogermanischen bis zum Mittelvedischen

Dabei ist zu bemerken, dass mir Kümmels Annahme (2000: 80), nach welcher die rein vergangenheitsbezogene Verwendung des Indikativ Perfekts aus der pragmatisch bedingten faktischen Lesart entstanden ist, vollkommen plausibel erscheint und ferner als ein Musterfall der Entwicklung von pragmatischem Implikatur zu semantischem Merkmal verstanden werden kann (vgl. Traugott & Dasher 2005). Der wichtigste Unterschied zwischen jener Darstellung und der vorliegenden liegt in der relativen chronologischen Lokalisierung der relevanten Änderung, da jene Darstellung diese Änderung auf einer viel jüngeren Stufe ansetzt. Ferner darf angenommen werden, dass sich die von den Beispielen (7a) und (7b)

18 Vgl. Kümmel (2000: 545).

illustrierte vorzeitige Lesart des Indikativ Perfekts ebenfalls zu derselben Gruppe von Lesarten gehört: sie ließe sich meines Erachtens am einfachsten als eine grammatisch (7a) bzw. kontextuell (7b) hervorgerufene Umschaltung der Perspektivzeit von der Sprechzeit auf eine andere, vom Kontext angedeutete Zeit deuten.

Schließlich ist zu bemerken, dass im Rigveda der Indikativ Perfekt gelegentlich in intensionalen Kontexten vorkommt, wie das Beispiel (8a) zeigt. Dasselbe gilt übrigens für das Imperfekt, wie das Beispiel (8b) illustriert.

(8) a. *ní śúṣṇa indra dharṇasím̥*
vájram̥ jaghantha *dásyavi vŕ̥ṣā hí ugra śr̥ṇviṣé* (RV VIII 6.14)
‚Auf den Dasyu Śuṣṇa schlugst du, Indra, die dauerhafte Keule, denn du Gewaltiger bist als Bulle bekannt.‘[19]
$\hat{}\ [||\mathrm{PRES}||] \wedge [\lambda P \lambda t_R.\exists e \langle \mathit{HAN} \rangle (t_E(e) - t_R \wedge |e| \neq \varnothing \wedge P(e) = 1)]$

b. *yátrā samudrá skabhitó* ví aúnad
ápām̥ napāt savitā́ tásya veda (RV X 149.2)
‚Wo der befestigte Ozean herausquoll, das weiß nur Savitr̥, o Apām Napāt.‘[20]
$\hat{}\ [||\mathrm{PAST}||] \wedge [\lambda P \lambda t_R.\exists e \langle \mathit{VÍ\text{-}UD} \rangle (t_E(e) \subseteq t_R \wedge |e| \neq \varnothing \wedge P(e) = 1)]$

Ich nehme an, dass intensionale Verba eine Art semantischer Operatoren einführen, die eine indirekte Relation zwischen der Sprechsituation und dem Inhalt des Satzes bezeichnen, was in der formalen Notation durch das Zeichen (ˆ) ausgedrückt wird (vgl. CHIERCHIA & MCCONNELL-GINET 2000: 306). In einigen Fällen mag diese Relation so verstanden werden, als ob der von der Proposition bezeichnete Sachverhalt nicht zu den eigenen Erfahrungen des Sprechers gehört, sondern aufgrund sekundärer Information erschlossen worden ist, eine Relation, die als „inferentiell“ bezeichnet werden kann. Synchron mag diese Verwendung des Perfekts als ein Sonderfall seiner existentiellen Lesart angesehen werden, wie ich in der obigen Analyse vorausgesetzt habe. Nicht desto weniger könnte man annehmen, dass auch die resultative Komponente des Perfekts dabei eine Rolle spielt, insbesondere in Fällen wie (8a), wo das Verbum *śr̥ṇviṣé* ‚du bist berühmt‘ einen gegenwärtigen Zustand bezeichnet, der als das Resultat einer in der Vergangenheit abgeschlossenen Situation gedeutet werden kann. Jedenfalls dürften Textstellen wie (8a) als Hinweis darauf gedeutet werden, dass der frühvedische Indikativ Perfekt in einigen Kontexten eine inferentielle bzw. evidentielle Lesart annehmen konnte.

Es wurde oben bemerkt, dass der mantrasprachliche Indikativ Perfekt als eine vergangenheitsbezogene perfektive Kategorie einzuschätzen ist. Interessanterweise scheint er in dieser Phase in der Regel vorgezogen zu werden, wenn ein intensionales Verb ein finites Verb bindet, wie die Beispiele (9a) und (9b) zeigen. Ich möchte aber an dieser Stelle betonen, dass ich in der Mantrasprache keine eindeutigen Fälle gefunden habe, wo dem Indikativ Perfekt plausibel eine inferentielle Interpretation zugeschrieben werden kann.

(9) a. *véda ahám̥ páyasvantam̥* cakā́ra *dhānyàm bahú* (AVŚ III 24.2)
‚Ich weiß, dass der Milchreiche viel Getreide zubereitet hat.‘
$\hat{}\ [||\mathrm{PAST}||] \wedge [\lambda P \lambda t_R.\exists e \langle \mathit{KAR} \rangle (t_E(e) \subseteq t_R \wedge |e| \neq \varnothing \wedge P(e) = 1)]$

b. *kva svit tad adya no brūyād yadi havyena* ījire (AVP XX 2.6)
‚Wer möge uns heute wohl sagen, ob sie mit einem Opfer geehrt worden sind.‘
$\hat{}\ [||\mathrm{PAST}||] \wedge [\lambda P \lambda t_R.\exists e \langle \mathit{YAJ} \rangle (t_E(e) \subseteq t_R \wedge |e| \neq \varnothing \wedge P(e) = 1)]$

---

19 Übersetzung nach GELDNER (1951b: 296).
20 Übersetzung nach GELDNER (1951c: 382).

In der Saṃhitāprosa habe ich keine eindeutigen Beispiele gefunden, wo ein intensionales Verb ein finites Verb bindet. Dagegen findet man aber gelegentlich Formen des Indikativ Perfekts, die anscheinend mit einer inferentiellen Deutung verwendet werden, wie die folgende Textstelle zeigt.

(10) *ādityā vā itas sarveṇa eva sahāmuṃ lokam āyam̐s. te 'muṃ lokaṃ gatvā vyatṛṣam̐s. te 'vidur: amutaḥ pradānād vā iha* ājagāma *iti. ta etaṃ punar ādadhata. tena ārdhnuvan* (KS^{P} IX 3)

‚Die Ādityas gingen von hier aus mit all dem zusammen in jene Welt. Als sie in jene Welt gekommen waren, bekamen sie Durst. Da wußten sie: „Von der Gabe von dort her ist es/er hierher gekommen.“ Sie legten ihn wieder [dort] hin. Dadurch hatten sie Erfolg.‘[21]

$\hat{}\ [||\mathrm{PAST}||] \wedge [\lambda P \lambda t_R.\exists e <\mathit{GAM}> (t_E(e) \subseteq t_R \wedge |e| \neq \varnothing \wedge P(e) = 1)]$

In diesem Fall gibt der Kontext an, dass die Götter Durst bekommen und dass sie aufgrund dieser gegenwärtigen Tatsache den Schluss ziehen, dass er von einer bestimmten Gabe verursacht sei. Ich möchte aber betonen, dass derartige Beispiele ganz selten sind und nur andeuten können, dass das Perfekt zu dieser Zeit mit einer inferentialen Interpretation kompatibel ist und nicht etwa dass er als eine inferentielle Kategorie anzusehen ist.

Die weitere Entwicklung des vedischen Perfekts geht über zwei Phasen. Zunächst wurde die inferentielle Implikation gestärkt, so dass das Perfekt immer häufiger in Kontexten vorkommt, wo die Ereignisse in die fernere Vergangenheit versetzt sind, wo der Sprecher selbst kein Augenzeuge war. Besonders aufschlussreich sind Stellen, wo eine oder mehrere Formen des Indikativ Perfekts eine Geschichte einleiten und die weitere Geschichte im Imperfekt erzählt wird, wie das Beispiel (11) illustriert.

(11) *sa ha ayam ṛṣir āgatya na* śaśāka *utthātum asurāśanena. garo ha enam* āviveśa *yad vā mitrāya* dudroha *yad vā vidviṣāṇānām aśanam* āśa. *sa ha indram* uvāca *na vai śaknomy utthātum iti. sa etaṃ yajñam apaśyat. tam āharat. tena enam ayājayat* (JB II 83)

‚Der Ṛṣi da war krank geworden und konnte wegen einer Asuraspeise nicht aufstehen. Ein giftiges Getränk war in ihn eingedrungen, entweder weil er gegenüber Mitra feindselig gewesen war oder weil er ein von seinen Feinden vorbereitetes Essen gegessen hatte. Er sagte zu Indra: „Ich kann nicht aufstehen.“ Er sah das Opfer. Er nahm es. Er hat ihm beim Opfer beigestanden.‘

$\hat{}\ [||\mathrm{PAST}||] \wedge [\lambda P \lambda t_R.\exists e <\mathit{\acute{S}AK}> (t_E(e) \subseteq t_R \wedge |e| \neq \varnothing \wedge P(e) = 1)]$

$\hat{}\ [||\mathrm{PAST}||] \wedge [\lambda P \lambda t_R.\exists e <\mathit{\acute{A}\text{-}VE\acute{S}}> (t_E(e) \subseteq t_R \wedge |e| \neq \varnothing \wedge P(e) = 1)]$

$\hat{}\ [||\mathrm{PAST}||] \wedge [\lambda P \lambda t_R.\exists e <\mathit{DROH}> (t_E(e) \subseteq t_R \wedge |e| \neq \varnothing \wedge P(e) = 1)]$

$\hat{}\ [||\mathrm{PAST}||] \wedge [\lambda P \lambda t_R.\exists e <\mathit{\bar{A}\acute{S}}> (t_E(e) \subseteq t_R \wedge |e| \neq \varnothing \wedge P(e) = 1)]$

$\hat{}\ [||\mathrm{PAST}||] \wedge [\lambda P \lambda t_R.\exists e <\mathit{VAC}> (t_E(e) \subseteq t_R \wedge |e| \neq \varnothing \wedge P(e) = 1)]$

In solchen Fällen darf man annehmen, dass der Indikativ Perfekt andeutet, dass die weitere Geschichte nicht von dem Sprecher selbst erlebt wurde, sondern dass er sie von irgendeinem anderen erfahren hat, und man dürfte von einer inferentialen Implikatur sprechen. Die folgenden Imperfekta wären nach dieser Deutung hinsichtlich der Inferentialität neutral. Es ist aber bemerkenswert, dass der Indikativ Perfekt an dieser Stelle dazu benutzt wird, eine Rückblende in der Erzählung auszudrücken, da die Formen *āviveśa dudroha* und *āśa* Situationen bezeichnen, die vor der von *śaśāka* ausgedrückten Situation zeitlich lokalisiert sind, und dass diese Formen somit den Wert eines Plusquamperfekts haben.

21 Übersetzung nach KÜMMEL (2000: 157).

Diese Tatsache könnte darauf hindeuten, dass der Indikativ Perfekt zu dieser Zeit einen vergangenheitsbezogenen perfektiven Charakter hat. Dagegen sprechen aber Textstellen wie die folgende, wo der Indikativ Perfekt mit einer konativen Bedeutung verwendet wird.

(12) *itaro ha ādhāvayann abhiprayuyāva* apa *itara* āyayāma. *sa ha adhigatya na śaśāka apāyantum* (JB III 94)
‚Der eine eilte und feuerte unvorsichtig an, der andere versuchte abzulenken. Er konnte aber nicht ablenken.'
$\hat{}\ [||\mathrm{PAST}||] \wedge [\lambda P \lambda t_R.\exists e < \mathit{APA\text{-}\bar{A}\text{-}YAM} > (t_R \subset t_E(e) \wedge |e| \neq \varnothing \wedge P(e) = 1)]$

Die konative Lesart setzt voraus, dass die von der Verbalphrase bezeichneten Situation vor ihrer Vollendung abgeschlossen wurde, was sich innerhalb des vorliegenden Rahmens als ein echtes Inklusionsverhältnis zwischen der Referenzzeit und der Ereigniszeit verstehen lässt, so dass das gesamte Referenzzeitintervall innerhalb des Ereigniszeitsintervalls lokalisiert ist ($t_R \subset t_E$), eine aspektuelle Relation, die typischerweise von imperfektiven bzw. progressiven Kategorien bezeichnet wird und die ich als „progressiv-prozessuell" bezeichnen möchte. Man bemerke, dass der perfektive Aspekt mit dieser aspektuellen Relation prinzipiell inkompatibel ist, da eine generelle Inklusionsrelation vom Typ ‚Erreigniszeit innerhalb von Referenzzeit' ($t_E \subseteq t_R$) unter keinen Umständen als eine echte Inklusionsrelation vom Typ ‚Referenzzeit innerhalb von Ereigniszeit' ($t_R \subset t_E$) gedeutet werden kann. Diese Tatsache deutet darauf hin, dass der Indikativ Perfekt zu dieser Zeit seinen resultativ-perfektiven Charakter verloren hat, und es liegt nahe anzunehmen, dass er sich zu einer aspektuell neutralen Vergangenheitskategorie entwickelt hat, da die von dem neutralen Aspekt bezeichnete allgemeine Überlappungsrelation zwischen der Referenzzeit und der Ereigniszeit ($t_R \otimes t_E$) problemlos als eine echte Inklusionsrelation vom Typ ‚Referenzzeit innerhalb von Ereigniszeit' ($t_R \subset t_E$) gedeutet werden kann.[22]

In den späteren Schichten der vedischen Prosa finden wir in narrativen Kontexten nur den Indikativ Perfekt, wie die Textstelle in (13) illustriert.

(13) *kutso ha vā aurava indrasya ūror adhi nirmita* āsa / *yādṛśa eva indras tādṛśa, yathā atmano nirmita syād evam / taṃ ha saṃgrahītāraṃ* cakre / *taṃ ha jāyayā* abhijagrāha *śacyā paulomyā / tāṃ ha* uvāca *kathetyam akar iti / sā ha* uvāca – *na vāṃ vyajñāsam iti / sa ha* uvāca *khalatiṃ vā enaṃ kariṣyāmi, tathā vijānītād iti / taṃ ha khalatiṃ* cakāra / *sa ha uṣṇīṣaṃ parihṛtya* upanipede (JB III 199)
‚Kutsa Aurava war von Indras Schenkel geschaffen. Er sah genau so aus, wie Indra aussah, als ob er (Indra) von ihm (Kutsa) geschaffen wäre. Er (Indra) machte ihn (Kutsa) zu seinem Wagenlenker. Er (Indra) erwischte ihn (Kutsa) mit seiner eigenen Frau. Er sagte zu ihr: „Warum hast du das getan?" Sie sagte: „Ich habe euch nicht voneinander unterscheiden können." Er sagte: „Ich mache ihn kahlköpfig, so wirst du ihn erkennen." Er (Indra) machte ihn (Kutsa) kahlköpfig. Kutsa hüllte sich aber in einen Turban ein und ging ins Bett mit ihr.'
$\hat{}\ [||\mathrm{PAST}||] \wedge [\lambda P \lambda t_R.\exists e < \mathit{AS} > (t_R \otimes t_E(e) \wedge |e| \neq \varnothing \wedge P(e) = 1)]$
$\hat{}\ [||\mathrm{PAST}||] \wedge [\lambda P \lambda t_R.\exists e < \mathit{KAR} > (t_R \otimes t_E(e) \wedge |e| \neq \varnothing \wedge P(e) = 1)]$

22 An dieser Stelle möchte ich bemerken, dass eine andere Möglichkeit wäre, dass der Indikativ Perfekt zu dieser Zeit eine imperfektive Vergangenheitskategorie repräsentierte, d. h. dass er eine allgemeine Inklusionsrelation vom Typ ‚Referenzzeit innerhalb von Ereigniszeit' ($t_R \subseteq t_E$) bezeichnet. Obwohl dies nicht a priori ausgeschlossen werden kann, halte ich es für unwahrscheinlich, da diese Annahme voraussetzen würde, dass sich der Indikativ Perfekt von einer perfektiven zu einer imperfektiven Kategorie entwickelt hätte, was meiner Meinung nach eine schwierige Hypothese wäre, da diese beiden aspektuellen Relationen grundsätzlich entgegengesetzt sind, so dass es kaum Kontexten geben würde, wo sie ohne weiteres austauschbar sind und somit miteinander vertauscht werden könnten, was mir als eine notwendige Bedingung für derartige semantische Entwicklungsvorgänge erscheint.

ˆ $[||\mathrm{PAST}||] \wedge [\lambda P\lambda t_{R}.\exists e < \mathit{ABHI\text{-}GRAH} > (t_{R} \otimes t_{E}(e) \wedge |e| \neq \varnothing \wedge P(e) = 1)]$
ˆ $[||\mathrm{PAST}||] \wedge [\lambda P\lambda t_{R}.\exists e < \mathit{VAC} > (t_{R} \otimes t_{E}(e) \wedge |e| \neq \varnothing \wedge P(e) = 1)]$ 3X
ˆ $[||\mathrm{PAST}||] \wedge [\lambda P\lambda t_{R}.\exists e < \mathit{KAR} > (t_{R} \otimes t_{E}(e) \wedge |e| \neq \varnothing \wedge P(e) = 1)]$
ˆ $[||\mathrm{PAST}||] \wedge [\lambda P\lambda t_{R}.\exists e < \mathit{UPA\text{-}NI\text{-}PAD} > (t_{R} \otimes t_{E}(e) \wedge |e| \neq \varnothing \wedge P(e) = 1)]$

Eine nicht unplausible Annahme wäre, dass die inferentiale Implikatur, die in den früheren Phasen des Vedischen mit dem Indikativ Perfekt assoziiert wurde, sich in dieser Phase zu einem semantischen Merkmal des Indikativ Perfekts entwickelt hat, und dass er in Kontexten, die sich auf eine entfernte, von dem Sprecher selbst nicht erlebte Vergangenheit beziehen, obligatorisch geworden ist. Diese Annahme wird durch Textstellen wie die folgenden gestützt, wo die Rahmengeschichte im Indikativ Perfekt, die persöhnlichen Erfahrungen dagegen im Imperfekt oder Aorist berichtet werden, je nachdem, ob die entfernte oder die aktuelle Vergangenheit gemeint ist (vgl. auch Dahl in Vorbereitung):

(14) a. *átha ha enam bhujyúr lā́hyāyaniḥ* papracha *yā́jñavalkya íti ha* uvāca *madréṣu cárakāḥ* páryavrajāma *té patáñcalasya kā́pyasya gr̥hān* aíma *tásya* asīd *duhitā́ gandharvágr̥hītā tám* apr̥chāma *kò 'si íti sò* 'bravīt *sudhanavà ā̀ṅgirasa*
(ŚBM XIV 6.3.1 = BĀU III 3.1)

‚Then Bhujyu Lāhyāyani began to question him. „Yājñavalkya“ he said, „once, when we traveled around in the land of the Madras as itinerant students, we visited the home of Patañcala Kāpya. He had a daughter possessed by a Gandharva. We asked him who he was, and the Gandharva said that he was Sudhanavan Āṅgirasa.“ ‘[23]

ˆ $[||\mathrm{PAST}||] \wedge [\lambda P\lambda t_{R}.\exists e < \mathit{PRACH} > (t_{R} \otimes t_{E}(e) \wedge |e| \neq \varnothing \wedge P(e) = 1)]$
ˆ $[||\mathrm{PAST}||] \wedge [\lambda P\lambda t_{R}.\exists e < \mathit{VAC} > (t_{R} \otimes t_{E}(e) \wedge |e| \neq \varnothing \wedge P(e) = 1)]$
$[||\mathrm{PAST}||] \wedge [\lambda P\lambda t_{R}.\exists e < \mathit{PARI\text{-}VRAJ} > (t_{R} \otimes t_{E}(e) \wedge |e| \neq \varnothing \wedge P(e) = 1)]$
$[||\mathrm{PAST}||] \wedge [\lambda P\lambda t_{R}.\exists e < \mathit{\bar{A}\text{-}AY} > (t_{R} \otimes t_{E}(e) \wedge |e| \neq \varnothing \wedge P(e) = 1)]$
$[||\mathrm{PAST}||] \wedge [\lambda P\lambda t_{R}.\exists e < \mathit{AS} > (t_{R} \otimes t_{E}(e) \wedge |e| \neq \varnothing \wedge P(e) = 1)]$
$[||\mathrm{PAST}||] \wedge [\lambda P\lambda t_{R}.\exists e < \mathit{PRACH} > (t_{R} \otimes t_{E}(e) \wedge |e| \neq \varnothing \wedge P(e) = 1)]$
$[||\mathrm{PAST}||] \wedge [\lambda P\lambda t_{R}.\exists e < \mathit{BRAV}^{I} > (t_{R} \otimes t_{E}(e) \wedge |e| \neq \varnothing \wedge P(e) = 1)]$

b. *śā́kalya íti ha* uvāca *yā́jñavalkyaḥ tvā́ṃ svid imé brāhmaṇā́ aṅgārā vakṣáyaṇam* akrata *íti yā́jñavalkya íti ha* uvāca *śā́kalyo yád idáṃ kurupañcālā́nām brāhmaṇā́n* atyávādīḥ *kim bráhma vidvān íti* (ŚBM XIV 6.9.19–20 = BĀU III 9.19)

‚Yājñavalkya sagte: „Śākalya, es ist klar, dass die Brahmanen aus Aṅgāra dich ausgebildet haben.“ Śākalya sagte: „Erzähl mir, Yājñavalkya, welche Wahrheit kanntest Du, als Du eben die Brahmanen aus Kuru und Pañcāla an Zungenfertigkeit übertroffen hast?“ ‘

ˆ $[||\mathrm{PAST}||] \wedge [\lambda P\lambda t_{R}.\exists e < \mathit{VAC} > (t_{R} \otimes t_{E}(e) \wedge |e| \neq \varnothing \wedge P(e) = 1)]$
$[||\mathrm{PAST}||] \wedge [\lambda P\lambda t_{R}.\exists e < \mathit{KAR} > (t_{R} \otimes t_{E}(e) \wedge |e| \neq \varnothing \wedge P(e) = 1)]$
ˆ $[||\mathrm{PAST}||] \wedge [\lambda P\lambda t_{R}.\exists e < \mathit{VAC} > (t_{R} \otimes t_{E}(e) \wedge |e| \neq \varnothing \wedge P(e) = 1)]$
$[||\mathrm{PAST}||] \wedge [\lambda P\lambda t_{R}.\exists e < \mathit{ATI\text{-}VAD} > (t_{R} \otimes t_{E}(e) \wedge |e| \neq \varnothing \wedge P(e) = 1)]$

Es ist allgemein anerkannt, dass die beiden letzten Textstellen zu den jüngsten Schichten des Vedischen gehören und somit die letzte vorklassische Stufe des Altindoarischen repräsentieren (vgl. z. B. Witzel 1989, 1995). Deswegen ist es kaum überraschend, dass die Distribution der drei Vergangenheitskategorien ziemlich genau den von Pāṇini formulierten Regeln entspricht, wonach der Indikativ Aorist zur Bezeichnung der aktuellen Vergangenheit (*bhūte adyatane*), das Imperfekt zur Bezeichnung der nicht-aktuellen Vergangenheit

23 Übersetzung nach Olivelle (1996: 38).

(*bhūte anadyatane*) und der Indikativ Perfekt zur Bezeichnung der Vergangenheit außerhalb der Sicht des Sprechers (*bhūte paro'kṣe*) benutzt wird, wie in der Tabelle 3 schematisch dargestellt ist.

bhūte [+VERGANGENHEIT]		
aparokṣa		*parokṣa* [+INFERENTIELL]
adyatana [+AKTUELL]	*anadyatana*	
Aorist Indikativ	Imperfekt	Perfekt Indikativ

Tabelle 3: Pāṇini's Definition der drei Vergangenheitskategorien im klassischen Sanskrit

Somit lässt sich die Entwicklung des altindoarischen Indikativ Perfekts in der folgenden Weise zusammenfassen. Im Frühvedischen repräsentiert er eine gegenwartsbezogene Anteriorkategorie wie etwa das englische Present Perfect, die sich im Mittelvedischen zu einer vergangenheitsbezogenen perfektiven Kategorie entwickelt. Diese Entwicklung kann wenigstens zum Teil in Einklang mit KÜMMEL (2000) als eine Stärkung der sogenannten faktischen Lesart verstanden werden, die ihrerseits ursprünglich als eine von dem gegenwartsbezogenen anteriorischen Charakter des Indikativ Perfekts gestattete, pragmatisch bedingte Lesart angesehen werden kann. Ferner ist der frühvedische Indikativ Perfekt unter bestimmten Bedingungen mit einer inferentiellen Deutung kompatibel, die sich anscheinend in den späteren Phasen des Vedischen zu einem semantischen Merkmal entwickelt. Interessanterweise ist er in der Prosa mit einer progressiv-prozessuellen Deutung kompatibel, was ein klares Hinweis darauf ist, dass er den neutralen eher als den perfektiven Aspekt bezeichnet. In der folgenden Tabelle sind die wichtigsten Entwicklungsstufen des altindoarischen Indikativ Perfekts vom Indogermanischen bis zum klassischen Sanskrit schematisch dargestellt.

Perf. Indik. im Indogerm.	Perf. Indik. im Indoiran.	Perf. Indik. im Frühved.	Perf. Indik. im Mittelved.	Perf. Indik. im Spätved. ~ Klass. Sansk.
$t_S \subseteq t_R$, $t_E - t_R{}^{RES}$	$t_S \subseteq t_R$, $t_E - t_R$	$t_S \subseteq t_R$, $t_E - t_R$	$t_R - t_S$, $t_E \subseteq t_R$	$\hat{}\ t_R - t_S$, $t_R \otimes t_E$

Tabelle 4: Phasen der Entwicklung des Perfekts vom Indogermanischen bis zum Jungvedischen

In diesem Aufsatz hoffe ich gezeigt zu haben, dass der hier kurz skizzierte theoretische Rahmen einen fruchtbaren Ausgangspunkt für eine Untersuchung der synchronen sowie der diachronen semantischen Eigenschaften grammatischer Kategorien ausgestorbener Sprachen bietet.

Literatur

BYBEE, Joan, Revere PERKINS, William PAGLIUCA (1994): *The Evolution of Grammar.* Chicago: University of Chicago Press.

CARDONA, George (2002): ‚The Old Indo-Aryan Tense System', in *Journal of the American Oriental Society* Vol. 122, No. 2: *Indic and Iranian Studies in Honor of Stanley Insler on His Sixty-Fifth Birthday*, 235–243.

CHIERCHIA, Gennaro, Sally MCCONNELL-GINET (2000): *Meaning and Grammar. An Introduction to Semantics.* Cambridge, MA: MIT Press.

DAHL, Eystein (2008a): *Time, Tense and Aspect in Early Vedic Grammar. A Time-Relational Approach to the Morphosyntax-Semantics Interface.* Dissertation: Universität Oslo.

——— (2008b): ‚Zur Typologie des frühvedischen Tempus/Aspektsystems', in Rosemarie LÜHR und Susanne ZEILFELDER (Hgg.): *Struktur und Semantik der Verbalphrase. Akten der Arbeitstagung der Indogermanischen Gesellschaft in Jena 2006.* Wiesbaden: Reichert (im Druck).

——— (2008c): ‚Typological change in Vedic: The development of the Aorist from a Perfective Past to an Immediate Past', in Folke JOSEPHSON und Ingemar SÖHRMAN (Hgg.): *Proceedings of the Second Colloquium on Language Typology in a Diachronical Perspective ‚Aspect and Mood/Modality, Aspect and Tense, Aspect and Case' in Göteborg.* Amsterdam: Benjamins (im Druck).

——— (2008d): ‚The development of the Vedic Perfect: From Anterior to Remote Past', in Jared KLEIN und Elizabeth TUCKER (Hgg.): *Proceedings of the 13th World Sanskrit Conference, Session Six: Linguistics.* New Dehli: Motilal Banarshidas (im Druck).

——— (2008e): ‚A note on the temporal semantics of the Early Vedic past tenses', in Joel BRERETON und Patrick Olivelle (Hgg.): *Selected Papers from the Fourth International Vedic Workshop, University of Texas at Austin, May 24th–27th 2007.* New Dehli: Motilal Banarshidas (im Druck).

——— (in Vorbereitung): ‚Remarks on the Development of the Vedic Verbal System'.

DAHL, Östen (1985): *Tense and Aspect Systems.* Oxford: Blackwell.

DELBRÜCK, Berthold (1876): *Altindische Tempuslehre.* Halle a. S.: Verlag der Buchhandlung des Waisenhauses.

——— (1888): *Altindische Syntax.* Halle a. S.: Verlag der Buchhandlung des Waisenhauses.

DOWTY, David (1979): *Word Meaning and Montague Grammar.* Dordrecht: Kluwer.

GARCÍA-RAMÓN, José-Luis (2004): Besprechung von KÜMMEL (2000), in *Kratylos* 49, 63–75.

GELDNER, Karl F. (1951a): *Der Rig-Veda. Erster Teil. Erster bis vierter Liederkreis.* Cambridge MA: Harvard University Press.

——— (1951b): *Der Rig-Veda. Zweiter Teil. Fünfter bis achter Liederkreis.* Cambridge MA: Harvard University Press.

——— (1951c): *Der Rig-Veda. Dritter Teil. Neunter bis zehnter Liederkreis.* Cambridge MA: Harvard University Press.

JOB, Michael (1994): ‚Zur Funktion des Perfekts im Ṛgveda', in Roland BIELMEIER und Reinhard STEMPEL (Hgg.): *Indogermanica et Caucasica. Festschrift für Karl Horst-Schmidt zum 65. Geburtstag.* Berlin–New York: De Gruyter, 41–62.

KAMP, Hans, Uwe REYLE (1993): *From Discourse to Logic. Introduction to Modeltheoretic Semantics of Natural Language, Formal Logic and Discourse Representation Theory.* Dordrecht: Kluwer.

KIPARSKY, Paul (1997): ‚Aspect and Event Structure in Vedic', in Rajendra SINGH (Hg.): *The Yearbook of South Asian Languages and Linguistics 1998.* New Dehli–Thousand Oaks–London: Sage Publications, 29–61.

KLEIN, Wolfgang (1995): ‚A time-relational analysis of Russian aspect', in *Language* 71, vol. IV, 669–695.

KRATZER, Angelica (1998): ‚More Structural Analogies between Pronouns and Tenses', in Devon STROLOWITCH und Aaron LAWSON (Hgg.) *Semantics and Linguistic Theory* 8. Ithaca, Cambridge MA, 92–110.

KÜMMEL, Martin J. (2000): *Das Perfekt im Indoiranischen.* Wiesbaden: Reichert.

MUMM, Peter Arnold (2002): ‚Retrospektivität im Ṛgveda: Aorist und Perfekt', in Heinrich HETTRICH und Jeong-Soo KIM (Hgg.): *Indogermanische Syntax – Fragen und Perspektiven.* Wiesbaden: Reichert, 157–188.

OLIVELLE, Patrick (1997): *Upaniṣads. A new translation by Patrick Olivelle.* New York: Oxford University Press.

REICHENBACH, Hans (1947): *Elements of Symbolic Logic.* London: Macmillan.

SMITH, Carlota (1997): *The Parameter of Aspect. Second Edition.* Dordrecht: Kluwer.

VON STECHOW, Arnim, Eva GERÖ (2002): ‚Tense in Time: The Greek Perfect', available at http://vivaldi.sfs.nphil.unituebingen.de/~arnim10/Aufsaetze/index.html

TRAUGOTT, Elizabeth Closs und Alan B. DASHER (2005): *Regularity in Semantic Change.* Cambridge: Cambridge University Press.

WITZEL, Michael (1989): ‚Tracing the vedic dialects', in Colette CAILLAT (Hg.): *Dialectes dans les langues indo-aryennes.* Paris: Collège de France, Institut de Civilisation Indienne, 97–265.

——— (1995): ‚Early Indian History: Linguistic and Textual Parameters', in George ERDOSY (Hg.): *Language, Material Culture and Ethnicity. The Indo-Aryans of Ancient South Asia.* Berlin–New York: de Gruyter, 85–125.

Form und Funktion – die Wortstellung in den lykischen Grabinschriften*

Alexandra DAUES (Universität zu Köln)

Das Beispiel des Lykischen führt dem Korpuslinguisten auf eindrückliche Weise vor Augen, wie stark sich eine (zufällig) belegte Textgattung auf die Interpretation der Syntax auswirken kann. Im vorliegenden Beitrag sollen drei Aspekte des Verhältnisses von Form und Funktion in den lykischen Grabinschriften untersucht werden: (A) Die Qualität des Phänomens der Topikalisierung in den lykischen Grabinschriften. Dabei zeigt sich, dass die rein quantitative Übermacht der Grabinschriften gegenüber nur wenigen Prosabelegen unser Bild von der lykischen Syntax verzerrt: Die Topikalisierung ist hier pragmatischen Gesichtspunkten geschuldet. (B) Die pragmatisch bedingte Topikalisierung am linken Rand des Syntagmas hat auch Auswirkungen auf den rechten Rand des Einleitungssatzes der Grabinschriften: Durch die Markierung mit der Präposition *hrppi* in der Bedeutung ‚für' wird der Adressat, für den das Grabmonument erbaut worden ist, zusätzlich betont. (C) Neben der Verwendung von *hrppi* als Präposition in der Bedeutung ‚für' zeigt eine Fülle von *hrppi*-Belegen eine präverbale Stellung mit der lokalen Bedeutung ‚auf'. Die Fügungsenge zum Verb korreliert hier mit der Semantik.

Zunächst sei ein kleiner Exkurs zu den Besonderheiten des Lykischen vorangestellt: Das Lykische weicht nicht nur in syntaktischer Hinsicht (wie in der auffällig häufig belegten Topikalisierung[1] und der gegenüber den älteren anatolischen Sprachen veränderten Wortstellung VSO[2]) von den ihm verwandten Sprachen Hethitisch und Luwisch ab, sondern es kommt ihm auch eine kulturhistorische Sonderstellung zu, denn das Lykische ist fast ausschließlich durch Grabinschriften (5. und 4. Jh. v. Chr.) bezeugt, während seine älteren Schwestersprachen ausgerechnet dieses Genre vermissen lassen. Lediglich für das Hieroglyphenluwische sind – wenn auch nur sehr wenige – Grabstelen belegt.[3]

Für die Lykier hingegen sind seit dem 6. Jh. v. Chr. allein drei unterschiedliche Grabtypen bekannt (Felsengräber, Sarkophage und Grabpfeiler), von denen nur ca. 14% mit Inschriften versehen sind; zum Teil befinden sich auch lykisch-griechische Bilinguen darunter. Dieser offenkundige Hang zum monumentalen Grabbau prägt unser heutiges Bild von den Lykiern, von denen uns sonst nur wenig bekannt ist.[4] Ebenso bestimmt die damit verbundene

* Ich danke Prof. García Ramón für die anlässlich dieses Beitrags geführten Diskussionen sowie die Unterstützung beim gewinnbringenden Vergleich mit den griechischen Grabinschriften. Prof. H. Craig Melchert danke ich für die gründliche und sehr hilfreiche Durchsicht des Vortragsmanuskripts. Annick Payne (Würzburg) war mir bei der Sichtung der luwischen Belege behilflich. Ohne die fachliche und moralische Unterstützung von Antje Casaretto (Köln), Luz Conti (Madrid), Paola Dardano (Siena) und Sabine Ziegler (Jena) hätte dieser Beitrag nicht abgeschlossen werden können. Ihnen danke ich besonders! Ein herzliches Dankeschön geht auch an das interessierte Plenum, dessen anregende Rückfragen eine weitere Vertiefung des Forschungsgegenstands ermöglicht haben.

1 Vgl. GARRETT (1992).

2 Vgl. GARRETT (1994).

3 Wie KULULU 3, MARAŞ 2, MEHARDE und SHEIZAR.

4 Einen Einblick in den Forschungsgegenstand ermöglicht BRYCE (1986).

Überzahl der Grabinschriften gegenüber wenigen Prosabelegen unser Bild von der lykischen Sprache.

(A) Die im Lykischen auffällig häufig belegte Topikalisierung ist ihrer Form nach bereits von GARRETT (1992) umfassend erforscht worden. Die Funktion der Topikalisierung ist dabei meist die Kontrastierung, wie der deutsche Beispielsatz (1a) und das lykische Beispiel (1b) verdeutlichen:

(1) a. *Ana trinkt gerne Mineralwasser,* ***Espresso*** *aber mag sie nicht.*
b. N 320, 34–36 Xanthos, Letôon Trilingue
se=we=ne: xttadi: tike: [...] | ***xttade***= *me(j)=ẽ: tike:*
Partikelkette Verb Subjekt Verb Partikelkette Subjekt
'Niemand fügt Schaden zu. **Fügte** (dem) aber jemand Schaden zu, dann ...'

Die kontrastierende Topikalisierung rekurriert also auf einen bestehenden Kontext und lagert den entsprechenden Satzteil zur Hervorhebung an den linken Rand des betreffenden Satzes aus.[5] Diese Art der Topikalisierung ist auch in anderen Sprachen umfassend belegt. So weisen auch Hethitisch und Luwisch viele Beispiele einer kontrastierenden Topikalisierung auf.

Eine andere Funktion der Topikalisierung findet sich in Beispiel (2a) mit topikalisierter Lokalangabe neben dem Quasi-Normalsatz (2b), das die deutsche Wortstellung SVO korrekt widerspiegelt:

(2) a. ***Dieses Haus*** *hat das Architekturbüro Feser geplant.*
b. *Das Architekturbüro Feser hat dieses Haus geplant.*

Gegenüber dem Quasi-Normalsatz (2b) erfordert die Inversion der Lokalangabe in (2a) eine Größe, die die Topikalisierung mit Sinn erfüllt. Dies kann entweder ein Stück vorangehender Text sein, der das betreffende Haus bereits eingeführt hat, oder ein Bild des betreffenden Hauses oder aber die Situation selbst, die sich dadurch auszeichnen könnte, dass man vor dem Haus steht. Genau diesen Fall zeigen auch die lykischen Grabinschriften. Die Topikalisierung der Lokalangabe bezieht sich hier unmittelbar auf das inschrifttragende Grab(monument):

(2) c. TL 1, 1–3 {Telmessos}
ebẽñne xupã *m=ene= prñna⟨wa⟩tẽ*
Objekt satzeinl. Knj.= enkl. Pron. (Akk.)= Verb
xudali zuhrijah tideimi
Subjekt
'**Dieses Grab**, das hat Xudali, der Sohn des Zuhrija, gebaut.'

Dieses Beispiel zeigt einen typischen Einleitungssatz der lykischen Grabinschriften.[6] Da keinerlei Kontext außer dem beschriebenen Grabmonument selbst existiert, dient dieses als Bezugsgröße. Die Topikalisierung hat hier eine exophorische Funktion, indem sie den davor stehenden Leser unmittelbar anspricht und einen Bezug zum inschrifttragenden Objekt herstellt. Trennt man die Inschrift von ihrem Objekt, verliert die Topikalisierung

5 Das Verb steht hier noch vor der Partikelkette und durchbricht so die „normale" lykische Wortstellung, die durch VSO in der Position nach der Partikelkette charakterisiert ist, vgl. das erste Syntagma von (1b).

6 Es beginnen nur weniger als ein Drittel der bei Kalinka gesammelten Inschriften (d. h. ca. 40 von 150 Inschriften) nicht mit der Topikalisierung des inschrifttragenden Grabmonuments.

ihre Sinnhaftigkeit. Diese Abhängigkeit der Inschrift vom beschriebenen Objekt erklärt, warum die Topikalisierung vom Typ (2) so häufig in den Grabinschriften belegt ist und sich dort jeweils auf den ersten Satz beschränkt.

Dagegen ist die kontrastierende Topikalisierung vom Typ (1) sowohl im Fließtext der Grabinschriften als auch in der Trilingue von Letôon mehrfach belegt. Diese lykisch-griechisch-aramäische Trilingue ist dabei insofern von besonderer Relevanz, als es sich dezidiert nicht um eine Grabinschrift handelt, sondern um ein Dekret. Da die Inversion der Lokalangabe weder in der Trilingue noch innerhalb der Grabinschriften belegt ist, verwundert ihre Seltenheit im Hethitischen und Luwischen nicht: Sie ist offenbar als Phänomen an das Genre der Grabinschriften gebunden.

Die Topikalisierung der Lokalangabe in den lykischen Grabinschriften weist aber noch eine weitere Besonderheit auf: Innerhalb der topikalisierten Lokalangabe ist wiederum das Demonstrativpronomen *ebe-* ‚hic' topikalisiert. Es steht an allererster Stelle innerhalb der Topikalisierung und weicht so von der Normalposition der lykischen Demonstrativpronomina ab, die sonst nachgestellt sind. Zwar gibt es außerhalb dieser Konstruktion nur wenige Belege, doch bestätigen Beispiele wie (3a) und (3b) aus der Trilingue von Letôon die nachgestellte Defaultposition des Demonstrativpronomens:

(3) a. N 320, 9–10 {Xanthos, Letôon Trilingue}
s=ẽ=ñn= aitẽ: kumazu: ***mahãna: ebette*** *eseimiju: qñturahahñ: tideimi*
Knj. + Pron. Verb Akkusativ Dativ Akkusativ
‚Ihnen machten sie zum Priester **für die(se) Götter (hier)** den Eseimija, den Sohn des Q.'

b. N 320, 32–33 {Xanthos, Letôon Trilingue}
me=t(e)=(e) epi= tuwẽti: ***mara: ebeija:***
Knj. + Ptk. + Pron. (Akk.) Präverb Verb Akkusativ
‚Das (zu leisten) stellten sie auf als **die(se) Pflicht (die hier folgt:)**

So wird in der – durch Beispiel (2c) repräsentierten Normalform der Grabinschriftseinleitung – der außersprachliche, aber vor Ort deutliche Bezug zum inschrifttragenden Grabmonument, doppelt markiert. Die lykischen Grabinschriften beginnen mit einem Chiasmus und führen den Betrachter so vom Offensichtlichen oder Bekannten zum Verborgenen bzw. zu dem dort begrabenen Toten.

Während die Grabinschriften in ganz Lykien dieselbe Struktur aufweisen, lässt sich bei den Grabinschriften der benachbarten Griechen kein einheitliches Muster erkennen, oft aber nennen sie den Verstorbenen zuerst, wie in Beispiel (4a) mit Genitiv in Erstposition, oder mit topikalisiertem Dativ, wie in Beispiel (4b):

(4) a. Kyrenae, ca. 600–550
Κοίσονος *στάλα* [----------------
----------------] *ἔστασαν ἑταῖϱο*[*ι*]
‚**Des Koisos** Stele [...] haben (seine) Gefährten aufgestellt.'

b. Thessalien, ca. 475–450
[***Χ***]***άββοι*** *μνᾶμα* ***θανόντι*** *πατὲϱ ἔστασεν Ἀλεύϝας*
‚**Dem toten Xabbos** ein Gedenken hat sein Vater Aleuwas aufgestellt.'

Als Nachbarn der Lykier waren die Griechen im 1. Jt. v. Chr. kulturell stets dominant und konnten sogar zu Zeiten persischer Vorherrschaft Einfluss ausüben.[7] Es ist interessant zu verfolgen, wie in den (zugegebenermaßen) seltenen bilingualen lykisch-griechischen

7 Vgl. BRYCE (1986).

Grabinschriften mit den unterschiedlichen Konventionen umgegangen wird. Zweierlei Lösungen finden sich: In Beispiel (5a) ist der griechische Text eine wortwörtliche Übersetzung der lykischen Inschrift, wobei auch die lykische Wortstellung 1 : 1 nachgeahmt wird:

(5) a. TL 6, 1–2 {Karmylessos}

ebẽñne ñtatã *m=ene* *prñnawãtẽ pulenjda mullijeseh*
Objekt Knj.=enkl.Pron.(Akk.) Verb Subjekt Patronymikon

se=dapara pulenjdah purihimetehe pr[ñ]n[e]ezijehi
Knj.=Subjekt Patronymikon Apposition (Nom.)

hrppi lada epttehe se=tideime
Adressat (Präp. + Dat.)

τοῦτο τὸ μνῆμα *ἐργάσαντο Ἀπολλ[ω]νίδης Μολλίσιος*
καί Λαπάρας Ἀπολλωνίδου Πυριμάτιος οἰκεῖοι
ἐπὶ ταῖς γυναιξὶν ταῖς ἑαοτῶν [κα]ὶ τοῖ[ς] ἐγγόνοι
‚**Diese Grablege** haben P., Sohn des M., und D., Sohn des P., (beide) zum Haushalt des P. gehörend, für ihre Frauen und Kinder gebaut.'

Dagegen liegt in Beispiel (5b) lediglich eine Paraphrase der lykischen Inschrift durch den griechischen Text vor. Die griechische Version beginnt hier – der Tendenz der griechischen Grabinschriften folgend – mit dem Namen des Toten (der hier auch identisch mit dem Erbauer ist), während das Objekt an zweiter Stelle des Einleitungssatzes genannt wird:

(5) b. TL 56 {Antiphellos}

ebeñne prñnãwu: *m=e=ti* *prñnawãtẽ ixtta:*
Objekt Knj.=enkl.Pron.=Rfl.pron. Verb Subjekt

hlah: tideimi: hrppi ladi: ehbi se tideime ehbije
Patronymikon Adressat (Präp. + Dat.)

Ἰκτας Λα Ἀντιφελλίτης[8] ***τουτὶ τὸ μνῆμα*** *ἠργάσατο*
αὑτῶ[ι] τε καὶ γυναικὶ καὶ τέκνοις
‚**Dieses Bauwerk** hat Ikta, der Sohn des Hla, gebaut (sich), seiner Frau und seinen Kindern.'

Das Lykische behält also, was die konservative Textgattung der Grabinschriften betrifft, im gesamten Überlieferungsraum und über den gesamten Überlieferungszeitraum hinweg, seine Struktur bei, d. h. das inschrifttragende Objekt tritt durch Topikalisierung an die erste Position im Satz. Die griechischen Teile der Bilinguen ahmen dabei entweder die lykische Wortstellung genau nach, wie in (5a), oder variieren die Wortstellung des lykischen Textes nach eigenem Muster, wie in (5b).

(B) Welche Position sieht nun aber die Wortstellung in den lykischen Grabinschriften für den Verstorbenen vor, dem die Stele Andenken sein soll und der in den griechischen Grabinschriften so oft die initiale Satzposition einnimmt? Derjenige, für den das Grab gebaut worden ist, befindet sich in den lykischen Grabinschriften an dritter Stelle des einleitenden Satzes: Vom Monument, vor dem der Betrachter steht (Position 1), über den Erbauer, der meist durch ein Patronymikon spezifiziert ist (Position 2), wird der Betrachter zu demjenigen geleitet, für den das Grabmal bestimmt ist (Position 3). Häufig ist jedem der drei sogar eine Zeile gewidmet, wie die unterschiedlichen Muster der folgenden Beispiele

8 Das Patronymikon *Ἀντιφελλίτης* ‚aus Antiphellos stammend' fehlt im lykischen Text ebenso wie in der Übersetzung, die sich an der lykischen Fassung orientiert.

zeigen. Der Zeilenumbruch der Beispiele (6a)–(6c) entspricht hier jeweils dem des lykischen Originals.

(6) a. TL 39 {Xanthos}

1	Monument:	*ebẽñnẽ: prñnawu: m=e=ti prnawatẽ*	‚Dieses Bauwerk hat gebaut
2	Erbauer:	*mẽmruwi: xñtenubeh: tideimi*	der M., Sohn des X.,
3	Adressat:	***hrppi** esedeñnewi xñnahi*	**für** seine Blutsverwandten
		ehbijehi:	großmütterlicherseits.‘

(6) b. TL 38 {Xanthos}

1	Monument:	*ebẽñnẽ: prñnawu*	‚Dieses Bauwerk
		m=ene prñnwatẽ	hat gebaut
2	Erbauer:	*ijetruxle: hurttu*	I., der zu H.
		weh: wasaza:	gehörige Priester,
3	Adressat:	***hrppi** ladi:*	**für** seine Frau
		se tideimi	und sein Kind.‘

(6) c. TL 123 {Limyra}

1,2	Monument + Erbauer:	*ebẽñnẽ: xupã: m=ẽ=ti: prñnawatẽ: exeteija*
3	Adressat	***hrppi**: atli: ehbi: se: ladi: ehbi: se: tideime*
		‚Dieses Grab hat gebaut der E.
		für sich selbst und seine Frau und (seine) Kinder.‘

Diese Beispiele legen nahe, dass nicht nur optische Kriterien der Einpassung der Schriftzeichen in den Stein für die Plazierung der Inschriften wichtig sind, sondern auch inhaltliche bzw. funktionale Kriterien eine Rolle spielen. Besonders auffällig ist dabei die Tatsache, dass der Adressat jeweils durch die mit Dativ verbundene Präposition *hrppi* markiert ist.[9] Das Präpositionalgefüge befindet sich hierbei tendenziell am rechten Rand des Syntagmas.

Auch wenn *hrppi* gerne als eine Zusammenrückung zweier Adverbien analysiert wird,[10] erklärt sich daraus die lykische Bedeutung ‚für‘ der Präposition nicht. DRESSLER (1964) stellte daher eine Verbindung zur griechischen Präposition gr. *ἐπί* her, wobei er dort einen Calque aus dem Lykischen vermutet. Er behauptet, der Ersatz des bloßen Dativs finde sich in solchen Inschriften erst tief in der Kaiserzeit (1964: 114). Auch RUTHERFORD (2002) geht davon aus, dass gr. *ἐπί* auf dem Hintergrund einer lykisch-griechischen Sprachkontaktsituation die Funktion habe, bei der Übersetzung der lykischen Inschriften ins Griechische die Symmetrie in der Wortstellung zu wahren. Da aber – abgesehen von den Grabinschriften – nur wenige Informationen über die Lykier vorliegen, müssen Schlussfolgerungen mit Implikationen für die Rekonstruktion der historischen Situation des südwestlichen Kleinasien sorgfältig überprüft werden.

Dabei fällt auf, dass es durchaus griechische Grabinschriften gibt, die *ἐπί* zum Ausdruck des Adressaten verwenden, obwohl sie räumlich und zeitlich nicht in Verdacht kommen, vom Lykischen beeinflusst worden zu sein, wie Beispiel (7a) aus Attika und Beispiel (7b) aus Euböa:

9 Die zusätzliche Markierung des Dativs durch *hrppi* scheint im Singluar funktional überflüssig zu sein, da die Endung *-i* eindeutig ist und eigentlich keiner zusätzlichen Erklärung bedarf.

10 Vgl. NEUMANN (2007: 103).

(7) a. Attika, ca. 540–530?
τόδ' Ἀρχίο 'στι σε͂μα κἀδελφε͂ς,
Εὐκονσμίδες δὲ τοῦτ' ἐποίεσεν καλόν,
*στέλεν δ' **ἐπ' αὐτοῖ** θε͂κε Φαιδιμοσοφός*

‚Dieser Grabstein gehört Arxios, Bruder und Freund.
Eukonsmides aber hat diesen schönen Grabstein gemacht,
den Phaidimosophos **für ihn** aufgestellt hat.‘

b. Euböa, ca. 450? (nur der letzte Vers abgedruckt)
*Τιμαρέτε μ' ἔσστεσε **φίλοι ἐπὶ παιδὶ θανόντι***

‚Timarete aber hat [dies] aufgestellt **für ihr geliebtes verstorbenes Kind.**‘

Weiterhin hat Gonda (1957: 7) bereits auf wenige, aber durchaus existente Beispiele von *ἐπί* mit Dativ bei Homer aufmerksam gemacht, die die Bedeutung ‚für‘ bestätigen, wie in Beispiel (7c):

(7) c. I 492
*ὣς **ἐπὶ σοὶ** μάλα πόλλ' ἔπαθον καὶ πολλὰ μόγησα*

‚So habe ich **für dich** sehr viel ertragen und mich sehr abgemüht.‘

Eine Entlehnungsrichtung vom Lykischen ins Griechische kann somit ausgeschlossen werden.[11] Vielmehr legen Beispiele wie (7a)–(7c) nahe, dass die Sprachkontaktsituation in Lykien in umgekehrter Richtung gewirkt hat: Während für das Anatolische der Gebrauch von Präpositionen wie *hrppi* in der Bedeutung ‚für‘ eher untypisch ist, sind sie im klassischen Griechisch bereits gut belegt. Offenbar handelt es sich bei der lykischen Präposition *hrppi* um eine Lehnübersetzung aus dem Griechischen.

Zudem zeigt sich – wenn auch nur in einigen (wenigen) Inschriften –, dass *hrppi* zum Ausdruck des Adressaten im Lykischen nicht zwingend gebraucht werden muss. Der reine Dativ reicht hier offenbar aus, wie die Beispiele (8a) und (8b) belegen:

(8) a. TL 23, 1–3 {Tlos}

ebẽñnẽ: ñtatu: [m]=ẽ=ti prñn[aw]atẽ: ***el[puw]eti a[tl]i eh[b]i*** *s[e ...]*
‚Diese Grablege, die baute (sich) **Elpuweti** (für) **sich selbst** und ...‘[12]

b. TL 37, 1–6 {Xanthos}

ebẽñnẽ χupã m=ẽne prñnawatẽ: mede: ***epñnẽni ehbi: hm̃prãma:***
‚Diese Grabmal, das hat gebaut M. **seinem jüngeren Bruder H.**

se(j)=atli
und sich selbst.‘

Ein weiteres Argument ist in diesem Zusammenhang die vollständige Abwesenheit von *hrppi* mit Dativ zur Markierung des Adressaten in der Trilingue von Letôon. Auch hier reicht der bloße Dativ aus:

(8) c. N 320, 6–8 {Xanthos, Letôon Trilingue}

arñnãi: m̃maitẽ: kumezijẽ: θθẽ: ***χñtawati χbidẽñni:***
‚Die Xanthier erbauten einen priesterlichen Altar **für den König von Kaunos.**‘

11 Zudem kann bei *ἐπί* + Dativ eine Entwicklung von einer telischen Lesart, wie beispielsweise in *X* 392 *νηυσὶν ἔπι γλαφυρῇσι νεώμεθα* ‚Lasst uns zu den gewölbten Schiffen zurückkehren‘, zur Bezeichnung des Adressaten (lokal → übertragen) als plausibel gelten.

12 Auch der griechische Text kommt hier ohne Präposition aus. Der Text beginnt mit *Ἐλπαοτ[ις] ἑ[α]υτῶι κατεσκευ[άσα] το καὶ* ... ‚Der E. hat (für) sich selbst errichtet ...‘.

Beispiele wie (8a)–(8c) stellen die Belege von *hrppi* mit Dativ im Einleitungssatz der Grabinschriften in ein anderes Licht: Die Präposition erfüllt im Lykischen am rechten Rand des Einleitungssatzes der Grabinschriften – ebenso wie die Topikalisierung am linken Rand – vor allem eine pragmatische Funktion und wird als Stilmittel verwendet: Sie hebt den Adressaten, d. h. den dort beigesetzten Toten, zusätzlich hervor, wobei das Lykische von der vom Griechischen beeinflussten Setzung einer Präposition Gebrauch macht. So wird der Leser vom Monument über den Erbauer hin zum Adressaten geführt, zu dem bzw. den Verstorbenen, die hier ruhen und ihre letzte Ehre erfahren sollen.[13] Dieser den Adressaten markierende Gebrauch der sonst in der lokalen Bedeutung ‚auf' verwendeten Präposition gewinnt durch die analog verwendete griechische Präposition *ἐπί* mit Dativ an Plausibilität. Auch gr. *ἐπί* hat ursprünglich die lokale Bedeutung ‚auf' und erweitert sein Funktions- und Bedeutungsspektrum im Laufe der griechischen Sprachgeschichte hin zum übertragenen Ausdruck.

(C) Das Lykische kennt also zwei zu differenzierende Funktionen von *hrppi*: Einerseits hat *hrppi* die lokale Bedeutung ‚auf', andererseits kann *hrppi* in der Bedeutung ‚für, im Interesse von' den Adressaten markieren.[14] Beide Verwendungen unterscheiden sich aber nicht nur in Funktion und Bedeutung, sondern auch in der Stellung innerhalb des Satzes. Die im Vergleich zu den älteren Schwestersprachen mit Verbendstellung veränderte Wortstellung VSO des Lykischen (vgl. Garrett, 1994) erlaubt Analysen, die für das Hethitische und Luwische nicht möglich sind, denn im Hethitischen und Luwischen lässt sich aufgrund der Wortstellung SOV oft nicht feststellen, ob sich hinter der Adposition in präverbaler Position eine Postposition oder ein Präverb verbirgt, wie die Beispiele (9a) und (9b) für das Hethitische zeigen sowie das Beispiel (10) für das Hieroglyphenluwische:

(9) a. KBo 2.5 iii 18 (NH/NS)

nu-kán	^{URU}*Ḫa-at-tu-ši*	***ša-ra-a***	*ú-u̯a-nu-un*
Partikelkette	Lokativ	Postposition/Präverb	Verb

‚Ich kam **hinauf** nach Hattuša.'

b. KUB 1.1 ii 47 (NH/NS)

na-an	*A-NA* DINGIR^{LIM} GAŠAN-*YA*	***pé-ra-an***	*te-eḫ-ḫu-un*
Partikelkette	Dativ	Postposition/Präverb	Verb

‚Ich stellte es **vor** meine Göttin, meine Herrin.' (= weihte es ihr)

(10) Nominal: BABYLON 3

za-ia-wa/i-' („SCALPRUM")*ka-ti-na* CERVUS$_2$-*ti-ia-sa*

zaia=wa	*katina*	*Runtiyas*
Dpr.=Ptk.	Akkusativ	Nominativ

TONITRUS.*HALPA-pa-ni* (DEUS)TONITRUS-*hu-ti* **PRAE-*na***

halpa⟨wa⟩ni	*Tarhunti*	***parran***
Lokativ	Lokativ	Postposition/Präverb

13 Heiner Eichners Untersuchung zur Metrik in der epichorischen Dichtung Kleinasiens (1993) lässt diese Betrachtung auf stilistischer Ebene durchaus gerechtfertigt erscheinen.

14 Die Annahme, es bestehe ein Zusammenhang zwischen dem Grabtyp bzw. der mit ihm verbundenen Position des Verstorbenen innerhalb des Grabbaus (z. B. Pfeilergräber, bei denen die Leiche in einer auf einem Pfeiler befindlichen Grabkammer beigesetzt wurde) und der Verwendung von *hrppi*, bestätigt sich bei den erhaltenen Gräbern nicht: Der Großteil der *hrppi* in der Bedeutung ‚für' verwendenden Inschriften findet sich an Fundorten, für die ebenerdige Felsengräber bezeugt sind, wie Xanthos und v. a. Limyra. Eine ursprünglich lokale Verwendung ‚auf' kann hier für *hrppi* ausgeschlossen werden. Bemerkenswert ist allerdings die Tatsache, dass gr. *ἐπί* + Dativ auch über die lokale Bedeutung ‚auf' verfügt.

[PON]ERE-*wa/i-ta*
tuwata
Verb
,Diese Schalen stellte Runtiya **vor** den Tarhunta von Halpa.'

Die Lokaladposition befindet sich jeweils zwischen einem Objekt im Dativ/Lokativ und dem Verb. Diese doppelte Analysemöglichkeit der Lokaladposition als Postposition und als Präverb ist in Skizze (1) vereinfachend dargestellt:

	1.	2.		3.
Satzeinl. Knj. + enkl. Pronomina	(Subjekt)	Objekt(e) [15]	Postposition Präverb	Verb

Skizze (1): Wortstellung im Hethitischen und Luwischen

Dagegen ermöglicht das Lykische, für das keinerlei Postpositionen belegt sind, durch die geneuerte Wortstellung VSO eine klare Unterscheidung in Präverb und Präposition. In beiden Positionen ist *hrppi* belegt. Das folgende Beispiel (11a) zeigt *hrppi* noch einmal in der Bedeutung ,für'; *hrppi* fungiert hier als Präposition:

(11) a. = (6a) TL 123 {Limyra}
m=ẽ=ti: prñnawatẽ: exeteija ***hrppi:*** *atli: ehbi: se: ladi: ehbi: se: tideime*
Partikelkette Verb Subjekt Adressat (Präposition + Dativ)
,[Dieses Grab], das hat E. gebaut **für** sich selbst und seine Frau und seine Kinder.'

Das Präpositionalgefüge befindet sich hierbei am rechten Rand des Syntagmas, wie in Skizze (2.1):

	1.	2.		3.
Satzeinl. Knj. + enkl. Pronomina	Verb	(Subjekt)	Präposition	Objekt(e)

Skizze (2.1): präpositionale Stellung von *hrppi* im Lykischen

Steht *hrppi* allerdings vor dem Verb, wie in Beispiel (11b), hat es die lokale Bedeutung ,auf' und erfüllt aus der Perspektive der Wortstellung die Funktion eines Präverbs:

(11) b. TL 149, 5 {Rhodiapolis}
me=ije=ne: ***hrppi*** *tãti tike: ijamaraje: tibe: ladi: ehbi:*
Partikelkette Präverb Verb Akkusativ Lokativ
,Sie legen niemanden drauf, (weder) auf Iyamara noch auf seine Frau.'

Skizziert man auch hier die Wortstellung, ergibt sich Skizze (2.2):

		1.	2.	3.
Satzeinl. Knj. + enkl. Pronomina	Präverb	Verb	(Subjekt)	Objekt(e)

Skizze (2.2): präverbale Stellung von *hrppi* im Lykischen

Auch Beispiel (12) mit *ñtepi* in der Bedeutung ,in' zeigt eine Lokaladposition in präverbaler Stellung. Die semantisch zugehörige Ortsangabe *hrzzi prñnawi* ,ins obere Bauwerk' hingegen befindet sich auf der rechten Seite des Verbs:

15 Der Terminus ,Objekt' ist hier aus der Perspektive der Wortstellung verwendet. Er umfasst in dieser Tabelle (ebenso wie den folgenden) vor allem indirekte Objekte und Lokalangaben, also Nomina im Dativ und/oder Lokativ. Direkte Objekte haben in diesem Zusammenhang kaum Relevanz.

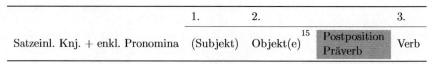

(12) TL 94,1 {Myra}

m=e[n]e ***ñtepi*** *tãti* *hrzzi: prñnawi:* *se ladã: ehbi se haxãnã:*
Partikelkette Präverb Verb Lokativ Akkusativ

‚Ihn werden sie hineinlegen **ins** obere Bauwerk und seine Frau und den Haxana (auch).'

In dieser präverbalen Stellung der Lokaladposition zeigt sich eine strukturelle Ähnlichkeit des Lykischen mit dem Hethitischen und Luwischen: Die relative Position der Lokaladposition vor dem Verb bleibt in allen drei Sprachen erhalten, lediglich die Wortstellung (und damit die Position des Verbs) hat sich verändert.

Die folgende Tabelle listet die Präverbien, Präpositionen und die (in diesem Beitrag unberücksichtigten) Adverbien des Lykischen im Vergleich zum Hethitischen und Luwischen auf:[16]

Hethitisch	Luwisch	Lykisch	Bedeutung	Belegfrequenz (ohne unklare Fälle)	Funktion
appa	*apan(i)*	*epi*	‚auf ... zu'	16×	Präverb
appan	*apan(i)*	*pñ/*	1. lokal: ‚darauf'	4×	Präverb
		epñ	2. temp.: ‚später'	9×	Adverb
šer/šara	*sara*	*hri*	‚auf'	14×	Präv., Adv.
–	–	*hrppi*	1. lokal: ‚auf'	27×	Präverb
		hrppi	**2. übertr.: ‚für'**	**65×**	**Präposition**
anda(n)	*anta*	*ñte*	‚in'	36×	Präverb
		ñte	‚in'	4×	Adverb
–	–	*ñtepi*	lokal: ‚in'	31×	Präverb
–	*anan(i)*	***ẽnẽ***	**übertr.: ‚unter'**	**14×**	**Präposition**

Tabelle 1: Lykische Präverbien, Präpositionen und Adverbien im Vergleich

Dabei fällt auf, dass alle lykischen Präverbien und Adverbien eine konkrete lokale oder temporale Funktion zeigen. Eine übertragene Bedeutung haben nur die Präpositionen *hrppi* und *ẽnẽ* (in der Skizze in Fettdruck).

Die einzige reine Präposition[17] des Lykischen, *ẽnẽ*, hat die Bedeutung ‚unter der Herrschaft von'. Die so eingeleitete freie Temporalangabe befindet sich am rechten Rand des Satzes:

(13) a. TL 61, 1–2 {Phellos}

ebẽ: prñnawã: m=e=ti: *prñnawatẽ: sbikezijẽi: mrexisa: tideimi*
Objekt Partikelkette Verb Subjekt + Patronymikon

ladi ehbi: se tideimi: ***ẽnẽ:*** *xñtawata: wataprddatehe*
Adressat Präposition + Lokativ

‚Dieses Bauwerk, das hat S., der Sohn von M., gebaut, seiner Frau und seinem Kind **unter** der Herrschaft von W.'

Im Lykischen sind bisher keine Belege von *ẽnẽ* in der lokalen Bedeutung ‚unter' belegt.[18]

16 Nur die ausreichend klaren Belege wurden hier mit aufgenommen.

17 D. h. eine präverbale Stellung ist bisher nicht bezeugt.

18 Die Belege der entsprechenden Formen des Keilschrift- und Hieroglyphenluwischen (kluw. *an-na-a-an*, hluw. SUB-*na-na*) zeichnen kein einheitliches Bild: Das Keilschriftluwische weist *an-na-a-an* in KUB 9.6 + Rs. iii klar als Präposition mit lokaler Bedeutung aus: *a=du=(w)[a-a]n* ***an-na-a-an*** *pa-a-ta-an-za du-ú-wa-an-du* ‚Sie sollen ihn **unter** die Füße stellen.' Im Hieroglyphenluwischen findet sich SUB-*na-na* bspw. in KARATEPE 1, § XXII, 114–118 (Hu. 4b–c) als Präverb in lokaler Bedeutung: *á-mu-pa-wá/í-ma-tà* |

Für die beiden lykischen Präpositionen *hrppi* und *ẽnẽ* ergibt sich somit folgendes Bild: Die lykischen Lokaladpositionen, vgl. Tabelle (1), zeigen in präverbaler Position durchweg lokale Bedeutung, wie in (11b) und (12), wohingegen die beiden Präpositionen *hrppi* und *ẽnẽ* eine übertragene Bedeutung haben, wie in (11a) und (13a).

Zusammenfassend kann zur Wortstellung und deren Funktion in den lykischen Grabinschriften festgehalten werden, dass die Topikalisierung der Lokalangabe als ein an die Grabinschriften gebundenes Phänomen eine konkret pragmatische, exophorische Funktion erfüllt. Da die Bezugnahme auf außersprachliche Größen der Textgattung der Grabinschriften immanent ist, kann die Vielzahl der im Lykischen belegten Topikalisierungen am linken Rand des Einleitungssatzes nicht absolut gewertet werden, vgl. (A). Ebenfalls charakteristisch für die lykischen Grabinschriften ist der Gebrauch der Präposition *hrppi* zur (zusätzlichen) Markierung des Adressaten am rechten Rand des Einleitungssatzes. Dieser Gebrauch geht auf Sprachkontakt mit dem Griechischen zurück und ist im Lykischen optional, vgl. (B). *Hrppi* steht außerhalb der Grabinschriften in präverbaler Position und hat die lokale Bedeutung ‚auf'. Für die Grabinschriften ergibt sich somit die Situation, dass aufgrund der Wortstellung auch eine inhaltliche Differenzierung möglich wird, vgl. (C).

Für das Lykische konnte somit gezeigt werden, dass die Dominanz der Grabinschriftsbelege gegenüber anderen Textgattungen unser Bild von der Grammatik des Lykischen verzerrt. Auffällige bzw. von den Schwestersprachen abweichende Besonderheiten des Lykischen entpuppen sich im Rahmen dessen als gattungsspezifische Besonderheiten. Die Pragmatik ist hier die treibende Kraft, die sich auch den Sprachkontakt bzw. aus ihm erwachsende Möglichkeiten zunutze macht.

Literaturverzeichnis

DRESSLER, Wolfgang (1964): Kleinasiatische Miszellen. In: *Die Sprache* 10. S. 110–115.

——— (1969): Eine textsyntaktische Regel der idg. Wortstellung. In: *Historische Sprachforschung* 83. S. 1–25.

EICHNER, Heiner (1993): *Probleme von Vers und Metrum in epichorischer Dichtung Altkleinasiens.* Ergänzungsbände zu den Tituli Asiae Minores Nr. 14. Wien: Verlag der Österreichischen Akademie der Wissenschaften.

FRIEDRICH, Johannes (1974³): *Hethitisches Elementarbuch.* Teil I: Kurzgefaßte Grammatik. Heidelberg: Carl Winter.

GARRETT, Andrew (1992): Topics in Lycian Syntax. In: *Historische Sprachforschung* 105. S. 201–212.

——— (1994): Relative Clause Syntax in Lycian and Hittite. In: *Die Sprache* 36. S. 29–69.

GONDA, Jan (1957): Gr. ἐπί + Dative. In: *Mnemosyne* IV, 10. S. 1–7.

(LITUUS)*á-za-ti-wa/i+ra/i-sá* | („PES")*pa-tà-za* | **SUB-*na-na*** | PONERE-*há* ‚Ich aber, Azatiwatas, stellte sie mir unter (meine) Füße.' (i. e. macht sie mir Untertan). Die (leicht) übertragene Bedeutung folgt hier einem dem vorderasiatischen Raum zugehörigen Bild. In KARATEPE 1, § XXI, 108–113 (Hu. 4a–b) gibt es aber auch einen Beleg für eine deutlich übertragene Bedeutung in präverbaler Position: NEG₂-*wá/í* REL-*zi* | **SUB-*na-na*** PUGNUS.PUGNUS-*ta₄-ta* | *mu-ka-sa-sa-na* | DOMUS-*ní-i* ‚der nicht gekämpft/gedient hat **unter** dem Hause Muksa'. Insgesamt zeigen die eng verwandten Sprachen Keilschriftluwisch, Hieroglyphenluwisch und Lykisch hinsichtlich des Gebrauchs von *an-na-a-an*, SUB-*na-na* und *ẽnẽ* kein einheitliches Bild. Dies ist auf dem Hintergrund des in diesem Beitrag vermuteten Einflusses des Sprachkontakts auf die einzelsprachlichen Lösungen nicht weiter verwunderlich: Das Lykische konnte als vom Griechischen beeinflusst gezeigt werden, während das Hieroglyphenluwische mit den beiden jüngsten Inschriften (Çineköy und Karatepe vom Ende des 8. Jh.s) bereits luwisch-phönizische Bilinguen aufweist, so dass eher Sprachkontakt mit dem hamitosemitischen Sprachraum angenommen werden kann.

GUSMANI, Roberto (1963): Kleinasiatische Miszellen. In: *Indogermanische Forschungen* 68. S. 284–294.

HANSEN, Petrus Allanus (1983): *Carmina Epigraphica Graeca.* Saeculum VIII–V A. CHR. N. Berlin / New York: Walter de Gruyter.

HAWKINS, J. David (2000). *Corpus of Hieroglyphic Luwian Inscriptions.* Volume I. Inscriptions of the Iron Age. Berlin / New York: Mouton de Gruyter.

KALINKA, Ernestus (1901). *Tituli Asiae Minoris.* Volumen I: Tituli Lyciae. Wien.

MELCHERT, H. Craig (2004^2): *A Dictionary of the Lycian Language.* Ann Habor / New York: Beech Stave Press.

——— (2004): Lycian. In: Roger D. Woodard (Hg.). *The Cambridge Encyclopedia of the World's Languages.* Cambridge: Cambridge University Press. S. 591–600.

NEUMANN, Günter (1979): *Neufunde lykischer Inschriften seit 1901.* Wien: Verlag der Österreichischen Akademie der Wissenschaften.

——— (2007): *Glossar des Lykischen.* Überarbeitet und zum Druck gebracht von Johann TISCHLER. Wiesbaden: Harrassowitz Verlag.

PAYNE, Annick (2004): *Hieroglyphic Luwian.* Elementa Linguarum Orientis 3. Wiesbaden: Harrassowitz Verlag.

RUTHERFORD, Ian (2002): Interference or Translationese? Some Pattern in Lycian-Greek Bilingualism. In: J. N. Adams / M. James / S. Swain (Hgg.). *Bilingualism in Ancient Society – Language Contact and the Written Word.* Oxford: Oxford University Press. S. 197–219.

Die Funktion der präverbalen Positionen der Adverbkonnektoren im Deutschen: Anmerkungen aus synchroner und diachroner Sicht

Gisella FERRARESI (Goethe-Universität Frankfurt a. M.)

1 Einleitung[1]

Die erste Position im Satz im Deutschen wird nach dem topologischen Model „Vorfeld" genannt. Es handelt sich dabei um den Satzbereich, der dem finiten Verb z. B. im deklarativen Hauptsatz vorangeht. In traditionellen Ansätzen, aber auch in theorieorientierten Publikationen wird als Charakteristikum des Deutschen die sogenannte Verbzweit-Eigenschaft angenommen, bei der vor dem finiten Verb, also im Vorfeld, eine einzige Konstituente realisiert sein darf[2], wie im folgenden Beispiel:

(1) a. *Maria* hat gestern den ersten Literaturpreis gewonnen
b. * *Maria gestern* hat den ersten Literaturpreis gewonnen

Dass die Verbzweitstellung keine starre Regelung ist, zeigt sich anhand mancher Elemente, die diese Regel verletzen zu dürfen scheinen. Dazu gehören koordinierende Konjunktionen (2a) oder Fokuspartikeln (2b):

(2) a. Maria hat gestern den ersten Literaturpreis gewonnen *und Hans* ist von der Jury als zweiter Kandidat gewählt worden
b. *Auch Maria* hat den Literaturpreis gewonnen

Für solche Elemente wie koordinierende Konjunktionen in (2a) wird eine satzexterne Position vorgeschlagen[3], die folglich für die Anrechnung der Stellen vor dem finiten Verb nicht zählt. Für Fokuspartikeln wie *auch* in (2b) wird einerseits eine Analyse vorgeschlagen, bei der die Fokuspartikel in der Nominalphrase enthalten ist, die im Fokus der Partikel steht. Diese Analyse würde somit keine Ausnahme zur Verbzweit-Regel darstellen[4]. Andererseits wird vorgeschlagen[5], dass in bestimmten Fällen Verbzweitstellung durch Verbdrittstelung ersetzt werden kann. Neben der Möglichkeit der mehrfachen Vorfeldbesetzung durch solche Elemente und durch nominale und adverbiale Konstituenten wird anderen Konstruktionen weniger Beachtung geschenkt, bei denen eine (nominale oder adverbiale) Konstituente zusammen mit einem Adverbkonnektor das Vorfeld besetzt, wie in den folgenden Fällen:

1 An dieser Stelle möchte ich Elisabeth Rieken und Paul Widmer für die Organisation der Tagung und für interessante Kommentare zum Vortrag danken.

2 Schon DÜRSCHEID (1989) hatte dafür argumentiert, dass im Vorfeld zwei Konstituenten vorhanden sind. Dagegen sprechen sich ZIFONUN, HOFFMANN und STRECKER (1997: 1639) aus. MÜLLER (2003) hat anhand einer korpuslinguistischen Untersuchung gezeigt, dass die V2-Regel öfter als angenommen verletzt wird.

3 Wie z. B. von BÜRING & HARTMANN (2001).

4 REIS (2005).

5 BÜRING & HARTMANN (2001).

(3) a. ***Jedoch***: ≪ *Für den anspruchsvollen Mediennutzer* ist die Lektüre ausländischer Zeitungen unverzichtbar ≫. (St. Galler Tagblatt, 09.01.1998)

b. *Einen* ***immerhin*** hat sie 1959 vergessen, der dann Jahre später in einem Berliner Auktionshaus versteigert wurde. (Berliner Morgenpost, 20.02.1999, S. 3)

c. ***Immerhin*** *fünf Gäste* verließen 1998 das Hotel durch den Not- oder Hinterausgang – ohne Bezahlung. (Berliner Morgenpost, 20.01.1999, S. 11)

Im *Handbuch der deutschen Konnektoren* (HdK) von PASCH et al. wird die Position in (3a) als „Nullstelle", die nach der ersten wie in (3b) als „Nacherstposition" und die vor der ersten Konstituente (3c) als „Vorerstposition" bezeichnet: Einer Analyse der Adverbkonnektoren in der Null- bzw. in der Vorerst- und Nacherstposition, – ähnlich wie für Konjunktionen und Fokuspartikeln – steht prinzipiell nichts entgegen. In den meisten Abhandlungen über Adverbkonnektoren, die auch die Nacherstposition erwähnen, werden sie in der Tat als Fokuspartikeln bezeichnet (THIM-MABREY 1985, ALTMANN 1978). Allerdings muss man dabei annehmen, dass ein Adverbkonnektor in der Nacherstposition wie in (3b) innerhalb der Nominalphrase ist und die Funktion einer Fokuspartikel hat mit der zusätzlichen Funktion des Konnektors, die zwei Konnekte miteinander zu verbinden. In einem Satz wie in (3a) aber übt der Konnektor nur die konnektive Funktion außerhalb des Satzes aus, wobei die fokussierende Funktion nicht mehr vorhanden ist. Ist es dann eine strukturelle Eigenschaft, die es ermöglicht, je nach Position nur die konnektive Funktion oder auch eine fokussierende Funktion zu haben? Oder handelt es sich um Polysemie?

Die diachrone Betrachtung zeigt, dass die Funktion, die Adverbkonnektoren sowohl in der Nacherstposition als auch in der Nullstelle ausüben, relativ spät erscheint. Im Folgenden werde ich auf die Unterschiede eingehen, die zwischen Adverbkonnektoren einerseits und koordinierenden Konjunktionen und Fokuspartikeln andererseits bestehen.

2 Unterschiede zwischen Adverbkonnektoren und koordinierenden Konjunktionen und zwischen Adverbkonnektoren und Fokuspartikeln

Adverbkonnektoren teilen auf den ersten Blick verschiedene Eigenschaften mit koordinierenden Konjunktionen. Zum einen ist dies die verknüpfende Funktion: Sie verbinden zwei Konnekte miteinander, die Hauptsatzformat haben:

(4) a. [Es regnet] *und* [Hans geht spazieren]

b. [Es regnet], *aber* [Hans geht spazieren]

Eine weitere Eigenschaft, die Adverbkonnektoren mit koordinierenden Konjunktionen gemein haben, ist die asymmetrische Beziehung zwischen erstem und zweitem Konnekt. Tauscht man die Anordnung der Konnekte, ändert sich entweder die Bedeutung wie in (5a′) oder der Satz verliert an Bedeutung wie in (5b′):

(5) a. Ich habe Kaffee getrunken *und* ich konnte nicht mehr schlafen

a′. Ich konnte nicht mehr schlafen *und* ich habe Kaffee getrunken

b. Ich bin ziemlich müde, *aber* ich habe vorhin Kaffee getrunken: ich kann nicht schlafen

b′. ? Ich habe vorhin Kaffee getrunken, *aber* ich bin ziemlich müde: ich kann nicht schlafen

Während aber die Umordnung der Konnekte bei koordinierenden Konjunktionen nur dann nicht möglich ist, wenn die Beziehung zwischen den Konnekten mit einer semantischen logischen Relation angereichert wird, wie im Beispiel in (5), in dem die Verknüpfung der zwei Konnekte als konsekutive Relation interpretiert wird, ist dies bei Adverbkonnektoren nie möglich. Bleibt die koordinierende Relation rein additiv, können die Konnekte ausgetauscht werden, ohne dass sich die Bedeutung ändert:

(6) a. Hans trinkt *und* Maria isst
b. Maria isst *und* Hans trinkt

Bei dieser Art der Koordination können mehr als zwei koordinierte Konnekte durch die koordinierende Konjunktionen verbunden sein – vorausgesetzt, die Relation ist rein additiv:

(7) a. Hans trinkt, Maria isst *und* Hanna liest
b. ? Hans trinkt *und* Maria isst *und* Hanna liest

Es muss jedoch angemerkt werden, dass die Anreihung verschiedener Propositionen nur bei asyndetischer Koordination wirklich akzeptabel ist, wobei nur das letzte Konnekt durch *und* eingeleitet werden kann.

Adverbkonnektoren hingegen erlauben nur eine binäre Verknüpfung, da nicht mehr als zwei Konnekte mit derselben Beziehung verbunden werden können:

(8) a. * Es regnet, *aber* er geht spazieren, *aber* er ist glücklich
b. * Es regnet, *trotzdem* geht er spazieren, *trotzdem* ist er glücklich

Eine weitere Eigenschaft, die Adverbkonnektoren von koordinierenden Konjunktionen unterscheidet, betrifft die syntaktische Positionierung im Satz. Nur Adverbkonnektoren können in verschiedenen Stellungen im Satz realisiert werden, wie oben schon angemerkt. Die Frage, die daraus aber resultiert, ist, ob es sich bei der Realisierung in unterschiedlichen Positionen jeweils um dieselbe Kategorie handelt oder ob man es hier mit Polysemie zu tun hat, indem man je nach syntaktischer Position ein Element wie *allerdings* einmal als Konnektor und einmal als Fokuspartikel klassifiziert. Nachdem also ausgeschlossen werden kann, dass Adverbkonnektoren unter koordierenden Konjunktionen subsumiert werden, soll noch die Analyse der Adverbkonnektoren als Fokuspartikeln widerlegt werden.

Vergleicht man nämlich Adverbkonnektoren in der Nacherst-Position mit Fokuspartikeln, so ergeben sich wie beim Vergleich mit koordinierenden Konjunktionen etliche Parallelen, aber auch wesentliche Unterschiede.

Die Nacherst-Position wird meist als Fokuspartikel-Nachstellung analysiert (ALTMANN 1976; ZIFONUN/HOFFMANN/STRECKER 1979). Nicht allen Adverbkonnektoren steht jedoch diese Position zur Verfügung. Diejenigen, die in der Nacherst-Position erscheinen können, sind relativ begrenzt[6]. BREINDL (im Druck) listet sie nach semantischen Klassen auf:

(9) a. adversativ: *aber*, *allerdings*, *andererseits*, *dafür*, *dagegen*, *freilich*, *hingegen*, *hinwieder(um)*, *indes*, *indessen*, *jedoch*, *wieder*, *wiederum*
b. kausal – Konsequenz markierend: *also*, *folglich*, *mithin*
c. kausal – Antezedens markiernd: *nämlich*
d. temporal: *nun*, *endlich*, *sodann*, *zu guter Letzt*, *schließlich*, *schlussendlich*
e. metakommunikativ: *beispielsweise*, *zum Beispiel*, *etwa*, *übrigens*
f. skalierend: *allenfalls*, *auch*, *bereits*, *allein*, *besonders*, *bestenfalls*, *bloß*, *erst*, *gar*, *immerhin*, *insbesondere*, *in Sonderheit*, *jedenfalls*, *lediglich*, *mindestens*, *noch*, *nur*, *schon*, *vor allem*, *wenigstens*, *zumindest*

6 Aber siehe die Liste der Adverbkonnektoren im HdK (S. 504ff.).

Zu den formalen Eigenschaften, die Breindl (im Druck) bei der Herausstellung der Unterschiede zwischen Adverbkonnektoren und Fokuspartikeln zählt, finden sich sowohl prosodische als auch syntaktisch-semantische Eigenschaften und auch die Möglichkeit, an verschiedenen Positionen aufzutreten.

Auffällig ist zum Beispiel, dass Fokuspartikeln (10) – im Unterschied zu Adverbkonnektoren, die in den unten aufgelisteten Positionen meist uneingeschränkt vorkommen können (11) – diese Option nicht haben, wie die folgenden Beispiele zeigen:

(10) a. Vorfeld: *Allerdings/jedoch/also* kommt Maria übermorgen
b. Nullstelle: *Allerdings/jedoch/also*: Maria kommt übermorgen
c. Mittelfeld: Übermorgen kommt *allerdings/jedoch/also* Maria

(11) a. Vorfeld: **Sogar/ausgerechnet/gerade* kommt Maria übermorgen
b. Nullstelle: **Sogar/ausgerechnet/gerade*: Maria kommt übermorgen
c. Mittelfeld: Übermorgen kommt *sogar/ausgerechnet/gerade* Maria

Damit verbunden ist auch die Unmöglichkeit bei Fokuspartikeln – die sich auch diesbezüglich von Adverbkonnektoren unterscheiden –, den Fokus bei den verschiedenen Positionierungen konstant zu halten (vgl. 12a mit 12a′ und 12b mit 12b′):

(12) a. *Sogar/ausgerechnet/gerade* MaRIA ist gestern zu Peter gekommen
a′. * *Sogar/ausgerechnet/gerade* Maria ist gestern zu PEter gekommen
b. Maria ist *sogar/ausgerechnet/gerade* GEstern zu Peter gekommen
b′. * Maria ist *sogar/ausgerechnet/gerade* gestern zu Peter gekommen

Es sind aber nach Breindl vor allem informationsstrukturelle Eigenschaften, die die Grenze zwischen Adverbkonnektoren und Fokuspartikeln festsetzen. Fokuspartikeln sind im Regelfall mit Fokus assoziiert, Adverbkonnektoren hingegen markieren meistens topikales Material. Im nächsten Paragraph gehe ich näher auf die Funktion der Adverbkonnektoren in verschiedenen Satzpositionen ein.

3 Funktion der Adverbkonnektoren in den präverbalen Positionen

Vorab sollte man sich vergegenwärtigen, welche syntaktischen Strukturen den einzelnen präverbalen Positionen der Adverbkonnektoren zugrunde liegen: das sind zum einen die Null- (a.) und die Nacherstposition (b.). Diese können wie folgt repräsentiert werden:

(13) a. Nullposition: $[\ldots\ \mathrm{V}\ \ldots]_{\text{1. Konnekt}}$ *Konn* $[\mathrm{XP}\ \mathbf{V}\ \ldots]_{\text{2. Konnekt}}$
b. Nacherstposition: $[\ldots\ \mathrm{V}\ \ldots]_{\text{1. Konnekt}}$ $[\mathrm{XP}\ \textit{Konn}\ \mathbf{V}\ \ldots]_{\text{2. Konnekt}}$

Damit verbunden ist die Frage, ob Konnektor und Konstituente vor dem finiten Verb eine Einheit bilden oder nicht. Wenn man dies bejaht, würde das zum Beispiel bedeuten, dass die Nacherst-, aber auch die Vorerstposition (c.) sich nicht vom Vorfeld (d.) unterscheidet, weil in beiden Fällen nur eine Konstituente dem finiten Verb vorangeht – genau so wie in der Vorfeldposition:

(13) c. Vorerstposition: $[\ldots\ \mathrm{V}\ \ldots]_{\text{1. Konnekt}}$ $[\textit{Konn}\ \mathrm{XP}\ \mathbf{V}\ \ldots]_{\text{2. Konnekt}}$
d. Vorfeld: $[\ldots\ \mathrm{V}\ \ldots]_{\text{1. Konnekt}}$ $[\textit{Konn}\ \mathbf{V}\ \mathrm{XP}\ \ldots]_{\text{2. Konnekt}}$

An dieser Stelle muss man sich folglich fragen, worin sich die drei Positionen – Nacherst-, Null- und Vorerstposition – vom Vorfeld unterscheiden, wenn alle drei vor dem finiten Verb auftreten. Nach dem HdK ist zunächst die Integriertheit die wichtigste Eigenschaft bei der

Unterscheidung. Ein Konnektor in der Nullposition ist nicht konnektintegriert: „Konnektintegriert“ sind solche Positionen, die innerhalb des zweiten Konnekts eine prosodische Einheit mit der Konstituente bilden, die davor oder danach steht. Konnektoren in der Nacherst-, in der Vorerstposition und im Vorfeld sind dementsprechend integriert. D. h. nach dem HdK sind Vorerst- und Nacherstposition Teil des Vorfelds. In der Nacherstposition trägt die Konstituente vor dem Konnektor einen primären Akzent, – keinen Satzakzent, sondern einen Nebenakzent – und ist kontrastiert.

(14) *Einen* ***immerhin*** hat sie 1959 vergessen, der dann Jahre später in einem Berliner Auktionshaus versteigert wurde. (Berliner Morgenpost, 20.02.1999, S. 3)

Die Hauptfunktion der Konnektoren in allen Satzpositionen besteht darin, zwischen dem ersten und dem zweiten Konnekt eine bestimmte semantische Relation herzustellen. Zusätzlich wird das Material links vom Adverbkonnektor in der Nacherstposition durch den Konnektor als Kontrastinformation markiert. Im Fall von *immerhin* wird eine konzessive Relation induziert. Breindl (im Druck) interpretiert solche Elemente vor dem Konnektor in der Nacherstposition als Topiks, merkt allerdings an, dass nicht alle Topiktypen in dieser Position auftreten können. Folgende Topiktypen werden von ihm unterschieden: *konstante Topiks* („familiarity topic“, „continuing topic“), *neu etablierte Topiks* („shifting topic“), *kontrastive Topiks* („contrastive topic“) und *Rahmensetzungstopiks* („framesetting topic“). Zum Beispiel können Adverbkonnektoren in dieser Position keine konstanten Topiks markieren (vgl. Breindl (im Druck)):

(15) [Die Mägde] sind faul und [die Knechte] aufsässig.
a. * [*Sie*] ***nämlich*** wollen nur essen und trinken, aber nicht arbeiten (PRS 10)
b. [*Sie*] wollen ***nämlich*** nur essen und trinken, aber nicht arbeiten

Die anderen drei Typen von Topiks, nämlich neu etablierte (16a), kontrastive (16b) und Rahmensetzungstopiks (16c) sind alle mit dem Konnektor in der Nacherstposition akzeptabel:

(16) a. Im sogenannten ≪ Papier Hofmann ≫ hatten sich [die CVP-Vereinigungen] 1994 auf einen gemeinsamen Nenner verständigt. [Danach] sollen die Vereinigungen vor [einer abschliessenden Delegiertenversammlung der Gesamtpartei] öffentlich ihren Standpunkt vertreten können. [*Nach dem Entscheid der Delegierten*] ***jedoch*** dürfen die Vereinigungen gegen aussen keine eigene Meinung mehr propagieren. (St. Galler Tagblatt, 23.06.1998)

b. Grün in grau präsentierte sich die Schwarzwaldgegend um Schonach, und so liessen sich auch die Leistungen des Schweizer Duos beschreiben. [Der erste Sprung auf der Langenwaldschanze] liess noch Hoffnungen keimen, [*der zweite*] ***aber*** war tristes Grau: Der Bündner Marco Zarucchi setzte zuerst bei 80 m, dann, beim zweitkürzesten Sprung des Tages, bei 65 m auf. (St. Galler Tagblatt, 05.01.1998)

c. Dort, so verhiess das Schreiben, sollten als Überraschungs-Paar Vreni Schneider und OSSV-Präsident Hansruedi Laich gegen die versammelte Schweizer Sportprominenz antreten. *In Zürich* ***aber*** stellten die spendablen Skifreunde fest, dass sie verfrüht in den April geschickt worden waren. Club Säntis-Präsident Thoma hatte sich einen präsidialen Spass erlaubt. (St. Galler Tagblatt, 24.01.1998)

Vor allem durch adversative Adverbkonnektoren können kontrastive Topiks markiert werden:

(17) Das möge zwar alles so sein, meinte einer der Langzeitarbeitslosen in Gossau. *Er* ***jedoch*** habe andere, konkretere Probleme, als sie gemeinhin am 1. Mai zu hören seien. (St. Galler Tagblatt, 30.04.1997)

Die Datenlage ist nicht verwunderlich, wenn man überlegt, dass die Funktion des Adverbkonnektors in der nachgestellten Position dazu dient, einen Kontrast zu einer im vorangehenden Kontext etablierten Menge herzustellen, der das Topik angehört. D. h. die unterschiedlichen Topiktypen können erst durch den Kontext definiert werden: Topikwechsel oder Topikkontinuität bedeutet, dass es andere relevante Topiks im Kontext gibt, die relevant für einen Wechsel sind. Existiert keine Alternative im Kontext, ist die Markierung eines Wechsels oder einer Kontinuität des Topiks nicht relevant. Und das ist genau der Fall bei sogenannten konstanten Topiks, wie im Beispiel (15) mit *nämlich*. Hier ist die einzige neue Information im zweiten Satz nur die Prädikation zu dem schon erwähnten Pluralsubjekt, d. h. *essen und trinken, und nicht arbeiten*. Das Modalverb *wollen* ist aus dem Bereich des Fokus extrahiert, weil anderenfalls nur das Subjekt links vom Adverbkonnektor stehen würde, und dies dementsprechend als kontrastiv interpretiert würde. Dass kontrastive Topiks bevorzugt durch Adverbkonnektoren markiert werden, versteht sich also von selbst. In der Geschichte des Deutschen finden sich immer wieder – vertreten durch andere lexikalische Elemente – Adverbkonnektoren mit dieser konnektiv-fokussierenden Funktion. Im Althochdeutschen z. B. üben die Adverbien *giwisso* und *wārlī(h)ho* diese Funktion aus[7]:

(18) a.

… *nu*	***giuesso***	nist	min	rihhi	hinan	(T 623,19)
nun	gewiß	nicht-ist	mein	Reich	von-hier	

wahrlich, mein Reich ist nicht dieser Welt

b.

iudei	***uúarlicho***	suohton	inan	(T 347, 16)
die Juden	also	suchten	ihn	

Auch diese Adverbien werden wie *allerdings* zunächst als Satzadverbien verwendet, die dann die konnektive Funktion übernehmen.

Angemerkt werden soll, dass nicht alle möglichen Alternativen im Text explizit angeführt sind. In manchen Fällen wird die Menge aus dem Kontext erschlossen, wie im folgenden Beispiel:

(19) Fürs Seilziehen braucht man nicht viel Material. Gutes Schuhwerk ist natürlich gefragt. *Das Wichtigste* ***aber*** ist das Seil, das 32 Meter lang ist und einen Durchmesser von fünf Zentimetern hat. Dazu gehört regelmässiges Training. Spitzenteams setzen ungefähr zehn bis 15 Stunden in der Woche ein. Dazu gehört auch das Krafttraining zu Hause. (St. Galler Tagblatt, 07.04.1998)

Der Superlativ beim Adjektiv lässt erschließen, dass es andere weniger wichtige Faktoren beim Seilziehen gibt, die im vorherigen Kontext erwähnt worden sind, die allerdings nicht explizit als wichtig bezeichnet worden sind. Die Funktion von *aber* ist also resumptiv und skalierend. Manche der Adverbkonnektoren können somit Informationen aufgreifen, die nicht kontextpräsent, aber erschließbar sind. Andere hingegen nehmen Bezug auf eine Menge, die erwähnt wird.

In der Nullposition, einer nicht-intergrierten Position, trägt der Konnektor einen eigenen Akzent und wird meistens durch eine Pause vom Konnekt getrennt, den er einführt. Die Pause ist graphisch durch Doppelpunkte oder Komma signalisiert:

7 Beispiele aus Axel (2007: 217). Behaghel (1928: 17) merkt an: „*giwisso* und *warlihho* sind rein papierene Konjunktionen, die, vielleicht mit einer Ausnahme bei O., nur bei as. und ahd. Übersetzern auftreten und schon bei Notker verschwunden sind, die Erfindung irgendeiner Klosterschule, die der Armut des Deutschen an Konjunktionen abhelfen sollte. Sie geben eine ganze Reihe von lat. Konjunktionen wieder, insbesondere solche des Gegensatzes, der Begründung, der Folgerung […] *vero, verum, verumtamen.*“

(20) Sorgen bereiten den Galtürern nur die Medikamente, die in Notfällen per Hubschrauber kommen. Auch im nahegelegenen Ischgl ist ein Ende der Schneefälle zwar nicht abzusehen [...]. Viele seien wieder umgedreht, weil ihnen die Wetterlage zu unsicher schien. ***Immerhin***: Es gibt keine Wartezeiten an den Liften und die wenigen Pisten, die geöffnet sind, sind gut präpariert. (Berliner Morgenpost, 10.02.1999)

Auch hier stellt der Konnektor *immerhin* eine konzessive Relation her, allerdings nicht direkt zwischen den in beiden Konnekten beschriebenen Sachverhalten; vielmehr drückt das zweite Konnekt einen Kommentar zum ersten Konnekt aus. Das zweite Konnekt steht dementsprechend als eigenständige Illokution da. Nach dem Konnektor in dieser Position können nämlich auch andere Satztypen als Deklarativsätze stehen:

(21) Mobutu hingegen gilt vorerst immer noch als amtierendes Staatsoberhaupt. ***Allerdings***: Womit ist denn dessen Herrschaft noch legitimiert? Sie gründet auf Despotismus. (St. Galler Tagblatt, 16.05.1997)

Während nach dem HdK bei der Nacherstposition die Konstituente im Vorfeld einen primären Akzent, aber keinen Hauptakzent trägt und kontrastiert ist[8], trägt die Konstituente im Vorfeld mit dem Konnektor in der Vorerstposition den Hauptakzent im Satz. Die Proposition des zweiten Konnekts wird dann in Fokus und Hintergrund, d. h. präsupponiertes Wissen, geteilt:

(22) Viel Rauch um nichts, schreien die Befürworter. Und das sind nicht wenige. ***Immerhin*** *37 Prozent der Bevölkerung in Deutschland* können die Finger nicht von ihr, die mal blond, mal dunkel ist, lassen, und bereits 31 Prozent der unter 18jährigen sind Fans, obwohl sie immer wieder für dicke Luft sorgt. (Berliner Morgenpost, 24.01.1999)

In diesem Beispiel wird mit dem zweiten durch *immerhin* eingeführten Konnekt der Sachverhalt bestätigt, der im ersten Konnekt behauptet wird. Der Satz mit *immerhin* kann aber als *concessio* zu einer mitverstandene Proposition ‚es sind weniger Raucher' interpretiert werden.

Im Vorfeld trägt der Konnektor den Hauptakzent, und im Fall von *allerdings*, einem adversativen Konnektor, wird die Proposition in Kontrast gesetzt zu der im ersten Konnekt enthaltenen Proposition:

(23) Seither hat das Universum eine Richtung und mit ihm Entropie und Zeit. Wobei ≪ ein ausgeprägter thermodynamischer Pfeil eine notwendige Vorbedingung intelligenten Lebens ist. Um zu leben, müssen Menschen Nahrung aufnehmen, die Energie in geordneter Form ist, und sie in Wärme, Energie in ungeordneter Form, umwandeln. ≫ ***Allerdings*** bedeutet dies nicht, dass das Chaos überall zunehmen muss. Gerade Leben mit seinen Formen der Selbstorganisation bildet eine Insel der Ordnung in einem Meer an Chaos. (St. Galler Tagblatt, 03.01.1998)

Im Hinblick auf syntaktische Positionierung und Funktion der Konnektoren *allerdings* und *immerhin* wurden folgende Korpustexte untersucht:

(24) a. Adverbkonnektoren in den Korpustexten der geschriebenen Sprache

	St. Galler Tageblatt 1998 (A98)	*Berliner Morgenpost* 1999 (L99)
allerdings	8837	6882
immerhin	1791	1801

8 „Adversative" Konnektoren sind in der Nacherstposition vornehmlich geeignet, allerdings können auch andere Adverbkonnektoren dort erscheinen, wie z. B. *also*.

b. Adverbkonnektoren im *Freiburger Korpus* der gesprochenen Sprache

allerdings	940
immerhin	359

Nicht alle Adverbkonnektoren können in allen möglichen präverbalen Positionen auftreten. Bei den Konnektoren *allerdings* und *immerhin* ergibt sich folgendes Bild:

(25) Mögliche syntaktische Positionierung der Adverbkonnektoren *allerdings* und *immerhin* in präverbalen Stellungen

		allerdings	*immerhin*
a.	Vorfeld	+	+
c.	Vorerst		+
d.	Nacherst	+	+
f.	Nullstelle	+	+

Als Beispiel dienen *immerhin* und *allerdings* in der Vorerstposition: *Immerhin* kann in der Vorerstposition auftreten – wie in (22), *allerdings* hingegen nicht:

(26) a. ***Allerdings*** gibt es da noch zwei weitere Tyson-Kandidaten: die Amerikaner Lou Savarese und Vaughn Bean. (Berliner Morgenpost, 19.01.1999)

b. * ***Allerdings*** es gibt[9]

Diese Position war im Deutschen für *allerdings* zugelassen. Im Folgenden werde ich auf die diachrone Entwicklung eingehen, insbesondere im Hinblick auf den Ausbau der einzelnen präverbalen Positionen.

4 Wandel in der Funktion der präverbalen Satzpositionen für Adverbkonnektoren

Die diachrone Betrachtung hilft dabei, manche Inkonsistenzen zu klären. Die Nacherstposition beispielsweise ist diachron gesehen bei den Adverbkonnektoren *allerdings* und *immerhin* relativ spät bezeugt. Wie oben jedoch angemerkt, war im Althochdeutschen diese Position durch andere Elemente wie *giwisso* und *wārlī(h)ho* besetzt, die eine ähnliche Funktion hatten. Nur haben sie dann ihre konnektive Verwendung verloren und werden heutzutage auch als Adverbien seltener benutzt. Auch die Nullposition ist erst nach dem 17. Jh. zu finden. Die meisten Adverbkonnektoren – mit der Ausnahme von Pronominaladverbkonnektoren – sind in den Texten zunächst nur in der Funktion als Adverbiale zu finden. *Allerdings* beispielsweise steht in den Texten aus dem 16. Jh. nur in seiner Satzadverbialverwendung (27a) mit der Bedeutung ‚auf jeden Fall'. Diese Bedeutung ist noch in manchen Verwendungen von *allerdings* im Gegenwartsdeutsch vorhanden (27c). Die Konnektorfunktion ist erst ab dem 17. Jh. bezeugt[10] (27b):

(27) a. ***Aller dinge*** mus die Menge zusamen komen (Luther, Bibel, 1545, Apg 21, 22)

b. Der alte Deutsche, auch in seinen rauhen Wäldern, er kannte das Edle im Weibe und genoß an ihm die schönsten Eigenschaften seines Geschlechts, Klugheit,

9 *Allerdings* kann aber in der Nullposition stehen, die durch einen anderen prosodischen Verlauf charakterisiert ist.

10 Für eine historische Darstellung der Entstehung von u. a. *allerdings* und *immerhin* als Konnektoren vgl. FERRARESI (2008).

Treue, Mut und Keuschheit; ***allerdings*** aber kam ihm auch sein Klima, sein genetischer Charakter, seine ganze Lebensweise hierin zu Hülfe.
(Herder, Ideen, 1782–88, Bd. 1, S. 317)

c. X. Also willst du dein Versprechen halten, daß du mir heute leichtfertigerweise am Telephon gegeben hast.
Y. Ich hab' dir ein Versprechen gegeben?
X. ***Allerdings***. Ich habe dich heute früh angerufen und dich gefragt, ob du meine Frau werden wolltest – und du hast am Telephon geantwortet: Natürlich – mit wem spreche ich denn? (Klabund, XYZ, S. 297)

Auch *immerhin* hat ursprünglich die Funktion eines lokalen Richtungsadverbials, das auch temporal verwendet wird, und zwar als Adverbial der Dauer mit der Bedeutung ‚weiter'[11], das sich aus dem Temporaladverbial *immer* mit der Richtungspartikel *hin* zusammensetzt, wie das folgende Beispiel aus Luther zeigt[12]:

(28) Vnd sie ***jmer hin*** weiset an den Ort/den Gott erwelet hatte zu seiner Hütten vnd Wonung (Luthers Vorrede auf die Propheten)

In den früheren Texten – und zwar bis zum Ende des 18. Jh. – findet sowohl nach *allerdings* als auch nach *immerhin* stets Inversion statt, wenn sie die erste Position belegen, sowohl im adverbialen als auch im konnektiven Gebrauch, wie die Beispiele in (27) für *allerdings* und die in (29) für *immerhin* zeigen:

(29) ***Immerhin*** wird dies auch die fröhliche Wissenschaft (gaya ciencia, gay sabèr) sein und bleiben (Herder, Briefe zur Beförderung der Humanität, Bd. 2, 72)

Erst in einigen wenigen Beispielen ab dem Ende des 18. Jh. findet nach *allerdings* keine Inversion statt:

(30) Weder Zärtlichkeit, noch Geist, noch Witz, bloße hendes geschrieben; was ich aber auch darüber denke, will immer nicht fördern. ***Allerdings* etwas Geheimnisvolles** war in der Figur.
(Goethe, Wilhelm Meisters Wanderjahre, Zehntes Kapitel, Bd. 8, 267)

Ähnliches kann für *immerhin* behauptet werden:

(31) »Sorglos über die Fläche weg, wo vom kühnsten Wager die Bahn Dir nicht vorgegraben Du siehst.« – ***Immerhin* nur das einzige** tue mir, und fange nicht alles untereinander an, in Deinem Zimmer sah es aus wie am Ufer, wo eine Flotte,
(Arnim, Die Günderode, Erster Teil Bd. 1, 231)

Dieser Abfolge entspricht im Gegenwartsdeutsch die Vorerstposition. Diese ist aber für *allerdings* heute ausgeschlossen.

In späteren Texten kann dann zwischen *allerdings* bzw. *immerhin* und dem Konnekt eine Pause auftreten, die mit einem Komma signalisiert wird – hier ein Beispiel aus dem 19. Jh:

---

11 Auch *weiter*, das aus dem Komparativ von *weit* gebildet wird, erfährt eine Generalisierung von lokal zu temporal: Grimms Wörterbuch: öfter bei verben, die einen an sich unräumlichen, aber sich räumlich auswirkenden vorgang bezeichnen: der mächtig got leyt sie fort an, der inen so weyt geholffen hat Fischart glückh. schiff 517 ndr.

12 Grimms Wörterbuch: 1) rein temporal, erstreckung auf eine ins künftige laufende, ungemessene zeitdauer, wie ferner, fortan, immer weiter, ausdrückend *3)* immerhin in abgeblaszter bedeutung, erlaubnis, freiheit zu einer in die zukunft reichenden handlung anzeigend, bei *LUTHER* noch getrennt in der neuern sprache häufig gesetzt, um einen widerspruch, gegensatz, ein bedenken einzuleiten, oder ein solches zu entkräften.

(32) a. Die glücklichen Erben, [...] schenkten mir, [...] den drittbesten Anzug, den der Verstorbene bis an sein seliges Ende für gewöhnlich und mit Vorliebe zu tragen pflegte. [...] ***Allerdings***, *die Hose* war bedeutend zu weit.
(Busch, Der Schmetterling, 1894, Bd. 4, S. 260)

b. zündend in Deine Eingeweide, und aus der Zerschmetterung erhöbest Du Dich als ein Heiliger.« Herr Gottfried ein Heiliger! ***Immerhin***, *er* hätte versprochen zu sein, was die Erscheinung von ihm verlangte, wenn er nur aus den Händen des Fieberkranken erlöst war.
(Alexis, Die Hosen des Herrn von Bredow, 25. Kapitel, S. 289)

Auch im heutigen Deutsch kann der Konnektor *allerdings* in der Nullposition auftreten, wie im Beispiel (21), hier wiederholt:

(33) Ihre Herrschaft aber ist eine der Gewalt; sie ist gegenwärtig weder vom zairischen Volk legitimiert noch von der Staatengemeinschaft anerkannt.
Mobutu hingegen gilt vorerst immer noch als amtierendes Staatsoberhaupt. ***Allerdings***: *Womit* ist denn dessen Herrschaft noch legitimiert? Sie gründet auf Despotismus. (St. Galler Tagblatt, 16.05.1997)

Wie oben erläutert, können dem Konnektor in der Nullposition verschiedenen Satztypen folgen: außer Deklarativsätzen können auch Fragesätze, Imperativsätze usw. auftreten. Bis Ende des 19. Jh. finden sich aber nach *allerdings* in dieser Position nur Deklarativsätze und keine andere Satztypen: d. h. vor dieser Zeit kann noch nicht von Nullposition die Rede sein, obwohl auf den ersten Blick Beispiele wie das in (32) dem in (33) parallel erscheinen. Neben dieser syntaktischen Begrenzung in den Satztypen, die nach *allerdings* stehen können, besteht ein semantischer Unterschied, nämlich in der Art der Konnexion: während in (32) der Kontrast noch textuell ist (d. h. es wird durch *allerdings* auf ein textuelles Segment Bezug genommen, das im vorherigen Kontext vorhanden ist), ist in einem Satz mit *allerdinge* in der Nullposition wie in (33) der nachfolgende Satz als ein Kommentar zu dem vorher Gesagtem realisiert. Dies zeigt sich eben auch dadurch, dass nach *allerdings* verschiedene Satztypen folgen können.

Beispiele wie das folgende, wo nach dem *allerdings* auch andere Satztypen als Deklarativsätze stehen, treten in den Korpustexten ebenfalls gegen Ende des 19. Jh. auf:

(34) »Das wissen Sie auch nicht?« sagte er eifrig; »aber ***allerdings***, *wer* sollte es Ihnen erzählt haben! Trantow ist so stumm wie ein Fisch, und die Andern wissen
(Spielhagen, Hammer und Amboß, 1896, Bd. 1, S. 105)

Die Stellung in der Vorerstposition geht hingegen gegen Mitte des 19. Jh. verloren. Daher kann man ab diesem Zeitpunkt von Nullposition für *allerdings* sprechen. Die Tabelle in (35) zu *allerdings* (S. 75) zeigt die diachrone Entwicklung.

Bei *immerhin* (s. (36) S. 75) kann man eine ähnliche Entwicklung wie bei *allerdings* feststellen, nur dass die Vorerstposition weiterhin möglich ist. Im Unterschied zu *allerdings* ist bei *immerhin* die adverbiale Bedeutung nicht mehr transparent, d. h. die konzessive Komponente ist immer noch erkennbar, aber die Bedeutung ‚weiter' ist verschwunden.

(35) Vorkommen von *allerdings* im historischen Korpus in der ersten Position:[13]

	16. Jh.		17. Jh.		18. Jh.		19. Jh.	
insgesamt	9		358		276		570	
davon in der ersten Position im Hauptsatz:								
allerdings V S	0	0%	3	0,8%	38	13,8%	36	6,3%
allerdings XP V S	0	0%	0	0%	1	0,4%	4	0,7%
allerdings WH V S	0	0%	0	0%	0	0%	0	0%
allerdings V Konj S XP	0	0%	0	0%	0	0%	0	0%
(*ja/doch*) *allerdings!* (Ellipse)	0	0%	4	1,1%	38	13,8%	26	4,6%

(36) Vorkommen von *immerhin* im historischen Korpus in der ersten Position:

	16. Jh.		17. Jh.		18. Jh.		19. Jh.	
insgesamt	0		40		52		46	
davon in der ersten Position im Hauptsatz:								
immerhin V S	0	0%	0	0%	9	17%	3	7%
immerhin S V	0	0%	0	0%	2	4%	1	2%
immerhin XP V S	0	0%	0	0%	0	0%	1	2%
immerhin WH V S	0	0%	0	0%	0	0%	0	0%
immerhin VKonj S XP	0	0%	0	0%	0	0%	0	0%
(*ja/doch*) *immerhin!*	0	0%	0	0%	5	10%	5	11%

5 Schluss

Nachdem ausgeschlossen werden konnte, dass Adverbkonnektoren als koordinierende Konjunktionen oder als Fokuspartikel analysiert werden können, ist die Frage diskutiert worden, ob es sich bei den zwei Elementen, die in der sogenannten Null-, Nacherst- und Vorerstposition auftreten, um eine einzige Konstituente im Vorfeld oder um zwei Konstituenten handelt. Hauptziel dieses Beitrags war zu zeigen, wie die einzelnen Positionen vor dem finiten Verb bei Adverbkonnektoren entweder neu mit der Entwicklung von Adverbien zu Konnektoren hinzugekommen sind (wie z. B. die Nacherstposition, die eine Funktion der Kontrastierung der Topiks hat, die davor stehen) oder eine neue Funktion hinzugewonnen haben, wie die Nullposition, der im Gegenwartsdeutsch selbständige Illokutionen folgen. Die einzelnen Schritte, in denen sich diachron ein solcher Prozess vollzogen hat, sowie auch die semantischen, pragmatischen und syntaktischen Faktoren, die dabei eine Rolle gespielt haben, sind in diesem Beitrag nicht diskutiert worden.

13 Für eine detaillierte Beschreibung des historischen Korpus vgl. Ferraresi (2008a). Darin werden Texte vom 16. bis zum 19. Jh. mit insgesamt 5.805.525 Wörtern statistisch untersucht.

Literatur

Gegenwartsdeutsch

IDS-Cosmas

Berliner Morgenpost Jahrgang 1999

St. Galler Tageblatt Jahrgang 1998

Freiburger Korpus

Zitierte Texte aus dem historischen Korpus

Willibald Alexis: Die Hosen des Herrn von Bredow. Vaterländischer Roman, in: Willibald ALEXIS (W. HÄHRING): Vaterländische Romane, Band 3, 9. Auflage, Berlin: Otto Janke, [o. J.].

Bettina von Arnim : Werke und Briefe. Herausgegeben von Gustav KONRAD, Bde. 1–5, Frechen: Bartmann, 1959.

Wilhelm Busch : Werke. Historisch-kritische Gesamtausgabe, Bde. I–IV. Bearbeitet und herausgegeben v. Friedrich BOHNE, Hamburg: Standard-Verlag, 1959.

Goethes Werke. Hamburger Ausgabe in 14 Bänden. Textkritisch durchgesehen und mit Anmerkungen versehen von Erich TRUNZ, Hamburg: Christian Wegener, 1948ff. [Seitenkonkordanz zu einer Mischauflage aus den Jahren 1959 und 1960.]

Johann Gottfried Herder: Ideen zur Philosophie der Geschichte der Menschheit, Band 1 und 2. Herausgegeben von Heinz STOLPE, Berlin und Weimar: Aufbau, 1965.

Johann Gottfried Herder: Briefe zur Beförderung der Humanität. Herausgegeben von Heinz STOLPE in Zusammenarbeit mit Hans-Joachim KRUSE und Dietrich SIMON, Band 1–2, Berlin und Weimar: Aufbau, 1971.

Ralf Klabund: Der himmlische Vagant. Eine Auswahl aus dem Werk. Herausgegeben und mit einem Vorwort von Marianne KESTING, Köln: Kiepenheuer & Witsch, 1968.

Martin Luther: Die gantze Heilige Schrifft Deudsch. Wittenberg 1545, Letzte zu Luthers Lebzeiten erschienene Ausgabe. Herausgegeben von Hans VOLZ unter Mitarbeit von Heinz BLANKE, Textredaktion Friedrich KUR, 2 Bände, München: Rogner & Bernhard, 1972.

Friedrich Spielhagen: Sämtliche Werke. Neue, vom Verfasser revidierte Ausgabe, Leipzig: Staackmann, 1874ff.

Sekundärliteratur

ALTMANN H. 1976. *Die Gradpartikeln im Deutschen: Untersuchung zu ihrer Syntax, Semantik und Pragmatik.* Tübingen: Niemeyer.

——— H. 1978. *Gradpartikel-Probleme: zur Beschreibung von gerade, genau, eben, ausgerechnet, vor allem, insbesondere, zumindest, wenigstens.* Tübingen: Narr.

AXEL K. 2007. *Studies on Old High German Syntax: Left Sentence Periphery, Verb Placement and Verb-Second.* Amsterdam: John Benjamins.

BEHAGHEL O. 1928. *Deutsche Syntax.* Bd. 3. Heidelberg: Carl Winters Universitätsbuchhandlung.

BREINDL E. 2006. *Additive Konnektoren.* Handbuch der deutschen Konnektoren, Band 2.

——— E. (im Druck). In FERRARESI G. (Hrsg.). *Konnektoren: Synchrone und diachrone Sicht, didaktische Anwendungen.* Tübingen: Narr (Schriften des Instituts für deutsche Sprache).

BÜRING D. & K. HARTMANN 2001. The syntax and semantics of focus-sensitive particles in German. *Natural language and linguistic theory* 19, 229–281.

DÜRSCHEID Ch. 1989. Zur Vorfeldbesetzung in deutschen Verbzweit-Strukturen. *FOKUS*, Nr. 1, Trier: Wissenschaftlicher Verlag.

FERRARESI G. 2008. Von der Theorie zur Praxis: der Fall der Adverbkonnektoren im DaF-Unterricht. In Ch. CLOSTA et al. (Hrsg.) *Auf neuen Wegen. Deutsch als Fremdsprache in Forschung und Praxis. Tagungsband der 35. Deutsch als Fremdsprache 2007 Berlin.* Göttingen: Universitätsverlag, 173–186.

——— 2008a. *Adverbkonnektoren und Modalpartikeln als Mittel der Konnexion im Deutschen – eine korpusbasierte synchrone und diachrone Untersuchung mit einigen Anmerkungen zum Spracherwerb.* Habilitationsschrift Universität Dortmund.

MÜLLER S. 2003. Mehrfache Vorfeldbesetzung. *Deutsche Sprache* 31.1, 29–62.

PASCH R. et al. 2003. *Handbuch der deutschen Konnektoren.* Berlin: de Gruyter.

REIS M. 2005. On the syntax of so-called focus particles in German – A reply to BÜRING/HARTMANN 2001. *Natural Language and Linguistic Theory* 23.2, 459–483.

THIM-MABREY Ch. 1985. *Satzkonnektoren wie „allerdings", „dennoch" und „übrigens": Stellungsvarianten im deutschen Aussagesatz.* Frankfurt a.M.: Lang.

ZIFONUN G. / L. HOFFMANN / B. STRECKER 1997. *Grammatik der deutschen Sprache.* Berlin: de Gruyter.

Primär- und Sekundärendungen im Konjunktiv im Vedischen: Deixis und Sprechakt*

José Luis GARCÍA RAMÓN (Universität zu Köln)

§ 1 Eine frappante Besonderheit des Konjunktivs im Vedischen und im Avestischen, die auf das Indogermanische zurückgeführt wird, ist bekanntlich das Nebeneinander von Primär- (PE) und Sekundärendungen (SE). Sowohl im Vedischen als auch im Avestischen kommen die Endungen bzw. die Endungsvarianten zumindest in gewissen Personen promiscue vor.[1] Es seien einige Belegstellen aus dem Rigveda erwähnt, die für sich sprechen. Als Paradebeispiele kommen 7.84.2 und 6.10.1 sowie 10.16.1cd–2 in Betracht, wo PE und SE im Präs.-Stamm und im Aor.-Stamm von *kar* ohne erkennbaren Grund alternieren:

7.84.2d
índraḥ kr̥ṇavad ulokám
‚Indra *soll* uns geräumigen Platz *schaffen*',

6.10.1cd
... *sá hí no vibhā́vā svadhvarā́ karati jātávedāḥ*
‚... denn er ist unser Erleuchter! Jātavedas *möge* den Gottesdienst gut *besorgen*'.

Umgekehrt kommen *kr̥ṇávaḥ* und *kárasi* in praktisch identischen Pādas nebeneinander vor, vgl.:

10.16.1cd
yadā́ śr̥tám kr̥ṇávo jātavedó 'them enam prá hiṇutāt pitŕ̥bhyaḥ

10.16.2
śr̥tám yadā́ kárasi jātavedó 'them enam pári dattāt pitŕ̥bhyaḥ
yadā́ gáchāty ásunītim etā́m áthā devā́nām vaśanī́r bhavāti
‚Wenn du ihn gar gemacht haben wirst, o Jātavedas, dann entlass ihn zu den Vätern. Wenn du ihn gar gemacht haben wirst, o Jātavedas, dann überliefere ihn den Vätern; wenn er diese Seelengeleite antreten wird, dann soll er Höriger der Götter werden'.

* Vorliegende Arbeit basiert auf den Materialien für den Band *Morphosyntax des Verbums* (in Vorbereitung), der im Rahmen der von Jerzy Kuryłowicz begründeten *Indogermanischen Grammatik* erscheinen soll. Für Diskussionsbeiträge bedanke ich mich bei Georges-Jean Pinault (Paris) und bei Konstantin Krasuchin (Moskau), für Kritik und wertvolle Hinweise bei Bernhard Forssman (Erlangen), Alexsander M. Lubotsky (Leiden) und besonders bei Heinrich Hettrich (Würzburg). Dies impliziert natürlich nicht, dass alle genannten Kollegen mit den hier vertretenen Positionen einverstanden sind. Für den Inhalt des Beitrages bin nur ich verantwortlich. Für die materielle Gestaltung des Manuskripts bedanke ich mich bei Lena Wolberg (Köln) herzlich. Für das vedische Material wird auf A. M. LUBOTSKY 1997, für die erwähnten Wurzeln auf das von Helmut Rix geleitete LIV² verwiesen. Beispielsätze aus dem Rigveda werden ohne Textangabe zitiert. Die Übersetzungen des Rigveda, des Avesta und von Homer beruhen auf denjenigen von K. F. Geldner, von H. Humbach bzw. von W. Schadewaldt.

1 Zuletzt TICHY 2006: 189. Sehr informativ, obwohl freilich nicht ausführlich sind die einschlägigen Kapitel bei DELBRÜCK 1888: 306ff. und bei MACDONELL 1910: 322ff. Zum Avestischen vgl. KELLENS 1984: 250ff. mit Tabelle p. 260.

Dass die metrischen Zwänge eine wichtige bzw. entscheidende Rolle bei der Auswahl von PE oder SE gespielt haben (z. B. in 10.16.1–2), versteht sich von selbst: Sie sind in der obigen Stelle auffindbar. Es wäre aber z. B. übertrieben, die wohl willkürliche Verteilung der Endungen als lediglich metrisch bedingt zu erklären.

Eine dem Vedischen ähnliche Situation lässt sich für das Avestische feststellen, wie das Nebeneinander von *aŋhat̰* und *aŋhaitī* in Y. 31.5 und von *mrauuaitī* (Y. 51.8) und *mrauuat̰* (Y. 45.2) zeigt:

Y. 31.5bc
vīduiiē vohū manaŋhā   mə̄ṇcā daidiiāi yehiiā mā ərəšiš
tācit̰ mazdā ahurā   yā nōit̰ vā aŋhat̰ aŋhaitī vā
‚… und durch gute Gedanken zu erfahren und um in meinem Geist von diesem einzuprägen, dessen Seher (ich bin), Ahura Mazdā, welches uns vorhanden sein wird, und welches nicht‘,

Y. 51.8a.c
at̰ zī tōi vaxšiiā mazdā   vīdušē zī nā mruiiāt̰ …
huuō zī mąθrā śiiātō   yə̄ vīdušē mrauuaitī
‚ich werde es dir sagen, o Mazdā, denn der Mann dürfte ja zu einem Wissenden sprechen, … dieser Spruchkenner ist ja zufrieden, der zu einem Wissenden sprechen vermag‘,

Y. 45.2ab
at̰ frauuaxšiiā   aŋhə̄uš mainiiū paouruiiē
yaiiā̊ spaniiā̊   ūitī mrauuat̰ yə̄m aṇgrəm
‚ich werde die beiden Geister in der ersten Stufe der Existenz verkünden, von denen der, der heilvoller ist, zu dem, der böse ist, sprechen soll‘.

Das Nebeneinander von PE und SE lässt sich generell für alle Sprachen, die entweder nur PE oder nur SE besitzen, annehmen, denn die Existenz von nur einer Endungsreihe ist als Resultat eines Nivellierungsprozesses zu verstehen. Das gilt mit Sicherheit für das Urgriechische, wo die beiden Reihen je nach Dialekten belegt sind: In jedem Dialekt sind entweder PE (z. B. im Attischen oder im Lesbischen) oder SE (z. B. im Arkadischen, im Kyrenäischen oder im Thessalischen) belegt.[2] Es lässt sich daher annehmen, dass im Urgriechischen beide Endungsreihen im Konjunktiv nebeneinander bestanden und dass sich jeweils die eine oder die andere Reihe in den Dialekten sekundär verallgemeinert hat.

Man hat immer versucht, eine Ratio für die Verteilung zu finden, v. a. für das Vedische. So hat Karl Hoffmann einen Unterschied zwischen „Prospektiv" und „Voluntativ" vertreten: dem „Prospektiv" (als Ausdruck der fiktiven Tatsächlichkeit) entsprechen die PE, dem „Voluntativ" (als Ausdruck der Nicht-Tatsächlichkeit) die SE.[3] Es ist auch angenommen worden, dass die PE im Konjunktiv eine Neuerung darstellen und dass sie allmählich die SE verdrängt haben.[4] Trotzdem bleibt die herkömmliche Meinung bestehen, nämlich dass sich eine Erklärung für die Verteilung von PE und SE nicht mehr direkt anhand der Texte erkennen lässt.[5]

2 Vgl. z. B. ark. *καταλασσΕ* (them. *εχη*), auch 1.sg. *αψευδηων αν* ‚ich werde treu sein‘, kyren. *ποιησες*, thess. *απιΕ*, (them. *ϑελΕ*, beide in archaischen Inschriften, 6./5. Jh.), boiot. *πιΕ*, aber lesb. *ϑεληι*, *αποφυγηι*). Das epische Korpus lässt kaum eine klare Antwort zu: Bei den hom. Formen auf -*ης* ist nicht erkennbar, ob /-*ēis*/ oder /-*ēs*/, /-*ēi*/ oder /-*ēt*/ zugrunde liegt. Eine PE ist sicherlich in hom. -*ησι* (Typ *ἐϑέλησι*, *προϑέησι et sim.*), auch athem. *ἔησι* (*Il.* 2.366+), *δώησι* (*Il.* 1.324+), *ὀτρύνησι* (*Il.* 15.59) belegt. Die 1.Sg. *ἐϑέλωμι Il.* 1.549 kann auf *-*ō-mi* zurückgehen (zuletzt Strunk 1988: 307).

3 Hoffmann 1967: 268 n. 4; Rix 1986: 13f.; Dunkel 1998: 93f. mit n. 46.

4 Zuletzt von Lazzeroni 1985 (nach Gonda 1956: 139), und zwar mit rein theoretischer Begründung (die Konjunktive seien thematisch, die thematische Flexion sei sekundär).

5 Vgl. Strunk 1988: 303ff. (= Kl. Schr. 805ff.); Tichy 2006: 189f. mit n. 7 (beide mit Lit.).

Wenn es wirklich einmal eine Ratio für die Verteilung gegeben hat, kann man sie natürlich nur in jenen Sprachen bzw. Sprachstufen feststellen und, wenn möglich, erklären, in denen die PE und die SE im Paradigma des Konjunktivs vorkommen. Für eine kontrastive Analyse bieten sich natürlich jene Personen an, bei denen Endungen der beiden Reihen belegt sind. Dies ist bei der 2. und 3.Sg. der Fall, wie im Folgenden gezeigt wird. Ausgehend von der Annahme, dass die PE einen direkten Bezug zur aktuellen Situation widerspiegeln, wird eine Erklärung für die Verteilung der 2.Sg. und der 3.Sg., zumindest bei gewissen Verbalstämmen, vorgeschlagen, die eine semantisch-pragmatische Sonderstellung als ursprünglich personen- und sprechaktbedingt einnehmen. Es ist natürlich nicht ausgeschlossen, dass sich andere Verteilungsprinzipien erkennen lassen, die der Verteilung jener primären bzw. sekundären Endungen zugrunde liegen, die ausnahmslos je nach paradigmatischen Stellen vorkommen (§ 3).

§ 2 Auf die Frage nach der(/n) Grundfunktion(en) des Konjunktivs und auf die Überschneidungen bzw. komplementäre Verteilung des Imperativs und des Injunktivs je nach Person muss hier nicht eingegangen werden.[6] Wichtig sind in unserem Zusammenhang folgende Punkte:

1. In der impressiven Modalität bzw. hortativen Illokution besteht ein wesentlicher Unterschied zwischen 1.Sg. und 2./3.Sg. unter kommunikativ-pragmatischem Aspekt. Bei der 1.Sg. sind Sprecher, Willensträger und Agens identisch: dies kann durch die 1.Sg.Konj. (nämlich den „voluntativen" Konjunktiv) bzw. durch die 1.Sg.Inj. (SE!) ausgedrückt werden. Demgegenüber ist bei der 2. und 3.Sg. der Sprecher bzw. Willensträger nicht der Agens: dafür sind die Endungen des Imperativs (bzw. des Injunktivs) und des Konjunktivs, die oft konkurrieren können, die geeigneten Ausdrucksmittel.
2. Im Falle des prospektiven Konjunktivs, gleichgültig ob diese Funktion aus der voluntativen entstanden ist oder auf einer expektativen (bzw. Erwartungs-) Funktion beruht, besteht ebenfalls ein Unterschied zwischen 2.Sg. und 3.Sg. mit Bezug auf die Nähe zur Wirklichkeit. Dasselbe gilt natürlich auch, wenn man wie E. TICHY[7] annimmt, dass die Grundfunktion des Konjunktivs die expektative (*Erwartung*) ist, die durch Einbeziehung des Gesprächspartners eine hortative Zweitfunktion zur Folge hat.[8]

§ 3 Auf der Suche nach einer Ratio im Vedischen (Rigveda) muss man zunächst feststellen, dass die Endungen bei allen Personen nicht völlig promiscue gebraucht werden. Bei der Verteilung der Endungen nach Diathese und nach Verbalstämmen lässt sich anhand der Texte eine gewisse Regularität bzw. eine gewisse Regularisierungstendenz feststellen. Wahrscheinlich hat es Gründe für die Scheidung von PE und SE nach Personen gegeben, die wohl in der Vorgeschichte des Verbalsystems zu suchen sind. In reiner Synchronie aber lassen sie sich nicht erkennen:

1. Beim Medium sind immer PE (mit Ausnahme der 3.Pl.) belegt: 1.Sg. *-ai*, 2.Sg. *-se*, 3.Sg. *-te*, 1.Du. *-āvahai*, 1.Pl. *-āmahe*, *-āmahai* bei allen Stämmen (sowohl thematisch

6 Vgl. dazu STRUNK 1988 (auch 1991: 29ff.), TICHY 2006: 25ff.

7 TICHY 2006 („Erwartung des Sprechers, inkl. Sprecherinteresse, dann Wunsch und Hoffnung-Zuversicht"), vgl. bes. die Gesamtdarstellung pp. 323ff.

8 Vgl. die Beispiele bei TICHY 2006: 324: Für die 2.Sg. „ich erwarte (von dir/von euch), dass du gehst", und daraus „du sollst gehen", für die 3.Sg. „ … dass er geht" (oder „gehen darf"), und daraus „lass(t) ihn gehen".

als auch athematisch).[9] Anders beim Aktiv: Die Formen der 2. und 3. Person des Duals und des Plurals tragen konstant PE: 2.Du. *-áthas*/*-ā́thas*, 3.Du. *-átas*/*-ā́tas*, 2.Pl. *-átha*/*-ā́tha*, 3.Pl. athem. *-anti*/*-ān*. Demgegenüber haben die 1.Du. *-ā-va* und die 1.Pl. *-ā-ma* die SE. Eine Sonderstellung nimmt die 1.Sg. ein, die die PE *-ā* (mit Variante *-ā-ni*), aber auch *-am* (auch thematisch) in jungen Partien aufweist.[10]

2. Bei einigen Verbalstämmen sind die Endungen der 2. und 3.Sg. klar verteilt (im Folgenden werden die Formen konventionell ohne Akzent angegeben). Im Falle der *-nu*-Präsentien ist eine Verteilung SE im Aktiv gegenüber PE im Medium (*kṛṇavas*, *-at* :: *kṛṇavase*, *-ate*) konsequent belegt. Demgegenüber sind bei den *-iṣ*-Aoristen ausschließlich SE belegt, nämlich *-iṣas*, *-iṣat* (*tāriṣas*, *-ṣat*, kein $^+$*tāriṣasi*, $^+$*tāriṣati*), bei den reduplizierten Aoristen immer PE (*dīdharas*, *-rat*, kein $^+$*dīdharasi*, $^+$*dīdharati*).[11]

3. Die PE der 2.Sg. und 3.Sg. kommen weitaus häufiger bei thematischen Stämmen (*-āsi, -āti*) als bei den athematischen (*-ās, -āt*) vor. Mangels einer Überprüfung des gesamten Materials, die über die Grenzen unseres Beitrags weit hinausginge, seien einige wenige Punkten erwähnt: (a) Zu den themat. Stämmen vgl. *ajāsi* (1mal), *ajāti* (13mal) und *vadāsi* (2mal), *vadāti* (3mal), demgegenüber kein Beleg von $^+$*ajās,* $^+$*ajāt* oder $^+$*vadās,* $^+$*vadāt.* Vgl. auch *jayāsi* (2mal), *jayāti* (3mal) :: *jayās* (1mal), $^+$*jayāt.* (b) Zu den athemat. Stämmen vgl. dagegen SE *asas* (8mal), *asat* (32mal) gegenüber PE *asasi* (4mal), *asati* (7mal) oder SE *bravas* (6mal), *bravat* (6mal) gegenüber *bravasi* (1mal), $^+$*bravati.* (c) Besonders lehrreich ist die Situation bei *śrav* ‚hören' und *kar* ‚tun', deren Präs.- und Aor.-Stämme athematisch sind und in einer beträchtlichen Anzahl von Belegstellen vorkommen: Konj.Präs.-St. *śṛṇáv-a-* und Aor.-Stamm *śráv-a-* haben nur SE (28mal). Im Falle von *kar* hat der Präs.-Stamm ausschließlich SE, im Aor.-Stamm überwiegen die SE (41mal gegenüber 7mal PE).[12] Noch eindeutiger ist das Bild (PE im Präs.-Stamm, SE im Aor.-Stamm), das sich für *bhav*^{i} ergibt: *bhavāsi* (4mal), *bhavāti* (17mal) gegenüber *bhuvas* (3mal), *bhuvat* (2mal), kein Beleg von $^+$*bhavās* noch $^+$*bhavāt* oder von $^+$*bhuvasi,* $^+$*bhuvati.*

Fazit: Wie auch immer die bemerkenswerte Verteilung unter 1., 2. und 3. Person zu interpretieren ist, muss hier offen bleiben. Für eine kontrastive Analyse sind diese Formen wegen ihren formalen Verteilung auf jeden Fall nicht von Belang. Die Gründe, auf die sie zurückgeht und die eine Rolle in der Verteilung der belegten Endungen gespielt haben, sind in der Vorgeschichte des Verbalsystems und/oder innerhalb des Vedischen zu suchen. So reflektiert die Verteilung der Endungen der 1. Person aller Numeri eine Tendenz zur Vermeidung des formalen Zusammenfalls vo Konjunktiv und von Injunktiv bzw. Indikativ Präsens.[13] Auch lässt sich eine Tendenz zur Verallgemeinerung der PE bei thematischen Stämmen und beim Medium feststellen.

---

9 Eine identische Situation findet man im Avestischen (Ausnahme: die 1.Sg., die eine spezifische Endung (aav. *-āi*, jav. auch *-āne*) besitzt (KELLENS 1984: 251f.).

10 Die Endungen *-ā* bzw. *-am* (später als Mantra-Variante, vgl. HOFFMANN 1967: 247f.) sind als analogisch nach 1.Du. *-āva* und 1.Pl. *-āma* bzw. als ursprüngliche Injunktivformen (DOYAMA 2005: 6ff.; TICHY 2006: 191 n. 11) aufzufassen.

11 Die Wahl ist wahrscheinlich rhythmisch bzw. euphonisch (zur Vermeidung einer Folge *-iṣasi*) bedingt: In beiden Fällen haben die Endungen den gleichen Wortumfang. Non liquet.

12 Zu *śrav*: *śṛṇavas* (3mal), *śṛṇavat* (14mal), kein Beleg von $^+$*śṛṇavasi*, $^+$*śṛṇavati*; beim Aor.-Stamm *śravat* (11mal), kein Beleg von $^+$*śravasi*, $^+$*śravati.* Bei *kar*: *kṛṇavas* (7mal), *kṛṇavat* (12mal), kein Beleg von $^+$*kṛṇavasi*, $^+$*kṛṇavasi*; beim Aor.-Stamm *karas* (8mal), *karat* (33mal) gegenüber *karasi* (2mal), *karati* (7mal).

13 Vgl. HOFFMANN 1967: 110ff. und neuerdings DOYAMA 2005.

§ 4 Der einzige Verbalstamm, bei dem sich ein Verteilungsprinzip feststellen lässt, ist der *-s*-Aorist. Dort haben wir die sog. Imperative auf **-si* (**CáC-si*), die in der Tat Konjunktivformen sind, die haplologisch aus **-s-a-si* (**CáC-s-a-si*) entstanden sind, wie von Oswald Szemerényi auf der Basis von Theodor Benfey gezeigt wurde.[14]

Die einzige Ausnahme ist *darṣasi* (8.32.5c), das isoliert gegenüber haplologischem *darṣi* (10mal) steht. Die vollkommene Synonymität von *darṣi* und *darṣasi* ist in der Kollokation mit *púram na* feststellbar, vgl. 8.6.23ab *ā́ na indra mahī́m íṣam púraṃ ná darṣi* ... ‚Indra, erschließ (mögest du erschließen) uns wie eine Burg großen Speisesegen ...' und 8.32.5ac *sá ... ví vrajám ... púraṃ ná śūra darṣasi* ‚mögest du die Hürde ... wie eine Feste sprengen, o Held'. Die Haplologie ist gesichert, wie die Existenz von *-si*-Formen in Nebensätzen beweist (vgl. 6.26.5b *prá yác chatā́ sahásrā śūra dárṣi* ‚... wenn du, Held, Hunderte, Tausende herausgeschlagen wirst'). Diese Tatsache rechtfertigt die Erklärung als Haplologie, spricht aber nicht gegen die Annahme, dass die haplologischen *-si*-Formen die Funktion eines Imperativs übernommen haben, und schließt keineswegs aus, dass die Entstehung der *-si*-„Imperative" einzelsprachlich ist (§ 8).

Im Rigveda sind *ca.* 150 Formen aus 26 Wurzeln[15] belegt, bei denen es einen *-s*-Aorist gibt (z. B. *vákṣi* neben *vakṣat* und Ind. *ávāṭ*), der zumindest im Konjunktiv (z. B. *darṣi* neben *darṣasi, dárṣat*, aber Ind.Wz.-Aor. *ádar*) belegt ist. Der Belegstand erlaubt es, eine komplementäre Distribution (feststellbar in 47 von 52 Formen von *-s*-Aoristen,[16] von denen 2.Sg. *-si* belegt ist) zu erkennen, nämlich:

2.Sg. „Ipv." *CáC-si* (26 Formen)[17] :: 3.Sg. Konj. *CáC-sat* (18 Formen).

Die Zahl der Belege für jede Form (s. Tabelle 1 S. 84)[18] zeigt die hier vertretene Ratio unverkennbar: Bei ingesamt 277 Belegstellen wird sie durch 263 Belege reflektiert: **-si* :: SE *-sat* (171mal :: 92mal), und nur 14 (*-sas* 2mal, *-sati* 12mal) weichen davon ab.

Die unverkennbar belegte Verteilung 2.Sg. *CáC-si* :: 3.Sg. *CáC-sat* (nur 14 Ausnahmen in insgesamt 277 Stellen) kann kaum auf Zufall beruhen und gibt Anlass, eine Erklärung für das Verteilungsprinzip, und demgemäß auch für die Ausnahmen, wenn möglich, vorzuschlagen. Aus einem ersten Blick auf das Avestische ergibt sich ein quantitativ ähnliches Bild, das eingehender Untersuchung bedarf.[19]

§ 5 Als Erklärung für die in § 4 festgestellte Beleglage lässt sich annehmen, dass in den Fällen von impressiver Modalität bzw. hortativer Illokution die Verteilung von PE *-s(a-s-)i* (*-i*-Deixis) und SE *-s-a-t* (ohne *-i*-Deixis) in der 2.Sg. und in der 3.Sg. personen- und sprechaktbedingt ist. Die *Hic*-Deixis der PE mit *-i* (‚hier und jetzt', wie auch Ipv. 2.Sg. *-dhi* : idg. **-d^hi*) betrifft das Prädikat bzw. den ganzen Sachverhalt beim Sprechakt. Sie entspricht der „Annäherung", im Sinne von Jakob Wackernagel, in Bezug auf die Macht des Redenden, da „beim Konjunktiv eine größere Annäherung an die Wirklichkeit stattfindet".[20] Es lässt sich also eine komplementäre Distribution ansetzen:

14 Benfey 1852; Szemerényi 1966.

15 Vgl. Narten 1964: 45f., Cardona 1965: 5, Baum 2006: 45ff.

16 Ausnahmen: 2mal SE in der 2.Sg. (*jeṣas* 1.10.8, *vakṣas* 5.33.2 gegenüber *jeṣi* 5mal, *vakṣi* 24mal), 6mal PE in der 3.Sg. (*neṣati* 5.46.1, *parṣati* 5.25.1, *matsati* 8.94.6 [je 1mal], *yoṣati* [2mal: 8.31.17, 8.31.9], *vakṣati* [5mal: 1.1.2, 1.14.9, 1.129.8, 1.129.8fg, 4.8.2]).

17 Das Hapax *darṣasi* wird als Variante von *darṣi* gerechnet.

18 Belege nach Lubotsky 1997, Baum 2006: 43ff.

19 Im Aktiv 2.Sg. sind PE in 10 Stämmen gegenüber SE in nur 3 Stämmen belegt. Demgegenüber sind bei der 3.Sg. PE in 19 Stämmen vs. SE in über 100 Stämmen belegt (Belege bei Kellens 1984: 253).

20 Wackernagel 1926: I, 232.

	2.Sg. *-si*		3.Sg. *-sat*		2.Sg. *-sas*	3.Sg. *-sati*
ghoṣ ‚ertönen'	2	(*ghoṣi*)	3	(*ghoṣāt*)		
cakṣ ‚erblicken'	2		–			
chand ‚erscheinen'	1	(*chantsi*)	2	(*chantsat*)		
jay ‚überwältigen'	5	(*jeṣi*)	1	(*jéṣat*)	1 (*jeṣas*)	
joṣ ‚genießen'	3	(*joṣi*)	2	(*joṣat*)		1 (*joṣati*)
darⁱ ‚zersprengen, -spalten'	11	(*darṣi*)	1	(*darṣat*)		
dah ‚brennen'	4	(*dhakṣi*)	2	(*dhakṣat*)		
naś ‚erreichen'	1		–			
nayⁱ ‚führen'	10	(*neṣi*)	4	(*neṣat*)		1 (*neṣati*)
parⁱ ‚hinüberbringen'	16	(*parṣi*)	15	(*parṣat*)		1 (*parṣati*)
prā ‚füllen'	2		–			
bhaj ‚zuteilen'	1	(*bhakṣi*)	1	(*bhakṣat*)		
mad ‚sich freuen'	15	(*matsi*)	3	(*matsat*)		1 (*matsati*)
mā ‚messen'	5		–			
yaj ‚opfern'	33	(*yakṣi*)	13	(*yakṣat*)		
yam ‚halten'	4	(*yaṃsi*)	17	(*yaṃsat*)		
yodh ‚kämpfen'	1		–			
rad ‚beißen, schneiden'	1		–			
rā ‚schenken'	10	(*rāsi*)	3	(*rāsat*)		
vayⁱ ‚hinter etwas her sein'	5	(*veṣi*)	1	(*veṣat*)		
vah ‚fahren'	24	(*vákṣi*)	8	(*vakṣat*)	1 (*vákṣas*)	5 (*vakṣati*)
śrav ‚hören'	1		–			
sad ‚sich hetzen'	12	(*satsi*)	1	(*satsat*)		
sah ‚besiegen'	1	(*sákṣi*)	1?	(*sákṣat*)		
stav ‚preisen'	1	(*stoṣi*)	2	(*stoṣat*)		
hav ‚opfern'	1		–			

Tabelle 1

> 2.Sg. *(-sa)-s-i* entspricht der Person, *die man anredet* („der Angesprochene"): direkter Befehl.
>
> 3.Sg. *-sa-t-Ø* entspricht der Person, *von der man redet* („der Besprochene"): Aufforderung.

Die Situation lässt sich ins Indogermanische zurückführen (vgl. § 8).

Die deixisbedingte Verteilung ist beim Nebeneinander von *yákṣi* und *yákṣat* in RV 7.17.3–4 feststellbar:

> 7.17.3–4
> *ágne vīhí havíṣā yákṣi devā́n svadhvarā́ kr̥ṇuhi jātavedaḥ*
> *svadhvarā́ karati jātávedā yákṣad devā́m̐ amŕ̥tān pipráyac ca*
> ‚Agni, bitte die Götter her und verehre (*yákṣi*) sie mit der Opfergabe. Versehe den Gottesdienst gut, o Jātavedas. Jātavedas möge den Gottesdienst gut versehen (*karati*); er verehre (*yákṣat*) die unsterblichen Götter und stelle sie zufrieden (*pipráyat*)'.

Der „Ipv." *yákṣi* ist mit *vīhí* und *kr̥ṇuhi* funktionell identisch: der Befehl (bzw. die hortative Erwartung) betrifft direkt den angesprochenen Agni. Demgegenüber ist die Aufforderung

an Jātavedas deiktisch weniger markiert. Eine identische Situation lässt sich bei den Minimalpaaren mit *devā́n* und mit *ródasī* als Objekt feststellen:

> 1.36.6cd
> *sá tvám̐ no adyá sumánā utā́parám̐ yákṣi devā́n suvī́ryā*
> ‚sei uns heute und künftig wohlgesinnt, bitte die Götter um Meisterschaft„
>
> 3.4.3d
> *sá devā́n yakṣad iṣit yájīyān*
> ‚Als beste Opferer aufgefordert möge er die Götter verehren'
> (vgl. auch 2.36.4ab *ā́ vakṣi devā́m̐ ihá vipra yákṣi ca* ‚fahr die Götter hierher, du Redekundiger, und opfere ihnen)',
>
> 6.16.24c
> *váso yákṣīhá ródasī*
> ‚du Guter, verehre hier und die beiden Welten',
>
> 9.74.2c
> *sémé mahī́ ródasī yakṣad ā́vṛtā*
> ‚er möge die beiden großen Welten nach dem Herkommen verehren'.

Dasselbe gilt für die Opposition zwischen *darṣi* (und *darṣasi*, vgl. § 4) und *darṣat*, vgl. 8.6.23ab *ā́ na indra mahī́m íṣam púram̐ ná darṣi gómatīm* … ‚Indra, erschliess uns wie eine Burg großen Speisesegen und Vieh … ' (vgl. auch 8.32.5ac *sá gór áśvasya ví vrajám mandānáḥ somyébhyaḥ púram̐ ná śūra darṣasi* ‚berauscht mögest du die Hürde des Rindes und Rosses für die Somaliebenden wie eine Feste sprengen, o Held' neben 10.27.7ab *ábhūr v aúkṣīar vy ù ā́yur ānaḍ dárṣan nú pū́rvo áparo nú darṣat* ‚zerstieben soll alsbald das Vordertreffen, zerstieben soll alsbald die Nachhut'.

§ 6 Im Rahmen dieses Schemas lassen sich die zwei anomalen Formen der 2.Sg. mit SE (*-s-as*) *jeṣas* und *vakṣas* erklären, wenn man ein Ökonomieprinzip annimmt, nämlich dass die Markierung der Deixis durch die PE in jenen Fällen entbehrlich ist, in denen der Kontext selbst die Deixis markiert, nämlich durch (a) einen Vokativ und/oder (b) das Pronomen der 2.Person und/oder (c) einen danebenstehenden Ipv. 2.Sg. und/oder (d) durch deiktisches bzw. anaphorisches *sá*.

Es sei als Parallele zu diesem Ökonomieprinzip auf den Gebrauch des Infinitivs *pro imperatiuo* im Griechischen hingewiesen. Der unmarkierte, personenindifferente Infinitiv wird kontextuell durch (a) einen Vokativ und/oder (b) ein ‚du'-Pronomen und/oder (c) eine Form des Ipv.2.Sg. als 2.Sg. markiert:[21]

> Zu (a) vgl. *Od.* 18.285–7
> *κούρη Ἰκαρίοιο, περίφρων Πηνελόπεια, / δῶρα … / δέξασθ'(αι) …*
> ‚Tochter des Ikarios, umsichtige Penelopeia! Die Geschenke … nimm an!'
>
> Zu (b) vgl. *Il.* 5.261–4
> *… σὺ δὲ τούσδε μὲν ὠκέας ἵππους / αὐτοῦ ἐρυκακέειν …, Αἰνείαο δ' ἐπαΐξαι μεμνημένος ἵππων, ἐκ δ' ἐλάσαι Τρώων …*
> „… so halte du diese schnellen Pferde hier am Ort zurück … und springe auf des Aineas Pferde … und treibe sie von den Troern weg … '.

21 Weitere Beispiele: Zu (a) *Il.* 5.124 *θαρσῶν νῦν Διόμηδες ἐπὶ Τρώεσσι μάχεσθαι* ‚fasse Mut jetzt, Diomedes! Und kämpfe gegen die Troer!'; zu (b) vgl. *Il.* 1.582 *ἀλλὰ σὺ τὸν ἐπέεσσι καθάπτεσθαι μαλακοῖσιν* ‚aber gehe du ihn an mit freundlichen Worten!', *Il.* 17.691/3 *ἀλλὰ σύ γ' αἶψ' Ἀχιλῆϊ θέων ἐπὶ νῆας Ἀχαιῶν / εἰπεῖν …* ‚aber du, laufend schnell zu den Schiffen der Achaier, sage es dem Achilleus!' *Il.* 22.259 *νεκρὸν Ἀχαιοῖσιν δώσω πάλιν· ὣς δὲ σὺ ῥέζειν* ‚… den Leichnam gebe ich den Achaiern zurück; und du tu auch so!'.

Zu (b) und (c) vgl. *Il.* 6.269–274
ἀλλὰ σὺ μὲν πρὸς νηὸν Ἀθηναίης ἀγελείης / ἔρχεο … / πέπλον … / τὸν θὲς Ἀθηναίης ἐπὶ γούνασιν ἠϋκόμοιο, / καί οἱ ὑποσχέσθαι δυοκαίδεκα βοῦς ἐνὶ νηῷ …
‚… aber du gehe zum Tempel Athenaias …; und ein Gewand … dieses lege auf die Knie der schönhaarigen Athenaia und versprich ihr zwölf Rinder im Tempel zu opfern'.

Wenden wir uns wieder dem Vedischen zu. Im Falle von 2.Sg. *vakṣas* (5.33.2) spielen verschiedene der oben genannten Faktoren eine Rolle. *vakṣas* stellt eine Ausnahme dar. Bei *vah* ‚fahren', Aor. *vakṣ-* (38mal), lässt sich die Verteilung 2.Sg. *-(sa)si* :: 3.Sg. *-sat* in 32 Fällen bestätigen (vgl. 1.188.3a *ājúhvāno na ī́ḍyo devā́m̐ ā́ vakṣi yajñíyān* ‚(mit Schmalz) begossen fahr als unser berufener (Fahrer) die opferwürdigen Götter her' (auch 3.7.9c *devā́n ródasī éhá vakṣi*) neben 3.5.9d *dūtó vakṣad yajáthāya devā́n* ‚Als Bote fahre er (Agni) die Götter zur Verehrung her'. Doch stellen das Hapax *vakṣas* und das 5mal belegte *vakṣati* (1.1.2c *sá devā́m̐ éhá vakṣati* ‚er möge die Götter hierher fahren' = 4.8.2c) eine Ausnahme dar:

5.33.2
sá tvám̐ na indra dhiyasānó arkaír hárīṇām̐ vr̥ṣan yóktram aśreḥ
yā́ itthā́ maghavann ánu jóṣam̐ vákṣo abhí prā́ryáḥ sakṣi jánān
‚durch unsere Preislieder aufmerksam geworden hast du nun, o Indra, deinen Falben den Strang angelegt. Komm hierher (*yā́s*), du Freigiebiger, nach deinem Wohlgefallen; fahre her (*vakṣas*), werde mit den vornehmen (Nebenbuhlern), den (anderen) Leuten fertig (*abhí-sakṣi*)'.

Eindeutig handelt es sich um eine Stelle, wo die *hic et nunc*-Deixis kontextuell ausgedrückt ist: *sa-*, dazu *tvam*, Vok. *indra*, und Konj. *yās* und „Ipv." *abhí-sakṣi*. Daher ist die „deiktisch" markierte PE entbehrlich.

Im Falle von *jéṣas* (1.10.8) wird die Deixis durch die Anrede (*tvā*) und durch den Ipv. *sám-dhūnuhi* ausgedrückt:

1.10.8 *nahí tvā ródasī ubhé r̥ghāyámāṇam ínvataḥ*
jéṣaḥ svàrvatīr apáḥ sám̐ gā́ asmábhyam̐ dhūnuhi
‚Denn nicht bringen dich (*tvā*) beide Welten zum Weichen … Erobere die Gewässer samt der Sonne (*jéṣaḥ*); schütte (*sám … dhūnuhi*) über uns die Kühe aus'.

Dasselbe gilt natürlich für andere Formen der 2.Sg. mit SE in anderen Verbalstämmen, vgl. *hánas* und *jáyās* (1.80.3), *ghásas* (3.52.3) oder *vidā́s* (9.43.4):

1.80.3
préhy abhī́hi dhr̥ṣṇuhí ná te vájro ní yam̐sate
índra nr̥mṇám̐ hí te śávo háno vr̥trám̐ jáyā apáḥ …
‚Geh vor, greif an, sei mutig! (*préhy abhī́hi dhr̥ṣṇuhí*). Deine Keule wird nicht aufgehalten werden (*ni yam̐sate*), denn dein, Indra, ist die Manneskraft, die Stärke; du sollst den Vr̥tra erschlagen (*hánas*), die Gewässer erobern (*jáyās*)!',

3.52.2ab
puroḷā́śam pacatyàm̐ juṣásvendrā́ gurasva ca …,

3.52.3ab
puroḷā́śam ca no gháso joṣáyāse gíraś ca naḥ
‚(Indra) genieße (*juṣasva*) den garen Reiskuchen und sprich deinen Beifall aus! … iss (*ghásas*) unseren Reiskuchen und finde an unseren Lobesworten Gefallen (med.

joṣáyāse) ...' (vgl. 3.52.1c *índra prātár juṣasvanaḥ*, ,Indra! Genieße am Morgen unseren (Soma)!'),

9.43.4
pávamāna vidā́ rayím asmábhyaṃ soma suśríyam índo sahásravarcasam
,Soma Pavamāna! Mögest du uns herrlichen Reichtum ausfindig machen (*vidā́s*), tausendfach glänzenden, o Saft' (*vidā́s* statt +*vidā́si* zwischen Vok. *pávamāna* und *soma*).

Der Gebrauch der PE bei der 3.Sg. (*-a-ti*, them. *-ā-ti*) kann natürlich auch dadurch favorisiert sein, dass der Besprochene (oft durch *sá* gezeigt) stark in den Sachverhalt miteinbezogen ist, z. B. im Falle von *vakṣati* ,er möge bringen' (1.1.2 vgl. *supra*) oder *karati* ,er möge machen' (6.10.1, vgl. § 1):

6.10.1cd
... *sá hí no vibhā́vā svadhvarā́ karati jātávedāḥ*
,... denn er ist unser Erleuchter! Jātavedas möge den Gottesdienst gut besorgen'.[22]

Trotz *sá* kann natürlich auch die 3.Sg. eine nicht markierte bleiben, nämlich bei der SE *-t*, vgl. 6.68.5cd *iṣā́ sá dviṣás tared dā́svān vámsad rayíṃ rayivátaś ca jánān* ,der Freigiebige soll an Speisesegen seine Feinde überbieten (*sá ... taret* Opt.!); er möge Reichtum und die reichen Leuten für sich gewinnen (*vámsat*)'.[23]

Von solchen Situationen ausgehend ist eine Verblassung der ursprünglichen Verteilung in den meisten Verbalstämmen vorstellbar, ferner auch eine Spezialisierung je nach Personen, Diathese oder Verbalstamm (§ 2), die nicht mehr die ursprüngliche widerspiegelt. Die hier vertretene Ratio lässt sich auf jeden Fall noch bei den *-s*-Aoristen eindeutig erkennen.

§ 7 Es muss zugegeben werden, dass das vorgeschlagene Modell nur tendenziell gilt. Es hat doch Ausnahmen, und es kann eben eine gerade umgekehrte Verteilung (2sg. SE :: 3sg. PE) belegt sein, wie im Falle von *vṛtrám hanaḥ* (1.80.3, vgl. § 6) und *vṛtrám hanati* (8.89.3 *et al.*):

1.80.3cd
índra nṛmṇáṃ hí te śávo háno vṛtráṃ jáyā apáḥ ...
,... denn Indra ist die Manneskraft, die Stärke; du sollst den Vṛtra erschlagen, die Gewässer erobern',

8.89.3cd
vṛtráṃ hanati vṛtrahā́ śatákratur vájreṇa śatáparvaṇāḥ ...
,Der Vṛtra-Erleger, der Ratreiche erlege den Vṛtra mit der hundertknorrigen Keule'.

Im ersten Fall kann man die Ausnahme als kontextbedingt (nach § 6) erklären, nicht aber im zweiten. In anderen Fällen ist eine Form, die dem Prinzip nicht entspricht, als metrisch bedingt zu verstehen. Als Beispiel wurde 10.16.1 (§ 1) erwähnt. Das ist auch der Fall bei *jayāti* (PE) in 10.52.5, wie der Vergleich mit 8.96.7 zeigt:

---

22 Das gilt auch für die themat. Stämme, wo die PE üblicher sind, z. B. *sá ... suvā́ti* ,er weise zu' (5.82.3), *mṛḷā́ti* ,er sei gnädig' (4.57.1), vgl. 5.82.3ac *sá hí rátnāni dāśúṣe suvā́ti savitā́ bhágaḥ tám bhāgáṃ citrám īmahe* ,so möge denn dieser Savitṛ, ... dem Opferspender Schätze zuweisen. Ihn (*tám*) bitten wir um einen ansehnlichen Teil', 4.57.1cd *gā́m áśvam poṣayitnv ā́ sá no mṛḷātīdṛ́śe* ,der Rind und Ross nährt, möge er unsereinem gnädig sein'.

23 Auch *sá* mit *aviṣat* 'er helfe (uns)' (1.81.1), *yaṃsat* ,er verleihe' (8.42.2), *neṣat* ,er führe' (10.17.5); *párṣat* ,ds.' (5.29.5), *śravat* ,er höre' (8.43.24 *et al.*).

10.52.5cd
ā́ bāhvór vájram índrasya dheyām áthemā́ víśvāḥ pŕ̥tanā jayāti
‚in Indras Arme möchte/will ich die Keule legen (*dheyām*), dann soll er alle diese Kämpfe siegreich bestehen (*jayāti*)' (Delbrück ‚wird er'),

8.96.7cd
marúdbhir indra sakhyám̐ te astv áthemā́ víśvāḥ pŕ̥tanā jayāsi
‚mit den Marut sollst du Freundschaft halten (*astu*), Indra, dann wirst du alle diese Kämpfe siegreich bestehen (*jayāsi*)'.

Der vierte Pāda der beiden Triṣṭubh-Strophen ist formelhaft, so dass die Wahl von *jayāsi*, *jayāti* metrisch bedingt sein kann. Aber tatsächlich bleiben hartnäckige Ausnahmen, die sich der Integrierung in ein Prinzip widersetzen, auch beim herkömmlichen Prospektiv bzw. Expektativ:

8.100.1cd
yadā́ máhyam̐ dídharo bhāgám indrā́d ín máyā kr̥ṇavo vīryā̀ṇi
‚wenn du rechter Hand mein Gefolgsmann sein wirst, dann wirst [es ist zu erwarten, dass] du mit mir Heldentaten vollbringen' (Tichy 2006: 243).

Die wenigen Ausnahmen bei den *-s*-Aoristen und die zahlreicheren bei den Konjuktivformen anderer Verbalstämme spiegeln m. E. die progressive Verblassung der hier vertretenen Ratio wider. Daß andere Faktoren, nicht nur die Metrik, eine Rolle gespielt haben (§ 2), versteht sich von selbst.

§ 8 Es sei kurz auf die Implikationen der hier vorgeschlagenen Verteilung für die idg. Rekonstruktion eingegangen. Der Imperativ auf **-si* (**CéC-si*) kann voreinzelsprachlich sein: Abgesehen vom Vedischen ist er auch im Avestischen, im Altirischen und, indirekt, im Griechischen neben den jeweiligen nicht haplologischen *-s*-Aor.-Konjunktivformen unverkennbar belegt, wahrscheinlich auch im Tocharischen und im Hethitischen.

Im Avestischen, vgl. 2.Sg. aav. *dōiši* ‚zeige!' (: *δεῖξον*) neben Konj. 3.Sg. *baxšaitī*, *vəṇghaitī* (vgl. ved. *bhakṣat*, *vám̐sat*).

Im Altirischen ist das Nebeneinander von *-s*-Konjuntiv (aus **-s-e-si*) und Ipv. (aus **-si*[24]) gut belegt, vgl. Ipv.2.Sg. *at·ré* ‚erhebe dich!' (**ad-reg-si*) : Konj. *ress-* (**reg-s-e-*) zu **h₃reĝ-* ‚strecken' (ved. *raj*, gr. *ὀρέγω*, lat. *regō*), *tog* ‚wähle aus!' (**to-gōs-si*) :: Konj. *gōss-* (**gōs-s-e-*) aus **ĝeu̯s-* ‚probieren' (cf. ved. *jóṣi*, gr. Med. *γεῦσαι*), *tair* ‚komme' (**to-ar(e)-ink-si*) : Konj. *īss-e-* (**ink-s-e-*) aus **h₂neḱ-* ‚erreichen' (ved. *naś*, *nakṣ*, vgl. Ipv. *nákṣi*).

Der griechische Ipv.2.Sg. akt. *-σον* geht auf eine Umformung von „Ipv." **-σι* zurück.[25] In der Tat besitzt *-σον* (**CéC-s-om*), wie auch sonst med. *-σαι*, eine Silbe weniger als die anderen gut analysierbaren Endungen Akt. 3.Sg. *-σάτω*, 2.Pl. *-σατε*, 3.Pl. *-σάτω(ν)* (auch Med. 3.Sg. *-σάσθω*, 2.Pl. *-σασθε*, 3.Pl.*-σάσθω[ν]*): der anomale, geringere Wortumfang weist auf die Möglichkeit einer Haplologie. Der Ipv. auf *-σον* (*λῦσον*, *δεῖξον*, auch *κῆον*) steht dem Konj. *-σ-ο/ε-* (*λυσο/ε-*, *δειξο/ε-*, *κηο/ε-* : 2.Sg. **-s-e-si*) eindeutig gegenüber, und zwar im selben Verhältnis wie ved. *jóṣi* zu *jóṣat(i)* oder air. *tog* zu *-s*-Konj. *do·gó*. Die Umformung

24 Jasanoff 1987: 103, McCone 1991: 80ff. Weitere Beispiele: **fóir* ‚helfe!' (**u̯o-ret-si*) : Konj. *ress-* (**ret-s-e-*) von **ret-* ‚laufen', *aic(c)* ‚rufe an!, (**ad-ged-si*) : Konj. *gess-* (**ged-s-e-*) von **g^{uh}ed-* ‚suchen' (got. *bidjan*, gr. Aor. *θέσσασθαι*).

25 Dunkel 1992: 218f. („The *-σι* “imperatives” were replaced during the alpha-thematisation of the *-s*-Aorist by the form in *-σον*"), García Ramón 2002. Nicht richtig ist m. E. die Annahme, ein Ipv. auf **-si* sei das Vorderglied der Komposita vom Typ *τερψί-μβροτος* (García Ramón 2002: 28 mit n. 19).

*-σι → -σον durch Anfügung von *-*om* entspricht der allgemeinen Tendenz, Ipv.-Formen mit Partikeln zu versehen.[26]

Zum Dossier der -*si*-Imperative können auch 2.Sg. toch. B *päklyauṣ* A *päklyoṣäs* ‚höre zu!' (urtoch. *(*pä)klyau*) aus **k̂léu̯si* (: ved. *śróṣi*, vielleicht messap. *klaohi*) und heth. 2.Sg. *paḫši* ‚schütze!' (: *paḫš*[mi] ‚schützen') zählen, wie J. Jasanoff unter Verweis auf ved. *śróṣan* (neben Wz.-Aor. *aśrot*; -*s*-Aor. *aśrauṣam* erst Br.+) bzw. auf Konj.-s-Aor. ved. *pāsati* vorgeschlagen hat.[27]

Die Annahme eines voreinzelsprachliches Imperativs auf -*si* lässt sich durch Entsprechungen bei Wurzeln mit -*s*-Aorist bestätigen, nämlich (1) aav. *dōišī* : δεῖξον ‚zeige!', (2) ὄρεξον : air. *at·ré* ‚breite aus!', (3) ved. *prāsi* : [°]πλησον ‚fülle!', auch bei Wurzeln mit Wz.-Aorist, vgl. (4) ved. *dárṣi* : δεῖρον ‚zersprenge!', (5) ved. *hoṣi* ''opfere!' : [°]χεῦον ‚gieße!', wie ich zu zeigen versucht habe:[28]

1. **déi̯k̂-si* ‚zeige!', vgl. aav. *dōišī* (Y. 33.13a *dōišī mōi yā və̄ abifrā* ‚zeige mir, was eure unvergleichlichen Eigenarten sind') : hom. δεῖξον. Daneben Aor. **dēi̯k̂-s-* (gr. δειξα-, av. Inj. *dāiš*, lat. *dīxī*), Konj. **dei̯k̂-s-o/e-* (aav. *dōišā*, gr. δείξω).
2. *h_1*réĝ-si* ‚breite aus!', vgl. ὄρεξον (Soph. *OR* 846 ὄρεξον ... χεῖρας : air. *at·ré* ‚stehe auf!'. Daneben Aor. *h_1*rēĝ-s-* (gr. ὀρεξα-, air. *at·recht* ‚erhob sich', toch. B *reksa*), Konj. *h_1*reĝ-s-o/e-* (ὀρέξῃς *Il.* 22.57, air. *ress-*, toch. B *rāśäṃ*).
3. **pléh₁-si* ‚fülle!', vgl. ved. *prā́si* (1.42.9b *prā́sy udáram* ‚fülle den Bauch' [hinter *purdhí*], auch 8.1.23) . ἔμπλησον (*Od.* 2.353 δώδεκα δ' ἔμπλησον ‚fülle zwölf [scil. ἀμφιφορῆας]'. Daneben Aor. **plēh₁-s-* (gr. πλησα-, ved. *aprās*, -*āt*)[29] und Konj. **pleh₁-s-o/e-* (ἀναπλήσῃς *Il.* 4.170).
4. **dér(H)-si* ‚reiß!', vgl. ved. *dárṣi* (RV 10mal, vgl. RV 8.24.4ab *ā́ nirekám utá priyám índra dárṣi jánānām* ‚den ausschließlichen und lieben Besitz der Leute erbrich ...!') : hellen.gr. δεῖρον (Herod. 3,3 τοῦτον κατ' ὤμου δεῖρον ἄχρις ἡ ψυχὴ ... λεφθῇ ‚reiß ihn an der Schulter, bis seine Seele ...'). Daneben Wz.-Aor. ved. *dar, dart*, neben Konj. *darasi*.
5. **ĝʰéu̯-si* ‚giesse!', vgl. ved. *hoṣi* ‚opfere!' (1mal, vgl. 6.44.14cd *tám u prá hoṣi madhumantam asmai sómaṃ* ‚ihm opfere diesen süssen Soma ...') : hom. [°]χεῦον (*Od.* 2.354 ἐν δέ μοι ἄλφιτα χεῦον ‚und schütte mir Gerstenmehl') : air. *tog*. Daneben Wz.-Aor. gr. χύτο, auch -*s*-Aor. **ĝʰeu̯-s-* (hom. ἔχευα, ἔχεα, ved. *ahaus* Br.), Konj. **ĝʰeu̯-s-o/e-* (*Od.* 6.232 ὡς δ' ὅτε τις χρυσὸν περιχεύεται ἀργύρῳ ἀνήρ ‚und wie ein Mann Gold und Silber herumgießt').

Die auffallende Übereinstimmung zwischen zumindest Vedisch (und Avestisch), Altirisch und Griechisch weist eindeutig auf eine idg. Haplologie, wahrscheinlich auch auf die Spezialisierung der Konjunktivform auf *-*s-e-si* (daher *-*si* mit Haplologie) als 2.Sg. Imperativ.[30] Dasselbe gilt m. E. auch für Med. -σαι (hom. δέξαι, auch ἄλευαι) neben Konj.

26 Nach dem Muster *CeC-Morphem-Partikel* (Watkins 1969: 141f.), auch wenn letztere nicht erkennbar sind.

27 Jasanoff 1987: 94ff., 104; id. im Druck. Letztere Formen lassen sich aber auch anders erklären: **k̂léu̯si* kann auf die sekundäre Wurzel **k̂leu̯s-* zurückgeführt werden (Rix 1990: 42ff.; M. Kümmel LIV²), und heth. *paḫši* (wie der Ipv. auf -*i* des Hethitischen) kann als *Wurzel + Partikel* analysiert werden (Oettinger 2007).

28 García Ramón 2002: 23ff.

29 Auch arm. *elic*ᶜ aus **plēss-*, vgl. Klingenschmitt 1982: 287.

30 Haplologien ähnlicher Art sind auch in den Einzelsprachen belegt (vgl. z. B. ved. Inf. -*távai* < -*táu̯ai+u̯āi* in der Deutung von Thurneysen 1908: 225ff. [= Gesamm. Schr. I, 84ff.]) und lassen sich auch voreinzelsprachlich ansetzen, vgl. Ipv. 3.Sg., 2.Pl. **bʰéretōd* aus 3.Sg. **bʰéretu-tōd*, 2.Pl. **bʰérete-tōd* (Forssman 1985: 191). Generell dazu Cardona 1968: 55ff.

-σ-ο/ε- (λεξ-ο/ε-, ἀλευ-ο/ε-, das sich unmittelbar auf idg. *-*soi̯* (**CéC-soi̯*), haplologisch aus *-*s-e-soi̯* (: **CéC-s-e-soi̯*), zurückführen lässt.[31]

§ 9 Fassen wir zusammen:

1. Bei der 2.Sg. und 3.Sg. lässt sich eine Ratio feststellen, nämlich 2.Sg. -*si* / 3.Sg. -*sat* (aus *-*s-a-si* mit PE :: *-*s-a-t* mit SE), d. h. 2.Sg. -*i* :: 3.Sg. -*ø*, die personen- bzw. sprechaktbedingt war. Es handelt sich um eine Tendenz, die sich trotzdem nicht völlig konsequent durchgesetzt hat: Die ursprüngliche, pragmatisch bedingte Verteilung wirkt nur zum Teil. Ein wichtiger Teil der Abweichungen von diesem Prinzip lässt sich immer noch im Rahmen der Deixisverhältnisse erklären: Wenn die *hic et nunc*-Deixis durch einen Vokativ und/oder das Pronomen der 2.Sg. und/oder eine Imperativform und/oder *sá-* eindeutig wird, kann statt der PE die SE in der 2.Sg. auftreten, denn die Deixis ist schon kontextuell-pragmatisch ausgedrückt.
2. Im Vedischen lässt sich eine Verblassung der ursprünglichen Verteilung v. a. in den thematischen Stämmen feststellen: auch tendenziell bevorzugen die thematischen Verbalstämme im Konjunktiv PE, die athematischen Stämme die SE. Aus dem Nebeneinander beider Tendenzen erklärt sich das bunte Bild der Konjunktivendungen 2. und 3.Sg. im Rigveda.
3. Die hier vertretene Verteilungsratio ist wahrscheinlich voreinzelsprachlich, wie auch die Haplologie, die zum *-*si*-Imperativ geführt hat.

Mit diesen Überlegungen ist versucht worden, eine Ratio bzw. eine Tendenz vorzuschlagen, die nur einen Teil des Paradigmas betrifft. Bei einem Teil der Belege – und bei den anderen Personen – alternieren die Endungen, ohne dass ein Verteilungsprinzip in den Texten erkennbar wäre. Ob sich für den Belegstand dieser Personen eine andere Ratio ansetzen lässt, muss offen bleiben.

Bibliographische Abkürzungen

D. BAUM 2006: The Imperative in the Rig Veda. Leiden.

TH. BENFEY 1852: Handbuch der Sanskritsprachen. Leipzig.

G. CARDONA 1965: „The Vedic Imperatives in -*si*". Language 41, 1–18.

——— 1968: On Haplology in Indo-European. Philadelphia.

B. DELBRÜCK 1888: Altindische Syntax. Halle.

E. DOYAMA 2005: „A Morphological Study of the First Person Subjunctive in The Rigveda". Machikaneyama Ronsō 39, 1–19.

G. E. DUNKEL 1992: „Two old problems in Greek: πτόλεμος τερψίμβροτος". Glotta 70, 197–125.

——— 1998: „On the 'Thematisation' of Latin *sum, volo, eo* and *edo* and the System of Endings in the IE Subjunctive Active". Studies in Honor of Calvert Watkins, Innsbruck, 83–100.

B. FORSSMAN 1985: „Der Imperativ im urindogermanischen Verbalsystem". Grammatische Kategorien (Akten der VII. Fachtagung der Indogermanischen Gesellschaft, Berlin 1983), Wiesbaden, 181–197.

J. L. GARCÍA RAMÓN 2002: „Subjuntivo e imperativo en la reconstrucción indoeuropea: IE 2.Sg. „Ipv." *-*si* (y Med. *-*soi̯*), griego Ipv. 2.Sg. -σον, -σαι". MSS 52, 23–36.

J. GONDA 1956: The Character of the Indo-European Moods. Wiesbaden.

K. HOFFMANN 1967: Der Injunktiv im Veda. Heidelberg.

31 Der *a*-Vokalismus ergibt sich aus der Anpassung an das -*sa*- (← *-*s*-) des gr. Aor.-Stammes. Ved. -*sva* und aav. -*suuā* beruhen auf einzelsprachlicher Verallgemeinerung der Medialendung (GARCÍA RAMÓN 2002: 32ff.).

J. H. JASANOFF 1987: „Some irregular imperatives in Tocharian". Studies in Memory of Warren Cowgill, Berlin – New York, 92–112.

—— (im Druck): „Hitt. *naišḫut, nešḫut*". GS Erich Neu.

J. KELLENS 1984: Le verbe avestique. Wiesbaden.

G. KLINGENSCHMITT 1982: Das altarmenische Verbum. Wiesbaden.

R. LAZZERONI 1985: „Sistema verbale sanscrito e sistema verbale indoeuropeo: le desinenze del congiuntivo vedico". Scritti in onore di Ricardo Ambrosini, Pisa 129–133.

A. M. LUBOTSKY 1997: A Ṛgvedic Word Concordance. New Haven.

A. A. MACDONELL 1910: Vedic Grammar. Straßburg.

K. MCCONE 1991: The Indo-European Origins of the Old Irish Presents, Subjunctives and Futures. Innsbruck.

N. OETTINGER 2007: „Der hethitische Imperativ auf *-i* vom Typ *paḫši* ‚schütze!' ". Tabularia Hethaeorum. Hethitologische Beiträge Silvin Košak zum 65. Geburtstag. Wiesbaden, 561–568.

J. NARTEN 1964: Die sigmatischen Aoriste im Veda. Wiesbaden.

H. RIX 1986: Zur Entstehung des urindogermanischen Modussystems. Innsbruck.

—— 1990: Besprechung von Studies in Memory of Warren Cowgill. Kratylos 35, 41–48.

Kl. STRUNK 1988: „Zur diachronischen Morphosyntax des Konjunktivs". In the footsteps of Raphael Kühner (Proceedings of the International Colloquium, Amsterdam 1986). Amsterdam, 291–312 (= Kl. Schr. 805ff.).

—— 1991: Zum Postulat 'vorhersagbaren' Sprachwandels bei unregelmäßigen oder komplexen Flexionsparadigmen. Bayerische Akademie der Wissenschaften. Phil.-Hist. Klasse. Sitzungsberichte, Heft 6, München.

O. SZEMERÉNYI 1966: „The origin of the Vedic "imperatives" in *-si*". Language. 42, 1–6 (= Scripta minora 4, Innsbruck 1991, 1719–24).

E. TICHY 2006: Der Konjunktiv und seine Nachbarkategorien. Bremen.

R. THURNEYSEN 1908: „Altindisch *étavái*". Mélanges Ferdinand de Saussure, Paris, 225–227 (= Gesammelte Schriften I, Tübingen 1991, 84–86).

J. WACKERNAGEL 1926: Vorlesungen über Syntax. Basel.

C. WATKINS 1969: Geschichte der indogermanischen Verbalflexion. Indogermanische Grammatik III/1. Heidelberg.

Focus in Hittite and the stressed pronoun *apā-*: in search of a method

Petra GOEDEGEBUURE (University of Chicago)

1 Introduction

One of the current issues in Indo-European studies is how to use pragmatics as a means of further understanding the often extinct languages of the Indo-European language family. Given the lack of native speakers for our languages and the impossibility to rely on one's own intuition, it is clear that we need to find other ways to get valid judgments with respect to pragmatic categories.

Our first source of information should be the general linguistic literature. However, general linguistics often does not provide the means to recognize and then describe pragmatic categories in corpus languages, let alone reconstruct them. This observation is certainly not new, and may have even caused a rift between general linguistics and Indo-European studies.

In this paper I suggest an approach to recognizing and describing pragmatic categories which has proven to be fruitful for Hittite. I have focused on the category of Focus, an important notion of Information Structure. About the first half of this paper will be spent on a discussion of linguistic models that are current in the study of referential expressions, followed by a search for a method. This search is necessary, for, as said above and as I will show below, these models cannot be applied to Hittite, and by extension probably not to other extinct or corpus languages either. The question is not only how to better describe Hittite, but also how to translate the results and insights from general linguistic theories into research questions and methods for dead languages.

The second half is devoted to the application of the method developed in the first half of this paper to the function of the accented 3rd person singular subject pronoun *apāš* 'he, she, it'.

2 Models and Methods

2.1 Introduction

My research on Focus phenomena in Hittite originated in the study of the syntax of the accented 3rd person pronoun *apā-* 'that one, he/she/it'[1] (GOEDEGEBUURE 2003: 242–337)[2].

1 In its function as a 3rd person anaphoric accented pronoun, *apā-* must be distinguished from its purely demonstrative use as a 2nd person deictic pronoun 'that, near addressee' (GOEDEGEBUURE 2002/03: 3 (with n. 9), 14f., 20f.; 2003: 181–202). The two functions are formally not differentiated (HOFFNER & MELCHERT 2008: 133).

2 Although the categorization of *apā-* as an accented 3rd person pronoun is standard knowledge (see for example FRIEDRICH 1974³: 62, 66f.; FRIEDRICH & KAMMENHUBER 1975–1984: 130ff.; HOFFNER & MELCHERT 2008: 133, 143; PUHVEL 1984: 86f.), no attention was paid to its syntax or discourse functions until quite recently (BOLEY 2003: 157f.). In section 2.3 I will evaluate Boley's claim that Old Hittite

Since Hittite has verbal agreement with the subject and furthermore uses the enclitic pronoun *-a-* for the other syntactically central functions[3], I expected the function of the accented pronoun *apā-* to be at least partially similar to the function of accented pronouns in other languages that, like Hittite, count clitic or unaccented pronouns amongst their referential expressions. As a method this does not seem to be unwarranted. There are several important studies on the use of referential expressions in discourse that claim universality for their models, drawing upon evidence from often unrelated languages (see for example ARIEL 1990; CORNISH 1999; GIVÓN 1983; GROSZ et al. 1995[4]; GUNDEL et al. 1993; YAN 2000). The models from these cross-linguistic studies should provide us with enough comparative material to explain the use of the Hittite accented 3rd person pronoun *apā-*. In the next section three of these models will be discussed and tested on Hittite.

2.2 Models of cognitive and discourse topic accessibility

Most models dealing with referential expressions establish a connection between the formal expression of a discourse entity and the degree of cognitive accessibility of that discourse entity in the mind of speaker and addressee[5]. In broad outline, if the speaker estimates that a discourse referent has a low activation state in the mind of the addressee, she will normally use an expression with a heavy information load such as a definite noun phrase to make retrieval of the correct referent easier. On the other hand, if a discourse referent is highly activated, for example through repeated and uninterrupted mention in the discourse, the speaker will use a pronoun.

One of the major proponents of the cognitive school is ARIEL (1990). Ariel has set up an Accessibility Scale based on statistics collected from texts and psycholinguistic reading-time experiments. The scale ranks referential expressions along a cline from high accessibility through intermediate to low accessibility (1990: 73). Accessibility is explained as the degree of activation of a concept in the brain: a concept may be extremely salient (i. e., highly activated), unactivated or fading away (1990: 16). Accented pronouns are counted among the high accessibility markers (1990: 64), which signal to the addressee that their referents are highly salient and should be retrieved easily from the set of mental representations of discourse referents. Accented pronouns are used to retrieve marked antecedents, i. e., those that are not most immediately thought of (1990: 66). The following hierarchy of High Accessibility markers starts with the lowest marking and ends with the highest Accessibility marking (ARIEL 1990: 73; ARIEL 2008: 44):

(1) **stressed pronouns** > full unstressed pronouns > cliticized pronouns > extremely high accessibility markers (such as agreement markers, reflexives, zero morphemes)

The degree of accessibility is influenced by at least four factors, (1) *distance* or *recency of mention* (ARIEL 1990: 22, 28), (2) *saliency* or *topicality* (local topics are less salient than discourse topics (1990: 22–23, 29)), (3) *competition* (the presence of intervening discourse referents lowers accessibility (1990: 28)), and (4) *unity* (i. e., change of scenery or frame

---

apā- mainly reinforces discourse topics.

3 The 3rd person enclitic subject pronoun is never used with transitive verbs. It occurs with intransitive verbs that often belong to certain well-defined semantic classes (GARRETT 1990, 1996: 90ff.; GOEDEGEBUURE 1999; HOFFNER & MELCHERT 2008: 280ff.).

4 CORNISH 1999 and GROSZ et al. 1995 only cover English and French, and English, respectively. Each however provides an encompassing model for the use of referential expressions in discourse. In addition, the Centering Theory developed by Grosz and others has been applied in cross-linguistic works (references in GROSZ et al. 1995: 223).

5 In this paper the terms "speaker" and "addressee" cover both the speech participants in conversation and the writer and intended audience or reader(s) of a text.

or passage of time within the discourse world. Accessibility of frame-dependent entities decreases when a change in frame is indicated (1990: 26, 29)).

It seems that the choice for an accented pronoun versus a non-accented form is mostly governed by *saliency*. This can be derived from the preliminary discussion of the use of Hebrew attenuated 3rd person plural pronouns (*h+*) versus their fully pronunciated counterparts (*hem*). The attenuated forms seem to be used for the (discourse) topic, whereas the full forms refer to non-topics that are already highly accessible (ARIEL 1990: 61f.).

Another, well-known cross-linguistic study on reference and topic continuity is GIVÓN (1983). The important contribution of this work is that it presents a quantitative analysis of referential continuity in discourse of such diverse languages as Biblical Hebrew, Japanese, Amharic, English, Ute, Hausa, Chamorro and Latin American Spanish. By measuring *referential distance* ("look-back"), *potential interference* ("ambiguity") and *persistence* ("decay"), and combining the results of these measurements for all languages in the volume, Givón has set up a scale of topic continuity/accessibility (1983: 18):

(2) *more continuous/accessible topics*
↑ unstressed/bound pronouns ("agreement")
stressed/independent pronouns
↓ full NPs
more discontinuous/inaccessible topics

Stressed independent pronouns mark low topic continuity, low theme continuity, have an average referential distance of 1.70–2.00 clauses, and are used when there are competing discourse entities. They are used either contrastively or as topic switchers (GIVÓN 1983: 30; 2001a: 419). The stressed or independent pronouns, marking referential discontinuity, occupy a position that is consistent with Ariel's scale.

Finally, another highly influential study is GUNDEL et al. (1993). Gundel et al. propose a near-universal Givenness Hierarchy, which contains six cognitive statuses that are relevant to the form of referring expressions. The Hierarchy for English referring expressions is presented in Figure 1 (1993: 275):

in focus >	activated >	familiar >	uniquely identifiable >	referential >	type identifiable
(*it*)	*that* *this* *this* N **stressed pronouns**[6]	*that* N	*the* N	indef *this* N	*a* N

Figure 1: The Givenness Hierarchy

As in the other models, the different forms are processing signals for the addressee to identify the correct referent. For example, the demonstrative noun phrase *that* N signals 'you are familiar with this, and therefore can identify it' (1993: 276).

Again we see that accented pronouns are not used for referents that have the highest activation state or level of accessibility. They have the status *activated*, which means that the referent is represented in current short-term memory, but is retrieved from long-term

6 Stressed pronouns are not listed in the Givenness Hierarchy (GUNDEL et al. 1993: 275), although they are later said to signal the status "activated" (1993: 278).

memory or accessible from the immediate linguistic or extra-linguistic context (GUNDEL et al. 1993: 278).

2.3 Testing the topicality of the Hittite accented pronoun *apā-*

BOLEY (2003) provides a functional description of Old Hittite accented *apā-* as an indicator of "marked emphasis on topics" (2003: 163). In view of the three models presented above, this seems quite plausible. According to Boley, *apā-* "is in short a grammatical tool to mark the case-form [*sic!*] when it is the topic and cannot be represented by a normal pronoun [i.e., the enclitic pronoun *-a-*, PMG]" (2003: 158). This is the case when the discourse entity is a secondary topic (ex. (66), 2003: 162), when the use of an enclitic pronoun would result in referential ambiguity ("when there might be confusion", 2003: 158[7]), and finally, when the topic needs reinforcement, which is an operation which falls outside the scope of the enclitic pronoun (ex. (56), 2003: 158). The latter is the most important function if we count the times Boley uses this explanation for the occurrence of *apā-*. However, Boley never clarifies what reinforcement stands for and why the topics in her examples need to be reinforced[8]. It therefore remains necessary to study the pronoun *apā-* with respect to topicality.

But, when it comes to accented pronouns, models like those of Ariel, Gundel and Givón may be unreliable or not applicable. I will start with an assessment of the cognitive status of the stressed pronouns in Gundel's article. Gundel et al. discuss the referential expressions of Chinese, English, Russian, Spanish and Japanese and conclude that in each language stressed pronouns have the status *activated* (GUNDEL et al 1993: 285, and see Table 1, p. 284). Besides the fact that the article does not contain any example of a stressed pronoun to illustrate this status, the number of stressed pronouns in the counts, 6 out of 1873 referring expressions (Tables 2–6, 1993: 291–292)[9], is too small to warrant any conclusions. An additional problem was that the material on which these counts were based often did not allow to differentiate between stressed and unstressed pronouns (1993: 292 n. 22). In all, Gundel's model should not be used when studying stressed pronouns.

7 Ex. (63) probably belongs to this category: "*apas* marks people who have parallel roles in the action that need to be differentiated. It is used in essence to keep them straight as against one another" (2003: 161). Boley never explains though what "keeping things straight" means.

8 Here I will present all remarks about the use of *apā-* that are connected with the idea that this pronoun is used as a topic reinforcer. Ex. (56): The pronoun *apā-* is used "presumably because the topic [...] is in need for strong reinforcement" (2003: 158), but why?; Ex. (57): "But the sequence *apun/kuin* says it all" (2003: 158). Boley does not explain what this means; Ex. (58): "but here obviously there is reason to mark the subject/topic, [...]. *apas* (+ *-a*) is pressed into service for the purpose" (2003: 159). This reason is never given; Ex. (59): "*sas* here would probably have the effect of moving the discourse on: *apas* reinforces the topic" (2003: 159); Ex. (60): "Here *apas* is employed both to mark the main topic and presumably to topicalize the agent" (2003: 159). Both functions are *ad hoc*; Ex. (61a): "*apas* again is used to indicate the continuation of a previously established topic, under circumstances in which one might not be quite clear about who held that status" (2003: 159f.). In this case, the pronoun *apā-* actually refers to both the primary and secondary topics, so how that helps "in keeping things straight" (2003: 163) is not clear to me; Ex. (61b): "let us look at the rest of that story" (2003: 160), which contains two interesting uses of *apā-* that are never discussed by Boley.

9 Chinese accented *ta* 'he' did not occur on a total of 240 referring expressions (Table 2). For English there was only one accented 3rd person pronoun on 655 referring expressions. This pronoun had the status *activated* (Table 3). Russian accented *ono* 'he' occurred once as *activated* on a total of 284 referring expressions (Table 5). Spanish accented *él* was not attested on a total of 331 referring expressions (Table 6; The pronoun *él* in Table 6 is the unaccented form. The accented version would have been listed as *ÉL* (see Table 1, 1993: 284)). The cognitive status of Japanese *kare* 'he' is *activated* according to GUNDEL et al. (1993: 284), but in their material *kare* occurs 4 times *in focus* on a total of 363 referring expressions (Table 4). Thus, we have 4 *in focus* and 2 *activated* accented pronouns on 1873 referring expressions. Any conclusion based on 6 out of 1873 is statistically irrelevant. Assigning the cognitive status *activated* to the accented pronouns based on these counts seems therefore premature.

Ariel's study suffers from the same lack of evidence, and her discussion of the stressed pronouns should be considered preliminary. Ariel's approach however partially coincides with the method described in GIVÓN (1983: 13–15), which I still consider the standard work on text-based quantitative analysis of referential expressions. Following Givón's method, I first performed a quantitative analysis of the non-adnominal singular subject of the 3rd person pronoun *apā-*, without the enclitic particles *-a/-ma*, *-ya* or *-pat*. The files of the Chicago Hittite Dictionary Project currently (i. e., 2008) contain 60 tokens of *apāš* with enough preserved context to allow measuring *referential distance*[10] and *potential interference*[11] (see Table 1). I also applied these measurements to the occurrences of the 3rd person singular enclitic subject pronoun *-aš* and the singular subject pronoun *apāš* in the corpus of three Middle Hittite text-groups studied by BAUER (2009)[12]. Bauer's corpus contains 66 tokens of *-aš*[13] and 14 tokens of *apāš*, with and without enclitic particles. For comparison, I added the figures for Biblical Hebrew (FOX 1983: 230, Table V; p. 232, Table VI (subject of perfect or imperfect)). The results are as follows:

	CHD files	Middle Hittite		Biblical Hebrew	
	apāš (60)	*-aš* (66)	*apāš*(+) (14)	*human subject agreement* (285)	*human subject independent pronoun* (51)
referential distance	1.07	1.21	1.14	1.10	1.76
potential interference	1.12	1.24	1.43	1.03	1.41

Table 1: Averages of referential distance and potential interference for Hittite *-aš* and *apāš*, and Biblical Hebrew agreement and independent subject pronouns.

The most surprising outcome of these counts is that the stressed pronoun *apāš* has an average referential distance (1.07/1.14 clauses) that is lower than that of the enclitic pronoun *-aš* (1.21 clauses), and far lower than Givón's observation that the average referential distance of stressed independent pronouns is 1.70–2.00 clauses. In addition, in the larger corpus of the CHD files the figure for *potential interference* drops from 1.43 to 1.12, which is again lower than the figure for *-aš* (1.24). Within the cognitive models this means that the cognitive accessibility of the referents of *apāš* should actually be *higher* than the accessibility of the referents of *-aš*, countering everything that has been stated about stressed pronouns so far.

It must be concluded that hierarchies of referential expressions relying on cognitive accessibility or attentional states cannot be used to differentiate between the enclitic and stressed pronouns in Hittite. The stressed pronoun *apā-* is not used for discourse topics that are less topical or less accessible and therefore in need of reinforcement. It is not

10 *Referential distance* assesses the gap between the host clause of the referential expression and its previous occurrence by counting the number of clauses to the left. The minimal value is 1 clause, which means maximal continuity (GIVÓN 1983: 13).

11 *Potential interference* assesses the accessibility lowering effect of interfering discourse entities in the immediately preceding clauses. A discourse entity is only counted as interfering if it is as semantically compatible with the predicate of the clause as the referent under discussion. If there are no interfering referents, the value 1 is assigned. If one or more interfering referents are found, the value 2 is assigned (GIVÓN 1983: 14).

12 These are the Instruction for the Royal Bodyguards (CTH 262), the Maşat-letters and the Madduwatta-text (CTH 147).

13 Ideally, one should also include the counts on agreement on the verb, but since the choice for *-aš* versus agreement is governed by syntax and semantics, and not by discourse factors, a biased count is not expected.

used to mark the secondary topic, or to help resolve referential ambiguity (*contra* BOLEY 2003).

But there is evidence that Hittite is not unique in this respect. An alternative solution to accessibility theories was presented by CORNISH (1999: 123), following a suggestion by Knud Lambrecht that English stressed pronouns are not used to disambiguate between discourse entities with different levels of cognitive accessibility but to indicate *Contrastive Focus* or *Topic*, to be discussed below. But already LAMBRECHT (1994: 286f.) gives an account of contrastiveness as the reason why highly activated discourse referents are sometimes expressed as stressed pronouns. Only lately, however, has the connection between stressed pronouns and contrast found further support in the Optimality Theory framework of DE HOOP (2004), the corpus study of KOTHARI (2007) based on spontaneous conversational dialogues, and the experimental study of VENDITTI et al. (2002).

2.4 Stressed pronouns and contrastive Focus

As noted above, the relationship between stressed pronouns and contrast, in particular Contrastive Focus, has only recently been studied again, by for example DE HOOP (2004: 40):

(3) [M]eaning effects of stress on pronouns are general pragmatic effects of constituent stress or narrow **focus**. In particular, stressed pronouns indicate the presence of a rhetorical relation of **contrast** between two situations within the discourse.

This connection is therefore highly inaccessible to most non-linguists, or even to linguists who are not specialized in pronouns. In the remainder of this section I will evaluate what methods are available to connect Contrastive Focus with stressed pronouns in a way that is applicable to extinct languages.

The pragmatic category Focus belongs to Information Structure, a sub-field of linguistics that deals with the distribution of information within the sentence. Within the framework of Functional Grammar the category of Focus is defined as follows (DIK 1997: 326):

(4) The focal information in a linguistic expression is that information which is relatively the most important or salient in the given communicative setting, and considered by S[peaker] to be most essential for A[ddressee] to integrate into his pragmatic information.

For extinct languages a conceptual definition like (4) is not very helpful in identifying the focal information of a linguistic expression. The definition could be made more operational by including that omitting the Focus constituent of an utterance usually strips that utterance of its information value (LAMBRECHT 1994: 224), and by acknowledging the iconic relationship between stress and important information, and thus the Focus. For example, the Focus of the following Hittite clause should at least include the stressed dative sg. pronoun *apēdani* 'to her':

(5) KUB 21.17 ii 8 (NH, Edict of Ḫattušili III, CTH 86), ed. ÜNAL 1974: 22f.
Then, during the reign of my brother I divided Šaušga in Šamuḫa. I built temples for her in (the city of) Urikina,
nu kī É [md]*SIN*.[d]U ***apēdani*** *ADDIN*
and I donated this estate of Armatarḫunda ***to her***.

But how should we proceed beyond this observation? Is *apēdani* the only Focus element in the clause? Did the scribe use *apēdani* to express some kind of contrast? Should we therefore infer that the most important information is that the estate was given to no one else but Istar, as implied by the stress on the English pronoun *her*? Or does the Focus include "this estate of Armatarhunda" under its scope? And does the omission of this constituent deprive the sentence of some of its information value?

The methodological error with this procedure is twofold. First, we are actually trying to find the Focus of the *English translation* of this Hittite clause. Using translations to find the Information Structure of a source language is not always unwarranted (POLO 2005), and it would approximate native speakers' judgments, a method which is valid for living languages. But with an extinct language like Hittite, which only re-surfaced after 3100 years of oblivion, this method is to be discarded.

Second, this attempt to find the Focus is based on the assumption that Hittite stressed pronouns function like English stressed pronouns. That this assumption cannot yet be supported is clear from section 2.3, where I noted that only lately the function of stressed pronouns in English is studied from a new perspective, with promising but as yet inconclusive results.

At this point, the only remaining option for studying Focus and Hittite pronouns seems language typology. Cross-linguistic studies have shown that the primary focus position in SOV languages, such as Hittite, is most likely immediately preverbal. But it is far from clear that all types of Focus, to be discussed below, prefer the same position in the clause, and the question is which type of Focus elements occurs in preverbal position. KIM (1988: 148) claims that Rhematic Focus (also known as New, Completive or Information Focus) occurs in preverbal position while KISS (1998) opts for the opposite view that Information Focus constituents always occur in pattern position and that only Identificational Focus (or Contrastive Focus) is associated with preverbal position. To these completely contradictory statements we may add GIVÓN (2001b: 244f.), who simply denies the existence of a special preverbal Focus position. Givón suggests that elements in Contrastive Focus are topicalized, that is, placed in clause-initial position. According to him, Contrastive Focus elements are only seemingly in preverbal position. Because all other arguments in such Contrastive Focus clauses are highly topical, they often are omitted in natural discourse. Only the Contrastive Focus element, in clause-initial position, and the following verb remain.

Clearly, the typological literature does not provide unambiguous answers either.

2.5 The onomasiological approach: algorithms of discovery

The application of cognitive theories and typological studies is based on a *semasiological* approach. This approach assigns meaning or function to a form, *in casu* "how does the stressed pronoun *apāš* function". Usually one can resort to the competence of native speakers by devising tests, and in the absence of native speakers one could try to apply theories or models mapping meaning or function on form that are – hopefully – tested on native speakers. But, as described above, this has failed miserably for Hittite.

However, discarding general linguistics and its deductive methods and only relying on the inductive reasoning of philology is premature. There still remains *onomasiology*, the opposite of semasiology. The onomasiological approach[14] maps form on meaning or func-

14 The onomasiological approach has already shown its validity for Focus phenomena in Hieroglyphic Luwian (GOEDEGEBUURE 1998). By comparing Focus expressions in Phoenican with known Focus expressions in Hieroglyphic Luwian in the Karatepe bilingual, I was able to show that there were a few clauses in Hieroglyphic Luwian that should have some Focus on the truth-value of the proposition of the clause, but which did not seem to contain any known Focus element. What they did have in common, however, was the adverb REL-*(i)-pa* /*kwipa*/ with unclear syntax and semantics. I could thus map a 'new' form on a pragmatic function. For an improved taxonomy of this lexeme as an asseverative adverb 'indeed, in fact, certainly, really, why so it is!, for sure, so!' and its etymology see now MELCHERT 2002.

tion, asking for example "how is the pragmatic function Focus expressed". Descriptions of pragmatic functions are themselves based on semasiological studies, but they have the advantage that direct comparisons of forms in different languages are avoided.

The conceptual definition of Focus (4) can be made operational with the help of Dik's Focus typology (DIK 1997: 332) (see Figure 2 below) and the description of Focus by LAMBRECHT (1994: 217f.):

(6) The focus of a proposition [...] is the balance remaining when one substracts the presupposed component from a given assertion. [...] Like the topic, the focus is an element which stands in a pragmatically construed relation to a proposition. But while the pragmatic relation between a topic and a proposition is assumed to be predictable or recoverable, the relation between the focus element and the proposition is assumed to be unpredictable or non-recoverable for the addressee at the time of the utterance.

Type of Focus	**(P$_A$)$_S$**[15]	**P$_S$**	**Expression type**
Non-Contrastive Focus			
Completive	????	X	X!
Contrastive Focus			
Replacing	X	Y	(not X, but) Y!
Expanding	X	X and Y	also Y!
Restricting	X and Y	X	only X!
Selecting	X or Y	X	X!

Figure 2: Dik's Focus Typology

The distinctive features of Restricting and Expanding Focus are the presence of the Focus particles *only* and *also*, *-pat* and *-ya* in Hittite. These two Focus types have to be excluded since this paper only deals with *apāš* without enclitics. We just need to set up an algorithm for Replacing and Selecting Focus, based on (4), (6) and Figure 2 (Completive Focus will be dealt with in section 5).

Replacing Focus is used to correct some information held by the addressee by substituting the wrong information with the correct information (see Figure 2). It is also the proto-typical form of Contrastive Focus:

(7) a. Speaker A: *John* (= X) *went home*

b. Speaker B: *No, not* John (= not X) *went home,* Mary (= Y) *went home* (= Not X, (but) Y!)

or

c. Speaker B': *No,* Mary (= Y) *went home* ((but) Y!)

In general, our method for finding Focus expressions in written texts should be based on an analysis of the preceding context. If a clause contains a noun phrase in Focus, the rest of the clause should to a large extent be presupposed (see (6)). We therefore need to search the preceding discourse for content that matches the presupposed part of the clause containing the Focus. In (7) that would be *someone went home.* The remainder of

15 (P$_A$)$_S$ means 'the information that the Addressee takes for granted as estimated by the Speaker'. P$_S$ means 'the information that the Speaker wants to communicate'.

the clause should then be the Focus, which is *Mary* in (7b) and (7c). Since an element in Replacing Focus replaces another element, we would also like to find the replaced element, *John* in (7a), and the rejection of *John* as the one who went home (7b). Abstracting away from (7), we can create an algorithm using the definitions given above and the Focus typology:

1. Find a preceding clause that contains the information that needs to be replaced ("X"), or find the negation of the information that needs to be replaced ("not X").
2. Find the presuppositional part.
3. "Substract" this presuppositional part form the clause hosting the Focus element.
4. The remaining part is the constituent in Replacing Focus ("Y!").
5. Do that for all "not X, but Y" pairs found in your corpus, and you will hopefully find a pattern, whether that be stress, word order, particles, or special constructions.

Selecting Focus can be described as "Not X or Y or Z is the case, but Y is the case", or "nothing else but Y is the case". Selecting Focus is usually found in Question-Answer pairs:

(8) a. Speaker A: *Would you like coffee or tea* (= X or Y)
b. Speaker B: *Tea, please* (= Y)

Setting up an algorithm for Selecting Focus in written discourse is more difficult, for several reasons. First, the members of the set from which to choose are usually not listed separately. However, it still may be possible to find the set from which one member is chosen. But the Hittite material shows a more pressing problem. In contrast with dialogues, I found that the presupposition is almost never shared with the preceding discourse. Instead, we often see that the presupposed information in the clause under study is part of general background knowledge, shared by speaker and addressee. The following example deals with the succession to the throne in Amurru, a vassal country of Ḫatti. As everyone will have taken for granted at the time, there will always be someone who will become king. The question is only who that will be. Thus, 'someone will become king' is the presupposition, and the most relevant information, and thus the Focus, is the person that will fill in the information gap.

(9) KBo 5.9 i 24–26 (NH, Tuppi-Teššub Treaty, CTH 62), ed. FRIEDRICH 1926: 12f.
maḫḫann=a DAM=*KA tatti*
25 *nu=za mān* DUMU.NITA *iyaši*
nu katta KUR URU*Amurri* ***apāš*** 26 LUGAL-*uš ēšdu*

And when you choose your wife,
and if you beget a son,
then ***he*** (and no one else) will later become king in Amurru.

In (9), the Focus is 'the son that Tuppi-Teššub will beget', expressed as *apāš*. The set from which this future son is selected is never mentioned, and again we have to rely on our cultural knowledge. Given the "historical law" that there will always be contestants to the throne, the Hittite king promises that from the set of competitors for the throne no one else but the future son of Tuppi-Teššub will receive his support.

Although finding the presupposition in clauses with a Selecting Focus requires a large amount of inferencing from the larger cultural setting, it is still possible to set up an algorithm, similar to the algorithm for Replacing Focus:

1. Find a preceding clause that contains the set from which to choose (X or Y or Z or ...), although in narrative discourse the individuals of the set are often not mentioned separately.
2. Find the presuppositional part (which might be explicitly mentioned in the preceding discourse or is derivable from shared background knowledge).
3. "Substract" this presuppositional part form the clause hosting the Focus element.
4. The remaining part is the constituent in Selecting Focus ("Y!").
5. Do that for all "X or Y → Y" pairs, and you will hopefully find a pattern, whether that be stress, word order, particles, or special constructions.

3 Hittite *apāš* in Replacing Focus

As noted above, the method for finding an element in Replacing Focus ("not X, but Y" or "Y instead of X") is most straightforward if the information that needs to be corrected is explicitly negated. In that case the presuppositional part shared by the "not X" clause and the "Y!" clause is easiest to detect in the "Y!" clause because it is either often literally repeated or very similar to the shared information in the "not X" clause (step 2). The constituent in the clause under study that is not repeated should then constitute the Replacing Focus (step 4). Clauses with Replacing Focus allow the addition of 'instead' to the translation.

In each of the following examples I have marked the negation, the replaced element X, and the replacing element Y bold-face.

(10) IBoT 1.36 i 60–63 (MH/MS, Instruction for the Royal Bodyguards, CTH 262), ed. GÜTERBOCK & VAN DEN HOUT 1991: 10f.

§ ^{60} **$^{\text{LÚ.MEŠ}}$*MEŠEDUTI***=*ma*=*kan* **DUMU.MEŠ.É.GAL-*TIM*** GAL-*yaz* KÁ.GAL-*az katta* ***ŪL*** *paiškanda*
(...)
nu=*kan* GAL-*yaz katta* ^{63} ***apaš*** *paiškitta*

The guards and the palace attendants shall **not** go down through the main gate; (they shall go down through the postern. The one guard that brings a defendant, (that is,) the one whom the chief-of-messengers dispatches,)
he shall go down through the main (gate) (instead).

(11) KBo 50.264 + KUB 26.9 i 5–12 (MH/NS, Instruction for the Mayor of Ḫattuša, CTH 257), ed. OTTEN 1983: 134f.

^{5} **2 LÚ.MEŠ M[AŠKIM**=*k*]*an kuiēš* ^{URU}KÙ.BABBAR-*ši šer*
^{6} *nu šarā*[*zz*]*i kattirri*=*ya k*[*u*]*wapi* ^{7} ^{URU}*Ḫattuši* [L]Ú.MEŠ EN.NU.UN BÀD *tar*[*n*]*anzi*
^{8} *n*=*an*=*kan tuk ANA* ^{LÚ}*ḪAZANNI* EGIR-*a*[*n*] *arḫ*[*a*] ^{9} ***lē*** *tarniškanzi*
DUMU=*KA* *našma* ARAD=*KA* ^{10} ***ḫaddan*** *uiya*
nu=*kan* LÚ.MEŠ EN.NU.UN BÀD ^{11} BÀD.ḪI.A-*aš šarā kappūēšnaz* ^{12} ***apāš*** *tarniškiddu*

As for the **two deputies** who are up in Ḫattuša:
whenever in Ḫattuša above and below they station wall watchmen,
let **them not** station them (lit. him) without your, the city-governor's knowledge:
send **your son or your trusted servant.**
He shall station the wall watchmen upon the walls/fortresses according to calculations (instead).

(12) KUB 13.20 obv. 16–17 (MH/NS, Military Instruction of Tudḫaliya I, CTH 259), ed. ALP 1947: 390, 406.
[16] *mān* **ᵈUTU-*ŠI*** *=ma laḫḫi* ***ukila ŪL*** *pāimi*
nu tuzziya kuin DUMU.LUGAL *našma BE*[*L* GAL] [17] *wātarnaḫmi*
nu tuzzin laḫḫi ***apāš*** *pēḫutezzi*
If **I, My Majesty, myself** do **not** go on campaign,
then the prince or [great] lor[d] that I appoint as commander in the army,
he shall lead the army on campaign (instead of the king).

More often than not, however, the rejection "not X" remains implicit. Nevertheless, the context often provides enough information to detect the piece of information that needs to be corrected ("X"), for example if an alternative is presented that takes the place of a previous piece of information, as in (13) and (14). In (13) the king assists at a ritual, but may decide not to participate and send someone in his place instead.

(13) KBo 15.1 i 12–14 (NH, ritual of Puliša, CTH 407)
nu=kan ANA LÚ **LUGAL-*uš*** *anda kišan* [13] *memai*
mān LUGAL-*i=m*[*a* ***ŪL***] *āššu*
nu ***tamain*** *uyaz*[*i*]
nu EGIR [14] SÍSKUR ***apaš*** *tiyazi*
[*nu=kan AN*]*A* LÚ ***apāš*** *kišan* [*mema*]*i*
And it is **the king** who speaks to the man in this way.
But if it does [**not**] please the king,
he will send **someone else**,
and ***that one*** will assist at the ritual (instead of the king).
He will [spea]k [to] the man in this way (instead of the king).

(14) KBo 2.2 ii 25–26 (NH, Oracle, Tudḫaliya IV, CTH 577), ed. VAN DEN HOUT 1998: 130f.
(To find out) which deity was ascertained, we continued the inquiry and the **Sun-goddess of Arinna** was ascertained (. . .).
§ [25] *nu* ***dammaiš kuiški*** **DINGIR-*LUM*** *kardimmiyauanza*
[26] *nu aši* INIM GIG ***apāš*** *iyazi*
Is **some other deity** angry,
does ***s/he*** cause that matter of the illness (instead)?

Sometimes we already have some background information from other texts allowing us to assess the Replacing Focus clause. The background of (15) is the Bilingual Testament of Ḫattušili I (KUB 1.16, CTH 6), which records how Ḫattušili's nephew Labarna is removed from his position as heir to the throne and replaced by Muršili:

(15) KBo 3.27 obv. 13–14 (OH/NS, Edict of Ḫattušili I, CTH 5), ed. DE MARTINO 1991: 55f.
[13] *kašatta=šmaš* ᵐ*Muršilin peḫḫun*
[14] ᴳᴵŠŠÚ.A *ABI=ŠU* ***apaš*** *dāu*
DUMU*=miš=a* NU.DUMU-*aš*
I have just given you Muršili:
he shall take the throne of his father (instead of Labarna)!
But my son (Labarna) is not a son (anymore!)

Since we are dealing with the succession to the throne, the knowledge that 'someone will take the throne' should be shared by both speaker and addressee. Originally that someone was the nephew/adopted son Labarna ("X"). Although it is never explicitly stated that Labarna will not take the throne, the phrase 'My son is not my son' (obv. 14) implies the same ("not X"). The Replacing Focus element "Y" is Muršili, referred to by *apaš* in preverbal position.

In (16) the king is riding his chariot. As the Instruction for the Royal Bodyguards (IBoT 1.36, CTH 262) states, the bit of one of the horses is usually held by the bodyguard in charge of "closing"[16]. However, during the festival of Tippuwa the winner of the race ("Y") may hold to the bridle, thus replacing the bodyguard in charge of "closing" ("X"):

(16) KUB 10.18 i 14–17 (NS, Spring Festival in Tippuwa, CTH 594), ed. HAAS & WÄFLER 1977: 232f.
nu $^{\text{LÚ.MEŠ}}$*MEŠEDI pittianzi*
^{15} *nu tar(a)ḫzi kuiš*
nu KIR$_4$.TAB.ANŠE ***apāš*** ^{16} *ēpzi*
n=ašta LUGAL-*uš* ^{GIŠ}GIGIR-*az* ^{17} *katta tiyazi*
The bodyguards race.
The one who wins,
he takes the bridle (instead),
and the king steps down from the chariot.

The Laws contain three instances of *apāš* which are more difficult to understand. These pronouns are found in coordinated clauses, as in (16)[17]:

(17) KBo 6.3 iii 70–71 (OH/NS, Law, CTH 291), ed. HOFFNER 1997: 81
§ ^{70} *takku* SI GU$_4$ *našma* GÌR GU$_4$ *kuiški duwarnizi*
apūn=za ***apāš*** *dāi* ^{71}
Ù GU$_4$ SIG$_5$ ⟨*ANA*⟩ *BEL* GU$_4$ *pāi* ...
If anyone breaks the horn or leg of an ox,
that one shall take him (instead of the owner),
and also, he shall give an ox in good condition to the owner of the (injured) ox.

In a case like this one would expect that the owner takes the ox while the offender pays some compensatory money. This type of fine is actually mentioned in the second part of the law (lines iii 71–72): 'If the owner of the ox says: "I will take my own ox," he shall take his ox, and also, he (the offender) shall pay two sheqels of silver'. The formulaic structure of the Laws allows us to treat the taking of the ox by someone as presupposed, as shared information between speaker and addressee. The convention that the owner keeps his damaged property is the piece of information that needs to be replaced ("X"), although that is not made explicit. We only find the Replacing Focus element ("Y!"), the offender, expressed as *apāš* in preverbal position.

Whenever the context allows us to find the Replacing Focus structure "not X, but Y", the element in Replacing Focus appears in preverbal position[18]. That we are dealing with preverbal position is proven by all examples presented thus far, with either one or two constituents to the left of *apāš*, falsifying Givón's claim that there is no such thing as a preverbal Focus position (2001b: 244f.).

16 "Then the king mounts the chariot. And the guard who is (in charge) of closing holds a staff and grasps the right horse with (his) right hand by the bit." (IBoT 1.36 iii 56–58).

17 The other two instances are KUB 29.23 + KUB 29.21 + KUB 29.22: 19 and KUB 29.24: 4.

18 The Replacing Focus constituent does not break the nexus of compound verbs, that is, verbs combined with a preverb that delimits the meaning of the verb (KBo 4.6 obv. 15' (*a.* ***menaḫḫanda*** *auš-*); KBo 15.1 i 14 (*a.* ***anda*** *kišan memai-*); KBo 24.45 obv. 19 (*a.* ***arḫa*** *aniya-*)). The same seems to be true for adverbs of manner (KBo 15.1 i 14 (*a. anda* ***kišan*** ('in this way') *memai-*); KUB 5.3 + 18.52 ii 32 (*a.* ***kuitki*** ('in some way') TUKU.TUKU-*uwant-*)).

There are also a few cases in which there are no other full noun phrases besides *apāš*. In those cases the position of *apāš* could theoretically be clause-initial (that is, in absolute initial position or immediately following the sentence connective with optional clitics), but in view of the examples with additional full noun phrases, they are better classified as preverbal:

(18) KBo 6.2 iii 23–24 (OH/OS, Laws, CTH 291), ed. HOFFNER 1997: 68f.
takku GU$_4$ *šaudišza*
natta G[U$_4$.MAḪ]-*aš*
^{24} [*takk*]*u* GU$_4$ *iugaš*
natta GU$_4$.MAḪ-*aš*
takku GU$_4$ *tāiugaš*
apaš GU$_4$.MAḪ-*aš*

if it is a weanling calf,
it is **not** a bull,
if it is a yearling calf,
it is **not** a bull,
if it is a two-year-old bovine,
that is a bull.

(19) IBoT 1.36 iv 18–23 (MH/MS, Instruction for the Royal Bodyguard, CTH 262), ed. GÜTERBOCK & VAN DEN HOUT 1991: 34f.
When the king steps down from the cart, if there stands the chief-of-guards,
nu **GAL *MEŠEDI*** EGIR-*anta UŠGEN* (...)
mān ***ta*[*m*]*aiš=ma kuiški BELUM*** ^{21} *ḫandāitta kuiš ḫantezzi*[*a*]*nni arta*
nu ***apaš*** *UŠGEN*

the **chief-of-guards** prostrates himself behind (the king). (...)
But if some other official is available who stands in the front line,
(then) ***he*** prostrates himself (instead).

The following example shows how the preverbal Replacing Focus position is not restricted to subjects or stressed pronouns.

(20) KBo 4.6 obv. 13'–16' (NH prayer, Gaššuliyawiya, CTH 380), ed. TISCHLER 1981: 12f.
I have just sent you my adorned substitute. She is better than me.
$^{13'}$ *parkuiš=aš* ***apāš***
mišriwanza ***apāš***
ḫarkiš=aš ***apāš***
$^{14'}$ *n=aš=kan ḫūmandaz ašanuwanza*
nu=kan DINGIR-*LIM* EN=*YA* ***apūn*** $^{15'}$ *menaḫḫanda uški*
nu PANI DINGIR-*LIM* EN=*YA* ***kāš*** **MUNUS-*aš*** *weḫattaru*

Pure she (is), ***she*** is (, not me!),
She is shining (, not me!),
fair she is, ***she*** is (, not me!).
She is endowed with everything.
O god, My Lord, see ***her*** approaching (instead of me)!
Let ***this*** **woman** (instead of me) go back and forth before the god, My Lord.

The accusative *apūn* in obv. 14' is obviously used in Replacing Focus: 'look at *her*, not me!' and the same applies to the preverbal subject *kāš* MUNUS-*aš* 'this woman' in obv.

15'. The function of the three instances of *apāš* in obv. 13' might be different, but I would like to suggest that the speaker, Gaššuliyawiya, simply wants to say: '*She* is pure (not me), *she* is shining (not me), etc.', in order to make the subsitute more attractive to the deity than the speaker. The clitic doubling in *parkuiš=aš apāš* and *ḫarkiš=aš apāš* shows that *apāš* is right-dislocated (HOFFNER & MELCHERT 2008: 409). It is unclear to me if there exists a pragmatic difference between right-dislocated *apāš* and the clause-internal *apāš* in *mišriwanza apāš*.

4 Hittite *apāš* in Selecting Focus

As discussed in section 2.5, finding the elements that allow us to identify Selecting Focus is much more difficult in narrative discourse than in dialogue. The individual members of the set from which to choose are not explicitly specified, at least not in Hittite. In addition, the presupposition often cannot be derived from the context. Thus, both the shared information and the contrast necessary for Selecting Focus have to be accessed in a different way.

When the set is mentioned in the discourse, the member of the set that will be selected to appear as the Focus of a clause is usually introduced by means of a description which already singles it out. Thus, a contrast is established between the set member with a certain property and those which lack that property. With respect to the presupposed information, the clause hosting the referent in Selecting Focus is often not completely unpredictable and relates to common practice. In (21), the boys brought in have to proceed to a table to eat. One can do this in an orderly way, lined up, which means that someone has to go first. We could paraphrase the contents of (21) as follows: 'Given the fact that someone has to go first [= presupposition], which one of the boys will that be [= X or Y or ...]'. The answer is 'the boy who is dressed with the hide of a billy-goat [Y!]'.

(21) KUB 9.31 ii 11–12 (NS, Ritual of Zarpiya, CTH 757), transl. COLLINS 1997: 163.
They bring 8 boys, who have not yet been with a woman.
nu ANA I DUMU.NITA KUŠ.MÁŠ.GAL *waššiyanzi*
nu peran ***apāš*** 12 *iyatta*

One boy they cloth in the hide of a billy-goat,
and ***he*** (and no one else) shall march in front.

But once in a while we do find the presupposition in the preceding discourse, either literally or more implicitly phrased. In (22) the city of Parmanna is first singled out from a group of hostile kings as the leader. The next clause, with *apāš*, is asyndetically connected with the preceding clause. According to Hoffner one of the functions of asyndeton is to indicate that the juxtaposed clauses express the same thought in a different form (HOFFNER 2007: 396). Thus, the most salient information is not that Parmanna, being the leader, paves the way for the others, because that is already implied in the preceding clause, but that it is Parmanna, and no other city, that usually takes charge.

(22) (22) KBo 10.2 ii 2–5 (OH/NS, Annals of Ḫattušili I, CTH 4), ed. DE MARTINO 2003: 48f.
2 *nu INA* URU*Parmanna andan pāun*
3 URU*Parmannaš=ma=kan apēdaš ANA* LUGAL[.MEŠ] 4 SAG.DU-*aš ēšta*
KASKAL.ḪI.A-*aš=šamaš* ***apāš*** [ø] 5 *peran takšanniškit*

I went into (the city of) Parmanna.
Now, Parmanna was the leader of those king[s]:
That one (and no other city) always paved the way for them.

In (23) the shared information is easily found. It is the idea that there is some royal privilege that is appropriate for the king of Tarḫuntašša. The question is what privileges this king will receive, and the answer to that question is the Focus. Ideally, for Selecting Focus the set from which to choose should be mentioned, followed by the isolation of the set member with a specific property. In this case however, the larger set 'all possible royal privileges' is not mentioned because the restrictive relative clause by definition already serves to single out one item from a larger set. Furthermore, it is clear that the king of Tarḫuntašša is pronounced equal to the king of Kargamiš: he should not receive other privileges, hence the Selecting Focus ("X or Y or ..." → "Y!").

(23) Bo 86/299 ii 81–82 (NH, Treaty, Tudḫaliya IV, CTH 106.1), ed. Otten 1988: 18f.
ŠA LUGAL=*ya šaklaiš* ^{82} *kuiš ANA* LUGAL KUR ^{URU}*Kargamiš āra*
ANA LUGAL KUR ^{URUd}U-*tašša=ya* ***apāš*** *āra ēšdu* §

And what royal privilege is appropriate for the king of Kargamiš,
let ***that*** (and nothing else) be appropriate also for the king of Tarḫuntašša.

Sometimes we do not know enough of the cultural setting to understand why something is in Selecting Focus. Is the arrangement of the cups in (24) a procedure that is presupposed in a ritual setting? Possibly. Is there a larger set of people that could arrange the cups? Or do we have other texts that specify that someone else usually performs that task. That would make *apāš* in (24) a Replacing Focus. In the end, it is irrelevant because Replacing and Selecting Focus constituents both usually occur in preverbal position.

(24) ABoT 14 v 17'–19' (NH, Oracle, CTH 568), ed. Lebrun 1994: 54, 67
But when the king returns from battle, and when they release Zitḫariya into his temple (lit. house), with respect to the festival which they will celebrate for him, they will give 10 billy-goats (and) supplies from the palace of the father of His Majesty.
antuwaḫḫan=ma ^{18} *kuin IŠTU* É.GAL-*LIM ANA* ^{d}UTU-*ŠI* ^{19} [EG]IR-*an uiyanzi*
nu=kan GAL.ḪI.A ***apāš*** *ašnuzi*

But the man that they send back from the palace to His Majesty,
he (and no one else) will arrange the cups.

5 Hittite *apāš* as Contrastive Topic

As has become apparent in the previous sections, with very few exceptions *apā-* in Replacing or Selecting Focus occurs in preverbal position. There are no other positions in the clause, such as initial position, that show a correlation with these types of Contrastive Focus. But there are still a number of attestations of *apāš* in other than preverbal position that require an explanation. Since the connection between *apāš* and Focus is well established, it remains to be studied whether they can be explained by Completive Focus.

Completive or Information Focus is by definition not contrastive. The element in Completive Focus merely supplies some information in an otherwise presupposed context. In the following Question-Answer pairs, *uk* 'I' and *dandukieš* 'mortal' are in Completive Focus, filling the information gaps expressed in the questions:

(25) KUB 48.99: 6'–7', 14'–15' (NS, mythological fragment mentioning Pirwa, CTH 337)
$^{6'}$ ***kuiš****=war=an ḫaran Pirwa*[*i*] $^{7'}$ ^{URU}*Ḫaššuwaza uwatez*[*zi*] (...)
$^{14'}$ [^{d}]*Ilališ=wa=za walutta*[*t*]
$^{15'}$ [***ū***]***k****=war=an uwate*[*mi*]

"**Who** will bring him, the eagle, [to] Pirwa from (the city of) Ḫassuwa?" (...)
(The deity) Ilali promoted himself:
"***I*** will bring him!"[19]

(26) KUB 43.60 i 27–28 (OH/NS, Myth, CTH 457), ed. POLVANI 2005: 615f.
27 ***kuel***=*wa*=*kan* ZI-*anza uriš*
dandukieš=*wa*=*kan* 28 ZI-*anza uriš*
"**Whose** soul is great?"
"The **mortal** soul is great!"

But in the example below *apāš* does not close an information gap. The remainder of the clause is certainly not presupposed since neither the preceding context nor general background knowledge give rise to the inference that 'someone gives or should give the gods defilements to eat'.

(27) KUB 13.4 iii 66–68 (MH?/NS, Instruction for temple personnel, CTH 264), ed. TAGGAR-COHEN 2006: 61f., 80f.
If a pig (or) a dog somehow touches the wooden (and) ceramic utensils which you hold, but the one in charge of the stew does not throw them away,
nu ***apāš*** **DINGIR.MEŠ-*aš*** *paprandaza* 67 *adanna pāi*
apēdani=*ma* **DINGIR.MEŠ-*eš*** *zakkar* ‹*dūr* 68 *adanna akuwanna pianzi*
and ***he*** gives the ***gods*** to eat from the defilement,
then the ***gods*** will give ***him*** excrements (and) urin to eat (and) to drink.

Instead, the subjects *apāš* and DINGIR.MEŠ-*eš* are Contrastive Topics in a parallel structure, as described by LAMBRECHT (1994: 291) for English (see his ex. (3.20b)):

(28) *I saw Mary and John yesterday.* SHE *says* HELLO, *but* HE'*s still* ANGRY *at you.*

There are a few more attestations of *apāš* in a similarly parallel structure as (27), in which two Topics are contrasted with each other, such as:

(29) KUB 1.16 iii 23–24 (OH/NS, Political Testament of Ḫattušili I, CTH 6), ed. SOMMER & FALKENSTEIN 1938: 12f.
apāš *idālu iēt* 24 [*ūk idālu āp*]*pa* *ŪL iyammi* ***apāš***=*mu*=*za attan* 25 [*ŪL ḫalzaiš*]
ug=*an*=*za* DUMU.MUNUS-*TI* *ŪL ḫalziḫḫi* §
She did evil, [but *I*] will not do [evil in ret]urn.
She [did not call] me father, ***I*** will not call her daughter!

It seems that these Contrastive Topics prefer clause-initial position, but the number of attestations (3 in initial, 1 in non-initial position) is too low to warrant any firm conclusions with respect to position in the clause.

6 Hittite *apāš* required by morpho-syntax

Finally, the presence of *apāš* is sometimes not governed by pragmatic principles, but only required for morpho-syntactic reasons. This is the case when the referent of *apāš* appears in a comparison:

19 See KLOEKHORST 2008: 952 for a different translation that is contextually less likely.

(30) HT 25 + KUB 33.111 ii/iii 7–10 (NH, Myth of the kingship of ^{d}LAMMA, CTH 343)
Ea began to speak to Kumarbi: "Come, let's go back.
nu aši kuin 8 LAMMA-*an nepiš* LUGAL-*un iyauen*
9 *nu* ***apāš*** GIM-*an* ≺*niwaralliš*
10 **KUR.KUR.MEŠ**=*ya QATAMMA* ≺*niwaralla*[*tta*]

That LAMMA which we made king in heaven,
just as ***he*** is improper (?), **the lands** too are improper (?) in the same way.
(No one gives any longer bread and libations to the gods.)"

The adverbs of comparison *mān* and *maḫḫan*/GIM-*an* seem to require that the referent that is governed by them is expressed as a full phrase, either a stressed pronoun or a noun. This does not exclude the possibility that the syntagm of adverb of comparison and (pro)noun as a whole may be subjected to the placement rules of the pragmatic functions, but those pragmatic functions do not require the presence of *apāš*. Therefore they do not control the position of *apāš* in the clause.

7 Conclusion

The results from the preceding sections are combined in Table 2 on page 110. The number of attestations is slightly less than those of Table 1 because in a few cases there was enough context to provide a quantitative analysis, but not enough for using the algorithms.

Hittite *apāš* as a Replacing or Selecting Focus constituent is overwhelmingly found in immediately preverbal position, confirming the more general study of KISS (1998) while falsifying GIVÓN's claims (2001b: 244f.) that the preverbal Focus position in SOV languages does not exist.

Thus, the main function of the stressed pronoun *apāš* is to mark a highly topical referent as the Contrastive Focus of a clause. This is the only factor that distinguishes *apāš* from the enclitic pronoun -*a*-, which otherwise has the same degree of discourse topicality or accessibility. This result was quite surprising in view of the more recent theories on the use of referential expressions in discourse, which all claim that stressed pronouns select less topical or cognitively accessible discourse referents.

Relying on these theories for the study of stressed pronouns would have led to partially invalid results. The underlying problem is that theories in general invite us to try to depart from a form to find its function, i. e., to use the semasiological approach. This ultimately requires that we compare forms that are not necessarily comparable.

In order to avoid this, I have used the onomasiological approach, which maps forms on well-defined meanings or functions. This still requires knowledge of linguistic theory and typology, but prevents the pitfalls that seem to be inherent to the use of the semasiological approach for the description of extinct languages.

For the purpose of this paper I restricted the study to the nominative singular *apāš*, but when the algorithms are applied to the other cases, or to the written corpus as a whole, *all* elements in Contrastive Focus can be found. This is a topic for further research.

To conclude, I hope to have shown that not only can linguistic theory and typology be used to describe extinct languages more accurately, but these languages can also be used to test and modify those same theories and the claims of typology.

	Preverbal	Clause-initial	Other	*Total*
Governed by pragmatic principles				
Replacing Focus	26[20] (90%)	—	3[21] (10%)	*29 (100%)*
Selecting Focus	14[22] (93%)	1[23] (7%)	—	*15 (100%)*
Contrastive Topic	—	3[24] (75%)	1[25] (25%)	*4 (100%)*
Pragmatic function unclear	—	3[26] (100%)	—	*3 (100%)*
	40	7	4	*51*
Governed by morpho-syntax	word order irrelevant			*6*[27]
Total				*57*

Table 2: Correlations between pragmatic function of *apāš* and position in the clause

References

ALP, Sedat (1947). 'Hitit kirali IV.(?) Tuthaliya'nin askeri fermani / Military Instructions of the Hittite King Tuthaliya IV.(?)'. *Belleten* 11, 383–402 / 403–414.

ARIEL, Mira (1990). *Accessing Noun-Phrase Antecedents.* London & New York: Routledge.

——— (2008). *Pragmatics and Grammar.* Cambridge: Cambridge University Press.

BAUER, Anna (2009). 'Der Skopus des hethitischen Pronomens vom Stamm -*a*-'. In: Elisabeth RIEKEN and Paul WIDMER (eds.), *Pragmatische Kategorien. Form, Funktion und Diachronie. Akten der Arbeitstagung der Indogermanischen Gesellschaft 24.–26. September 2007, in Marburg.* Wiesbaden: Reichert, 1–13.

BOLEY, Jacqueline (2003). 'Historical Basis of PIE Syntax – Hittite evidence and beyond. Part I: Old Hittite and PIE Syntax'. *Indogermanische Forschungen* 108, 127–166.

COLLINS, Billie Jean (1997). 'Hittite Canonical Compositions – Rituals: Zarpiya's Ritual'. In: William W. HALLO (ed.), *The Context of Scripture, Vol. I, Canonical Compositions from the Biblical World.* Leiden – New York – Köln: Brill, 162–163.

CORNISH, Francis (1999). *Anaphora, Discourse, and Understanding. Evidence from English and French.* Oxford: Clarendon Press.

DIK, Simon C. (1997). *The Theory of Functional Grammar. Part 1: The Structure of the Clause.* Second, revised edition. Berlin – New York: Mouton de Gruyter.

20 With explicit negation "not X": IBoT 1.36 i 63; KBo 3.1 ii 37', 39'; KBo 6.2 iii 24, 28; KBo 50.264 + KUB 26.9 i 12; KUB 13.20 obv. 17; KUB 14.1 rev. 32. With the rejection implicit but still derivable from the context: IBoT 1.36 iv 21, 23; KBo 2.2 ii 26; KBo 3.34 ii 29; KBo 6.3 iii 70; KBo 6.26 i 40, 45; KBo 15.1 i 14 (2x); KBo 24.45 obv. 19', 21'; KUB 5.3 ii 32; KUB 22.37 obv. 7'; KUB 29.23 + KUB 29.21 + KUB 29.22: 19; KUB 29.24: 4; KUB 30.40 i 25. With rejection inferred from other texts: KBo 3.27 obv. 14; KUB 10.18 i 15.

21 Following nominal predicate: KBo 4.6 i 13; right-dislocated: KBo 4.6 i 13 (2×).

22 ABoT 14 v 19; Bo 86/299 ii 83; KBo 3.22 obv. 25; KBo 5.3 ii 23; KBo 5.9 i 25; KBo 10.2 ii 4; KUB 7.60 ii 19; KUB 9.31 ii 12; KUB 16.32 ii 26; KUB 24.8 i 10; KUB 26.8 i 13; KUB 36.89 rev. 53; KUB 55.28 iii 4; KUB 56.51 i 22.

23 KUB 14.3 ii 76.

24 KUB 1.16 iii 23, 24; KUB 13.4 iii 66.

25 KBo 3.34 ii 30. It is not clear whether *apāš* occurs in preverbal position or whether the object *kūn* 'this one' is fronted, thereby removing *apāš* from clause-initial position.

26 KUB 7.57 i 2; KUB 26.8 iv 14'; KUB 31.127 iii 17'. It seems that the referents of *apāš* are Topics, but it is unclear to me why they are expressed as stressed pronouns.

27 Clauses of comparison: HT 25 + KUB 33.111 ii/iii 9; KUB 30.11 rev. 12'; KUB 36.2c + KUB 33.112 iii 16; KUB 36.2d iii 40; KUB 48.118 i 7, 8.

FOX, Andrew (1983). 'Topic continuity in Biblical Hebrew narrative'. In: T. GIVÓN (ed.), *Topic Continuity in Discourse: A Quantitative Cross-Language Study*. Amsterdam: John Benjamins Publishing Company, 215–254.

FRIEDRICH, Johannes (1926). *Staatsverträge des Ḫatti-Reiches in hethitischer Sprache*, 1. Teil. Leipzig: J. C. Hinreichs'sche Buchhandlung.

——— (1974[3]). *Hethitisches Elementarbuch, 1. Teil, Kurzgefaßte Grammatik. Dritte, unveränderte Auflage*. Heidelberg: Universitätsverlag Winter.

FRIEDRICH, Johannes and Annelies KAMMENHUBER (1975–1984). *Hethitisches Wörterbuch. Band I: A*. Heidelberg: Universitätsverlag Winter.

GARRETT, Andrew (1990). 'Hittite Enclitic Subjects and Transitive verbs'. *Journal of Cuneiform Studies* 42/2, 227–242.

——— (1996). 'Wackernagel's Law and Unaccusativity in Hittite'. In: Aaron L. HALPERN and Arnold M. ZWICKY (eds.), *Approaching Second. Second Position Clitics and Related Phenomena*. Stanford: CSLI Publications, 85–133.

GIVÓN, Talmy (ed.) (1983). *Topic Continuity in Discourse: A Quantitative Cross-Language Study*. Amsterdam: John Benjamins.

——— (2001a). *Syntax. Volume I*. Amsterdam: John Benjamins.

——— (2001b). *Syntax. Volume II*. Amsterdam: John Benjamins.

GOEDEGEBUURE, Petra (1998). 'The Hieroglyphic Luwian Particle *REL-i=pa*'. In: Sedat ALP and Aygül SÜEL (eds.), *III. Uluslararası Hititoloji Kongresi Bildirileri, Çorum 16–22 Eylül 1996 – Acts of the IIIrd International Congress of Hittitology, Çorum, September 16–22, 1996*. Ankara, 233–245.

——— (1999). 'The Use and Non-use of the Enclitic Subject Pronoun in Old Hittite'. Handout of lecture at *the IVth International Congress of Hittitology*, Würzburg, October 4–8, 1999.

——— (2002/03). 'The Hittite 3rd person/distal demonstrative *aši* (*uni*, *eni* etc.)'. *Die Sprache. Zeitschrift für Sprachwissenschaft* 43/1, 1–32.

——— (2003). *Reference, Deixis and Focus in Hittite. The demonstratives ka-* "this", *apa-* "that" *and asi* "yon". Dissertation, Universiteit van Amsterdam.

GROSZ, Barbara J., Scott WEINSTEIN and Aravind K. JOSHI (1995). 'Centering: A Framework for Modeling the Local Coherence of Discourse'. *Computational Linguistics* 21/2, 203–225.

GÜTERBOCK, Hans G. and Theo P. J. VAN DEN HOUT (1991). *The Hittite instruction for the royal bodyguard*. Chicago: The Oriental Institute of the University of Chicago.

GUNDEL, Jeanette K., Nancy HEDBERG and Ron ZACHARSKI (1993). 'Cognitive Status and the Form of Referring Expressions in Discourse'. *Language* 69, 274–307.

HAAS, Volkert and Markus WÄFLER (1977). 'Zur Topographie von Hattuša und Umgebung'. *Oriens Antiquus* 16, 227–238.

HOFFNER Jr., Harry A. (1997). *The Laws of the Hittites: a Critical Edition*. Leiden – New York – Köln: Brill.

——— (2007). 'Asyndeton in Hittite'. In: D. GRODDEK and M. ZORMAN (eds.), *Tabularia Hethaeorum, Hethitologische Beiträge Silvin Košak zum 65. Geburtstag*. Wiesbaden: Harrassowitz, 385–399.

HOFFNER Jr., Harry A. and H. Craig MELCHERT (2008). *A Grammar of the Hittite Language. Part I: Reference Grammar*. Winona Lake, Indiana: Eisenbrauns.

DE HOOP, Helen (2004). 'On the Interpretation of Stressed Pronouns'. In: Reinhard BLUTNER and Henk ZEEVAT (eds.), *Optimality Theory and Pragmatics*. Basingstoke, Hampshire: Palgrave Macmillan, 25–41.

VAN DEN HOUT, Theo P. J. (1998). *The purity of kingship: an edition of CTH 569 and related Hittite oracle inquiries of Tutḫaliya IV*. Leiden – New York – Köln: Brill.

KIM, Alan (1988). 'Preverbal focus position in type XIII languages'. In: Michael HAMMOND, Edith MORAVCSIK, and Jessica WIRTH (eds.), *Studies in syntactic typology*. Amsterdam: John Benjamins, 148–171.

KISS, Katalin É. (1998). 'Identificational focus versus information focus'. *Language* 74, 245–273.

KLOEKHORST, Alwin (2008). *Etymological Dictionary of the Hittite Inherited Lexicon.* Leiden – New York – Köln: Brill.

KOTHARI, Anubha (2007). 'Accented Pronouns and Unusual Antecedents: A Corpus Study'. In: *Proceedings of the 8th SIGdial Workshop on Discourse and Dialogue, Antwerp, September 2007*, 150–157. [http://www.sigdial.org/workshops/workshop8/]

LAMBRECHT, Knud (1994). *Information structure and sentence form. Topic, focus and the mental representations of discourse referents.* Cambridge: Cambridge University Press.

LEBRUN, René (1994). 'Questions oraculaires concernant le nouveau déroulement de fêtes secondaires de printemps et d'automne = CTH 568'. *Hethitica* 12, 41–77.

DE MARTINO, Stephano (1991). 'Alcune osservazioni su KBo III 27'. *Altorientalische Forschungen* 18, 54–66.

——— (2003). *Annali e* res gestae *antico ittiti.* Studia Mediterranea 12. Pavia.

MELCHERT, H. Craig (2002). 'Hieroglyphic Luvian REL-*ipa* 'indeed, certainly''. In: M. V. SOUTHERN (ed.), *Indo-European Perspectives.* Washington D.C., 223–232.

OTTEN, Heinrich (1983). 'Der Anfang der *ḪAZANNU*-Instruktion'. In: G. FRANTZ-SZABÓ (ed.), *Festschrift Annelies Kammenhuber* (*Orientalia*, N. S. 52), 133–142.

——— (1988). *Die Bronzetafel aus Boğazköy. Ein Staatsvertrag Tutḫalijas IV.* (Studien zu den Boğazköy-Texten, Beiheft 1). Wiesbaden: Harrasowitz.

POLO, Chiara (2005). 'Latin word order in generative perspective: An explanatory proposal within the sentence domain'. In: Katalin É. KISS (ed.), *Universal Grammar in the Reconstruction of Ancient Languages.* Berlin – New York: Mouton de Gruyter, 373–427.

POLVANI, Anna Maria (2005). 'Some Thoughts about KUB 43.60 (The so-called Text of "The Voyage of the Immortal Human Soul")'. In: Aygül SÜEL (ed.), *V. Uluslararasi Hititoloji Kongresi Bildirileri, Çorum 02–08 Eylül 2002 – Acts of the Vth International Congress of Hittitology, Çorum, September 02–08 2002.* Ankara, 613–622.

PUHVEL, Jaan (1984). *Hittite Etymological Dictionary. Volume 1 and 2.* Berlin – New York – Amsterdam: Mouton Publishers.

SOMMER, Ferdinand and Adam FALKENSTEIN (1938). *Die Hethitisch-akkadische Bilingue des Ḫattušili I.* München.

TAGGAR-COHEN, Ada (2006). *Hittite Priesthood.* Texte der Hethiter 26. Heidelberg: Universitätsverlag Winter.

TISCHLER, Johann (1981). *Das hethitische Gebet der Gassulijawija. Text, Übersetzung, Kommentar.* Innsbruck: Institut für Sprachwissenschaft.

ÜNAL, Ahmet (1974). *Ḫattušili III; vol. II: Quellen.* Texte der Hethiter 4. Heidelberg: Universitätsverlag Winter.

VENDITTI, Jennifer J., Matthew STONE, Preetham NANDA and Paul TEPPER (2002). 'Discourse constraints on the interpretation of nuclear-accented pronouns'. In: *Proceedings of the 2002 International Conference on Speech Prosody.* Aix-en-Provence, France.

YAN, Huang (2000). *Anaphora. A Cross-linguistic Study.* Oxford: Oxford University Press.

Die Urgeschichte der verbalen Morphosyntax im Keltischen: eine Schnittstelle zwischen Grammatik, Semantik und Pragmatik

Graham R. Isaac (National University of Ireland, Galway)

Zur keltischen absoluten und konjunkten Flexion besteht der moderne Konsensus darin, daß die absoluten Formen der urindogermanischen primären Verbalflexion entsprechen, die konjunkten Formen, jedoch in dem Fall mit Apokope der kurzen auslautenden Vokale, ebenso.

uridg. *b^h*ereti* > kelt. **bereti* > a) **bereti* > air. *beirid*
b) **beret* > air. ·*beir*

Die Apokope der Vokale ist unkontrovers, die formale Erklärung der konjunkten Formen daher auch. Daß die absoluten Formen das auslautende, primäre *-*i* in den Vorstufen der belegten inselkeltischen Sprachen behalten hatten, ist ebenfalls unkontrovers. Meinungsverschiedenheiten gibt es jedoch in bezug auf den Grund, aus dem die genannten Vokale so lange erhalten geblieben sind. Die alte Theorie, die absoluten Endungen seien Reflexe der Kombination von Verbalform plus enklitischer „satzeinleitender" Partikel hat in den letzten Jahren erneut energische Verfechter gefunden.[1] Nach dieser Theorie – mit einigen Varianten – hat die enklitische Partikel die auslautenden kurzen Vokale – nach prinzipiell unproblematischem Muster – vor der Apokope geschützt. Die eingehende Kritik dieser Theorie gehört nicht zu meinem Anliegen. Ich würde mich wundern, wenn die Fachwelt diese Theorie als fähig ansehen würde, der umfassenden Kritik von McCone zu widerstehen, die kürzlich, auf zahlreichen früheren Studien von ihm und anderen basierend, *in extenso* zusammengestellt worden ist.[2] Daß die eigentlichen Verfechter der Theorie daran festhalten werden, stelle ich nicht in Frage.

Nach der Theorie von McCone wurden die auslautenden Vokale der zur absoluten Flexion werdenden Formen ebenfalls durch Enklitika vor der Apokope geschützt. Bei dieser Erklärung waren es jedoch enklitische Objektpronomina, die die Rolle erfüllten. Die nichtapokopierten Verbalformen, die vor solchen, offensichtlich nicht in jedem Satz vorkommenden Pronomina benutzt wurden, wurden dann analogisch als obligatorische Formen für satzinitiale Position verallgemeinert.[3]

McCones Theorie erklärt die eigentlichen Phänomene der altirischen Doppelflexion des Verbs formal akkurat und ökonomisch. Sie leidet jedoch unter einem Mangel aus funktionaler Sicht. Ein Grund für die Verallgemeinerung der satzinitialen Verbalformen *vor*

1 Schrijver (1994, 1997), Schumacher (1999, 2004), cf. Kortlandt (2007; eine Sammlung von früheren Publikationen mit etwas neuem Material).

2 McCone (2006).

3 Die folgende schematische Darstellung auf S. 114 faßt die Argumentation zu diesem Thema nach McCone (2006), basierend auf einigen früheren Publikationen, zusammen. Nur die hier relevanten Muster sind reproduziert. Dies ist keine Gesamtdarstellung der urkeltischen Wortfolgen. P = „Präverb", E = „enklitische Konstituente", z. B. ein Objektpronomen.

	I. Urkeltisch		II. Apokope		III.		IV. Altirisch
a	**bereti ...*	>	**beret ...*		[**bereti ...*]	>	*beirid* ‚er trägt'
b	**bereti*-E ...	>	**bereti*-E ...	>	**bereti*-E ...	>	z. B. *beirthi* ‚er trägt ihn'
c	*P *bereti ...*	>	*P *beret ...*	>	*P *beret ...*	>	z. B. *do·beir* ‚er bringt'
d	*PE *bereti ...*	>	*PE *beret ...*	>	*PE *beret ...*	>	z. B. *do-t·beir* ‚er bringt dich'

Tabelle 1: Entwicklung von konjunkten und absoluten Formen nach McCone (2006)

Enklitikum zur satzinitialen Verbalform schlechthin, ob mit oder ohne Enklitikum, ist aus der Theorie selbst nicht ersichtlich. Nichts in der Theorie erklärt, warum das Muster (b) bei Phase III als Modell für satzinitiale Verbalformen ohne Enklitikum diente. Da Muster (b) in Phase II die einzige Stelle im Paradigma war, in der das Verb eine sozusagen „ungewöhnliche" Form hatte (dort **bereti-*, sonst überall **beret*), warum wurde die Form **bereti-* nicht einfach für das gehalten, als was sie zu der Zeit offensichtlich diente, nämlich als Sonderform des Verbs vor Enklitikum? Woher kommt der notwendigerweise zu postulierende Druck, dieselbe Form **bereti-* auch dort, wo kein Enklitikum vorhanden war, anzuwenden? Aus der Theorie selbst ist keine Antwort auf diese Fragen ableitbar. Man redet gern vom „Gleichgewicht" des Paradigmas. Aber das Paradigma bei Phase II *ist* im Gleichgewicht. Die Verbalform heißt **beret*, es sei denn, ein Enklitikum folgt; dann wird die Form durch einen – synchron funktional gesehen – Bindevokal zu **beret-i-* ergänzt. Eine Motivation für die Verallgemeinerung der Form in satzinitialer Stellung fehlt.

Daher habe ich an einer anderen Stelle auf folgendes aufmerksam gemacht:[4]

(1) Dadurch, daß die keltischen absoluten Formen an und für sich satzinitial sind, entsprechen sie grundsätzlich urindogermanischen tonischen Verbalformen. Dadurch hingegen, daß die keltischen konjunkten Formen an und für sich nicht satzinitial sind, entsprechen sie grundsätzlich (im Hauptsatz) urindogermanischen klitischen Verbalformen.[5]

	uridg.		inselkelt.		air.
Tonisch	# *b^h*éreti* ... #	>	# **bereti* ... #	>	*beirid* (abs.)
Klitisch	# ... *b^h*ereti* ... #	>	# ... **beret* ... #	>	*·beir* (konj.)

[# = Satzanfang bzw. -ende]

(2) Eine keltische Regel, nach der klitische Formen einen kurzen auslautenden Vokal durch Apokope verlieren, entsprechende tonische Formen den Vokal hingegen behalten, ist unabhängig vom Verbalkomplex belegt.

4 Isaac (2007).

5 Im größten Teil dieses Beitrags benutze ich den Terminus „klitisch" im weiteren Sinn von „nicht voll akzentuiert, mit reduziertem Akzent" anstelle vom engeren Sinn von „prosodisch vollständig von einer akzentuierten Konstituente abhängig". Der Unterschied spielt für meine Hauptargumentation keine Rolle, und „klitisch" ist einfach ein günstiger Oberbegriff. Nur für einen Teil der Argumentation weiter unten wird es angebracht sein, das keltische Verb als „klitisch" im engeren Sinn zu betrachten. Ich bin Herrn Prof. Craig Melchert für den Rat dankbar, diesen terminologischen Unterschied von vornherein klarzustellen.

2SG Pronomen Genitiv:

	uridg.		inselkelt.		air./mkymr.
tonisch	**téue*	>	**towe*	>	*taí/teu*
klitisch	**teue*	>	**tou*	>	*do/dy*

Daraus ist das Postulat leicht ableitbar, daß die absoluten Formen urindogermanischen tonischen, satzinitialen Verben, die konjunkten Formen urindogermanischen klitischen satzmedialen bzw. -finalen Verben entsprechen, nicht nur kontingent, sondern wesenhaft. Es handelt sich daher nicht um einen zufälligen Zusammenfall von Merkmalen, sondern um die eigentliche *Erklärung* des Phänomens. Die konjunkten Formen haben ihre auslautenden Vokale durch Apokope verloren, *weil* sie urindogermanischen klitischen Formen entsprechen. Die absoluten Formen haben die Vokale behalten, *weil* sie urindogermanischen tonischen Formen entsprechen.

Mit dem Postulat gehen offensichtlich weitreichende formale Einzelheiten und Implikationen einher. Diese habe ich im unter Anmerkung 4 genannten Aufsatz ausführlich behandelt. Daher lasse ich sie hier beiseite. Ich setze das neue Postulat einfach als Arbeitshypothese voraus und gehe hier dem Anliegen der Arbeitstagung entsprechend den syntaktischen, semantischen und pragmatischen Implikationen nach.

In früheren Arbeiten habe ich darauf hingewiesen, daß eine rein mechanische Erklärung der absoluten und konjunkten Flexion, nach der der Gegensatz einfach ein funktional leeres Überbleibsel von atelischen Lautänderungen darstellt, inadäquat ist und daß die binäre Flexion eigentlich als Ausdruck von inhaltlichen Gegensätzen verstanden werden sollte.[6] Diese Inhalte habe ich bisher nicht näher definiert, doch nehme ich zur Kenntnis, daß die prinzipielle Rolle einer funktionalen Differenzierung zwischen den formellen Mustern der Flexionstypen im direkten Anschluß an meine Argumentation von McCone in die neueste Darstellung seiner eigenen Theorie eingebaut worden ist.[7]

Ein funktionaler Gegensatz zwischen satzinitialer Stellung/tonischer Form (markiert, „emphatisch") einerseits und satzmedialer bzw. -finaler Stellung/klitischer Form (unmarkiert) andererseits wird – soweit ich erkenne – für das Urindogermanische allgemein angenommen. Die evidenzbezogene Argumentation beruht freilich hauptsächlich, wenn nicht fast ausschließlich, auf der Analyse der Sprache der Vedas. Das Griechische liefert wichtige Unterstützung in den wesentlichen Punkten. Auch einige Fakten im Bereich des Germanischen stimmen mit dem daraus gewonnenen Bild überein. Ich orientiere mich hier vorwiegend an den Arbeiten von Jared Klein.[8] Die Funktion der Voranstellung, und der Akzentuierung im Gegensatz zu Klitisierung, als Ausdrucksmittel von Fokus – allgemeiner gesagt, von relativ höherer Salienz – muß jedoch eigentlich eher als Sprachuniversalie denn als Spezifikum des Indogermanischen angesehen werden. Man ist daher auf sicherem Boden, wenn man eine funktionale, ob inhaltliche oder informationsstrukturelle, Differenzierung zwischen tonischen, satzinitialen Verben und klitischen, satzmedialen bzw. -finalen Verben für das Urindogermanische postuliert.

Da ich jetzt auch eine *formale* Verbindung zwischen der keltischen binären Flexion und der urindogermanischen Satzstellung und Akzentuierung des Verbs hergestellt habe, wird die Konjektur konkretisiert, daß die keltische Doppelflexion des Verbs ebenfalls die *funktionale* Dimension der urindogermanischen Kontraste geerbt hat. Die Verteilung der

6 Isaac (2001, 2003), vgl. Koch (1987: 169), Isaac (1996: 357–8) und Kortlandt (2007: 91–2; Erstveröffentlichung bei Kortlandt 1994).

7 McCone (2006: 130 *et passim*).

8 Klein (1991; 1992). Vgl. Speyer (1896: 77–8), Oldenberg (1906), Lehmann (1974: 50–2).

absoluten und konjunkten Flexionen kann nicht mehr aus rein formaler Sicht betrachtet werden, so z. B. bei der Affirmation vs. Negierung, air. *beirid-sem in claideb* ‚Er trägt das Schwert' vs. *ní·beir-sem in claideb* ‚Er trägt das Schwert nicht'. Hier ist die Verteilung der absoluten bzw. konjunkten Flexion zwar adäquat durch den rein positionellen Unterschied *definiert,* doch nicht adäquat *erklärt.* Denn es gibt einen inhaltlich bedingten Unterschied in der Salienz – ggf. im Fokus – zwischen den jeweiligen Verben. Im affirmativen Satz ist das lexikalische, morphologisch absolut flektierte Verb Träger der Salienz der eigentlichen, durchgeführt werdenden Tätigkeit des Tragens. Im negativen Satz trägt das Verb grundsätzlich *per definitionem* relativ niedrigere Salienz, denn die Tätigkeit des Tragens *findet nicht statt.* Im entsprechenden Fragesatz, *in·mbeir-sem in claideb?* ‚Trägt er das Schwert?', ist die Salienz der zum Ausdruck gebrachten Tätigkeit ebenfalls grundsätzlich relativ zum affirmativen Aussagesatz reduziert, denn es wird wiederum *per definitionem* nicht *festgestellt,* daß das Tragen stattfindet. Auf der Basis von diesen Beispielen muß ohnehin zugegeben werden, daß der relative Unterschied in der Salienz der ausgedrückten Tätigkeit (ggf. des Zustands, des Vorgangs, usw., je nach Verb) mit der Verteilung der absoluten und konjunkten Flexion *korreliert.* Das Postulat der Funktionalität verlangt lediglich, daß die Verankerung der Korrelation in der eigentlichen sprachlichen Kodierung von Inhalten anerkannt wird. Ich lasse mich in dieser Beziehung von einem allgemeinen heuristischen Prinzip leiten, das ich so formuliere: Wenn unsere Analyse ergibt, daß ein beliebiges sprachliches Phänomen bzw. Element – ob selbständige Einheit oder Kontrast zwischen Einheiten – bedeutungslos bzw. funktional leer ist, dann haben wir es nicht verstanden. Ein solcher Irrtum beruht oft, wenn nicht meistens, darauf, daß zwischen „verstehen" und „übersetzen können" ungenügend differenziert wird. So verkennt man allzu leicht die eigentliche Funktion eines Elements in der Ausgangssprache, wenn es etwas zum Ausdruck bringt, das in der Zielsprache kein Ausdrucksmittel findet bzw. das in der Zielsprache so anders ausgedrückt wird, daß die funktionale Isomorphie nicht auffällt.

Weitere altirische Beispiele sollen das Argument verdeutlichen. Das altirische Präteritum drückt, unter anderem, perfektiven Aspekt aus, z. B. *birt-sem in claideb* ‚He carried the sword', mit offensichtlicher Salienz der punktuell betrachteten, abgeschlossenen Tätigkeit. Unter Anwendung der (leider sogenannten) „perfektivierenden" Partikel *ro* (eigentlich eher resultativ bei Verwendung mit dem Präteritum), z. B. *ro·bert-som in claideb* ‚He has carried the sword', wird nicht die Salienz der Tätigkeit selbst, sondern die der andauernden Relevanz der vergangenen Durchführung der Tätigkeit zum Ausdruck gebracht. Relativ zur Bedeutung des *ro*-losen Präteritums wird die Salienz der Bedeutung des verbalen Kerns des Satzes wiederum verringert, mit derselben Korrelation bei der Verteilung der absoluten und konjunkten Flexion. Die gleiche Korrelation ist bei der Anwendung von *ro* mit dem Konjunktiv erkennbar: *beraid-sem in claideb* ‚Er soll das Schwert tragen' (hortativ) vs. *ro·bera-som in claideb* ‚Möge er das Schwert tragen' (optativ). In seinem Wesen drückt der konjunktive Modus eine gewisse Distanzierung von der Kernbedeutung der verbalen Basis dem Indikativ gegenüber aus. Es ist jedoch nicht der Kontrast Konjunktiv-Indikativ, der mit der Verteilung der Flexionstypen hier korreliert, sondern der Kontrast innerhalb des Konjunktivs zwischen dem tätigkeitszentrierten hortativen Gebrauch und dem um die Wunschvorstellungen des Subjekts zentrierten optativen Gebrauch, wobei im letzteren Fall die Salienz der Tätigkeit selbst naturgemäß verringert wird.

Aus der hier vertretenen Ansicht erklärt sich die Anwendung der konjunkten Flexion bei zusammengesetzten Verben daraus, daß, im Fall von synchron transparenten Komposita, die Grundbedeutung der lexikalischen Basis, formell des Flexionsträgers, durch das Hinzufügen von Derivationspräverbien zugunsten der modifizierten Bedeutung unterdrückt wird, selbst wenn der Beitrag der Grundbedeutung zur Gesamtbedeutung des Kompositums doch recht übersichtlich bleibt; z. B. *beirid-sem in claideb* ‚Er trägt das Schwert' vs.

do·beir-sem in claideb ‚Er bringt das Schwert [herbei, o. ä.]'. Im Lichte der Verankerung der Verteilung von absoluter und konjunkter Flexion bei Komposita in der Struktur-Funktions-Schnittstelle bei solchen synchron transparenten Beispielen dürfte es nicht kontrovers sein zu postulieren, daß in Fällen von semantisch undurchsichtiger Komposition die Verteilung der Flexionstypen dem prototypischen Muster der transparenten Komposita folgte. Solche werden wohl in früheren Stadien der Sprache vermutlich ohnehin transparent gewesen sein.

Ich halte es nicht für zufällig, daß die Mehrzahl der Merkmale, die für die strukturell-funktionale Korrelation bei der Verteilung von absoluter vs. konjunkter Flexion relevant sind, sich auch unter den Definitoren der Transitivität gemäß der wegweisenden Studie von Paul Hopper und Sandra Thompson befinden.[9] Die beiden Wissenschaftler haben verdeutlicht, daß die sprachliche Transitivität nicht als atomares, binäres Merkmal von lexikalischen Verben universell definiert werden kann, sondern als zusammengesetzter Komplex von semantischen und informationsstrukturellen Faktoren betrachtet werden muß, der zur gesamten Aussage gehört, nicht allein zum Prädikat, und der eine kontinuierliche Skala darstellt, insgesamt keine binäre Opposition, obwohl einige der einzelnen Faktoren binär sind (s. die Skala in der Tabelle unten auf der Seite).

Es ist aus dem hier schon vorgestellten Material eindeutig, daß Affirmativität vs. Negativität und Perfektivität (telisch) vs. Nicht-Perfektivität (atelisch), die außerdem mit Punktualität vs. Nicht-Punktualität zusammenhängen, mit der Verteilung der keltischen Flexionstypen korrelieren. Hinzu kommt, daß die Unsicherheit über das Stattfinden des dargestellten Inhalts, die die Verwendung eines Fragesatzes voraussetzt, grundsätzlich die Agentivität des Subjekts und ggf. die Affiziertheit des Objekts kompromittiert. In dem Lichte sind auch die zwei Merkmale den beiden semantisch-grammatischen Bereichen gemein. Und obwohl der konjunktive Modus an und für sich irreale Verhältnisse zum Ausdruck bringt, sind doch auch *Grade* der Irrealität ausdrückbar: Eben darauf beruht der Unterschied zwischen dem näher an der Realität liegenden hortativen Konjunktiv und dem weiter von der Realität entfernten optativen Konjunktiv, mit dem Korrelat wiederum, daß das Subjekt als effektiver – ggf. das Objekt als affizierter – im ersteren als im letzteren Fall dargestellt wird.

Es korrelieren also mit der Verteilung von absoluter und konjunkter Flexion sechs von den zehn Merkmalen, denen Hopper und Thompson eine Rolle bei der Definition von Transitivität zuweisen. In diesen Termini ist die Aussage gerechtfertigt, dass die absolute Flexion Exponat eines höheren Grades, die konjunkte Flexion das eines niedrigeren Grades

		High	Low
A.	Participants	2 or more participants	1 participant
B.	Kinesis	action	non-action
C.	Aspect	telic	non-telic
D.	Punctuality	punctual	non-punctual
E.	Volitionality	volitional	non-volitional
F.	Affirmation	affirmative	negative
G.	Mode	realis	irrealis
H.	Agency	Agt. high in potency	Agt. low in potency
I.	Affectedness of O	O totally affected	O not affected
J.	Individuation of O	O highly individuated	O non-individuated

Tabelle 2: Merkmale, die für den komplexen, skalaren Begriff der Transitivität relevant sind

9 Hopper und Thompson (1980).

auf der Skala der Transitivität sind. Eine solche Funktionalität der keltischen Flexionsopposition ist einfach historisch aus der urindogermanischen Opposition in der Salienz – ggf. Fokus – der Verbalform zwischen satzinitial/tonisch vs. satzmedial bzw. -final/klitisch ableitbar.

Da der Anfang des Satzes die unmarkierte Stelle des Verbs bzw. des Verbalkomplexes ist, löst diese Analyse außerdem das scheinbare Paradoxon, daß das einfache Verb, wenn es dort an der unmarkierten Stelle vorkommt, trotzdem eine markierte Form, die absolute, aufweist. Es besteht nunmehr kein Widerspruch darin, daß das einfache, satzinitiale Verb zwar an unmarkierter *Stelle* steht, jedoch, eine *Flexion* hat (absolut), die mehr zum Ausdruck bringt als die, die dem mit vorangestelltem Material versehenen Verb zu eigen ist (konjunkt).

Ein weiterer Punkt der Korrelation zwischen den insgesamt drei Konzeptbereichen, um die es sich hier handelt – keltische absolute vs. konjunkte Flexion : urindogermanische Satzstellung und Akzentuierung des Verbs : die Transitivitätsskala nach Hopper und Thompson –, findet sich im Paradigma der altirischen Imperfektendungen, die dazu dienen, das Imperfekt Indikativ, das Imperfekt Konjunktiv und das sekundäre Futur (funktional ein Conditionalis) zu bilden. Diese Endungen weisen bekanntlich keine Opposition zwischen absoluter und konjunkter Flexion auf. Die Formen werden grundsätzlich als „default"-konjunkt betrachtet: *no·bered* ‚Er trug, er pflegte zu tragen', usw. Dieses Faktum läßt sich dadurch leicht mit den bisherigen Überlegungen vereinbaren, daß man die grundsätzlichen Bedeutungen des Imperfekts im Blick hält: D. h. (1.) eine in der Vergangenheit wiederholte Handlung (Tätigkeit, Vorgang, usw.) und, daraus folgend, (2.) ggf. eine unabgeschlossene, vergangene Handlung (usw.) – man würde besser sagen, daß das Abschließen der Handlung im Kontext kommunikativ irrelevant ist, als daß die Handlung notwendigerweise faktisch unabgeschlossen ist. Daher ist die Bedeutung der mit den Imperfektendungen versehenen Verbalform grundsätzlich aspektuell imperfektivisch im Gegensatz zur grundsätzlichen Perfektivität des einfachen Präteritums.

Eine formale Erklärung für das Fehlen der Opposition von absoluter und konjunkter Flexion im altirischen, eigtl. keltischen, Imperfekt habe ich in früheren Arbeiten dargeboten.[10] Da die Imperfektformen im wesentlichen Träger des imperfektivischen Aspekts sind, sie daher in den Termini von Hopper und Thompson relativ niedrigere Transitivität aufweisen, ist das Fehlen auch synchron verständlich (keine andere morphologische Kategorie des altirischen Verbs ist *grundsätzlich* imperfektivisch, obwohl andere auch imperfektivische Bedeutung haben können). Außerdem dienten gerade solche aspektuell imperfektivischen Tempora wie das altirische Imperfekt Indikativ, Imperfekt Konjunktiv und sekundäres Futur = Conditionalis prototypisch als Tempora des Hintergrunds zu Aussagen in anderen, narrativen Vordergrundstempora, Typ: Was ich gewöhnlich, generell machte als Hintergrund zu dem, was ich dann und dort spezifisch gemacht habe; was ich machen würde als Hintergrund zu dem, was ich tatsächlich mache, bzw. machen werde. Dieses Verhältnis zwischen Präteritum und Imperfekt ist ein Beispiel des allgemeinen logischen Verhältnisses zwischen dem Besonderen und dem Allgemeinen. Die folgenden Beispielsätze verdeutlichen die Sachlage: *Ich bin am ersten Samstag im September 2006 einkaufen gegangen, also pflegte ich damals, an jedem ersten Samstag des Monats einkaufen zu gehen.* Das ist Unsinn. Konstrastiere: *Ich pflegte 2006 an jedem ersten Samstag des Monats einkaufen zu gehen, also bin ich auch am ersten Samstag im September 2006 einkaufen gegangen.* Übersetzt ins Altirische (wie in vielen anderen Sprachen), stünde das erste Prädikat des letzten Satzes im Imperfekt (allgemeiner Hintergrund), das zweite im Präteritum (besonderer narrativer Fokus).

10 Isaac (1996: 371–80; 2004, hierzu eine Korrektur: S. 48, Z. 21 „*bebag-*" lies „*bobag-*").

Bisher habe ich mich auf die Darstellung und Behandlung von altirischen Daten beschränkt. Die Opposition von absoluter und konjunkter Flexion ist jedoch bekanntlich eine Gemeinsamkeit, die mit den britannischen Sprachen in deren ältesten Perioden geteilt wird. Neuere Forschung hat verdeutlicht, daß ein funktionierendes System von absoluter und konjunkter Flexion bis in das Kymrische des 12. Jahrhundert bestanden hat.[11] Wie im Altirischen zeigen die Imperfektendungen auch im Britannischen keine Opposition. Aus der frühen kymrischen Dichtung kommt eine weitere Korrelation mit unserem Komplex von Daten und Theorie hinzu. In einem früherem Werk habe ich darauf hingewiesen, daß Imperfektformen in einem Teilkorpus der frühen kymrischen Dichtung bei zwei- oder mehrstelligen Prädikationen überwiegend satzmedial bzw. -final, Präteritalformen jedoch überwiegend satzinitial angewendet wurden.[12]

Die inhärent relativ höhere Salienz und – aus dem Gesichtspunkt der Analyse von Hopper und Thompson – Transitivität der perfektivischen Präteritalformen verursacht, daß sie überwiegend an den Satzanfang gestellt werden. Die inhärent relativ niedrigere Salienz und Transitivität der imperfektivischen Imperfektformen verursacht, daß sie überwiegend an die Satzmitte bzw. das Satzende gestellt werden.[13] Syllogistisch ausgedrückt: Wenn satzinitiale Verben höhere Salienz als satzmediale bzw. -finale Verben haben und wenn die Bedeutung des Präteritums höhere Salienz als die des Imperfekts hat, dann folgt daraus, daß – wird dadurch erklärt, warum – Präteritalformen überwiegend satzinitial, Imperfektformen dagegen überwiegend satzmedial bzw. final vorkommen. Satzmediale bzw. -finale Stellung der Imperfektformen korreliert damit, daß die Imperfektendungen keine Opposition zwischen absoluter und konjunkter Flexion (sowohl britannisch als auch altirisch) aufweisen. Und sie korreliert wiederum damit, daß die relativ niedrigere Salienz ausdrückenden konjunkten Endungen dem urindogermanischen klitischen satzmedialen bzw. -finalen Verb entsprechen.

Obwohl meine Darstellung nicht von der Annahme abhängig ist, daß das urindogermanische satzmediale bzw. -finale Verb strenggenommen klitisch war – sondern lediglich intonationsreduziert –, könnte der strengen Klitisierung doch eine Rolle bei der Entwicklung des keltischen Verbs zugewiesen werden. Wenn das intonationsreduzierte Verb in einem Dialekt des Keltischen so atonisch artikuliert wurde, daß es als eigentliches Enklitikum empfunden wurde, wäre es natürlich, daß das nicht-satzinitiale Verb dazu tendieren würde, näher an den Satzanfang, an die zweite Satzstelle, dem Wackernagel'schen Gesetz entsprechend, ggf. hinter die Elemente, die schon da standen, zu rücken.[14] Das würde eine Erklärung für die sonst rein formal-deskriptive Vendryes'sche Beschränkung liefern.[15] Ausgehend von den ererbten Satzsstellungen und unter der Annahme, daß die Folge PV festgelegt war (also **VP ausgeschlossen), sähe die Entwicklung dann so aus:[16]

---

11 Isaac (1996: 354–8), Rodway (1997).

12 Isaac (1996: 32–4). Das in Frage kommende Teilkorpus besteht aus dem Inhalt der Handschrift des „Buchs von Aneirin" (13. Jh.), mit Texten die ungefähr vom 8. bis 11. Jh. datiert werden.

13 Vgl. die Erklärung, die ich damals angeboten habe, Isaac (1996: 106), wo ich insbesondere den Kontrast zwischen der Salienz des verbalen Prädikats und jener der in verschiedenen Konfigurationen vorkommenden substantivischen Argumente der Sätze betont habe.

14 Das belegte Betonungsmuster des altirischen Verbalkomplexes beruht auf späteren, hier irrelevanten Entwicklungen.

15 Vendryes (1911–12). Nach der Regel wurden Wackernagel-Enklitika in einigen Arten des Keltischen darauf beschränkt, nur einem Teil des Verbalkomplexes – sei es dem flektierten, einfachen Verbalstamm selbst, sei es einem lexikalischen bzw. grammatischen Präverb – zu folgen. Aus dem rein formal-deskriptiven Charakter der Beschränkung folgt, daß sie, *pace* Eska (1994: 8), nicht als *Motivation* für die Verallgemeinerung der verbinitialen Syntax im Keltischen hätte dienen können, sondern daraus zwangsläufig hat *resultieren* müssen.

16 X = irgendeine Konstituente außer P, E oder V. Unterstrichen = akzentuiert, E^0, V^0 = akzentreduziert, klitisch. Die gleichen Entwicklungsschemata gelten *mutatis mutandis,* wenn anstelle des lexikalischen

$$\#\underline{\mathbf{X}}(\mathbf{E^0})\ (\ldots)\ \underline{\mathbf{P}}\mathbf{V^0}\ (\ldots)\#^{[17]} \quad \rightarrow \quad \#\underline{\mathbf{P}}(\mathbf{E^0})\mathbf{V^0}\ (\ldots)\ \underline{\mathbf{X}}\ (\ldots)\#^{[18]}$$

Bei der Neuinterpretation des Verbs als Enklitikum im engen Sinne wäre kein anderes Ergebnis möglich. Das würde wiederum dazu führen, daß der ererbte Kontrast mit der ursprünglich markierten Wortfolge neutralisiert werden würde:

$$\#\underline{\mathbf{P}}(\mathbf{E^0})\ (\ldots)\ (\underline{\mathbf{X}})\ (\ldots)\ \mathbf{V^0}\ (\ldots)\#^{[19]} \quad \rightarrow \quad \#\underline{\mathbf{P}}(\mathbf{E^0})\mathbf{V^0}\ (\ldots)\ (\underline{\mathbf{X}})\ (\ldots)\#$$

Nach der Neutralisierung des Kontrastes beim mit Präverb versehenen Verb, wäre es ungünstig, den Kontrast beim unkomponierten Verb beizubehalten. Dies würde dazu führen, daß auch in diesem Fall der Kontrast zugunsten der Struktur der ursprünglich markierten Wortfolge neutralisiert werden würde:

$$\#\underline{\mathbf{X}}(\mathbf{E^0})\ (\ldots)\ \mathbf{V^0}\ (\ldots)\#^{[20]}$$

vs. → $\#\underline{\mathbf{V}}(\mathbf{E^0})\ (\ldots)\ (\underline{\mathbf{X}})\ (\ldots)\#$

$$\#\underline{\mathbf{V}}(\mathbf{E^0})\ (\ldots)\ (\underline{\mathbf{X}})\ (\ldots)\#^{[21]}$$

Da nunmehr der Kontrast zwischen $\#\underline{\mathbf{X}}(\mathbf{E^0})(\ldots)\mathbf{V^0}(\ldots)\#$ und $\#\underline{\mathbf{V}}(\mathbf{E^0})\ (\ldots)\ \underline{\mathbf{X}}\ (\ldots)\#$ bedeutungslos war und beim komponierten Verb das ganze lexikalische Verb (= Präverb(ien) + Wurzel) am Satzanfang stand, hat es keinen systematischen Grund mehr für die Existenz des Musters $\#\underline{\mathbf{X}}(\mathbf{E^0})(\ldots)\mathbf{V^0}(\ldots)\#$ gegeben: Dieses verschwand also aus dem System.

Ähnlich – aber etwas komplizierter – hätte es sich im Fall eines komponierten Verbs in einem negierten Satz verhalten. (1.) Der ursprüngliche Kontrast zwischen markierter und unmarkierter Wortfolge wäre dem obigen entsprechend neutralisiert worden. (2.) In Anlehnung an die oben behandelten Fälle würde die vermutlich auch schon grundsprachlich gegebene Variante der Wortfolge mit dem gesamten Verbalkomplex am Satzanfang verallgemeinert. In diesem Sonderfall spielen die neue Interpretation des intonationsreduzierten Verbs als eigentliches Enklitikum sowie die darauf folgende Anwendung des Wackernagel'schen Gesetzes keine direkte Rolle. Es kann jedoch nicht kontrovers sein zu postulieren, daß dieser Fall dann parallel zu den obigen Konstruktionen behandelt worden wäre ($\underline{\mathbf{N}}$ = die Partikel der Negation):

$$\#\underline{\mathbf{X}}(\mathbf{E^0})\ (\ldots)\ \underline{\mathbf{N}}\underline{\mathbf{P}}\mathbf{V^0}\ (\ldots)\#^{[22]}$$

vs.

$$\#\underline{\mathbf{N}}(\mathbf{E^0})\ (\ldots)\ (\underline{\mathbf{X}})\underline{\mathbf{P}}\mathbf{V^0}\ (\ldots)\#^{[23]} \quad \rightarrow \quad \#\underline{\mathbf{N}}(\mathbf{E^0})\underline{\mathbf{P}}\mathbf{V^0}\ (\ldots)\ (\underline{\mathbf{X}})\ (\ldots)\#$$

vs.

$$\#\underline{\mathbf{N}}(\mathbf{E^0})\underline{\mathbf{P}}\mathbf{V^0}\ (\ldots)\ (\underline{\mathbf{X}})\ (\ldots)\#^{[24]}$$

Präverbs $\underline{\mathbf{P}}$ die Negation **né* bzw. eine andere grammatische Partikel, gefolgt vom einfachen Verb, steht. Zum Fall von Negation mit einem zusammengesetzten Verb (also **né* + $\underline{\mathbf{P}}$ + $\mathbf{V^0}$) s. unten.

17 Hauptsatztyp, z. B. RV 7.63.3ab: *vibhrā́jamāna uṣásām upásthād rebháir* ***úd eti*** *anumadyámānaḥ* ‚Hoch glänzend, mit Freude von Sängern begrüßt, geht [die Sonne] aus dem Schoß der Morgendämmerung(en) auf'.

18 Offenbar auch grundsprachlich erlaubt, Hauptsatztyp, z. B. RV 7.63.1ab: ***úd‿u‿eti*** *subhágo viśvácakṣaḥ sā́dhāraṇaḥ sū́ryo mā́nuṣāṇām* ‚Nun geht die liebliche, allsehende Sonne, die den Menschen gemeinsame, auf' (Saṃhitā: *údveti*).

19 Hauptsatztyp, z. B. RV 7.61.1ab: ***úd*** *vāṃ cákṣur varuṇa suprátīkaṃ deváyor* ***eti*** *sū́ryas tatanvā́n* ‚Auf geht, O Varuṇa, euer beider Götter schönes Auge, die Licht verbreitende Sonne'.

20 Hauptsatztyp, z. B. RV 1.164.14c: *sū́ryasya cákṣū rájasā‿***eti***‿ā́vṛtam* ‚Vom Luftraum umgeben bewegt sich der Sonne Auge' (Saṃhitā: *rájasaityā́vṛtam*).

21 Hauptsatztyp, z. B. RV 5.28.1cd: ***éti*** *prā́cī viśvávārā námobhir devā́m̐ ī́ḷānā havíṣā ghṛtā́cī* ‚Nach Osten gekehrt geht Viśvávārā, die Götter mit Anbetungen preisend, die Kelle mit Opfertrank tragend'.

22 Hauptsatztyp, z. B. RV 1.164.22d: *tád‿***ná‿úd‿naśad*** *yáḥ pitáram ná véda* ‚Er erreicht es nicht, der den Vater nicht kennt' (Saṃhitā: *tán nón naśad*).

23 Hauptsatztyp, z. B. RV 4.2.9d: ***ná***‿*enam áṃhaḥ* ***pári varad*** *aghāyóḥ* ‚Die Bedrängnis des Böswilligen soll ihn nicht umringen' (Saṃhitā: *náinam*).

24 Hauptsatztyp, z. B. RV 1.164.16b: ***ná ví cetad*** *andháḥ* ‚Der Blinde sieht nicht'.

Aus dem Ganzen würde resultieren, daß sich der Satzanfang zur unmarkierten Stelle für den Verbalkomplex insgesamt entwickeln und die vorher markierte Stellung des tonischen, am Satzanfang stehenden Verbs diese Markiertheit verlieren würde. Der Unterschied zwischen tonisch und klitisch würde dann früher oder später durch die selektive Apokope in den segmental-paradigmatischen Unterschied zwischen absoluter und konjunkter Flexion, unter Beibehaltung und Ausbau der Korrelation zwischen äußerer Form und dem Salienzgrad, übergehen.[25]

Die produktive, innerkeltische Anwendung des Wackernagel'schen Gesetzes auf eine zu einem Enklitikum gewordene Form ist gesichert. Die für das Gallische, das Irische und das Britannische belegte Relativpartikel **yo* (formal < **yod*), die aus dem tonischen, noch im Keltiberischen dekliniert belegten Relativpronomen entstanden ist, erscheint regelmäßig in der Wackernagel'schen Position. Das kann nur eine innerkeltische Neuerung sein. In diesem Fall handelt es sich um die Klitisierung einer ursprünglich tonischen Form: des Relativpronomens. Im Fall des nicht-satzinitialen Verbs handelt es sich um eine schon akzentreduzierte Form, die lediglich, vermutlich aus Intonationsgründen, als vollklitisiert uminterpretiert wurde. Nach dieser Auffassung bestünde dann der Unterschied in bezug auf Wortstellung zwischen dem relevanten Dialekt des Keltischen und anderen indogermanischen Sprachen, die der Vendryes'schen Beschränkung nicht unterliegen, lediglich in einer etwas stärker fallenden Satzintonation, die bewirkt hat, daß das nicht-satzinitiale Verb als vollklitisch empfunden wurde. Alles andere folgt daraus.

Zusammenfassend läßt sich somit feststellen, daß die Morphologie, Syntax, Semantik und Pragmatik des Verbalsystems des Inselkeltischen durch die urindogermanische Verteilung der tonischen satzinitialen und der klitischen satzmedialen bzw. -finalen Verbalformen geprägt worden ist. Durch die typologische Transformation zu VSO-Sprachen haben die inselkeltischen Sprachen eine wichtige Neuerung dem urindogermanischen System gegenüber hervorgebracht: An der Anfangstellung an und für sich haftet beim Verb keine besondere kommunikativ bedeutende Markierung mehr. Das Keltische hat jedoch den für das Urindogermanische kontingenten akzentuellen Unterschied zwischen tonischen und klitischen Formen aufgegriffen und in den segmentalen Unterschied der absoluten vs. konjunkten Flexion umgewandelt. Die Flexionsopposition ist immer noch positionell definierbar, ist jedoch dazu zum Träger von eher universell relevanten pragmatisch-semantischen Merkmalen der Salienz und des komplexen Begriffs der Transitivität geworden. Das sind Merkmale, die außerdem in der frühesten kymrischen Dichtung noch im satzpositionellen Verhalten der Vergangenheitstempora – perfektivisches Präteritum vs. impefektivisches Imperfekt – realisiert werden.

Die hier vertretene Analyse will u. a. ein verschärftes und vertieftes Verständnis der morphologischen, syntaktischen und pragmatischen Strukturierung unserer ältesten inselkeltischen Texte erzielen. Das Bild der verbalen Morphosyntax des Urindogermanischen selbst wird dabei kaum berührt. Es wird jedoch von Bedeutung sein zu erkennen, daß die prosodischen, morphosyntaktischen und pragmatischen Merkmale der Satzstellung des

25 Nach der hier vertretenen Auffassung von der Urgeschichte der inselkeltischen Wortstellung ist das Wirken des Bergin'schen Gesetzes völlig regelmäßig. Diesem Gesetz gemäß (Bergin 1938) hat ein einfaches, d. h. nicht mit Präverb versehenes Verb, das als gelegentliche Stilvariante nicht am Anfang seines Satzes steht, die konjunkte Flexion (der Urkonfiguration $\#\ldots \mathbf{V}^0(\ldots)\#$ entsprechend), ein so plaziertes komponiertes Verb die prototonische Form (der Urkonfiguration $\#\ldots \underline{\mathbf{P}}\mathbf{V}^0(\ldots)\#$ entsprechend). Diese altirischen Konstruktionen können somit wirklich als „archaisch" betrachtet werden, jedoch nicht im Sinne von Watkins (1963: 31, 36, 42–43, 45), nach dem sie der Syntax des *unmittelbar vorliterarischen Irischen* entsprechen, sondern im Sinne von Isaac (1993: 28–9), nach dem sie stilisierte Reflexe der Syntax von einer *unbestimmt langen Zeit* vor Beginn der Überlieferung sind. Diese Überlegungen zur Vorgeschichte der betroffenen Konstruktion machen jedoch m. E. die synchrone Analyse ihrer textuellen Verteilung im Sinne von Isaac (2003) nicht entbehrlich.

urindogermanischen Verbs, wie sie auf klare Weise hauptsächlich im Vedischen und teilweise im Griechischen beobachtbar sind, auch im Keltischen den Ausschlag geben. Wenn auch die Rekonstruktion der Ursprache selbst dabei unverändert bleibt, stellen diese Resultate doch eine Ergänzung unseres Verständnisses der Entwicklung der Ursprache in den belegten Sprachzweigen dar.[26]

Bibliographie

BALL, Martin J. und WILLIAMS, Briony (2001): *Welsh Phonetics.* Lewiston, Queenston, Lampeter: Edwin Mellen.

BERGIN, Osborn (1938): ‚On the syntax of the verb in Old Irish.' *Ériu* 12: 197–214.

ESKA, Joseph F. (1994): ‚Rethinking the evolution of Celtic constituent configuration.' *Münchener Studien zur Sprachwissenschaft* 55: 7–39.

HOPPER, Paul J. und THOMPSON, Sandra A. (1980): ‚Transitivity in grammar and discourse.' *Language* 56: 251–99.

ISAAC, Graham R. (1993): ‚Issues in the reconstruction and analysis of Insular Celtic syntax and phonology.' *Ériu* 44: 1–32.

——— (1996): *The Verb in the Book of Aneirin: Studies in Syntax, Morphology and Etymology* (Buchreihe der *Zeitschrift für celtische Philologie* Band 12). Tübingen: Max Niemeyer.

——— (2001): ‚The function and typology of absolute and conjunct flexion in early Celtic: some hints from Ancient Egyptian.' *Transactions of the Philological Society* 99.1: 147–70.

——— (2003): ‚ Prospects in Old Irish syntax.' *Zeitschrift für celtische Philologie* 53: 181–97.

——— (2004): ‚Keltiberisches und inselkeltisches Imperfekt.' *Keltologie Heute – Themen und Fragestellungen* (Hrsg. Erich POPPE). Münster: Nodus Publications. 47–56.

——— (2007): ‚A new conjecture of the origins of absolute and conjunct flexion.' *Ériu* 57: 49–60.

JONES, D. M. (1949): ‚The accent in Modern Welsh.' *Bulletin of the Board of Celtic Studies* 3.2: 63–4.

KLEIN, Jared S. (1991): ‚Syntactic and discourse correlates of verb-initial sentences in the Rigveda.' *Studies in Sanskrit Syntax: A Volume in Honour of the Centennial of Speijer's Sanskrit Syntax (1886-1986)* (Hrsg. Hans Heinrich HOCK). Delhi: Motilal Banarsidass. 123–43.

——— (1992): *On Verbal Accentuation in the Rigveda* (American Oriental Society Essay Number 11). New Haven: American Oriental Society.

KOCH, John T. (1987): ‚Prosody and the Old Celtic verbal complex.' *Ériu* 38: 144–74.

---

26 Die folgende Anmerkung trägt nichts zum Kernthema dieses Beitrags bei. Ich füge sie aus dem Grunde hinzu, daß sie eine wichtige Korrektur zu einer gängigen Lehrmeinung liefert, die Korrektur jedoch so einfach ist, daß sie kaum als Thema für eine eigenständige Schrift dienen würde.

Es ist hier die Rede von der Akzentuierung gewesen. Dazu besteht der Konsensus, daß der urindogermanische Akzent ein musikalischer war, daß Vokalreduktion und -schwund im Ablautsystem jedoch auf einen früheren Druckakzent hindeuten. Der zweite Teil dieses Konsensus' basiert offenbar auf der Annahme, ein musikalischer Akzent könne Vokalreduktionen und sogar -schwund nicht bewirken. Das ist eine falsche Prämisse. Es ist unter Phonetikern eine längst bekannte Tatsache, daß die Ultima im neukymrischen Wort, zusätzlich zum besser bekannten Druckakzent auf der Pänultima, einen musikalischen Akzent trägt. Das bewirkt in vielen Dialekten, daß nicht-auslautende Silben – *auch die, die theoretisch den Druckakzent tragen* – Vokalreduktion bzw. sogar -schwund erleiden, z. B. *eto* ‚wieder' ['ɛtɔ́] → ['tɔ́], *darllen* ‚lesen' ['darɬɛ́n] → ['dərɬɛ́n], *pethau* ‚Sachen' ['pɛθɛ́] (Plural zu *peth* ['péːθ]) → ['pəθɛ́], *pethach* ‚Kram' ['pɛθáχ] → ['pθáχ], usw. (weitere Beispiele und Diskussion, s. JONES 1949; RUDDOCK 1970; WATKINS 1976; BALL und WILLIAMS 2001: 169ff. mit weiterführender Literatur). Offensichtlich kann ein musikalischer Akzent sehr wohl Vokalreduktion und -schwund bewirken. Die in der Indogermanistik weitverbreitete Annahme, das sei unmöglich, ist daher dringend aufzugeben, zumal die Beispiele von Ableitungen zu *peth* ‚Sache' (['péːθ] vs. ['pəθɛ́] vs. ['pθáχ]) durchaus synchron eine Art qualitativen und quantitativen Ablaut darstellen. Die Theorie, daß das Urindogermanische eine frühere Phase mit Druckakzent durchgemacht hat, ist somit nicht widerlegt, das Argument dafür aus der Wirkung des Akzents ist jedoch eindeutig nichtig.

KORTLANDT, Fredrik (1994): ‚Absolute and conjunct again.' *Münchener Studien zur Sprachwissenschaft* 55: 61–8 (abgedruckt in KORTLANDT 2007: 91–7).

——— (2007): *Italo-Celtic Origins and Prehistoric Development of the Irish Language* (Leiden Studies in Indo-European 14). Amsterdam, New York: Rodopi.

LEHMANN, Winfred P. (1974): *Proto-Indo-European Syntax*. Austin and London: University of Texas.

MCCONE, Kim (2006): *The Origins and Development of the Insular Celtic Verbal Complex* (Maynooth Studies in Celtic Linguistics 6). Maynooth: The Department of Old Irish, National University of Ireland, Maynooth.

OLDENBERG, Hermann (1906): ‚Die Verbalenklisis im Ṛgveda.' *Zeitschrift der Deutschen Morgenländischen Gesellschaft* 60: 707–40 (abgedruckt in OLDENBERG 1967: 182–216).

——— (1967): *Kleine Schriften* (Hrsg. Klaus L. JANERT). Teil 1. Wiesbaden: Franz Steiner.

RODWAY, Simon (1997): ‚Absolute forms in the poetry of the Gogynfeirdd: functionally obsolete archaisms or working system?' *Journal of Celtic Linguistics* 7: 63–84.

RUDDOCK, Gilbert E. (1970): ‚Rhai enghreifftiau o golli seiniau yn nhafodiaith Hirwaun.' *Bulletin of the Board of Celtic Studies* 23.4: 295–309.

SCHRIJVER, Peter (1994): ‚The Celtic adverbs for "against" and "with" and the early apocope of **-i*.' *Ériu* 45: 151–89.

——— (1997): *Studies in the History of Celtic Pronouns and Particles* (Maynooth Studies in Celtic Linguistics 2). Maynooth: The Department of Old Irish, National University of Ireland, Maynooth.

SCHUMACHER, Stefan (1999): ‚Randbemerkungen zu absolut und konjunkt: mittelkymrisch *hanfot*.' *Studia Celtica et Indogermanica: Festschrift für Wolfgang Meid zum 70. Geburtstag* (Hrsg. Peter ANREITER und Erszébet JEREM) (Archaeolingua, Volume 10). Budapest: Archaeolingua. 453–64.

——— (2004): *Die keltischen Primärverben: ein vergleichendes, etymologisches und morphologisches Lexikon* (unter Mitarbeit von Britta SCHULZE-THULIN und Caroline AAN DE WIEL) (Innsbrucker Beiträge zur Sprachwissenschaft, Band 110). Innsbruck: Institut für Sprachwissenschaft.

SPEYER, J. S. (1896): *Vedische und Sanskrit-Syntax* (Grundriss der indoarischen Philologie und Altertumskunde, I. Band, 6. Heft, Hrsg. G. BÜHLER). Straßburg: Karl J. Trübner.

VENDRYES, Joseph (1911–12): ‚La place du verbe en celtique.' *Mémoires de la Société de Linguistique de Paris* 17: 337–51.

WATKINS, Calvert (1963): ‚Preliminaries to a historical and comparative analysis of the syntax of the Old Irish verb.' *Celtica* 6: 1–49.

WATKINS, T. Arwyn (1976): ‚Cyfnewidiadau seinegol sy'n gysylltiedig â'r "Acen" Gymraeg.' *Bulletin of the Board of Celtic Studies* 26.4: 399–405.

Latente Objekte und altindische Diskursgrammatik

Götz KEYDANA (Georg-August-Universität Göttingen)

1 Einleitung

Eine wichtige Funktion von Pronomina ist es, in einem Diskurs Kohäsion zu erzeugen. Das vedische Altindisch kennt verschiedene solche Pronomina, die v. a. als Anaphern verwendet werden können: *tá-* und die enklitischen Pronomina *a-* / *ena-* und *sīm*. Neben diesen overten Pronomina existiert, wie hier gezeigt werden soll, auch ein latentes Pronomen, das sich syntaktisch nicht von den overten unterscheidet, allerdings phonologisch leer ist.[1]

Die Bedingungen für den Gebrauch solcher innerhalb des Diskurses verweisender Pronomina im Altindischen sind bisher allenfalls sehr kursorisch untersucht worden. DELBRÜCK 1888 z. B. beschreibt die unbetonten Pronomina als „schwach-anaphorisch", gibt aber weder an, was „schwach" hier genau bedeutet, noch nennt er Regeln für den Gebrauch der verschiedenen anaphorischen Pronomina. KUPFER 2002 behandelt zwar den kohäsiven Gebrauch von (overten) Pronomina, tut dies aber ganz überwiegend unter dem Gesichtspunkt der Deixis. Anaphern nehmen nur wenig Raum ein. Sie werden in der Regel zwar illustriert, ein Versuch, Bedingungen für den anaphorischen Gebrauch der verschiedenen Pronomina herauszuarbeiten, fehlt aber weitgehend.[2]

In der vorliegenden Arbeit soll gezeigt werden, daß latente Objekte im Altindischen sprachwirklich sind. Es wird gezeigt, daß verschiedene Typen latenter Objekte angesetzt werden müssen. Eines davon, das Nullpronomen, soll näher untersucht werden. Zunächst wird illustriert, welche Arten der Referenzzuweisung für dieses Pronomen nachgewiesen werden können. Anschließend wird gezeigt, daß es sich bindungstheoretisch wie ein overtes Pronomen verhält. Schließlich wird der Versuch unternommen, diskursgrammatische Bedingungen für den Gebrauch des latenten Objektpronomens zu ermitteln.

2 Latente Objekte?

Das vedische Altindisch verfügt – wie alle anderen indogermanischen Sprachen auch – über eine Klasse von Verben, die sicher transitiv sind. Dazu gehören neben vielen anderen *PEṢ*, *HAN* sowie *HAN* mit dem Präverb *áva*. Vereinfachend[3] können wir für die lexikalischen Einträge dieser Verben folgende semantische Repräsentationen ansetzen:

---

1 Vgl. dazu bereits KEYDANA 2003 und zum Ansatz solcher Pronomina für andere altidg. Sprachen LURAGHI 1997 und LURAGHI 2003.

2 KUPFER 2002: 303 selbst weist darauf hin, daß „weitere Vorarbeiten zur Anapher" fehlen. Lediglich für die Verteilung von anaphorischem *īm* und *sīm* gibt sie eine Regel an: Letzteres werde nur „intraphrastisch" gebraucht (KUPFER 2002: 301), es steht m. a. W. in einem eingebetteten Satz, sein Antezedens dagegen im einbettenden Satz; *īm* dagegen sei in solchen Konfigurationen nicht belegt. Es bleibt zu untersuchen, ob diese Verteilung auf Adjazenzbeschränkungen (vgl. unten 5.3) zurückgeführt werden kann.

3 Die hier verwendete Darstellung verwischt den Unterschied zwischen konzeptueller und Argumentstruktur. Sie vereinfacht weiterhin dadurch, daß die Vendlertypen (in den drei Beispielen handelt es sich um *accomplishments*) nicht abgebildet werden. Vollständig modelliert wird ein *accomplishment* unten in Beispiel (35). Vgl. dazu auch KEYDANA 2006.

(1) $[\![PE\d{S}]\!] = \lambda y \lambda x \lambda e[PE\d{S}'(e) \wedge agent(x)(e) \wedge theme(y)(e)]$

(2) $[\![HAN]\!] = \lambda y \lambda x \lambda e[HAN'(e) \wedge agent(x)(e) \wedge theme(y)(e)]$

(3) $[\![\acute{a}va\ HAN]\!] = \lambda y \lambda x \lambda e[\acute{a}vaHAN'(e) \wedge agent(x)(e) \wedge theme(y)(e)]$

Es handelt sich also um Verben, die ein Ereignis bezeichnen, das von der Art *PEṢ*, *HAN* bzw. *áva HAN* ist und an dem je ein Agens und ein Thema beteiligt sind.

Allerdings existieren Belege für diese Verben im RV, in denen die Argumente nicht overt realisiert sind. Vgl.

(4) *adr̥̄ṣṭān hanty āyaty át^{h}o hanti parāyatī́ / át^{h}o avag^{h}natī́ hanty át^{h}o pinaṣṭi piṃṣatī́*
Wenn sie kommt, tötet sie die Unsichtbaren, und auch wenn sie geht, tötet sie [sie]; und sie tötet [sie] auch, indem sie [sie] zerschlägt, und sie zermalmt [sie] auch, indem [sie] sie zermalmt. RV 1,191,2

In diesem Beispiel ist das Subjekt der finiten Verben generell nicht realisiert. Ein overtes Objekt hat nur das erste finite Verb (*adr̥̄ṣṭān*), bei den übrigen sowie bei den Partizipien fehlt es – offenbar, weil es aus dem Kontext leicht erschlossen werden kann. Beispiele dieser Art bieten keine philologischen Probleme. Schwierig sind sie gleichwohl aus der Perspektive des Grammatikers: Wollen wir nämlich mit nur einem lexikalischen Eintrag pro Verb auskommen, so sind wir gezwungen, die oben postulierten Einträge auch in Fällen wie (4) zugrundezulegen, obwohl beide Argumente latent sind. Für den Agens ist dies unproblematisch, weil der pro-drop durch die Verbalflexion aufgefangen wird. Das Thema der finiten wie infiniten Verben in (4) ist aber weder morphologisch noch syntaktisch overt kodiert.

Die philologische Analyse des Verses zeigt, daß das fehlende Thema in allen Fällen klar referentiell ist, handelt es sich doch immer um die *adr̥̄ṣṭāḥ* aus dem ersten pāda. Die Lesart des Themas ist also nicht arbiträr wie z. B. im folgenden deutschen Beispiel:

(5) *Was macht Peter? Er liest.*

Hier ist das fehlende Thema von *lesen* nicht referentiell: Im Diskurs spielt es keine Rolle, was Peter liest. Wichtig ist allein, daß er mit Lesen beschäftigt ist. In solchen Fällen spricht man von einem *existential closure*, weil die Thema-Variable des lexikalischen Eintrags des Verbs von einem Existenzquantor (außerhalb der Formel) gebunden wird: Der Satz ist also wahr, sobald es nur irgendetwas gibt, das Peter liest. In die syntaktisch relevante Argumentstruktur wird das Verb daher nur mit dem noch nicht abgebundenen Argument, dem Agens, überführt.

In (4) dagegen tötet und zermalmt die im Lied angesprochene Heilpflanze nicht irgendjemanden, sondern eben die *adr̥̄ṣṭāḥ*. Diese Referentialität erzwingt, daß das Thema jeweils in der Argumentstruktur vorhanden ist. Jedes Argument aber muß aufgrund des θ-Kriteriums auch syntaktisch realisiert werden. Für (4) ist daher folgende Struktur anzusetzen:[4]

(4′) *adr̥̄ṣṭān^i hanty āyaty át^{h}o* e_i *hanti parāyatī́ / át^{h}o* e_i *avag^{h}natī́* e_i *hanty át^{h}o* e_i *pinaṣṭi* e_i *piṃṣatī́*

Theoretische Erwägungen zwingen also zu der Annahme, daß latente Objekte im Altindischen sprachwirklich sind. Empirische Evidenz und einen Überblick über die verschiedenen Typen liefert Abschnitt 3.

4 Da sie hier nicht von Belang sind, werden die latenten Subjekte im folgenden nicht berücksichtigt. Antezedenten werden mit einem hochgestellten Index markiert, korreferierende Ausdrücke mit einem tiefgestellten Index. e markiert phonologisch leere Ausdrücke, unabhängig davon, ob es sich um latente Pronomina oder elidiertes Material handelt.

2.1 Zur Methode

Die hier vorgelegte Untersuchung ist als Vorarbeit zu einem umfassenden Projekt zur Diskursgrammatik altindischer Anaphern zu verstehen. Ziel der Arbeit ist daher keine exhaustive Darstellung bzw. Modellierung des Phänomens.

Zugrundegelegt wurde dieser Studie eine Stichprobe von fünfzig Liedern aus sämtlichen Büchern des RV. Zur Kontrolle des Befundes wurden zudem drei narrative Passagen aus dem ŚB untersucht, um sicherzustellen, daß die Textgattung der RV-Lieder nicht deviante Bedingungen hervorruft, die Anforderungen der Diskursgrammatik u.U. überlagern.

Ein wesentliches methodisches Problem bei der Untersuchung latenter Objekte ist die Heuristik. Da der Untersuchungsgegenstand nicht vorhanden ist, muß sie möglichst verlässlich sein, um es zu erlauben, im Einzelfall mit hoher Plausibilität für oder gegen den Ansatz eines latenten Objekts zu entscheiden. Betrachten wir dazu folgendes Beispiel:

(6) *vayáṃ ta*^{i} *indra viśváha priyā́saḥ suvī́rāso vidát*^{h}*am* (e_i) *ā́ vadema*

Wir wollen, o Indra, alle Tage als deine Freunde, als solche, die gute junge Kämpfer haben, zur Versammlung [dich] rufen / reden. RV 2,12,15

Grundsätzlich ist es hier ebenso gut möglich, ein latentes Objekt e_i anzunehmen wie einen intransitiven Gebrauch von *ā́ VAD*. Wir haben allerdings oben in Beispiel (4) bereits einen Fall kennengelernt, wo ein sicher transitives Verb ein latentes im Diskurs anaphorisch gebundenes Objekt hatte. Weiter unten (§ 3.3) werden wir sehen, daß sich solche latenten Objekte auch syntaktisch sicher nachweisen lassen. Die Heuristik kann also von der Tatsache ausgehen, daß latente Objektspronomina Teil des pronominalen Systems des Altindischen sind. Ein solches Pronomen im Einzelfall, also z. B. für (6), anzusetzen, ist daher für Lexikon und Grammatik kostenlos.

Betrachtet man unter dieser Voraussetzung einen Fall wie *ā́ VAD* in (6), wo man zwischen einer intransitiven Verwendung eines sonst transitiven Verbs und einer Konstruktion mit latentem Objekt schwanken kann, so ist die novacula Occami ausschlaggebend. Der Ansatz eines intransitiven *ā́ VAD* neben dem sicher nachweisbaren transitiven Verb ist nur dann gerechtfertigt, wenn sicher nachgewiesen werden kann, daß es Fälle gibt, wo *ā́ VAD* intransitiv sein muß. Gelingt dies nicht, so ist der Ansatz eines zweiten Lexikoneintrags für intransitives *ā́ VAD* neben dem transitiven nicht zu rechtfertigen. Bis zum Beweis des Gegenteils ist vielmehr von einem transitiven Verb mit latentem Objekt auszugehen.

Eine letzte methodische Vorbemerkung sei schließlich erlaubt: Der RV ist ein Korpus, also eine im Grunde arbiträre Teilmenge aller möglichen wohlgeformten Sätze der Sprache des RV. Postuliert man also, daß ein Verb x in einem gegebenen Kontext ein latentes Objekt hat, das mit einer referentiellen NP y koindiziert ist, so verliert diese Hypothese nicht dadurch an Wahrscheinlichkeit, daß y im RV-Korpus nirgendwo als Objekt von x belegt ist. Lediglich der Nachweis, daß y in der Sprache des RV niemals Objekt von x sein kann, würde den Ansatz des latenten Pronomens verhindern.

3 Das Inventar latenter Objekte

Das vedische Altindisch kennt drei Formen latenter Objekte, die im folgenden illustriert werden sollen. Es handelt sich um

- Operatorketten (in P[urpose]C[lause]s),
- Ellipsen,
- Nullobjekte.

Lediglich zur Abgrenzung soll an dieser Stelle ein Phänomen Erwähnung finden, das KRISCH 1984: 15 für das Altindische nachgewiesen hat, die Argumentreduktion durch Inkorporation. Vgl. dazu folgendes Beispiel:

(7) *ná tiṣṭ^h anti ná ní miṣanty eté*

Sie stehen nicht, sie schließen nicht [die Augen] ... RV 10,10,8

Die mit dem Thema assoziierte konzeptuelle Rolle ist in diesem Fall wie in dem deutschen Beispiel (5) schon auf der konzeptuellen Ebene über das Weltwissen existentiell abgebunden. Die Argumentstruktur ist daher reduziert, das Verb in der semantischen und der syntaktischen Repräsentation einstellig. Fälle wie dieser sind daher in unserem Zusammenhang nicht einschlägig.

3.1 Operatorketten in PCs

Im Altindischen existiert ein Typ adjunkter Infinitivphrasen, der sich durch zwei Besonderheiten auszeichnet: Zum einen enthält er eine Leerstelle, die mit dem Objekt des Einbettungssatzes koindiziert ist, zum anderen unterliegt die Referenz des Subjekts der Infinitivphrase keiner (bzw. freier) Kontrolle (vgl. KEYDANA 2003: 85ff.). Sätze dieses Typs heißen P[urpose]C[lause]s. Ist nun die mit dem Objekt des Einbettungssatzes koindizierte Leerstelle in der Infinitivphrase ihrerseits ebenfalls ein Objekt, so hat sie einen besonderen syntaktischen Status: Sie kann weder die Spur eines bewegten overten syntaktischen Objekts sein noch derselben Kategorie angehören wie das ebenfalls latente Subjekt der Infinitivphrase.[5] In der einschlägigen Literatur im Government & Binding framework werden solche latenten Objekte daher als Operatorketten analysiert. Vgl.[6]

(8) *bráhma kr̥ṇvánto gótamāso arkáir ūrd^h vā́ṃ nunudra utsad^h ím^i* [O_i [PRO_{arb} t_i *píbad^h yai*]]

Mit Gesängen ein Gedicht machend haben die Gotamas den Quellbehälter nach oben gestoßen zum Trinken. RV 1,88,4

Solche Operatorketten in Objektsposition in PCs werden immer vom Objekt des Einbettungssatzes gebunden. Sie können zwar für das Aind. nicht zwingend nachgewiesen werden, sind aber aufgrund typologischer Parallelen und aufgrund des Kontrollverhaltens sehr wahrscheinlich.[7]

3.2 Ellipsen

Ellipsen können die verschiedensten Konstituenten betreffen. In unserem Kontext relevant sind Objektellipsen und VP-Ellipsen. Bedingung für eine Ellipse ist, daß identisches Material vorausgeht. Ellipsen finden sich daher meist unter Koordination. Vgl. die folgenden Beispiele für VP-Ellipse und Objektellipse:

(9) *sáṃ no^i rāyā́ br̥hatā́ viśvápeśasā mimikṣvā́^k sám* e_i e_k *íḷāb^h ir ā́ / sáṃ* e_i e_k *dyumnéna viśvatúrā uṣo mahi sáṃ* e_i e_k *vā́jair vājinīvati*

Bringe uns zusammen mit hohem schillerndem Reichtum, [bringe uns] zusammen mit Erquickungen, [bringe uns] zusammen mit Glanz, der alles durchdringt, oh Uṣas, Große, [bringe uns] zusammen mit Siegen, du Siegreiche! RV 1,48,16

5 Dazu ausführlich KEYDANA 2003: 88.

6 O bezeichnet hier den Operator, t seine Spur und PRO das latente Subjekt des PC.

7 Vgl. dazu die ausführliche Diskussion dieses Satztyps in KEYDANA 2003: 88–95.

(10) e_i *ápejate*^{k} *śū́ro ásteva śátrūn*^{l} e_k *bā́d*^{h}*ate*^{m} *támo*^{i} *ajiró ná vóḷ*^{h}*ā* e_l e_m

Sie treibt von sich [das Dunkel] wie ein Held, der ein Schleuderer ist, die Feinde; sie bedrängt das Dunkel wie ein behender Fahrer [die Feinde]. RV 6,64,3

Die Untersuchung lebender Sprachen zeigt, daß Ellipsen immer durch die sogenannte *copy intonation* lizenziert werden. Sie können daher als Tilgungen identischen Materials auf der Ebene der Phonologischen Form aufgefaßt werden (vgl. Shopen 1973, Chomsky–Lasnik 1995: 126).

3.3 Nullobjekte

Der dritte Typ latenter Argumente, dem der verbleibende Teil dieser Arbeit gewidmet ist, ist das Nullobjekt, d. h. eine Entität mit syntaktischen Eigenschaften, die phonologisch leer ist. Vgl. dazu das folgende Beispiel:

(11) *pári tr̥nd*^{h}*i paṇīnā́m ā́rayā hŕ̥dayā*^{i} *kave* .../5/ *ví pūṣann ā́rayā* e_i *tuda*

Durchbohre mit dem Treibstachel die Herzen der Geizigen, o Seher .... Zerstich [sie] mit dem Treibstachel. RV 6,53,5–6

TOD + ví ist ein sicher transitives Verb. Sein Objekt ist latent und mit *hŕ̥dayā* aus /5/ koindiziert. Diese Koindizierung macht wahrscheinlich, daß es sich bei dem latenten Objekt um ein Pronomen handelt. Tatsächlich könnte es in (11) ebenso gut als overtes anaphorisches Pronomen realisiert sein:

(11′) *pári tr̥nd*^{h}*i paṇīnā́m ā́rayā hŕ̥dayā*^{i} *kave* .../5/ *vy ènam*$_i$ *ā́rayā tuda*

Abschnitt 4 wird weitere Evidenz dafür liefern, daß Nullobjekte tatsächlich phonologisch leere Pronomina sind.

Oben wurde bereits darauf hingewiesen, daß sowohl die Lexikonstrukturierung als auch Grundannahmen der Syntaxtheorie die syntaktische Realität von Nullobjekten nahelegen. Neben diesen theoretischen Gründen gibt es aber auch direkte empirische Evidenz für Nullobjekte: Es kann gezeigt werden, daß sie wie overte Pronomina ϕ-Merkmale haben und somit in der syntaktischen Repräsentation vorhanden sind. Ein Beispiel aus der Stichprobe ist RV 9,61,22:

(12) ... *yá ā́vit*^{h}*éndram̐*^{i} *vr̥trā́ya*^{k} [e_i *hántave* [$_{\mathrm{NP}}$ e_k *vavrivā́ṁsam*]]

..., der du den Indra gegen Vr̥tra unterstützt hast, damit er ihn töte, der [die großen Wasser] eingeschlossen hielt. RV 9,61,22

Die Infinitivphrase enthält zwei latente Argumente. Das erste ist das Subjekt (e_i), das mit dem Objekt *índram* des Einbettungssatzes koindiziert ist. Das zweite – und in unserem Kontext wichtige – ist das Objekt (e_k), das mit dem Dativus incommodi *vr̥trā́ya* koindiziert ist. Dieses Objekt muß angenommen werden, weil *vavrivā́ṁsam* selbst nicht Objekt sein kann: Dies hätte zufolge, daß das Partizip von *vr̥trā́ya* gebunden würde. Eine solche Bindungskonfiguration ist aber, weil *vavrivā́ṁsam* ein referierender Ausdruck ist, unzulässig.[8]

8 Diese Bindung würde gegen Prinzip C der Bindungstheorie verstoßen, das besagt, daß referentielle Ausdrücke frei sein müssen. Tatsächlich gibt es in natürlichen Sprachen solche Prinzip-C-Verletzungen, z. B. in einem Diskurs wie

(1) a. A: *Hast du Peter*^{i} *gesehen?*

b. B: *Der Blödmann*$_i$ *sitzt wieder mit Klaus in der Kneipe!*

Erlaubt sind solche anaphorischen R-Ausdrücke aber nur unter sehr spezifischen Bedingungen, die in dem altindischen Beispiel nicht gegeben sind.

Nimmt man also die vorliegende syntaktische Struktur ernst, so muß *vavrivā́ṁsam* Attribut sein[9], und zwar Attribut zum Objekt von *hántave*. Dies aber ist e_k. Die syntaktische Realität des Nullpronomens wird nun dadurch erwiesen, daß *vavrivā́ṁsam* Kasus und ϕ-Merkmale wie Numerus und Genus hat. Da es lediglich Attribut ist, muß es Kasus und Merkmale in einer Kongruenzbeziehung abgleichen, und die wiederum muß lokal sein. Einziges mögliches Bezugswort ist aber e_k, das demnach sowohl Kasus als auch ϕ-Merkmale hat.[10]

Ein weiteres ähnlich gelagertes Beispiel, in dem sich die syntaktische Realität des Nullobjekts aufgrund der syntaktischen Struktur sicher nachweisen läßt, wird unten unter (13) behandelt.

4 Referenz von Nullobjekten

Die Referenz textkohäsiver Pronomina kann mit einer dynamischen Semantik, z. B. der Diskursrepräsentationstheorie (DRT, Kamp & Reyle 1993, Genabith *et. al.* 2005), modelliert werden. Die Semantik von Diskursen ist nicht Thema der vorliegenden Arbeit. Da in der folgenden Diskussion diskursgrammatischer Beschränkungen für anaphorische Nullobjekte eine formal explizite Darstellung aber hilfreich erscheint, soll die Modellierung von Anaphern in DRT hier kurz skizziert werden.

In DRT wird davon ausgegangen, daß Diskurse als Diskursrepräsentationsstrukturen (DRS) modelliert werden können. Jede DRS besteht aus dem Universum der Variablen bzw. Diskursreferenten (DR) und einer Menge von Bedingungen. Jede NP führt einen DR in das Universum der DRS ein, indefinite NPs darüber hinaus eine Bedingung für diese Variable, eine n-stellige Relation. Eigennamen werden entsprechend modelliert: Auch sie führen einen DR und eine Bedingung ein. Die Bedingung ist hier allerdings eine einstellige definite Relationskonstante. Verben werden ebenfalls als Bedingungen für DRen (n-stellige Relationen) modelliert. Als NPs führen auch anaphorische Pronomina DRen ein, allerdings immer gekoppelt mit einer Identitätsbedingung, die sicherstellt, daß der neue DR mit einem schon in die DRS eingeführten gleichgesetzt wird.

Betrachten wir dazu folgendes Beispiel:

(13) *imā́ṃ te vā́caṃ vasūyánta āyávo rátʰaṃ ná dʰī́raḥ svápā atakṣiṣuḥ sumnā́ya tvā́m^i atakṣiṣuḥ* / e_i *śumbʰánto jényaṃ yátʰā vā́jeṣu vipra vājínam*

Diese Rede auf dich haben die güterbegehrenden Menschen gezimmert wie ein geschickter Künstler einen Wagen, zum Wohlwollen haben sie dich gezimmert, indem sie [dich] schmücken wie ein siegreiches Streitroß in den Kämpfen, du Dichter.

RV 1,130,6

Die Existenz eines syntaktisch vorhandenen latenten Objekts ist hier aufgrund des Vergleichs *jényaṃ yátʰā vā́jeṣu vājínam*, der wegen des Objektskasus auch syntaktisch ein primum comparationis voraussetzt, unzweifelhaft. Für unsere Zwecke kann dieser Text auf folgenden Mini-Diskurs reduziert werden:

(13′) a. *āyávas^k tvā́m^i atakṣiṣuḥ*

b. e_i *śumbʰántaḥ*$_k$

Zur Illustration der Funktionsweise von DRT gehen wir hier in sehr vereinfachender Weise davon aus, daß der gesamte Diskurs mit (13a) beginnt. (13a) ist also die erste Information,

9 Das Postulat einer Kasusattraktion wäre eine Alternative, die genau das nicht tut. Vgl. dazu Keydana 2003: 108–123.

10 Vgl. zu diesem Beispiel die ausführliche Diskussion in Keydana 2003: 115.

die in den Diskurs eingeführt wird. Wenn wir das Personalpronomen der 2.Person hier wie einen Namen behandeln, da es in einem gegebenen Kontext konstant auf genau ein Individuum referiert, können wir die Diskursrepräsentationsstruktur (DRS) von (13a) folgendermaßen darstellen:

$$(13a.') \quad \begin{array}{|c|}\hline x\ y \\ \hline \text{\textit{āyávaḥ}}(x) \\ \text{\textit{tvám}}(y) \\ \text{\textit{TAKṢ}}(x,y) \\ \hline \end{array}_{K_i}$$

Die beiden NPs, *āyávaḥ* und *tvám*, führen je einen DR ein, der dem Universum zugefügt wird. Da kein Kontext vorausgeht, enthält das Universum nunmehr zwei DRs, x und y. Im Bedingungsteil der DRS stehen dann sämtliche Bedingungen für die DRen, die (13a) enthält.[11] Diese DRS, die hier als K_i bezeichnet wird, weil sie den Input für die anaphorische zweite DRS darstellt, ist vollständig interpretierbar. K_i ist dann wahr, wenn es eine Zuweisungsfunktion gibt, die die beiden DRen auf zwei Individuen abbildet, von denen eines die Eigenschaft hat, *tvám* zu sein, das andere, ein Summenindividuum, die Eigenschaft *āyávaḥ*, und wenn weiterhin die beiden Individuen in einer *TAKṢ*-Relation zueinander stehen.

Anders (13b): Diese DRS, K, führt neue Information in den Diskurs ein, kann aber nicht allein interpretiert werden. Sowohl das Partizip als auch das Nullobjekt führen als NPs neue DRen in den Diskurs ein. Für diese DRen, u und z, gilt einerseits die Bedingung, daß sie in einer $\acute{S}OB^H$-Relation zueinander stehen, andererseits je eine Identitätsbedingung, die u und z je mit einem anderen DR, x bzw. y, gleichsetzt. x und y gehören aber nicht zum Universum von K. K ist daher nicht wohlgeformt (*improper*):

$$(13b.') \quad \begin{array}{|c|}\hline u\ z \\ \hline \acute{S}OB^H(u,z) \\ u = x \\ z = y \\ \hline \end{array}_{K}$$

Damit die DRS K interpretiert werden kann, muß sie mit dem vorab etablierten Stand des Diskurses, also K_i, vereinigt werden. In diesem *merge* dient K als *update* für K_i. Das Ergebnis der Vereinigung oder ihr Output ist die DRS K_o, also K_i erweitert um das *update* K:

$$(13'') \quad \begin{array}{|c|}\hline x\ y \\ \hline \text{\textit{āyávaḥ}}(x) \\ \text{\textit{tvám}}(y) \\ \text{\textit{TAKṢ}}(x,y) \\ \hline \end{array}_{K_i} \uplus \begin{array}{|c|}\hline u\ z \\ \hline \acute{S}OB^H(u,z) \\ u = x \\ z = y \\ \hline \end{array}_{K} = \begin{array}{|c|}\hline x\ y\ u\ z \\ \hline \text{\textit{āyávaḥ}}(x) \\ \text{\textit{tvám}}(y) \\ \text{\textit{TAKṢ}}(x,y) \\ \acute{S}OB^H(u,z) \\ u = x \\ z = y \\ \hline \end{array}_{K_o}$$

Das Ergebnis des *merges* besteht nun unter anderem darin, daß die in K freien DRen durch die Gleichsetzung mit den durch den Input akzessiblen x und y einer anaphorischen Resolution zugeführt werden können. K_o ist somit interpretierbar: Der gesamte Diskurs

11 In den DRSen werden im folgenden die durch Verben eingeführten Bedingungen durch die Verbalwurzel bezeichnet, die durch Nomina eingeführten durch den Nominativ des Nomens. Auf die Modellierung von Tempus wird aus Gründen der Übersichtlichkeit ebenso verzichtet wie auf die von adverbialen Bestimmungen. Die DRSen sind daher notwendig unvollständig, für die hier relevante Darstellung anaphorischer Pronomina aber hinreichend.

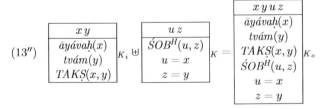

K_o ist dann wahr, wenn es eine Zuweisungsfunktion g von Variablen in Individuen gibt, so daß alle Bedingungen in K_o für die Variablen des Universums von K_o zutreffen.

In DRT kann auf diese Weise der dynamische Charakter der Diskurssemantik modelliert und in relativ anschaulicher Form dargestellt werden.

Im folgenden werden nun die verschiedenen Diskursfunktionen textkohäsiver Nullobjekte vorgestellt.

4.1 Arbiträre Lesart

Im vedischen Altindisch können Nullobjekte arbiträre Lesart haben. Vgl. dazu das folgende Beispiel:

(14) *sáṃ pūṣan* e_{arb} *vidúṣā* $e_{arb'}$ *naya yó* $e_{arb'}$ *áñjasānuśā́sati / yá evédám íti brávat*

Führe [uns], o Pūṣan, zusammen mit einem, der [es] weiß, der [es] geradenwegs weisen soll, der sagt: „Dies eben ist es.“ RV 6,54,1

Der Vers enthält zwei latente Objekte. Das erste, e_{arb}, ist mit der Gruppe des Sprechers indiziert. Das zweite, $e_{arb'}$, referiert auf das verlorene Vieh bzw. dessen Aufenthaltsort. In beiden Fällen gibt es keine Antezedenten im Diskurs, vielmehr beziehen beide Objekte ihre Referenz aus dem außersprachlichen Kontext bzw. dem Weltwissen von Sprecher und Hörer.

Ein Sonderfall arbiträrer Nullobjekte sind solche, die in ACIs in Subjektposition stehen. Ein Beispiel ist RV 7,81,4:

(15) *ucʰántī yā́ kr̥ṇóṣi maṃhánā mahi* e_{arb} *prakʰyái devi* e_{arb} *svàr dr̥śé*

Große Göttin, die du aufleuchtend bereitwillig machst, daß man schaue, daß man die Sonne sehe, ... RV 7,81,4

Das einbettende finite Verb, *KAR*, wird in der Bedeutung ‚veranlassen' mit dem ACI konstruiert. Man vergleiche dazu Keydana 2003: 139–145. In der Subjektposition des ACIs sind overte NPs zwar die Regel, aber auch Nullobjekte möglich: Ein zunächst überraschender, angesichts der syntaktischen Realität des Nullpronomens aber durchaus erwartbarer Befund. Es gibt aber eine wesentliche Beschränkung für die Verwendung von Nullobjekten in ACIs: Sie haben notwendig arbiträre Lesart (Keydana 2003: 143–144).

4.2 Kataphern

Kataphorische Nullobjekte können in der Sprache des RV ebenfalls nachgewiesen werden. Man vergleiche:

(16) e_i *suṣumā́ yātam ádribʰir góśrītā matsarā́ imé sómāso*^{i} *matsarā́ imé*

Mit Steinen haben wir [sie] ausgepreßt, kommt her, mit Milch gemischt, berauschend sind diese Somatränke, berauschend sind diese. RV 1,137,1

Das Objekt des ersten Teilsatzes ist latent, aber klar referentiell und von der Subkategorisierung von *SAV* gefordert. Es muß sich daher um ein Nullobjekt handeln. Der DR, mit dem der von dem Nullpronomen eingeführte gleichgesetzt wird, geht hier aber nicht voraus, er wird vielmehr erst durch *sómāsaḥ* im folgenden Teilsatz eingeführt. Das Nullobjekt ist folglich kataphorisch.

Sehr häufig sind kataphorische Nullobjekte als Antezedenten zu Relativpronomina:

(17) *pāpám* e_i *āhur yáḥ*$_i$ *svásāraṃ nigácʰāt*

Böse nennt man [den], der zur Schwester hingehen will. RV 10,10,12

HETTRICH 1988: 529–32 spricht in solchen Fällen von elliptischem Nukleus. Echte Ellipse setzt aber – wohl auch im Altindischen – *copy-intonation* voraus (vgl. 3.2). Man wird daher nicht umhin können, auch in diesen Fällen kataphorische Nullpronomina anzusetzen.

4.3 Anaphern und Bindung

Nach diesem kurzen Überblick über nicht-anaphorische Verwendungen des Nullobjekts kommen wir nun zu seiner wichtigsten und häufigsten Verwendung, der anaphorischen. Beispiele für diesen Gebrauch wurden bereits mit (4) und (13) gegeben.

Die in der Stichprobe relativ häufige anaphorische Verwendung des Nullobjekts erlaubt es aber, die Hypothese zu überprüfen, daß Nullobjekte Pronomina sind. Ist dies der Fall, so sollten sich Nullobjekte auch bindungstheoretisch wie Pronomina verhalten und Bindungsprinzip B unterliegen:

(18) Ein Pronomen ist in seiner Domäne frei. Bindungsdomänen sind im Altindischen Sätze, Infinitivphrasen und Partizipialphrasen.

Die Durchsicht der Belege aus der Stichprobe ergibt, daß Bindungsprinzip B immer saturiert wird. Ausnahmen sind nur scheinbar. Vgl.

(19) *tásyās te*^{i} *sumnám* e_i *īmahe*
…, um dieser deiner [Peitsche] Gunst gehen wir [dich] an. RV 6,53,9

In diesem Beispiel gehört der Antezedens *te* zur selben Domäne wie das Nullpronomen. Ein ähnlicher Fall ist RV 2,12,15, das oben als Beispiel (6) vorgestellt wurde. Auch hier ist der Antezedens des Nullobjekts der Spezifizierer einer NP. Beispiele wie diese sind aber unproblematisch, weil für Bindung generell folgende Bedingung gilt:

(20) Ein Element α bindet ein Element β genau dann, wenn α β c-kommandiert und α und β korreferent sind.

Der zweite Teil dieser Bedingung ist in (19) und (6) zwar erfüllt, nicht aber der erste: Der Spezifizierer einer NP kann eine Objekt-NP nicht c-kommandieren, weil der erste Knoten, der den Spezifizierer dominiert, nicht auch das Objekt dominiert.[12]

Auch im folgenden Beispiel liegt eine scheinbare Domänenverletzung vor:

(21) [$_{\text{NP}}$*tásyās te ratna*^{i}*-b*^{h}*ája* e_i] *īmahe vayám*
Um deine [Gabe], die du so bist, die du Gaben austeilst, bitten wir. RV 7,81,4

Auf den ersten Blick scheint es, als sei das Nullobjekt mit einem Teil seines eigenen Genitiv-Spezifizierers, dem Vorderglied *ratna-*, koindiziert. Zwei Beobachtungen zeigen aber, daß auch hier Prinzip B nicht verletzt wird: So ist zum einen der vermeintliche Antezedens kein syntaktisches Objekt. Als Teil einer größeren morphologischen Struktur, des Kompositums *ratna-b*^{h}*ā́j-*, kann er daher in keine Bindungskonfiguration eingehen. Die syntaktischen Bedingungen für Bindung sind also nicht erfüllt. Zudem hat das Vorderglied *ratna-* eine generische Lesart, das Nullobjekt dagegen referiert auf ein konkretes Individuum, die Gabe, die durch den Diskurs eingefordert wird. Semantisch sind der vermeintliche Antezedens

12 Man vergleiche dazu auch folgendes deutsche Beispiel:

(1) *Peters*^{i} *Vater sieht ihn*$_{i}$ *im Garten.*

Auch hier c-kommandiert der Antezedens als Spezifizierer der NP die Anapher nicht. Bindungsprinzip B ist daher nicht verletzt, obwohl Antezedens und Anapher im selben Satz stehen.

und die Anapher daher nicht vom selben Typ: Korreferenz ist daher auch aus semantischen Gründen ausgeschlossen.

Die Durchsicht der Belege für anaphorische Nullobjekte in der Stichprobe bestätigt also die Hypothese, daß Nullobjekte Pronomina sind, die Bindungsprinzip B unterliegen.[13]

5 Diskursgrammatik von Nullobjekten

Wir konnten zeigen, daß es im Altindischen syntaktische Nullobjekte gibt und es sich dabei im Sinne der Bindungstheorie um Pronomina handelt. Wie aber werden diese latenten Pronomina im Diskurs lizenziert? Gibt es diskursgrammatische Beschränkungen für Nullobjekte, die steuern, wann ein Nullobjekt verwendet wird und wann ein overtes wie *tá-* oder enklitisches *a-/ena-*, *sīm*? Diesen Fragen soll im folgenden Abschnitt nachgegangen werden.

In der Literatur zu latenten Objekten werden v. a. drei Lizenzierungsstrategien diskutiert:

- Topic-Löschung bei Identität mit dem vorausgehenden Topic (HUANG 1984), also Löschung identischen Materials auf der Ebene der Phonologischen Form. Das Nullobjekt wäre in diesem Fall zwar ein syntaktisches Objekt, aber kein Pronomen, und die Tatsache, daß Nullobjekte Bindungsprinzip B nicht verletzen, wäre lediglich ein Epiphänomen der Tatsache, daß jeder Satz nur eine Topic-Konstituente hat.
- Latenz bei identischer θ-Rolle von Antezedens und Objekt (ANDERSEN 1987). Diese Strategie widerspricht der Annahme nicht, daß latente Objekte Pronomina sind.
- Latenz bei unmittelbarer Nähe zum Antezedens, wobei Nähe gegebenenfalls strukturell definiert werden muß (HOBBS 1978, GIVON 1983, ARIEL 1990). Auch in diesem Fall ist davon auszugehen, daß Pronomina vorliegen.

5.1 Topic-Löschung

Die Löschung von Topics ist in relativ vielen Sprachen dann möglich, wenn das gelöschte Topic mit dem des vorangehenden Satzes identisch ist (vgl. HUANG 1984, KRIFKA 2007). Vgl. folgendes Beispiel aus dem Deutschen:

(22) a. A: *Wo ist eigentlich* [$_{\text{TOP}}$ *die neue Zeitung*]*?*
b. B: *Weiß ich auch nicht.* [$_{\text{COM}}$ *Hab ich aber gerade noch gesehen*].

In der Antwort kann das Topic vollständig fehlen, weil es mit dem der Frage identisch ist.[14]

Um zu überprüfen, ob die altindischen Nullobjekte gelöschte Topics sind, bedarf es zunächst einer Definition des Topic-Begriffs. Vgl. dazu die Definition von KRIFKA 2007: 41:[15]

> The topic constituent identifies the entity or set of entities under which the information expressed in the comment constituent should be stored in the C[ommon]G[round] content.

13 In der Government & Binding Theory werden solche Pronomina als *pro* bezeichnet. Zu Objekts-*pro* vgl. die grundlegende Arbeit von RIZZI 1986 und die Überblicksdarstellung von BHATT & PANCHEVA 2005.

14 Die Tilgung des Topics ist im Deutschen allerdings nicht obligatorisch. Steht stattdessen ein anaphorisches Pronomen, so fehlt allerdings normalerweise das Subjekt: *Hab sie aber gerade noch gesehen.* Dieses Phänomen wird als *pronoun zap* bezeichnet.

15 Der CG ist die Menge der Propositionen, von denen angenommen werden kann, daß sie von den Diskursteilnehmern akzeptiert werden. Darüber hinaus gehört zum CG die Menge der Entitäten, die durch Diskursreferenten eingeführt worden sind (KRIFKA 2007: 16). Der Comment kann negativ als der Teil eines Satzes definiert werden, der nicht Topic ist: Er enthält die Information, die über das Topic gegeben wird.

Topics können durch verschiedene Verfahren identifiziert werden. Ein in vielen Sprachen relativ valides Kriterium ist die Intonation. Für das Altindische ist es offensichtlich nicht brauchbar, weil die Intonation nicht überliefert ist. Ein zweites rein formales Verfahren ist die Identifizierung des Topics aufgrund seiner syntaktischen Position. Zwar kann für das Altindische eine Topic-Position in der linken Peripherie des Satzes angenommen werden (vgl. z. B. KRISCH 2002), ähnlich wie im Deutschen ist die Dislozierung des Topics aber nicht obligatorisch. Dieses Verfahren erlaubt es also lediglich, einen Teil der Topics des Altindischen zu identifizieren: Ist eine Konstituente in die linke Peripherie disloziert, so handelt es sich (abgesehen von klar beschreibbaren Ausnahmen) um ein Topic. Ist eine Konstituente nicht disloziert, so kann sie gleichwohl (intonational markiertes) Topic sein.

Neben diesen formalen Techniken zur Identifizierung von Topics gibt es schließlich noch eine interpretatorische: Grundsätzlich sollte es möglich sein, einen Diskurs so zu analysieren, daß für jeden gegebenen Satz das Topic identifiziert werden kann. Dieses Verfahren bringt aber zwei Schwierigkeiten mit sich: Erstens muß nicht jedes syntaktische Objekt, dem hermeneutisch ein bestimmter informationsstruktureller Status zugewiesen werden kann, in der sprachlichen Äußerung auch tatsächlich für diesen Status markiert sein. Zweitens ist die informationsstrukturelle Analyse von Diskursen ohne Rekurs auf formale Kriterien nur sehr bedingt falsifizierbar und bisweilen auch völlig unmöglich. Das gilt besonders bei artifiziellen Textsorten wie z. B. den Liedern des Rigveda. Zur Überprüfung der Topic-Hypothese für Nullobjekte wird daher im folgenden nur mit Daten gearbeitet, bei denen das Topic durch Dislozierung in die linke Peripherie des Satzes syntaktisch markiert ist.

In der Stichprobe gibt es Fälle von Nullobjekten, die in Konfigurationen stehen, die die Annahme einer Löschung unter Topic-Identität erlauben. Vgl.:

(23) *yát te divo duhitar martab^h^anaṃ* [$_{\text{TOP}}$ *tád*^{i}] *rāsva* [$_{\text{TOP}}$ e_i] *b^h^unájāmahai*

Was du an Speise für Menschen hast, Tochter des Himmels, das gib! Wir möchten es genießen. RV 7,81,5

Der Relativsatz führt hier neue Information ein. Er gibt an, worüber im folgenden gesprochen wird. Das anaphorische *tád* kann daher als Topic aufgefaßt werden, zu dem dann *rāsva* den Comment liefert.[16] Der zweite Satz ist dann gleich strukturiert: Das Nullobjekt hat denselben informationsstrukturellen Status wie *tád*, *b^h^unájāmahai* ist wiederum Comment.

Es finden sich allerdings auch viele Gegenbeispiele. Eines ist RV 2,15,3:

(24) *sádmeva prā́co ví mimāya mā́nair* [$_{\text{TOP?}}$ *vájreṇa*] *k^h^ā́ny atṛ̥nan nadī́nām*^{i} *vŕ̥t^h^āsṛjat* e_i *pat^h^íb^h^ir dī́rg^h^ayāt^h^áiḥ*

Wie Sitze hat er die nach vorne gerichteten ausgebaut mit Maßen. Mit der Keule hat er die Öffnungen für die Flüsse gebohrt, nach Belieben setzte er [sie] frei auf Wegen mit langen Bahnen. RV 2,15,3

Der Vers steht, wie so oft im RV, in einer Aufzählung der Heldentaten des Indra und damit in keinem unmittelbaren Diskurszusammenhang. Die Informationsstruktur heuristisch zu ermitteln, ist daher nicht möglich. Es läge zweifellos nahe, in den ersten beiden Sätzen *k^h^ā́ni* bzw. *prā́caḥ* als Topic zu identifizieren, im letzten dagegen das mit *nadíyaḥ* koindizierte Nullobjekt. Die Stellung von *vájreṇa* in der linken Peripherie des zweiten Satzes legt allerdings nahe, daß es sich hierbei um das formal markierte Topic handelt. Wie immer man die Informationsstruktur dieses Satzes analysiert, sicher ist, daß der Genitiv *nadī́nām* nicht Topic des Satzes ist. Obwohl er syntaktisch zu der Konstituente [*k^h^ā́ni nadī́nām*] gehört, ist er wegen der Trennung von *k^h^ā́ni* in der Linearisierung des Satzes selbst dann

16 Die Stellung von *tád* ist hier allerdings kein zwingender Hinweis auf Topic, da das Objekt im Altindischen auch ohne Dislozierung vor dem Verb steht.

nicht einmal Teil des Topics, wenn k^h*áni* wie oben angedeutet als Topic analysiert wird. Der Beleg zeigt damit deutlich, daß Topic-Identität keine Bedingung für die Verwendung latenter Objekte in der Sprache des RV ist.

Die Brāhmaṇaprosa bestätigt diesen Befund. Zwar gibt es auch hier Belege, wo sowohl das Nullobjekt als auch sein Antezedens Topics sind, es überwiegen aber wie im RV die Gegenbeispiele. Vgl.:

(25) [$_{\text{TOP}}$ *tám*^{i}] *evám̐ b*^{h}*r̥tvā́* e_i *samudrám ab*^{h}*yávajahāra*

Als er ihn so aufgezogen hatte, warf er ihn in den Ozean. ŚB 1,8,1,5

(26) [$_{\text{TOP}}$ *mánave*] *ha vái prātáḥ avanégyam udakám*^{i} *ā́jahrur yát*^{h}*edám̐* e_i *pāṇíb*^{h}*yām avanéjanāyāháranty evám*

Dem Manu brachte man am Morgen Waschwasser, so wie man es heute zum Waschen der Hände bringt. ŚB 1,8,1,1

Als Zwischenergebnis kann also festgehalten werden, daß weder die altindischen Nullobjekte Topics sein müssen noch ihre Antezedenten. Daraus folgt, daß die Nullobjekte keine Zero Topics im Sinne von HUANG 1984: 545 sind. Dieser Befund bestätigt die oben vorgeschlagene und begründete Analyse der aind. Nullobjekte als Pronomina.

5.2 θ-Rollen von Antezedens und Anapher

Eine mögliche Beschränkung für Nullobjekte, die vor allem im Zusammenhang mit Ergativsprachen diskutiert wird, wo sie wegen der syntaktischen Asymmetrie zwischen transitiven und intransitiven Sätzen zu auf den ersten Blick überraschenden Anaphernresolutionen führt, besteht darin, daß das anaphorische latente Pronomen nur dann lizenziert ist, wenn es dieselbe θ-Rolle hat wie sein Antezedens:

(27) Antezedens eines Nullobjekts ist eine im Diskurs vorausgehende NP mit identischer θ-Rolle.

Diese Bedingung stellt im übrigen zugleich sicher, daß Bindungsprinzip B saturiert wird, weil aufgrund des θ-Kriteriums in der Domäne des Nullobjekts dessen θ-Rolle nicht ein zweites Mal vergeben werden darf. Mögliche Antezedenten stehen daher notwendig außerhalb der Domäne des Nullobjekts.

Die Beschränkung (27) scheint im Altindischen durchaus relevant zu sein. In den untersuchten RV-Liedern überwiegen Fälle mit identischer θ-Rolle deutlich. Vgl.

(28) *ánu pū́rvāḥ*^{i} *kr̥pate* e_i *vāvaśānā́*

Sie sehnt sich nach den früheren, [sie] sehr wünschend. RV 1,113,10[17]

Ausnahmen in der untersuchten Stichprobe sind die Beispiele (6), (19) und (33).[18]

In der Prosa überwiegen Fälle mit identischer θ-Rolle ebenfalls signifikant.

17 Gegen KÜMMEL 2000: 480 bleibe ich bei der Auffassung, daß das Perfekt *vāvaś-* zu der Wurzel *VĀŚ* gehört. Den formalen Schwierigkeiten zum Trotz scheint mir Kümmels Argumentation methodisch nicht einwandfrei zu sein: Der Anschluß dieses Perfekts an *VĀŚ* zwingt Kümmel zu der Annahme, diese Wurzel bezeichne v. a. ein sehnsüchtiges Brüllen. Nur so ist er in der Lage, Fälle, wo das Perfekt zweifelsfrei ein Wünschen bezeichnet, in seine Analyse zu integrieren. Selbst wenn *VĀŚ* auch dann verwendet wird, wenn das Brüllen der Rinder als „soziale[s] Kontaktbrüllen“ (KÜMMEL 2000: 479) verstanden werden kann, besagt dies durchaus nicht, daß „die Bedeutung von $\sqrt{\textit{vāś}}$ ein Moment des Begehrens enthält“ (KÜMMEL 2000: 479). Vielmehr immunisiert Kümmel durch diesen Bedeutungsansatz seine Auffassung gegen jede Falsifizierung, macht sie dadurch aber nicht wahrscheinlicher.

18 In diesen Belegen wird aber immer die unten vorgestellte Adjazenzbeschränkung saturiert: In (6) und (19) c-kommandiert der Antezedens das Nullobjekt als einzige NP in der Domäne nicht. Er ist somit der nächste akzessible Kandidat. (33) wird in Abschnitt 5.3 besprochen.

(29) *tásya kumārāḥ krīḍanta imáṃ jīrṇiṃ*^{i} *kr̥tyārūpam anart*^{h}*yáṃ mányamānā loṣṭáir* e$_i$ *vípipiṣuḥ*

Seine Knaben, die spielten und diesen altersschwachen gespenstigen Mann für unnütz hielten, bewarfen [ihn] mit Erdklumpen. ŚB 4,1,5,2

Es gibt allerdings auch hier Ausnahmen:[19]

(30) *ŕ̥ṣe námas te*^{i} *yán* e$_i$ *nāvediṣaṃ ténāhiṃsiṣam* e$_i$

R̥ṣi, Verehrung sei dir. Weil ich [dich] nicht erkannte, darum habe ich [dich] beleidigt. ŚB 4,1,5,7

Anders als identischer informationsstruktureller Status ist θ-Rollenidentität zwischen Antezedens und Nullanapher offenbar eine präferierte Konfiguration im Altindischen. Die Ausnahmen sowohl in der Prosa als auch in den Liedern des RV zeigen aber, daß wir es hier lediglich mit einer weichen Wohlgeformtheitsbeschränkung der Diskursgrammatik zu tun haben.

5.3 Adjazenz

Nähe von Antezedens und Nullobjekt ist die dritte mögliche diskursgrammatische Anforderung, die hier untersucht werden soll, und zugleich die in der Literatur am häufigsten besprochene. Die „accessibility scale" der funktionalen Grammatik (Givon 1983, Ariel 1990) sagt voraus, daß bei maximaler Akzessibilität minimale Ausdrucksmittel für die Anapher verwendet werden. Verfügt eine Sprache wie das Altindische also über phonologisch leere Anaphern, so sollten sie nur in unmittelbarer Nähe zu ihrem Antezedens verwendet werden. Als Wohlgeformtheitsbeschränkung kann die Adjazenzbeschränkung folgendermaßen formuliert werden:

(31) Antezedens eines Nullobjekts ist die nächste im Diskurs vorausgehende NP.

Die Durchsicht der Stichprobe zeigt, daß tatsächlich in der Regel Antezedens und Nullobjekt adjazent stehen: Zwischen beiden interveniert keine weitere NP. Vgl. dazu:

(32) *r̥tásya pánt*^{h}*ām*^{i} *ánv eti sād*^{h}*ú* e$_i$ *prajānatī́va ná díśo mināti*

Sie folgt dem Weg der Weltordnung auf gute Weise, wie eine, die [den Weg] kennt, mindert sie nicht die Himmelsrichtungen. RV 5,80,4

Intervenierende NPs sind ausgesprochen selten. In der Stichprobe aus dem RV findet sich nur ein Beleg. Nähere Betrachtung zeigt aber, daß er die Adjazenzbedingung nicht grundsätzlich in Frage stellt, sondern vielmehr hilft, sie durch das Konzept der Akzessibilität zu verfeinern:

(33) *sá pravoḷ*^{h}*ŕ̥n parigátyā dab*^{h}*ī́ter*^{i} *víśvam ad*^{h}*āg ā́yud*^{h}*am idd*^{h}*é agnáu / sáṃ gób*^{h}*ir áśvair* e$_i$ *asr̥jad rát*^{h}*eb*^{h}*iḥ*

Nachdem er die Entführer des Dab^{h}īti überlistet hatte, verbrannte er die gesamte Bewaffnung im entzündeten Feuer, er stattete [ihn] aus mit Rindern, Pferden, Wagen. RV 2,15,4

Das Nullobjekt ist hier eindeutig mit *Dab*^{h}*īti* indiziert. Zwischen Antezedens und Pronomen intervenieren allerdings vier weitere NPs, *ā́yud*^{h}*am*, *agnáu*, *gób*^{h}*iḥ* und *áśvaiḥ*. Die beiden Instrumentale sind allerdings keine möglichen Antezedenten, weil sie in demselben Satz und somit in derselben Teil-DRS stehen wie das Nullpronomen:

19 Auch in diesen Fällen wird die Adjazenzbedingung immer saturiert.

(33′) K_i *sá pravoḷ*^{h}*r̥̄́n parigátyā dab*^{h}*ī́ter víśvam ad*^{h}*āg ā́yud*^{h}*am*^{i} *idd*^{h}*é agnáu*
K *sáṃ gób*^{h}*ir áśvair* e_i *asr̥jad rát*^{h}*eb*^{h}*iḥ*

Eine Koindizierung mit einer der beiden NPs innerhalb der syntaktischen Domäne des Satzes, der K konstituiert, wäre eine Verletzung von Bindungsprinzip B. Schon diese Beobachtung zeigt, daß das Konzept der Nähe nur dadurch operationalisiert werden kann, daß es um das der Akzessibilität ergänzt wird: Die beiden Instrumentale sind zwar adjazent, jedoch syntaktisch nicht akzessibel. Bei der Suche nach dem nächsten möglichen Antezedenten spielen sie folglich keine Rolle.[20]

Eine um syntaktische Akzessibilität bereicherte Adjazenzbeschränkung würde vorhersagen, daß e mit der nächsten NP aus K_i indiziert ist. Das ist *agnáu*. Auch dieses Ergebnis ist offensichtlich falsch, obwohl keine syntaktischen Beschränkungen dagegen sprechen.

Akzessibilität wird aber nicht nur von syntaktischen (bzw. in der Struktur von DRSen begründeten) Beschränkungen beeinflußt.[21] Anaphernresolution wird vielmehr immer auch durch konzeptuelle Kompatibilität gesteuert. Vgl. dazu zunächst ein deutsches Beispiel:

(34) *Der Stein*^{i} *fiel Peter*^{k} *vor die Füsse.* *Er*$_k$ *war erschrocken* / *Er*$_i$ *war schwer.*

(34) zeigt, daß die Bedingungen für Antezedens und Anapher nicht kontradiktorisch sein dürfen. *Erschrocken sein* präsupponiert einen Experiencer, der psychische Zustände haben kann, *Stein* dagegen schließt psychische Zustände aus. *Peter* ist daher der einzige akzessible Antezedens für die Anapher im Diskurs. In einer DRT-Repräsentation werden Präsuppositionen dadurch dargestellt, daß jeder Satz als Paar $\langle P, D\rangle$ modelliert wird. D ist die DRS des nichtpräsuppositionalen Teils des Satzes, P die DRS des präsuppositionalen Teils (vgl. GENABITH *et al.* 2005: 16–17).

(34) besteht aus zwei Teil-DRSen:

(34′) K_i *Der Stein fiel Peter vor die Füße.*
K *Er war erschrocken.*

Ausgehend von einem leeren Kontext kann K_i folgendermaßen dargestellt werden:

(34″)
$$\boxed{} \left\langle \emptyset, \begin{array}{|c|}\hline x\,y \\ \hline Stein(x) \\ \neg psych(x) \\ Peter(y) \\ fallen(x,z) \\ \dots \\ \hline\end{array} \right\rangle_{K_i}$$

Dem leeren Kontext entspricht in der graphischen Darstellung der leere Kasten. K_i erzeugt keine (in diesem Zusammenhang relevanten) Präsuppositionen, P ist daher eine leere Menge. Die Bedingung *Stein*(x) erzeugt Implikationen. Eine davon ist $\neg$*psych*: Ein Individuum, das die Eigenschaft hat, ein Stein zu sein, hat qua Implikation auch die Eigenschaft, keine psychischen Zustände zu kennen.

Die Vereinigung des Kontextes mit K_i ist trivial: Erstens ist der Kontext leer, zweitens muß er keinen Präsuppositionen von K_i akkommodiert werden. Der *merge* ist daher mit K_i identisch.

Betrachten wie nun die zweite Teil-DRS, K. K erzeugt zwei (hier relevante) Präsuppositionen: Erstens setzt das anaphorische Pronomen *er* voraus, daß im Kontext ein Maskulinum vorausgeht. Zweitens kann *erschrocken sein* nur von einem Individuum prädiziert werden,

20 Vgl. zu ähnlichen Konfigurationen auch die Beispiele (6) und (19).
21 Zu letzteren vgl. GENABITH *et al.* 2005: 23.

das psychische Zustände hat. Ein DR, der auf ein solches Individuum abgebildet wird, muß folglich im Kontext existieren. Der Kontext für K ist K_i:

$$(34''')\quad \begin{array}{|c|}\hline x\,y \\ \hline Stein(x) \\ Peter(y) \\ fallen(x,z) \\ \neg psych(x) \\ \ldots \\ \hline \end{array}_{K_i} \left\langle \left\{ \begin{array}{|c|}\hline u \\ \hline mask(u) \\ \hline \end{array}, \begin{array}{|c|}\hline u \\ \hline psych(u) \\ \hline \end{array} \right\}, \begin{array}{|c|}\hline u \\ \hline erschrocken\ sein(u) \\ u = y \\ \hline \end{array} \right\rangle_K$$

Der Kontext wird nun den Präsuppositionen der vorläufigen DRS K_i akkomodiert. Anschließend werden die nunmehr nichtpräsuppositionale DRS K_i und K vereinigt:

$$(34'''')\quad \begin{array}{|c|}\hline x\,y \\ \hline Stein(x) \\ Peter(y) \\ fallen(x,z) \\ \neg psych(x) \\ psych(y) \\ mask(y) \\ \ldots \\ \hline \end{array}_{K_i} \uplus \begin{array}{|c|}\hline u \\ \hline erschrocken\ sein(u) \\ u = y \\ \hline \end{array}_K = \begin{array}{|c|}\hline u\,x\,y \\ \hline Stein(x) \\ Peter(y) \\ fallen(x,y) \\ \neg psych(x) \\ psych(y) \\ mask(y) \\ erschrocken\ sein(u) \\ u = y \\ \ldots \\ \hline \end{array}_{K_o}$$

Eine Bedingung $u = x$ würde zwar die Bedingung *mask* akkomodieren, sie würde aber für x zu den Bedingungen $\neg psych$ und *psych* führen. Die DRS wäre aufgrund der Kontradiktion nicht interpretierbar. Umgekehrt ist (im gegebenen Kontext) die Bedingung *schwer* mit höherer Wahrscheinlichkeit eine für den Diskursreferenten, der auf einen Stein referiert, als für den, der auf Peter referiert.

Betrachten wir nun unter dem Gesichtspunkt möglicher Präsuppositionen erneut die intervenierenden NPs in (33). *Agnáu* ist aus demselben Grund nicht akzessibel wie *Stein* im deutschen Beispiel (34): Durch die NP selbst wird eine Bedingung für den DR eingeführt – die nämlich, ein Feuer zu sein –, die aufgrund der von ihr ausgelösten Implikationen nicht mit der Bedingung kompatibel ist, mit Pferden und Wagen ausgestattet zu werden. Bleibt als nächster Kandidat *áyuddʰam*. Das Nomen selbst löst weder Implikationen noch Präsuppositionen aus, die verhindern, daß es Antezedens der Anapher sein kann. Allerdings wird von dem durch *áyuddʰam* eingeführten DR auch gesagt, daß er Thema eines *DAH*-Ereignisses sei. *DAH* aber ist ein telisches Verb, es bezeichnet in Vendler'scher Terminologie ein *accomplishment*. Seine semantische Struktur kann daher folgendermaßen dargestellt werden:

(35) $[\![DAH]\!] = \lambda y \lambda x \lambda e \exists s[activity(e) \wedge DAH'(e) \wedge agent(x)(e) \wedge theme(y)(e) \wedge state(s) \wedge Q(s) \wedge theme(y)(s) \wedge \textsc{cause}(s)(e)]$

Ein *DAH*-Ereignis ist also ein *activity*, an dem ein Agens und ein Thema partizipieren, und das beim Thema einen hier mit Q bezeichneten Zustand verursacht, den des Verbranntseins. Da *DAH* in (33) im Aorist steht, ist sicher, daß dieser Zustand in dem Beispiel auch eingetreten ist. Der Zustand des Verbranntseins impliziert aber weitere Bedingungen für die Variable, von der er prädiziert wird, unter anderen die, daß das Individuum, auf das die Variable abgebildet wird, zerstört ist. Diese Bedingung soll hier als $\neg integer$ bezeichnet werden.

Sám SARJ im Folgesatz dagegen setzt aufgrund einer Präsupposition voraus, daß sein Thema integer ist. Wir erhalten also für den Antezedenten *áyuddʰam* kontradiktorische

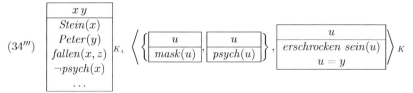

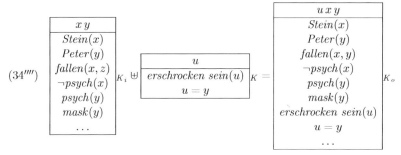

Bedingungen. Der von *ā́yudd^{h}am* eingeführte DR ist daher als Antezedens nicht akzessibel. In stark verkürzter Darstellung ergibt sich:

(33″)

$$\left\langle \emptyset, \begin{array}{|c|}\hline x\;y\;z \\ \hline \textit{índraḥ}(x) \\ \textit{dab}^h\textit{ī́tiḥ}(y) \\ \textit{ā́yudd}^h\textit{am}(z) \\ DAH(x,z) \\ \neg integer(z) \\ \ldots \\ \hline \end{array} \right\rangle_{K_i} \uplus \left\langle \left\{ \begin{array}{|c|}\hline v \\ \hline integer(v) \\ \hline \end{array} \right\}, \begin{array}{|c|}\hline u\;v \\ \hline \textit{sám}\; SARJ(u,v) \\ u = x \\ v = y \\ \ldots \\ \hline \end{array} \right\rangle_{K} = \begin{array}{|c|}\hline u\;v\;x\;y\;z \\ \hline \textit{índraḥ}(x) \\ \textit{dab}^h\textit{ī́tiḥ}(y) \\ \textit{ā́yudd}^h\textit{am}(z) \\ DAH(x,z) \\ \neg integer(z) \\ integer(y) \\ \textit{sám}\; SARJ(u,v) \\ u = x \\ v = y \\ \ldots \\ \hline \end{array}_{K_o}$$

Damit bleibt als nächster akzessibler Antezedens der Genitiv *dab^{h}ī́teḥ*. Die Analyse von (33) zeigt also, daß die Nähebedingung folgendermaßen präzisiert werden muß:

(31′) Antezedens ist die nächste im Diskurs vorausgehende NP, die syntaktisch und konzeptuell akzessibel ist.

In der RV-Stichprobe gibt es keinen Beleg, bei dem der Antezedens nicht der unmittelbar adjazente akzessible Diskursreferent ist. Die Prosa bestätigt den Befund der RV-Stichprobe: Fälle unmittelbarer Adjazenz überwiegen deutlich. Vgl.:

(36) *sá eṣá paśúṣu kuṇapagand^{h}ás* [...] *sómasya haiṣá rā́jño gand^{h}ā́ḥ*^{i} /8/ *nò evá* e$_i$ *níṣṭ^{h}īvet*

Dies ist der Verwesungsgeruch bei den Tieren. [...] Er ist ja der Geruch des Königs Soma. Und man soll nicht darauf spucken. ŚB 4,1,3,8–9

Distanzstellung ist allerdings in der Stichprobe nachweisbar:

(37) *sā́ hovāca pátiṃ*^{i} *nú me púnaryuvāṇaṃ kurutam át^{h}a vāṃ vakṣyāmī́ti* /11/ *táu hocatuḥ etáṁ hradám* e$_i$ *abhyávahara*

Sie sagte: „Macht zuerst meinen Gatten wieder jung, dann werde ich es euch sagen.“ Sie sagten: „Wirf [ihn] in diesen Teich.“ ŚB 4,1,5,11–12

Das intervenierende *vām* ist zweifellos akzessibel. Die Adjazenzbeschränkung wird hier also tatsächlich verletzt. Auffällig ist aber, daß solche Fälle in der Stichprobe nur dann belegt werden können, wenn Antezedens und Anapher dieselbe θ-Rolle innehaben. Distanz ist also offenbar nur bei θ-Rollenidentität lizenziert.

An dieser Stelle soll abschließend noch auf einen weiteren Anapherntyp eingegangen werden, für den sich in der Stichprobe allerdings nur ein Beleg findet: Die Satzanapher. Im folgenden Beispiel aus der Brāhmaṇaprosa referiert sie auf die Antwort auf eine vorangegangene Frage:

(38) *táu hocatuḥ kénāvám ásarvau sváḥ kénā́samr̥dd^{h}āv íti.*^{i} *sā́ hovāca pátiṃ nú me púnaryuvāṇaṃ kurutam át^{h}a vāṃ* e$_i$ *vakṣyāmī́ti*

Sie sagten: „Wieso sind wir unvollständig, wieso unvollkommen?“ Sie sagte: „Macht erst meinen Gatten wieder jung, dann werde ich es euch sagen.“ ŚB 4,1,5,11

Über Bedingungen der Lizenzierung von Satzanaphern kann an dieser Stelle nichts ausgesagt werden. Da Satzanaphern von einem anderen semantischen Typ sein müssen als Individuenanaphern, liegt aber auch in diesem Beispiel Adjazenz vor.

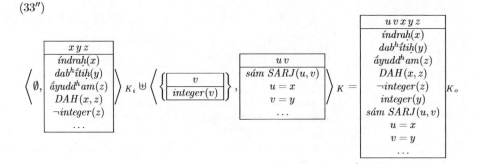

6 Fazit

Das vedische Altindisch verfügt über latente Objekte. Es handelt sich dabei entweder um Ellipsen, also Löschungen identischen phonologischen Materials bei *copy intonation*, Operatorketten in PCs oder Nullpronomina.

Die Untersuchung von Nullpronomina in Objektposition in einer Stichprobe von Liedern des RV und erzählenden Passagen der Brāhmaṇaprosa hat gezeigt, daß Nullobjekte anaphorisch, kataphorisch oder mit arbiträrer Referenz verwendet werden. Ihre Verteilung wird durch das Bindungsprinzip B (18) gesteuert: Es handelt sich mithin um echte Pronomina. Ihre syntaktische Existenz konnte zudem durch Kongruenzphänomene nachgewiesen werden.

Nullpronomina in anaphorischer Verwendung werden diskursgrammatisch v. a. durch unmittelbare Adjazenz zu einem akzessiblen Antezedens lizenziert (31′). Die RV-Stichprobe bietet keine Ausnahme zu dieser Regel. In der Prosatextprobe lassen sich Fälle nachweisen, in denen die diskursgrammatische Adjazenzbeschränkung verletzt wird. Dies scheint aber nur dann möglich zu sein, wenn Antezedens und Anapher dieselbe θ-Rolle innehaben (27). Auch bei Adjazenz wird im übrigen θ-Rollenidentität signifikant bevorzugt.

Es ist bemerkenswert, daß sich kein Zusammenhang zwischen informationsstrukturellem Status von Antezedens und Anapher und der Lizenzierung von Nullpronomina nachweisen läßt.

Durch die Beschränkung auf eine relativ kleine Stichprobe ist die Aussagekraft der vorliegenden Untersuchung zwangsläufig begrenzt. Ziel eines anstehenden Projekts ist es daher, einerseits die Datengrundlage für die Untersuchung von Nullpronomina erheblich auszuweiten, andererseits diskursgrammatische Bedingungen für overte anaphorische Pronomina im RV zu untersuchen. Auf diese Weise sollte es gelingen, die hier vorgestellten vorläufigen Ergebnisse zu überprüfen und einen wichtigen Teil der altindischen Diskursgrammatik, Gebrauch und Verteilung anaphorischer Pronomina, erstmalig systematisch zu beschreiben.

Literatur

ANDERSEN, Paul Kent. 1987. Zero-anaphora and related phenomena in classical Tibetan. *Studies in Language* 11. 279–312.

ARIEL, Mira. 1990. *Accessing Noun Phrase Antecedents*. New York: Routledge.

BHATT, Rajesh, & Roumyana PANCHEVA. 2005. Implicit arguments. In *The Blackwell Companion to Syntax*, hrsg. von Martin EVERAERT & Henk VAN RIEMSDIJK, Band 2, 558–588. Malden: Blackwell.

CHOMSKY , Noam, & Howard LASNIK. 1995. The theory of principles and parameters. In *The Minimalist Program*, Kapitel 1, 13–127. MIT.

DELBRÜCK, Berthold. 1888. *Altindische Syntax*. Halle: Buchh. des Waisenhauses.

GENABITH, Josef VAN, Hans KAMP, Uwe REYLE. 2005. Discourse representation theory. Draft of an article for the new edition of the Handbook of Philosophical Logic.

GIVÓN, Talmy. 1983. Introduction. In *Topic Continuity in Discourse. A Quantitative Cross-Language Study*, hrsg. von Talmy GIVÓN, 5–41. Amsterdam: Benjamins.

HETTRICH, Heinrich. 1988. *Untersuchungen zur Hypotaxe im Vedischen*. Berlin; New York: de Gruyter.

HOBBS, Jerry R. 1978. Resolving pronoun references. *Lingua* 44. 311–338.

HUANG, C.-T. James. 1984. On the distribution and reference of empty pronouns. *Linguistic Inquiry* 15. 531–574.

KAMP, Hans, & Uwe REYLE. 1993. *From Discourse to Logic*. Dordrecht: Kluwer.

KEYDANA, Götz, 2003. Infinitive im R̥gveda. Habilitationsschrift. Göttingen. [http://www.keydana.de]

———. i. Dr. Unakkusative im Veda. In *Akten der Arbeitstagung der Indogermanischen Gesellschaft, Jena 2006*, hrsg. von Rosemarie LÜHR und Susanne ZEILFELDER.

KRIFKA, Manfred. 2007. Basic notions of information structure. In *The Notions of Information Structure*, hrsg. von Caroline FÉRY, Gisbert FANSELOW, Manfred KRIFKA, *Interdisciplinary Studies on Information Structure*, Band 6, 13–55. Potsdam: Universitätsverlag Potsdam.

KRISCH, Thomas. 1984. *Konstruktionsmuster und Bedeutungswandel indogermanischer Verben. Anwendungsversuche von Valenztheorie und Kasusgrammatik auf Diachronie und Rekonstruktion.* Frankfurt: Lang.

———. 2002. Indogermanische Wortstellung. In *Indogermanische Syntax. Fragen und Perspektiven*, hrsg. von Heinrich HETTRICH & Jeong-Soo KIM, 249–261. Wiesbaden: Reichert.

KÜMMEL, Martin Joachim. 2000. *Das Perfekt im Indoiranischen. Eine Untersuchung der Form und Funktion einer ererbten Kategorie des Verbums und ihrer Weiterentwicklung in den altindoiranischen Sprachen.* Wiesbaden: Reichert.

KUPFER, Katharina. 2002. *Die Demonstrativpronomina im Rigveda, Europäische Hochschulschriften. Reihe XXI. Linguistik*, Band 244. Frankfurt/Main: Lang.

LURAGHI, Silvia 1997. Omission of the direct object in Latin. *Indogermanische Forschungen* 102. 239–257.

———. 2003. Definite referential null objects in Ancient Greek. *Indogermanische Forschungen* 108. 167–195.

RIZZI, Luigi. 1986. Null objects in Italian and the theory of *pro*. *Linguistic Inquiry* 17. 501–558.

SHOPEN, Tim. 1973. Ellipsis as grammatical indeterminacy. *Foundations of Language* 10. 65–77.

Latin Linguistics between Grammar and Discourse. Units of Analysis, Levels of Analysis

Caroline KROON (Vrije Universiteit Amsterdam)

1 Introduction: units of grammar, units of discourse

In a letter written in the autumn of 50 BC, Cicero complains to his friend Atticus about how the ex-consul and governor of Syria, M. Calpurnius Bibulus, has managed to procure for himself a *supplicatio,* a military honour Cicero clearly deems himself to be more worthy of. A linguist for whom the object of study, and the basic unit of linguistic analysis, is the grammatical sentence or clause, will presumably approach the sequence in (1) as one single semantico-syntactic unit, in which the constituent *de triumpho autem* is syntactically integrated as an Adjunct:

(1) *De triumpho autem* nulla me cupiditas umquam tenuit ante Bibuli impudentissimas litteras quas amplissima supplicatio consecuta est.
('With regard to the Triumph, I was never in the least eager until Bibulus sent that quite shameless letter which resulted in a Supplication in the most handsome terms', Cic. *Att.* 7.2.6)[1]

A discourse oriented linguist, however, might be inclined to analyze this example as two separate communicative *steps* or *acts,* each provided with its own communicative function: first, a peparatory step *de triumpho autem* ('with regard to the triumph'), which functions as an instruction to the reader to create a new mental file or to reactivate an old one; and next, a central step *nulla me cupiditas umquam tenuit* ('I've never felt a single eagerness'), which supplies the (re)opened file *triumphus* with a certain amount of new information.[2]

For a linguist, the relevance of assuming two separate units of analysis here instead of one, would depend crucially on whether there is a *linguistic necessity* for doing so. In HANNAY & KROON (2005), it is argued that in comparable examples in English this might indeed be the case, as preposed Theme constituents of this type (also called Left Dislocations) are commonly presented as separate intonation or punctuation units. For a language like Latin, in which we cannot rely on intonation and punctuation, things are more complicated, as is also amply demonstrated in a recent volume on "extra-structural" elements in Latin (BODELOT ed., 2007). With regard to example (1), however, we may adduce a number of arguments which, in combination, strongly indicate that it is linguistically relevant to analyze the sequence in terms of two units instead of one.

A first argument pertains to the presence of *autem.* In KROON (1995) *autem* is described as a discourse particle which does not primarily indicate a semantic relationship of ad-

1 All translations are taken from (or based on) the bilingual editions of the Loeb Classical Library.
2 In the preceding paragraph of the letter Cicero has already mentioned the possibility of a *triumphus.*

versativity between two successive clauses, but is mainly involved in marking some kind of thematic discontinuity in the discourse. By virtue of this particular function, and of the particle's characteristic second position in the clause, *autem* often seems to have the effect of marking off the fronted constituent from the rest of the sentence. Hence, in combination with the semantics of the preposition *de, autem* in example (1) seems to point to a quite specific communicative function of the fronted constituent *de triumpho*. This function may be described as orienting the addressee's attention towards a referent about which new information will be supplied in the ensuing discourse. It might be expected that constituents with an apparent communicative function of their own (in this case the function of Orientation) will also tend to display a certain degree of *structural* or *grammatical* independence.

A second, perhaps stronger argument for a two-unit-analysis in (1), is the position in the sequence of the unstressed personal pronoun *me*. From a strictly clause- or sentence-based viewpoint, this position would be contrary to Wackernagel's law, which states that unstressed enclitics such as *me* are to be placed second in the clause. In a two-acts-analysis, however, the position would be fully in line with this law. In such an analysis both the enclitic *autem* and the enclitic *me* are placed in the expected second position of their respective host units.[3]

A final argument may be provided by a comparison with examples like (2) and (3). These examples look much the same as (1), but in contrast to (1) it is not possible here to take the fronted constituents *de forma* and *mercator Siculus* as being syntactically integrated in the rest of the sentence.

(2) *de forma,* ovem esse oportet corpore amplo
('as for the form, a sheep ought to have a large body', Var. *R.* 2.2.3)

(3) *mercator Siculus,* quoi erant gemini filii,
ei surrepto altero mors optigit
('A Sicilian merchant (nom.), who had twin sons, death (*mors,* nom.) occurred to him (*ei,* dat.) after one of them had been stolen', Pl. *Men.* Arg. 1–2)

In order to deal with this syntactic problem, traditional sentence grammars have described examples like (2) and (3) in terms of anacoluthon or (example 3) as *nominativus pendens,* that is, as syntactic anomalies or irregularities warranting a special treatment or terminology.[4] In a linguistic approach in which an important role is assigned to communicative intentions and communicative units, such a special treatment is unnecessary. In terms of, for instance, Functional Discourse Grammar (see below, section 2) we are dealing here with a subsidiary Discourse Act of Orientation, meant to direct the attention of the Addressee towards a particular referent. After this Orientational Act, which is assumed to have a particular illocutionary force of its own, but not the formal expression of a clause, the Speaker moves on to the nuclear Discourse Act, which provides new information with

3 See for this observation ADAMS (1994: 1–2), who refers with respect to example (1) to Fraenkel's important work on colon division (see Fraenkel's series of "Kolon und Satz" studies, published between 1936 and 1965). From antiquity onwards colon division (i. e. the division of longer sentences into smaller units of sense) is a moot point in discussions on the rhetorical style of, especially, Cicero. There is no consensus as to the definition of these units and the criteria on the basis of which they can be identified. Interesting for the discussion in the present article are Fraenkel's position that cola are a general and basic feature of language, and attempts by other scholars to identify sense pauses on the basis of prose rythm (i. e. the study of rhythmical cadences at the ends of cola, reflecting natural pauses at the ends of cola). The relevant literature is summarized in CRAIG (2002: 526–528).

4 Cf. e. g. KÜHNER & STEGMANN (1912–1914: 586–7). For a more recent discussion of example (2), see PINKSTER (1990: 37); for a discussion of example (3), see BODELOT (2007: 20–1). Cf. also ROSÉN (1999: 157).

regard to this referent. Together the acts constitute a higher order communicative unit which is called Move.[5]

All in all, examples like (1)–(3) illustrate that the traditional primacy of the grammatical sentence or clause as the basic unit of linguistic analysis is not without problems. In this article I will make a case for a linguistic approach to Latin which considers the discourse pragmatic category of *Act* as the basic unit of linguistic analysis. Within such an approach the grammatical clause might be seen as the prototypical expression form of the Act.[6] But, as is shown by examples (1)–(3), there is not necessarily a one-to-one correspondence between the Discourse Act and the grammatical clause (or any other linguistic unit). By discussing certain linguistic phenomena in Latin, in particular the behaviour of the Latin particle *quidem,* I will demonstrate the linguistic necessity of distinguishing units of analysis that are essentially communicative in nature. Continuing the discussion in KROON (2004a; 2005), I will show that these "discourse units" may be both smaller and larger than the semantico-syntactic unit that is traditionally called clause, and that for an appropriate synchronic account of *quidem* one should also take the essentially dynamic nature of discourse into account.

More generally this article aims to illustrate how the description of certain linguistic phenomena (like word order, anaphoric reference, the use of tenses or, in this case, the use of discourse particles) may profit from an approach which assumes that the formal properties of language are adapted to the communicative aims and strategies of the language user. Within such a view, grammar is considered to be only one component within a wider theory of verbal interaction, in which the grammatical component interacts with a number of other, non-linguistic components. There are various grammatical models and theories that are based on this "structural-functional" principle and are oriented to both form and function.[7] By way of theoretical background for the discussion of *quidem* in the second part of this article, I will first briefly introduce a number of theoretical views and concepts that bear upon the issue at stake. For the sake of clarity I will concentrate on Functional Discourse Grammar (FDG), a functional theory of language I am myself most familiar with, although comparable views can be found in other theories as well.[8]

2 Theoretical background: Functional Discourse Grammar and the grammar-discourse interface

2.1 General outline of FDG

Functional Discourse Grammar (see HENGEVELD 2004, HENGEVELD & MACKENZIE 2006, HENGEVELD & MACKENZIE forthcoming) is the successor of Functional Grammar, a theory originally developed by Simon Dik in the seventies of the last century (DIK 1978; update in DIK 1997). The addition of the word *Discourse* in the denomination of the

5 Note that in example (3) the editor has apparently chosen for an interpretation in which the orientation phase is itself splitted up in two separate sub-steps (*mercator Siculus* and *quoi erant gemini filii*). It is also possible to consider *quoi erant gemini filii* as a closely connected relative clause which together with *mercator Siculus* constitutes one subsidiary Act.

6 This holds especially for the written register. In oral speech the "mismatch" between grammatical structure and discourse structure is evidently a much more pervasive phenomenon.

7 For a discussion and comparison, see BUTLER (2003).

8 As far as discourse aspects are involved, Functional Discourse Grammar is influenced especially by Systemic Functional Grammar (see e. g. HALLIDAY & MATTHIESSEN 2004) and by the Geneva Discourse Model (see ROULET *et al.* 1985, ROULET *et al.* 2001; and, for an overview, FILLIETTAZ & ROULET 2002). A major difference between FDG and the two other theories is the essentially typological orientation of FDG.

model is meant to do justice to the increased interest in discourse features and their impact on linguistic form. This does not mean that FDG is a discourse analytical model or a discourse grammar based on text linguistic analysis. Rather, FDG is a grammar of the *Discourse Act,* which allows for the treatment of units that are both larger and smaller than the individual clause. The main characteristics of the model can be summarized as follows:

(i) FDG is envisaged as the grammatical component, alongside a conceptual, a contextual, and an output component, of a larger model of verbal interaction;

(ii) FDG takes the Discourse Act rather than the sentence or clause as its basic unit of analysis. It is thus a discourse rather than a sentence grammar and is capable of handling discourse units both larger and smaller than a sentence or clause;

(iii) FDG distinguishes four levels of organization and, hence, four levels of analysis of a linguistic utterance: an interpersonal, a representational, a structural, and a phonological or expression level; each of these levels deals with a single analytical domain (discourse pragmatics, semantics, morphosyntax and phonology, respectively);

(iv) FDG orders these levels in a top-down fashion. It starts with the representation of the linguistic manifestations of the speaker's intentions at the interpersonal level, and gradually works down to the phonological level (articulation/expression). As such, the model reflects the psycholinguistic insight that language production is a top-down process, which starts with intentions and ends with the articulation of a linguistic expression.

Summary 1: characteristic features of Functional Discourse Grammar (FDG)

2.2 The Interpersonal Level of analysis

In KROON (1995) I argued that particles, more specifically the Latin particles *nam, enim, autem, vero* and *at,* are linguistic phenomena that can only be interpreted and accounted for in terms of an interpersonal level of the grammar (involving pragmatic analysis) and of communicative units of discourse that are both larger and smaller than a clause.[9] The interpersonal level of the grammar will turn out to be of major importance also for a proper account of *quidem* (see § 3).

The Interpersonal Level as distinguished in FDG deals with all the formal aspects of a linguistic unit that reflect its role in the interaction between the Speaker and the Addressee. Every interaction has a purpose, namely the achievement of some communicative goal. In order to attain this goal, a Speaker will have to employ a certain strategy, if only because usually this goal can only be achieved by taking a number of intermediate steps (Discourse Acts) involving a number of separate sub-goals. The decision how many of these communicative steps are needed, and in which order they are arranged, is part of the strategy. The strategy itself, and the communicative intention of the Speaker underlying the strategy, are not modelled in the Grammatical Component, but in the non-linguistic Conceptual Component. As such they fall outside the scope of FDG.[10]

The Interpersonal Level of the grammar is modelled in FDG (like in other discourse sensitive linguistic models) as a hierarchical structure which is composed of strategic units of interaction. The largest unit of interaction relevant to grammatical analysis is the *Move,*

9 For a recent overview of the state of the art in discourse particle research, see FISCHER (2006).

10 Systemic Functional Grammar and the Geneva Discourse Model are more ambitious in this respect.

which in KROON (1995: 66) is defined as the minimal free unit of discourse. This means that a Move is an autonomous contribution to an interaction, which in essence opens up the possibility to be countered by a reactive Move of the Addressee. Moves may consist of only one Discourse Act, or of several Discourse Acts. In the latter case the constitutive Acts of the Move may maintain a relationship of equipollence, as in example (4), or a relationship of dependence, as in the earlier discussed example (2):[11]

(4) istuc nobis licet dicere (nuclear Discourse Act 1), vobis quidem non licet (nuclear Discourse Act 2)
('we may say that, but you may not', Sen. *Ep.* 99.28)

(2) de forma (subsidiary Discourse Act 1), ovem esse oportet corpore amplo (nuclear Discourse Act 2) (Var. *R.* 2.2.3)

Dependency between Discourse Acts involves rhetorical relations of the type Orientation, Explanation, Justification, Clarification, Background, and the like. As stated above, the subsidiary Discourse Act *de forma* in (2) maintains a relationship of Orientation with respect to the nuclear Discourse Act *ovem esse oportet corpore amplo*. Subsidiary Acts may or may not have the form of a grammatical clause.

As a result of the principle of recursivity, and reflecting the essentially dynamic nature of natural discourse (in the course of the discourse prior Moves may retrospectively have to be interpreted as constitutive of some hierarchically higher Move), Moves may develop into increasingly more complex structures. In such structures linguistic devices of various kinds, among which the use of discourse particles, may help the Addressee to keep track of the overall organization in which a particular unit is embedded. In the following section this is illustrated with a passage from Sallust's historiographical monograph *De Bello Jugurthino* (cf. also KROON 1995: 83–89).

2.3 Complex Move structure: an illustration from Latin

In the *Bellum Jugurthinum,* Sallust describes the conflicts between the *nobiles* and the *populares,* as these became especially manifest in the war with Jugurtha, king of Numidia. In the passage cited below on p. 148, Sallust describes the new arrival on the African scene (107 BC) of one of the leading figures in his story, the Roman magistrate and military commander Sulla. This arrival is reported in segment [1], which is emphatically introduced by *ceterum,* a typically Sallustian word and the first example in this passage of the discourse organizing use of a connective particle. *Ceterum* indicates the transition to a new section or episode (or, in the terminology introduced above, a new Move) in the story. As such it indicates a major boundary in the structure of the monograph as a whole.

Segment [1] may, in itself, be considered a complete unit of interaction (a Move). After this first Move a new narrative Move is expected to occur, which may be thematically related to the first one, and by means of which the time line of the story may be advanced. However, before doing so, the author decides to insert a descriptive digression in which he elaborates on the life and character of the man who is to become one of the main protagonists of the story. This complex digression, which includes units [2]–[5], is introduced by the connective particle *sed,* which has the function of breaking off the current line of the narration and of drawing attention to some other issue. Segment [2–5] can be regarded as a complex Move which, as a whole, has a subsidiary function with regard to the narrative main line of the story. This main line is resumed not earlier than in segment [6], which is the next nuclear Move as far as the continuation of the narrative is concerned. This

11 Note that in the case of equipollence it may be difficult to decide whether we are dealing with two Discourse Acts or two Moves.

next nuclear Move will turn out to have a complex hierarchical structure itself (not cited here further). Note that, due to the interruption, this new narrative Move starts with a resumptive summary of the preceding narrative Move. Cf. Text 1:

1. **Ceterum,** dum ea res geritur, L. Sulla quaestor cum magno equitatu in castra venit, quos uti ex Latio et a sociis cogeret, Romae relictus erat.
    2. **Sed** quoniam nos tanti viri res admonuit, idoneum visum est de natura cultuque eius paucis dicere.
        3. Neque enim alio loco de Sullae rebus dicturi sumus et L. Sisenna, optime et diligentissime omnium, qui eas res dixere, persecutus, parum mihi libero ore locutus videtur
    4. **Igitur** Sulla gentis patriciae nobilis fuit, familia prope iam extincta maiorum ignavia, litteris Graecis atque Latinis iuxta atque doctissime eruditus, (...). Atque illi felicissimo omnium ante civilem victoriam numquam super industriam fortuna fuit, multique dubitauere, fortior an felicior esset.
        5. **Nam** postea quae fecerit, incertum habeo pudeat an pigeat magis disserere.
6. **Igitur** Sulla, uti supra dictum est, postquam in Africam atque in castra Mari cum equitatu venit, ...

1. **But** during these events [i. e. the attack on the fortress] the quaestor L. Sulla arrived in camp with a large force of cavalry, which he had mustered from Latium and the allies, having been left in Rome for that purpose.
    2. **But** since the event has brought that great man to our attention, it seems fitting to say a few words about his life and character;
        3. for we shall not speak elsewhere of Sulla's affairs, and Lucius Sisenna, whose account of him is altogether the best and most careful, has not, in my opinion, spoken with sufficient frankness.
    4. Sulla, **then,** was a noble of patrician descent, of a family almost reduced to obscurity through the degeneracy of his ancestors. He was well versed in Greek and Roman letters (...)

       And, before his victory in the civil war the most fortunate of all men, his fortune was never greater than his deserts, and many have hesitated to say whether his bravery or his good luck was greater.
        5. **For** as to what he did later, I know not if one should speak of it rather with shame or with sorrow.
6. **Now** Sulla, as I have already said, after he came with his cavalry to Africa and the camp of Marius, soon became ...

Text 1: Sallust, *Bellum Jugurthinum* 95–96.1

After having analyzed the structure of the passage on the highest hierarchical level, we may now move on to the analysis of the internal structure of the subsidiary Move [2–5], the descriptive digression on Sulla. The structure of this segment can best be explained by means of the tree-structure in Figure 1 (p. 149 below), which shows how this embedded Move [2–5] can be analyzed in terms of nuclear and subsidiary units, thus demonstrating the essentially recursive nature of the system. The subsidiary complex [2–5] consists of a nuclear unit [4–5], which comprises the actual description of Sulla; and a subsidiary unit [2–3] which functions as a preparation to, and justification of, the fact that the Speaker will interrupt the narrative main line of the discourse for an embedded description. Both unit [2–3] and unit [4–5] are, themselves, internally complex.

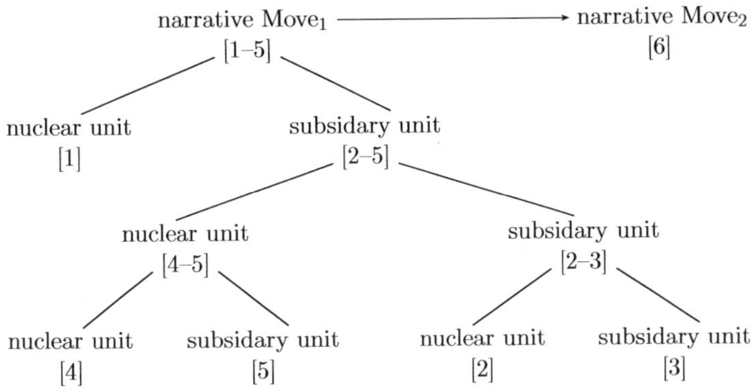

Figure 1: Hierarchical structure of Sallust, *Bellum Jugurthinum* 95–96.1

On the deepest level of the hierarchical structure, we could finally analyze most of the units [1]–[6] as configurations of nuclear and subsidiary discourse units of the smallest type (i. e. Discourse Acts). For the sake of clarity, however, and in view of the problems involved in identifying Discourse Acts in a Latin text (see above, section 1), I have refrained from doing so.

From the above analysis (note the words in bold face in the Latin text) it becomes especially clear that at all major "joints" in the structure there is explicit linguistic marking in the form of a connective particle. Rather than signalling a semantic type of relationship between two successive clauses referring to two related events, the particles seem to function as an important instruction for the Addressee how to find his way in the complex structural labyrinth of the text. I already mentioned the discourse particle *ceterum* in segment 1, which signals a transition from one scene or episode to another. At the second major boundary, involving a change in text type (the narrative Move is interrupted by a descriptive Move), we find the discourse marker *sed.* When the narrative is finally resumed in unit [6], this is signaled by the "pop" marker *igitur.*[12] This same particle is also used in unit [4], to indicate the start of the actual description after a justificatory "digression". *Igitur* has the same function here as in [6], but at a lower level of the hierarchical structure.

The description itself (unit [4]) consists of a series of smaller discourse units of equal communicative status, only the last of which (*at ... felicior esset*) calls for a subsidiary remark: the emphatical statement that Sulla's good fortune and industriousness were in balance *before* his victory in the civil war, might leave the Addressee wondering about this balance *after* this victory, when Sulla had obtained the dictatorship. In the *nam*-segment following segment [4], the narrator justifies the fact that he does not want to go into this

12 The terms "push" and "pop" marker have been introduced by Polanyi & Scha (1983). *Ceterum* and *sed* are clear push markers (shifting the discourse temporarily into a different direction), whereas *igitur* is a typical pop marker (bringing the discourse back to its initial track). For *igitur* as a pop marker, see Kroon (1989; 2004b).

last period of Sulla's career. As a typical marker of subsidiary (i. e. motivating, elaborating, justifying) discourse units *nam* is well at place in unit [5] (see KROON 1995).

In addition to the discourse particles used, the text fragment displays a number of other linguistic phenomena which, like the particles, can only be accounted for in terms of an Interpersonal Level of organization involving strategic steps in a wider communicative plan. An example is the emphatic fronting of the discourse topic *Sulla* in units [4] and [6], which can be assumed to have more or less the same text structuring function as the use of the discourse particles. In [6] it is not only the position in the clause of the referent Sulla that is significant, but also the fact that the referent is expressed explicitly by his proper name: despite the fact that in unit [6] the referent Sulla is a well-established and continuous discourse topic, and the narrator might therefore have been expected to use a zero reference or anaphoric pronoun to refer to him[13], the major boundary in the structure of the text apparently calls for a "heavier" type of reference here.

As a last example of the influence of discourse factors on linguistic choices at the level of the clause, we may draw attention to the Theme constituent *postea quae fecerit* in unit [5]. The significant placement of this constituent outside the syntactic structure of the clause it conceptually belongs to, may well be explained in terms of strategic discourse organization. Note that the extraposition of this relative clause might be taken as an argument to analyze *postea quae fecerit* as a separate Discourse Act with the rhetorical function of Orientation (see the discussion in § 1). Although the argument may not be conclusive, the extraposition of the relative clause in any case shows, again, how there may be a certain tension between grammatical sentence structure on the one hand, and strategic discourse structure on the other.

2.4 Communicated content: interpersonal and representational analyses

Thus far we have spoken about the strategic nature of Acts. What about the content they convey? According to FDG, a Discourse Act may contain four components: an Illocution, a Speaker, an Addressee, and a Communicated Content.[14] The Communicated Content involves the totality of what the Speaker wishes to transmit by means of his Discourse Act. Thus, it is the Communicated Content within which the mapping from the Interpersonal Level to the Representational Level of linguistic analysis takes place.

The Representational Level involves the building up of a semantic representation, that is, it involves descriptions of entities as they occur in the non-linguistic world, and of the (semantic) relationships between them. These entities are of different orders: they may be propositional contents (third order entities), states of affairs (second order entities), individuals (first order entities) or properties (zero order entities). Whereas at the Representational Level a linguistic unit is viewed in terms of its "ideational" function, at the Interpersonal level this linguistic unit is viewed in terms of its interpersonal function: the Representational level involves the semantic material, while at the Interpersonal Level this material is organized in a particular way, according to strategic choices of the Speaker.[15]

13 For the issue of referent tracking in Latin, and the specific expression means involved, see BOLKESTEIN (2000).

14 Only two of these are obligatorily present, the Illocution and the Speaker. Expressions like e. g. 'Damn it!' are expressive rather than communicative and are hence considered to be devoid of an Addressee component and a Communicated Content.

15 Pragmatic and semantic analyses (at the Interpersonal and Representational Level, respectively) both involve the *formulation* of an utterance. The two other levels distinguished by FDG, the Morphosyntactic and the Phonological Levels, deal with its *encoding*. As such they fall outside the scope of this article.

This difference may be explained by means of example (5). As far as the Interpersonal level is concerned, we may analyze the linguistic unit under (5) as one single Discourse Act, which involves an assertive Illocution, a Speaker, an Addressee, and a Communicated Content. The Communicated Content consists of two subacts of Reference (the Speaker evokes two referents: *nescio quis* and *ornatu thalassico*), and one subact of Ascription (the Speaker ascribes the property *incedit* to the referent *nescio quis*).

(5) nescio quis incedit ornatu thalassico
('someone or other is striding up in saylor's togs', adapted from Pl. *Mil.* 1282)

Subacts may carry pragmatic functions that signal the information structure of the Discourse Act, like Focus (versus Background), and Topic (versus Comment). In example (5), which has the appearance of an "all-new sentence", we might take the entire Communicative Content as carrier of the Focus function.[16] Other types of sentences usually have only one Focus constituent.

An analysis of example (5) at the Representational Level, by contrast, involves semantic categories of the type propositional content, state of affairs, individual and property (see above), and semantic functions of the type Agent, Undergoer, Recipient, Instrument, etc.. For instance, the state of affairs referred to in (5) can be said to involve an Action carried out by an Individual with the semantic feature Animate, who performs the Action in a particular Manner or with a particular Instrument (*ornatu thalassico*).

3 The discourse function of the Latin particle *quidem*

3.1 Previous accounts

Now that we have given the rough outlines of a discourse pragmatic framework for linguistic analysis, we will turn, by way of illustration of the relevance of such a framework, to the Latin particle *quidem*. In their description of this particle, Latin manuals usually focus on one of two aspects: the specific *type of relationship* involved in the use of *quidem,* for instance adversative, concessive, continuative, correcting, expanding and explanatory; or the *formal context* in which *quidem* occurs, for instance *quidem* with a single word, *quidem* with a phrase, or *quidem* with a whole sentence. The general picture is that of a multifaceted linguistic device, the semantic or functional essence of which is hard to grasp. The following examples are representative of the variety of contexts and uses found, and the way in which the instances are usually classified:[17]

(6) consul ... suos *quidem* a fuga revocavit, ipse ... missili traiectus cecidit
(**contrastive/concessive**: 'the consul did indeed rally his men from their flight, but he himself ... fell struck with a javelin', Liv. 41.18.11)

(4) istuc nobis licet dicere, vobis *quidem* non licet
(**adversative**: 'we may say that, but you may not', Sen. *Ep.* 99.28)

(7) o fortunatum istum eunuchum, qui *quidem* in hanc detur domum!
(**causal/explicative:** 'how lucky that eunuch is, for being placed in such a house!', Pl. *Bac.* 1132)

16 In FDG Focus is regarded as an instruction for the addressee to fill an informational gap and update his mental discourse representation. The function is assigned only in those cases in which it is linguistically relevant.

17 The related particle *equidem* is more restricted in its use (see Kühner & Stegmann 1912–1914, I: 805–7; Solodow 1978: 19–29). For the sake of clarity I leave *equidem* out of account in the discussion.

(8) cupit regnum, et *quidem* scelerate cupit, qui transcendere festinat ordinem aetatis, naturae, moris Macedonum, iuris gentium.
(expanding/specifying): 'He covets the throne and indeed covets it to the point of crime, since he hastens to leap over precedence in age, in nature, the usage of the Macedonians, the law of nations ', Liv. 40.11.7)

(9) at, ne longum fiat, videte :: Utinam *quidem*!
(**affirmative**?) ('But I warn you that my arguments may be lengthy :: Indeed (?), I hope they will be!'; lit.: 'But see to it that it won't take too long :: I hope it will', Cic. *Leg.* 2.24)

Example (6) illustrates the alleged concessive use of *quidem,* in which *quidem* sets up the first half of a contrast. In Solodow's study from 1978, which is one of the very few attempts to give a unitary description of *quidem,* this is considered to be the particle's original or essential use, from which all other uses of *quidem* could be derived and understood, in a diachronic as well as synchronic sense.

According to Solodow, all instances of *quidem* share, in one way or other, a certain aspect of *contrastivity.* This semantic value of contrastivity is, indeed, obvious in example (4), in which *quidem* may count as the backward-linking counterpart of the forward-linking *quidem* in (6). The feature of contrastivity is less apparent, however, in cases like (7), (8) and (9). In (7), the relation between the relative *quidem*-clause and the preceding main clause seems to be causal or explicative rather than contrastive. In (8) the *quidem*-clause is to be taken as *expanding* or *specifying* the preceding clause, as is also indicated by the use of *et* instead of some adversativity marker. And in (9) there seems to be no semantic or rhetorical relation whatsoever between the *quidem*-unit and the preceding unit: the translation of the Loeb edition adopted here apparently takes *quidem* to be an affirmative particle in this sentence.

This brief overview of uses of *quidem* makes clear that a description of the particle as originally and essentially a contrastive connective, as Solodow proposes, may not be fully satisfactory. The discourse pragmatic framework sketched above enables us, however, to provide a more sophisticated account of *quidem,* in which its quite peculiar distributional behaviour can be better explained.[18]

3.2 An alternative analysis

This alternative analysis attributes to *quidem* a role in the strategic organization of the discourse. More specifically, *quidem* fulfils a coherence establishing role in contexts where a tension can be perceived between *conceptual unity* (Representational Level) and *communicative/strategic distinctness* (Interpersonal Level). Such a tension may arise when a Speaker decides to present a conceptual whole not as one strategic step with the form of one single integrated semantico-syntactic unit (which might be regarded as the default option), but as two separate steps. This is for instance the case in example (10):

(10) at erat mecum senatus, et *quidem* veste mutata
('The senate was on my side, and *quidem* in the garb of mourning', Cic. *Planc.* 87)

In this example the Speaker has chosen to present a constitutive element of the Communicated Content as an independent communicative step (Discourse Act), and not – as might be expected here – as a syntactically integrated Adjunct (e. g. *at erat mecum senatus veste mutata*). The pragmatic motivation underlying this choice may be described as a particular Focus strategy: by presenting part of the conceptual unity of a clause as a separate

18 For a more systematic overview of the distributional properties of *quidem* I refer to Kroon (2004a; 2005).

communicative step, this element will be perceived by the addressee as informationally prominent or surprising. Languages may differ in their linguistic repertory for expressing this type of Focus. A common device in Latin is, for instance, the splitting up of the semantico-syntactic unit by means of so-called *et*-epitaxis, as illustrated in example (10) and the earlier cited example (8).[19] In (8), repeated here for convenience, this device is corroborated by repetition of the predicate, which can be seen as another splitting device. The relative informational weight of the element *scelerate* is, moreover, demonstrated by the addition of an explanatory relative clause.

(8) cupit regnum, et *quidem* scelerate cupit, qui transcendere festinat ordinem aetatis, naturae, moris Macedonum, iuris gentium (Liv. 40.11.7)

In (8), the tension between conceptual unity and strategic distinctness has unequivocally led to the encoding of the Communicated Content in two separate Discourse Acts in the form of two syntactic clauses, which, nonetheless, together still may count as one single conceptual unity at the Representational Level of analysis. The specific function of *quidem* in examples like (8) and (10) can be described as a signal or warning to the Addressee that the host unit of *quidem,* despite its being presented as a separate communicative step, is, at another level of organization, to be regarded as a constitutive part of a larger conceptual whole on which it depends for its proper interpretation. In other words, *quidem* may count as an instruction to the Addressee to search for a "companion unit" to which the *quidem*-unit is conceptually linked.[20] Without this companion unit the *quidem*-unit is, conceptually speaking, incomplete. It is in this particular sense that *quidem* can be considered a discourse organizing device.

3.3 Application to some representative instances

The description of *quidem* as proposed above appears to be applicable to the bulk, if not all, instances of *quidem* examined.[21] I will pass a number of representative instances under separate review.

Example (11), from a comedy by Plautus, is quite similar to examples (8) and (10), except for the fact that in (11) *quidem* is not accompanied by a clear epitaxis device:

(11) Quid vides? :: nescio quis eccum incedit ornatu *quidem* thalassico
('What do you see sir? :: Look! Someone or other is striding up – and in saylor's togs!', (Pl. *Mil.* 1282)

The pragmatic motivation for using *quidem* here, and for strategically setting apart one particular element of a conceptual whole, appears to be the presence of multiple Foci: first, the fact that a new and unknown character is entering the scene; and second, the specific type of outfit he wears, which will appear to be of special importance in the scene that

19 I derive the term "epitaxis" or "*et*-epitaxis" from ROSÉN (1989; 2007), who discusses the phenomenon in more detail. According to Rosén, instead of *et* also *atque, nec, sed* or *at* may be used in epitaxis, potentially modified by e. g. *quidem* or *adeo.*

20 Note that in (8) the conceptual dependence of the *quidem*-unit on the preceding unit is also indicated by the ellipsis of the Object constituent. Elements of the description of *quidem* proposed here can, interestingly, also be found in Solodow's study ("*Quidem* emphasizes one statement (or phrase or word) while directing our attention to another which contrasts with the first, supplementing or modifying it.", 1978: 13). However, Solodow does not pursue this idea in the rest of his argumentation, in which he focusses mainly on *quidem*'s basic function as a contrast marker.

21 The observations are based on an inventory and analysis of the distributional properties of *quidem* in a sample of 1000 instances, taken from a representative and heterogeneous corpus of Latin texts. Part of the material was gathered by Josselijn Boessenkool. See KROON (2004a; 2005).

is to follow.[22] This splitting up of two Foci is in accordance with the cognitive linguistic theory of CHAFE (1994), which states that for basic units of discourse (which Chafe calls "chunks") it is not possible to contain more than one focus of interest. So, in addition to rhetorical motivations, as in example (10) above, also cognitive factors like processing ease may seem to play a role in the strategically splitting up of information and the concomitant use of *quidem*.[23]

In the examples discussed thus far, the *quidem*-units can all be considered, from a semantico-syntactic point of view, as Adjuncts. Example (12) represents quite a large group of instances in which the *quidem*-unit functions as a so-called Disjunct, that is, as a peripheral sentence constituent which does not modify, as Adjuncts do, the state of affairs referred to by the predicate, but rather gives the Speaker's comment on the propositional content of the sentence as a whole, on its particular wording, or on its position within the wider textual or non-textual context. As such, Disjuncts are sentence constituents with the lowest degree of syntactic integration in the clause and, hence, suitable candidates for hosting *quidem*. In (12) the addition of *quidem* makes clear that *aliquot argumentis* (an ablative absolute construction) is not a modifier of the predicate *videtur ignorasse*, but should rather be interpreted as an added Speaker comment of a certain kind.[24]

(12) (preceding context: there have been various omens predicting emperor Claudius' death.) Sed nec ipse ignorasse aut dissimulasse ultima vitae suae tempora videtur, *aliquot quidem argumentis*. Nam ...
('But it seems that he was also himself not unaware of his approaching end, and that he made no secret of it, *for the truth of which there are some arguments*. For ... [arguments follow]', Suet. *Cl.* 46.1)

In (11) and (12) above *quidem* provides an instruction to the Addressee to search for a companion unit in the *preceding* context, and can therefore be seen as a backward-linking device. In cases like our earlier discussed example (6), however, the search is oriented towards a companion unit in the *following* context (forward-linking use of *quidem*):

(6) consul ... suos *quidem* a fuga revocavit, ipse ... missili traiectus cecidit (Liv. 41.18.11)

Describing *quidem* in instances like (6) as a marker of a concession or contrast relation in fact conceals what the instances have in common with examples like (11) and (12).

A very interesting other instance of this forward-linking *quidem* is given under (13):

(13) (new paragraph) Et <u>veneno</u> $_{\text{ABL}}$ *quidem* occisum convenit; ubi autem et per quem <u>dato</u> $_{\text{ABL}}$, discrepat
('That Claudius was killed by poison is the general belief; but when and by whom it was given is disputed', Suet. *Cl.* 44.2)

22 A slightly different interpretation would be that the Speaker, giving a direct report of what he sees, registers the specific details of the unknown person's outfit only after his preliminary answer, and retrospectively elaborates on this answer. In such an interpretation the splitting up of the information could be taken to reflect the dynamicity of the discourse.

23 Processing factors also seem to play a role in the splitting up of internally complex or informationally "heavy" clause constituents. An example with *quidem* is Cic. *Sen.* 77: vestros patres ... vivere arbitror et eam *quidem* vitam quae est sola vita nominanda ('I belief that your fathers are living yet, and living the only life deserving of the name'). The separate Act *et ... nominanda* conveys, so to speak, a Manner Adjunct that would be informationally too heavy, and structurally too complex, to be syntactically integrated (as an Adjunct) in the structure of the preceding Act.

24 Cf. also expressions like *ut quidem ego audio* ('as at least I hear'), *quantum quidem ego scio* ('as far as I know'), and *ut quidem mihi videtur* ('as it seems to me'), which are quite common.

From a grammatical point of view we seem to be dealing here with two asyndetically related grammatical clauses, each with its own verbal predicate (*convenit* and *discrepat*). From a discourse perspective, the sequence can be analyzed as two Discourse Acts maintaining a relationship of equipollence. Together these Acts constitute a higher order communicative Move, to be stored in memory as one conceptual whole. That they count as one conceptual whole is not only signaled by the use of *quidem,* but, interestingly, also by the fact that there is case agreement here across clause boundaries: the participle *dato* agrees in case form with the constituent *veneno* in the preceding clause.

Example (13) thus nicely illustrates how grammatical structure and discourse structure sometimes seem to struggle to get at terms with each other. Although the two acts in one respect seem to coincide with two independent grammatical clauses (each conveying its own predicate), in another respect (case agreement) the match between discourse structure and grammatical structure appears to be only partial. Example (13) demonstrates once more that the concept of grammatical clause as the basic unit of linguistic analysis is not without problems.

I will end this section by drawing attention to a particular group of instances of *quidem* which have in common that they occur in conversations after a change of Speaker:

(14) Speaker 1: tu si meus esses ...
Speaker 2: dis *quidem* esses, Demea
('If you were my man ... :: You'd be rich, Demea', Ter. *Ad.* 771)

The function of *quidem* in dialogical contexts like this can be explained as a signal that, despite the occurrence of a Speaker turn and the apparent start of a new (reactive) Move, no new semantico-syntactic template will be set up (as one might expect after a change of speaker). Rather Speaker 2 recycles and completes the semantico-syntactic structure of a move which was started by Speaker 1: the *quidem*-unit provides the apodosis that is grammatically and conceptually required by the conditional clause uttered by Speaker 1. Likewise in example (9) above, the second Speaker takes up the semantico-syntactic template of the Move of the first Speaker, and suggests, so to speak, an alternative illocutionary force for it: from a warning it turns into a wish.

As a matter of fact, the use of *quidem* in conversations appears to be virtually confined to this relatively rare and quite specific type of Move structure, that is, a structure in which a second Speaker completes, extends, restricts, corrects, recycles or otherwise takes up the initiating Move of the first Speaker.

3.4 *Quidem* as a marker of the complex Move structure

In all earlier discussed examples the larger conceptual whole to which the *quidem*-unit belongs did not exceed the limits of the grammatical clause, or at most a succession of two grammatical clauses. To round off the discussion of *quidem,* we will have a brief look at two instances of the particle at a more global level of discourse structure. The relevant linguistic unit of analysis here is the *complex Move* (see § 2.3). Again, the uniting role of *quidem* may work in two directions, backward and forward.

Example (15) is taken from Petronius' adventure novel *Satyricon.* In the previous context the internal narrator Encolpius has told how he, Giton and Ascyltos had an unpleasant meeting with Trimalchio's watchdog, a scene ending with Ascyltos and Encolpius falling into the pond. The text continues with a report of how both men are saved from the water by the doorkeeper:

(15) servavit nos tamen atriensis, qui interventu suo et canem placavit et nos trementes extraxit in siccum. Et Giton *quidem* iam dudum se ratione acutissima redemerat a cane. Quicquid enim ...
('But the porter by his intervention pacified the dog and saved us, and pulled us shivering on to dry land. Giton (Et Giton *quidem*) had ransomed himself from the dog some time before by a very cunning plan: ... (follows the story of how Giton had managed to get rid of the dog)', Petr. 72.9)

The use of *quidem* might be explained as a signal for the reader that the present unit still depends on what has gone before, with which it forms one conceptual whole. After the story of the salvation of Encolpius and Ascyltos, the reader might have been left in doubt about how, in the meantime, the other protagonist Giton has fared. The narrative Move is, so to speak, conceptually and communicatively not yet complete, due to the fact that the narrator cannot direct his camera to two temporally coinciding events or episodes at the same time. By way of solution he chooses to tell one of them as an appendix to the other. In a sense this particular narrative technique can be considered the macrostructural pendant of the splitting constructions illustrated by examples (8) and (10) above: the use of *et Giton quidem* at the front position of the sentence is a clear instruction for the Addressee to embed the upcoming information within a conceptual frame that has already been set up. The structure of discourse is by nature dynamic and incremental. *Quidem* is one of the means in Latin to indicate what coheres with what.[25]

This coherence signaling function may work, as stated above, in two directions. Example (16) illustrates the forward-linking or *anticipatory* use of *quidem*. The text is taken from Livy's famous story of the rape of Lucretia by Sextus Tarquinius, son of the last king of Rome. In the preceding context it has been told how Tarquinius, at a drinking party with some of his royal friends, gets physically attracted to Lucretia, the wife of his host Collatinus:

(16) *It was there that Sextus Tarquinius was seized with a wicked desire to debauch Lucretia by force; not only her beauty, but her proved chastity as well, provoked him.* Et tum *quidem* ab nocturno iuvenali ludo in castra redeunt ('*And then they returned from the nightly boyish prank to the camp*').
When a few days had gone by, Sextus Tarquinius, without letting Collatinus know, took a single attendant and went to Collatia (...) (Liv. 1.57.10–58.1)

Without *quidem*, the sentence starting with *et tum* could be taken as a mere next step on the chronological time line of the story. By the addition of *quidem*, however, the sentence gets the effect of a cliff hanger. The use of *quidem* rouses the expectation that the Communicated Content of the current unit will be modified or qualified later on. *Quidem* works here in a prospective way, as a kind of warning to the reader that its host unit is only interpretable in combination with the following unit. As such the use of *quidem* in (16) is not essentially different from its alleged concessive use in example (6): (6) displays, so to speak, the local level pendant of the global level anticipatory use of *quidem* exemplified in (16). In a narrative text type like (16), this forward-linking use of *quidem* can be deployed as a suspense creating technique, reflecting a certain discourse planning strategy of the Speaker.

25 Instances like (15) may help to explain how *quidem* may come to be used by certain Latin authors as a quite neutral continuation marker, indicating merely that the upcoming unit is thematically related to the preceding unit. Cf. KÜHNER & STEGMANN II, p. 804: "in ergänzendem und fortführendem Sinne namentlich bei dem älteren Plinius". An example is Plin. *Nat.* 7.21. Also Suetonius seems to use *quidem* in this neutral text organizing way (e. g. *Aug.* 4.2; 64.2).

4 Conclusion

The article started from the observation that the traditional primacy of the grammatical sentence or clause as the basic unit of linguistic analysis is not without problems. On the basis of a number of illustrative examples of "extraposition" in Latin, I have made a case for a linguistic approach to Latin which considers the discourse pragmatic category of *Act* as the basic unit of linguistic analysis, and which does not a priori assume a one-to-one relationship between the smallest unit of discourse structure (the Act) and the largest unit of grammatical structure (the grammatical clause or sentence). In the context of the distinction between strategic units of discourse and semantico-syntactic units of grammar, I discussed the theoretical outlines of Functional Discourse Grammar, as one of the more promising attempts to bridge the gap between discourse analytical models of language and grammatical models of language.

One of the assets of the discourse pragmatic approach discussed in this article is that it enables us to account for certain linguistic phenomena (like word order, anaphoric reference, the use of tenses, and the use of discourse particles) in a more sophisticated way. This was illustrated by means of a text fragment from Sallust's *Jugurthine War* (§ 2.3), and by a discussion of the Latin particle *quidem* (§ 3). *Quidem,* like other discourse organizing particles, can be seen as a reflection of strategic choices made by the Speaker, and thus as pertaining to the Interpersonal Level of linguistic organization. More specifically it is a means to signal conceptual unity across the boundaries of strategic discourse units, in contexts in which for rhetorical or processing reasons a conceptual whole has been formally split up. As such *quidem* can be said to counterbalance the tension that may arise between structures at the Representational Level of organization and structures at the Interpersonal Level. *Quidem* may point both in a forward direction (anticipatory or prospective use) and in a backward direction (retrospective use), and can be used on a local or a quite global level of the discourse structure. Any adversative, affirmative, causal, concessive or other more specific semantic values that are commonly assigned to *quidem* are to be ascribed to features of the immediate context of the particle rather than to the meaning potential of the particle itself.

References

ADAMS, J. N. (1994). *Wackernagel's Law and the Placement of the Copula* esse *in Classical Latin.* Cambridge: Cambridge Philological Society.

BODELOT, C. (ed.) (2007). *Éléments "Asyntaxiques" ou Hors Structure dans l'Énoncé Latin.* Clermont-Ferrand: Presses Universitaires Blaise Pascal.

BODELOT, C. (2007). Syntaxe liée vs. syntaxe non liée ou de l'utilité de distinguer une macro-syntaxe de la (micro-)syntaxe en latin. In: C. BODELOT (ed.), 16–33.

BOLKESTEIN, A. M. (2000). Discourse organization and anaphora in Latin. In: S. C. HERRING *et al.* (eds), *Textual Parameters in Older Languages.* Amsterdam & Philadelphia: Benjamins, 107–137.

BUTLER, C. S. (2003). *Structure and Function: A Guide to Three Major Structural-Functional Theories* (Studies in Language Companion Series 63 & 64), Amsterdam & Philadelphia: Benjamins.

CHAFE, W. (1994). *Discourse, Consciousness and Time.* Chicago: Chicago University Press.

CRAIG, C. P. (2002). A survey of selected recent work on Cicero's Rhetorica and Speeches. In: J. M. MAY (ed.), *Brill's Companion to Cicero. Oratory and Rhetoric.* Leiden: Brill, 503–531.

DIK, S. C. (1978). *Functional Grammar.* Amsterdam: North Holland.

—— (1997). *The Theory of Functional Grammar* (2 vols). Berlin & New York: Mouton de Gruyter.

FILLIETTAZ, L. & E. ROULET (2002). The Geneva model of discourse analysis: an interactionist and modular approach to discourse organization. *Discourse Studies* 4.3, 369–393.

FISCHER, K. (2006). *Approaches to Discourse Particles.* Amsterdam: Elsevier.

HALLIDAY, M. A. K. & Chr. MATTHIESSEN (2004). *An Introduction to Functional Grammar* (3rd revised edition of HALLIDAY 1985). London: Hodder Arnold.

HANNAY, M. & C. H. M. KROON (2005). Acts and the relation between grammar and discourse. *Functions of Language* 12.1, 87–124

HENGEVELD, K. (2004). The Architecture of a Functional Discourse Grammar, In: J. L. MACKENZIE & M. A. GÓMEZ-GONZÁLES (eds), *A New Architecture for Functional Grammar.* Berlin & New York: Mouton de Gruyter, 1–21.

HENGEVELD, K. & J. L. MACKENZIE (2006). Functional Discourse Grammar. In K. BROWN (ed.), *Encyclopedia of language and linguistics,* 2nd Edition. Volume 4, 668–676. Oxford: Elsevier.

——— (forthcoming). *Functional Discourse Grammar. A Typologically-based Theory of Language Structure.* Oxford: Oxford University Press.

KROON, C. H. M. (1989). Causal connectors in Latin: The discourse function of *nam, enim, igitur* and *ergo. Cahiers de L'Institut de Linguistique de Louvain* 15.1–4, 231–243.

———, (1995). *Discourse Particles in Latin. A Study of* nam, enim, autem, vero *and* at. Amsterdam: Gieben.

——— (2004a). Latin *quidem* and the structure of the move. In: H. AARTS, M. HANNAY & R. LYALL (eds.), *Words in their Places.* A Festschrift for J. Lachlan Mackenzie. Amsterdam: Vrije Universiteit, Faculty. of Arts, 199–209.

——— (2004b). Scales of involvement and the use of Latin causal connectives. In: A. López EIRE & A. RAMOS GUERREIRA (eds.), *Registros lingüísticos en las lenguas clásicas.* (Classica Salmanticensia III). Salamanca: Ediciones Universidad de Salamanca (Colección Aquilafuente), 65–86.

——— (2005). The relationship between grammar and discourse. Evidence from the Latin particle *quidem.* In: G. CALBOLI (ed.), *Latina Lingua!* Papers on Grammar IX 2. Roma: Herder Editrice, 577–590.

KÜHNER, R. & C. STEGMANN (1912–1914). *Ausführliche Grammatik der lateinischen Sprache II: Satzlehre* (2 vols.), Hannover: Hahnsche Buchhandlung.

PINKSTER, H. (1990). *Latin Syntax and Semantics,* London & New York: Routledge.

POLANYI, L. & R. SCHA (1983). On the recursive structure of discourse. In: K. EHLICH & H. VAN RIEMSDIJK (eds), *Connectedness in Sentence, Discourse and Text.* Tilburg: Tilburg University, 141–178.

ROSÉN, H. (1989). On the use and function of sentential particles in Classical Latin. In: M. LAVENCY & D. LONGRÉE (eds.), *Cahiers de L'Institut de Linguistique de Louvain* (CLL) 15.1–4, 391–402.

——— (1999). *Latine Loqui. Trends and Directions in the Crystallization of Classical Latin.* Munich: Wilhelm Fink Verlag.

——— (2007). La mise en relief par apodose aux subordonnées en *si ..., qu- ..., quando ...,* et sim. In: C. BODELOT (ed.), 75–90.

ROULET, E. *et al.* (1985). *L'Articulation du Discours en Français Contemporain.* Bern: Lang.

ROULET, E., L. FILLIETTAZ & A. GROBET (2001). *Un Modèle et un Instrument d'Analyse de l'Organisation du Discours.* Bern: Lang.

SOLODOW, J. B. (1978). *The Latin particle quidem.* Boulder Colo., American Philological Association.

Zur Diachronie der lateinischen Diskurspartikeln: methodologische Überlegungen*

Barbora KRYLOVÁ (Karlsuniversität Prag)

1 Die Fragestellung

Als Diskurspartikeln werden diejenigen Partikeln, die vorwiegend der Veranschaulichung bzw. dem Aufbau der Kohärenzbeziehungen innerhalb des Diskurses (die inhaltlicher, struktureller oder kommunikativ-relationaler Natur sein können) dienen, die also als *discourse markers* fungieren, bezeichnet. Im Lateinischen weisen eine solche Funktion in erster Linie die Partikeln *nam, enim, autem, vero, at, ergo* und *igitur* auf, die traditionell als parataktische Konjunktionen aufgefaßt wurden, was aber nicht für alle der verschiedenen Verwendungstypen gut zutrifft, da diese sich untereinander sowohl semantisch als auch syntaktisch so stark unterscheiden können, daß auf dieser Basis keine einheitliche Beschreibung möglich ist, und man diese hohe Variabilität der betreffenden Partikeln als eine starke Polysemie oder sogar Homonymie erklären müßte. Zugleich aber erscheinen in der traditionellen semantisch orientierten Beschreibung *nam* und *enim* bzw. *ergo* und *igitur* bzw. *autem, vero* und *at* fast synonym zu sein, deren Distributionsmuster sich unterscheiden und manchmal sogar ergänzen, obwohl sie an gewissen Stellen auch Überschneidungen zeigen können.

Eine viel einheitlichere Beschreibung der einzelnen Partikeln, die aber anderseits innerhalb der Gruppen der vermeintlichen Synonyma unterscheiden kann, ermöglicht die diskurspragmatische Herangehensweise, die für die lateinischen Partikeln Caroline Kroon in ihrem bahnbrechendem Werk über *nam, enim, autem, vero* und *at* (KROON, 1995) eine analytische Untersuchungsmethode herausgearbeitet hat, deren Ziel ist es, aus der Vielfalt der Verwendungsweisen eine invariante Grundbedeutung der Partikeln zu ermitteln[1]. Obwohl Kroon als Materialbasis ein breites Korpus der Texte verschiedener literarischer Genres und Diskurstypen aus der Zeitspanne von fast 400 Jahren (ca. 200 v. Chr.–200 n. Chr., d. h. aus dem Altlatein und klassischem Latein) benutzt, arbeitet sie grundsätzlich synchronisch. Der Grund dafür ist, daß erstens Texte unterschiedlicher literarischer Genres und Diskurstypen oft ein deutlich verschiedenes Spektrum der Verwendungsweisen der Diskurspartikeln benutzen und zweitens manche Verwendungstypen viel seltener als andere belegt sind, so daß es bei der Verkürzung der untersuchten Zeitspanne und der damit notwendig verbundenen Verengung der Genre- und Diskurstypsbreite nicht möglich wäre, zu einem möglichst kompletten Bild der Partikeln zu gelangen.

* Der vorliegende Aufsatz ist im Rahmen des Forschungsprojekts der *Grant Agency of the Czech Republic* (*GAČR*) 405/01/P035 entstanden, welches mit dem Rahmenforschungsprojekt 0021620825 des Schul- und Erziehungsministeriums der Tschechischen Republik verbunden war.

1 Für eine diskurs-pragmatische, auf der Kroonschen Methode basierte Beschreibung von *ergo* und *igitur* aufgrund eines mit KROON (1995) komparablen Materialkorpus siehe KRYLOVÁ (1999; 2001; 2003).

Dieser Aufsatz wird die Frage erörtern, ob es erstens überhaupt möglich ist, diese Methode auch für eine Untersuchung der Diachronie der Diskurspartikeln zu verwenden, und zweitens inwieweit es möglich ist, die Unterschiede in der Benutzung der Partikeln, denen eine diachrone Entwicklung zugrunde liegt, zu erkennen und von denen, die durch andere Faktoren bedingt sind, zu unterscheiden. Dabei soll besonders die Kontinuität innerhalb der literarischen Genres in Betracht gezogen werden.

2 Die diskurs-pragmatische Beschreibung der Funktion von Partikeln[2]

Der Kroonschen Analyse der Funktion der lateinischen Partikeln liegt ein von ihr entwickeltes Modell der Diskurskohärenz (cf. KROON, 1995: 58–96) zugrunde, das auf drei Ebenen zustande kommt: auf der *Repräsentationsebene* fußt die Kohärenz auf den Beziehungen zwischen den *states of affairs* in der dargestellten Welt; auf der *Präsentationsebene* kommt die Art und Weise, in welcher der Sprecher/Autor die dargestellten Ereignisse und Gedanken organisiert, zur Geltung; und auf der *Interaktionsebene* ist der Verlauf der Kommunikation zwischen den beteiligten Kommunikationspartnern maßgebend.

Da dem Begriff Diskurs nicht nur der Wortlaut eines Textes samt seiner Implikationen, sondern auch die kommunikative Situation, in der der Text produziert bzw. auch rezipiert wird, umfaßt, gehören zu den Diskurspartikeln nicht nur Partikeln, die Kohärenzbeziehungen innerhalb des Textes signalisieren, sondern auch solche, die ihre gastgebende Diskurseinheit (deren Größe generell von einem Satzkonstituenten zum Satz oder sogar Textabschnitt reichen kann) in Zusammenhang mit der Kommunikations- oder sogar der außersprachlichen Situation bringen. Nach diesem Kriterium lassen sich die Partikeln, die entweder auf der Repräsentations- oder der Interaktionsebene fungieren[3], in zwei Haupttypen einteilen (cf. KROON, 1995: 63; 1998a: 215): die *konnektiven* Partikeln *im engeren Sinne* oder *intratextuellen Konnektoren*, welche die Rolle der gastgebenden Diskurseinheit innerhalb ihres verbalen Kontextes signalisieren, und die *situierenden* Partikeln oder *extratextuellen Konnektoren*[4]. Unter den intratextuellen Kohärenzbeziehungen kann man auf allen drei Ebenen rein strukturelle und semantisch-funktionale Relationen unterscheiden (cf. Tabelle 1, S. 161).

Das System der lateinischen Diskurspartikeln veranschaulicht dann die folgende Tabelle 2, S. 161, aus der klar hervorgeht, wie sich die vermeintlichen Synonyma funktional unterscheiden.

2 Cf. KROON (1995: 5–125; 1998a).

3 Die Tatsache, daß bisher keine Partikeln, die extratextuell auf der Präsentationsebene wirken würden, identifiziert worden sind, läßt sich wohl dadurch erklären, daß auf dieser Kohärenzebene der eigentliche Aufbau des Textes, also inhärent intratextuelle Beziehungen zustande kommen.

4 Falls die Kommunikationssituation vom sprachlichen Kontext aufgebaut wird, was relativ oft – oder wenigstens zum Teil – geschieht, kann damit auch eine interaktive situierende Partikel zugleich zum Signal einer intratextuellen Relation (d. h. des Verhältnisses ihrer gastgebenden Texteinheit zu ihrem sprachlichem Kontext) werden, aber diese Funktion ist dann von der primären, situierenden und bewertenden Funktion lediglich abgeleitet. Es ist also zwar möglich, auch die intratextuellen Relationen durch situierende Partikeln zu signalisieren; aber umgekehrt müssen diese keineswegs immer eine solche Relation signalisieren, sie können auch z. B. das Verhältnis der gastgebenden Diskurseinheit zu einem nichtsprachlichen Ereignis ausdrücken.

Diskurs(kohärenz)ebene	**Art des Zusammenhangs**	
	strukturell	**semantisch-funktional**
Repräsentationsebene	*clause*-Kombination	semantische Beziehungen
Präsentationsebene	Textorganisation	rhetorische Beziehungen
Interaktionsebene	Konversationsstruktur	Interaktionsbeziehungen

Tabelle 1: Übersicht der intratextuellen Kohärenzbeziehungen (KROON, 1995: 67)

	intratextuell			extratextuell
	thematische Struktur	Sprachaktionstruktur		
	Präsentationsebene		Interaktionsebene	Interaktionsebene
	thematische Ketten	rhetorische Beziehungen	Interaktions-beziehungen	situierend
traditionell „adversativ"	*autem*		*at*	*vero*[5]
traditionell „kausal"		*nam*		*enim*
traditionell „konsekutiv"		*igitur*		*ergo*

Tabelle 2: System der lateinischen Diskurspartikeln (nach KROON, 1998a: 218[6])

Wie sich bei einzelnen Partikeln aus der invarianten Grundbedeutung die Vielfalt möglicher Verwendungsweisen (und auch das sehr unterschiedliche Spektrum der in konkreten Texten benutzten Verwendungsweisen) ergibt, wird in dieser Herangehensweise in einer gestuft aufgebauten funktionalen Charakteristik, deren Aufbau das Schema 1 illustriert, deutlich:

1. Grundbedeutung ⟺ Diskursebene
⇓
2. Diskursfunktion ⟺ Kontexteigenschaften
⇓
3. Verwendungstyp
⇓
[**4. Nebeneffekte**]

Schema 1 (cf. KROON, 1995: 98)

Die erste Stufe der funktionalen Charakteristik stellt die (nur in groben semantisch-pragmatischen Umrissen definierte) invariante Grundbedeutung bzw. Grundfunktion (*basic meaning*, Stufe 1) dar. Je nachdem, auf welcher Ebene der Diskurskohärenz diese Grundbedeutung zur Wirkung kommt, gewinnt die Partikel eine oder mehrere Diskursfunktionen (*discourse functions*, Stufe 2), und aus der Interaktion einer Diskursfunktion mit Kontexteigenschaften ergeben sich verschiedene Verwendungstypen (*actual uses*, Stufe 3), bei denen

5 Außer dieser Funktion auf der Interaktionsebene kann *vero* auch als extratextuelle situierende Partikel auf der Repräsentationsebene fungieren (cf. KROON, 1995: 279–299).

6 Diese Tabelle unterscheidet sich von der in KROON (1998a: 218) dadurch, daß *ergo* nicht als intratextueller Konnektor, sondern nach KRYLOVÁ (1999; 2001; 2003) als extratextuelle situierende Partikel aufgefaßt wird; in ihrem letzten Aufsatz zum Thema ist KROON (2004) zum selben Schuß gekommen.

ihre Grundbedeutung recht unterschiedlich zum Ausdruck kommen kann (cf. KROON, 1995: 98–99; 1998a: 219–220). Einzelne Typen der konkreten Anwendung von Partikeln können kontextuell genutzt werden, so daß sich unterschiedliche „Nebeneffekte" (*side effects*, Stufe 4) ergeben können, zu denen vor allem Verdeutlichung von Relationen semantischen Charakters oder z. B. Hervorhebung der gastgebenden Diskurseinheit gehören (KROON, 1995: 101; 1998a: 219). Die Grundfunktionen einiger Diskurspartikeln sind weitgehend mit einer bestimmten semantischen Relation kompatibel, was dazu geführt hat, daß ältere Forschungsansätze gerade diesen semantischen Effekt zum Ausgangspunkt ihrer Beschreibung nahmen, wie z. B. der Eindruck der Folgerung bei *ergo* und seinem vermeintlichen Synonym *igitur*.

Für die Zwecke der Untersuchung der Diachronie der Diskurspartikeln würde ich zur Veranschaulichung der möglichen Vielfalt des konkreten Gebrauchs einer Partikel vorschlagen, zu dieser gestuften funktionalen Charakteristik noch eine - eher lexikographisch gestaltete - Ebene mit einer Auflistung der konkreten, in einem ganz bestimmten Kontext eingebetteten Verwendungsweisen hinzuzufügen. Wie eine solche Auflistung aussieht, illustriert das Schema 2 im Anhang (S. 170f.). Der Unterschied zwischen dieser Ebene und der Stufe 3, d. h. zwischen den in einem bestimmten Kontext eingebetteten Verwendungsweisen und den Verwendungstypen (*actual uses*), besteht darin, daß die Verwendungstypen eher generellere Funktionen, in denen eine bestimmte Grundbedeutung auf einer bestimmten Diskurskohärenzebene zur Geltung kommen kann, und somit eine gewisse Abstraktion aus (mehreren) konkreten Verwendungsweisen darstellen.

3 Heuristik

Bei der Analyse einer Diskurspartikel arbeitet man sich sozusagen in einer umgekehrten Richtung als bei ihrer funktionalen Charakterisierung (die das Ergebnis der Analyse darstellt) voran, d. h. von den konkreten Verwendungsweisen zur Grundbedeutung. Dabei sind lediglich die konkreten Verwendungsweisen und zum Teil auch die einzelnen Verwendungstypen direkt greifbar, die höheren Stufen der Analyse (d. h. die Grundbedeutung, die Diskursfunktion(en) und teilweise auch die abstrakter zu charakterisierenden Verwendungstypen) lassen sich nur mit Hilfe der Distributionsmuster erschließen. KROON (1995: 116) schlägt dafür als heuristische Indikatoren und Indizien folgende syntaktische, diskurs-pragmatische und lexikalische Eigenschaften des Kontextes, in dem die untersuchte Partikel benutzt wird, vor:

(i) Kommunikationsstatus[7] des Textsegmentes bezüglich der Dialogizität/Monologizität[8]:

7 KROON (1995: 109–116) benutzt für diesen Parameter den Begriff *discourse type*; da ich aber diesen Terminus gemäß VIRTANEN (1992) und KROON (2002) als Bezeichnung des Typs des Textes bezüglich des Zwecks, zu dem dieser Text dienen soll, benutzen werde, habe ich hier den Begriff *Kommunikationsstatus* bevorzugt.

8 KROON (1995: 109–115) benutzt zur Bewertung des Kommunikationsstatus zwei Parameter, und zwar:

(1) globale kommunikative Einbettung, d. h. ob der betreffende Text unter der vollen Kontrolle eines einzigen Verfassers entstanden ist oder ob die Kommunikationsintentionen mehrerer Kommunikationspartner im Spiel sind (*monologale* X *dialogale* Texte),

(2) die Struktur einzelner Textsegmente, d. h. ob das betreffende Textsegment die Struktur eines Gesprächsaustausches aufweist, also aus Paarsequenzen von Gesprächszügen besteht, oder nicht (*dialogisch* X *monologisch*).

Aus der Kombination beider Parameter ergeben sich vier Grundtypen des Kommunikationsstatus. Die beiden monologischen Typen lassen sich weiterhin danach untergliedern, ob sie – trotz der monologischen Struktur – deutliche kommunikative Züge aufweisen (oder, wie Kroon formuliert, *embedded voices* enthalten), also *diaphon* sind, oder nicht.

- dialogal X monologal (kommunikative Einbettung)
- dialogisch X monologisch (strukturell)
- diaphonisch X monophonisch

(ii) Kollokationsmöglichkeiten mit anderen Partikeln,
(iii) illokutionäre Kraft der gastgebenden Diskurseinheit,
(iv) Kommunikationsstruktur,
(v) Informationsstruktur,
(vi) syntaktischer Status der gastgebenden Diskurseinheit,
(vii) Tempus in narrativen Texten,
(viii) literarisches Genre und Diskurstyp[9],
(ix) Inhalt.

Hierzu möchte ich zwei andere weitere wichtige Kriterien hinzufügen (ohne dabei zu beanspruchen, daß damit der Katalog vollständig ist), und zwar:

(x) die narrative Perspektive, d. h. von wessen Gesichtspunkt aus etwas erzählt oder beschrieben wird (es kann die Perspektive des Erzählers, des Rezipienten, der betroffenen dargestellten Person oder einer anderen dargestellten Person sein), cf. VAN GILS (2005), KRYLOVÁ (2003: 83–87),
(xi) die Rolle der untersuchten Partikel in der Formierung und Veränderung des relationalen Netzwerks zwischen den Kommunikationspartnern im Laufe der Kommunikation, cf. KRYLOVÁ (in Vorb.).

4 Mögliche Ursachen der Variabilität des Partikelgebrauchs in konkreten Texten

Da sich das Spektrum der benutzten Verwendungsweisen einer Diskurspartikel auch bei zwei zeitgenössischen Texten oder zwei zeitgenössischen Autoren stark unterscheiden kann, möchte ich, bevor ich zur Besprechung der Diachronie der Partikeln übergehe, die Faktoren, die solchen Unterschieden zugrunde liegen können, besprechen. Bei der Betrachtung der Variabilität des Partikelgebrauchs und der verursachenden Faktoren muß man sich vor Augen halten, daß Diskurspartikeln – im Unterschied z. B. zur Benutzung von (narrativen) Tempora – zu jenen Kohärenzmitteln gehören, deren Gebrauch nicht zwingend ist, daß also der Verfasser eines Textes immer – wenigsten theoretisch – die Wahl hat, ob er eine Partikel benutzt oder nicht.

Erstens spielt ein Komplex von miteinander verbundenen Faktoren, die mit dem Diskursaufbau und der Textgestaltung zusammenhängen (also textintern und funktionsbedingt sind), eine große Rolle. Den Aufbau und die Struktur eines Textes kann man von verschiedenen Gesichtspunkten aus beschreiben, ich folge hier der Auffassung und Herangehensweise von VIRTANEN (1992) und KROON (2002). Aus der (eher dynamischen und globalen) Perspektive der Textproduktion, also des Zwecks, zu dem sie dienen sollen, unterscheiden sie verschiedene *Diskurstypen*, wie z. B. narrative, argumentative, expressive, instruktive Texte. Dem anderen Kriterium nach, nämlich der eher statischen (und ggf. lokalen) Perspektive von formalen und inhaltlichen Eigenschaften des Textes, werden dann verschiedene Texttypen

9 KROON (1995: 116, 123–124) benutzt für diese globale Klassifizierung der Texte bezüglich des Zwecks, zu dem sie dienen sollen, den Begriff *text-type*, ich folge hier der Terminologie von VIRTANEN (1992) und KROON (2002), wo hierfür der Terminus *Diskurstyp* dient und *Texttyp* zur Bezeichnung der eher lokalen formalen und inhaltlichen Eigenschaften eines Textes bzw. Textsegmentes verwendet wird (s. unten).

definiert. Prototypisch entspricht der Texttyp eines Textes seinem Diskurstyp, es ist aber durchaus möglich und zugleich auch keinesfalls ungewöhnlich, daß z. B. auch ein narrativ gestalteter Text bzw. Textsegment zu argumentativen Zwecken dient und umgekehrt: so beinhalten etwa die – zu argumentativen Zwecken geschriebenen – Reden von Cicero auch *narrationes* (cf. VAN GILS, 2003) und die Werke der meisten Geschichtsschreiber direkt oder indirekt wiedergegebene Reden und Dialoge der dargestellten Personen (cf. KRYLOVÁ, 2003).

Zusätzlich zu dieser Klassifikation kann es für die Beschreibung eines Textes auch von Bedeutung sein, auf welche konkrete Weise – oder in welchem Darstellungsmodus – ein Textsegment präsentiert wird, so unterschiedet BAKKER (1997) beim narrativen Texttyp zwischen dem *diegetischen* und *mimetischen* narrativen Modus. Bei dem ersteren erzählt der Verfasser die Ereignisse aus einer Position außerhalb der dargestellten Welt, was ihm ermöglicht, das erzählte Material auf verschiedene Weisen zu „manipulieren" und selbst als Erzähler deutlich präsent zu sein. Der mimetische Modus dagegen erzählt die Ereignisse aus der inneren Perspektive, also sozusagen aus der Perspektive eines Augenzeugen, weswegen der Grad der expliziten Präsenz des Erzählers und damit auch seiner Kontrolle über den Text relativ niedrig ist. Reale narrative Textsegmente weisen gewöhnlich Züge der beiden narrativen Modi auf, obgleich in unterschiedlicher Intensität und unterschiedlicher Anzahl, und befinden sich damit auf verschiedenen Punkten der Skala zwischen einem völlig diegetischem und einem völlig mimetischem Modus (für die Übersicht der diegetischen und mimetischen Züge in lateinischen narrativen Texten siehe KROON, 2002: 191–193).

Aus der im Kapitel 2 diskutierten gestuften funktionalen Charakteristik der Diskurspartikeln geht klar hervor, daß in unterschiedlichen Diskurs- und Texttypen unterschiedliche Aspekte der Funktion einer Partikel zur Geltung kommen können; der Darstellungsmodus kann dann beeinflussen, ob und im welchen Ausmaß die Textstruktur durch Diskurspartikel und andere textstrukturierende Mittel explizit gekennzeichnet wird – in der Erzählung ist dies eher im diegetischen als im mimetischen Modus zu erwarten (cf. KROON 2002: 191).

Als Illustration nehmen wir uns den Gebrauch von *ergo* und *igitur* in narrativen Texten vor. *Ergo* ist eine situierende interaktive Partikel, die mit Blick auf den Rezipienten eine Bewertung der gastgebenden Diskurseinheit ausdrückt, konkret funktioniert sie als Signal, durch das der Verfasser des Textes die Diskurseinheit als zweifellos zu Recht verwendet kennzeichnet und dafür das Einverständnis des Rezipienten einfordert. Die auf der Präsentationsebene wirkende intratextuelle Partikel *igitur* signalisiert einen nicht überraschenden, unproblematischen, meist sogar durch den vorangehenden Kontext vorbereiteten neuen Schritt in der thematischen oder formalen Struktur des Diskurses. Die beiden Partikeln sind also durch ihre Grundbedeutungen sozusagen vorbestimmt für unterschiedliche Diskurs- und Texttypen: während das konnektive *igitur* eher in Fällen zu erwarten ist, wo der Autor/Sprecher seinen Text als eine Übermittlung von Informationen in einer einzigen Richtung gestaltet, wird das kommunikativere *ergo* überwiegend dort eingesetzt, wo der Verfasser eine aktive Beteiligung des Rezipienten erwartet oder verlangt (Näheres dazu in KRYLOVÁ, 2001).

In der Tabelle 3 (S. 165) sehen wir das Zahlenverhältnis von *ergo* zu *igitur* in ausgewählten Texten mit historischer Thematik aus der klassischen Periode und der Spätantike (wozu auch zwei andere narrative Texte aus der Spätantike kommen).

Mit Ausnahme der beiden dort zuletzt genannten Texte, die ich später besprechen werde, sehen wir schon aus dieser sehr generellen Betrachtung, daß der oben geäußerten Erwartung gemäß das konnektive *igitur* bei allen diesen – vom Diskurstyp her – narrativen Texten häufiger ist als das situierende *ergo*. Wenn man etwas detaillierter vorgehen und den Texttyp einzelner Textsegmente berücksichtigen würde, was hier leider aus Platzgründen nicht möglich ist, würde sich der Frequenzunterschied zwischen den betrachteten

Autor, bzw. Text	Zeit	*ergo*	:	*igitur*
Sallust	1. Jh. v. Chr.	1	:	12,7
Livius	1. Jh. v./1. Jh. n. Chr.	1	:	1,8
Tacitus	1./2. Jh. n. Chr.	1	:	4,8
Sueton	1./2. Jh. n. Chr.	1	:	1,1
Iustinus – *Epitoma historiarum Philippicarum Pompei Trogi*	3./4. Jh. n. Chr. (?)	1	:	91,5
Aurelius Victor	4. Jh. n. Chr.	1	:	16
Pseudo-Aurelius Victor	4. Jh. n. Chr.	1	:	16
Eutropius	4. Jh. n. Chr.	1	:	1,6
Ammianus Marcellinus	4. Jh. n. Chr.	1	:	4,9
Historia Augusta	4./5. Jh. n. Chr. (?)	1	:	3,4
Vulgata	4. Jh. n. Chr.	2,6	:	1
Itinerarium Egeriae	um 400 n. Chr.	135	:	0

Tabelle 3: Zahlenverhältnis von *ergo* zu *igitur* in ausgewählten narrativen Texten

Partikeln in narrativ gestalteten Textsegmenten noch verschärfen, da sehr viele Belege von *ergo* aus der direkten oder indirekten Rede kommen (cf. KRYLOVÁ, 2003). Durch die unterschiedliche Häufigkeit solcher kommunikativ orientierter Passagen lassen sich auch zum Teil die Unterschiede der Zahlenverhältnisse unserer Partikeln zwischen einzelnen Texten erklären: So enthalten die von Iustinus geschriebenen Zusammenfassungen aus den *Historiae Philippicae* des Pompeius Trogus kaum solche Passagen, und dementsprechend ist hier *ergo* viel seltener als bei den anderen Texten zu finden.

Weiter können diese Unterschiede auch durch Unterschiede in den benutzten narrativen Modi bedingt sein: So läßt sich wohl (obgleich hier eine genauere Untersuchung nötig wäre) das völlige Fehlen von *ergo* und *igitur* in narrativen Textsegmenten bei Caesar und seinen Fortsetzern (alle 3 Belege von *ergo* bei Caesar stammen aus direkten und der einzige Beleg von *igitur* aus einer indirekten Rede) damit in Zusammenhang bringen, daß die beiden *Commentarii* den Eindruck eines möglichst objektiven Berichts, bei welchem der den Text gestaltende Erzähler kaum in den Vordergrund treten möchte, hervorrufen sollen.

Damit kommen wir zum zweiten bei der Erklärung der Variabilität des Partikelgebrauchs zu berücksichtigenden Faktor, und zwar zum literarischen Genre. Dieser eher textexterne Faktor beeinflußt die Benutzung der Partikeln auf zweierlei Weise. Zum ersten bestimmt das Genre, zu dem ein Text gehört, entscheidend sowohl die Form, Struktur und Gestaltung, als auch den Inhalt dieses Textes mit und somit auch die unter dem ersten Punkt besprochenen textinternen Faktoren, d. h. die benutzten Texttypen und Darstellungsmodi. Zum zweiten spielt eine wichtige Rolle auch die Tradition eines Genres, besonders bei den antiken Schriftstellern, die sich in der Regel ihrer Zugehörigkeit zu einem bestimmten Genre deutlich bewußt waren und oft sogar unter einem starken Einfluß eines „klassischen" Vorbild standen. Als Beispiel kann man etwa Ammian, dem als solches Vorbild der Stil des Tacitus diente, nennen. Dieses Genrezugehörigkeitsbewußtsein bezeugen auch manche explizite Äußerungen der Autoren zu diesem Thema sowie theoretische Abhandlungen über literarische Genres (wie z. B. die sogenannte *Ars poetica* von Horaz). Für den Partikelgebrauch ist die Kontinuität innerhalb eines Genres deswegen von Bedeutung, daß ein Autor in Anlehnung an die Tradition des Genres bzw. an sein Vorbild oder seine Vorbilder gewöhnlich nicht nur die genreübliche Thematik mitsamt ihrer üblichen Gestaltung und den Ausdrucksweisen, sondern auch die genreübliche Gliederung des Textes in seine Standardbestandteile und damit oft auch die sprachlichen Mittel, die diese Gliederung signalisieren, übernimmt. Besonders wichtig ist die Tradition des Genres im Zusammenhang mit der Erwägung möglicher diachroner Entwicklung, da sie sozusagen gegen diese Entwicklung wirken kann, indem sie den Erhalt und Gebrauch mancher alten, oft fast schon formelhaften Ausdrucksweisen fordert.

Gute Beispiele des Einflusses der Genretradition stellen in unserem Material Ammian und die *Historia Augusta*, mit denen ich mich im nächsten Kapitel beschäftigen werde. Weitere Bespiele liefern z. B. Langslow (2000) für manche konkreten Verwendungsweisen von *nam* und *enim* in lateinischen medizinischen Schriften und Löfsted für den Gebrauch von *apud* in der Bedeutung von *in* bei Tacitus in Anlehnung an Sallust (Löfsted 1911: 252–253) und für den finalen Gebrauch von *propter* bei Ammian in Anlehnung an Tacitus (Löfstedt 1911: 219–220).

Zuletzt können die Abweichungen im Gebrauch der Diskurspartikeln eines Autors von dem seiner Zeitgenossen oder von Werken vergleichbaren Genres, Diskurs- und Texttyps auch durch verschiedene Faktoren individueller Natur, wie z. B. durch den persönlichen Geschmack, Bildungs- und Erziehungshintergrund oder soziolektale Verankerung, bedingt sein. Als Beispiel hierfür können die beiden Senecae (Vater und Sohn) dienen, die die Partikel *igitur* mit Absicht zu meiden bzw. signifikant seltener als die anderen Diskurspartikeln zu benutzen scheinen, – beim Vater fehlt die Partikel sogar völlig (cf. Tabelle 4, S. 167).[10]

Bei dem Partikelgebrauch des Sohnes ist noch eine weitere Auffälligkeit zu beobachten, und zwar, daß er in seinen neun Tragödien auch die restlichen Diskurspartikeln (mit der Ausnahme von *at* und teilweise auch *nam*) deutlich weniger als sonst benutzt. Die Frage, ob dies durch einen Einfluß der Tradition des Genres zu erklären ist, muß angesichts der leider fragmentarischen Erhaltung der früheren Tragödien offen bleiben[11]; hinsichtlich des Diskurs- und Texttyps ist es eher überraschend – besonders bei den interaktiven Partikeln *enim, ergo, vero*, die man in einem dialogischen Text eher erwarten würde. In anderen dialogischen und stark kommunikativ orientierten Texten (wie z. B. in den altlateinischen Komödien von Plautus und Terenz sowie dem spätantiken *Querolus*, in philosophischen Dialogen oder in Briefen, cf. die Angaben für die *Epistulae morales ad Lucilium* von Seneca selbst und die *Epistulae ad Atticum* von Cicero in der Tabelle 4) sind diese Diskurspartikeln in der Regel ziemlich häufig zu finden. Eine mögliche Erklärung könnte vielleicht in den Besonderheiten der Kommunikation zwischen den *dramatis personae* bei Seneca gesucht werden, die eigentlich keine wirkliche Kommunikation ist, da die Personen meistens eher aneinander vorbei als miteinander reden, – dies bedürfte aber einer detaillierten Untersuchung.

5 Die Diachronie

Diachrone Veränderungen können auf allen Stufen der im Kapitel 2 diskutierten funktionalen Charakteristik einer Partikel vorkommen, die einzelnen Stufen sind aber weder funktional noch heuristisch gleichwertig. So werden Änderungen auf den höheren Stufen – etwa eine Änderung der Grundbedeutung oder einer Diskursfunktion – mit großer Wahrscheinlichkeit beachtliche Änderungen auf den niedrigeren Stufen, d. h. bei den Verwendungstypen oder den konkreten Verwendungsweisen, hervorrufen.

10 Dazu siehe auch Wölfflin (1886), der eine solche Abneigung bei mehreren Autoren, deren Werke verloren gegangen sind, vermutet und sie mit einem Unbehagen an „dem Wort *igitur* als einer unklaren oder unberechtigten Bildung" zu erklären versucht.

11 Die Tragödie *Octavia*, die zusammen mit den Tragödien von Seneca überliefert worden ist, deren Autor aber nicht bekannt und zeitlich ein wenig später als Seneca anzusetzen ist, verhält sich hinsichtlich des Gebrauchs der Diskurspartikeln ähnlich, vielleicht aufgrund der Anlehnung an den Stil von Seneca.

	nam	*enim*	*ergo*	*igitur*	*vero*	*at*	*autem*
Seneca der Ältere	67	285	94	0	35	72	112
Seneca der Jüngere							
Gesamtwerk	441	1 521	738	13	246	339	677
Tragödien	18	7	3	3	3	60	1
Octavia (Pseudoseneca)	3	0	0	0	0	2	0
Epistulae morales ad Lucilium	185	642	336	2	93	100	331
Cicero							
Epistulae ad Atticum	280	868	58	237	196	86	473

Tabelle 4: Gebrauch der Diskurspartikeln bei den Senecae und Vergleichswerken

Dagegen können aber keinesfalls alle Veränderungen im Bereich der Verwendungstypen oder konkreten Verwendungsweisen einer Partikel als Symptome einer grundlegenden funktionalen Entwicklung dieser Partikel gedeutet werden. Einen solchen Schluß kann man nur dann ziehen, wenn die Veränderungen des Gebrauchsspektrums einer Partikel ihre Distribution so umformen, daß sich damit gleichzeitig alle im Kapitel 3 genannten heuristischen Indikatoren (oder mindestens einem Großteil von ihnen), die auf eine gewisse Diskursfunktion oder Grundbedeutung schließen lassen, auf dieselbe Weise verändern[12]; also z. B. wenn sich das gesamte Gebrauchsspektrum einer der situierenden interaktiven Partikeln (*ergo, enim, vero*), die den interpersonellen Aspekt der Kommunikation betreffen, so ändern würde, daß die heuristischen Indikatoren z. B. auf eine eher intratextuelle interaktive Funktion, wie etwa Signalisierung der Kommunikationsstruktur, hinweisen würden oder sogar die bevorzugte kommunikative Einbettung der betreffenden Partikel verloren ginge, so daß diese z. B. zum Signal der Textorganisation, d. h. zu einer auf der Präsentationsebene fungierenden Partikel, würde (was beim *Itinerarium Egeriae* mit *ergo* geschehen zu sein scheint). Am wahrscheinlichsten können diachrone Veränderungen der Grundbedeutung oder der Diskursfunktion(en) so zustande kommen, daß Verschiebungen innerhalb mancher Subsysteme des Gesamtsystems der Diskurspartikeln (cf. Tabelle 2, S. 161) auftreten, wie z. B. im Subsystem der Partikeln, die auf derselben Diskursebene fungieren oder zwischen „semantischen" Nachbarn, die auf unterschiedlichen Ebenen wirken.

Wenden wir uns jetzt der Materialbasis, die uns für diachronische Untersuchungen zur Verfügung steht, zu. Über die Entwicklung zwischen dem Altlatein und dem klassischen Latein läßt sich aufgrund der extrem einseitigen Materiallage außer der Beobachtung, daß sehr viele der heuristischen Indikatoren, über die ein Urteil gemacht werden kann, im Prinzip eher unverändert bleiben, leider kaum etwas anderes sagen. Die Schwierigkeit liegt vor allem darin, daß für eine sinnvolle Untersuchung der Diskurspartikeln vollständige oder wenigstens in ausreichend langen Fragmenten erhaltene Texte benötigt werden. In diesem Zustand haben sich aus der altlateinischen Periode praktisch nur die Komödien von Plautus und Terenz sowie das Buch *De agricultura* von Cato dem Älteren erhalten.

In *De agricultura* kommen aber manche der Diskurspartikeln überhaupt nicht vor und die restlichen nur in einigen wenigen Belegen, wozu sich noch die zusätzliche Schwierigkeit anschließt, daß der Text im Laufe seiner Überlieferung umgearbeitet und interpoliert sein könnte, so daß er keinesfalls ganz sicher ist. In den Komödien dagegen sind die Diskurspartikeln zwar gut belegt, aber in der klassischen Periode haben wir so gut wie

12 Aus diesem Grund kann ich der Argumentation von Langslow (2000), der aufgrund von Veränderungen einiger weniger ausgewählter Verwendungsweisen von *nam* und *enim* eine diachrone funktionale Entwicklung dieser Partikel postuliert, nicht folgen, wenngleich die einzelnen Veränderungen überzeugend dargestellt und dokumentiert werden.

keine Texte, die mit den Komödien hinsichtlich des Genres, des Diskurstyps, des Texttyps und sogar des Soziolekts gut vergleichbar wären – die erste und einzige erhaltene Komödie aus der späteren Zeit ist der spätantike *Querolus*. Die Tragödien von Seneca können aus den im vorigen Kapitel erklärten Gründen für einen Vergleich nicht benutzt werden. Die dialogischen oder stark in einem kommunikativen Rahmen eingebetteten Texte, wie vor allem die philosophischen Dialoge, Briefe, Reden und kommunikativen Textsegmente aus Erzähltexten, können mit den Komödien praktisch nur hinsichtlich der heuristischen Indikatoren und manchen Verwendungstypen und konkreten Verwendungsweisen verglichen werden.

Bei der Betrachtung der Situation im Spätlatein[13] begegnen uns fast die umgekehrten Schwierigkeiten. Es gibt zwar genug Texte aus vielen Genres und Diskurstypen, sehr oft aber unterscheiden sich Texte desselben Diskurstyps in ihrem Partikelgebrauch diametral. Bleiben wir bei dem im vorigen Kapitel schon benutzen illustrativen Beispiel, und zwar dem Gebrauch von *ergo* und *igitur* in narrativen Texten (cf. Tabelle 3, S. 165). Wie extrem die Unterschiede zwischen zwei Texten desselben Diskurstyps in der Spätantike sein können, läßt sich gut am Beispiel von zwei fast zeitgenössischen Texten, den *Res gestae* von Ammian und dem *Itinerarium Egeriae* zeigen.

Das Werk des allgemein eher konservativen Ammian, der in der Zeit, als Konstantinopel schon seit einiger Zeit als Hauptstadt des Imperiums diente, Rom zu seinem Wohnsitz wählte und Kontakte zu Symmachus und anderen Verfechtern der Tradition pflegte, weist einen fast „klassischen" Gebrauch unserer Partikeln auf: Erstens ist das Zahlenverhältnis von *ergo* zu *igitur* fast dasselbe wie bei seinem großen Vorbild Tacitus; zweitens stellt sich bei einer detaillierten Untersuchung der einzelnen Belegstellen (Näheres dazu in Krylová, 2001) heraus, daß fast alle Belege unserer Partikeln bei Ammian sehr gut mit denen bei Tacitus und anderen Historikern der klassischen Periode zu vergleichen sind; drittens ist bei ihm das Spektrum der Verwendungsweisen der klassischen Historiographie uneingeschränkt geblieben (dazu siehe das Schema 2 im Anhang, wo die von Ammian benutzen Verwendungsweisen im Fettdruck stehen). Zu einem vergleichbaren Schluß kamen auch Kroon-Rose (1996) bei der Untersuchung von Ammians Gebrauch der Erzähltempora. Obwohl eine breitere und genauere Untersuchung der Diskurskohärenz in Ammians *Res gestae* noch durchgeführt werden muß, deuten diese Ergebnisse zusammen mit manchen vereinzelten Beobachtungen von Löfsted (1911, z. B. 219–220 über den finalen Gebrauch von *propter*) darauf hin, daß Ammian bei der sprachlichen Gestaltung und Strukturierung seines Textes eng an die Tradition seines Genres anknüpft.

Auf dem anderen Ende der Skala steht das *Itinerarium Egeriae*. In diesem Werk schreibt eine gesellschaftlich wohl hochgestellte Frau, deren nähere Identität nicht festgestellt werden kann, da leider der Anfang des *Itinerarium* fehlt, in Briefform ihren religiösen Schwestern, vielleicht einer Nonnengemeinschaft, einen Bericht über ihre Reise ins Heilige Land. Egeria orientiert sich in ihrem Sprachgebrauch generell nicht an klassischen Beispielen, sondern eher an dem biblischen Text der *Vetus Latina* (cf. Tafi, 1990); die Frage, inwieweit dies auch speziell für den Bereich der Diskurskohärenz zutrifft, bleibt aber noch offen. Außerdem scheint die Sprache Egerias sehr viele Züge der spätantiken Umgangssprache, die oft sogar auf die Entwicklung in Richtung der romanischen Sprachen deuten, aufzuweisen.

Die Partikel *igitur* ist bei Egeria überhaupt nicht zu finden, *ergo* benutzt sie dagegen deutlich häufiger als in einem narrativ-deskriptiven Text in der klassischen Zeit zu erwarten wäre. Bei näherer Betrachtung ihres Gebrauchs von *ergo* stellt sich heraus, daß sie es zwar häufig, aber ziemlich monoton am Anfang eines neuen Abschnittes als eine anknüpfende und weiterführende Partikel ohne jegliche Spuren einer kommunikativen Funktion benutzt,

13 Die spätantiken Texte sind hinsichtlich der Diskurskohärenz bisher nicht gründlich erforscht worden, so daß sich hier meine Argumentation eher auf einzelne Stichproben stützen muß.

d. h. die Funktion von *ergo* scheint sich bei Egeria auf die Präsentationsebene zu verschieben. Sehr ähnlich wie *ergo*, also als eine allgemeine anknüpfende und weiterführende Partikel am Anfang eines neuen Abschnittes, benutzt Egeria auch die schon von vornherein auf der Präsentationsebene fungierende Partikel *autem*. Beide Partikeln sind oft mit anderen anknüpfenden Sprachmitteln – oft sogar mit denselben – kombiniert: Als Beispiele können e. g. *ac sic ergo* (9, 1; 9, 5; 23, 8 etc.), *cum ergo* (3, 4; 14, 2; 36, 3 etc.; cf. das ebenfalls häufige *cum autem* – 46, 5 etc.) oder die Kombination *hic* + *ergo/autem* (z. B. *hi ergo dies* 49, 1; *hoc autem* 46, 1) dienen. Eine ähnliche Entwicklung zu einer anknüpfenden und weiterführenden Partikel beobachtet LÖFSTED (1911: 27–35) für *tamen*.

In Zusammenhang mit Egeria wäre eine Untersuchung des Partikelgebrauchs der *Vetus Latina* sehr interessant; als eine weitere möglicherweise interessante Parallele könnte vielleicht auch die *Vulgata*, die zu ungefähr derselben Zeit wie das *Itinerarium* entstanden ist, dienen – mindestens scheint hier das Zahlenverhältnis von *ergo* zu *igitur* der klassischen Narrativprosa gegenüber umgekehrt zu sein (was aber auch durch andere Faktoren bedingt sein könnte: es handelt sich um eine Übersetzung, teilweise aus dem Griechischen mit seinem bekanntlich reichen Partikelgebrauch; hinsichtlich des Diskurs- und Texttyps sind nicht alle Teile der Bibel narrativ usw.).

Welch wichtige Rolle die Kontinuität innerhalb des Genres spielen kann, bezeugt möglicherweise auch die *Historia Augusta*, eine Sammlung der Kaiserbiographien, die sich anscheinend als Fortsetzung von Sueton versteht (obwohl sie erst bei Hadrian anfängt und damit die Kaiser Nerva und Trajan sozusagen überspringt). Den eigenen Angaben nach sollte die *Historia Augusta* eine Sammlung der Werke von sechs Autoren sein, die zur Zeit von Diokletian und Konstantin, also eher im frühen 4. Jh. n. Chr. tätig waren; die heutige Forschung, obwohl sie in dieser Frage keinesfalls einig ist, tendiert eher zur Datierung am Ende des 4. Jh. n. Chr. oder am Anfang des 5. Jh. n. Chr. und der Annahme, daß es sich um das Werk eines einzigen Autors handelt. MUNDT (2001) argumentiert, daß der Autor (oder wenigstens einer der Autoren) der *Historia Augusta* ein „ausgezeichneter Kenner christlich jüdischer Tradition" war, dessen „Verankerung in einem christlichen Milieu" aufgrund der „Übernahme von Motiven und Vokabular aus dem christlichen Bereich, namentlich Hieronymus" „in Erwägung gezogen werden muß", der aber, „wenn er sich ... im christlichen Motivarsenal bedient, ... um als traditioneller Geschichtsschreiber zu gelten, das, was er findet, auf heidnische Verhältnisse umformen muß" (MUNDT, 2001: 55–56). Sollte dies stimmen, würde sich hier aufgrund des Diskurspartikelgebrauchs der *Historia Augusta*, der – ähnlich wie der von anderen Geschichtsschreibern des 4. Jh. n. Chr. (cf. auch Tabelle 3, S. 165) – dem klassischen Gebrauch viel näher als derjenige der Christin Egeria, wenngleich wiederum auch nicht so klassisch wie der von Ammian, zu sein scheint, der Schluß anbieten, daß auch auf dem Gebiet der Diskurskohärenz bei der *Historia Augusta* die Anlehnung an das Genre der Kaiserbiographien von Bedeutung war.

6 Methodische Schlußfolgerung

Zusammenfassend läßt sich also sagen, daß sich die Kroonsche diskurs-pragmatische Methode der Analyse und Beschreibung der lateinischen Diskurspartikeln als für diachronische Untersuchungen geeignet – und sogar günstig – erwiesen hat. Angesichts der eher komplizierten Materiallage sowie der anderen Faktoren, durch welche die Variabilität des Partikelgebrauchs bedingt sein kann, sollte aber eine sinnvolle diachronische Untersuchung der Diskurspartikeln zuerst innerhalb von einzelnen Genres unter Berücksichtigung der benutzten Texttypen und Darstellungsmodi im Zusammenhang mit der Untersuchung der Entwicklung anderer Diskursphänomene durchgeführt werden. Dabei sollte als Anzeichen einer funktionalen Entwicklung des Gesamtsystems der Diskurspartikeln sowie einer Partikel nur eine deutliche Veränderung ihres Distributionsmusters, d. h. eine systematische und in dieselbe Richtung weisende Veränderung der meisten oder sogar aller relevanten heuristischen Indikatoren, gedeutet werden, nicht aber eine nicht-systematische Veränderung einzelner Verwendungstypen und konkreter Verwendungsweisen, die entstehen bzw. in Vergessenheit geraten können, ohne daß dies notwendigerweise mit einer funktionalen Entwicklung der betreffenden Partikel zusammenhängen müßte.

Die Ergebnisse der Untersuchung von einzelnen Genres sollten dann zuerst innerhalb von einzelnen Diskurstypen verglichen und kombiniert werden, um schließlich zu einem Gesamtbild der Entwicklung zu gelangen.

7 Anhang: Übersicht der Verwendungstypen und -weisen von *ergo*[14]

1) Richtigstellung, Präzisierung einer Information bzw. Bitte um solche Präzisierung (fast ausschließlich in Dialogen)
2) **Verwendung einer Aussage oder Texteinheit, die irgendwie aus den vorher gegebenen Informationen oder der Kommunikations- bzw. außersprachlichen Situation folgt**
    a) **semantisch bedingt**
        I) **objektiver kausaler Zusammenhang der (Aussagen-)Inhalte**
            in der klassischen Sprache sehr selten, nur bei Historikern, bei Ammianus scheint dieser Gebrauch verhältnismäßig häufiger geworden zu sein
            häufiger benutzt, wenn es um die Motivation einer Handlungsperson geht
        II) **logisch hergeleitete Folge**
    b) **durch die Situation bedingt**
        typisch hauptsächlich für Dialog, aber auch in monologischen Texten nicht selten zu finden
        I) **notwendig**
            – Reaktion auf eine Aufforderung
            – **Bestandteil des Textes**
                – **Übergang zu einem neuen Thema**
                    – **nach expliziter Ankündigung**
                    – **als einzige Fortsetzungsmöglichkeit in einer klaren Struktur**
                – Standardbestandteil eines bestimmten Texttyps, z. B. der Verabschiedungsgruß in einem Brief o. ä.
        II) nicht notwendig, sondern nur angebracht oder zu erwarten; ausschließlich in Dialogen: Aufforderung, Frage o. ä.
3) **Rekapitulation, Zusammenfassung des vorhergehenden Textabschnittes, Bewertung der Situation**
    I) **der Sprecher/Autor faßt den Inhalt seiner Aussage(n) zusammen, um sicherzustellen, daß es zu keinen Mißverständnissen kommt, oder als Begleitung zu einer Aktion, die von ihm vorher beschrieben oder begründet worden ist**
    II) *occupatio* – Formulierung eines möglichen Einwands
        charakteristisch für Reden oder argumentative Texte
    III) expressive Äußerung des Staunens oder Ärgers
4) Anknüpfung an ein schon angefangenes oder erwähntes Thema nach einer Parenthese, Rückkehr zur Hauptlinie

14 Die von Ammian benutzen Verwendungsweisen stehen im Fettdruck.

I) **in einer expliziten Ankündigung solcher Rückkehr** – meist nach einer Parenthese, die nach einer korrekt beendeten Aussage eingefügt worden ist

II) **durch eine Wiederholung** – oft nach einer Parenthese, die inmitten des Themas eingefügt worden ist

Schema 2 (cf. KRYLOVÁ, 2001: 69–70)

Bibliographie

BAKKER, E. J. (1997), Verbal aspect and mimetic description in Thukydides. In: BAKKER, E. J. (ed.), *Grammar as Interpretation*, Leiden: Brill, 7–54.

VAN GILS, L. (2001), A linguistic-narratological analysis of the *narrationes* in two Ciceronian speeches. In: MOUSSY, C. (ed.), *De lingua Latina novae quaestiones*. Leuven–Paris–Sterling: Peeters, 653–668.

——— (2005), Causal relations and point of view. An analysis of causality in the *narrationes* of Cicero's *Pro Archia*, *Pro Milone* and *Pro Rege Deiotaro*. In: CALBOLI, G. (ed.), *Papers on Grammar IX, 2. Ligua latina! Proceedings of the 12th ICLL*. Roma: Herder, 797–809.

HAND, F. (1829–1845), *Tursellinus seu de particulis Latinis commentarii*, Leipzig: Weidemann.

KROON, C. (1995), *Discourse particles in Latin. A Study of nam, enim, autem, vero and at.* Amsterdam studies in classical philology, 4. Amsterdam: Gieben.

——— (1998a), A Framework for the Description of Latin Discourse Markers. *Journal of Pragmatics* 30, 205–223.

——— (1998b), Discourse particles, tense, and the structure of Latin narrative texts. In: RISSELADA, R. (ed.), *Latin in Use. Amsterdam Studies in the Pragmatics of Latin.* Amsterdam Studies in Classical Philology, 8. Amsterdam: Gieben, 37–61.

——— (2002), How to write a ghost story? A linguistic view on narrative modes in Pliny *Ep.* 7, 27. In: SAWICKI, L. – SHALEV, D. (edd.), *Donum grammaticum. Studies in Latin and Celtic Linguistics in honour of Hannah Rosén.* Leuven–Paris–Sterling: Peeters, 189–200.

——— (2004), Scales of involvement and the use of Latin causal connectives. In: RAMOS GUERREIRA, A. – LOPEZ EIRE, A. (edd.), *Registros lingüísticos en las lenguas clásicas.* Salamanca: Ediciones Universidad Salamanca, 65–86.

KROON, C. – ROSE, P. J. (1996), Atrociter corruptus? The Use of 'Narrative' Tenses in Ammianus Marcellinus' *Res Gestae*. In: RISSELADA, R. – DE JONG, J. R. – BOLKESTEIN, A. M. (edd.), *On Latin. Linguistic and Literary Studies in Honour of Harm Pinkster.* Amsterdam: Gieben, 105–126.

KRYLOVÁ, B. (1999), *Funkce latinských partikulí ergo, igitur a itaque ve výstavbě diskursu.* Dissertation Karlsuniversität Prag.

——— (2001), Die Partikeln *ergo* und *igitur* bei Ammianus Marcellinus. Ein textologischer Beitrag zur Diskussion um Ammians Sprachkompetenz. In: THOME, G. – HOLZHAUSEN, J. (edd.), *Es hat sich viel ereignet, Gutes wie Böses. Lateinische Geschichtsschreibung der Spät- und Nachantike.* Beiträge zur Altertumskunde, 141. München–Leipzig: Saur, 57–79.

——— (2003), *Ergo* als Konsensus-Partikel in lateinischen narrativen Texten. Eine Untersuchung an Prosatexten historischer Thematik von Caesar bis Sueton. *Graecolatina Pragensia* 18, 63–94.

——— (2006), Consensus suggested and demanded: the use and role of *enim* and *ergo* in conflict management. *Graecolatina Pragensia* 20, 95–107.

——— (in Vorb.), Lateinische interaktive Partikeln und die Formierung des relationalen Netzwerks – eine soziopragmatische Betrachtung aus der Sicht der Höflichkeitstheorie. [Konferenzbeitrag auf der XIII. Fachtagung der Indogermanischen Gesellschaft, Salzburg, September 2008].

LANGSLOW, D. R. (2000), Latin discourse particles, "medical Latin" and "classical Latin". *Mnemosyne* 53, 537–560.

LÖFSTED, E. (1911), *Philologischer Kommentar zu Peregrinatio Aetheriae. Untersuchungen zur Geschichte der lateinischen Sprache.* Uppsala: Almqvist und Wiksells.

MUNDT, F. (2001), Die Maske des Christen. Spuren christlicher Literatur in der *Historia Augusta*. In: THOME, G. – Holzhausen, J. (edd.), *Es hat sich viel ereignet, Gutes wie Böses. Lateinische Geschichtsschreibung der Spät- und Nachantike.* Beiträge zur Altertumskunde, 141. München–Leipzig: Saur, 37–63.

RISSELADA, R. (1994), *Modo* and *sane*, or what to do with particles in Latin directives. In: HERMAN, J. (ed.), *Linguistic studies on Latin: selected papers from the 6th international colloquium on Latin linguistics.* Amsterdam–Philadelphia: Benjamins, 319–343.

ROSÉN, H. (1980), „Exposition und Mitteilung" – the imperfect as a thematic tense-form in the letters of Pliny. In: ROSÉN, H. – ROSÉN, H. B., *On Moods and Tenses of the Latin Verb.* München: Fink, 27–48.

SWEETSER, E. (1990), *From Etymology to pragmatics.* Cambridge: Cambridge University Press.

TAFI, A. (1990), Egeria e la Bibbia. In: *Atti del convegno internazionale sulla Peregrinatio Egeriae.* Arezzo, 167–176.

Thesaurus linguae Latinae: *ergo* (V2, 759, 6–775, 49; B. Rehm), *igitur* (VII 1, 253,5–271,68; O. Skutsch – W. H. Friedrich). München–Leipzig: Saur.

VIRTANEN, T. (1992), Issues of text typology: narrative – a "basic" type of text? *Text* 12, 293–310.

WÖLFFLIN, E. (1886), Igitur. *Archiv für lateinische Lexikographie und Grammatik* 3, 560–561.

P2-Partikeln in indogermanischen Sprachen

Rosemarie LÜHR (Friedrich-Schiller-Universität Jena)

1 Problem

Der Indogermanist, der am häufigsten in der modernen Linguistik zitiert wird, ist Jacob Wackernagel. Die Linguisten interessieren sich bekanntlich deswegen für ihn, weil die nach ihm benannte zweite Satzposition, in der im Indogermanischen Enklitika erscheinen, auch in allen möglichen modernen Sprachen vorkommt. Eine solche Position findet sich z. B. auch im Deutschen. Hier besetzen schwach betonte Personal- und Reflexivpronomina die Position unmittelbar hinter der linken Satzklammer:

(1) a. *Morgen will Anna der Chefin den Bericht übergeben.*
b. *Morgen will sie der Chefin den Bericht übergeben.*
c. *Morgen will ihr Anna den Bericht übergeben.*[1]

Wackernagel belegt sein Gesetz hauptsächlich durch altgriechische Beispiele und fügt einige Hinweise auf das Lateinische, Altindische, Altiranische und Keltische hinzu. Von diesen Sprachen ist aber besonders das Altindische interessant, weil die vedischen Texte zusammen mit den Grammatikern am frühesten Auskunft über den Akzent in der Indogermania geben. Daher erfolgt im folgenden eine Beschränkung auf das Altindische.

Nun hat Mark HALE (1987; 1987a) gezeigt, dass nicht nur Satzadverbien, Satzkonnektoren, Indefinitpronomina und Personalpronomina in der zweiten Satzposition auftreten, auch emphatische Partikeln können in die zweite Position gelangen: Emphatische Klitika hängen sich an eine Konstituente, die optional in die erste Position topikalisiert wird. Das Klitikum hat keinen Akzent, ist also unbetont.[2]

(2) RV 4,16,6

áśmānaṃ	*cid*	*yé*	*bibhidúr*	*vácobhiḥ*
Fels:ACC.SG.M	EMPH	welche:NOM.PL.M	zerschmettern:3PL.PF	Worte:INSTR.PL.N

‚welche sogar den Felsen mit ihren Worten zerschmetterten'

Bei *cid* ‚sogar' handelt es sich um eine Fokuspartikel, die ihrer Domäne eine maximale oder minimale Position auf einer aus den Alternativen gebildeten Skala zuweist. Solche skalaren Fokuspartikeln sind in der Regel zusätzlich restriktiv wie dt. *nur* oder additiv wie dt. *auch*.[3]

Auffallend ist aber, dass gerade im Altindischen, das ja betonte und unbetonte Wörter genau unterscheidet, emphatische Partikeln in der zweiten Satzposition auch betont vorkommen:

1 GALLMANN 2005: 884.
2 KRISCH (1990: 65) betrachtet solche Partikeln nicht als Wackernagelsche Enklitika.
3 STEUBE & SUDHOFF 2007.

(3) RV 1,10,11

ā́ tū́ na indra kauśika mandasānáḥ
PFX EMPH von uns:GEN.PL Indra:VOC.SG.M Kauśika:VOC.SG.M berauschend:VOC.SG.M
sutám piba
Soma:ACC.SG.M trinken:2SG.IMP

‚Trink doch, Indra, Gott des Kuśika, unseren Soma, dich berauschend!'

GELDNER übersetzt solche Partikeln oft mit ‚doch', ‚aber', ‚ja'. Welche genaue Funktion sie aber vor allem in der zweiten Satzposition haben, ist noch nicht geklärt. Auch ist unklar, wie sie sich von unbetonten Partikeln wie *cid* abgrenzen. Nach einem kurzen Forschungsreferat werden darauf Antworten gegeben. Vorweg genommen werden soll jedoch, dass hier, wie zu erwarten, die Informationsstruktur, also die Fokus-Hintergrund- und Topik-Kommentar-Gliederung eine Rolle spielt.

2 Forschungsstand

Beim Forschungsstand sind drei Positionen zu unterscheiden, und zwar von dem schon genannten Mark Hale, dann von Hans Henrich Hock und Steven Schäufele. SCHÄUFELE (1996: 456) führt satzeinleitende Ketten wie in:

(4) a. ŚB 2.5.2.4.

{[[[*vṛtrám*]$_{\omega}$ *hí*]$_{\omega}$ *asmai*]$_{\omega}$ *etát*]
Vṛtra:ACC.SG.M denn ihm:DAT.SG.M das:ACC.SG.N
jaghnúṣe apyáyanam ákurvan
erschlagen-habend:DAT.SG.M berauschend:ACC.SG.N bereiten:3PL.IMPF

‚Für ihn, der den Vṛtra erschlagen hat, bereiteten sie den kräftigen Trank.'

auf die Struktur

(4) b. [[ ]]$_{\omega}$ ---]$_{\omega}$

zurück. Er nimmt an, dass Enklitika ein phonologisches Wort bilden, und zwar mit jedem beliebigen vorausgehenden phonologischen Wort. Dabei kann das erste phonologische Wort offensichtlich auch aus mehreren phonologischen, d. h. betonten Wörtern bestehen wie in (4) a.

Demgegenüber setzt HOCK (1989) ein Template wie in (5) an (vgl. auch HOCK 1996):

(5)	NEXUS	X	/ PTCL		/ PRO	
			-accent	+accent	-accent	+accent
	0	1	2	3	4	5

Während sich NEXUS auf die Satzkonnektoren vor dem Satz bezieht, bilden die Positionen 1 bis 5 die satzeinleitende Kette. Davon seien die Positionen 2 bis 4 die Wackernagel-Position. Jede dieser Positionen könne auch leer sein, X in Position 1 aber sei ein betontes Wort.

Sowohl die Struktur (4b) als auch (5) beruhen jedoch auf Stipulation. Wie schon erwähnt ist nach HALE (1996: 169) die erste Position auf jeden Fall ein Landeplatz für topikalisiertes oder emphatisches Material, und zwar links vom Landeplatz für WH-Bewegung, also Spec, TopP:

(6)

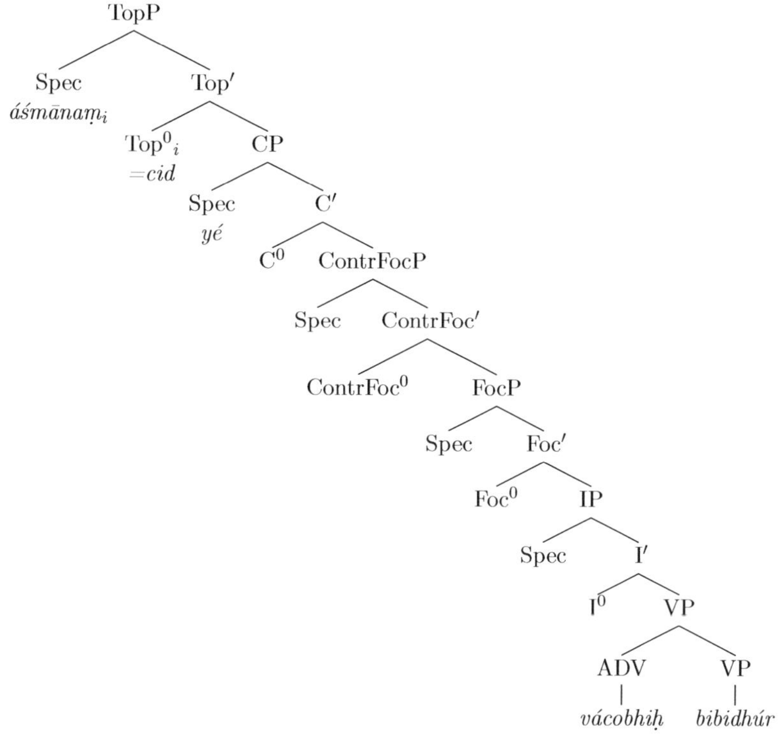

cid in (2) befindet sich dann in Top^0.

Was nun betonte Partikeln hinter der ersten Position angeht, so nimmt Hale in seiner Dissertation (HALE 1987: 157ff.) für Partikeln wie *nú* ‚jetzt' eine Bewegung von der satzeinleitenden Position[4] in das Satzinnere an:

(7) RV 6,21,11

nū́ ma ā́ vā́cam úpa yāhi vidvā́n
nun von mir:GEN.SG zu Rede:ACC.SG.F her kommen:2SG.IMP verstehend:NOM.SG.M

‚Nun komm her, auf meine Rede, (sie) verstehend'

(8) RV 2,15,1

prá ghā nv àsya maható mahā́ni satyā́
voran eben nun dieses:GEN.SG.M Großer:GEN.SG große:ACC.PL.N wahrhaft:ACC.PL.N
satyásya káranāṇi vocam
Wahrhafter:GEN.SG Taten:ACC.PL verkünden:1SG.AOR.SUBJ

‚Ich will nun dieses Großen große, des Wahrhaften wahrhafte Taten verkünden.'

Zunächst stehe *nú* wie andere temporale Modifizierer, z. B. *átha*, *ádha*, in topikalisierter Position an der Satzspitze, dann sei *nú* zu einer Konjunktion abgeschwächt und so auch in der Wackernagel-Position möglich geworden. Ob die zweite Position von betontem *tú* und *sú* auch auf diese Weise zustande gekommen sei, sei weiterhin zu erforschen.

Überprüft man aber die Belege von *tú* und *sú* im RV, so kommen diese Partikeln nie in satzeinleitender Position vor. DELBRÜCK (1888: 22) schreibt dazu: „Unter den betonten Partikeln bilden die größte Masse solche, als deren charakteristische Eigenschaft man

4 Vgl. auch Adverbien wie *átha*, *ádha*, *itthā́*, *tátha* (KLEIN 1991: 124; 1996: 209ff.).

anführen kann, dass sie nicht im Stande sind, an die Spitze des Satzes zu treten. Sie zerfallen ebenso wie die unbetonten in zwei Klassen, nämlich in solche, welche an jeder Satzstelle hinter das Wort treten können, welches sie hervorheben, das sind: *ā́ kám* und *evá*, und solche, welche der Stelle hinter dem ersten Worte des Satzes zustreben und damit die Fähigkeit erlangen, den Satzgedanken hervorzuheben. Es sind: *vái khalú kíla íd aṅgá* (vedisch) *nú tú áha hí.*"

Betrachten wir von diesen Partikeln zunächst die Partikel *hí*, da deren Syntax und Semantik relativ gut erforscht ist.

3 Vergleich mit der Partikel *hí*

Die Partikel *hí* findet man häufig in Begründungen von Aufforderungen. Der *hí*-Satz fungiert dabei als subsidiärer Sprechakt.[5] Die Aufforderung wirkt dabei um so angemessener, je evidenter die Begründung ist. Solche Begründungen enthalten dann in der deutschen Übersetzung oftmals das Wort ‚ja':

(9) RV 5,77,1

prātaryā́vāṇā prathamā́ yajadhvam ... prātár hí
frühmorgens-kommend:ACC.DU.M zuerst opfern:2PL.MED.IMP ... früh ja
yajñám aśvínā dadhā́te
Opfer:ACC.SG Aśvins:NOM.DU empfangen: 3DU.MED.PRS

‚Opfert den Frühkommenden zuerst ... Am Morgen empfangen ja die Aśvins ihr Opfer' (nach GELDNER; HETTRICH 1988: 185f.)

Auch in Begründungen von Aussagen kommt *hí* im Sinne von ‚ja' vor:

(10) RV 7,21,6

ná te vivyaṅ mahimā́nam rájāṃsi / svénā
nicht von dir:GEN.SG fassen:3SG.INJ Größe:ACC.SG.M Räume:NOM.PL.N eigen:INSTR.SG.N
hí vṛtrám śávasā jaghántha
ja Vṛtra:ACC.SG.M Kraft:INSTR.SG.N erschlagen:2SG.PF

‚deine [von Indra] Größe fassen[6] die Räume nicht. Aus eigener Kraft hast du ja den Vṛtra erschlagen.'

Im Deutschen hat die Modalpartikel ‚ja' eine wichtige kommunikative Funktion: Durch die Verwendung dieser Partikel kann sich der Sprecher der für den Gesprächsverlauf notwendigen gemeinsamen Wissensbasis zwischen Sprecher und Hörer versichern; der Sprecher nimmt zwar an, dass der Sachverhalt dem Hörer gegenwärtig ist, erwähnt ihn aber explizit, um sicherzugehen, dass er auch dem Hörer bekannt ist. Dies ist für die weitere Kommunikation von Bedeutung.[7] Hinzu kommt aber noch Folgendes: Die Kennzeichnung einer Proposition, also eines Satzinhalts, als bekannt kann auch den Zweck haben, „die entsprechende Information beim Hörer zwar zu aktivieren, sie aber im Hintergrund zu belassen; durch *ja* wird dann dem Hörer bedeutet, dem dargestellten Sachverhalt – eben weil er bekannt ist – nicht die volle Aufmerksamkeit zu widmen"[8].

Es ist nun anzunehmen, dass im Altindischen genau dies nicht nur die Funktion der betonten Partikel *hí* ist, sondern auch anderer betonter Partikeln in der zweiten Satzposition. Die These ist: Wenn hinter dem ersten betonten Wort im altindischen Satz eine

5 LÜHR 2004.
6 Zum Verb im Singular bei einem Subjekt im Neutrum Plural vgl. KÜMMEL 2000: 505.
7 THURMAIR 1989: 105.
8 THURMAIR 1989: 106.

betonte Partikel erscheint, wird die Betonung des satzeinleitenden Wortes relativiert. Für den Hörer ist dies ein Zeichen, dass die Information, die sich im Zusammenhang mit diesem satzeinleitenden Wort ergibt, auf Hintergrundinformation rekurriert. Folgt dagegen eine unbetonte Partikel in der zweiten Satzposition, kann die an das erste betonte Wort geknüpfte Information Fokusmaterial enthalten; die Partikel ist dann Fokuspartikel.

Diese These ist nun an Belegen zu überprüfen.

4 Unbetonte Partikeln in der zweiten Satzposition

Beginnen wir mit unbetonten Partikeln in der zweiten Satzposition und betrachten die Informationsstruktur der Sätze, die solche Partikeln enthalten. (2) war bereits ein Beispiel mit der skalaren Fokuspartikel *cid* ‚sogar'. Ein weiteres Beispiel ist etwa (11):

(11) RV 1,94,7

rā́tryāś cid ándho áti deva paśyasy
Nacht:GEN.SG sogar Dunkel:ACC.SG.N durch Gott:VOC.SG.M schauen:2SG.PRS
‚Du Gott blickst auch durch das Dunkel der Nacht'.

cid signalisiert hier, dass der Sprecher es für „maximal unwahrscheinlich" hält, dass der Gott durch die dunkle Nacht blicken kann. Streng genommen liegt hier ein Hyperbaton vor: *cid* trennt ein vorangestelltes Attribut von seinem Bezugswort. Auf diese Weise ergibt sich ein Kontrastfokus. Eine maximale Position wird auf einer aus den Alternativen gebildeten Skala thematisiert:

(12) <Focus> <Presupposition>
<Y1mod> <X Y2head[9]

In anderen Fällen treten sogar zwei unbetonte Partikeln zusammen, um das erste Element des Hyperbatons mit einem starken Kontrastakzent zu versehen: In (13) erscheint ein Genitivattribut wie in (11) an der Satzspitze getrennt von seinem Bezugswort:

(13) RV 4,30,9

diváś cid ghā duhitáram mahā́n
Himmel:GEN.SG.M./F PART Tochter:ACC.SG.F Große:NOM.SG
mahīyámānām / uṣā́sam indra sám piṇak
sich groß dünkend:ACC.SG.F Uṣas:ACC.SG.F Indra:VOC.SG.M PFX zermalmen:2SG.IMP
‚Selbst des Himmels Tochter, die Uṣas, die sich groß tat, hast du, der Große, zerschlagen, o Indra.'

Und in (14) liegt der Kontrastfokus auf einem deiktischen Element, *jener*:

(14) RV 1,37,11

tyáṃ cid ghā dīrghám pṛthúm mihó nápātam
jener:ACC.SG.M PART lang:ACC.SG.M breit:ACC.SG.M Regen:GEN.SG.F Sohn:ACC.SG.M
ámṛdhram / prá cyāvayanti yā́mabhiḥ
eifrig:ACC.SG.M PFX in Bewegung setzen:3PL.PRES Fahrten:INSTR.PL.N
‚Selbst jenes lange breite Kind des Regengewölks, das nicht zurückstehen will, setzen sie durch ihre Fahrten in Bewegung.' (GELDNER)

9 DEVINE & STEPHENS (2000) für das Griechische.

5 Betonte Partikeln in der zweiten Satzposition

Was nun die betonten Partikeln in der zweiten Satzposition angeht, so findet man diese oftmals an Stellen, die GELDNER mit ‚fürwahr' wiedergibt, also mit einem Adverb, das eine Feststellung bekräftigt. Vergleichbar sind im Neuhochdeutschen verifikationale Adverbien wie *wirklich*, *tatsächlich*. Der Bezugspunkt ist zwar die propositionale Ebene.[10] Wörter wie *wirklich*, *tatsächlich*, *bekanntlich* verwandeln aber eine Proposition in eine Haltung des Sprechers zu dieser Proposition.[11]

In (15) erscheint der Satz mit der betonten Partikel im Perfekt. Da der Indikativ Perfekt im Vedischen u. a. die Funktion der Konstatierung hatte,[12] passt dieses Tempus zu semantischen Merkmalen wie ‚bekannt', ‚tatsächlich' der betonten Partikel. Sie hat die Aufgabe einen Ausschnitt aus einem Sachverhalt „ins Bewußtsein des Adressaten" zu bringen oder dort besonders zu verankern. In (15) hat die Partikel darüber hinaus resümierende Funktion:

(15) RV 8,58,2

éka *evāgnír* *bahudhā́* *sámiddha* *ékaḥ*
ein:NOM.SG.M so=Feuer:NOM.SG.M vielfach entzündet:NOM.SG.M ein:NOM.SG.M
sū́ryo *víśvam* *ánu* *prábhūtaḥ* /
Sonne:NOM.SG.M alles:ACC.SG.N PFX verbreitet:NOM.SG.M
ékaivóṣā́ḥ *sárvam* *idáṃ*
ein:NOM.SG.M=so=Morgenröte:NOM.SG.F ganz:ACC.SG.N dies:ACC.SG.N
ví bhāty *ékaṃ* *vā́* *idáṃ* *ví babhūva*
durchscheinen:3SG.PRS ein:NOM.SG.N PART dies:NOM.SG. sich entfalten:3SG.PF
sárvam
Ganzes:NOM.SG.N

‚Nur ein Feuer ist es, das vielfach entzündet wird, nur eine Sonne durchdringt das All; nur eine Morgenröte durchscheint diese ganze Welt. Fürwahr das Eine hat sich zu dieser ganzen Welt entfaltet.'

In der Literatur zur Informationsstruktur werden solche Partikeln Topikpartikeln genannt; vgl. KRIFKAs (2006) Beispiel:

(16) a. *Den Hans jedenfalls habe ich schon lange nicht mehr gesehen.*

Partikeln der Bedeutung ‚in der Tat' könnte man wohl ebenso auffassen.[13] Sie betonen die Wahrheit einer Proposition bezogen auf eine Situation.

(16) b. *Hans in der Tat war der Mörder.*

Doch betrachten wir weitere Beispiele: Während in (15) das Resumé nachfolgt, steht es in (17) voraus. Die Partikel in der zweiten Satzposition besteht dabei aus zwei Bestandteilen, *vái* und *u*:

10 LINDNER 1983: 181; THURMAIR 1989: 105f.

11 STEUBE 2006: 401.

12 HOFFMANN 1967: 155f.; KÜMMEL 2000: 77.

13 Vgl. auch die Partikel *aṅgá* mit versichernder Bedeutung, etwa ‚doch, gewiss, gerade', und die Partikel *áha* ‚ja, gewiss, sicher, fürwahr' (MAYRHOFER I, 48, 153).

(17) RV 9,112,1

Nānānáṃ vā́ u no dhíyo ví
verschiedenartig:ADV PART von uns:GEN.PL Gedanken:NOM.PL.F auseinander
vratā́ni jánānām / tákṣā riṣṭáṃ
Werke:NOM.PL.N Menschen:GEN.PL.M Zimmermann:NOM.SG.M Schaden:ACC.SG
rutám bhiṣág brahmā́ sunvántam
Bruch:ACC.SG Arzt: NOM.SG.M Hohepriester:NOM.SG.M Opferer:ACC.SG.M
ichatī́-
wünschen:3SG.PRS

‚Nach verschiedener Richtung (gehen) ja die Kenntnisse (Gedanken), (gehen) die Berufe der Leute auseinander: Der Zimmermann wünscht einen Schaden, der Arzt einen Bruch, der Hohepriester einen Somaopfernden.‘ (GELDNER)

Auch die Abfolge der Partikeln *vā́ u* ist zu beachten. Da nie die umgekehrte Folge **u vái* vorkommt, hält KLEIN (1978: 155) die Anordnung *vā́ u* für formelhaft.[14] Doch dürfte hinter dem Betonungsmuster betonte Partikel – unbetonte Partikel wieder das Bestreben stehen, gleich zu Beginn des Satzes dem Hörer zu signalisieren, dass auf eine gemeinsame Wissensbasis Bezug genommen wird.

Dieser Gebrauch der Partikelfolge *vā́ u* findet sich auch in Nebensätzen. Dies ist eigens hervorzuheben, weil in Nebensätzen der Partikelgebrauch generell beschränkt ist.[15] Modalpartikeln im Deutschen z. B. verstärken oder modifizieren die Illokution eines Satzes, Nebensätze haben aber oftmals keine eigene Illokution:[16]

(18) RV 8,23,13

yád vā́ u viśpátiḥ śitáḥ súprīto
wenn PART Stammherr:NOM.SG.M entflammt:NOM.SG.M erfreut:NOM.SG.M
mánuṣo viśí / víśvéd agníḥ práti
Manu:GEN.SG.M Stamm:LOC.SG.F alle:ACC.PL=PART Agni:NOM.SG PFX
rákṣāṃsi sedhati
Unholde:ACC.PL.N abwehren:3SG.PRS

‚Wenn tatsächlich der Stammherr Agni in dem Stamm des Manu entflammt und recht befriedigt ist, dann wehrt er alle Dunkelgeister ab.‘ (nach GELDNER)

Auch bei anderen Partikelhäufungen als *vā́ u* steht die betonte Partikel voran:

(19) RV 5,73,9

satyám íd vā́ u aśvinā yuvā́m ā́hur mayobhúvā /
mit Recht PART Aśvin:VOC.DU.M euch:ACC.DU heißen:3PL.PF wohltuend:NOM.DU.M

‚Mit Recht heißen sie euch ja die Heilsamen, ihr Aśvin.‘

An dieser Stelle wird der angesprochene Sachverhalt sowohl durch *íd vā́ u* als auch durch adverbiales *satyám* ‚mit Recht‘ als bekannt gekennzeichnet.

Bei Partikelhäufung wird eine betonte Partikel auch dadurch hergestellt, dass eine unbetonte, auf Vokal auslautende Partikel mit einer betonten vokalisch anlautenden Partikel

14 Anders verhält sich die Folge *u ṣú*, die auch in Aufforderungssätzen vorkommt. Möglicherweise spiegelt sich bei *sú* noch die Bedeutung ‚schön, wohl, gut‘ des zugrundeliegenden Adverbs *sú* ‚gut, wohl, recht‘ wider (vgl. GELDNERS Übersetzung mit ‚fein‘; anders KLEIN 1982: 12ff.; MAYRHOFER II, 736).

15 ABRAHAM 1995.

16 THURMAIR 1989: 73.

verschmolzen wird. Auf diese Weise entsteht im Sandhi wieder eine betonte Partikel an zweiter Satzstelle; vgl. *ghéd* aus *gha íd*:[17]

(20) RV 4,30,8

etád *ghéd utá vīryàm* *índra* *cakártha*
dies:ACC.SG.N PART Heldentat:ACC.SG.N Indra:VOC.SG.M tun:2SG.PF
paúṁsyam / *stríyam̥* *yád durhaṇāyúvam̥* *vádhīr*
Mannestat:ACC.SG.N Frau:ACC.SG.F dass auf Unheil sinnend:ACC.SG.F schlagen:2SG.AOR
duhitáram̥ *diváḥ*
Tochter:ACC.SG.F Himmel:GEN.SG.M/F

‚Auch diese Heldentat und Mannestat hast du, Indra, ja/in der Tat getan, dass du die missgünstige Frau, die Tochter des Himmels, schlugst.'

GELDNER übersetzt *ghéd* hier wieder mit ‚fürwahr'.

Im Falle von Partikeln der Bedeutung ‚in der Tat, ja' wird also bei Partikelhäufungen die Partikelfolge so angeordnet, dass sich eine betonte Partikel an der zweiten Satzstelle ergibt.

Kommt man nun zu etwas anderen Belegen für betonte Partikeln an zweiter Satzstelle, so kann, wie bemerkt, durch solche Partikeln beim Hörer auch ein bestimmtes Wissen aktiviert werden, das für den momentanen Gesprächsgegenstand relevant, aber im Diskurs nicht unbedingt zentral ist. Dies ist in (21) der Fall. Ein Wunsch wird durch einen vorausgehenden Satz motiviert. Der dominierende Sprechakt ist also der Wunsch:

(21) RV 10,137,6

ā́pa *íd vā́ u bheṣajī́r* *ā́po*
Wasser:NOM.PL.F PART Heilmittel:NOM.PL.F NOM.PL.F
amīvacā́tanīḥ *ā́paḥ* *sárvasya* *bheṣajī́s*
Krankheit verscheuchend:NOM.PL.F Wasser:NOM.PL.F all:GEN.SG.N heilend:NOM.PL.F
tā́s *te* *kr̥ṇvantu* *bheṣajám*
die:NOM.PL.F dir:DAT.SG bereiten:3PL.IMP.PRS Heilmittel:ACC.SG.N

‚Die Wasser sind ja/in der Tat die Heilenden, die Wasser die Krankheitvertreibenden. Die Wasser heilen alles; die sollen dir ein Heilmittel bereiten!'

(nach GELDNER)

Evidenz für diese Deutung kommt z. B. von (22). Hier steht die betonte Partikelfolge nicht an zweiter, sondern an dritter Satzposition. Also auch außerhalb der zweiten Satzstelle haben betonte Partikelketten die Funktion, auf Bekanntes hinzuweisen:

(22) RV 7,20,2

kártā *sudā́se* *áha vā́ u lokám̥*
Schaffer:NOM.SG.M Sudas:DAT.SG.M PART freier Raum:ACC.SG.M
dā́tā *vásu* *múhur* *ā́* *dāśúṣe* *bhūt*
Schenker:NOM.SG.M Gut:ACC.SG.N augenblicklich PFX Verehrer:DAT.SG.M sein:3SG.AOR

‚Platzmacher war er ja dem Sudas, ein Schenker von Gut wird er augenblicklich dem Verehrer.'[18]

---

17 Vgl. OLDENBERG (1888: 444) zur Kontraktion der Partikel *íd* mit vorhergehenden Wörtern: „Hier sehen wir ohne Zweifel den vedischen Sandhi von der Seite, wo durch die vom Metrum eingeengte Praxis der Rishis das lebendige Sprachmaterial hindurchscheint, aus welchem Jene schöpften." Zur Sprachwirklichkeit des Sandhi vgl. auch WACKERNAGEL 1896: 308, 301–343.

18 HOFFMANN 1967: 137; TICHY 1995: 167, 253.

Nun erscheinen betonte Partikeln in zweiter Satzstelle auch in Aufforderungen: GELDNER wählt in solchen Fällen die Übersetzung ‚doch',[19] und zwar auch in Verbindung mit der verstärkenden Partikel ‚ja'. (2) war schon ein Beispiel dafür:

(23) RV 1,76,3

prá sú víśvān rakṣáso dhákṣy agne
PFX PART alle:ACC.PL.M Unholde:ACC.PL.M verbrennen:2SG.SUBJ.AOR Agni:VOC.SG.M
bhávā yajñānām abhiśastipā́vā /
sein: 2SG.IMP.PRS Opfer:GEN.PL.M vor Fluch schützend:NOM.SG.M

‚Verbrenn doch ja alle Dunkelmänner, o Agni, sei der Ehrenretter der Opfer!' (GELDNER)

Die Frage ist nun, wie dieser Gebrauch der betonten Partikel mit dem Merkmal ‚bekannt' zu vereinen ist. Auch hierfür hilft der Vergleich mit dem neuhochdeutschen Sprachgebrauch weiter: In Imperativsätzen mit der Partikel *doch* ist „in der Regel ... dem Hörer entweder aus der Situation oder aufgrund bestimmter Konventionen der Sprecherwille bereits bekannt, d. h. er weiß, dass er die Aufforderung bereits hätte ausführen sollen".

(24) Mutter zum Kind: *Jetzt hör doch mit diesem Gejammere auf! Es gibt heute kein Eis.*

doch ist im Deutschen unbetonte Modalpartikel.

Vgl. auch:

(25) RV 1,169,4

tvám̐ tū́ na indra tám̐ rayím̐
du:NOM.SG PART uns:DAT.PL Indra:VOC.SG.M dies:ACC.SG.M Reichtum:ACC.SG.M
dā
geben:2SG.IMP.AOR

‚Gib du uns doch, Indra, diesen Reichtum' (GELDNER)

Auch im Folgesatz von Konditionalsätzen oder Konzessivsätzen können an zweiter Satzstelle betonte Partikeln erscheinen:

(26) RV 1,29,1

yác cid dhí satya somapā anāśastā́ iva
obwohl wahrhaft:VOC.SG.M Somatrinker:VOC.SG.M hoffnungslos:NOM.PL.M wie
smási / ā́ tū́ na indra śaṁsaya
sein:1PL.PRS PFX PART uns:DAT.PL Indra:VOC.SG.M anwünschen:2SG.IMP.PRS
góṣv áśveṣu subhríṣu sahásreṣu
Rinder:LOC.PL.M Pferde:LOC.PL.M glänzend:LOC.PL.M tausend:LOC.PL.M
tuvīmagha
freigebig:VOC.SG.M

‚Obwohl wir, wahrhafter Somatrinker, wie Hoffnungslose sind, so mach uns doch Hoffnung auf tausend schmucke Kühe und Rosse, o freigebiger Indra!' (nach GELDNER)[20]

19 Vgl. dazu KLEIN 1982: 2. Im RV entfallen drei Viertel der Belege auf Sätze im Imperativ und Konjunktiv. 11mal erscheint *tú* in indikativischen Sätzen mit den Bedeutungen ‚aber, sondern, vielmehr' oder ‚besonders, doch'. Da in 29 von 46 Fällen *tú* mit der 2. Person Singular als Subjekt erscheint, führt Klein *tú* als "archaic quasi-enclitic variant of *tvám*" auf das Pronomen der 2. Person Singular zurück.

20 HETTRICH 1988: 329.

Auf den ersten Blick wirkt (26) wie (25), da die an den Hörer gerichtete Aufforderung aufgrund des Kontextes erwartbar ist. Die deutsche Entsprechung der altindischen Partikel *tú* ist jedoch betontes *doch*. Es handelt sich bei dem altindischen Beleg um ein konzessives Gefüge mit einem sogenannten skalaren Irrelevanzkonditionale als Vordersatz: D. h., wie auch sonst bei Konzessivsätzen sind die in Haupt- und Nebensatz bezeichneten Sachverhalte normalerweise nicht miteinander vereinbar. Die (Diskurs)präsupposition: p $\rightarrow \neg$ q wird jedoch zurückgewiesen,[21] und dieser Widerspruch wird mit dem betonten Affirmationsadverb *doch* aufgehoben. Wesentlich ist nun, dass dabei auf eine davorliegende nicht-negierte Behauptung, die explizit oder implizit sein kann, zurückgegangen wird.[22] Für (26) wäre etwa eine Präsupposition wie (26) a. zu rekonstruieren:

(26) a. *Wirklich hoffnungslosen Menschen kann man normalerweise keine Hoffnung machen.*

Trifft aber diese Analyse zu, so hat ai. *tú* auch hier Bezug auf einen Sprecher und Hörer gleichermaßen zugänglichen Sachverhalt; dieser ergibt sich aus Erfahrungswissen, aber auch aus sprachlichem Wissen. Der Hörer weiß, dass *yác cid dhí* Konzessivsätze einleitet.

Somit ist festzuhalten: Während unbetonte Partikeln wie *cid* an zweiter Satzposition Fokuspartikeln sein können, haben die betonten Partikeln an dieser Position eine andere Funktion: Sie sind ein Signal für den Hörer, dass der Sprecher den Abruf einer Sprecher und Hörer gleichermaßen präsenten Wissensbasis erwartet.

6 Unbetonte und betonte Partikeln in der zweiten Satzposition hinter der Negation

Nun gibt es auch Fälle, wo hinter demselben ersten Wort in der zweiten Satzposition sowohl unbetonte als auch betonte Partikeln erscheinen:

(27) RV 4,27,2

ná ghā sá mā́m ápa jóṣam jabhārā -bhī́m āsa
nicht PART er:NOM.SG.M mich:ACC.SG PFX gern tragen:3SG.PF PFX=PART sein: 1SG.PF
tvákṣasā vīryèṇa /
Tatkraft:INSTR.SG.N Manneskraft:INSTR.SG.N

‚Nicht trug er mich gern fort, ich war ihm an Tatkraft und Mannesstärke überlegen.'

(28) RV 10,27,5

ná vā́ u mā́ṃ vṛjáne vārayante ná
nicht PART mich:ACC.SG Umklammerung:LOC.SG.N aufhalten:3PL.PRS nicht
párvatāso yád ahám manasyé /
Berge:NOM.PL.M wenn ich:NOM.SG im Sinn haben:1SG.PRS.MED

‚Wahrlich nicht halten sie mich in der Umklammerung auf, (auch) nicht die Berge, wenn ich etwas im Sinn habe.' (GELDNER)[23]

Betrachtet man zunächst (27), so kann man den zweiten Satz als Sprechaktbegründung für den negierten Satz auffassen: ‚Nicht trug er mich gern fort; denn ich war ihm an Tatkraft … überlegen'. Das bedeutet, dass die im Diskurs neue Information in dem dominanten Sprechakt, dem negierten Satz mit unbetonter Partikel, ausgedrückt wird.[24] Die Negation

21 LÜHR 1998.

22 THURMAIR 1989: 110 Anm. 28.

23 Vgl. auch *ná kī́la* ‚gewiss nicht' (GRASSMANN).

24 Weiterhin ist zu überlegen, ob man für die betonte Partikel *íd*, die allgemein als Fokuspartikel in der Bedeutung ‚nur' aufgefasst wird, eine Bedeutung wie ‚eben' annimmt, vgl. RV 1,1,4:

ná ist dann zusammen mit *ápa jóṣaṃ jabhāra* Teil des Fokus und durch die Partikel *gha* als Vordergrund hervorgehoben. *gha* ist demnach hier Vordergrundpartikel.

(27) a. *ná ghā sá mā́m ápa jóṣaṃ jabhārā*
[-F -F]F

Ist aber auf der anderen Seite die Bestimmung der betonten Partikeln als Signale für Bekanntes zutreffend, dann ist (28) zu interpretieren als: ‚Sie halten mich ja nicht in der Umklammerung auf, auch nicht die Berge ...'. Während dieser Satz mit *ná* Hintergrund ist, bildet das zweite *ná* ‚nicht' in *ná párvātaso* ‚auch nicht die Berge' eine Kontrastnegation oder replazive Negation:

(28) a. *ná vā́ u mā́ṃ vr̥jáne vārayante ná párvatāso*
[ ]KF[25]

Die Distribution von betonten und unbetonten Partikeln in der gleichen syntaktischen Umgebung ist natürlich an weiteren Belegen zu überprüfen. Hier kann nur festgehalten werden:

7 Zusammenfassung

In der zweiten Satzposition lässt sich der Funktionsbereich von betonten und unbetonten emphatischen Partikeln deutlich voneinander unterscheiden: Die unbetonten Partikeln können Fokuspartikeln sein, die von Foc^0 ausgehen. Legt man den Strukturbaum von (6) zugrunde, in dem eine topikalisierte XP oberhalb von CP erscheint, so befindet sich die Fokuspartikel einer topikalisierten Fokus-XP in Top^0. Weiterhin sind die hier nur kurz erwähnten „Vordergrundpartikeln" unbetont und in Top^0 anzusiedeln (s. (6a) S. 184). Schließlich erscheinen betonte Partikeln in dieser Position. Diese Partikeln zeigen an, dass der Hörer aufgefordert wird, eine bestimmte Wissensbasis zu aktivieren, die für den weiteren Diskurs mehr oder weniger zentral benötigt wird. Gegenüber den Fokuspartikeln, die auf den jeweiligen Satz beschränkt sind, sind also die betonten Partikeln, indem sie über den Satz hinaus weisen, echte Diskurspartikeln. Der Sprecher macht durch diese Partikeln deutlich, dass er bestimmte Textelemente oder Wissensvoraussetzungen in den Hintergrund rückt. Es sind „Hintergrundpartikeln". Diskurspartikeln sind ebenfalls die noch weiter zu erforschenden „Vordergrundpartikeln".

„Vordergrund-" und „Hintergrundpartikeln" sind dabei mit den Diskursrelationen von Asher & Lascarides (2003) abzugleichen. Jedenfalls versteht der Hörer die Fokus-, Vordergrund- und Hintergrundsignale in der Wackernagel-Position und kann so die Information nach Vordergrundinformation, gegebenenfalls mit Fokus, und Hintergrundinformation strukturieren.[26] Dass sich die „Hintergrundpartikeln" wie die Fokuspartikeln und

ágne *yáṃ* *yajñám* *adhvarám̥* *viśvátaḥ*
Agni:VOC.SG.M welch:ACC.SG.M Opfer:ACC.SG.M Anbetung:ACC.SG.M von allen Seiten
paribhúr *ási /* *sá* *íd* *devéṣu*
rings sich erstreckend:NOM.SG.M sein:2SG.PRS der:NOM.SG.M PART Götter:LOC.PL.M
gachati
gehen:3SG.PRS
‚Agni, das Opfer und die Anbetung, die du von allen Seiten umgibst, das eben gelangt zu den Göttern.'

Im Deutschen hat die Modalpartikel *eben* das Bedeutungsmerkmal „evident". D. h., der Sachverhalt kann aus dem Kontext, der Situation oder dem allgemeinen Wissen erschlossen werden (Thurmair 1989: 120; vgl. dazu Abraham 1995: 132).

25 Steube 2006.

26 Brandt 1999.

„Vordergrundpartikeln“ in den angeführten Beispielen an zweiter Position befinden, zeigt, wie wichtig der linke Satzrand im Altindischen für die Informationsstruktur ist.

(6) a.

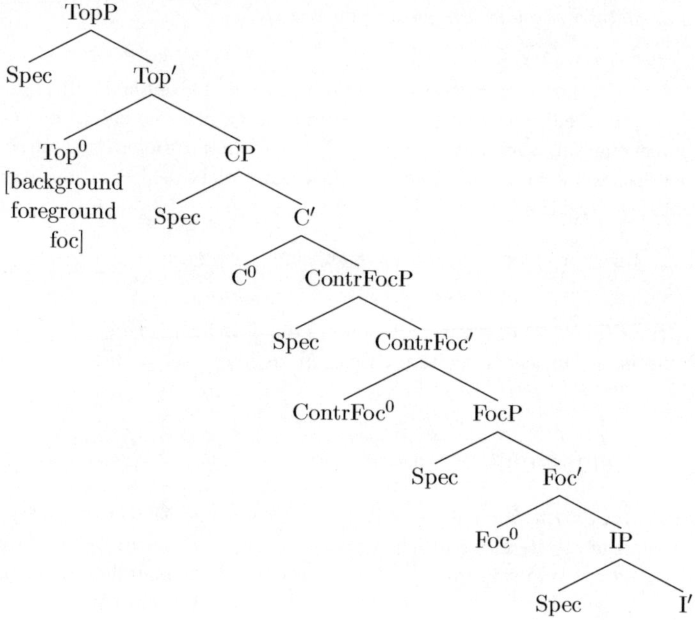

Literatur

ABRAHAM, Werner (1995): „Wieso stehen nicht alle Modalpartikeln in allen Satzformen? Die Nullhypothese“. In: *Deutsche Sprache* 23, 124–145.

ASHER, Nicholas & LASCARIDES, Alex (2003): *Logics of Conversation.* Cambridge: Cambridge University Press.

AUFRECHT, Theodor (1955): *Die Hymnen des Ṛigveda.* 3. Auflage. Berlin: Akademie-Verlag.

BRANDT, Margareta (1996): „Subordination und Parenthese als Mittel der Informationsstrukturierung in Texten“. In: MOTSCH, Wolfgang (ed.): *Ebenen der Textstruktur.* Tübingen: Niemeyer, 211–240.

DELBRÜCK, Berthold (1888): *Altindische Syntax.* (Syntaktische Forschungen. V.). Halle: Waisenhaus.

DEVINE, A. M. & STEPHENS, L. D. (2000): *Discontinuous Syntax. Hyperbaton in Greek.* New York, Oxford: Oxford University Press.

Duden: *Duden. Die Grammatik.* [7]Mannheim [o. J.] (Duden Band 4).

GALLMANN, Peter (2005): „Der Satz“. In: *Duden*, 773–1066.

GELDNER, Karl Friedrich (1951): *Der Rig-Veda.* Teil 1–3. (Harvard oriental series 33–35). Cambridge, Mass.: Harvard University Press [u. a.].

GRASSMANN, Hermann (1999): *Wörterbuch zum Rig-Veda.* Leipzig: Brockhaus [1873]. Wiesbaden: Harrassowitz.

HALE, Mark (1987): *Studies in the comparative syntax of the oldest Indo-Iranian languages.* Phil. Diss. Harvard University.

——— (1987a): “Notes on Wackernagel’s Law in the Language of the Rigveda”. In: WATKINS, Calvert (ed.): Studies in Memory of Warren Cowgill (1929–1985): *Papers from the Fourth East Coast Indo-European conference. Cornell University, June 6–9, 1985.* Berlin/New York: de Gruyter (Studies in Indo-European Language and Culture 3).

——— (1996): “Deriving Wackernagel’s Law: Prosodic and Syntactic Factors. Determining Clitic Placement in the Language of the Rigveda”. In: HALPERN & ZWICKY 1996: 165–197.

HALPERN, Aaron L. & ZWICKY, Arnold M. (eds.): *Approaching Second. Second Position Clitics and Related Phenomena.* Stanford: CSLI Publ. (CSLI Lecture Notes Number 61).

HETTRICH, Heinrich (1988): *Untersuchungen zur Hypotaxe im Vedischen.* Berlin/New York: de Gruyter (Untersuchungen zur indogermanischen Sprach- und Kulturwissenschaft 4).

HOCK, Hans Henrich (1989): “Conjoined We Stand: Theoretical Implications of Sanskrit Relative Structures”. In: *Studies in the Linguistic Sciences* 19(1), 93–126.

——— (1996): “Who’s on First? Toward a Prosodic Account of PS Clitics”. In: HALPERN & ZWICKY 1996: 199–270.

HOFFMANN, Karl (1967): *Der Injunktiv im Veda. Eine synchronische Funktionsuntersuchung.* Heidelberg: Winter.

KAISSE, Ellen M. (1985): *Connected Speech. The Interaction of Syntax and Phonology.* Orlando: Academic Press.

KLEIN, Jared S. (1978): *The particle* u *in the Rigveda. A synchronic and diachronic study.* Göttingen: Vandenhoeck & Ruprecht (Ergänzungshefte zur Zeitschrift für vergleichende Sprachforschung 27).

——— (1982): “Rigvedic *tú* and *sú*”. In: *Die Sprache* 28, 1–26.

——— (1991): “Syntactic and discourse correlates of verb-initial sentences in the Rigveda”. In: HOCK, Hans Henrich (ed.): *Studies in Sanskrit Syntax. A volume in honor of the centennial of Speijer’s Sanskrit Syntax* (1886–1986). Delhi: Motilal Banarsidass Publishers, 123–143.

——— (1996): “Rigvedic *átha*: Metrics, Phonology, and Etymology”. In: *Festschrift Paul Thieme. Studien zur Indologie und Iranistik* 20, 205–223.

KRIFKA, Manfred (2006): Informationsstruktur. http://amor.cms.hu-berlin.de/~h2816i3x/ Lehre/2006_VL_Text/VL_Text_04_Informationsstruktur.pdf.

KRISCH, Thomas (1990): „Das Wackernagelsche Gesetz aus heutiger Sicht“. In: EICHNER, Heiner & RIX, Helmut (Hrsg.): *Jacob Wackernagel und die Indogermanistik heute. Kolloquium der Indogermanischen Gesellschaft vom 13. bis 15. Oktober 1988 in Basel.* Wiesbaden: Reichert, 64–81.

KÜMMEL, Joachim Martin (2000): *Das Perfekt im Indoiranischen. Eine Untersuchung der Form und Funktion einer ererbten Kategorie des Verbums und ihrer Weiterentwicklung in den altindoiranischen Sprachen.* Wiesbaden: Reichert.

LÜHR, Rosemarie (1998): „Konzessive Relationen“. In: ASKEDAL, John Ole / ZICKFELDT, A. Wilhelm (Hrsg.): *Historische germanische und deutsche Syntax. Akten des internationalen Symposiums anläßlich des 100. Geburtstages von Ingerid Dal, Oslo, 27.9.–1.10.1995.* Frankfurt am Main: Peter Lang (Osloer Beiträge zur Germanistik 21), 165–192.

——— (2004): Sprechaktbegründungen im Altindischen. In: KRISCH, Thomas u. a. (eds.): *Analecta homini universali dicata. Arbeiten zur Indogermanistik, Linguistik, Philologie, Politik, Musik und Dichtung. Festschrift für Oswald Panagl zum 65. Geburtstag.* Stuttgart: Hans-Dieter Heinz (Stuttgarter Arbeiten zur Germanistik 421), 130–144.

MAYRHOFER, Manfred (1992; 1996; 2001): *Etymologisches Wörterbuch des Altindoarischen.* Bd. I. II. III. Heidelberg: Winter.

OLDENBERG, Hermann (1888): *Die Hymnen des Rigveda.* Bd. I: *Metrische und textgeschichtliche Prolegomena.* Berlin: Hertz.

SCHÄUFELE, Steven (1996): “Now That We’re All Here, Where Do We Sit? Phonological Ordering in the Vedic Clause-Initial String”. In: HALPERN & ZWICKY 1996: 447–475.

STEUBE, Anita (2006): “The influence of operators on the interpretation of DP’s and PP’s in German information structure”. In: MOLNÁR, Valeria & WINKLER, Susanne (eds.): *The Architecture of Focus.* Berlin/New York: Mouton de Gruyter (Studies in Generative Grammar 82), 489–516.

STEUBE, Anita & SUDHOFF, Stefan (2007): „Negation und Fokuspartikeln in der Informationsstruktur der deutschen Standardsprache der Gegenwart“. In: DÖRING, Sandra, GEILFUSS, Wolfgang Jochen (Hrsg.): *Von der Pragmatik zur Grammatik.* Leipzig: Leipziger Universitätsverlag, 87–108.

TICHY, Eva (1995): *Die Nomina agentis auf* -tar- *im Vedischen.* Heidelberg: Winter.

WACKERNAGEL, Jacob (1896): *Altindische Grammatik.* Bd. I: *Lautlehre.* Göttingen: Vandenhoeck & Ruprecht.

ZWICKY, Arnold M. (1977): *On Clitics.* Bloomington: Indiana University: Linguistics Club.

Discourse Conditioned Use of Hittite *-ma*

H. Craig MELCHERT (University of California, Los Angeles)

The following study takes as its premise that the Hittite clitic *-ma* links constituents interclausally and that any analysis of its functions thus requires study of units larger than the single clause. After some necessary preliminary observations about its form and definition, I will attempt to give a unitary account of its functions, based on an exhaustive study of its use in one of the best-preserved larger texts in Hittite, the so-called Apology of Hattusili III.[1] For reasons that will become clear it is necessary to study also the behavior of the Hittite clitic *-ya* 'also'.

The Hittite clitics *-ya* and *-ma* each have two allomorphs. The former appears as *-ya* postvocalically and as *-a* postconsonantally, in which case it geminates the preceding consonant.[2] The latter appears in Old Hittite as *-ma* postvocalically and as *-a* postconsonantally, but crucially does *not* geminate the preceding consonant (see HOUWINK TEN CATE 1973 and MELCHERT 1984: 30[9]). In late Middle Hittite *-ma* begins to replace non-geminating *-a*, and in Neo-Hittite only *-ma* occurs (see MELCHERT 2007: 526).[3] I will for the sake of simplicity refer in what follows merely to *-ya* and *-ma*, but one will also find examples of the geminating *-a* variant of *-ya* in some of the examples.

Hittite *-ya* and *-ma* are not "focus particles", contrary to the claim of HOUWINK TEN CATE (1973: 128) and others. They are clause-linking conjunctions, as correctly stated by GÜTERBOCK & HOFFNER (1980–89) and RIEKEN (2000).[4] One clear piece of evidence for their status as conjunctions is their absence in discourse-initial clauses (thus RIEKEN 2000: 416).

However, neither *-ma* nor *-ya* is used for simple parataxis. They do usually express linkage of a particular constituent of one clause (to which they are cliticized) to a preceding clause. This function is clearest for clause-linking *-ya,* which does not mean merely 'and', as it is often mistranslated, but is equivalent to English 'also', German 'auch', etc. Like its comparanda, Hittite *-ya* marks an additional element in the discourse whose role runs *parallel* to the preceding state or action: i. e., the added element continues the discourse in the same direction (cf. RIEKEN 2000: 413[8]). For example, it is infelicitous to say in English: **My wife's father likes me; her mother also thinks I am an idiot.* One finds rather *My wife's father likes me; her mother also approves of my behavior.*

In Hittite, however, unlike English, *-ya* must be attached to the constituent that is being linked (over which it has "scope"). In English the clause *the queen also libates beer* is felicitous after *the king libates beer* (subject scope), *the queen libates wine* (object scope) or *the queen drinks beer* (verb scope). In Hittite the clause MUNUS.LUGAL=*ya*

1 For the data base used see http://www.linguistics.ucla.edu/people/Melchert/Index.htm (click on link "Hattusili"). I cite this text henceforth simply as "Hatt." The text is edited by OTTEN (1981).

2 By a scribal convention 'also' appears consistently as *-ya* after a word written as a logogram, regardless of what form it would take if the word were written out phonetically.

3 In Neo-Hittite *kinuna* survives marginally as a clause-initial variant of *kinun=ma* 'but now', but one cannot realistically speak of *-a* in this instance as a recognizable distinct morpheme.

4 I am ignoring here the quite distinct use of *-ya/-a* to link noun phrases.

KAŠ *šipanti* 'the queen also libates beer' can only be read with subject scope and is only felicitous after LUGAL-*uš* KAŠ *šipanti* 'the king libates beer.' For object scope one must say MUNUS.LUGAL KAŠ=*ya šipanti*, felicitous after MUNUS.LUGAL GEŠTIN *šipanti* 'the queen libates wine'. Although such examples are rare, we can safely predict that for verb scope one would have to say MUNUS.LUGAL GEŠTIN *šipanti=ya,* felicitous after MUNUS.LUGAL GEŠTIN *ekuzi* 'the queen drinks beer.'

Occasionally, an entire clause is linked to a preceding one, in which case *-ma* and *-ya* are cliticized to the clause-initial word or the first word that follows a clause-initial conjunction and any clitics. Such an example for *-ya* 'also' is:

(1) Hatt. i 24–25
nu=mu ŠEŠ=*YA ANA* GAL *MEŠEDIUTTIM tittanut* KUR.UGU=*ya=mu mani-yaḫḫanni pešta*
'My brother installed me in the position of chief of the bodyguard, and he also gave the Upper Land into my administration.'

Here it is the entire content of the second clause that is viewed as an additional action that is parallel to that of the first, not just 'the Upper Land'. For a similar example with *-ma* see citation (7) below.

In attempting to determine the meaning of *-ma*, it is crucial to bear in mind that the use of both *-ma* and *-ya* is fundamentally independent of that of "fronting", despite their very frequent co-occurrence. The phenomenon of "fronting" in Hittite requires much further study. For present purposes it will suffice to define it formally as: appearance of any non-subject constituent in absolute clause-initial position or immediately after a sentence-initial conjunction and any attached clitics.[5] One should take note of certain complications in identifying instances of fronting. First, fronting is strictly provable only in the presence of an overt nominal subject – instances of fronting are hence surely undercounted. Second, I assume that all absolute clause-initial examples with *-ma* and *-ya* have been fronted. Obviously, this assumption is not strictly provable for subjects or conjunctions that typically occur clause-initially (e. g. *maḫḫan* 'when').

We may provisionally define the function of "fronting" as being to mark salience or prominence of a constituent. It is important to note that unlike "topicalization" in English, fronting in Hittite can apply to more than one constituent in single clause:

(2) Kurunta Treaty iv 30–43
ṬUPPA ANNIYAM | *INA* ^{URU}*Tāwa* | *ANA PANI* ^{m}*Neriqqaili* DUMU.LUGAL … (+ 33 more witnesses) | ^{m}*Ḫalwaziti* ^{LÚ}DUB.SAR DUMU ^{m}*Lupakki* LÚ ^{URU}*Ukkiya EL-ṬUR*
'This tablet | in Tawa | in the presence of Neriqqaili the prince … | Halwaziti the scribe, son of Lupakki, a man of Ukkiya, inscribed.'

Whatever the precise nuances, it is clear enough that the tablet on which the text of the treaty was inscribed, the place where it was promulgated, and the witnesses to it were all considered more salient than the name of the scribe who inscribed the text on the tablet.

Since an element marked by *-ya* or *-ma* as the link with a preceding clause is by definition salient, there is very frequent fronting of constituents marked by these conjunctions, but *-ya* does not require fronting:

5 I am with this wording intentionally avoiding taking a stand on the issue of whether the fronted constituent has or has not actually undergone syntactic movement.

(3) Hatt. iii 15–16
nu=za ᵈ*IŠTAR* GAŠAN=*YA* [(*parā ḫandandatar apēd*)]*ani=ya meḫuni tikkušša-n*[(*ut*)]

'Ishtar, My Lady, displayed her providence also at that time.'

See also Hatt. iv 18–19 and iv 23–24 for further non-fronted examples.

The independence of fronting is also shown by the fact that it often occurs without *-ma* or *-ya* (thirteen times in the Apology, six clause-initial, seven after the conjunction *nu* plus clitics). One also finds instances of two fronted constituents in the same clause, one with and one without conjunction:

(4) Hatt. iv 81–82
[(*kui*)]*š=ma=kan* ⁽*ziladuwa* NUMUN ᵐ*Ḫattušili* ᶠ*Puduḫepa* [(*AN*)]*A* ᵈ*IŠTAR* ARAD-*anni arḫa dāi*

'But whoever in the future takes away the descendance of Hattusili and Puduhepa from the service of Ishtar ...'

See for a similar example with *-ya* Hatt. iv 86–88: *kuišš=a=kan* ⁽*ziladuwa* ... 'Who also in the future ...'.

Fronting with *-ma* appears for the most part to be obligatory, but there are exceptions. There is no fronting when *-ma* marks the second of two alternatives in double questions (see GÜTERBOCK & HOFFNER 1980–89: 92 and 99):

(5) KUB 22.70 Ro 51–53
n=at pānzi ANA DINGIR-*LIM IŠTU* NA_4 *pianzi* ... *n=at ANA* DINGIR-*LIM IŠTU* KÙ.GI=*ma pianzi*

'Shall they proceed to give it to the deity with gems ... (or) shall they give it to the deity with gold?'

There are also some further non-fronted examples in Neo-Hittite oracular inquiries whose motivation still requires explanation:

(6) KUB 5.1 iii 28–29; NH/NS
nu DINGIR.MEŠ-*za kī=ma malān* ᵁᴿᵁ*Neriqa=za=kan karapmi nu laḫiyauanzi* ᵁᴿᵁ*Tanizilan pean arnumi*

'Is this approved by the gods? (That) I "raise" Nerik and send the city of Tanizila in advance to campaign?'

See also KUB 5.1 i 60–61, 5.4 + iii 1–2, 5.3 + i 58, 22.70 Ro 55 (two constituents marked with *-ma*!), 50.6 + iii 38, VSNF 12.27 iii 11 (also two!), and KBo 2.2 i 41 and iii 2.[6]

We may now turn to the uses of *-ma* as illustrated in the Apology of Hattusili. All of these may easily be identified as showing well-established functions of the conjunction. First, *-ma* is used to introduce a new element or a change of topic in the narrative (26× in Hatt.). It thus often marks a change of subject (GÖTZE 1967: 138), but more broadly a change of topic (RIEKEN 2000: 415):

6 That these exceptions are not exclusive to oracular inquiries is shown by at least one exception elsewhere, in the Madduwatta text (KUB 14.1 Ro 79): *nu=wa ANA* ᵐ*Ma*[*dd*]*uwatta* ᵐ*Kupanta*-ᵈLAMMA-*aš kē=ma menaḫḫanta lingan ḫarzi* 'Kupanta-Kuruntiya has sworn these (words) vis-à-vis Madduwatta.' Since the two examples I have cited involve *ka-* 'this', one might suppose that there is no fronting with *-ma* when the reference is cataphoric, and this factor may well be responsible for these cases, but some other motivation must be sought for the other exceptions.

(7) Hatt. i 22; also i 61.75, ii 69.74.79, iii 14.54
maḫḫan=ma=za ABU=YA ᵐ*M*[(*urš*)]*iliš* DINGIR-*LIM-iš kišat*
'But when my father Mursili became a god ...'

One should note that in this example it is the entire clause that is being presented as a change of topic (compare (1) above with *-ya*). Citation (7) is typical for such whole-clause instances in that it belongs to a subtype where a subordinate temporal clause introduces the background for a new episode in the narrative. There are nine such examples in the Apology. The change in topic is usually, but not always, also marked by a new paragraph.

In defining this use of *-ma*, two caveats are in order. First, the conjunction *-ya* also often introduces a new element in the discourse, so this feature is not unique to *-ma*. Second, "change of topic" here actually means: a new subtopic in the connected narrative. Shift to a truly new topic that is totally unconnected with anything in the previous discourse is marked rather by asyndeton (see e. g. Hatt. i 4, where the autobiography of the king begins, following the opening proemium to Ishtar).

The second function of *-ma* is to mark contrast (some 28× in Hatt.):

(8) Hatt. ii 36–37
nu=mu 1 *ME* 20 *Ṣ*[(*IMTUM* ANŠE.KUR.RA)].MEŠ *pešta* [(ÉRIN.MEŠ-*a*)]*z=ma =mu* 1 LÚ=*ya katta*[(*n ŪL ē*)]*šta*
'He gave me 120 teams of horses, but as for troops, not even one man was with me.'

Since new elements are often contrastive, there is some overlap between this use and the first cited above, and some examples could be assigned to either.[7]

The third function of *-ma* in the Apology is what GÜTERBOCK & HOFFNER (1980–89: 96) label "anaphoric" (see also RIEKEN 2000: 416, who compares a similar use of "tail-head marking" in other languages). A good illustration is the following:

(9) Hatt. iv 41–43
nu=za DUMU.LUGAL *ešun nu=za* G[(AL)] / *MEŠEDI kišḫaḫat*[--] GAL *MEŠEDI=ma=za* LUGAL KUR *Ḫakp*[(*išš*)]*a kišḫaḫat* LUGAL KUR [*Ḫak*(*piš=ma=za*)] LUGAL.GAL *namma kišḫaḫ*[(*a*)]*t*
'I was a prince, and I became chief of the bodyguard. As chief of the bodyguard, I became King of the Land of Hakpissa. As King of the land of Hakpissa, I became in turn Great King.'

As is typical for this usage, the king's status as chief of the bodyguard is introduced as new information in the second clause, in an unmarked clausal position. The third clause is then linked to the preceding by fronting the constituent containing established information and marking it with *-ma*, and Hattusili's promotion to being King of Hakpissa is introduced as new information. In the last clause the procedure is repeated, with the kingship of Hakpissa as the linking element fronted and marked with *-ma*, and the final promotion to the position of Great King introduced as new information.

In an SOV language like Hittite, where the predicate regularly comes last, "tail-head linking" is in fact an apt label for instances like (9), where the linked clauses are consecutive.

7 As Dieter Gunkel has pointed out to me, just as one finds two clauses introduced by *-ya ... -ya* to indicate 'both ... and', one also occasionally finds double *-ma ... -ma* to mark contrast, a usage comparable to Greek μέν ... δέ. An example from the Apology is Hatt. ii 34–35 ANŠE.KUR.RA.ME.EŠ=*ma* 8 *ME* [(*ṢIMTUM ēšta* ÉRIN)].MEŠ-*TI=ma=kan kappuwauwar Ū*[(*L ēšta*)] 'Of horses (i. e. chariotry) there were eight hundred teams, while of infantry there was no counting.'

The resulting pattern of A B Verb B=*ma* C Verb is quite common in Hittite prose. However, the Apology shows that such anaphoric use of *-ma* can also be long-distance, sometimes startlingly so:

(10) Hatt. i 66–67
nu=mu ^{d}*IŠTAR* GAŠAN=*YA* GIM-*an kaniššan ḫarta*

'As Ishtar, My Lady, had recognized me ...'

Hatt. i 70; after 3 intervening clauses
kaniššūwar=ma=mu ŠA ^{d}*IŠTAR=pat* GAŠAN=*YA ēšta*

'(It) was the recognition of me of **Ishtar**, My Lady!' (and no one else: *-pat*)

(11) Hatt. ii 45
nu=mu apiya=ya ŠA ^{d}*IŠTAR* GAŠAN=*YA kan[(ešš)]ūwar ēšta*

'Also at that time I had the recognition of Ishtar, My Lady.'

Hatt. iii 8; after 47 intervening clauses!
kaniššūwar=ma=at ŠA ^{d}*IŠTAR* GAŠAN=*YA ēšta*

'It was the recognition of Ishtar, My Lady.'

I stress that no other function of *-ma* can explain these two instances. The conjunction here cannot possibly be marking a new element in the discourse, since the running theme of the entire narrative of the Apology is precisely the benign intervention of Ishtar in Hattusili's life. Nor is *-ma* here contrastive, since again it is Ishtar's favor that explains the events described in the clauses preceding those cited. Rather, the phrase *kaniššūwar=ma* is an explicit reminder inserted at intervals to assure that the reader/listener does not forget that all of Hattusili's success is due to Ishtar's special recognition of him. See further citation (22) below for a more extensive illustration of long-distance anaphoric *-ma*.

Another kind of anaphoric use of *-ma* is seen in *parā=ma* 'further(more)', expressing continuation of an action or state of affairs (Güterbock & Hoffner 1980–89:96–97, also with other adverbs):

(12) Hatt. ii 2–4
EGI[(R-*az=ma*)] KUR *Ga*[(*šga*$^{\mathrm{HI.A}}$ *ḫūmanteš* KUR) ^{URU}(*P*)]*išḫuru* KUR ^{UR}[(^{U}*Da-išt*)]*ip*[(*ašš=a*)] BAL *iy*[(*a*)]*t*

'But afterwards all the Kaska lands – the land of P. and the land of D. – made rebellion.'

Hatt. ii 16–18
[(*parā=ma*)] MU.KAM.HI.A-*aš kuedaš* [(ŠEŠ=*YA* ^{m}NIR.GÁL-*iš INA* KUR ^{URU}*Ḫatt*)]*i ēšta* [(*nu* KUR ^{URU}*Gašga*$^{\mathrm{HI.A}}$ *ḫūmanteš kurur*)]*iyaḫḫer*

'Furthermore, in the years in which my brother Muwattalli was in the Land of Hatti all the Kaska lands waged war.'

This portion of the narrative first describes the depredations of the rebellious Kaska lands while the brother Muwattalli was away in the Lower Land, but these continued even after he returned to the Land of Hatti, and this linkage is expressed by *parā=ma* 'furthermore'. Once again the context precludes interpreting *-ma* as marking either contrast or a change of topic.

As noted above, none of the three functions of *-ma* observed in the Apology is a new discovery. My main point here is that none of these uses is grammatically conditioned. The speaker/author is free to choose whether to employ them or not, depending on how he or she wishes to structure the discourse. The motivation for the appearance of *-ma* is thus *pragmatic*. One can find for each usage passages where the conjunction could have been chosen, but was not.

For the context of a change of topic I may cite the following:

(13) Hatt. ii 48
nu=mu ŠEŠ=*YA* ^{m}NIR.GÁL EGIR-*anda uet*
'My brother Muwattalli came behind me.'

The last action of Hattusili's brother in this portion of the narrative was at ii 35–36. The clause cited is preceded by fourteen clauses of uninterrupted narrative of actions by Hattusili, Ishtar, and others. It is even marked by a new paragraph! Nothing would have prevented ŠEŠ=*YA=ma=mu* ^{m}NIR.GÁL EGIR-*anda uet*. But in fact this clause is treated merely as part of one continuous narrative that goes on for twenty-one more clauses.[8] I submit that the reason is that Hattusili wished to keep the focus entirely upon his own exploits in this part of the narrative and thus chose not to give the appearance by his brother the prominence it would have been lent by marking it with *-ma* and fronting.

Nor is the use of *-ma* to mark contrast by any means grammatically obligatory. There is no discernible grammatical difference to account for the appearance vs. non-appearance of *-ma* in the following:

(14) Hatt. ii 65
nu=za LÚ.KÚR.ME.EŠ *kuiēš taraḫḫun kuiēš=ma=mu takšulāir*
'I conquered some of the enemies, while some of them made peace with me.'

(15) Hatt. iv 45–46
nu kuiēš [(*IŠTU* ^{GIŠ}TUKUL *eker*)] *kuiēš* UD-*azza* [(*eker*)]
'Some died by a weapon, while some died by the day.' (i. e. a natural death on their appointed day)

There are no grounds for supposing that the omission of *-ma* in the second example is an error.

As for "anaphoric" *-ma*, one should note the choice *not* to use "tail-head linking" in the second clause of (9) cited above. Complete consistency would have called for: *nu=za* DUMU.LUGAL *ešun nu=za* DUMU.LUGAL=*ma* G[(AL)] *MEŠEDI kišḫaḫat* 'I was a prince, and as a prince, I became chief of the bodyguard.' The difference in rhetorical effect between (14) and (15) or between the use and non-use of "tail-head linking" is too subtle for us to discern. For an example where the motivation for long-distance use of anaphoric *-ma* seems clearer, see (22) below.

No one has to my knowledge addressed the apparent contradiction between the use of *-ma* to mark a new element or shift in the narrative versus its "anaphoric" use. Since as noted the use of *-ma* is virtually always accompanied by fronting, we must first look to *-ya* 'also' to see if we can tease apart the role of the conjunction and that of fronting. I have found that in the Apology all twenty examples of *-ya* that introduce a new element in the discourse are also fronted, whereas in anaphoric use *-ya* may be fronted or not. For the latter compare:

(16) Hatt. ii 45
nu=mu apiya=ya ŠA ^{d}*IŠTAR* GAŠAN=*YA kan*[(*ešš*)]*ūwar ēšta*
'Also then I had the recognition of Ishtar, My Lady.'

8 A narrative in which there are *no* instances of *-ma* introducing a new topic, only two instances where it is used to mark contrast.

(17) Hatt. iv 18–19
nu=za ^{d}*IŠTAR* GAŠAN=*YA parā ḫandandatar a*[(*p*)]*iya=ya mekki tekkuš*[(*šanu*)]*t*
'Ishtar, My Lady, also then much displayed her providence.'

For fronting with *-ya* see also Hatt. i 37-39 (two examples). For non-fronting see also Hatt. iii 15–16 and iv 23–24. The examples in Hatt. iii 58 and iv 69 are strictly speaking ambiguous due to the lack of an overt nominal subject. The use of *-ya* in the special sense 'even' does not show fronting. Note the position of 1 LÚ=*ya* 'even one man' in citation (8) above.

These generalizations also are valid for the text of the bronze tablet, the treaty of Tuthaliya IV with Kurunta. Citation (18) shows fronting with *-ya* introducing a new element in the narrative:

(18) Bo 86/299 ii 4
ZAG KUR $^{URU.d}$U-*tašša=ya kuiš* KUR ^{ÍD}*Ḫūlayaš*
'And the Hulaya River Land that is also a boundary territory of the Land of Tarhuntassa.'

All other twenty-eight examples with a new element likewise show fronting (a few are strictly speaking ambiguous): i 63.68.81.89.91.99, ii 5.6.8.13.15.17.19.21.23.64.74.75.81.82. 84, iii 11.32.32.43.47.65 70, iv 25.

Anaphoric *-ya* predictably shows non-fronting (19) or fronting (20):

(19) Bo 86/299 ii 54–55
$^{m.d}$LAMMA-*aš=ma=mu apēdani=ya meḫuni šer akta*
'But Kurunta died for me also at that time.' (i. e. was willing to die)

(20) Bo 86/299 ii 94–95
$^{m.d}$LAMMA-*an kēdani memiyani lē kuiški taparriyaizzi ANA* $^{m.d}$LAMMA=*ya ANA* DUMU=*ŠU* DUMU.DUMU=*ŠU kī išḫiūl ēšdu*
'Let no one command Kurunta in this matter. Also for Kurunta, for his son, (and) his grandson let there be this stipulation.'

In the special sense 'even' there is no fronting with *-ya*:

(21) Bo 86/299 ii 38–39
ABU=KA=wa=tta mān LUGAL-*eznani ŪL=ya tittanuzi*
'Even if your father does not install you in the kingship.'

See also for 'even' Bo 86/299 ii 75.100. iii 18–19. iv 20.

An exhaustive survey of the Hittite text corpus obviously would be needed to confirm fully these generalizations. However, a cursory examination of the Neo-Hittite texts CTH 62–89 (texts of Mursili II, Muwattalli and Hattusili III), the Middle-Hittite Maşat Letters (HKM 1–96) and the Madduwatta text, and paragraphs 1–100 of the Old Hittite Laws has found no counterexamples. There is ample further positive evidence for the consistent fronting of *-ya* when it marks a new element and for its non-fronting in the sense 'even'. Most instances of anaphoric *-ya* show fronting, but non-fronting is also attested. Noteworthy is the Old Hittite example in § 56 of the Laws (KBo 22.62 + 6.2 iii 22): $^{LÚ.MEŠ}$NU.GIŠ.KIRI$_{6}$

ḫūmanti=ya=pat luzzi karpianzi 'the gardeners render the *luzzi* service also in all the same (*-pat*) (kinds of work).'[9]

What conclusions may we draw from these facts? As per above, *-ya* marks an additional element whose role runs *parallel* to the previous action or state of affairs. When that element is new, it appears in fronted position. When the element has been previously mentioned in the discourse (anaphoric), fronting appears to be optional. This distribution suggests that it is the status of the constituent as being new that conditions fronting. In the case of something previously mentioned, it is up to the speaker to decide whether the fact that some additional action is being performed on the familiar element is enough to count as "new".

As for *-ma*, RIEKEN (2000: 416) has correctly emphasized that *-ma* marks a *change in direction* from the previous discourse (compare the familiar phrase "a turn of events"). Since such a change is by definition "new" (NB even if it involves something already mentioned), fronting is effectively obligatory. I follow Rieken in assuming that in the case of "anaphoric" *-ma*, the change consists in the very shift of the constituent from non-topic to topic status.

I wish to stress again in conclusion that the choice to promote an element to topic status or not remains at the discretion of the speaker and is thus ultimately pragmatically conditioned. I cite as evidence the full context of one instance of long-distance anaphoric *-ma* in the Apology where the pragmatic motivation for the delayed promotion to topic seems reasonably clear:

(22) Hatt. iv 65–73
nu=mu šallai pedi ANA KUR ^{URU}*Ḫatti* LUGAL-*eznani* [(*ti*)]*ttanut ammuk=ma ANA* ^{d}*IŠTAR* GAŠAN=*YA* É $^{\mathrm{m.d}}$SIN.^{d}U *ADDIN* [*n=a*]*t=kan* EGIR-*an tarnaḫḫun n=at parā peḫḫun* [*an*]*nallan kuit ēšta apāt=ši parā peḫḫun ammuqq=a kuit ḫarkun apadda=ya parā peḫḫun n=at=kan* EGIR-*an tarnaḫḫun n=at ANA* DINGIR-*LIM parā ADDIN* É $^{\mathrm{m.d}}$SIN.^{d}U=*ma=šši kuit ADDIN nu* URU.DIDLI.ḪI.A *kuiēš kuiēš* [*Š*]*A* $^{\mathrm{m.d}}$SIN.^{d}U *n=an=kan ḫūmanti=ya=pat* EGIR-*an* $^{\mathrm{NA_4}}$ZI.KIN [*t*]*ittanuškanzi* ^{DUG}*ḫaršiyali=ya=kan išḫuiškanzi*
'She installed me in a high position, the kingship of Hatti, and I gave Ishtar, My Lady, the house of Arma-Tarhunta. I granted it in perpetuity. I gave it away. That which existed before, that I gave away to her. Also what I had, I also gave that away. I granted it in perpetuity. I gave it away to the goddess. As for the house of Arma-Tarhunta that I gave to her—(in) whatever cities belonged to Arma-Tarhunta they will also set her up as a cult stone behind each and every one, and they will also pour out the pithoi.'

The *ammuk=ma* of the second clause is an ordinary instance of anaphoric *-ma*, where 'I' resumes the *-mu* 'me' of the first clause in typical "tail-head linking". However, the new information introduced in the second clause, namely 'the house of Arma-Tarhunta' is not promoted to topic status until after eight further intervening clauses! This postponement is due to the fact that Hattusili first wishes to insist at length, with numbing repetition, upon the fact that he gave away the acquired house and everything else to the goddess unconditionally and granted it to her forever. Only after this self-aggrandizement does he

9 Also of interest is the use of *-ya* with cataphoric *kiššan* 'as follows' (followed by direct speech) in the Middle Hittite letter HKM 60. The first instance (lines 10–11) shows no fronting: *kāša=mu* ^{m} *Tarḫunmiyaš kiššann=a memišta* 'Tarhunmiya has spoken to me also as follows'. The second (line 21) has fronting: *kiššann=a=mu memiš*[*ta*] 'He also spoke to me as follows'. I emphasize that nothing would have prevented a structure *nu=mu kiššann=a memišta*. The co-occurrence of these two examples in a single text confirms that the conditioning for fronting with anaphoric or cataphoric *-ya* is not grammatical, but rhetorical.

finally make the house of Arma-Tarhunta the topic and provide further details about its disposition.

Many questions regarding the functions of *-ma* remain to be answered. We need among other things an explanation for the examples cited above where *-ma* is not accompanied by the usual fronting. I am confident that the solution to this problem and others is also to be sought in the pragmatic factors that condition how a speaker/author chooses to structure a given discourse.

References

GÖTZE, Albrecht 1967. *Die Annalen des Muršiliš.* [2]Darmstadt: Wissenschaftliche Buchgesellschaft.

GÜTERBOCK, Hans G. & Harry A. HOFFNER, Jr. 1980–89. *The Hittite Dictionary of the Oriental Institute of the University of Chicago. Volume L–N.* Chicago: The Oriental Institute.

HOUWINK TEN CATE, Philo H. J. 1973. The particle *-a* and its usage with respect to the personal pronoun. In: E. NEU & C. RÜSTER (eds.), *Festschrift Heinrich Otten.* Wiesbaden: Harrassowitz, 119–139.

MELCHERT, H. Craig 1984. Notes on Palaic. *Zeitschrift für Vergleichende Sprachforschung* 97.22–43.

——— 2007. Middle Hittite Revisited. In: A. ARCHI & R. FRANCIA (eds.), *VI Congresso Internazionale di Ittitologia, 5–9 settembre 2005.* Rome: CNR, 525–531.

OTTEN, Heinrich 1981. *Die Apologie Hattušilis III.* (*StBoT* 24). Wiesbaden: Harrassowitz.

RIEKEN, Elisabeth 2000. Die Partikeln *-a, -i̯a, -ma* im Althethischen und das Akkadogram *Ù*. In: M. OFITSCH & C. ZINKO (eds.), *125 Jahre Indogermanistik in Graz.* Graz: Leykam, 411–419.

Semantik und Pragmatik indogermanischer Verben: hethitisch *nininк-* *‚heben' und anderes

Norbert OETTINGER (Universität Erlangen-Nürnberg)

Der folgende Beitrag beschäftigt sich mit Bedeutungswandel von Wörtern, an dem pragmatische Prozesse beteiligt sind, und zwar sowohl in gemeinsamer indogermanischer als auch einzelsprachlicher Zeit[1].

Beginnen wir mit zwei einzelsprachlichen Beispielen. Im zweiten Vers der homerischen Ilias erscheint das mediale Partizip Aorist *οὐλόμενος* in der Bedeutung ‚verwünscht, verflucht'. Das finite mediale Verbum *ὄλλυμαι* bedeutet jedoch ‚zugrunde gehen'. Es stellt sich die Frage, wie diese Bedeutung des Partizips, das ja eigentlich ‚zugrunde gehend' heißen sollte, zustande kam. Die Antwort ist, dass der Optativ *ὄλοιο* ‚mögest du zugrunde gehen!', der an Stelle des Imperativs gebraucht, oft als Verwünschung diente und daher aus pragmatischen Gründen die Bedeutung ‚verflucht sollst du sein!' annahm. Diese Bedeutung wurde dann analogisch auf das Partizip übertragen.

Ebenfalls bei Homer kommt oft der Imperativ *ἔρρε* vor. Er bedeutet ‚geh weg, verschwinde!'. So z. B. Od. 10. 72 *ἔρρ' ἐκ νήσου θᾶσσον, ἐλέγχιστε ζωόντων* ‚Pack dich recht schnell von der Insel fort, Schändlichster der Lebenden!' FORSSMAN 1978: 188 hat diese Form etymologisch auf **u̯ért-i̯e* ‚wende dich!' zurückgeführt. An anderen Stellen bedeutet das Verbum *ἔρρω* aber ‚sich mühsam fortbewegen, sich zu seinem Unglück fortbewegen'. So z. B. ‚Ich besitze sehr vieles, was ich zurückließ, als ich hierherfuhr' (*ἔρρων* I 364; Achilleus über die Unglücksfahrt nach Troia; auch vom lahmen Hephaistos gebraucht, der sich dahinschleppt). Die Entwicklung der Bedeutung erklärt sich auf pragmatischem Weg: Das Wort ‚fortgehen' wird ja besonders in Aufforderungen verwendet. Und es ist dort meist nicht freundlich gemeint. Deshalb geht der, der zum Fortgehen aufgefordert wird, normalerweise in bedrückter Stimmung. Sein Fortgehen hat dementsprechend oft einen bedrückten, gezwungenen Charakter. Dieser wird dann in der lexikalischen Bedeutung fest. Daher bedeutet *ἔρρω* ‚ich gehe unter unglücklichen Umständen, ich schleppe mich dahin'; vgl. FORSSMAN 1978: 188ff.

Nun zu Beispielen, in denen der Sprachvergleich eine Rolle spielt. Im Altindischen gibt es mehrere Verben der Bedeutung ‚laufen'. Die beiden wichtigsten davon, die Wurzeln *sar-* und *tak-*, unterscheiden sich im Rigveda funktional in folgender Weise: *sar-* bedeutet ‚dahineilen' von Menschen sowie von Gewässern und Rennpferden (die letzteren beiden werden ja oft parallelisiert), aber nicht von anderen Tieren. Dagegen erscheint *tak-* überwiegend bei Tieren, und zwar gerade auch bei Wildtieren. Vgl. RV 10. 28, 4 ‚Der Schakal hat sich aus dem Busch auf den Eber gestürzt (*nír atakta*)' oder RV 9. 32, 4 ‚Auf beide schauend rinnst du, Soma, wie ein losgelaufenes Wildtier (*mr̥gó ná taktó*)'.

Nun gibt es im Kymrischen ein Substantiv *godeb* in der Bedeutung ‚Versteck, Unterschlupf', enthalten auch im latinisierten PN *Voteporigis*, wörtlich ‚Zufluchts-König', aus

1 Für wertvolle Hinweise danke ich Craig Melchert.

Wales (Ziegler 1994: 251f., 119). Es wird allgemein auf ein Kompositum **upo-tek*^{u}*o-* zur idg. Wurzel **tek*^{u}-, ai. *tak-* ‚laufen', zurückgeführt. Jedoch besteht hier ein Problem, denn das idg. Adverb **upo* bzw. **supo* bedeutet in Verbindung mit Verben des Laufens oder Stehens normalerweise ‚zu Hilfe'; vgl. lateinisch *succurrere* ‚zu Hilfe laufen.' Dies gilt auch für das Keltische, wie etwa mittelirisch *foss* ‚Diener' aus **upo-sth*$_2$*-i-* ‚Helfer' (zu **upo-sth*$_2$*-o-* ‚Beistand') zeigt, ebenso air. *fo-riuth* ‚ich komme zu Hilfe' aus dem Kompositum **upo-ret-* ‚zu Hilfe laufen'. Zur Bedeutung ‚Versteck' von kymr. *godeb* kommt man aber kaum von einer älteren Bedeutung ‚das Zuhilfe-Laufen', und dies umso weniger, als der Fortsetzer von **tek*^{u}- im Keltischen auch sonst gerade das Gegenteil, nämlich ‚fliehen' bedeutet; vgl. Vendryes 1978 s. v. *tech-* . Besser wäre eine ursprüngliche Bedeutung ‚das Weglaufen', denn der Mensch entdeckt ein Wildtier ja sehr oft dadurch, dass es plötzlich, wenn er sich nähert, auf und davon springt, und zwar eben bis zu einem Versteck.

Und es gibt auch wirklich in einer anderen indogermanischen Sprache ein Wort, das formal und semantisch hierzu passt, nämlich das hethitische Verbum *u̯atku-* ‚entspringen, entlaufen'. Es stammt aus einem Präverb **u̯ó* und dem Verbum **tek*^{u}- in der Nullstufe, also **u̯ó-tk*^{u}-. Daher sei vorgeschlagen, kymrisch *godeb* ‚Versteck' nicht auf **upo-tek*^{u}*-o-*, sondern auf ein **u̯ó-tek*^{u}*-o-* ‚das Entlaufen, Entspringen' zurückzuführen[2]. Wenn das Wort ursprünglich vor allem bei Wildtieren gebraucht wurde, so konnte es auf pragmatischem Wege zur Bedeutung ‚Versteck' kommen. Denn ein Wildtier, das davonläuft, pflegt sich anschließend zu verstecken, im Gegensatz z. B. zu einem startenden Rennpferd.

Wenden wir uns nun einem weiteren Verbum zu, nämlich der idg. Wurzel **nei̯k-*. Betrachten wir zunächst das Hethitische. Hier existiert ein Nasalinfix-Verbum mit 3. Person Sg. Prs. *ninikzi* aus **ni-né-k-ti*; vgl. Eichner 1982: 19 und Melchert 1984: 131 Anm. 102; ältere Lit. bei Tischler 1991: 329f. Dessen Bedeutung ist erwartungsgemäß im Aktiv transitiv und im reflexiven Medium intransitiv. Im Anschluss an Güterbock–Hoffner 1989: 438ff. gibt Tischler 1991: 328ff. folgende Bedeutungen: ‚in Bewegung setzen, antreiben, bewegen, in Aufruhr versetzen, stören, lösen, erbrechen (Siegel)'; Medium ‚sich aufrührerisch benehmen, sich erheben'.

Diese vielerlei Bedeutungsansätze der beiden Handbücher sind zwar nicht grundsätzlich falsch, aber teilweise ungenau. Man bekommt den Eindruck, die Grundbedeutung des Verbums sei etwa ‚antreiben' gewesen. Demgegenüber soll nun gezeigt werden, dass die Grundbedeutung eine andere war, nämlich ‚heben', und zwar mit belebten Objekten. Es ist dann aus pragmatischen Gründen zu Veränderungen der lexikalischen Bedeutung gekommen. Betrachten wir dazu den Kontext einer sprachlich althethitischen Stelle genauer. Hier, im KI.LAM-Fest, wird eine Episode aus den Anfängen der hethitischen Reichsbildung nachgespielt. Der Anführer der Stadt Tissaruli̯a kommt zum Hethiterkönig, weigert sich aber, die festlich angebotenen Speisen zu berühren, sondern will kämpfen. Der König fragt ihn: ‚Warum bist du zum Kampf gekommen? Alles ist doch gut?' (KUB 58.48 IV 6'). Der Text fährt nun fort: GAL LÚ^{MEŠ} ^{URU}*TIŠŠARULII̯A* LUGAL-*i menahhanda* SAG.DU-*ZU ninikzi*[3] *tasta paizzi* ‚Der Anführer der Leute von Tissaruli̯a hebt den Kopf gegenüber dem König, woraufhin er geht'. Der Text berichtet dann weiter, dass er aber später zurückkommt und sich vor dem König verneigt. Als er nach dem Grund hierfür gefragt wird, antwortet er: ‚Als ich hinkam, da hatte sich mein Heer aufgelöst.'

2 Zur Morphologie von **u̯atku-* und *godeb* s. Oettinger 2006 [2008]. Durch Aphärese ist aus idg. **au̯o* ‚weg, hinunter, her' eine Kompositionsform **u̯o* entstanden, so wie zu **apo* ‚weg, hin' die Kompositionsformen **po*, **pe* ‚hin' und zu **ad* ‚hin, weg' die Kompositionsform **d-*; zu Letzterem s. Dunkel 2007: 53f.

3 Zum bei Güterbock–Hoffner als Duplikat zitierten *ni-i-ni-ik-zi* vgl. E. Neu bei Tischler 1991: 328.

Güterbock–Hoffner 1989: 441 übersetzen unseren Verbalausdruck SAG.DU-*ZU ninikzi* mit ‚(The chief ...) shakes (?) (nods?) his head facing the king'. Tischler 1991: 329 übersetzt ‚(Der Anführer ...) erhebt sein Haupt im Angesicht des Königs', interpretiert es also als Geste des Selbstbewusstseins und der Auflehnung. Watkins 1995: 142 gibt es mit ‚(The chief ...) shakes his head at the king' wieder. Es handelt sich aber m. E. um diejenige Kopfbewegung, die heute noch vom Orient über Anatolien bis zum Balkan üblich ist: Man hebt den Kopf (genauer: das Kinn) zum Zweck der Verneinung. Wir haben hier also einen althethitischen Fall für die Grundbedeutung von *nininkk-* als ‚heben'.

Nun zu den übrigen Belegen. Die Objekte der aktiven Formen von *ninink-* sind meistens menschlich bzw. belebt; beim reflexiven Medium sind dementsprechend meist die Subjekte belebt. Nehmen wir wieder einen relativ alten Text, nämlich die mittelhethitische Madduwattas-Tafel vom Ende des 15. Jahrhunderts. Hier heißt es in Vs. 71f.: ‚Da brachte man die Truppen von Dalawa vorne auf den Weg, und es kam dazu, dass sie unseren Truppen den Weg verlegten und sie aufhoben (*n=us nininkir*). Da erschlugen sie den Kisnapili und den Partahulla. Madduwattas aber lachte über sie[4].'

Hier bedeutet *ninink-* also ‚aufheben' im Sinne von ‚militärisch ausschalten', und zwar durch einen Überfall.

An manchen anderen Stellen ergibt sich eine Schwierigkeit. Man übersetzt *ninink-* dort im Allgemeinen mit ‚mobilisieren', was einerseits sicher zutrifft, aber andererseits zunächst schwer mit unserer Grundbedeutung ‚heben' vereinbar zu sein scheint. Nun könnte man sich vorstellen, dass eigentlich ‚(Truppen) ausheben' gemeint sei, was natürlich zu einer Grundbedeutung ‚heben' passen würde. Aber *ninink-* wird nicht mit direktem Objekt ‚Truppen' gebraucht in dem Sinne, dass man Truppen rekrutiert. Man muss hier vielmehr vom Medium ausgehen und außerdem auf die Textchronologie achten. Ein mittelhethitischer, also relativ früher Text, KUB 26.29 + KUB 31.55 Vs. 15, bietet: ÉRIN^{MEŠ}-*it=ma* ... *niniktummat* ‚Macht aber mit Truppen mobil!' Die Truppen stehen im Instrumental. Auch das Aktiv wird in mittelhethitischer Zeit mit dem Instrumental konstruiert: Madduwatta Vs. 44f. ‚Madduwatta aber besetzte das ganze Land und mobilisierte es ... mit Truppen (*namma=at* ... *IŠTU* ÉRIN^{MEŠ} ... *ninikta*). Und er zog gegen Kupantakurunta zum Kampf'; vgl. Götze 1928: 11ff.

Die bisherige Übersetzung von *IŠTU* ÉRIN^{MEŠ} als ‚zusammen mit (seinen) Truppen' (vgl. Götze 1928: 13, Güterbock–Hoffner 1989: 439) trifft nicht zu, wie der Vergleich mit der vorausgehenden Stelle nahe legt. Im Junghethitischen kann dann der Zusatz ‚mit Truppen' wegbleiben. Sein Vorhandensein im Mittelhethitischen lässt aber darauf schließen, dass das bloße mediale *niniktari* die Bedeutung ‚mit Truppen' noch nicht mit beinhaltete, sondern einfach nur ‚sich erheben' bedeutete. Das bestätigt den Ansatz unserer Grundbedeutung ‚heben', medial ‚sich erheben'. Was speziell die militärische Bedeutung betrifft, so ist das entsprechende Aktiv erst als Oppositionsbildung zum Medium entwickelt worden und bedeutet dementsprechend ‚sich erheben lassen', wobei ursprünglich auch hier die Angabe ‚mit Truppen' (Instrumental) notwendig war.

Für die meisten übrigen Stellen ergibt sich eine dritte Bedeutungsnuance, bei der nun wieder das Aktiv den Ausgangspunkt bildet. Und zwar handelt es sich um die Bedeutung ‚etwas von seinem ursprünglichen Platz weg aufheben'. So zum Beispiel KUB 30.65 II 12: *mān=kan ŠA* GIDIM *hastai pēdi ni*[*ninkanzi*] ‚Wenn man die Gebeine eines Verstorbenen an (ihrer) Stelle aufnimmt (sc. um sie zu transferieren)'. Ähnlich ist die folgende Stel-

4 Auch Götze 1928: 19 übersetzt ‚hoben sie auf'.

le zu beurteilen: ‚Ferner nahm er die Götter von Hattusa und die (Gebeine der) Ahnen an (ihrer) Stelle auf (*pēdi ninikta*) und brachte sie herab nach Tarhuntassa' KUB 1.1 II 52f.

Wenn es, so wie an der letzten Stelle, der König ist, der die Ruhe der Toten stört, dann hat alles seine Ordnung. In anderen Fällen aber bekommt die Sache leicht eine negative Konnotation. So in folgender (Orakelanfrage): ‚Oder äußern seine Kinder Verleumdungen? Stören sie die Toten auf (GIDIM *nininkiskanzi*)?' KBo 2.6 II 55f.

Jemanden ‚aufstören' kann man auch durch Liebeszauber. Die Göttin Asertu formuliert es so: ‚Sei hinter mir her, und ich werde hinter dir her sein! Und mit meinen Worten werde ich dich bedrängen, mit meiner kleinen Spindel werde ich dich stechen, [...] und ich werde dich aufstören (*anda ninikmi*)' (KUB 36.35 I 2–4). Das Adverb *anda* hat hier eine ähnliche Funktion wie *pēdi* ‚an (seinem) Platz'.

An der folgenden Stelle aus einem mythologischen Text will ein Gott einen anderen, nämlich den Herrn der Wildtiere, bestrafen. Er bittet den Gott Nāra: ‚Höre mich, Nāra, mein Bruder, und störe alles Wildgetier der Erde auf (*nu taknas hūitar hūman nin*[*ik*])' KUB 36.2d III 42f.

Negative Konnotation zeigt auch die Stelle KUB 8.1 III 21, an der das Verbum im Medium steht: [*karitt*]*es nininkanta* ^{d}[(IM-*as zāhi*)] ‚Fluten werden sich erheben, der Wettergott wird (mit dem Blitz) zuschlagen'.

Um das Verhindern eines negativen Geschehens geht es an der Stelle KBo 17.62 IV 7–12 + KBo 17.63 IV 2–7: ‚Wie Wind und Regen das Felsheiligtum nicht an (seinem) Platz aufheben (können), so soll die böse Angelegenheit das ... nicht an (seinem) Platz aufheben ([*lē*] *ninikzi*). Das Medium in seiner Bedeutung ‚sich erheben' kann ebenfalls negative Konnotation haben; so zum Beispiel in KBo 24.4 Rs. 7–10 + IBo T 4.14 Rs. 2–5: ‚Hier habe ich des Königs Eid, Verfluchung, Blut (und) Tränen festgesteckt. Sie sollen (Sg.) sich nicht an ihrem Platz erheben! (*pede=ssi̯i=at=kan lē niniktari*).'

Die folgende Stelle wird bisher ebenfalls als sicherer Beleg von *ninink-* gewertet[5], doch betrachten wir sie selbst: Die Fluchformel in KBo 5.3 IV 35–41 (Friedrich 1930: 136) beginnt mit den Worten ‚Wenn ihr, die Leute von Hai̯asa und (du,) Mari̯ia diese Eide nicht bewahrt, dann sollen diese Eide euch selbst mit eueren Frauen ...' und fährt dann fort: *kattan arha dankuu̯ai̯az=ma=as=ka*[*n takn*]*az ser arha nininkandu* ‚von unten weg, von der dunklen Erde aber sollen sie euch von oben weg ‚*nininkmachen*'! Friedrich 1930: 136 vermutet, dass hinter *kattan arha* vom Abschreiber irrtümlich die Verbalform *harganuwandu* (aus heutiger Sicht: *harninkandu*; N. O.) ‚sie sollen vernichten' ausgelassen worden sei. Richtig daran ist die Vermutung, dass hier etwas durcheinander geraten sein dürfte, doch kann darüber nur spekuliert werden. Entscheidend aber ist, dass in Fluchformeln (auch in unserem Text passim) und speziell auch hinter ‚von der dunklen Erde weg' sonst nie *nininik-*, sondern nur *harnink-* steht. Vgl. z. B. ... *dankuu̯az daganzipaz arha harninkandu* ‚... sollen sie von der dunklen Erde weg vernichten!' bei Friedrich 1930: 18 Zeile 38f. Es ist also äußerst wahrscheinlich, dass an unserer Stelle *nininkandu* zu *harninkandu* zu emendieren ist. Unter diesen Umständen liegt es auf der Hand, dass der Beleg nicht mehr zur Bedeutungsbestimmung von *nininik-* herangezogen werden sollte.

Ausnahmsweise unbelebtes direktes Objekt, aber belebtes Dativobjekt weist KUB 43.57 IV 24–25 auf: ‚Wenn einem Menschen, Mann oder Frau, die Jahre aufgehoben sind (MU$^{\text{HI.A}}$ *nininkantes*)'. Gemeint ist, dass die der Person eigentlich noch zustehenden Lebensjahre durch Magie oder dgl. aufgehoben worden sind, so dass sie bald sterben muss.

5 So schreiben Güterbock–Hoffner 1989: 442, dass *nininkandu* an dieser Stelle wahrscheinlich nicht zu *harninkandu* zu emendieren sei.

Wenn es sich beim unbelebten Objekt um ein Siegel handelt, so ergibt sich aus ‚Siegel aufheben' der Terminus technicus ‚Siegel erbrechen'. Man vergleiche folgende Stelle (Mastigga IV 28–31 = KBo 2.3 IV 10–13): ‚Wenn die früheren Könige zurückkehren und die Sitten des Landes prüfen werden, erst dann soll auch dieses Siegel erbrochen werden (*kī=i̯a=wa* ^{NA_4}KIŠIB *api̯i̯akku ninikta*[*ru*])'.

Hier ist die Bedeutung ‚aufheben, vom angestammten Platz verrücken' wieder deutlich zu greifen. Prohibitiv ist eine andere Stelle (KBo 11.14 IV 19), wo Kleider in einen Behälter gelegt werden, der dann ins Siegelhaus gebracht wird, und man spricht: ‚Niemand soll das ab jetzt aufbrechen (*n=at namma UL kuiski ninikzi*)'.

Wenn wir das Bisherige zusammenfassen, so hat *ninink-* folgende semantische Entwicklung erfahren:

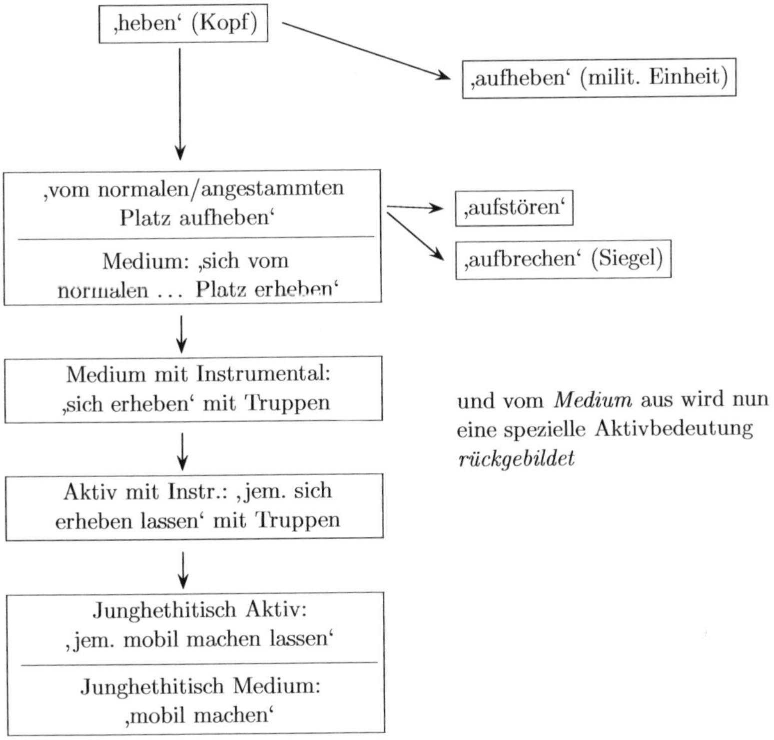

Betrachten wir die Entwicklung nun aus pragmatischer Sicht: Ursprünglich dürfte *nininksozusagen* wertfreies ‚aufheben' bedeutet haben, wie man es noch am ‚Aufheben' der Gebeine der Vorfahren durch den König sieht. Es geht hier um legitime Umbettung. Eine solche Umbettung war aber sicher nicht so häufig; öfter kam wohl eine unerwünschte Störung der Totenruhe vor. Entsprechendes gilt für das Aufbrechen von Siegeln. Auch die übrigen Beispiele für ‚vom angestammten Platz aufheben', die wir kennen gelernt haben, betrafen Negatives. Das gilt für das Sich-Erheben von Wasserflut ebenso wie für das Aufstören der Wildtiere oder Aufheben von Lebensjahren. In den militärischen bzw. aggressiven Bereich gehört das ‚Aufheben' einer Truppe, der man einen Hinterhalt legt. Vgl. deutsch ‚jemanden ausschalten'.

Nun zum medialen ‚sich erheben'. Es war ursprünglich nicht auf Aggressives bzw. Militärisches beschränkt, wie man noch daran sehen kann, dass in mittelhethitischer Zeit die

Angabe ‚mit Truppen‘ in diesem Fall eigens hinzugesetzt werden musste. Da aber dieser Gebrauch offensichtlich der häufigste geworden war, blieb später der Zusatz ‚mit Truppen‘ weg. Man kann also sagen: Das Verbum hat sich von ‚aufheben‘ überwiegend zu ‚vom angestammten Platz aufheben‘ entwickelt. Dieses ‚vom angestammten Platz aufheben‘ ist aber in der Praxis meist eine aggressive Handlung. Dies zeigen unsere Beispiele. Nun ist bekannt, dass pragmatische Implikaturen zu sprachlichen Bedeutungen, die dem betreffenden Lexem inhärent sind, avancieren können. Und so konnte ‚aufheben‘ zu ‚in aggressiver Weise aufheben‘ werden.

Das zugehörige reflexive Medium der Bedeutung ‚sich erheben‘ geriet, wie gesagt, immer mehr in die Bedeutung ‚sich mit Truppen erheben‘, bis die Angabe ‚mit Truppen‘ dann wegblieb und das Verbum zum Terminus technicus ‚mobil machen‘ wurde.

Betrachten wir nun die etymologischen Verwandten dieses Verbums in anderen Sprachen. Die Wurzel **nei̯k-* ‚sich erheben‘ ist auch im Baltischen und Griechischen erhalten, während die für das Slavische oft herangezogene Entsprechung vermutlich fern bleibt[6]. Im Baltischen ist nicht nur die Wurzel selbst belegt, sondern auch das gleiche Nasalpräsens wie im Hethitischen. Im Litauischen bedeuten *ap-ninkù* und *su-ninkù* ‚ich falle über jemanden her‘ (Inf. *-nìkti*), *į̇ninkù* und *užninkù* heißen ‚sich eifrig auf etwas verlegen, sich in etwas hineinstürzen‘. Das zugehörige lettische Adjektiv *nikns* bedeutet ‚böse, grimmig, heftig‘.

Im Griechischen ist zu unserer Wurzel nur das Wort *νεῖκος* (n.) erhalten geblieben. Bei Homer bedeutet es oft ‚Schlacht, Kampf‘, daneben auch allgemein ‚Streit‘.

Wir haben also neben der hethitischen Grundbedeutung ‚heben‘ bzw. medial ‚sich erheben‘ im Baltischen und Griechischen eine aggressive bzw. militärische Bedeutung. Sie ist hier als lexikalische Bedeutung fest geworden. Wie soll man das beurteilen?

Wie wir gesehen haben, hat sich der Präsensstamm **ni-ne-k-*, Pl. **ni-n-k-* im Heth. von der Bedeutung ‚heben‘ aus über ‚ausheben‘ (im Sinne von z. B. deutsch ‚ein Räubernest ausheben‘) zu ‚militärisch aufheben, militärisch ausschalten‘ entwickelt. An der ältesten Textstelle dazu, in Madduwattas, ist die dabei beschriebene Situation ein Überfall aus dem Hinterhalt. Wenn nun im Litauischen der gleiche Präsensstamm in Kombination mit zwei verschiedenen Präpositionen ‚über jemanden herfallen‘ bedeutet, so kann man nicht ausschließen, dass es sich um eine ererbte Gemeinsamkeit handelt. Es könnte sich also diese Bedeutungsentwicklung schon innerhalb der indogermanischen Ausgangssprache selbst vollzogen haben, ohne dass aber dadurch die Grundbedeutung ‚heben‘ aufgegeben worden wäre. Entsprechend könnte griechisch *νεῖκος* ‚Kampf, Streit‘ als resultatives Nomen aus ‚sich kriegerisch erheben‘ erklärt werden, ganz entsprechend dem hethitischen Medium *niniktari*. Möglicherweise sind also die Bedeutungen ‚aufheben‘ und ‚sich erheben‘ auf pragmatischem Weg schon früh ins Kriegerische übergegangen.

6 Im Gegensatz zu DERKSEN 2008: 352f., der weiterhin aksl. *ničetŭ* als ‚arises‘ von *ničĭ* ‚pronus‘ trennt, teilt Alexander Lubotsky mir mit Email vom 13.10.07 mit, dass er dazu tendiert, für das Slavische nur eine einzige Wurzel **nik-* der Bedeutung ‚to go down‘ anzunehmen, die mit aksl. *ničĭ* ‚lying with face downwards‘ (Basis **ni-h₃kʷ-*) verwandt sei. Die Bedeutung ‚sich erheben‘ wäre dann sekundär und erst in der Kombination mit dem Präverb aksl. *vŭz-* entstanden. Dieses Verbum wäre demnach vom baltischen **nik-* zu trennen. Ich möchte Alexander Lubotsky vielmals für diese Auskunft danken.

Literatur

DERKSEN, R. 2008. *Etymological Dictionary of the Slavic Inherited Lexicon.* Leiden/Boston.

DUNKEL, G. 2007. Chips from an Aptotologist's Workshop I. In: *Verba docenti. Studies in historical and Indo-European Linguistics presented to J. Jasanoff*, hg. von A. J. NUSSBAUM, Ann Arbor/New York, 53–62.

EICHNER, H. 1982. Zur hethitischen Etymologie (1. *istark-* und *istarnink-*, 2. *ark-*, 3. *sesd-*). In: *Investigationes philologicae et comparativae. Gedenkschrift für Heinz Kronasser*, hg. von E. NEU, Wiesbaden, 16–28.

FORSSMAN, B. 1978. Ein unbekanntes Lautgesetz in der homerischen Sprache? In: *Lautgeschichte und Etymologie. Akten der 7. Fachtagung der Indogermanischen Gesellschaft,* hg. von M. MAYRHOFER u. a., Wiesbaden, 180–198.

FRIEDRICH, J. 1930. *Staatsverträge des Hatti-Reiches. 2. Teil.* Leipzig.

GÖTZE, A. 1928. *Madduwattas.* Leipzig. (Nachdruck 1968, Darmstadt).

GÜTERBOCK, H. G., Jr. – HOFFNER, H. A. 1989. *The Hittite Dictionary, Volume L–N, fascicle 4.* Chicago.

MELCHERT, H. C. 1984. *Studies in Hittite Historical Phonology.* Göttingen.

OETTINGER, N. 2006 [2008]. Hethitisch *watku-* ‚(ent)springen' und kymrisch *godeb* ‚Versteck'. In: *Linguistique Balkanique* 45, 433–436.

TISCHLER, J. 1991. *Hethitisches etymologisches Glossar, Teil 2, Lieferung 7,* Innsbruck.

VENDRYES, J. 1978. *Lexique étymologique de l'irlandais ancien de J. Vendryes. Lettres T–U.* Paris.

WATKINS, C. 1995. *How to Kill a Dragon. Aspects of Indo-European Poetics.* New York/Oxford.

ZIEGLER, S. 1994. *Die Sprache der altirischen Ogam-Inschriften.* Göttingen.

Semantisch-pragmatische Beziehungen zwischen koordinierenden adversativen Strukturen im Lateinischen und in den Sprachen Altitaliens

Anna ORLANDINI (Université de Toulouse „Le Mirail") –
Paolo POCCETTI (Università di Roma „Tor Vergata")

Die adversative Koordination, deren Musterkonnektor *mais* im Französischen, *ma* im Italienischen, *sed, at, autem* im Lateinischen (aber auch *ceterum, atqui, immo, uero, uerum*) ist, stellt ein gutes Beispiel für die Notwendigkeit einer pragmatischen Analyse für das Verständnis der Texte dar. Aus dem Gesichtspunkt des Wahrheitswertes sind *mais* und *et* im Französischen, *ma* und *e* im Italienischen eigentlich gleichwertig, und zwar insofern als die Wahrheit des Satzes von der Wahrheit beider Propositionen abhängt[1]. Die adversative koordinierende Partikel unterstreicht jedoch eine oppositive Bedeutung, die nur durch eine pragmatische Vorgehensweise zu begreifen ist. Man führt normalerweise die Gegensätzlichkeitsbedeutung auf eine „konventionelle Implikatur" zurück im Grice'schen Sinne[2], der zwischen „konventioneller Implikatur" und „konversationaler Implikatur" unterscheidet – die erste als der Semantik des Konnektors verbundene und unauslöschbare, die zweite als löschbare, aber unablösliche und aus dem Kooperations- und Konversationsmaximiererprinzip ableitbare Implikatur.

Jedoch ist genau das Merkmal der Unauslöschbarkeit problematisch. In zahlreichen Verwendungen ist nämlich die Gegensätzlichkeitsbedeutung abwesend. Dies veranlaßt uns, die Interpretation von MARCONI–BERTINETTO vorzuziehen[3]. Es handelt sich eher um eine „konversationale Implikatur", die allgemein eingeführt wird und „konventionell" wird, obwohl sie einige Merkmale des ursprünglichen Charakters beibehält, zum Beispiel die Möglichkeit, gelöscht zu werden.

Der Ursprung des französischen Konnektors *mais* und des italienischen *ma* ist das lateinische *magis* in seinen zwei Bedeutungen: *quantitativ* (die dem deutschen *aber* und dem spanischen *pero* entspricht) und *korrektiv* (die dem deutschen *sondern* und dem spanischen *sino* entspricht). Aus dem lateinischen *magis* entstehen auch die italienischen Adverbien *mai* und *giammai*. Die Verschiebung der ursprünglichen Bedeutung von *magis* (und zwar ‚mehr') zu anderen Bedeutungen ist schon im Lateinischen durch formale Beweise aufgezeigt, wie der gelegentliche Ersatz durch *maius* oder die Verstärkung durch *plus* (*magis plus*)[4] beweist. Die Geschichte seiner Entwicklung vom Lateinischen zum Romanischen ist nicht linear. Der Verbreitung von *magis* mit der Funktion eines Konnektors in einem Teil des romanischen Sprachgebiets widersetzt sich in einem anderen Teil die Fortdauer seiner ursprünglichen „quantitativen" Bedeutung (span. *más* und portug. *mais* ‚mehr'), was einer diachronisch und synchronisch vielfältigen Verteilung der lateinischen Verwendungen

1 Vgl. G. FREGE (1918, 10ff.) und W. V. QUINE (1941 = 2006, 46).
2 Vgl. P. H. GRICE 1975.
3 Vgl. MARCONI–BERTINETTO (1984, 253).
4 Vgl. E. LOEFSTEDT (1933, 207); (1942, 268).

entspricht. Das *magis correctivum* ist in der ganzen Latinität weit verbreitet, während die Belege des *magis quantitativum* mit adversativer Bedeutung viel seltener sind[5]. Die quantitative Bedeutung wurde dennoch auf zahlreiche Konnektoren übertragen: *at, autem, atqui, ceterum, sed, uero, tamen.*

Vom funktionalen Gesichtspunkt her kommt die quantitative Bedeutung dem die konnektive Koordination ausdrückenden *et* nahe, dessen Hauptfunktion additiv ist und dessen semantischer Wert eine schwache Opposition bezeichnet, während die korrektive Bedeutung des Ersatzes der Bedeutung der im Lateinischen von *aut* ausgedrückten exklusiven Disjunktion nahe kommt, die eine starke oppositive Bedeutung hat. Was die oppositive Bedeutung betrifft, ist sie unserer Meinung nach graduierbar: je weniger stark sie ist, desto mehr nähert sie sich der adversativen Koordination der konnektiven Koordination an, die zum Beispiel der Partikel *et* im Lateinischen und den korrelativen Reihen (‚einerseits ... andererseits') entspricht. Je stärker dagegen die oppositive Bedeutung ist, desto mehr sind die semantisch-pragmatischen Beziehungen auf der Seite der Disjunktion (*aut ... aut* ‚entweder ... oder') zu suchen.

Wie C. KROON (1995, 216) richtig bemerkt hat, werden die lateinischen Konnektoren *at, autem, uero* nie verwendet, um eine Ersatzbedeutung auszudrücken (was in unserer Analyse der Fall des *magis correctivum* ist). Dagegen findet man statt dessen die Konnektoren *sed* und *uerum.*

Für beide Arten von adversativer Koordination weisen wir auf einige Verwendungen der Konnektoren *ast, immo* hin, die dazu dienen, um ein Kontaktgebiet zwischen beiden *magis* – die jeweils eine Verstärkungs- (*plus*) und Korrekturbedeutung (*potius*) ausdrücken – zu beschreiben. Diese Verteilung wird durch einen Vergleich mit den entsprechenden Verwendungen von *imma* im Hethitischen bestätigt, wie wir später noch ausführen werden.

Ein weiteres Mekmal unterscheidet beide Interpretationen: die quantitative Bedeutung erlaubt Verkettungen, die einschränkende Nuancen und mitunter sogar konzessive Nuancen in Bezug auf die reale Welt ausdrücken (ein Merkmal, das sie mit den Konnektoren *at, atqui, immo, tamen* teilen), während sich die korrektive Bedeutung auf mögliche Welten bezieht, was der Ersatzfunktion entspricht.

Unsere Analyse wird sich daher auf verschiedenen semantischen Ebenen entwickeln – von der textuellen Organisation zur zwischenmenschlichen Illokutionsebene.

Auf der Ebene der textuellen Organisation wird man es mit Transitionsmarkern oder mit Fokalisatoren zu tun haben, während die Korrektoren auf höheren Ebenen als Reformulierungsmarker funktionieren werden können.

1 Die textuelle Organisationsebene

1.1 Transitionsmarker („Topic Shifters")

Auf dieser semantischen Ebene helfen *at, autem, ceterum* und *aut* dem Sprecher, die thematische Textorganisation klar zu machen.

Die schwach oppositive Koordination (*sed, autem, at, ceterum*) und weitere adverbiale Verwendungen von *aut*, die aber nicht wirklich disjunktiv und vor allem in den sabellischen Sprachen belegt sind, teilen einen gemeinsamen Nenner: den Wert der Differenz, der Alterität, wie es im Französischen durch die Wendung *d'autre part* ausgedrückt wird. Alle diese Verwendungen bezeichnen die Transition zu einem anderen Thema, die in einigen Sprachen von derselben Partikel ausgedrückt wird, die entweder als ‚und' oder als ‚aber' übersetzt werden kann. Dies ist der Fall der ägäisch-anatolischen Sprachen: *δέ* des Griechischen (dem ersten Wort nachgesetzt) *καί*, im Vulgärgriechischen und vermutlich die enklitische

5 Vgl. J. MELANDER (1916).

Partikel *-m* des Lydischen, die mit der enklitischen Partikel *-ma* (‚aber') des Hethitischen zu vergleichen ist[6]. Eine Bestätigung findet sich in den lateinischen Übersetzungen griechischer Texte, wo *et, at, autem* der Partikel *δέ* der griechischen Mustertexte entsprechen. Bei den lateinischen Schriftstellern, die die griechische Sprache benutzen, wie in einigen Briefen Ciceros an Atticus, wird allerdings die Bedeutung des *δέ* durch andere Partikeln genauer bestimmt (z. B. *δ'ἀλλα, ἄρα δέ, δέ γε, δέ φου, δ'οὖν, μήν δέ φου*).[7]

Besonders interessant ist das Funktionieren der normalerweise auf *at*[8] zurückgeführten Partikel *ast* (vielleicht durch Metathese **ats > ast*), die im Altlateinischen verwendet wird, um einen zweiten, die Realisierung einer Vorbedingung *p* voraussetzenden und genau beschreibenden Konditionalsatz einzuführen, und die als ‚und/aber wenn' interpretiert wird:

(1) *Cui auro dentes iuncti escunt,* ***ast*** *im cum illo sepeliet uret, se fraude esto* (XII Tab., X, 8)

‚Doch wenn ihm [dem Toten] die Zähne mit Gold verklammert sind, er ihn aber mit ihm [dem Zahngold] begräbt oder einäschert, soll es straffrei sein.'

In den Texten der spätrepublikanischen Gesetze findet man *si, etsi* und auch *et* an Stelle von *ast*:

(2) *Si quis in eo vim faciet,* ***ast eius vincitur****, dupli damnas esto* (CIL I2 594 = Roman Statutes 25 LXI 5–6)

‚Wenn jemand zur Gewalt greift in diesem Fall und für schuldig erklärt wird, sei er zu einer Geldstrafe verurteilt.'

Der Vergleich mit einer parallelen Stelle in einem römischen Gesetz und in dem oskischen Gesetz von *Bantia* bestätigt diese Funktionsweise: der Partikel *ast* des Lateinischen entspricht im Oskischen die koordinierende Partikel *inim*. Bemerkenswerterweise entspricht die oskische Partikel *inim* auch den konnektiven Funktionen des lateinischen *et*:

(3) *aut suaepis censtomen nei cebnust dolud mallud* ***in(im) eizeic vincter*** *esuf comenei lamatir* (Rix (2002), T.B. 20–21)

‚Wenn aber jemand bei der Bestandsaufnahme nicht erscheint und sich für schuldig erklärt, sei er in der Versammlung ausgepeitscht.'

In den sabellischen Sprachen wirkt die Partikel *aut* sowohl als Transitionskonnektor, und zwar als Merkmal der schwach adversativen Koordination, als auch als Merkmal der schwachen Disjunktion. Im ersten Fall entspricht sie den Verwendungen von *autem, at, ceterum* im Lateinischen und *δέ* im Griechischen; im zweiten Fall wirkt sie wie *uel* im Lateinischen.

Im Oskischen und im Umbrischen findet man *aut* mit der Funktion eines einfachen Konnektors am Anfang eines Konditionalsatzes. In diesem Fall sind beide Bedeutungen von ‚und' und ‚aber' vorhanden:

(4) *aut suepis censtomen nei cebnust* (Rix (2002), T.B. 20)

‚und/aber wenn jemand bei der Bestandsaufnahme nicht erscheint'

Als Beispiel für eine schwache Disjunktionpartikel gilt das folgende oskische Beispiel:

---

6 Vgl. O. Carruba (1969, 88); R. Gusmani (1964, 162); H.C. Melchert (2004).
7 Vgl. H. Rosén (1989, 394).
8 Vgl. A. Orlandini (1994) und (1999).

(5) ***aut*** *Keri Arentikai* ***aut*** *ulas leginei* (Rix (2002), S.T. Cp 37, 12)

‚der Ceres Arentika oder auch den Gottheiten ihres Kultkreises'

Auch in anderen Sprachen entwickelt sich die dem *autem* entsprechende Funktion des Konnektors aus einer disjunktiven Partikel. Dies ist der Fall des Altirischen, wo der Konnektor *noch* auf die disjunktive Partikel *no* ‚oder' in der Zusammensetzung *no* + $*k^{w}e$ zurückgeführt werden kann.

Im Etruskischen kennt man das Funktionieren der Elemente der Koordination kaum. Die Partikeln der kopulativen und konnektiven Koordination sind in dieser Sprache am besten bekannt. Diese letztere Funktion wird durch nachgestelltes *-m* ausgedrückt, welches manchmal den Wert des schwachen Disjunktivums annehmen kann (‚und/oder'). Dieselbe Partikel findet sich auch in Funktion des Konnektors von Sätzen mit dem schwachen Wert des Übergangs von *autem, at* im Lateinischen und *aut* im Oskischen[9]:

(6) a. *Ramθa Matulnei sec Marces Matulnas*
*puia**m** amce seθres Ceisinies.*
*Cisu**m** tameru[—] Matulnasc clalum ceus ci clenar oea anavence.*
*Lupu**m** avils maχs sealχls* (Rix (1991) Ta 1.169)

Dieser Text, der Epitaph einer Frau, besteht aus drei Sätzen, zuerst die Benennung der Person (*Ramθa Matulnei sec Marces Matulnas*), dann die Lebensangaben der Verstorbenen (Heirat, Kinder, Alter). Jeder Satz wird von einem auf *-m* endenden Wort eingeleitet (*puiam, cisum, lupum*), welches den Konnektor darstellt, der den Übergang von einem zum anderen markiert. In dieser Informationsreihe kann der Konnektor die Bedeutung von jeweils ‚und', ‚aber', ‚außerdem' annehmen oder eine Asyndese darstellen.

Auf den hinzufügenden Wert von *-m*, welches ein neues Topik einführt, weist ein Abschnitt des *Liber Linteus* hin, in dem von einem Weinangebot die Rede ist:

(6) b. *mulac hulslna vinum laive**sm** acilθ ame* (Rix (1991), L.L. VIII 6)

Dem Ausdruck *laive* ist hier die Partikel *-m* angefügt worden, die wohl als Konnektor funktioniert. Die allgemeine Bedeutung enthält den deontischen Ausdruck (*acilθ ame* = lat. *opus est*) und entspricht der Umschreibung ‚er möge Wein opfern (einen bestimmten Wein X), aber/und (es muß) auch *laive* (vorhanden sein)'.

Die enklitische Partikel *-m* kann sowohl die Bedeutung der Addition (‚und, und/aber auch') als auch die der sehr schwachen Disjunktion (‚oder') annehmen. Beide Interpretationen sind in der folgenden Formel möglich:

(6) c. *ci tartiria ci**m** cleva* (Rix (1991), TC 4)

‚drei *tartiria* und/aber auch/oder drei *cleva*'

Was die Konnektoren der etruskischen Disjunktion betrifft, ist auf auf das Funktionieren der Partikel *etnam* im *Liber Linteus* hinzuweisen[10]. In diesem Text findet sich die Partikel *etnam* manchmal allein (7a, b), manchmal zweimal (7c, d) oder dreimal (7e) wiederholt und trennt dabei Wörter, die dieselbe morphologische Struktur haben:

(7) a. *hia* ***etnam*** *ciz* (Rix (1991), L.L. VII 2)
b. *renczua* ***etnam*** *cepen* (Rix (1991), L.L. VII 2)
c. ***etnam*** *veltinal* ***etnam*** *aisunal* (Rix (1991), L.L. VI 7)

9 Vgl. Orlandini & Poccetti 2007.
10 Vgl. K. Wylin (2000, 182).

d. ***etnam*** *tesim* ***etnam*** *celucum* (RIX (1991), L.L. III,12; VII 16; VIII 17; X 10)

e. ***etnam*** *hantin* ***etnam*** *celucn* ***etnam*** *atumitn* (RIX (1991), L.L. VII 10)

Der Wert der Partikel *etnam* ist nicht in all diesen Beispielen identisch. Wir schlagen auf der Basis eines typologischen Vergleichs mit anderen Sprachen vor, daß sich die die isolierte Verwendung von der wiederholten Verwendung derselben Partikel unterscheidet. Dies ist unter anderem der Fall der disjunktiven Partikel *va* im Altindischen, die die inklusive Disjunktion ausdrückt, wenn sie allein verwendet wird, und die exklusive Disjunktion, wenn sie wiederholt wird.

In den romanischen Sprachen wird die Wiederholung der Disjunktionspartikel besonders dann eingesetzt, wenn der Sprecher kennzeichnen möchte, daß diese Disjunktion als exklusiv präsentiert wird (franz. *ou* ... *ou*; ital. *o* ... *o*), wobei häufig ein Wert der Injunktion zu wählen ist. Dieselbe Partikel allein kann wie eine inklusive Disjunktion funktionieren.

Im Lichte dieser Parallelen könnte man den Beispielen (7a) und (7b) einen schwachen oder einen inklusiven Wert zuschreiben und einen stärkeren oder exklusiven Wert den Beispielen (7c), (7d), (7e), in denen *etnam* wiederholt wird.

Die Bestätigung, daß der nicht wiederholte Gebrauch von *etnam* einen schwachen Wert hat, findet sich in einer Passage, in der diese Partikel einen additiven Wert ausdrückt (= ‚und, aber, auch'), ganz ähnlich dem nachgestellten *-m* der Beispiele (6a), (6b), (6c):

(7) f. *cepar nac amce* – ***etnam*** *suci firin celucum* (RIX (1991), L.L. VII 10)

Hier nimmt das Verb ‚sein' *amce* (= lat. *est*) normalerweise die Endstellung im Satz ein. Das erlaubt uns, die Hypothese aufzustellen, daß die Partikel *etnam* eine Wiederaufnahme additiven Typs kennzeichnet (= ‚und, aber, auch'). Es sei angemerkt, daß in demselben Text *etnam* (in seinem nicht wiederholten Gebrauch) sich nicht unter morphologisch homogenen Wörtern befindet, sondern nach dem Verb: *amce*. Diese Verwendung weist außerdem auf eine Parallele mit den sabellischen Sprachen (besonders dem Oskischen) hin, wo dasselbe disjunktive Element in der Bedeutung ‚oder' (*aut*) als Konnektor von Sätzen verwendet werden kann (vgl. lat. *autem*). Im Etruskischen könnte *etnam* also gleichzeitig funktionieren wie *vel, aut* und *autem*. Es sei daran erinnert, daß L. AGOSTINIANI[11] nach der Entdeckung der *Tabula Cortonensis* brillant vorgeschlagen hat, den Konnektoren von Sätzen *e/et* den Wert ‚und so' zuzuschreiben, und dabei eine Verbindung in morphologischer Symmetrie mit *etnam* – parallel zu den lateinischen Partikeln *item* : *ita* – zu sehen. Wir könnten daher eine Multifunktionalität von *etnam* im Verhältnis zu *eθ/et* anerkennen, die lediglich als Konnektor der Wiederaufnahme additiven Typs funktioniert. Eine resümierende Darstellung davon findet sich in der Tabelle 1 auf S. 210.

Abschließend kann man festhalten, daß im Etruskischen die beiden Elemente, die konnektive (*-m*) bzw. disjunktive (*etnam*) Koordination ausdrücken, auf pragmatischem Niveau als adversative Konnektoren fungieren können (lat. *autem*). Dieselbe Verwendung findet sich im Altindischen wieder, wo die koordinierende Partikel *ca* und die schwach disjunktive Partikel *va* einen adversativen Gebrauch kennen, wobei die eine einen Kontrast ausdrückt, der durch Wiederholung unterstrichen wird (*ca* ... *ca*: ‚einerseits ... andererseits), die andere eine Bedeutung ‚andererseits, im übrigen' annimmt.

Zwischen dem Wert ‚und' der Hinzufügung und dem Wert des disjunktiven Konnektors findet man auf halbem Wege den Wert des Übergangs zu einem anderen Thema.

11 Vgl. L. AGOSTINIANI (2000, 97ff.).

	schwache konnektive Koord. Partikeln	schwache adversative koord. Partikeln	schwache disjunktive koord. Partikeln
	‚einerseits … andererseits'	‚übrigens'	‚anders, oder'
Lateinisch	*cum … tum*	*autem, at, uero*	*aut*
Sabellische Sprachen	*inim; ene*	*aut, inim*	*aut … aut*
Etruskisch	*-m*	*eθ/et, etnam*	*etnam … etnam*
Vedisch	*ca*	*ca … ca*	*va*

Tabelle 1

2 Auf der epistemischen Ebene[12]

2.1 Semantische Oppositionen („Contrastive Focus")

Die adversativen Konnektoren *at, autem, ceterum, uero* können auf der Beschreibungsebene auch in Beziehungen vorkommen, die eine semantische Opposition ausdrücken. Es handelt sich um eine einfache Opposition nicht-argumentativen Typs.

Die lateinischen Konnektoren erlauben in diesem Fall die Übersetzungen franz. ‚mais', ‚alors que' und ‚tandis que', und von ital. ‚ma', ‚mentre', ‚invece'.[13] Sie führen einen „kontrastiven Fokus"[14] ein, der eine semantische Diskontinuität signalisiert.

Dies ist der Fall bei *ceterum:*

(8) a. *rem se uetustate* ***oblitteratam, ceterum*** *suae memoriae* ***infixam*** *adferre* (Liv. 3, 71, 6)

‚er erinnert an ein Detail, welches in der Zeit verblaßt ist, welches **jedoch** in der Erinnerung aufbewahrt ist'

aber auch bei *at:*

(8) b. ***breuis*** *a natura nobis uita data est;* ***at*** *memoria bene redditae uitae* ***sempiterna*** (Cic. *Phil.* 14, 32)

‚kurz ist das Leben, welches uns die Natur gegeben hat; aber die Erinnerung an ein gutgeführtes Leben ist ewig'

oder bei *autem:*

(8) c. *(Croesus)* ***hostium uim*** *sese peruersurum putauit, peruertit* ***autem suam*** (Cic. *div.* 2, 115)

‚Krösus glaubte die Macht der Feinde niederschlagen zu können und in Wirklichkeit hat er die seine ruiniert'.

12 S. die Klassifizierung von E. Sweetser (1990).

13 Es sei daran erinnert, daß der adversative Wert von *ceterum* erst bei Sallust belegt ist, bei dem dieser Konnektor eine ansteigende Verwendung zeigt (drei Belege in der Verschwörung des Catilina, fast fünfzig im Iugurtha und zwei in den Fragmenten der Historien). Nach Sallust wird dieser adversative Wert bei den Historikern beibehalten, besonders bei Titus Livius, Quintus Curtius und Tacitus. Im Spätlateinischen ist *ceterum* von einer Tendenz zur semantischen Schwächung betroffen genauso wie andere adversative Konnektoren: *vero, at* und *atqui*, die recht schnell außer Gebrauch kommen; cf. O. Soutet (1990, 31).

14 Cf. C. Kroon (1995, 214).

In all diesen Fällen bezeichnet die Proposition *q* durch die Einleitung mittels eines adversativen Konnektors den „state of affairs“ (SoA) der gegenwärtigen Welt, sie ist faktiv. Dies ist auch der Wert von *ceterum*, wenn der Gegensatz zwischen Weltansichten ausgedrückt ist: Dem Schein wird die Realität entgegengesetzt (*ceterum* = *re uera*):

(9) a. ***specie*** *defendendae provinciae ob imminentes Suebos* ***ceterum*** *ut auellerentur castris* (Tac. *ann.* 1, 44)

‚unter dem Vorwand, die Provinz gegen die Bedrohung durch die Sweben zu verteidigen, in Wirklichkeit aber, um sie vom Lager fortzureißen‘

b. ***simulabat*** *sese negoti gratia properare;* ***ceterum*** *proditionem timebat* (Sall. *Iug.* 76, 1)

‚Er gab vor, daß der Stand seiner Unternehmungen eine solche Eile forderte; in Wirklichkeit fürchtete er den Verrat‘.

Die Proposition *q* könnte ebenso gut von *et* eingeleitet sein, welches den adverbialen Wert übernimmt im Zusammenhang mit dem Kontext ‚und in Wirklichkeit‘.

2.2 In der Prämisse eines Syllogismus’

Eben weil die im Syllogismus untergeordnete Prämisse in den Bereich der Modalität einer Folgerung fällt und weil sie den Zustand der Dinge der aktuellen Welt betrifft, werden die Konnektoren, die das *magis quantitativum* ausdrücken, in diesen Kontexten vorgezogen.

Nicht-argumentatives *autem* ist demnach verwendet, um ein neues Thema einzuführen, welches der untergeordneten Prämisse des Syllogismus entspricht:

(10) a. *Aut hoc, aut illud. Non* ***autem*** *hoc; igitur illud.* (Cic. *top.* 14, 56)

‚Entweder dieses oder jenes. (Wenn) **aber** nicht dieses, dann (also) jenes.‘

b. *Si lucet, lucet: lucet* ***autem****, lucet igitur* (Cic. *ac.* 2, 96)

‚Wenn es Tag ist, ist Licht da: **nun**, es ist Tag, also ist Licht da.‘

Man kann die Verwendung von *autem* als Einleitung der Prämisse des Syllogismus vergleichen mit der Verwendung von *nunc autem* (griech. *νῦν δέ*), basierend auf einer resultierenden Evidenz: ‚nun, in der Tat‘:

(10) c. *Stoici, qui omnes insipientes insanos esse dicunt nonne ista colligunt? Remoue perturbationes, maxumeque iracundiam, iam uidebuntur monstra dicere.* ***Nunc autem*** *ita disserunt, sic se dicere omnes stultos insanire, ut male olere omne caenum* (Cic. *Tusc.* 4, 54)

‚Wenn die Stoiker sagen, daß alle Nicht-Weisen verrückt sind, gründen sie nicht gerade darauf ihre Schlußfolgerung? Nimm (von dem Ausdruck der Verrücktheit) die Leidenschaften weg und vor allem den Zorn, und sofort wird ihre These als extravagant erscheinen. ***Nun, in der Tat,*** wenn sie sagen, alle Nicht-Weisen seien verrückt, so begründen sie dies theoretisch, wie wenn man sagt, daß der Schmutz schlecht riecht.‘

Der Gebrauch von *nunc* erlaubt in diesem Fall, parallel zu dem von *νῦν* im Griechischen eine synchronische Entwicklung festzustellen, die von der deiktischen Funktion zur Funktion eines textuellen Konnektors übergeht, der eine Folgerung ausdrückt. Es handelt sich um einen allgemein verbreiteten Vorgang (franz. *or, par là*; ital. *ora, quindi*; engl. *thereby, therefore*).

Desgleichen im Oskischen, wo *ekkum* aus derselben Wurzel wie deiktisches *ekik, ekak* (‚dieser') hervorgangen ist und das die analytischen Vorschriften des Cippus Abellanus einleitet, als Ergebnis der allgemeinen Voraussetzung der Übereinstimmung zwischen den beiden Gemeinden.

In dieser Stellung kann *autem* in Konkurrenz zu *at* sowie zu *atqui* stehen[15], die auch dazu dienen, eine Voraussetzung einzuleiten, die sich auf den Zustand der Dinge der aktuellen Welt bezieht:

(11) a. *Non cadunt autem haec in virum fortem: igitur ne aegritudo quidem.* ***At*** *nemo sapiens nisi fortis: non cadet ergo in sapientem aegritudo* (Cic. *Tusc.* 3, 14)

‚Diese Gefühle sind dem mutigen Manne unbekannt: also der Kummer auch nicht. **Daher** kein Weiser, der nicht auch mutig sei: der Kummer ist deshalb dem Weisen unbekannt.'

b. *hunc dubitabis beatum dicere?* ***Atqui*** *sapiens semper ita adfectus est. Semper igitur sapiens beatus est* (Cic. *Tusc.* 5, 43)

‚Würdet ihr also zögern zu sagen, er sei glücklich? **Nun,** der Weise ist immer in diesem Zustand; der Weise ist daher immer glücklich.'

Die beiden Konnektoren, *autem* und *atqui*, können auch zusammen erscheinen als Einleitung einer Prämisse, wie im folgenden Beispiel:

(11) c. *Qui fortis est, idem est fidens … Qui* ***autem*** *est fidens, is profecto non extimescit …* ***Atqui****, in quem cadit aegritudo, in eundem timor; … ita fit, ut fortitudini aegritudo repugnet* (Cic. *Tusc.* 3, 14)

‚Wer tapfer ist, besitzt auch Selbstvertrauen … Wer **aber** Selbstvertrauen besitzt, der fürchtet sich in der Tat nicht … Wen **jedoch** Kummer berührt, den berührt auch Furcht … So ergibt sich, daß Kummer der Tapferkeit widerstreitet.'

Es sei nebenbei angemerkt, daß *atqui*, als Zusammensetzung aus *at* + *qui*, sich in Richtung zu einem argumentativen Konnektor hinentwickelt ausgehend von der Bedeutung des Lokativs von *quī* (< **quei*), parallel zu *hic* < **heic*, was erklärt, daß dieser Konnektor immer auf die aktuelle Welt hinweist. Die andere Zusammensetzung von *at* hingegen, *atque*, in konnektiver Koordination verwendet, behält den soziativen Wert von *-que*, welcher aus seinem möglichen Ursprung, einem alten Instrumental, hervorgegangen ist[16].

3 Auf der Ebene der Illokution („speech act"[17])

Hier ist die metasprachliche Verwendungen von *autem* festzustellen; dabei wird die Aussagelegitimität eines Wortes oder einer ganzen Proposition ausgedrückt:

(12) a. *numquis testis Postumum appellauit?* ***testis autem?*** *num accusator?* (Cic. *Rab. Post.* 10)

‚Nun, gibt es etwa einen Zeugen, der den Postumus benannt hätte? Was sage ich, ein Zeuge? Spricht der Ankläger von ihm?'

b. *Quid tandem isti mali in tam tenera insula non fecissent?* ***Non fecissent autem?*** *Immo quid ante aduentum meum non fecerunt?* (Cic. *Att.* 6, 2, 8)

15 Vgl. A. Orlandini (1995).
16 Gemäß der Hypothese von O. Szemérenyi (1985 = 1991).
17 S. die Klassifizierung von E. Sweetser (1990).

‚Gibt es einen Schaden, den dies Kerle nicht angerichtet hätten auf dieser zarten Insel? Ach so, sie hätten gar keine angerichtet? Nun, was haben sie vor meiner Ankunft nicht gemacht?'

Nach C. KROON (1995, 245) ist *autem* in diesen Belegstellen ein Marker eines „absolute focus", der metasprachlich in der rhetorischen Figur der ἐπανόρθωσις (‚Selbstkorrektur') verwendet wird.

3.1 Reformulierungsmarker

Auf der Ebene der Illokution können die adverbialen Verwendungen der Konnektoren adversativer oder disjunktiver Koordination verschiedenartige semantische Nuancen ausdrücken. So kann sich die vom Sprecher durch seine eigenen Worte erschaffene Reformulierung als konfirmativ, als limitativ oder in einer deutlicheren Art und Weise als oppositiv kennzeichnen. Wir werden dieses Phänomen durch die verschiedenen Ausdrucksmöglichkeiten erklären.

3.1.1 Konfirmation: ‚übrigens', ‚nebenher'

Sehr interessant ist der Fall von *ceterum* mit der Bedeutung der konklusiven, konfirmativen, aber manchmal auch konzessiven deutschen Lokution ‚übrigens' oder der Lokution ‚nebenher', die vom Gesichtspunkt der oppositiven Bedeutung her schwach ist, aber eine gewisse additive, intensivierende oder generalisierende Kraft hat. So kann der Gebrauch in (13) interpretiert werden:

(13) *Erant praeterea complures paulo occultius consili huiusce participes nobiles, quos magis dominationis spes hortabatur quam inopia aut alia necessitudo.* ***Ceterum*** *iuuentus pleraque, sed maxime nobilium, Catilinae inceptis fauebat*
(Sall. *Catil.* 17,5–6)

‚Außerdem waren an diesem Plan etwas versteckter so manche Adelige mitbeteiligt, die mehr die Hoffnung auf Herrschgewalt antrieb als Not oder sonst eine Zwangslage. Ferner begünstigte ein sehr großer Teil der Jugend, besonders der adeligen, Catilinas Vorhaben.'

Eine ähnliche additive Bedeutung ist auch im Fall von *tamen* zu bemerken. Dieser Konnektor überträgt manchmal eine additiv-explikative Interpretation, die weitere Informationen über die Bedingungen von *p* liefert und es erlaubt, in dieselbe Richtung zu argumentieren. Insbesondere suggeriert die Wendung *et tamen* oder *nec tamen* die Interpretation ‚auf jedem Fall', ‚und übrigens', englisch *in any case*:

(14) a. *quam pessimorum lex amara fatorum*
sexta peregit hieme, ***nec tamen*** *tota* (*Mart.* 5, 37, 15 *sq.*)

‚das bittere Gesetz eines entsetzlichen Geschickes
ließ ihr Leben im sechsten Winter enden, der noch nicht einmal vollendet war!'

b. *ab Atheniensibus locum sepulturae intra urbem ut darent impetrare non potui, quod religione se impediri dicerent,* ***neque tamen*** *id antea cuiquam concesserant*
(Cic. *fam.* 4, 12, 3)[18]

‚Ich habe von den Athenern nicht die Zusage erhalten können, daß man ihm eine Begräbnisstätte im Innern der Stadt zugestehe; sie führten ein religiöses Motiv als Hindererungsgrund an; und im übrigen haben sie es noch niemandem vorher erlaubt.'

4 Gleichzeitig quantitative und rektifizierende Konnektoren

4.1 Amplifikations- bzw. Intensivierungseffekte

Unter den Konnektoren mit quantitativer bzw. korrektiver Bedeutung muß man ein *continuum* ansetzen, in dem verschiedene Konnektoren gleichzeitig beide Bedeutungen annehmen können.

Die lateinische Partikel *ast* kann manchmal eine gleichzeitig additiv-korrektive Bedeutung haben:

(15) ***Neque*** *eos antiquos servas,* ***ast*** *captas novos* (Plaut. *Trin.* 74)

‚Du bleibst deinen damaligen Prinzipien nicht treu, sondern übernimmst neue Prinzipien.'

Der lateinische Konnektor *immo* entspricht seinerseits völlig dem hethitischen *imma*, nicht nur vom formalen Gesichtspunkt her, sondern auch auf der Ebene seiner semantisch-pragmatischen Funktion. Wie H. C. Melchert (1985) gezeigt hat, entwickelt *imma* im Hethitischen eine kontrastive Bedeutung aus einer additiven und intensivierenden Bedeutung heraus (‚rather, moreover, also, even'). Es ändert nicht ein besonderes Element des Satzes, sondern den ganzen Satz, insofern als es ein neues Argument einführt. Darüber hinaus erscheint es meistens in Dialogkontexten (Briefe, Gebete), während es in einem Bericht einen rhetorischen Effekt hervorruft. Dies scheint uns ein gutes Beispiel für den Ertrag des pragmatischen Zugangs zu den Gegebenheiten des Sprachvergleichs zu sein[19]. Das Hethitische präsentiert außerdem im Unterschied zum Lateinischen die Zusammensetzung *immakku* mit der Partikel *-(k)ku* $<$ **-k^{w}e* mit asseverativer Bedeutung (‚and indeed'). Wenn der Ausdruck von p, verwendet von einem Sprecher y, vom Sprecher x als zu stark empfunden wird, hat die Richtigstellung einen reduzierenden Effekt (Übers. ‚Nicht A, nur B'; ‚eher B'). Das könnte der Fall sein von:

(16) SC. ***Mala*** *es* PH. ***Immo*** *ecastor* ***stulta*** *multum* (Plaut. *Mil.* 442 s.)

SC. ‚Du bist eine faule Dame.' PH. ‚**Vielmehr**, bei Gott, bin ich ganz dumm!'

Die Interpretation könnte jedoch auch eine andere sein. Nicht so sehr von einem ethischen Standpunkt aus, sondern von einem praktischen Lebensstandpunkt aus: Die Tatsache, sich von einem Sklaven eines Fehlers bezichtigen zu lassen, muß für Philocomasie das Schlimmere sein. Die Verkettung ergibt sich so durch Verstärkung: SC. ‚Du bist eine böse Frau.' PH. ‚Im Gegenteil, ich bin wirklich dumm!'

Die additiv-korrektiven Verwendungen von *immo* und von *ast* könnten als das fehlende Kettenglied zwischen den Konnektoren betrachtet werden, die die quantitative und die korrektive Bedeutung ausdrücken.

5 Korrektive Verwendung (‚sondern')

Das lateinische *magis* hat genau in dieser Verwendung überlebt. Wie vorher festgestellt wurde, sind die Belege von *magis quantitativum* im adversativen Sinne weniger zahlreich und weniger klar. Während eine lange Reihe von Konnektoren das Gebiet des *quantitativum* (dem *et additivum* nahe) betrifft, können nur die Konnektoren *sed* und *uerum* in korrektiver Funktion verwendet werden (was typisch für die exklusive Disjunktion *potius* ist), wie C.

19 Dies ist ein Fortschritt im Verhältnis zu den Erklärungen der etymologischen Wörterbücher, die sich darauf beschränken lediglich die Entsprechung zwischen *immo* und hethitisch *imma* festzuhalten (Ernout–Meillet s. v. *immo*): „cf. hittite *imma* ‚encore, en plus', étymologie inconnue".

KROON (1995) gezeigt hat. Wenn man die semantischen Verhältnisse auf einer „semantic map“[20] der Strategien der Koordination darstellen möchte, wird man der eine alternative Wahl ausdrückenden exklusiven Disjunktion und der adversativ-korrektiven Koordination der Zurückweisung nahe kommen, was sie sowohl mit dem generischen Konnektor *mais* im Französischen als auch mit dem spezifischen Konnektor *plutôt* teilen (wie im folgenden Beispiel: *Ce n'est pas mon ami, mais plutôt un vieux copain*).

Wie wir dargestellt haben, besteht diese Art der Beziehung schon im Lateinischen: das gemeinsame Glied ist *magis*, das die Eigenschaft hat, in beiden Strukturen aufzutreten. In der adversativ-korrektiven Koordination der Zurückweisung[21]:

(17) ***Non*** *equidem inuideo; miror* ***magis*** (Verg. *ecl.* 1, 11)
‚Wahrlich, ich neide dir's nicht, ich staune **vielmehr.**‘

Der Sprecher vergleicht zwei Propositionen und berichtigt eine erste Proposition, die verneint wird und die man sich als Äußerung eines Widersachers vorstellt. Im Zusammenhang einer alternativen Wahl können beide Elemente der Alternative zwei verschiedenen Sprechern zugeschrieben werden, wobei der Sprecher sich mit der Figur identifiziert, die die erste Proposition ausspricht (*malo* (= *magis uolo*) X *quam* Y).

6 Argumentative Meinung (‚aber‘)

Das Lateinische kennt keine Belege vom argumentativen *magis* in adversativ-beschränkender Verwendung, obwohl diese Sprache, wie wir gerade gesehen haben, die korrektive Verwendung von *magis* kennt. In Übereinstimmung mit DUCROT–VOGT (1979) sagen wir, daß das limitative *mais* des Französischen ein argumentativer Konnektor ist; er fällt mit den Verwendungen von *pero* im Spanischen und von *aber* im Deutschen zusammen.

Die Entwicklung vom limitativen zum adversativen Wert ist aus mehreren Sprachen bekannt. Sie findet sich in der englischen Partikel *but*, die noch die Bedeutung von ‚außer, ausgenommen‘ bewahrt, welche aus ihrer ursprünglichen Bedeutung ‚außerhalb (von)‘ hervorgegangen ist und die noch im Altenglischen vorhanden ist. Desgleichen entwickelt altirisch *acht* ausgehend von der Bedeutung ‚außer, ausgenommen‘, ihrerseits hervorgegangen aus einem separativen Element der Bedeutung ‚außerhalb (von)‘[22], parallel zu englisch *but*, die adversative Bedeutung[23].

Eine andere Wendung, um die adversativ-limitative Koordination auszudrücken, ist der Ausdruck *nisi quod*:

(18) *usque ad supremum diem beatus et felix,* ***nisi quod*** *minorem ex liberis duobus amisit* (Plin. *epist.* 3, 7, 2)
‚Bis zu diesem letzten Tag (ist er) ist er ganz und gar glücklich (gewesen), **aber** er hat das jüngere seiner beiden Kinder verloren.‘

Die Proposition *q*, eingeleitet von *nisi quod*, liefert ein neues Argument und von stärkerem Gewicht als die erste Proposition *p*: in diesem Kontext, zum Beispiel, wird niemand mehr schließen können, daß die infrage stehende Person ein vollständig glückliches Leben gehabt hat.

20 Vgl. M. HASPELMATH (2004) und (2006); C. MAURI (2006).
21 Vgl. DUCROT–VOGT (1979, 318) und MARCONI–BERTINETTO (1984, 476).
22 Vgl. LEIA s.v. *acht*.
23 Vgl. THURNEYSEN (1970, 561).

Es sei schließlich noch daran erinnert, daß im Griechischen eine Wendung existiert, die eine adversative Koordination und eine Disjunktion vereinigt, i. e. *ἀλλ' ἤ*[24], die verwendet wird, um eine exklusiv-restriktive Behauptung hervorzubringen, wenn die beiden Propositionen, von denen die erste negativ ist, eng miteinander verbunden sind:

(19) a. *μεδαμοῦ ἄλλοθι ἀλλ' ἢ ἐκεῖ* (Plat. *Phaid.* 68b)
,in keiner anderen Gegend außer hier'

oder eine adversativ-limitative, wenn man eine Pause annimmt, wie in der folgenden Passage:

(19) b. *οὐδ' ὁτιοῦν καινὸν ἔσται ὑμῖν ἀλλ' ἢ οὐκ ὁ αὐτὸς ἄρχει ὑμῶν ὥσπερ καὶ πρότερον* (Xen. *Cyr.* 4, 4)
,Und was euch betrifft, wird es keine Änderung geben, außer euer Chef wäre nicht mehr derselbe wie vorher.'

In diesem Zusammenhang sei bemerkt, daß die beiden Erklärungen dieses griechischen Ausdrucks, die von Denniston diskutiert worden sind, nicht sehr unterschiedlich sind: die eine, die ihn an einen vergleichenden Ausdruck heranführt, die andere, die zu einem Zusammenfall der adversativen Partikel mit der des Vergleichs führt („a fusion of construction ,but' and ,than' ", DENNISTON 1956, 26): Es ist dies, was man im Isländischen für die Partikel *en* in der gleichzeitigen Bedeutung von ,than' und ,but' beobachtet.

Die Wendung, die im Griechischen dem exzeptiven französischen Ausdruck *à moins que* entspricht, ist: *πλὴν ἤ, εἰ μή*[25]. J. VENDRYES (1950, 17) weist auf eine analoge Wendung im Irischen hin: *acht ma ní* (,außer wenn nicht').

Die Ausdrucksweise der semantischen Relationen, die konzeptuell benachbart sind, ist daher die folgende:

adversativ-limitative Koordination	disjunktiv-exeptive Koordination
(sed, nisi), nisi quod ,aber', ,wenn nur', ,obwohl', ,außer daß'	*aut, nisi forte* ,es sei denn'

Tabelle 2

6.1 *Mais* (deutsch ,aber') der indirekten Konzession: eine Wegstrecke in Richtung einer Disjunktion

Die Entwicklung der indirekten Konzession im Fall von französisch *mais* wurde von MOESCHLER und REBOUL (1994, 283–285) geklärt. Unserer Meinung nach gilt sie auch im Fall aller lateinischen Konnektoren, die das Gebiet des argumentativen *mais* betreffen. Wie diese Autoren betonen: „*Mais* hat die erstaunliche argumentative Eigenschaft, die Beziehung von argumentativer Kraft und die Beziehung von argumentativer Kontradiktion zu kombinieren" (p. 283). Das Schema in Tabelle 3 auf S. 217 gibt den Kontrast zwischen der argumentativen Kraft zusammen mit der logischen Kontradiktion wieder, die der exklusiven Disjunktion entspricht (W).

24 Vgl. L. BASSET (1997).
25 Cf. Pl. *Pol.* 286D; Theoph. *de causis plant.* 1,10,6.

p	<	q
↓		↓
r	↔	non-r
	V	

Tabelle 3

fortis	<	*fortissimus in furore*
↓		↓
tapfer	↔	nicht tapfer = *demens*
	V	

Tabelle 4

Man kann dieses Schema mit dem folgenden Beleg exemplifizieren (s. auch Tabelle 4):

(20) *Semper Aiax fortis, fortissimus* ***tamen*** *in furore* (Cic. *Tusc.* 4, 52)
‚Aias ist immer tapfer, vor allem **jedoch** im Wahnsinn'

Schlußfolgerung

Zusammenfassend möchten wir durch das folgende Bild den wesentlichen Verlauf unserer gleichzeitig pragmatischen, typologischen und diachronischen Vorgehensweise darstellen. In diesem Schema werden die wichtigsten adversativen Konnektoren auf dem Weg vom Quantitativen zum Konzessiven bis hin zum Disjunktiven durch die explikative und korrektive Funktionen vereinigt. Es handelt sich um Adverbien, quantitative, kausale, temporale Ausdrücke, die als adversative Koordinationsmarker funktionieren. Diese Funktionen stammen aus kontextbedingten Verwendungen, die nicht von den Wahrheitszuständen, sondern von den pragmatisch angemessenen Bedingungen abhängig sind.

	Quantitativ	Konklusiv-Explikativ	Konzessiv-Limitativ	Korrektiv	Disjunktiv
Gr.	*μάλλον; μάλλον ἤ*				
Lat.	*magis; at; sed; ceterum*	*immo; cenerume per hoc*	*at, atqui, tamen*	*non X, magis Y*	*aut; potius*
Franz.	*tant; plus tôt; plutôt*	*pour autant*	*pourtant*	*pourtant*	*plutôt*
It.	*quanto; ancora*	*pertanto ora; orbene: ordunque*	*per quanto quantunque, ancorché*	*eppure*	*seppure*
Deutsch	*mehr; aber*		*vielmehr; aber*	*sondern*	
Span.	*más*		*pero*	*sino*	

Tabelle 5

Bibliographie

AGOSTINIANI, L. (2000). *Tabula Cortonensis*, Roma: L'Erma di Bretschneider.

BASSET, L. (1997). „Ἀλλ' ἐξόλοισθ' αὐτῷ κοάξ. Réexamen des emplois de ἀλλά à la lumière de l'énonciation dans *Les Grenouilles* d'Aristophane", in A. RIJKSBARON (ed.): *New approaches to Greek Particles*, Amsterdam: Gieben, 75–99.

CARRUBA, O. (1969). *Die satzeinleitenden Partikeln in den indogermanischen Sprachen Anatoliens*. Roma: Edizioni dell'Ateneo.

DENNISTON, J. D. (^{2}1970). *The Greek Particles*. Oxford: Clarendon Press.

DUCROT, O. & C. VOGT (1979). „De *magis* à *mais*: une hypothèse sémantique", in *Revue de Linguistique Romane* 43: 317–341.

ERNOUT, A. & – A. MEILLET (^{4}1959). *Dictionnaire étymologique de la langue latine*. Paris: Klincksieck.

FREGE, G. (1918). „Der Gedanke. Eine logische Untersuchung", in *Beiträge zur Philosophie des deutschen Idealismus*, 58–77; ital. Übers. in G. FREGE, *Ricerche logiche*. Bologna: Calderini, (1970), 3–29.

GRICE, H. P. (1975). „Logic and Conversation", in P. COLE & J. L. MORGAN (eds.): *Syntax and Semantics*. Vol.3. New – York – San Francisco – London: Academic Press, 41–58.

GUSMANI, R. (1964). *Lydisches Wörterbuch*. Heidelberg: Winter.

HASPELMATH, M. (2004). „Coordinating constructions. An overview", in M. HASPELMATH (ed.): *Coordinating Constructions*. Amsterdam – Philadelphia: J. Benjamins, 3–39.

——— (2007). „Coordination", in T. SHOPEN (ed.): *Language Typology and Linguistic description*, 2ème éd. Cambridge: CUP, 1–51.

KROON, C. (1995). *Discourse Particles in Latin. A Study of nam, enim, autem, vero and at*. Amsterdam: Gieben.

LEIA = *Lexique étymologique de l'irlandais ancien*. Dublin: Dublin Institute for Advanced Studies, 1959–1976.

LOEFSTEDT, E. (1933). *Syntactica* II. Lund: Gleerup.

——— (1942). *Syntactica* I. Lund: Gleerup.

MAURI, C. (2006). „Combinazione e contrasto: i connettivi congiuntivi e avversativi nelle lingue d'Europa", in *Archivio Glottologico Italiano* 91: 166–202.

MARCONI, D. & P. M. BERTINETTO (1984). „Analisi di 'ma' ", in *Lingua e Stile* XIX, 2: 223–258; 3: 475–509.

MELCHERT, H. C. (1985). „*Hittite* imma *and Latin* immo", in *Zeitschrift für vergleichende Sprachforschung* 98: 184–205.

——— (2004). *Dictionary of the Lycian Language*. Ann Arbor – New York: Beech Stave.

MELANDER, J. (1916). *Étude sur „magis" et les expressions adversatives dans les langues romanes*. Uppsala.

ORLANDINI, A. (1994). „'*Si non eo die at postridie*' une analyse pragmatique du connecteur latin *at*", in *Lalies* 14: 159–175.

——— (1995). „De la connexion: une analyse pragmatique des connecteurs latin *atqui* et *immo*", in *Lalies* 15: 259–269.

——— (1999). „De la connexion: une analyse pragmatique des connecteurs latins *ceterum* et *autem*", in *Indogermanische Forschungen* 104: 142–163.

——— & P. POCCETTI (2007). „Les opérateurs de coordination et les connecteurs en latin et dans d'autres langues de la Méditerranée ancienne", in A. ROUSSEAU, L. BEGIONI & N. QUAYLE (eds.): *La coordination. Rivages Linguistiques*, Rennes: Presses de l'Université de Rennes, 189–224.

QUINE, W. V. (1941). *Elementary Logic*. Harvard: Harvard University Press, franz. Übers. von J. LARGEAULT & B. SAINT-SERNIN: *Logique élémentaire*. Paris: Librairie Philosophique J. Vrin, 2006.

RIX, H. (1991). *Etruskische Texte*. Tübingen: G. Narr Verlag.

——— (2002). *Sabellische Texte*. Heidelberg: C. Winter Verlag.

ROSÉN, H. (1989). *On the Use and Function of Sentential Particles in Classical Latin*, in *Actes du Vème Colloque de Linguistique Latine*, Louvain La Neuve: Editions Peeters, 391–402.

SOUTET, O. (1990). *La concession en français des origines au XVIe siècle. Problèmes généraux. Les tours prépositionnels*, Genève: Droz.

SWEETSER, E. (1990). *From etymology to pragmatics. Metaphorical and cultural aspects of semantic structure*. Cambridge: CUP.

SZEMERÉNYI, O. (1985 = 1991). „Syntax, meaning, and origin of the Indo-European particle *$k^w e$“, in G. HEINTZ & P. SCHMITTER (Hgg.): *Collectanea Philologica. Festschrift für Helmut Gipper zum 65. Geburtstag Bd. 2. (Baden-Baden: Koerner)* (1985), 747–775 = P. CONSIDINE and J. T. HOOKER (eds.): *Scripta minora: selected essays in Indo-European, Greek and Latin*, 1. *Indo-European*. Innsbruck: Institut für Sprachwissenschaft der Universität Innsbruck, (1991), 367–395.

THURNEYSEN, R. (1970). *A Grammar of Old Irish*. Dublin: Dublin Institute for Advanced Studies.

WYLIN, K. (2000). *Il verbo etrusco. Ricerca morfosintattica delle forme usate in funzione verbale*. Roma: L'Erma di Bretschneider.

On the formation of the Tocharian demonstratives

Georges-Jean PINAULT (Paris, EPHE)

§ 1 The Tocharian texts offer a rich material for the study of pragmatic phenomena, despite the fragmentary state of most manuscripts. The admitted influence of Sanskrit (or more generally, Indo-Aryan) syntax on literary texts that are translations or adaptations of Buddhist works does not preclude the observation of facts that are common to religious texts and secular documents. To this area[1] belong the Tocharian demonstratives, that are used both as independent pronouns and as determiners, modifying a coocurring noun, as English *this* and *that*. The purpose of the present paper shall concentrate on some formal issues that are connected with the prehistory of the demonstratives in Common Tocharian, the reconstructed language that preceded by some centuries the two attested Tocharian (A and B) languages. The demonstratives are inflected according to three genders: masculine, feminine and neuter, whereas Tocharian nouns and adjectives have normally two genders, masculine and feminine. But in the demonstratives the neuter is distinguished from the masculine only in the singular, and only for the pronoun, which refers to a whole noun phrase or proposition; therefore, the demonstrative as determiner has only the contrast of masculine and feminine, along the same pattern as the adjectives. As for the rest of the inflection, the demonstratives follow the Tocharian patterns of the nominal morphology, in particular concerning the distinction between the so-called "primary cases" (nominative, oblique,[2] genitive) and the so-called "secondary cases" that are built by addition of postposition-like affixes to the oblique form of the three genders.

1 Inventory of the forms of the demonstratives

§ 2 There are four paradigms in Toch. B, and three paradigms in Toch. A (cf. TEB I, pp. 164–165), differentiated mainly by the final vowel or consonant: 1) B *se*, 2) B *su*, 3) B *seṃ*, 4) B *samp*; 1) A *säs*, 2) A *säm*, 3) A *saṃ*. I will call thereafter "index" this distinctive mark of each demonstrative stem (cf. Table 1 and Table 2 on p. 222).

In Tocharian B, dual masculine forms are common to the first three paradigms: nom.-obl. *tai*, gen. *tainaisäñ*, *tainaisi*. The form of feminine dual nom. *toyne* as adduced by STUMPF (1974, pp. 418–419) for a single passage (B197a3) is most likely non-existent.[3]

Dual masculine forms are attested for the three paradigms in Tocharian A: 1) nom.-obl. *ti-ṃ* (with addition of the nominal suffix of the dual), 2) nom.-obl. *tim*, 3) gen. *tine*.

One sees at first glance that Toch. A is more advanced as far as the formal differentiation of the three paradigms is concerned: in that language, the index which characterizes each

1 I mention only in passing that the uses of the numerous particles of the Tocharian languages would be worth of specific inquiries, in addition to the issue of the word order, for which the evidence is partly blurred by the influence of Indo-Aryan and the metrical character of many texts.

2 For the sake of harmony with the traditional description, I keep using the term "oblique" as designation of the case that has the same functions as the accusative of the other IE languages, and that is the formal descendant of the PIE accusative, albeit with some remodellings.

3 Cf. HILMARSSON, 1989, pp. 36–37, and see below § 4.

		Singular			Plural	
		Masc.	Fem.	Nt.	Masc.	Fem.
B. 1)	Nom.	*se*	*sā*	*te*	*cey, cai*	*toy*
	Obl.	*ce*	*tā*	*te*	*ceṃ*	*toy*
	Gen.	*cwi, cpi*	*tāy*	*tentse*	*ceṃts*	
B. 2)	Nom.	*su*	*$s\bar{a}_u$*	*tu*	*cey, cai*	*toṃ*
	Obl.	*ce_u, cau*	*$t\bar{a}_u$*	*tu*	*ceṃ*	*toṃ*
	Gen.	*cwi, cpi*	*tāy*	*tuntse*	*ceṃts*	*toṃts*
B. 3)	Nom.	*seṃ*	*sāṃ*	*teṃ*	*cey, cai*	*to(y)na*
	Obl.	*ceṃ*	*tāṃ*	*teṃ*	*ceyna*	*to(y)na*
	Gen.	*cwi, cpi*	*tāy*	*tentse*	*ceynaṃts, cainaṃts*	*to(y)naṃts*
B. 4)	Nom.	*samp*	*somp*	*tamp*	*ceymp, caimp*	*toymp*
	Obl.	*comp*	*tomp*	*tamp*		*toymp*
	Gen.	*cwimp*			*cempaṃts*	

Table 1: Tocharian B Demonstrative Pronoun Inventory

		Singular			Plural	
		Masc.	Fem.	Nt.	Masc.	Fem.
A. 1)	Nom.	*säs*	*sās*	*täṣ*	*ceṣ*	*toṣ*
	Obl.	*caṣ*	*tāṣ*	*täṣ*	*cesäs*	*tosäs*
	Gen.	*caṣi*			*cessi*	
A. 2)	Nom.	*säm*	*sām*	*täm*	*cem*	*tom*
	Obl.	*cam*	*tām*	*täm*	*cesäm*	*tosäm*
	Gen.	*cami*	*temi*	*tmis*	*cesmi*	*tosmāśśi*
A. 3)	Nom.	*saṃ*	*sāṃ*	*taṃ*	*ceṃ*	
	Obl.	*caṃ*	*tāṃ*	*taṃ*	*cesäṃ*	*tosäṃ*
	Gen.	*cani*		*tanis*	*cesni*	

Table 2: Tocharian A Pronoun Inventory

pronoun has been generalized to the whole paradigm, cf. *-s*/*-ṣ* for A.1, *-m* for A.2, *-ṃ* /-n/ for A.3. In Toch. B, however, the paradigm of B.4 is unique is showing the index, to wit *-mp*, in the plural as well as in the singular. In the three other paradigms of Toch. B, most of the plural masculine forms are identical. For the masculine and the feminine of the paradigms of B.1, B.2 and B.3, and for the neuter of the paradigms of B.1 and B.3, the respective forms of the genitive singular are identical as well. The dual forms are quite rare in both languages and do not coincide. In the present paper, I will not discuss in detail these dual forms, since they raise problems that are irrelevant for my purpose: I refer to the thorough discussion of those by Hilmarsson (1989, pp. 36–41 and 61–67). Various adverbs and conjunctions are associated with the different demonstratives that are clearly based on the neuter forms: A *täm* and B *tu* 'then, in that case', B *te* 'thus, in this way' A *tṣaṃ* (< **täṣ-aṃ*, locative) 'here', A *tṣā* (< **täṣ-ā*, perlative) 'here', A *tmaṃ* (< **täm-aṃ*, locative) and B *tune* (= *tu-ne*, locative) 'therein, there', A *tmā* (< **täm-ā*, perlative), A *tmäṣ* (< **täm-äṣ*, ablative) and B *tumeṃ* (= *tu-meṃ*, ablative) 'therefrom, thereupon, then', A *tämyo* (= *täm-yo*, instrumental) and B *tusa* (= *tu-sa*, perlative) 'thereby, thus', B *tesa* (=

te-sa, perlative) 'therefore, thus'. The adverbs of manner A *tämne* and *taṃne* 'in that way, thus' are built through addition of a connective particle *-ne*, which is totally unrelated to the locative affix B *-ne*, but it may be identical in origin with the strengthening particle B *nai* 'indeed, surely, then'.[4] The connective adverbs B *taisa*, *taisu*, *taise*, *taiseṃ* 'thus, so' are certainly remodellings of a former adverb **taisä*, itself derived from the locative plural masc./nt. **toisu* (cf. Ved. *téṣu*, OCS *těchŭ*) of the PIE stem **tó-*. The adverbs B *tot* 'so much, so many, so far', A *täpreṃ*, same meaning, and B *tane* (*tne* as verse form issued from syncope < **täne*) 'here, hither', itself based apparently on the locative of a CToch. stem **tä-*, different from the basis of B *tune*, etc. are also cognate with the same CToch. demonstrative stems. We will not discuss the details of the analysis of the forms that are not synchronically transparent. In the present context, it is enough to note that their usages confirm the deictic values of the inflected demonstratives.

§ 3 The above chart of the forms of the demonstratives follows the description given in the Tocharian handbook. But the recent advances in the description and interpretation of the variants of the Toch. B language would somewhat modify this picture. I recall briefly that these variants have been first interpreted (cf. WINTER, 1955) as belonging to different dialects of Toch. B, according to the different sites where the manuscripts have been found, to wit a western dialect (around Kucha, and especially at Qizil), a central dialect (around Yanqi, precisely on the Šorčuq site) and an eastern dialect (around Turfan). The extension of the available material has put this scheme into question. In a book finished in 1976 but published only in 1990, Stumpf has proposed to interpret the three different sorts of Toch. B as distinguished by Winter as different stages of development of the language, from an old standard form to a late and colloquial form. These views have been confirmed and strengthened by the recent study published by PEYROT (2008), although some of the conclusions of Stumpf are now obsolete. In previous studies of individual texts, I have myself defined by contrast with the classical and standard language an archaic form of Toch. B, that was reflected by the manuscripts showing the so-called MQ (= Ming-öi Qizil) features, and a late and vulgar form, that is notably documented by secular manuscripts (letters, monastery accounts) which have been found also in the Kucha region; those late features do surface also in several religious and literary texts. Now, the broad chronological ordering of the texts do not exclude the existence of regional variants, which were due on the one hand to different scribal habits and orthographic norms and on the other hand to the influence of the spoken language in a given area. These observations have some bearing on the question of the demonstratives, since Stumpf had anticipated in two papers (published in 1974 and 1976) devoted to the demonstratives the main conclusions of his overall study of the variation in Toch. B, that was supposed to be his *Habilitationsschrift*. A drastic revision of the paradigms of the demonstrative has been proposed by Stumpf, since he assumes that there were no functional differences in the feminine plural forms of the demonstratives. The three types of forms would rather belong to different stages of the internal evolution of Toch. B (1974, pp. 421–424; 1990, p. 95): 1) [old and classical stage] nom.= obl. *toṃ*, 2) nom. = obl. *toy*, 3) nom. *toy*, obl. *toyna*. After the phonetic evolution of the nom. pl. masc. *cai* to *cey*, *-y* was taken as plural marker and extended to the feminine plural, which became *toy*, for the nominative as well as for the oblique. Then, the contrast between nominative and oblique was secured by adding to the oblique the morpheme *-na*, introduced from the adjectives. Finally, on the model of fem. nom. *toy*, obl. *toyna*, a new oblique *cey+na* was created vis-à-vis of the nominative *cey* for the masculine, that replaced the older form *ceṃ* (see also 1974, p. 417). It is true that the opposition fem.

4 Cf. ADAMS, 1999, p. 346.

nom. *toy* vs. obl. *toyna*, parallel to masc. nom. *cey* vs. obl. *ceyna*, is observed in late texts, and especially in the manuscript B 107–116 from Sängim. This scheme can be attributed to a late tendency to regularization, however, yielding a strict symmetry of feminine and masculine. This point would introduce a slight improvement to the description of the paradigms. But the scenario adduced by Stumpf has several weaknesses. First of all, he eliminates (admittedly in a consistent way) every instance of nominative pl. fem. *toyna*. The attribution of *toyna* to the nominative is not excluded for B419b2 (late text); the form *toyne*, which is definitely a nominative in B197a3 (before plural *wärpalñenta*, the subject of the sentence), is attributed by STUMPF (1974, p. 419) to the dual, but it is much more likely to be taken as a mistake for the plural *toyna*, triggered by perseveration of the vocalism of the second syllable of the preceding conjunction *inte*.[5] In addition, several examples of the plural *tona* can still be interpreted as due to simplification from *toyna*: B151a6 (*mät tona piś mäskenträ*), 158a1 (*mät tona läklenta*), *tonāṃts* (2× in B158a2); in the first two instances one can restore[6] *mänt toyna*, belonging to the nominative. Instead, Stumpf is forced to assume a remodelling of nom.-obl. *toṃ* into *tona* after the model of the adjectives, only for the manuscript B148–169 (MQ). It does not fit completely with his overall scenario (see above) of the restructuring of the classical form *toṃ* into *toy*. Second, PEYROT (2008, pp. 124–127), while accepting most of Stumpf's theory, has correctly stated that B *toy* is not a typically late form: it is found quite normally in classical texts. Besides, B *toṃ* is also frequent both as nominative and as oblique at the same stage. Third, the theory in question is bound with the assumption (1976) that there was not any functional difference between the demonstratives B.1 (nom. sg. masc. *se*) and B.3 (nom. sg. masc. *seṃ*), since the forms with *-ṃ* would be only late variants of the forms without *-ṃ*; consequently, parallel to the masculine nom. pl. *cey*, the form *toy* would be common to the feminine of B.1 and B.3. But this claim is highly questionable, as we will see later (§ 6).

§ 4 Therefore, I would assume an alternative scenario, which is more in agreement with the general patterns of nominal morphology. While the masculine plural paradigm was originally the same for the three demonstrative sets, with the exception of B.4, featuring the index *-mp*, there have been several attempts of restructuring the feminine plural, which was also originally the same for all sets. On the latter point, I may agree with Stumpf, although his theory does not take into account the morphological history in the long run. The forms B *toy* and *toṃ* should be seen both as refections of the expected form **to* < CToch. **tå* < post-IE **tās*, by merging of the nom. and acc. plural (see § 10); this form is still kept in Toch. A in the nominative, which received the indexes of the different sets. Already at CToch. stage the feminine was remade after the masculine, which had an inherited accusative (= oblique) contrasting with the nominative: after the model of **cæns* (> B *ceṃ*, A *ces(-)*, plus the indexes), the feminine oblique became in CToch. **to+ns*, which yields directly A *tos*(-), hence *tosäs*, *tosäm*, *tosäṃ*, and precisely B *toṃ*. Now, in archaic Toch. B, *toṃ* was extended as the common form of the nominative-oblique, according to the pattern of all adjectives; this happened before the phonetic evolution of the masculine nom. pl. *cai* > *cey*, by raising of the first element of the diphthong. Afterwards, this form was reinterpreted as *ce-y* and the nom. pl. marker was extended to the feminine stem, yielding *toy*.[7] But this remodelling never ended up with a feminine paradigm nom. *toy* : obl. *toṃ*, which , however, would be totally symmetrical to nom. *cey* : obl. *ceṃ* In other

5 Cf. THOMAS, 1983, p. 221 and HILMARSSON, 1989, p. 37. The correction as *toy no* according to Sieg and Siegling (TochSprR(B). II, p. 114 n. 8) would entail a bizarre position of the particle *no*.

6 See TochSprR(B). II, p. 81 n. 5 and p. 87 n. 6.

7 It is then quite unnecessary to take it as an inherited form, as per RINGE, 1996, p. 59; the purported phonetic rule (*-oy* < *-*ās*) is not warranted at all, see below § 10 and note 30.

words, the pragmatic contrast was, at that stage, preferred to the inflectional contrast: the nom. pl. *toy* was extended to all primary cases, parallel to nom.-obl. *toṃ*, and attributed to a specific demonstrative set (B.1), while another set (B.2) kept the form *toṃ*. This distribution is then a token of the functional differences between the demonstratives. By contrast with B.1, the set B.4 received additionally the index *-mp*, thence *toy-mp* in the feminine, parallel to *cai-mp* (*cey-mp*) in the masculine. Along the same line, the tendency to characterize the set B.3 yielded *toy+na*, common to the nominative and oblique, as expected. Since the final morpheme *-na* (< CToch. **-nā*) is common to the nominative and oblique of the adjectives,[8] it would be quite bizarre to have used it for recharacterizing only the oblique plural of the feminine, *toy-na*, contrasting with the nominative plural *toy*. This reasoning helps to overcome a major flaw of Stumpf's theory. Now, the late differentiation of nom. pl. *toy* against obl. pl. *toyna*, as it can be observed neatly in the numerous instances of the manuscript B107–116, can be attributed to the influence of Toch. A, since the manuscript in question has been found in Sängim, in the Turfan region. Toch. A has effectively ensured by other means a systematic contrast between nominative and oblique in the plural of both genders. The resulting lack of distinction between the nom. pl. fem. *toy* of the sets B.1 and B.3 was not felt as a difficulty by the speakers of Toch. B, since the same identity was normal in the masculine. In addition, one may note that the differentiation of the plural of the sets B.1 and B.3 was somewhat problematic, since the index used in the singular was *-ṃ* /-n/, see masc. nom. *seṃ*, obl. *ceṃ*, fem. nom. *sāṃ*, obl. *tāṃ*, etc. The addition of *-ṃ* to the final yod of the diphthong would result in an unstable sequence that ought to be simplified: **-eyn* > *-en* and **-oyn* > *-on*, as shown by the 3rd plural act. of the optative, where the archaic form is *-oṃ* (e. g. *lūkoṃ*, *stämoṃ*), later remade as *-oyeṃ*, with the "thematic" ending.[9] Consequently, instead of /-n/, the longer form /-nā/ of the adjectives was used first to mark at least the feminine plural of the demonstrative set B.3.

2 The pragmatic uses of the Tocharian demonstratives

§ 5 The functions of the different paradigms have been described by Stumpf in his still excellent book (1971). This monograph gave a very comprehensive survey of the data that could be extracted from the texts available at the date of its publication. The texts that have been edited since would certainly increase the material, but they confirm widely the main results of this meritorious study. Although Stumpf makes use of a personal terminology for categorizing the functions of the demonstratives, his categories can be identified with the pragmatic functions that are currently distinguished on the basis of various languages.[10] The anaphoric use is clearly represented by the demonstrative sets B.2 and A.2 : A masc. *säm*, fem. *sāṃ*, nt. *täm*; B masc. *su*, fem. *sā*$_u$, nt. *tu*. These demonstratives are coreferential with a noun (or noun phrase) of the preceding discourse and serve to track terms that have been previously given in the discourse. In addition, it is worth mentioning the usage of the anaphoric demonstratives in correlative structures, where they are paired with relative pronouns (or adverbs) of the relative clause, which most often precedes the main clause.[11]

8 See for instance B *-ṣṣana* for the adjectives with suffix *-ṣṣe*, *-tstsana* for the suffix *-tstse*, *-llona* for the gerund with suffix *-lle*/*-lye*, *-rona* for the adjectives ending in *-re*, etc.

9 This point has been ably demonstrated by Peyrot (2008, pp. 142–144), against the previous assumption found in WTG, p. 195 and elsewhere.

10 Cf. Diessel, 1999, chap. 5, for a recent synthesis, pp. 94–114. The description of the functions of the Toch. demonstratives as given in TEB I, pp. 164–165, is now totally obsolete.

11 Cf. Stumpf, 1971, pp. 14–67; for the usage in complex sentences, cf. Pinault, 1997, pp. 460–473. I recall here that CToch. shares many features of the construction of the relative clause with Anatolian and Italic: it has reflexes of the interrogative-relative stem **k*^{w}*o-*/*k*^{w}*i-*/*k*^{w}*u*, while using as basic demonstrative

The other sets are listed under the notion of deictic uses in a broad sense. One should, however, distinguish between exophoric (with reference to speech situation) and endophoric (with internal reference) uses. For the former use, Tocharian seems to have a two-way contrast based on the distance from the speaker, being the deictic centre, as in English *this* (= near to the speaker) vs. *that* (= far from the speaker). The two pairs are represented by the sets B.1 and A.1 for the proximal deixis[12]: A masc. *säs*, fem. *sās*, nt. *täṣ* and B masc. *se*, fem. *sā*, nt. *te*; vs. the sets B.4 and A.3 for the distal deixis[13]: A masc. *saṃ*, fem. *sāṃ*, nt. *taṃ* and B masc. *samp*, fem. *somp*, nt. *tamp*. The contrast is quite clear in passages where representatives of the two sets are used in sequence, see the opposition B *se* … *samp* 'this one …, that one …', adv. *tane tamne*, corresponding to German *hin und her*. One may surmise that in the speech situation these spoken demonstratives could be reinforced by gestures of eye and hand. In addition, the demonstratives of proximal deixis have endophoric functions, mostly as discourse deictics[14]: they refer to propositions (expressed by clauses, sentences) or speech acts, and they establish a link with an upcoming information as well as with an immediately preceding part of text or discourse. They should be kept apart from the anaphoric demonstratives that are uniquely coreferential with a prior noun phrase. One may compare the ambivalence of English *this* and French *ceci*, which are both anaphoric and cataphoric. In addition, several nuances found in the texts, like the emphatic or pejorative values, can be deduced from the previous categories of deixis. The set B.3 is still to be accounted for: masc. *seṃ*, fem. *sāṃ*, nt. *teṃ*. As one can see, from the internal point of view of Toch. B, the sole difference from the set B.1 is the final nasal, which in the Brāhmī script is noted by an Anusvāra, that is by a simple dot placed upon the syllable. The graphic distinction is admittedly slight, but it should not lead to attribute some unfitting examples to mere scribal errors. Stumpf has dismissed any functional difference between the two demonstrative sets *se* and *seṃ*, and added as a further argument that the forms ending in *-ṃ* are younger variants of the forms without *-ṃ*, because they are found in late texts.[15] This last point has been correctly falsified by PEYROT (2008, p. 122), who has stated that the forms of the set *seṃ* occur in all types of texts, at every stage of Toch. B, including in the archaic manuscripts. One may concede that the forms of the set *seṃ* are far less numerous than the forms of the set *se*; as a matter of fact, the minor graphic difference between the paradigms was not a favourable parameter for maintaining a distinct category. But Stumpf has gone to the extreme by uniting the sets *se* and *seṃ* into a single paradigm. Furthermore, he nowhere explains clearly how and why the *-ṃ* /-n/ index was added to the former.

§ 6 Stumpf devotes in his monograph (1971, pp. 128–133) a special chapter to the demonstrative set B.3 (*seṃ*), and he identifies for it the same deictic uses as for the set B.1 (*se*): proximal deictic, emphatic and discourse deictic. This description can no longer be upheld as soon as one reads carefully the texts where both sets are used, for instance in

stem (see below § 9) the pronoun with double stem **só*/*tó*- as Indo-Iranian, Greek and other languages (1997, pp. 458–460, 494–496).

12 Cf. STUMPF, 1971, pp. 93–115, and see especially "Beziehung auf den Sprecher" and "Beziehung auf die Wahrnehmungsbereich". The term used by Stumpf is "konnektive Deixis" (pp. 93–96), that covers all the usages of the sets A.1 and B.1; it is therefore somewhat ambiguous.

13 Cf. STUMPF, 1971, pp. 133–145, and see especially "Distanzstellung des Sprechers". Stumpf uses the term "oppositionnelle Deixis" (pp. 93–96 and 99).

14 Cf. DIESSEL, 1999, pp. 100–105; it corresponds to the "Gliederungsfunktion", as described by STUMPF, 1971, pp. 115–127. I assume that this category explains the concept of connection (or link) according to Stumpf, see also pp. 92–93.

15 See STUMPF, 1971, pp. 4–5, 93–100; 1990, pp. 95 and 100; his 1976 paper is only about formal issues and takes for granted the functional identity of the sets B *se* and *seṃ*.

the famous leaf B107, which contains a relatively late text from the Turfan area.[16] This manuscript contains the story of the quest of two sisters, Nandā and Nandabalā, who search the best sage to whom they shall give as alms an excellently prepared rice-porridge (*oṅkorño*, matching Skt. *madhupāyasa*); finally, they will find in the forest the exhausted Bodhisattva who, after taking a bath in a river, accepts this meal as something to repair his forces before reaching enlightenment (*bodhi*). One finds therein several examples of the four sets of demonstratives. 1) The demonstratives of the set B.1 (*se*) refer clearly to something that is near to or before the eyes of the speaker(s): 'this porridge' (a6 *sā oṅkorño*, a2 *tā ... oṅkorñai*, a3.6 *tā oṅkorñai*, b7 *oṅkorñai tā*), 'this alms-gift' (a9, b1 *ce pinwāt*, b7 *ce pintwātstsa*), 'this juwel-bowl' (b8 *se nomiyeṣṣe bhājaṃ*). 2) The demonstratives of the set B.2 (*su*) refer to something that has been previously mentioned: 'this (that) porridge' (a3 $s\bar{a}_u$ *oṅkorño*, a1, b6, b9 $t\bar{a}_u$ *oṅkorñai*), 'that tree' (b4 *cau*). 3) The demonstratives of the set B.4 (*samp*) refer quite clearly to persons that are distant from the speaker(s), although they can be seen from afar: 'the sage(s) over there' (a9, b5 *sam rṣāke*, b2 *ceym rṣāki*, pronouns a10, b6 *cwim*, b5 *comtsa*). 4) One finds two examples of the set B.3, referring to the porridge (a5, b6 *tāṃ oṅkorñai*). Stumpf attributes these examples to the near deixis (1971, pp. 128–129), but this view is contradicted by the fact that in the same passage (a5–6) *tāṃ oṅkorñai* is followed by *sā oṅkorño*: one should take seriously the intended contrast. In his reviews of Stumpf's monograph, WINTER (1975, 1976) has used the example of B107a5–6 in order to show that the demonstrative *tāṃ* expresses the medial or intermediate deixis: 'this porridge of yours' by contrast with *sā oṅkorño* 'this porridge of ours'. The situation should be recalled in brief: while the rice-porridge is at the final stage of preparation, an ascetic comes nearby, sees the wonderful dish and understands that this food will give to the eater supernatural powers. He goes then to the sisters and begs alms from them for this meal. The text runs as follows: a5–6 *ñi ka ṣ tāṃ oṅkorñai pintwāt petes toy weñāre-neś sā oṅkorño tañ śwālya mā ste* '[the ascetic said:] "Give precisely to me that porridge as alms". They [the sisters] said to him: "This porridge is not to be eaten by you".' By contrast with *sā oṅkorño*, which refers to the speaker's sphere, one may surmise, according to WINTER (1976), that *tāṃ oṅkorñai* refers to the hearer's sphere, since the same object is seen from two different points of view.[17] This view is taken over by Peyrot with some modifications: he gives (2008, p. 123) a list of examples where demonstratives of the set *seṃ* are in the sphere of the 2nd person, that is of the hearer. Actually, they cooccur in discourse with pronouns (singular or plural) of the 2nd person, but this limited sample is far from proving that the reference to the hearer gives the pragmatic force of the demonstrative *seṃ*. It is contradicted by the fact that this set occurs as well in passages where the 1st person is concerned, see the following examples[18]: 1) The brahmin Rudramukha complains to his pupils about having been banished by the king, B81a4 *su te-ñem walo yāmṣate ñiśś erkatte mākte ṣ teṃ kelu* "This so-named king [Araṇemi] has treated me scornfully: how shall I support such a thing?" Here the speaker refers to the humiliation that he has felt, albeit not overtly expressed: the hearers should understand that it is the cause of his wrath. 2) The king Araṇemi, having become a miserable servant, tells the king Candramukha: B93b6 (completed with PKNS36+30b3) *akañc śconiye mā su ksa nesāṃ ce śaiṣṣene* k_u*se ñiś maiyyasa cämpalle ṣai ceṃ erkatñene kalatsi* "Finally, there is not any enmity that could lead me in such a state of anger." Actually, the so-called anger is the feeling that

16 For a complete commentary and translation of this text, see my recent book, 2008, pp. 109–158.

17 Consequently, according to Winter, Toch. B had a three-way contrast of situational deixis, akin to the Latin system *hic* (1st person): *iste* (2nd person) : *ille* (3rd person); it would have been reduced to a two-way contrast in Toch. A, because the ancient demonstrative of distal deixis (B *samp*) was shifted to the anaphoric function taken by A *säm*.

18 These two passages belong to the Araṇemi-Jātaka; compare the translations by SCHMIDT, 2001, pp. 310 and 325.

Araṇemi would be supposed, as every human being, to have against the people that did reduce him from kingship to misery, and such feeling would normally inspire the wish to take revenge, for which the king Candramukha proposed his help, but, as a Bodhisattva, Araṇemi has only compassion for all beings, even for his persecutors. In other words, the notion of *erkatñe* 'anger' is pragmatically supposed to be shared by the hearer and the speaker, although it was not clearly expressed so far in the discourse: it does not bring new information, while activating some common knowledge or experience. This analysis is covered by the concept of the recognitional use, which is one of the endophoric uses of the demonstratives.[19]

§ 7 Other instances of the set *seṃ* can be described along the same way. B27b7, concluding a teaching discourse by the Buddha: (*yesäñ*) *ñke preśya śamn ompostäṃ sāṃ pelaiknentse* 'for you now the time will come afterwards, this (time) of the Law'. It is the time that his hearers are expecting according to the prophecy and to the Law taught by the Buddha. B5a5 *mā tañ ñyātstse śolantse : mā r=asānmeṃ laitalñe ceṃ sklok ptārka pälskomeṃ* 'For you there is no danger of life nor falling down from the throne. Let go that doubt from [your] mind!'; B51a1 *kartse sklok seṃ tsäṅkau tañ* 'Good that this doubt has arisen for you!' In these two examples, the Buddha answers questions from attendants (the king Prasenajit and his pupil Ānanda, respectively); the notion of 'doubt, hesitancy' (*sklok*), which is stated for the first time in the discourse, is attributed by the speaker to the hearers, as resulting from their situation. The implicit idea would be: 'I know beforehand that you are in doubt'. We have quoted so far, with the exception of B107, examples from the classical stage of Toch. B. The same usage is found also in archaic manuscripts: B231b4 *seṃ yakne* 'this way [of behaviour]', B295b8 *läkle yesäñ seṃ* 'this suffering of yours', B588a6 *seṃ tot oko* 'this so important result', B224a1 *ket no cämpämñe seṃ tākoy alyekepi* 'Who else [other than you] then could have this ability', B295b4 *mā su nesä(ṃ) śaiṣṣene kᵘse ksa cenme(ṃ) tsälpoyträ* 'There is nobody in the world who would be freed from that thing', that is 'the fear' of death (*ñyatse*), common to the hearers (you) and to the speakers (us). One notes that in the latter examples the demonstrative is a pronoun or it determines nouns with a rather wide semantic extension, the content of which is shared by the speaker and the hearer. The noun phrase with such a determiner can refer to some reality that is not seen, but that is presupposed to be present on the body of the addressee (the Buddha), while being not stated before: B74a2 (class.) *ompalskoñesa wa(r)ñ(ai) yarpontants oko wsāsta yonmasta ceṃ śpālmeṃ lakṣāṃ gos(a)g(a)t* 'You have given the fruit of the meritorious deeds, starting with meditation, you have obtained this excellent mark (*lakṣaṇa*) [named] *kośagata*'. The possession of those marks on the body characterizes exclusively the Buddha as a man superior to all other beings: since the addressee is a Buddha, he ought to have this sign among the thirty-two marks, the list of which belongs to traditional knowledge.

In addition, as mentioned by Stumpf, this demonstrative set has in some examples another endophoric function, that of discourse deictic, both anaphoric and cataphoric, especially in the conclusions of definitions, in order to introduce the defined term into dogmatic discourse. This function is shared with the demonstrative masc. *se*, nt. *te*. An interesting problem is met with the usages documented by theso-called caravan passes, which reflect the administrative language of the Kucha area in the first half of 7th century CE, belonging to the standard level of Toch. B. The text is written by a customs officer: it gives the name of the leader of the caravan, and the number of men and animals that travel with him; the officer of the next control station has to open the passport, made of two joined wooden tablets, in order to check the composition of the caravan while

19 See DIESSEL, 1999, pp. 105–109.

reading the message.[20] The central part of the message reads thus: "NN. (proper name) goes through (*parra yaṃ*, scil. the customs post). With him [1] [are] men X, horses Y, donkeys Z, etc. Let this [2] go through, more (than this [3]) do not let go! (*t. parra ptārka (t.-sa) auṣap mā tärkanat*)". One may find here three demonstratives (signalled before in square brackets): for the first instance, "with him" (scil. the leader of the caravan), are attested *caumpa* (LP1a3, 10a4, 30a1, 80a1, 111a2), *ce$_u$mpa* (LP21a3), and alternatively *ceṃmpa* (LP5a3, 15a3), *cenmpa* (LP4a3); for the second and third instances, referring to the content of the caravans, one finds *teṃ* (9×) and *teṃtsa* (LP30a3), variants *tentsa* (LP1a5, 96a3) *teṃntsa* (LP37a3, 42a1), as well as *te* (8×) and *tesa* (8×). In the first case, the anaphoric pronoun can be justified by the coreference with the name given in the preceding sentence; alternatively, the officer uses the recognitional deictic, because it refers to an information shared with the reader. In the two other instances, *te* can be accounted for as the situational near deictic, since the caravan is before the eyes of the officer. But the alternative recourse to *teṃ* is correct as well, since it is used to refer to the whole sentence that precedes and that gives the composition of the caravan: as discourse deictic, both *te* and *teṃ* are acceptable. It is conceivable that the rich inventory of demonstratives offered to Tocharian speakers an array of alternative possibilities for the endophoric uses.

§ 8 Therefore, one may say that the demonstrative masc. *seṃ*, nt. *teṃ* has an "intermediate" reading, but it should not be understood as the medial deixis, or *you*-deixis, by proximity to the one(s) addressed. To go back to the instance that was our starting point (B107a5–6), the porridge is near, and actually before the eyes, to both the sisters and the unwelcome ascetic, as later in the story the bowl that contains it (*se … bhājaṃ*, B107b8) is close to both the Bodhisattva and the sisters; therefore, the usage of the proximal deictic demonstrative is in order in both cases. It is not necessary to see in these instances a contrast of distance between the hearer and the speaker. Actually, when the ascetic examines the auspicious signs on the porridge, he is relatively near to the cauldron and, in this passage, he uses the proximal determiner as expected: a2–3 *se tā śuwaṃ oṅkorñai snai olyapo aiśamñe su yinmāṣṣäṃ* 'Who will eat this porridge, this one [anaphoric] will obtain insuperable wisdom'. When he returns later to the cooking place and meets the sisters, the wonderful porridge has not yet be mentioned by the sisters, and the ascetic refers to the dish as something that he personally knows as well as the girls, *tāṃ oṅkorñai* (a5) 'that porridge [which I myself know as well as you]'. It is perfectly natural that they answer by referring to 'this porridge' [which is our work] (a6 *sā oṅkorño*), with strong deixis to themselves, the speakers: thereby, the ascetic is immediately excluded. The same concept explains the reference by the Suddhāvāsa gods to this dish, as being the actual gift brought to them by the sisters: b6 *cwim nai tāṃ oṅkorñai kalas* 'To him over there bring indeed that porridge!' In this manner the porridge, as mentioned previously (b3) by the sisters, is clearly identified as the gift in question in the dialogue; in that case, it was not possible to use the anaphoric demonstrative, as in other instances of the text (*tā$_u$ oṅkorñai*), since the mention of the porridge does not precede immediately this part of the discourse. In conclusion, one may define in positive terms the readings of the demonstrative set B.3 (*seṃ*), as different from the set B.1 (*se*). Although relatively infrequent in comparison with the set *se*, it keeps nevertheless the recognitional use at all the stages of the history of Toch. B.

20 The following data are taken from my edition (1987) of these documents, see especially pp. 75–83 and the index verborum, pp. 190–196.

3 Common structure of the basic demonstrative stem

§ 9 This result on the functional side raises questions about the history of the demonstratives between the CToch. stage and the two dialects that became two separate languages, Toch. A and B. Before tackling these issues, it is necessary to recall some general facts. All the paradigms listed above have in common a demonstrative stem, the structure of which can be clearly recognized.[21] The paradigms feature the following contrasts: 1) **sV** in nom. sg. animate (masculine and feminine) vs. **tV** in nt. sg.; this still reflects the starting point, which ought to be the PIE paradigm of the demonstrative that had two stems, to wit nom. sg. masc. **só*, fem. **séh₂*, nt. **tód*, acc. sg. masc. **tó-m*, fem. **téh₂-m*, etc., which is met in Indo-Ir., Germ., Greek, Slavic, Baltic, etc.[22] 2) A further contrast is peculiar to the masculine: **sV** nom. sg. vs. **cV** elsewhere, contrasting both with the feminine, which shows nom. sg. **sV** vs. **tV** elsewhere, and with the nt. **tV** in all the forms. Therefore, one can surmise that CToch. **c-** has replaced PIE ***t-** in the masculine. In addition, the demonstratives have a partly agglutinative structure, more so in Toch. A: the genitive ending *-i*, undifferentiated for number, is added to the sequence obl. sg./pl. + index of the demonstrative: for A *säm*, sg. acc. *ca-m*, gen. *ca-m-i*, pl. nom. *ce-m*, acc. *ces-äm*, gen. *cesmi* (< **ces-äm-i*); for A *säs*, sg. acc. *ca-ṣ*, gen. *ca-ṣ-i*, pl. nom. *ce-ṣ*, acc. *ces-äs*, gen. *cessi* (< **ces-äs-i*); for *saṃ*, sg. acc. *ca-ṃ*, gen. *ca-n-i*, pl. nom. *ce-ṃ*, acc. *ces-äṃ*, gen. *cesni* (< **ces-än-i*). In Toch. B the gen. sg. masc. is common to most paradigms: B *cwi (cpi)* < **cäβi* (not accented on the 1st syllable). The form of the paradigm B.4 is only marked by the addition of the index, *cwi-mp*. The older form ought to be *cpi*, replaced by *cwi*, according to a sound change /p/ > /w/ between vowels and after some resonants (*y*, *r*, *l* and *ly*), which is attested in late and colloquial texts.[23] Since the variant *cwi* is already frequent in classical texts, one should probably interpret the two alternative spellings as notations of a sound intermediate between /p/ and /w/, probably the bilabial fricative [β]. It is likely that /p/, as well as the other stops, was lenited in several contexts, and especially between vowels. This fricative could have been noted by the grapheme <v>, which was closer to the pronunciation than <w>, but in the classical orthography <v> is normally reserved to loanwords from Sanskrit.[24] Actually, the medial *-v-* of Sanskrit words is often transcribed by <p> in classical Toch. texts, for two reasons: *-p-* became practically indistinct from *-v-* in Prakrit,[25] and medial /p/ was already lenited in Tocharian. Later, the medial *-v-* of loanwords can also be replaced by <w>. Stumpf has characterized *cwi* of the classical texts as a pilot-form (1990, p. 140) for the evolution /p/ > /w/: in other words it anticipated a phonetic development of the colloquial language. I interpret this fact as due to the ancient presence in this word of the intermediate sound [β], which could have two spellings, depending on scribal habits. The underlying form was then **cäβi*, for which one may mention different sources: the dat. sg. **te-bʰei* would give directly this form, but the reconstruction is entirely *ad hoc*; alternatively, an ending *-*βi* < *-*pi* (< *-*bʰei̯* coming from the personal pronoun of 2nd person, cf. lat. *tibī*) has been added to the allomorph **cä-* originating in the original gen. sg. **te-so*, cf. **kʷe-s(i̯)o* > OCS *česo*, Goth. *hvis*, Av.

21 Cf. Pedersen, 1941, p. 113; Adams, 1988, pp. 161–167. The overall description by Van Windekens (1979, pp. 265–268) is far less clear.

22 Cf. Schrijver, 1997, pp. 9–14.

23 Cf. Stumpf, 1990, p. 73 and Peyrot, 2008, pp. 88–90. Since *cwi* is more recent than *cpi*, it is excluded to take, as customary, this genitive form as original in the pronoun B *su*, cf. Van Windekens, 1976, p. 443 and Adams, 1988, p. 148 n. 46, and pp. 165–166, although the accounts differ in details.

24 The notation by <v> is found sporadically in archaic texts, cf. Malzahn, 2007, p. 270: *ṣälyve* for *ṣälype* 'ointment', compare the late spelling *ṣalywe* of the classical form *ṣalype*. Beside the current form *cpi*, a variant *cvi* is found once, in B140a5, which belong to an old manuscript, B133–147 (MQ), cf. Malzahn, 2007, p. 264. It confirms that the phonetic process began quite early in the history of Toch. B.

25 See v. Hinüber, 2001, pp. 157–158.

cahiiā, Gk. *τοῦ*, hom. *τέο*? My own solution takes **cäβi* as recharacterized as genitive by the addition of the ending *-i* (genitive-dative), proper to persons (and found in personal pronouns, kinship and institutional terms),[26] to former **cäβä* < **cäzβu* < **te-smōi̯*,[27] which is an old form of dative sg. belonging the inflection of the demonstratives, cf. Ved. *tásmai*, etc. This point is of minor relevance in the present context, and I would not insist on it.

§ 10 Given the structure of the Common Tocharian stage, one may propose a sketch of the evolution of the type **só*/**tó-* according to the following schemes:

Singular	nom.	**so*	>	CToch. **sæ*	>	B *se*	A *sa*(-)
	acc.	**to-m*	>	CToch. **tæ* → **cæ*	>	B *ce*	A *ca*(-)
Plural	nom.	**toi*	>	CToch. **tæi* → **cæi*	>	B *cai*	A *ce*(-)
	acc.	**tons*	>	CToch. **tæns* → **cæns*	>	B *ceṃ*	A *ces* (< **caⁱs*)

Table 3: Masculine

The replacement of **tV** by **cV** was motivated (at least in part) by the risk of confusion of the masculine and the neuter (**tæ* < **to-t/d*) in the accusative singular. The allomorph with palatalization **cV** was extended from the PIE cases with stem **te-* (see above) > CToch. **cä-*, especially from the dative sg., becoming the genitive-dative.

Singular	nom.	**seh₂*	> **sa(h₂)*	> CToch. **sā*	> B *sa*, A *sā*(-)
	acc.	**teh₂-m*	> **tā*	> CToch. **tå*	
				→ **tā* after the nom. sg.	> B *tā*, A *tā*(-)
Plural	nom.	**teh₂-es*	> **tās*	> CToch. **tå*	>B *to*(-), A *to*(-)
	acc.	**teh₂-ns*	> **tās*		

Table 4: Feminine

The first line of evolution presupposes the effect of the "Lex Kuiper".[28] As a result, there is an overall contrast (except in the paradigm B.4 of Toch. B masc. *samp*, fem. *somp*) between /a/ in singular and /o/ in plural. The feminine plural was recharacterized differently and independently in the two languages, as we have seen above (§ 4). In standard Toch. B, following the model of theadjectival inflection, nom. and obl. plural are kept as identical in all paradigms. In Toch. A, the feminine plural is entirely parallel to the masculine plural, with contrast case. The gen. sg. B *tāy* (in three paradigms) has been remade by addition to the oblique stem *tā-* of the ending *-i* extended from the masculine.[29] This genitive sg. ending *-i* marked as [+ person] goes back, to my opinion, to CToch. **-äy* < PIE **-ei̯*, athematic dative singular.[30] This last point should also be left aside in the present context, since it concerns the nominal inflection in general.

26 Cf. VAN WINDEKENS, 1979, § 346, p. 183.

27 This evolution of the group **sm* occurs before vowels in medial position; another telling example is the adverb B *mpa* 'together' (attested as independent word), becoming the comitative affix *-mpa*, phonetically [βā] < **βæ* < **smē* < **sm-éh₁*, instrumental sg. of 'one'.

28 See the discussion by RINGE, 1996, p. 94.

29 See for instance B *pātri*, gen. sg. of *pācer* 'father', B *śnoy*, gen. sg. of *śana* 'wife'.

30 For other solutions, cf. KLINGENSCHMITT, 1994, pp. 375–379; RINGE, 1994, p. 59; KATZ, 1997, pp. 61–64. The idea of tracing back *-oy* to **-ās* < PIE **-eh₂-s* ist at variance with the phonological structure of B *śnóy* < **śänó.i* and B *lantsóy* (old form) < **läntsó.i*, gen. sg. of *läntsa* 'queen', cf. WINTER, 1999, pp. 254–259.

4 Original value of the CToch. stem *sæ, *tæ

§ 11 The basic demonstrative stem is reflected most clearly in the demonstrative set B.1 (*se*), that has descriptively an index "zero", by opposition to all other sets: the forms can be explained in an almost direct way, considering the remodelling of the masculine stem, from the PIE inflection of the demonstrative masc. *só, fem. *séh$_2$, nt. *tó-d. The system of Toch. A shows a maximum of regularization as far as the inflection is concerned, and also for the marking of the different demonstratives. Each set has an overt mark present in the whole paradigm: A.1 *-s/-ṣ*, A.2 *-m*, A.3 *-ṃ*. The variation of the index in the set A.1 can be reduced to an original form *-ṣ*, while the forms with final *-s* can be explained through assimilation by preceding /s/: nom. sg. masc. *säs* <*sä-ṣ, fem. *sās* < *sā-ṣ, obl. pl. masc. *cesäs* < *ces-äṣ, fem. *tosäs* < *tos-äṣ. A similar assimilation is actually shown in the numerals: 'one', nom. sg. masc. A *sas* < *ṣas, cf. B *ṣe*, A *sasak* < *ṣasäk, B *ṣeske* 'alone' < *ṣænskæ, and 'sixty', A *säksäk* < *ṣäksäk < *ṣäks-kā, compare B *ṣkaska*.[31] A quite superficial account would be to interpret the various demonstrative sets by addition of different deictic particles to the same basic stem, as defined above. With some minor differences, this approach has been taken by most scholars until now.[32] The discrepancies between the two languages are not so disturbing, since the same phenomenon is found for other categories, for instance for the affixes of the so-called "secondary" cases: it has to be admitted that the CToch. situation was not yet fixed, all the more so as much instability and reshaping can still be observed in the history of Toch. B. But as soon as one tries to apply this general scheme to the actual forms, one faces severe difficulties. One may state them in brief: 1) The Toch. B system has four sets of demonstratives, but does it represent the archaic situation, from which the Toch. A system would be somehow simplified? 2) For the same pragmatic function, the formal correspondence between the sets of the two languages is not obvious. 3) It is impossible to take the stem *sæ and its system, obl. sg. masc. *cæ, nt. *tæ as the unique basis of all sets, which would simply differ by the addition of particles. Despite the appearances, one cannot account for the Tocharian facts in the same way as the well-known Armenian system of deixis. The Armenian language has recourse to three different demonstrative morphemes, distinguished by a three-way contrast, oriented according to the three persons, as in the Lat. three-member system, *hic* 'this one (here)' vs. *iste* 'that one (by you)' vs. *ille* 'that one (over there)'.[33] From the three stems *so-*, *do-*, *no-* are formed three so-called deictic "articles", that surface as particles (*-s*, *-d*, *-n*) added to nouns or added to the same pronominal stem, e. g. forming three different demonstratives, 1st person *ay-s* 'this', 2nd person *ay-d* 'that (near to you)', 3rd person *ay-n* 'that (over there)'; they are found in other pronouns and adverbs. In Common Tocharian, one identifies in addition to the basic stem *sæ of the sets B.1, B.3 and A.3 a by-form masc. *sä, nt. *tä : it serves as basis to A.1 (masc. *sä-s*, nt. *tä-ṣ*), A.2 (masc. *sä-m*, nt. *tä-m*), B.4 (masc. *sámp* < *sắ-mp, nt. *támp* < *tắ-mp) and also B.2 (masc. *su* < *sä-u, nt. *tu* < *tä-u). For the latter set, the analysis is justified by the parallel addition of *-u* to the feminine (sg. nom. *sā*$_u$, obl. *tā*$_u$) and to masc. obl. sg. *ce*$_u$ (archaic form, standard form *cau*). One faces here a major contradiction. For the sake of consistency, one could assume that the stem *sæ (B *se*, etc.) has the same underlying structure, that is *sä-æ, becoming *sæ by contraction.[34] One is then forced to abandon the otherwise appealing descent of

31 Cf. Pedersen, 1941, pp. 116 and 240; Winter, 1992, pp. 99 and 120; Pinault, 2006b, pp. 91–92.

32 See Van Windekens, 1979, p. 265 ("particules de renforcement"), and the origins given for the different stems, 1976, pp. 276, 307–308, 410; Adams, 1988, pp. 163–166 ("enclitic element") and 1999, pp. 693 (*su*), 699 (*seṃ*).

33 Cf. Schmitt, 2007, pp. 119–122 and the monograph of Klein, 1996.

34 This view has been entertained by Stumpf (1976, pp. 123–125), but he did not propose any further reconstruction.

sæ* directly from PIE **só*. Alternatively, **sä* has been explained as a variant of **sæ* < **so*, issued from a weakly accented, or even unstressed, that is clitic form, comparable to the article of Ancient Greek.[35] The difference between **sæ* and **sä* remains however unmotivated, since it is impossible to correlate the assumed difference of stress with a difference of function or with the different position of the demonstratives in the sentence. It would be totally *ad hoc* to admit that the demonstrative was stressed as a pronoun, and unstressed as a determiner; furthermore, it would remain impossible to account for the distribution of **sæ* (tæ*) and **sä* (**tä*) between the different paradigms.

§ 12 If one considers the functional distribution of the demonstrative sets in the two languages, the clearest system is represented in Toch. A: anaphora (A.2) and a two-way contrast between proximal deixis (A.1) and distal deixis (A.3). In Toch. B the anaphora is expressed clearly by the set B.2 and it would be tempting to see in the three other sets the expression of a three-way contrast based on the like in several other IE languages: proximal deixis (near to the speaker), intermediate deixis (near to the person addressed to), distal deixis (referring to an entity distant from the speech situation). As expected, the sets of proximal deixis (B *se*, A *säs*) show affinity with the reference to the 1st person, and one may conceive for Toch. B a set of medial deixis referring to the 2nd person, in addition to the set of distal deixis (B.4). The later assumption has been shown impossible from the study (§§ 6–8) of the usages of the set B.3 (*seṃ*). In other words, similarly to Toch. A, Toch. B has a two-way contrast based on the distance from the speaker. Our study of the set *seṃ* will help also to solve a crux. The sets Toch. B *seṃ* and A *saṃ* look as totally equivalent on the formal side, reflecting CToch. **sæn*, with the same index /-n/. If one follows Stumpf's account of the functions, it is impossible to reconcile the functions of A *saṃ* (distal deixis) and B *seṃ*, taken as a mere variant of B *se* (proximal deixis). There are however some endophoric uses of A *saṃ* that are identical with those of B *seṃ*: the examples are not numerous, but they are duly listed by Stumpf, although they are disturbing his system. Toch. A *saṃ* is used as well as discourse deictic,[36] and as recognitional deictic. The latter use is especially documented by the adverbs *taṃne*, as compound *taṃne wkänyo*, which match Skt. *evam* 'thus, in this way, in such a manner, such'. In most examples[37] of *taṃne wkänyo*, the speaker does not refer to an information of the discourse already given, but to an information that is presupposed to be known by the hearer or reader, and that may acquire in context an emphatic reading, e. g. A9b6–7 *taṃne wkänyo orṣi pekeṣi penu arämpāt wrasaśśi tuṅ kāpñune (arä)ṣ* 'In such a manner, even a beautiful form made of wood [and] painting arouses the love of the beings'. One can assume that these endophoric uses could be expressed by a demonstrative that had otherwise the exophoric use of distal deictic. I would therefore propose the following scenario. CToch. had a threefold system of the same shape as Toch. A; in Toch. B, the expression of distal deixis was taken over by a supplementary demonstrative that was specialized for the exophoric use. This demonstrative *samp*, that had an overt index, was formally marked by opposition to the demonstrative of proximal deixis, B *se*. In any case, it appeared as more characterized as the demonstrative *seṃ*, which lost its situational function, and was relegated to the expression of the endophoric uses (discourse deictic and recognitional).

35 Cf. ADAMS, 1988, p. 17; KLINGENSCHMITT, 1999, pp. 316, 409; HACKSTEIN, 2004, p. 289. This idea has been never tested on the whole material, and it is blatantly falsified by the comparison of **sæṃ* (B *seṃ*, A *saṃ*) with A *säm*, B *su* < **sä-u* and B *sám(p)* < **säm(p)*, since in all these forms the vowel of the stem was followed by a resonant, according to the theory of addition of enclitic particles.

36 Cf. STUMPF, 1971, p. 145–146.

37 Cf. STUMPF, 1971, p. 147.

§ 13 Building on the preceding argument, we may now try to explain the formation of the demonstrative sets B *seṃ*: A *saṃ* and B *samp*. The stem **sæ* appears to be common to the proximal demonstrative B *se*, with "zero" index and to the distal demonstrative **sæn*, maintained as such in Toch. A *saṃ*. It would be impossible to account for this fact if the stem **sæ* had an inherent deictic function, since it ends up with demonstratives that have opposite deictic values. Furthermore, a deictic function seems to be incompatible with the presence of the stem **sæ* in the formation of the interrogative/relative pronoun. It is commonly accepted that the interrogative-relative pronoun (one paradigm for all genders and numbers) is built by agglutination of the interrogative-indefinite stem and the demonstrative[38]: B *$k_u$se*, A *kus* < CToch. **kwäsæ* < **k^wisó* < **k^wi-s+só*; the obl. sg. **kwäcæ* > B *$k_u$ce*, A *kuc*, results from levelling, after the model of the demonstrative **sæ*, obl. sg. masc. **cæ*. The obl. sg. **kwäcæ* is used also as conjunction (B *$k_u$ce*, A *kuc-ne*), much in the same way as Skt. *yad* (also based on the stem of the relative pronoun), and thus reflects indirectly the supposed neuter **kwätæ* <**k^wi-t+to(d)*. The original anaphoric value of **sæ* in this construction is further confirmed by the fact that complex, and probably more recent, relative pronouns and adjectives are built with the anaphoric demonstratives,[39] see Toch. B *mäksu*, fem. *mäksā$_u$*, nt. *mäktu*, and a complete paradigm. This form is ultimately based on **mäk^{w}su* <**mäkwä-su*, with the demonstrative added to a combination of a connective (interrogative ?) element **mä-* (probably < **mæ-* with raising in closed unaccented syllable) and the interrogative stem **kwä-* < **k^wi-*. The same conbination recurs in the adverb B *mäkte* 'how?', used also as comparative, causal and final conjunction (< **mäktæ* < **mo-k^wi-t+tod)*, where the last element is identical to the neuter of the demonstrative set *se*. The anaphoric demonstrative *su* recurs in the rare interrogative-relative stem *intsu*, masc., obl. sg. *iñcau* (*iñcew*), having another interrogative morpheme as first element. If the stem **sæ* originally had an anaphoric value, as its PIE ancestor **só*,[40] one may consider to account easily for the conflict of the two opposed deictic demonstratives, B *se* and A *saṃ* : B *seṃ*. As argued recently by MELCHERT (2008) for the Anatolian demonstratives, a pronominal stem that had fixed near- or far-deixis does not acquire the diametrically opposing value, while a stem with anaphoric value may acquire a deictic value from the usage in opposition to a another deictic stem, the value of which has already been established. In the case of Tocharian, I would propose that CToch. **sæ* has been opposed to a stem **sæn(ä)* which had fixed far-deixis, so that the former acquired the pragmatic value of near-deixis. This stem **sæn(ä)* may be somehow related to forms which reflect a demonstrative that had acquired far-deixis at least in some languages: masc. **é/ó-no-*, cf. Lith. *anàs*, OCS *onŭ*, Gk. ἐκεῖνος, Hom. κεῖνος, etc. This value may also be secondary, as it seems to be the case in Anatolian, cf. Hitt. *anna-* 'that' with adv. *annaz*, *annišan* 'formerly, long ago', but *ani-šiwat* 'today' < 'on this day', pointing to an inherited stem without fixed deixis.[41] Be that as it may, CToch. keeps remnants of an original allomorph **óno-* > **ænæ* in the adverb (and postposition) B *ene-pre*, A *ana-pär* 'before, in front' (lit. 'facing that'), B adv. *enestai* 'in secret, secretly' < *'in a remote place', obl. sg. of **enesto* < **ænæstå* < **onostā-s* <**ono-stah$_2$-* 'staying over there'. In order to account for the form **sæn(ä)*, it only takes to reconstruct an allomorph **ó-nu*, either remade as **só-nu*, or preferably to add at a later stage **ænu* < **onu* to the anaphoric stem

38 Cf. PINAULT, 1997, p. 458; HACKSTEIN, 2004, pp. 275–277.

39 Cf. HILMARSSON, 1987 and PINAULT, 1997, p. 459; HACKSTEIN, 2004, pp. 279–282.

40 See BRUGMANN, 1904, pp. 9–10 and 20–26 (so-called "Der-Demonstration"); KLEIN, 1977, p. 161, about Ved. *sá*; BEEKES, 1983, p. 212. DUNKEL is somehow agnostic in terming **so* as "deictic/anaphoric", 2003, p. 3.

41 Cf. MELCHERT, 2008; differently, KLOEKHORST, 2008, p. 174.

*sæ, yielding by contraction *sæ-ænä > *sænä 'that over there'.[42] The suppletion *-o/-u is quite common in particles: local *pro/pru, *apo/apu, *ano/anu, demonstrative *so/su (cf. Ved. *sá* and *sú*, Hitt. *šu*), interrogative *k^wo-/k^wu-, negation *no/nu (cf. Ved. *nū́ cit*, Hitt. *nūman*, *nūwan*), etc.[43] Then, by contrast with the far-deictic *sænä, the stem *sæ acquired the near-deictic value. The process would explain why the latter demonstrative is deprived of any deictic index. This negative marking will have further consequences for the history of deixis in Tocharian, as we shall see.

5 Analysis of the Toch. B demonstrative of distal deixis

§ 14 As suggested above (§ 12), at the dialectal stage leading to Toch. B, a new far-deictic demonstrative appeared in the language: it is reflected by the set B.4, featuring masc. *sam(p)*, fem. *som(p)*, nt. *tam(p)*. LANE (1961, p. 475) has rightly seen some relationship of this stem with the adverb *om(p)*, which shows the same peculiar final sequence, and which means precisely 'there'. Actually, the adverb B *omp*, *om* means 'there, at that place', and is it used mostly as referring to a previously mentioned place; one may assume that it results from the fading of a far-deictic adverb, implying some distance from the speakers. The same value is found in the reinforced variants *omte* and *omteṃ*, which are less frequent: these forms result probably from the addition to *om(p)* of the demonstrative adverbs *te* and *teṃ*, based on the respective neuters of the sets B.1 and B.3, with the anaphoric scope of the discourse deictics.[44] There are few examples of a further variant *ompek* (B150b3, 592a4, PKAS7Bb1), which probably expresses strong deixis, reinforced by the particle *-k*: 'precisely there'; it is quite straightforward to take it as simplified from **omp-te-k*. It cannot be based on a form **ompe* that does not exist for sure.[45] Before dealing with the possible etymologies of these morphemes, some formal details have to be clarified. The search for a sequence of particles *-m(V)-pV or *-n(V)-p(V) has been totally fruitless.[46] The demonstrative set *sam(p)* and the adverb *om(p)* are quite isolated in featuring this final cluster. The existence of the adverb *sorromp* does confirm this picture: it is found only with the verb *klāy-* 'to fall' and means certainly 'down': it is probably composed with the adverb *omp*, added to an adverb meaning 'to the ground' or the like.[47] The final cluster *-mp* is also unknown in Toch. A, except in the word *kump* 'pot' (compound *kumpa-kump*), which is obviously borrowed from Skt. *kumbha-* 'jar, pitcher, water-pot' (MW, p. 293a). One should consider first of all if final *-mp* really notes a cluster. At the graphic level, this final *-mp* can be simplified to *-m* without restriction. I have checked all attested examples of the demonstrative set *sam(p)* and of the adverb *om(p)*; from that survey, there is no such distribution as *-m* before consonant vs. *-mp* before vowel. One cannot take for granted that *-m* results from the simplification of *-mp* before the initial consonant of the following word, or that a cluster *-Cp* lost as a rule the final consonant in the late language. It is true

42 A troublesome point is the absence of the expected Umlaut by final *-u, that would yield *onu < *ænu, like in AB *or* 'wood' < *oru < *(dz)æru < *dór-u, cf. Gk. δόρυ, Ved. *dā́ru*. But one may admit that this form was subject to the influence of *sæ, and was re-segmented early as *sæ-nu > *sæ-nä. The Umlaut would no apply across morpheme boundary.

43 Cf. DUNKEL, 1983, p. 199 and 1992, p. 161.

44 The idea that *-p-* would be due to epenthesis in original *om-te* > **ompte* and then extended to the simple form *omp*, according to PEDERSEN, 1941, pp. 223 n. and 249 (approved by VAN WINDEKENS, 1976, p. 334), remains entirely *ad hoc*; it is falsified anyway by the absence of the form **ompte*.

45 The unique example would be found in B123a5, in a mutilated passage broken at *ompe///*: it can be completed as *ompe(k)*; alternatively, it can segmented either as *omp e///* or as *om pe///*, the latter reading being the most likely. Therefore, it is excluded to take *ompe* as the fuller form compared to *omp*, as stated by ADAMS, 1999, p. 120: the lemma *ompe* has to be crossed out.

46 See the quite speculative account by KLINGENSCHMITT, 1994, pp. 354–355.

47 Cf. VAN WINDEKENS, 1976, p. 435 and ADAMS, 1999, p. 705.

that before the particle *no* (adversative and connective) one finds only *om*: the frequency of the sequence *om no* at the beginning of sentences would reflect a phraseological and rhetorical habit.[48] Contrary to the rule posited by STUMPF (1990, p. 65), *-m* is not a late variant of *-mp*. Both forms are found at each stage of Toch. B: archaic, classical and late.[49] One finds currently both variants in the same manuscript, even in the same line, e. g. B20b8 (classical). There are independent indications that *-mp* and *-m* are two notational variants of a single phoneme: 1) the form with final geminate, in sandhi[50] before initial vowel of the following word is *-mm*, cf. *samm ora* in B42a7 (classical); 2) the adverb based on the ablative form is *tammeṃ*, cf. B107a2: one would expect _*tämpámeṃ_, if the underlying form was _*támp(ä)_, with final bilabial stop, since the ablative affix B *-meṃ* triggers regularly the accentuation of the immediately preceding syllable, compare *ostámeṃ* (*ost* 'house'), *ñśámeṃ* (*ñäś* 'I'), *maskwámeṃ* (*mäskw* 'difficulty'), *lymámeṃ* (*lyam* 'lake'), etc.[51] The question now becomes: can we identify the consonant noted by final *-m(p)*?

§ 15 It has been so far overlooked that the digraph <mp> occurs in other words where a single bilabial consonant would be expected. I leave aside the verbal roots ending with *-mp-*, because they raise independent problems that would not contribute to clarification of the issue: B *āmp-* 'to rot', B *krämp-* 'to be disturbed', AB *cämp-* 'to be able', B *śāmp-* 'to be haughty', B *sāmp-* 'to deprive', A *wamp-* 'to ornate'. Most of them are etymologically obscure. Several forms of these verbs testify for the simplification of *-mp-* > *-m-* before consonant, but the fact is commonplace and does not shed any light on the variation of final *-mp*, since the latter is found also before consonant. The grapheme <mp> occurs elsewhere, in internal and even in initial position. Two examples in the middle of compound words speak for the notation of a voiced bilabial fricative or stop issued from the lenition of /p/ in intervocalic position: 1) A *arämpāt*, B *erepate* 'shape, form, beauty' < _*æræβātæ_, since the first member is B *ere* 'outward appearance' < _*æræ_ < _*$h_3$ór-os_, while the matching form is A _*ar(ä)_ < _*aräs-_ < _*$h_3$ór-es-_, the other allomorph of the original neuter with _*-e/os-_ ;[52] B *ersna* 'form', plurale tantum, and A *aräṃ* 'appearance' (< _*arznā_ < _*arsnā_)[53] presuppose an older plural _*æräs-nā_, based precisely on the form issued from the weak allomorph. Therefore, one can assume that the same consonant is noted in these two matching words by <p> in Toch. B and by <mp> in Toch. A. It is likely that intervocalic *-p-* was lenited in Toch. B, as seen by the alternative notations *-v-* (already at an archaic stage) and (later) *-w-*[54]: *erepate* reflects a conservative orthography, kept in a word that corresponds to a basic concept of Buddhist philosophy and of Indian culture in general, translating

48 There is, however, originally a phonetical dimension to it, as seen by the similar phenomenon after the demonstrative, cf. *som no* in B389b4 vs. *somp* before other consonants in B389a2, b3 (archaic), *sam no* in H.149.X.5(IOL247)b4, *cwim nauṣ pete* in the same text, b3 and in H.149add.33(IOL137)b2 vs. *samp arāññe*, H.149.X.5b3, all classical; see also the locative sg. forms *tamne* (B154b4), MQ *tämne* (B120a2), *tomne* (H.149.234[IOL68]a4, b1), etc.

49 The case of the coordinative particle written either *ṣp* or *ṣ*, quoted by STUMPF (*loc. cit.*) as similar to *-m(p)*, is totally different from the phonetic point of view; the underlying form is *ṣäp* with allophone *ṣpä*. Both variants are found already in classical texts, and one may assume that *ṣ* has been extended from the contexts where the cluster *ṣp* was early simplified, after syncope in *ṣäp* and before initial consonant of the following word. See also PEYROT, 2008, pp. 67–69, modifying severely Stumpf's assumption.

50 Cf. TEB I, § 63, p. 74.

51 See the (almost) complete list of examples in my paper about the ablative, 2006a, pp. 251–256.

52 Given the structure of such neuters, which have _*e-_grade in the strong stem, the root should be _*$h_3$er-_ 'to rise, stand up, set in motion' (LIV, p. 299), otherwise reflected in Toch. by the verb B *er-*, A *ar-* 'to evoke, produce, bring forth'.

53 The shift of a plural taken as collective to a singular is commonplace. There is no rule of assimilation that could explain A *aräm-* as from _*arän-_ before bilabial stop.

54 This process, which is typologically similar to the much earlier evolution observed in Prakrit (Skt. *-p-* and *-b-* > *-v-*), has been often concealed by analogy and etymological orthography.

Skt. *rūpa-* 'outward appearance, form, shape, figure' (MW, p. 886a).[55] 2) A *märkampal* 'Law' (equivalent of Skt. *dharma-*) /*märkaβal*/ < **märka-pal*, features intervocalic voicing, since the second member is well-known as A *pal* = B *pele* 'correct manner, rule, norm', which is found also, but as first member, in the matching noun B *pelaikne* < **pelé-yäkne* 'Law' < **pælæ*. The Toch. B term is based on a binominal phrase 'norm'+'manner' (B *yakne* as independent word), and the same can be admitted for the parallel Toch. A term, although the first member is not cognate with any independent noun. One cannot totally exclude a word A **märkam*,[56] but it is far more easy to assume the stem **märka* of a substantive, keeping the result of final CToch. *-*æ*, as in other compounds,[57] e. g. *kāswa-pältsäk* 'having good thought', cf. A *kāsu* 'good' < **kāswæ*. This noun would be nearly synonymous with A *pal* (B *pele*) and mean 'norm, rule'.[58] There is now independent evidence, thanks to secular documents in Toch. B, for the use of the digraph <mp> as noting a voiced bilabial, to wit [b] in the word onset. One finds several times in records of transactions for monasteries a person named B *mpek cor* (PK.DA.M507, 5a3, 35.25, 38.23), which obviously corresponds to Old Turkic *bäg čor*. One finds here two titles that are well-known in the Turkic onomastics: *bäg*, cf. *be:g* 'head of a clan or tribe, chief' according to Clauson (1972, p. 322b), and *čor* = *ço:r* 'head of a small confederation' (p. 427b). In Old Turkic, [b] is the onset realisation of a bilabial phoneme that can be posed as /p/, since voiceless [p] is absent in this position in original Turkic words; alternatively, it would be assigned to the voiced phoneme /v/, which was a fricative, for which several realisations are possible in principle, labio-dental [v], bilabial [β] or labio-velar [w], the first being the most likely.[59] The onset allophone [b] of /p/ is transcribed in Brāhmī manuscripts by <p>, more often than by <b> or <bh>; the Uighur letter P transcribed as *b-* is in fact Semitic (and Sogdian) *pē*; the Manichaean writing system disambiguates the Semitic *beth*, which was used in Sogdian to note fricatives: B (*beth*) renders [b], while the same letter with two superscribed dots notes [v].[60] In other words, the spelling choices were different according to the preference for the opposition of voice [p] vs. [b] or for the opposition of fricative continuant [v] vs. stop [b]. The most straightforward transposition of initial Turkic [b] in Tocharian script could have been <p>, since 1) there was no contrast of voice among the stops (/b/ opposed to /p/), and 2) in medial position, *-p-* was often pronounced as a voiced fricative [β], as testified by the variant spellings, early <v> and later <w>. But <b> or <v> could not be used in the present case, probably because they were reserved in the classical orthography to the normal writing of Sanskrit words in Brāhmī. Therefore, the scribes responsible for the spelling *mpek* of Turkic *bäg* had recourse to a digraph that was available in their repertory: <mp> noted a voiced bilabial, actually the allophone of /p/ in medial position, as in A *arämpāt*, *märkampal*; this [β] had the closest affinity to the stop [b] of the donor language in a language that had no phoneme /b/. The spelling *mpek* was understood as more faithful to the original Turkic name as the spelling **pek*, that would be theoretically possible.

---

55 The second member **pātæ* > A *-pāt*, B **-pāte* would be nearly synonymous with the first member, and mean 'outward appearance' or 'shape'; this word could go back either to *-$b^h h_2$*to-* from the root *$b^h eh_2$- 'to shine', or to *b^h*uH-to-* > **pwātæ* > **-pātæ* from the root *b^h*u̯eH-*/*b^h*uH-* 'to become, develop', scil. as a visible being.

56 As per Van Windekens, 1976, p. 290.

57 Cf. TEB I, p. 116, § 156.1.

58 It could be cognate with nouns meaning 'limit, frontier, border' in several languages: Goth. *marka*, OHG *marca*, OE *mearc*, OIcel. *mǫrk*, OIr. *mruig*, Lat. *margō, -inis* (IEW, p. 738); the point of departure could be a stem **mr̥ĝ-o-*, **merĝ-o-* > **märkæ* or **morĝo-* > **mærkæ* > **märká-*, through raising of CToch. **æ* in unaccented closed syllable, cf. A *wärkänt* 'wheel' vs. B obl. sg. *yerkwantai*. For the root etymology, cf. Van Windekens, 1976, p. 290.

59 Cf. Erdal, 2004, pp. 62–66 and 100–102; Röhrborn, 1977, pp. 6–17 and Kara, 1996.

60 Cf. the glossary of TT VIII, pp. 85–88 and Maue, 1996, p. XXVI.

§ 16 The model of this spelling device of the Tocharian scribes has to be found in the notation of Prakrit phones issued from Sanskrit phonemes, and especially in Gāndhārī, which was used as an international language in the whole Tarim basin in the first centuries CE.[61] In various Prakrits an alternation *-m-*/*-v-* is attested, although the evolution of the bilabial nasal *-m-* > *-ṽ-* through lenition is recorded only later, cf. Hindi *gā̃v* out from Skt. *grāma-* 'village'. This intermediate sound noted *-m-* is attested in Gāndhārī and in Ardhamāgadhī: it originated as an allophone of the medial fricative /v/ in nasalized contexts, e. g. *nama* for Skt. *nāvaṃ*, *emameva* for Skt. *evam evaṃ*, *śramaṇa* for Skt. *śravaṇaṃ*, *sumiṇa*/*suviṇa* for Skt. *svapna-*.[62] Starting from nasalized context, the process spread to other contexts, and involved also secondary *-v-* issued from medial *-p-*, *-b-*, e. g. *maṇāma* for Skt. *manāpa-*, and the variant spellings *vi*, *bi* and *mi* of the original particle (enclitic) Skt. *api* in the Khotan Dharmapada.[63] Consequently, *-m-* was frequently used as noting an allophone of medial /v/ in Gāndhārī texts. This habit was known to Tocharian scribes, who felt themselves allowed to use, by reverse spelling, <m> as notation of [β], since the latter sound is admittedly very close to Skt. /v/. As noted earlier (§ 9), the scribes tried as much as possible to keep the grapheme <v> for the notation of genuine Sanskrit words. The variable notations of the fricatives Skt. /v/ and Toch. [β] show that the graphic conventions were never totally settled, or imposed to the whole Tocharian area. I assume that <mp>, as well as <m>, should be added to the stock of devices available in the scribal tradition that originated in the period of transition between Gāndhārī Prakrit and general Sanskritization of Buddhist texts. The digraph <mp> is another alternative spelling from the same source: <m> is added before <p> to make clear that it reflects a voiced and fricative consonant contrasting with single <p>. Therefore, in the adverb B *om(p)* and the demonstrative set *sam(p)*, the final digraph *-mp* and its variant *-m* note a single phoneme, final [β], as medial *-mp-* notes [β] in Toch. A *märkampal*, *arämpāt* (see above). Now, if the preceding argument is accepted, it becomes quite easy to explain the constant final *-m* of these words before initial nasal of the following word in classical Toch. B texts: [-β] was consistently nasalized into [-m] before nasal, hence *om no*, *sam no*, etc.

§ 17 On the basis of the former evidence, one may give preference to the etymological interpretation of the demonstrative set B.3 and of the adverb that is clearly related to it: B *omp* /oβ/ < **oβä* < **æβu* (lenition) < **opu* < **ob*^{h}*u*, with umlaut, cf. AB *or* 'wood' < **æru* < **(dz)æru* < **dór-u* (specific dissimilation of the voiced dental affricate before /r/). This adverb would be cognate with the adverb Hitt. *apiya* 'there [by you], then', Lyc. *ebei* 'here', the former presupposing Anat. **abi*, and further with the demonstrative Anat. **abá-*, cf. Hitt. *apā-* 'that (one)' [near you] (medial deixis), CLuw. *apā-*, HLuw. *apa-*, with distal deixis, but Lyc. *ebe-* 'this' (by fading of the opposition?), contrasting with Hitt. *kā-*, CLuw. *za-*, HLuw. *za-* 'this (one)' (with proximal deixis). Hittite has a three-way contrast, since there exists a third demonstrative, *aši* (*uni*, *ini*), featuring distal deixis and further endophoric uses.[64] According to Melchert (2008), following Jasanoff,[65] Anat. **abá-*, anaphoric and medial deictic, can be traced back to PIE **o-b*^{h}*ó-*, accented on the second syllable, which would be the secondarily inflected form of an adv. **o-b*^{h}*í*,

61 Despite the superficial similarity, the use in post-Classic and Modern Greek of the digraph μπ for noting the new voiced onset stop /b/, also present in foreign borrowings, whereas ancient β had acquired a fricative pronunciation [v], is a totally different process: it affects also the dental and tectal phonemes. In addition, *π*, *τ*, *κ* are voiced in medial position after nasal, cf. Mirambel, 1949, pp. 21, 32, and Threatte, 1996, p. 275.

62 See Brough, 1962, § 36, pp. 88–90 and v. Hinüber, 2001, pp. 171–173; Allon, 2001, pp. 85 and 86.

63 See the index verborum of Brough, 1962, pp. 305a, 306a, 308a.

64 Cf. Hoffner & Melchert, 2008, pp. 142–148; see also Kloekhorst, 2008, pp. 191, 220 and 425.

65 See already Jasanoff, 1976, p. 130.

itself reflected by Anat. _*abi_, Skt. _abhí_ '(up) to, against', Av. _aibī_, rec. _aiβi_, OCS _obĭ_, etc.[66] The first component would be the pronoun _*é-/o-_, which was a general anaphoric, deprived of fixed deixis. My reconstruction of CToch. _*oβä_ requires only the hypothesis of a further allomorph _*o-b^{h}u_, besides _*o-b^{h}ó-_, according to the well-known suppletion _*-o/*-u_ in particles (see above § 13 and note 43). Is it possible to interpret, as per LANE (_loc. cit._ above, § 15) the set B _sámp_ < CToch. _*sämp_ as issued from the addition of this adverb to the basic demonstrative B _se_? The vocalism of the various forms excludes the hypothesis of CToch. contractions of the basic pronoun with the adverb _*oβä_ (> B _omp_), which would give masc. _*sæ+oβä_ > _*soβ_, fem. _*sā+oβä_ > _*soβ_, etc. In addition, it would entail a contradiction as far as the pragmatic function is concerned, since _*sæ_ > B _se_ expresses the proximal deixis. This specific far-deictic demonstrative has been built in the prehistory of Toch. B,[67] as opposed to the demonstrative _*sæ_, which had become in CToch. near-deictic through differentiation from _*sæn(ä)_ > A _saṃ_ (B _seṃ_), far-deictic (§ 13). Now, the Toch. B story runs the reverse way. A further demonstrative stem acquired distal value by opposition to proximal B _se_, and it was added to the basic stem under the alternative form _*sä-_, which is anchored in CToch. as common basis of the anaphoric demonstrative B _*sä-u_ (> _su_) and A _säm_. The whole restructuring can be traced as follows. The adverb _*o-b^{h}u_ became the basis of a demonstrative partly matching Hitt. _apā-_: masc. nom. _*o-b^{h}u(-s)_, fem. nom. _*o-b^{h}eh$_2$_, nt. nom.-acc. _*o-b^{h}u_ with feminine and neuter on the model of demonstrative masc. _*so/su_, fem. _*seh$_2$_, nt. _*to-d/tu_. These prototypes yielded CToch. masc. _*æβu_, fem. _*æβå_, nt. _*æβu_ > (Umlaut) _*oβä_, _*oβo_, _*oβä_. The whole stem was then lined up according to the extended pronominal system masc. _*sä-/cæ-_, nt. _*tä-_, fem. _*sā-/tā-_, while keeping the specific stem of the feminine: masc. nom. _*sä+βä_ > _*sä́β_ > _sámp_, nt. _*tä+βä_ > _*tä́β_ > _támp_ (accent), fem. nom. _*sā+βo_, acc. _*tā+βo_ > _*soβo_, _*toβo_ (umlaut). In other words, except in the feminine, _*-βä_ was selected as the index of a new demonstrative, added to the stem _*sä-/cæ-/tä-_. In the feminine, the final _-o_ was later truncated by levelling of the index /-β/ _-mp_ marking the masc. and nt., and parallel to the other demonstratives, which are all monosyllabic, hence feminine nom. _somp_, obl. _tomp_. But the original form of the obl. sg. fem. _*toβo_ is still preserved in the adverb _tompok_ (B331b2, 361b2, 375b2) 'at that very moment' (understood _preściyaine_, loc. sg. of _preściya/preściyo_, fem., 'time, occasion') < _*tompo-k_ formed with the usual strengthening particle _-k(ä)_. This analysis is further confirmed by the otherwise enigmatic vocalism of the obl. sg. masculine form _comp_, whereas the nom. sg. masculine is _samp_ < _*säβ_, and the obl. sg. fem. is _tomp_ < _*toβ(o)_. This demonstrative was directly built on the system _*sä-/*tä-_, obl. sg. masc. _*cæ-_, parallel to Toch. A _säs/caṣ/täṣ_, _säm/cam/täm_. There is no trace of an ancient obl. sg. masc. _*cä-_, which would result through addition of the index _*-βä_ in _*cä+βä_ > B _*cámp_, which was bound to be kept because of the support of the nominative masc. sg. _sámp_. One can imagine as an alternative a combination _*cæ-βä_, which would yield B _*cémp_, but it would require its refection into _comp_ under the influence of the feminine _tomp_, whereas the neuter is _tamp_. In the other demonstratives, the contrast between feminine and masculine does not rest solely on the contrast of masc. _cV-_ vs. fem. _tV-_, since the feminine stem is also characterized by the vowel in _tā(-)_, as in nom. sg. _sā(-)_. Instead, it may be considered that B _comp_ reflects the combination of _*cæ-_ with the original obl. sg. _*oβ(ä)_ < acc. sg. _*ob^{h}u-m_, which became identical in CToch. to the nom. sg. _*oβ(ä)_ < _*ob^{h}u(-s)_: _*cæ+oβä_ > _*coβä_ (contraction) > B _comp_. The distinct form and

66 Cf. the discussion of other hypotheses by PUHVEL, 1984, p. 90. I cannot follow KLOEKHORST, who connects (2008, p. 192) the second component of Anat. _*abá-_ with the enclitic particle _-pat_, marking specification, limitation and identity. The clitic _-pat_ would reflect unaccented _*-b^{h}o-d_, vs. _o-b^{h}ó-d_ > Hitt. _apāt_ of _apā-_ (2008, p. 653). I find it more likely to identify a local (or spatial) notion in a demonstrative.

67 LANE (1961, p. 475) put it rightly as "merely a 'West-Tocharian' compound".

the vowel of the obl. sg. was kept in order to mark the difference from the nom. sg., as in the other demonstratives. The internal reconstruction of **o-b^{h}u-m* from CToch. would have an unexpected consequence. It can be taken at face value as confirming the archaism of Hitt. *apūn*, acc. sg. of *apāš*, but there are alternative explanations[68] for this final *-un*, that do not involve a specific pronominal ending.[69] I would not insist on this point in the present context, because the problem raises issues that go far beyond the demonstratives.

6 Further analysis of the other demonstratives

§ 18 The discrepancy between the two paradigms of proximal deixis B *se* and A *säs* can be accounted for by introducing the following parameters for the IE dialect preceding Proto-Tocharian: 1) besides **só*, there existed still a form **su* of the nom. sg. masc., according to the suppletion that has already been mentioned (frozen as particle in Ved. *sú* and Hitt. *šu*); 2) besides the neuter nom.-acc. sg. **tó-d* (cf. Ved. *tád*, Goth. *þat-a*, Gk. *τό*, Lat. *is-tud*, OCS *to*, etc.), there probably existed an allomorph **ti-d*, cf. Ved. *kád* < **k^{w}ó-d* vs. *cid* < **k^{w}i-d* (Lat. *quid*, Hitt. *kuit*). This prototype **tid* became directly CToch. **cäṣ*, according to the phonetic rule of progressive palatalization of final **-d* that I have proposed elsewhere (2006a, pp. 267–278). This rule explains also, among other things, the 3rd sg. act. present ending Toch. A *-äṣ* < **-e-d*, thematic injunctive, and the affix *-äṣ* (older *-aṣ*) of the ablative in Toch. A. In Toch. A this form nt. **cäṣ* was remade according to the system masc./nt. **sä-/cæ-/tä-*, and fem. **sā-/tā-*, hence sg. nt. *täṣ*, masc. nom. **säṣ* > *säs* (assimilation), fem. nom. *sās* (assimilation), obl. *tāṣ*.[70] But the masc. obl. sg. *caṣ* goes back to **ca* < **cæ* replacing **tæ* (< **tó-m*), like B *ce*. In Toch. B the final without sibilant was generalized, starting from the nom. sg. masc. **sæ* < **só* and from the nt. **tæ* < **tó-t/d*. On the first parameter, one should note that, parallel to the nom. sg. masc. **su*, an adverb (or a neuter) **tu* (cf. the Vedic particle *tú*) has to be reconstructed: it is the only channel to explain the adverb (yielding a discourse connective) B *tane* 'here' < **täne* (poetic variant *tne* < unstressed **täne* with syncope) < **tä-næ* ending with the locative affix; the stem CToch. **tä-* is also reflected in the adverb A *täpreṃ* 'so much' (Skt. *tāvat*), which contains the same element as A *kos-preṃ* 'how much?' (Skt. *kiyat*), conjunction *kos-preṃ-ne* 'as much as' (Skt. *yāvat*). The other possible allomorphs would fail to account for this stem **tä-*: PIE **to-* > CToch. **tæ-* > B *te-*, A *ta-*, PIE **ti-* and **te-* > CToch. **cä-*.

§ 19 The two anaphoric paradigms B *su* and A *säm* stem as well from one single paradigm of Proto-Tocharian. The starting point could be the anaphoric pronoun (only singular) masc. nom. **se*, acc. **sim*, feminine **sih$_2$*, acc. **sih$_2$m*: OIr. *sí*, Goth. *si* 'she', Ved. *sīm*, OPers. *šim*, OIr. anaphoric *-sin* 'the aforementioned'[71]. The final *-m* of the Toch. A paradigm represents the ending of the petrified acc. **sim* (extended to the neuter), followed by a vowel, and therefore kept: **sim-V* > **säm(V)*. After the loss of this final vowel, *-äm* was abstracted as the index of this set and extended to the other forms, hence nom. sg.

68 Cf. Melchert, 1994, pp. 186–187. Kloekhorst (2008, p. 99) assumes a special development **°Cóm* > Hitt. *°Cūn*, parallel to **°Cóms* > *°Cūš*, but all recorded examples are from the demonstrative stems *kā-* and *apā-*: *kūn*, *kūš* and *apūn*, *apūš*, respectively. The issue of the ending *-ḫḫun*, 1st sg. act. of the preterite of *ḫi*-inflection should be taken apart, since it is symmetrical with the ending *-(n)un* of the *mi*-inflection.

69 As for Hitt. *apūn*, the relation proposed by Benveniste (1962, pp. 69–73) with the type of Ved. *amú-* 'that one (over there)' has, however, to be rejected, since the Vedic pronoun has now received an independent and clear explanation, by combination of the pronoun **a-m* with the particle *u*, cf. Klein, 1977, p. 172.

70 My former account of these forms (2006a, p. 271) ought to be corrected.

71 Cf. Beekes, 1983, pp. 211–226; Dunkel, 1992, pp. 171–176; Schrijver, 1997, pp. 40–47.

masc. *säm* replacing **sä* < **su* or **sä* ← **ṣä* < **se*, nt. **säm* replaced by *täm*, etc. The identity of this non-palatalizing vowel can be recovered through the comparison with the Toch. B match of Toch. A *säm*: it was *-*u*. In Toch. B *su* < **su-u* < **sä+u* replaced **ṣä* (< **se*) + *(H)u* under the influence of the acc. sg. **säm(ä)* < **säm-(H)u* < **sim-Hu*. Around that stage, *-*(H)u* has been retained in Toch. B as the characteristic of this stem, hence nt. **tä+u* > *tu*, fem. **sā+u* > /sāw/ $s\bar{a}_u$, etc. The obl. sg. masc. ce_u < **ce+u* is made against deictic *ce* after the old nom. sg. **sä+u* and according to a proportional analogy after feminine obl. sg. $t\bar{a}_u$: *tā*. Accordingly, the CToch. paradigm based on **se*, **sim* was originally followed by a morpheme, that can be identified as the well-known anaphoric conjunction **Hu* < **h₂u*, cf. Ved. *u*, Gk. *αὖ*.[72] A completely different, but wholly *ad hoc*, scenario would presuppose a postposed particle *-*mu* > *-*mä* > (lenition) *-*μ(ä)* > B -*u*, A -*m*. The present scenario accounts for the persistence of the anaphoric value of these paradigms, which were not transferred to situational deictic values. The evolution is somewhat parallel under formal aspects to the one of the distal demonstrative Ved. *asáu*, *amúm* (cf. KLEIN, 1977), compare Old Indo-Aryan **am-u* < **o-m h₂u*, supported by the equation Ved. *tám u* : Homeric Gk. *τὸν αὖ*. The above reconstruction certainly contains some amount of speculation, but it finds support in pronouns that have been reconstructed independently for other languages. Moreover, the whole approach has been motivated by the search for the CToch. system, which is as a rule preferable to the atomistic reconstruction of each single demonstrative through recourse to scattered morphemes taken from the available stock of PIE particles and pronominal stems, with little or no concern for the pragmatic functions.

§ 20 I should add two remarks concerning the reflexes of forms **se*, **sim* of the above reconstructed pronoun in Tocharian. 1) The existence in PIE of the nom. masc. **se* of the anaphoric pronoun is not beyond doubt. Anyway, its result ought to be eliminated in CToch. because of the homonymy with the reflexive pronoun,[73] **se* or **swe* > **ṣä*, basis of the genitive sg. **ṣäñä* > B **ṣäñ* > *ṣáñ*, recharacterized by theaddition of a genitive ending in A **ṣäñ-i* > *ṣñi*. 2) It can be shown by independent evidence that **s* was not palatalized by **i* in Proto-Tocharian, cf. 1st pl. act. ending A -*mäs* < *-*mesi*, B *esale*, A *asäl* 'post' < **æsälæ* < **osi-lo-*, cognate with the IE noun for ash-tree, **ŏsi-*, cf. Lith. *úosis*, Lat. *ornus*, OIr. *uinnius*, Russ. *jásen'*, further OIcel. *askr*, OE *æsc*, OHG *asc*, etc. (IEW, p. 782 and FRIEDRICH, 1970, pp. 93–98), B *laks* 'fish' (nom. pl. *läkṣi*) < **läksä* < **luks-i-* 'white, shining' (of flesh or body, as opposed to the bloody flesh of other edible animals), cf. Gk. *λεῦκος*, OIcel. *lýr*, etc.[74] Therefore, PIE **si°* can be considered safely as the source of CToch. **sä-*.

72 The comparison with the composite Gk. *οὗτος, τοῦτο*, etc. has already been made by PEDERSEN, 1941, p. 115.

73 The picture would be different, and more comfortable, once it is admitted that the reflexive stem **swe* is reflected by the Toch. A adverb *ṣu* 'towards one's side', as proposed by HACKSTEIN, 2003, pp. 74–91.

74 The last etymology is both semantically and phonetically acceptable; in addition, it explains directly the nom. pl. from the expected ending of an PIE *-*i*-stem. It should put an end to the fruitless discussion that has been generated for decades by the routine linkage with Proto-Germanic **lahsa-* 'salmon' (cf. OIcel. *lax*, MHG *lahs*, OE *leax*, Lith. *lašišà*, Russ. *losós'*: IEW, p. 653). Leaving aside the problematic extension of the designation from 'salmon' to 'fish', this apparently luminous etymology was loaded with several formal difficulties, to start with the impossibility to reconcile the root vocalism of the Toch. word with the **o* or **a* vocalism of the Germ. etymon, that could be overcome only through *ad hoc* scenarios, see VAN WINDEKENS (1976, pp. 254–255), RINGE (1996, p. 92) and ADAMS (1999, p. 544).

Conclusion

The complex Tocharian system of demonstratives reflects several stems: **só/tó-*, **su/tu*, **ono-/onu*, **obho-/obhu*, **se/sim*, which have been combined and redistributed while keeping the opposition between deixis and anaphora. The deictic value of a given stem could be obtained through contrast with a stem having acquired the opposing value. At successive stages of the long evolution of the CToch. language, the pragmatic contrast between far-deixis and near-deixis has been recharacterized by reinterpretation of former morphemes. The system has been levelled by generalizing to all demonstratives the stem $*sV/tV$ and its secondary allomorph CToch. $*cV$: the different demonstrative sets are now marked at the pragmatic level through a final index, and not by the stem itself, which is only the basis of inflection and differentiation according to gender. The formal restructuring and redistribution was not yet settled at CToch. time, which accounts for the striking differences between the two languages. From the dialectal point of view, as far as demonstratives are concerned, CToch. seems to go back to an Indo-European situation intermediate between Anatolian and other Indo-European languages, such as Celtic, Greek, Germanic and Indo-Iranian.

References

ADAMS, (Douglas Q.), 1988: *Tocharian Historical Phonology and Morphology*, New Haven (Conn.), American Oriental Society (American Oriental Series, Vol. 71).

—— 1999: *A Dictionary of Tocharian B*, Amsterdam–Atlanta (Leiden Studies in Indo-European Linguistics. 10).

ALLON, (Mark), 2001: *Three Gāndhārī Ekottarikāgama-Type Sūtras. British Library Kharoṣṭhī Fragments 12 and 14*, Seattle-London, University of Washington Press (Gandhāran Buddhist Texts, vol. 2).

BEEKES, (Robert S. P.), 1983: « On laryngeals and pronouns », *ZVS (KZ)* 96, 1982/83, pp. 200–232.

BENVENISTE, (Émile), 1962: *Hittite et indo-européen. Études comparatives*, Paris.

BROUGH, (John), 1962: *The Gāndhārī Dharmapada.* Edited with an introduction and commentary, London, Oxford University Press (London Oriental Series, Vol. 7).

BRUGMANN, (Karl), 1904: *Die Demonstrativpronomina der indogermanischen Sprachen*, Leipzig (Abhandlungen der philologisch-historischen Klasse der Königl. Sächsischen Gesellschaft der Wissenschaften, Bd. XXII, N° 6).

CLAUSON, (Gerard), 1972: *An Etymological Dictionary of Pre-Thirteenth Century Turkish*, Oxford.

DANIELS, (Peter T.) & BRIGHT (William), eds., 1996: *The World's Writing Systems*, New York–Oxford, Oxford University Press.

DIESSEL, (Holger), 1999: *Demonstratives. Form, function and grammaticalization*, Amsterdam–Philadelphia, John Benjamins (Typological Studies in Language, Vol. 42).

DUNKEL, (George E.), 1983: "IE conjunctions: pleonasm, ablaut, suppletion", *ZVS (KZ)* 96, 1982/83, pp. 178–199.

—— 1992: "Die Grammatik der Partikeln", in: Robert S. P. BEEKES et al. (eds.), *Rekonstruktion und relative Chronologie.* Akten der VIII. Fachtagung der Idg. Gesellschaft (Leiden, September 1987), Innsbruck, pp. 153–177.

—— 2003: "On the Evidence for Zero-grades of IE Deictic/Anaphoric **so-* and **tó-*: Homeric *σφι*, Hittite *-šmaš*, and Vedic *syá-*, *tyá-*, *tva-*", *General Linguistics*, Vol. 40/1–4, 2000 (*Indo-European Language and Culture: Essays in memory of Edgar C. Polomé.* Part One), pp. 3–17.

ERDAL, (Marcel), 2004: *A Grammar of Old Turkic*, Leiden–Boston (Handbook of Oriental Studies/Handbuch der Orientalistik. Section VIII, Vol. 3).

FRIEDRICH, (Paul), 1970: *Proto-Indo-European Trees. The arboreal system of a prehistoric people*, Chicago–London, The University of Chicago Press.

HACKSTEIN, (Olav), 2003: "Reflexivpronomina, Präverbien und Lokalpartikel in den indogermanischen Sprachen", *TIES* 10, pp. 69–95.

——— 2004: "From discourse to syntax: the case of compound interrogatives in Indo-European and beyond", in: Karlene JONES-BLEY et al. (ed.), *Proceedings of the 15th Annual UCLA Indo-European Conference* (Los Angeles, November 7–8, 2003), Washington D.C. (JIES Monograph Series, No. 49), pp. 257–298.

HILMARSSON, (Jörundur), 1987: "Stray notes on the interrogative pronominal stem in Tocharian", *TIES* 1, pp. 40–48.

——— 1989: *Dual Forms of Nouns and Pronouns in Tocharian*, Reykjavík (TIES, Supplementary Series, Vol. 1).

HINÜBER, (Oskar von), 2001: *Das ältere Mittelindisch im Überblick.* 2., erweiterte Auflage, Wien, Österreichische Akademie der Wissenschaften (Philosophisch-historische Klasse. Sitzungsberichte, Bd. 467).

HOFFNER, (Harry A.) & MELCHERT, (H. Craig), 2008: *A Grammar of the Hittite Language.* Part 1: *Reference grammar*, Winona Lake (Indiana), Eisenbrauns.

IEW = Pokorny (Julius), *Indogermanisches Etymologisches Wörterbuch*, Bern–München, 1959–1969.

JASANOFF, (Jay H.), 1976: "Gr. *ἄμφω*, lat. *ambō* et le mot indo-européen pour 'l'un et l'autre'", *BSL* 71, pp. 123–131.

KARA, (György), 1996: « Aramaic scripts for Altaic languages", in: Daniels & Bright, 1996, pp. 536–545.

KATZ, (Joshua T.), 1997: "Ein tocharisches Lautgesetz für Monosyllaba", *TIES* 7, pp. 61–87.

KLEIN, (Jared S.), 1977: "The Indo-Iranian prehistory of the Sanskrit *asáu/amúm* pronoun", *JIES* 5, pp. 161–176.

——— 1996: *On Personal Deixis in Classical Armenian*, Dettelbach (MSS, Beiheft 17, Neue Folge).

KLINGENSCHMITT, (Gert), 1994: « Das Tocharische in indogermanistischer Sicht », in: Bernfried SCHLERATH (ed.), *Tocharisch.* Akten der Arbeitstagung der Idg. Gesellschaft (Berlin, September 1990), Reykjavík (TIES, Supplementary Series, Vol. 4), pp. 310–411; reprinted in *Aufsätze zur Indogermanistik*, hrsg. von Michael JANDA et al., Hamburg, Verlag Dr. Kovač, 2006, pp. 353–435.

KLOEKHORST, (Alwin), 2008: *Etymological Dictionary of the Hittite Inherited Lexicon*, Leiden-Boston (Leiden Indo-European Etymological Dictionary Series, Vol. 5).

LANE, (George Sherman), 1961: "On the formation of the Indo-European demonstrative", *Language* 37, pp. 469–475.

LIV = *Lexikon der indogermanischen Verben. Die Wurzeln und ihre Primärstammbildungen.* 2., erweiterte und verbesserte Auflage bearbeitet von Martin KÜMMEL und Helmut RIX, Wiesbaden, 2001.

MALZAHN, (Melanie), 2007: "The most archaic manuscripts of Tocharian B and the varieties of the Tocharian B language", in: *Instrumenta Tocharica*, Heidelberg, pp. 255–297.

MAUE, (Dieter), 1996: *Alttürkische Handschriften.* Teil 1: *Dokumente in Brāhmī und tibetischer Schrift*, Stuttgart, Franz Steiner Verlag.

MELCHERT, (H. Craig), 1994: *Anatolian Historical Phonology*, Amsterdam–Atlanta (Leiden Studies in Indo-European. 3).

——— 2008: "Deictic Pronouns in Anatolian", to be published in the proceedings of the Kyoto Conference on Indo-European Studies (2007), *East and West: Papers in Indo-European Studies.*

MIRAMBEL, (André), 1949: *Grammaire du grec moderne*, Paris, Librairie Klincksieck.

MW = MONIER-WILLIAMS (Sir Monier), *A Sanskrit-English Dictionary*, Oxford, 1899.

PEDERSEN, (Holger), 1941: *Tocharisch vom Gesichtspunkt der indoeuropäischen Sprachvergleichung*, København (Det Kgl. Danske Videnskabernes Selskab. Historisk-filologiske Meddelelser. XXVIII, 1).

PEYROT, (Michaël), 2008: *Variation and change in Tocharian B*, Amsterdam–New York (Leiden Studies in Indo-European. 15).

PINAULT, (Georges-Jean), 1987: "Épigraphie koutchéenne", in: Chao HUASHAN et al., *Sites divers de la région de Koutcha*, Paris, Collège de France (Mission Paul Pelliot. Documents archéologiques, t. VIII), pp. 59–196.

—— 1997: "Sur l'assemblage des phrases ("Satzgefüge") en tokharien", in: *Berthold Delbrück y la síntaxis indoeuropea hoy.* Actas del Coloquio de la Indogermanische Gesellschaft (Madrid, 21–24 de septiembre de 1994), editadas por Emilio CRESPO y José Luis GARCÍA RAMÓN, Madrid–Wiesbaden, pp. 449–500.

—— 2006a: "Morphologie de l'ablatif tokharien", in: Gerd CARLING (ed.), GIŠ.ḪUR*gul-za-at-ta-ra. Festschrift for Folke Josephson*, Göteborg (Meijerbergs Institut for svensk etymologisk forskning, Göterborgs universitet), pp. 248–283.

—— 2006b: "Retour sur le numéral "un" en tokharien", *IF* 111, pp. 71–97.

—— 2008: *Chrestomathie tokharienne. Textes et grammaire*, Leuven–Paris (Collection linguistique de la Société de Linguistique de Paris, t. XCV).

PUHVEL, (Jaan), 1984: *Hittite Etymological Dictionary.* Vol. 1 & 2, Berlin–New York (Trends in Linguistics. Documentation. 1).

RINGE, (Donald A.), 1996: *On the chronology of sound changes in Tocharian.* Vol. I: *From Proto-Indo-European to Proto-Tocharian*, New Haven (Conn.), American Oriental Society (American Oriental Series, Vol. 80).

RÖHRBORN, (Klaus), 1977: *Uigurisches Wörterbuch.* Sprachmaterial der vorislamischen türkischen Texte aus Zentralasien. Lieferung 1, Wiesbaden.

SCHMIDT, (Klaus T.), 2001: "Die westtocharische Version des Araṇemi-Jātakas in deutscher Übersetzung", in: Louis BAZIN & Peter ZIEME (eds.), *De Dunhuang à Istanbul. Hommage à James Russell Hamilton*, Turnhout, Brepols (Silk Road Studies. V), pp. 299–327.

SCHMITT, (Rüdiger), 2007: *Grammatik des Klassisch-Armenischen mit sprachvergleichenden Erläuterungen*, 2., durchgesehene Auflage, Innsbruck (IBS, Bd. 123).

SCHRIJVER, (Peter), 1997: *Studies in the history of Celtic pronouns and particles*, Maynooth, National University of Ireland (Maynooth Studies in Celtic Linguistics. II).

STUMPF, (Peter), 1971: *Der Gebrauch der Demonstrativ-Pronomina im Tocharischen*, Wiesbaden, Harrassowitz.

—— 1974: "Der Plural der westtocharischen Demonstrativ-Pronomina – zugleich ein Beitrag zur Dialekt-Gliederung des Westtocharischen", *Orbis* 23, pp. 404–428.

—— 1976: "Westtocharisch *se* – *seṃ*: Zwei Paradigmen oder nur eines?", *ZVS (KZ)* 90, 1976[1977], pp. 114–127.

—— 1990: *Die Erscheinungsformen des Westtocharischen. Ihre Beziehungen zueinander und ihre Funktionen*, Reykjavík (TIES. Supplementary Series, Vol. 2).

TEB = KRAUSE (Wolfgang) & THOMAS (Werner), *Tocharisches Elementarbuch.* I–II, Heidelberg, 1960–1964.

THOMAS, (Werner), 1983: "Bemerkungen zu A. J. Van Windekens' "Le tokharien" (Vol. II, 1)", *IF* 88, pp. 204–226.

THREATTE, (Leslie), 1996: "The Greek Alphabet" in: DANIELS & BRIGHT, 1996, pp. 271–280.

TochSprR(B) = *Tocharische Sprachreste, Sprache B.* Hrsg. von Emil SIEG und WILHELM Siegling. – Heft 1: *Die Udānālaṅkāra-Fragmente*, Göttingen, 1949. – Heft 2: *Fragmente Nr. 71–633.* Aus dem Nachlaß hrsg. von Werner THOMAS, Göttingen, Vandenhoeck und Ruprecht, 1953.

TT VIII = GABAIN (Annemarie von), *Türkische Turfantexte* VIII : *Texte in Brāhmīschrift*, Berlin, 1954. Abhandlungen der Deutschen Akademie der Wissenschaften zu Berlin. Klasse für Sprache, Literatur und Kunst. Jg. 1952, Nr. 7.

VAN WINDEKENS, (Albert-Joris), 1976: *Le tokharien confronté avec les autres langues indo-européennes.* Vol. I: *La phonétique et le vocabulaire*, Louvain, Centre International de Dialectologie Générale.

—— 1979: *Le tokharien confronté avec les autres langues indo-européennes*, Vol. II, 1: *La morphologie nominale*, Louvain, Centre International de Dialectologie Générale.

WINTER, (Werner), 1955: "A linguistic classification of "Tocharian" B texts", *JAOS* 75, pp. 216–225 (= 2005, pp. 1–10).

——— 1975: review of STUMPF (1971), *Kratylos* 18, 1973[1975], pp. 136–138.

——— 1976: review of STUMPF (1971), *ZDMG* 126, pp. 179–181.

——— 1992: "Tocharian", in: Jadranka GVOZDANOVIĆ (ed.), *Indo-European Numerals*, Berlin–New York (Trends in Linguistics. Studies and Monographs. 57), pp. 97–161.

——— 1999: "Tocharian marginalia" *TIES* 8, pp. 247–274.

——— 2005: *Kleine Schriften/Selected Writings*. Ausgewählt und herausgegeben von Olav HACKSTEIN, Bd. I: *Tocharisch und Indogermanisch*, Bremen, Hempen Verlag.

WTG = KRAUSE (Wolfgang), *Westtocharische Grammatik*. Bd. I: *Das Verbum*, Heidelberg, 1952.

The pragmatics of Middle Welsh word order: Some conceptual and descriptive problems

Erich POPPE (Philipps-Universität Marburg)

1 Introduction

At the outset I should stress that the following reflections are not intended as a systematic outline of the *status quaestionis*, but rather as a tentative, and necessarily subjective, discussion of some conceptual and descriptive problems relating to the analysis of the pragmatics of Middle Welsh word order.

The received grammaticographical wisdom about the dominant patterns of word order in Middle Welsh prose teaches a dichotomy of two basic patterns, namely of the "abnormal order" versus the "mixed order". The two Middle Welsh patterns are said to be demarcated with regard to form and function, but there is also a significant grey area in which they overlap without formal differentiation, whenever a third singular subject precedes the preverbal particle in the position which will be designated X1.[1]

mixed	(cop +) focused element + $\text{particle}_{\text{relative } a/y}$ + $\text{verb}_{3^{\text{rd}} \text{ sg}}$ + ...
abnormal/V2	X1 + $\text{particle}_{\text{preverbal } a/y}$ + $\text{verb}_{(\text{+ concord if X1 = subject})}$ + ...
formal overlap	$\rightarrow$ $\text{X1}_{(\text{subject } 3^{\text{rd}} \text{ sg})}$ + particle *a* + $\text{verb}_{3^{\text{rd}} \text{ sg}}$ + ...

Fronting in the mixed order is associated with emphasis, or focus, and with a scale of meanings expressed by focus. There is less agreement on the motivation for the 'unemphatic' fronting of the abnormal order – in recent years, the proposal that the fronted constituent functions as a topic, or theme, has found some support, but various automatic formal constraints have also been suggested.[2]

1 The preverbal particle has to be *a* in this case; it is *a* when the constituent in X1 is the subject or object and *y* when it is an adverbial phrase, for further details and some variants see EVANS (1964: 166–173, 63). Further constituents may precede X1 or may be inserted between X1 and particle + verb, thus the formal presentation [Xn + X1 (+ X) + particle + verb ...] is more appropriate, where X = any constituent; X1 is here defined as the position of the constituent which selects the preverbal particle.

2 See, with further references, BORSLEY, TALLERMAN, WILLIS (2007: 287–303, 306–307) for a modern survey, EVANS (1964: 179–180, 140–141) for the "traditional" view, POPPE (2000) for a functional approach, WATKINS (1993: 124–130, 1997: 199–200) for the proposal of some automatic formal constraints, WATKINS (1997: 201–204) and POPPE (1991: 265–266) for typologies of focus, and ISAAC (1996: 39–67) for the proposal that the topic is selected according to the position of the available arguments on the topic hierarchy. For a useful introduction to various concepts of "focus" see, for example, MILLER (2006). Evans states that "[i]n the abnormal order no special emphasis is intended for the word or phrase which comes at the beginning" (EVANS 1964: 180), whereas the "mixed order" is used "[w]hen a part of the sentence other than the verb is to be emphasized" (EVANS 1964: 140).

The concept "abnormal" was coined with reference to the dominant, and therefore "normal", verb-initial order (V1) of Modern Welsh,[3] and less loaded terms have therefore been proposed, such as "(unmarked) noun-initial" (MAC CANA 1973) or "verb-second (V2) order" (Willis 1998). Since Mac Cana's "noun-initial" conceals the fact that adverbial phrases very often appear in pre-verbal position[4] and since Willis' "V2" has significant theoretical implications, I will use the neutral designation "X1" in the following as a convenient shorthand for [**Xn + X1 + (X) + preverbal particle + verb ...**], conventionally termed "abnormal", in order to avoid this term's associations of syntactic deviance.

2 Digression: two types of cleft sentences

The so-called "mixed order" is a cleft construction of the "it-cleft" type,[5] which is also found in Old Welsh, Old Breton, and Old Irish:[6]

(1.1) ***is gur tum*** *tarnetor ir loc guac haibid post .o.* (COMPUTUS 256) **Old Welsh**
'it is as an increment that the empty space which is after *o* is reckoned'

(1.2) *ir* ***is goulou*** *bid nos in ocos da di pro breuitate noctis* (DOB, 229, 495 = Angers 477, fo 64b) **Old Breton**
'for (it is) clear (that) the night is close to the day because of the night's brevity'

(2.1) ***is mod*** *cephitor did hanaud* (COMPUTUS 256) **Old Welsh**
'it is thus that a day is found from it'

(2.2) ***is amal*** *it deducer memhor* (DOB, 231, 496 = Angers 477, fo 78b) **Old Breton**
'it is thus that memory is brought'

(2.3) ***is samlid*** *sin dano bid ícc disi tuistiu claindde* (Wb 28b17) **Old Irish**
'it is thus then that the bearing of children will be salvation to her'

In Middle Breton, as a result of the prior restructuring of Breton from verb-initial (V1) to non-verb-initial X1, the copula could no longer be placed in sentence-initial position and its form *is* was lost (LE ROUX 1957: 455).[7] A consequence, which need not concern us

3 See MAC CANA (1973: 90) and compare, for example, RICHARDS (1938: 99–109). One wonders which direction the analysis of Middle Welsh syntax would have taken, had the syntax of Modern Welsh not been tacitly accepted as the yardstick of comparison. For a discussion of the ideology of Welsh word order see MANNING (2004).

4 See MAC CANA (1973: 90): "The term 'noun-initial' is itself shorthand for a category comprising initial noun subject or object, pronoun subject, verbnoun object, and adverb [...]. Undoubtedly some term such as '(unmarked) non-verb-initial' would be more comprehensively accurate, but it would be cumbrous to use and in any case the most striking and most regular feature of this syntax in MW prose is the occurrence of subject or object in pre-verbal position". I do not agree with MAC CANA's view (1973: 90) that the "exception, that of the pre-verbal adverb, is relatively unimportant"; this is the case neither in frequency nor in theoretical and functional terms, compare POPPE (1991).

5 For a useful survey of the typology of cleft constructions see DI TULLIO (2006).

6 In the following examples the copula and the clefted phrase are set in bold.

7 With regard to the dominant word-order patterns of Middle Breton, LEWIS & PIETTE (1990: 40) suggest: "Beim verbalen Aussagesatz sind im Mittelbretonischen hinsichtlich seiner Zusammensetzung und der Stellung seiner Teile die beiden gebräuchlichsten Formen die folgenden: (a) Subjekt + Partikel *a* + Verbum in der 3.Pers. Sing., (b) Adverb oder adverbiale Verbindung + Partikel *ez* + Verbum + Subjekt." Further text-based research would be illuminating. The question of "basic" word order in Modern Breton is still contested, and the main candidates are VS, SV, and T(opic)V; compare TIMM (1991), TERNES (1992: 386–388), FAVEREAU (1997: 317–331) and HEWITT (1998: 6), who suggests "a dichotomy between a "*bare*" *presentation*: PS(O ...) (initial predicate phrase), in which there is no great articulation of the information load, and various "*lead-in*" *presentations*: XPS(O ...), where X = S / O / OP / CIRC /

here, was the demise of the positive Insular Celtic copular clause [copula + predicate (+ subject)] in Breton and the rise of new types with the copula in non-initial position. In Middle Welsh too, [copula + predicate (+ subject)] came to be superseded by [predicate + copula (+ subject)].[8] Another and concomitant consequence was the rise of a new cleft format in Breton, in which the focused element is placed in first position and the copula, in the form *eu* and variants, and the subordinate clause follow – the following examples are taken from the religious drama *An Buhez Sant Gwenôlé*, dating in its original to 1580.[9]

(3.1) ***Ef eou*** *glan a soutan quement den so ganet* (BSG 405) **Middle Breton**
'(It is) he, surely, (who) supports every person who is born'

(3.2) *Hep gou* ***an euffrou mat eou*** *so gloat hac a tal* (BSG 441)
'Without lie, (it is) the good acts (which) are riches and are of use'

(3.3) ***Pemdez hoary eu*** *a spyaf* (BSG 574)
'(It is) every day (that) I wish to play'

(3.4) *Mam da Doe guyr Roe an bet* ***queffret eu*** *ez credomp* (BSG 872)
'Mother of God, of the true king of the world, (it is) together (that) we believe'

(3.5) ***Etren moch e Leon eu*** *e carheñ monet* (BSG 1250)
'(It is) among the pigs in Leon (that) I wish to go'

This Breton-type cleft sentence is formally derived from the positive – and pragmatically neutral – copular clause with the pattern [predicate + *eu* + (subject)] (3.6), which is, of course, well attested also in Welsh. There is also a functional variant with the order [(subject)$_{\text{[theme]}}$ + *so* + (predicate)$_{\text{[rheme]}}$], as in (3.7);[10] in negated copular clauses negation and copula take the sentence-initial position and are followed by the predicate and, if present, the subject (3.8).

(3.6) [*peur teñ*]$_{\text{P}}$ *eo* [*he pedenou*]$_{\text{S}}$ (BSG 3) **Middle Breton**
'his prayers are very strong'

(3.7) *Ha* [*gouzaf mor glas*]$_{\text{S}}$ *so* [*casty*]$_{\text{P}}$ (BSG 60)
'and to suffer the blue sea is a pain'

(3.8) *a ne deu* [*truhez bras*]$_{\text{P}}$ [*an cas mã*]$_{\text{S}}$ (BSG 751)
'isn't this (matter) a great misery?'

ADV, etc. In these, the initial X may be either thematic (topical) or rhematic (focused, carrying a major sentence stress)". For formal differences in Modern Breton between objects fronted as focus (without additional anaphoric pronoun) and as topic (with additional anaphoric pronoun) see FAVEREAU (1997: 304).

8 See BORSLEY, TALLERMAN, WILLIS (2007: 317–319) for a brief survey of the history of copular constructions, and WATKINS & MAC CANA (1958) for further details. WATKINS & MAC CANA (1958: 7) suggest that [predicate + copula (+ subject)] was used in Old Welsh when special emphasis was given to the predicate, "pan fynnid rhoi pwyslais arbennig ar y traethiad", and they consider this format to be a sub-type of the "mixed order".

9 LE ROUX (1957: 460) implies that an over-use of the Insular Celtic cleft constructions led to the emergence of the Breton type of cleft constructions: "l'ancienne construction du brittonique a perdu sa valeur, par usure, et on la redouble: *me zo klanv* ne signifie plus guère que ≫ je suis malade ≪ ; si l'on veut rendre ≫ *c'est moi* qui suis malade ≪ on dira: *me eo a zo klanv*". For Modern Breton examples of clefts and further discussion see TIMM (1987). In examples (3.1–5) the copula and the clefted phrase are set in bold. I owe these examples to the kindness of Paul Widmer.

10 I wish to thank Steve Hewitt not only for the information about the pragmatic roles in Breton copular clauses, but also for much useful information on, and many helpful discussions of, Breton word order, most of which could not be incorporated into the final version of my paper for reasons of space and complexity.

Even though [... X1 + particle + verb ...] would appear to have been the syntactic norm in Middle Welsh, or at least in Middle Welsh prose, a new cleft format of the Breton type does not seem to have arisen in Middle Welsh (or in Middle Cornish, so far as I know). The mixed order survived in Middle Welsh, with the copula deleted in most instances because of the "almost complete disappearance by the beginning of the MW period of initial positive copula [*ys*]" (WATKINS 1988: 9), and it is of course still a productive option in Modern Welsh.

It must remain within the realm of speculation whether the difference seen between Middle Breton and Middle Welsh in this area reflects different degrees of the entrenchment of X1 in the two linguistic systems. But be that as it may, the existence of the Insular Celtic cleft sentence with initial copula in Old Breton and Old Welsh points towards V1 in proto-Brythonic.[11] Breton and Cornish appear to have generalised the Insular Celtic cleft sentence in unmarked positive contexts, since the verb is third singular when the subject in X1 position is a first or second person pronoun or a plural noun (4.1–3)[12] – a different path of grammaticalisation, namely from left-dislocation (LE ROUX 1957: 447–448), has been proposed for negative sentences, in which the subject precedes the negated verb and concord is observed (4.4).

(4.1) *hep retorn ny*$_{[1^{st}\ pl]}$ *a leso*$_{[3^{rd}\ sg]}$ *an bro man* (BSG 50) **Middle Breton**
'without return we will leave this country'

(4.2) *al labous*$_{[pl]}$ *a nijas*$_{[3^{rd}\ sg]}$ *kuit* (TRÉPOS 1980: 191) **Modern Breton**
'the birds fly away'

(4.3) *me*$_{[1^{st}\ sg]}$ *as derevas*$_{[3^{rd}\ sg]}$ (P 79.3) **Middle Cornish**
'I declared them'

(4.4) *me*$_{[1^{st}\ sg]}$ *ne guelaf*$_{[1^{st}\ sg]}$ ... (BSG 69) **Middle Breton**
'I do not see ... '

3 Mixed order with copula in Middle Welsh

In Middle Welsh prose, cleft sentences in which the focused element is explicitly marked with a form of the copula, are rare, as are, therefore, minimal pairs as in (5):[13]

(5.1) *Ys mi*$_{[1^{st}\ sg]}$ *a'e eirch*$_{[3^{rd}\ sg]}$ (CO 566) **Middle Welsh**
'(It is) *I* (who) ask her'

(5.2) *Mi*$_{[1^{st}\ sg]}$ *a'e eirch*$_{[3^{rd}\ sg]}$ (CO 562)
'*I* ask her'

In both these instances, explicative focus on the pronoun is conditioned by the pragmatic status of the sentences as responses to questions about the "where" and the "who" of a person.[14] Detailed textual, statistical, and functional analyses of the copula as a marker of focus are required.

11 For a helpful survey of the competing models for the development of Brythonic and Welsh word-order patterns and of the various conceptual issues involved see WILLIS (1998: 1–19).

12 Steve Hewitt kindly informs me that concord – as in *me*$_{[1^{st}\ sg]}$ *welan*$_{[1^{st}\ sg]}$ 'I see', structurally parallel to Middle Welsh *mi a welaf* – is sometimes observed today by speakers who are, technically speaking, native-speakers of French and who were brought up so surrounded by Breton rather than French that it is otherwise impossible to tell that Breton is not actually their first language.

13 Compare similarly (6.7) below. Translations of examples from CO and PKM are taken or adapted from DAVIES (2007).

14 See CO 561–562 and 565 for the questions.

In the following, I will look briefly at the formal and functional domains in *Pedeir Keinc y Mabinogi* and *Ystorya Bown o Hamtwn* of cleft sentences which are marked with *ys*. It is probably significant that the majority of such formally marked clefts in the *Pedeir Keinc* (four out of five instances) and in *Ystorya Bown* (seven out of eight instances) are used in order to cleft a noun phrase of the form [adjective + *a* + substantive noun] in different syntactic roles (predicate, adverbial phrase, object, subject).[15] Sentences (6.1) provide an interesting minimal pair: the cleft sentence of (6.1.1), with focus on the predicate marked by *ys*, becomes without this copula in (6.1.2) either a copular clause of the order [predicate + copula + subject] or, alternatively, a cleft sentence without copula – and arguably an example of syntactic oscillation between these two structures. In two instances, of which (6.2) is one example, the idiom [adjective + *a* + substantive noun] is itself combined with another complex idiom, in which a noun is qualified by a phrase consisting of an adjective, a possessive pronoun, and another noun, 'which pertains to or is a part of the person or object denoted by the first noun' (MAC CANA 1966: 91).

(6.1.1) *ys drwc a gedymdeith uuosti* (PKM 56.26–27) **predicate**[16]
'(it is) a bad companion you were'

(6.1.2) *bychan a dial oed yn lloski ni, neu yn dienydyaw am y mab* (PKM 20.13–15)
'burning us or putting us to death would be too small a punishment for the boy'

(6.2) … *ac ys drwc a dyn y thyghetuen wyf i* (YBH 1533–1534)[17] **predicate**
'… and (it is) a woman with a sad fate I am'

(6.3) *Ys glut a beth yd ymdidanyssam ni* (PKM 7.16–17) **adverbial**[18]
'(It is) continually we have conversed'

(6.4) … *ac ys da a gedmydeith a golleisti* (PKM 56.27–57.1) **object**[19]
'… and (it is) a good companion you lost'

(6.5) *ys drwc a chwedyl yssyd genhyt* (YBH 2999–3000) **subject**
'(it is) a bad story (that) is with you [= a bad story you have]'

The intimate association of the phrase [adjective + *a* + substantive noun] with a sentence-initial copula is also shown by its occurrence in the *Pedeir Keinc* in copular clauses of the older form *ys* + predicate (= [adjective + *a* + substantive noun]) + subject, as in (6.6).

15 In this phrase, *a* is a variant of the preposition *o* 'of', see EVANS (1964: 37, 205 N. 3) and (6.7) below. For a detailed analysis of the semantic and syntactic properties of this construction in Middle Welsh, Middle Breton, and Middle Cornish see MANNING (2002). MANNING (2002: 425-427) already noticed the association of this constructions with clefts. Unfortunately, his article came to my attention too late in order to avail of its important insights.

16 See also PKM 78.26–79.1, YBH 488–489, 2720–2721. For parallel examples without the copula see *meredic a wyr ywchi* (CO 433, 763–764) 'fools of men (that) you are'.

17 *Drwc a dyn y thyghetuen* combines **dyn drwc y thyghetuen* and **drwc a dyn*, for the second example see YBH 1766–1767 *ys drwc a wyr eu dihenyd vydem ni* 'we would be men with sad deaths'. A structurally identical complex idiom is used as a focused object, but without a copula, in *PKM* 7.22 *cadarn a ungwr y gydymdeithas, a diffleeis, a geueis i yn gedymdeith* 'a man steadfast in his fellowship, and unswerving, I got as a companion'.

18 See also YBH 783–784, 1532–1533, and see YBH 1106–1107 *praf a beth y gwanheeis i* 'greatly have I weakened' for an adverbial use without copula.

19 The following instance from the text of *Branwen* in the Red Book should probably be subsumed here (or under (6.5) – depending on the analysis of *diffeithwyt* as impersonal or passive): *ys da dwy ynys, a diffeithwyt om achaws i* (MÜHLHAUSEN PKM 33.17–18 = Red Book) '(it is) two good islands (that) have been laid waste because of me', with an elision of *a* after *da* (compare MANNING 2002: 420). The White Book fronts the expected idiom [adjective + *a* + substantive noun] without a copula: *Da a dwy ynys a diffeithwyt o'm achaws i* (PKM 45.17–18 = White Book) '(It is) two good islands (that) have been laid waste because of me'. I wish to thank Patrick Sims-Williams for helpful discussions of this sentence.

(6.6) *ys[iawn a beth iwch chwi,]*[predicate] *[diolwch y'r gwr a uu y gyt a chwi]*[subject] (PKM 8.11–12) **copular clause**[20]
'it is right for you to thank the man who was with you'

In *Kulhwch ac Olwen*, a semantically and formally similar phrase, namely [adjective + *o* + substantive noun], is focused in the syntactic role of object and with an imperfect form of the copula agreeing with the imperfect of the semantically main verb (6.7).

(6.7) *oed*[copula imperf.] *digawn o drwc a wnaethoed*[verb imperf.] *Duw ynni* (CO 1087–1088)
'it was enough of suffering that God inflicted on us'

It remains to be investigated if there is a special motivation for the preference of such phrases for the mixed order – could it be perhaps either an inherent contrastive or emphatic nuance (because of the presence of an adjectival qualifier), or some formal property related to complexity? Alternatively, could all these instances be assigned to various sub-types of focus, without recourse to the formal similarities they share? Arwyn WATKINS (1993: 125–126) subsumes (6.3) under examples for 'identifying, confirming or contrasting focus', and the narrative context suggests contrasting focus here.

The only two structurally different examples of focus marked with a copula in the *Pedeir Keinc* and *Ystorya Bown* respectively are (7.1), with an adverbial phrase of manner in focus, and (7.2), with a predicate in focus.

(7.1) *ys llaw gyffes y medrwys y Lleu ef* (PKM 80.22–23)
'(it is) with a skilful hand (that) the fair-haired one hit it [the wren]'

(7.2) *Bei cretttuti y Mahom vyn dyw i, ys da wr vydut ti* (YBH 394–395)[21]
'If you were to believe in Mahom, my god, (it is) a worthy man (that) you would be'

Aranrhod's surprised exclamation in (7.1) provides a name, 'the fair-haired one with a skilful hand'/'Lleu Llaw Gyffes', for the so-far nameless boy; the adverbial phrase is focused to express her surprise and admiration, and Arwyn WATKINS (1997: 202) describes this as an example of 'lower value fronting (non-contrastive prominence)'. The same analysis, non-contrastive prominence, would also fit the context of (7.2).

If nothing else, these few instances of mixed order/cleft sentences which are explicitly marked with a form of the copula, provide evidence for a pragmatic category 'non-contrastive prominence' as a motivation for the employment of this pattern and thus for a scale of pragmatic values of focus fronting.

4 Concord and the demarcation of abnormal versus mixed order in Middle Welsh

Arwyn Watkins has neatly summarized the importance of the absence or presence of concord as a distinguishing formal marker of focus versus non-focus:

> "[F]ocus/non-focus [...] are distinguished when the fronted constituent is 1,2, sg. or 1,2,3, pl. pronominal subject. When focused, the verb is always 3 sg. [...] For obvious reasons when 3 sg. pronoun is in immediate pre-verbal position the sentence is formally unmarked. [...] Plural nominal subject also proves the wherewithall for distinguishing focus from non-focus." (WATKINS 1997: 199)

20 See also PKM 43.22–23, 53.11–12.

21 *Da wr* might be from **da a wr*, similar to MÜHLHAUSEN PKM 33.17–18 (see footnote 19) or possibly a variant of *(g)wrda* 'person of rank, noble', see YBH, p. 85.

But he also warns us that "exceptions do occur" (WATKINS 1997: 199).[22] Examples of non-concord which unambiguously signals (contrastive) focus, would appear to be rare. Functionally contrasting minimal pairs as in (8), with (8.1) a cleft construction and (8.2) an instance of pragmatically neutral X1, are rare as well:

(8.1) *Miui*$_{[1^{st}\ sg]}$ *a uyd*$_{[3^{rd}\ sg]}$ *gwassanaethwr hediw* (WLSD 7.30–31)
'(It is) *I* (who) will be server today'

(8.2) *'Myuy*$_{[1^{st}\ sg]}$*', heb ef, 'a wnn*$_{[1^{st}\ sg]}$ *was ieuank, tec, adwyn . . . '* (WLSD 9.31)
' "I know," he said, "a virtuous, fine young boy . . ." '

Inevitably, but unfortunately, it is impossible to recover on the basis of the written sources whether there were further features distinguishing these two patterns, for example different stress patterns – the role of sentence stress for the syntax of the Insular Celtic languages may repay further investigation, in relation to their penchant for the syntactic marking of focus via cleft sentences, and its interaction with word stress and fixed word order.

But to come back to the pragmatic level: the function of focus in (8.1) is exhaustive listing, "I, and nobody else", whereas in (8.2) the subject is thematic/topical (incidentally a fairly typical theme/topic, in its association with EGO) and the centre of the sentence's information is the verbal phrase, including the object. Conceptionally more interesting and irritating, however, are instances of the functional exceptions that Arwyn Watkins adverted to, and of functional ambiguities.

In his analysis of word-order patterns in (the White Book's incomplete version of) *Kulhwch ac Olwen*, Arwyn WATKINS (1988: 10) argued that "[f]ronting the subject in *KO* is always effected in the cleft order" and that therefore non-concord between a fronted plural subject and the verb is to be expected. He concludes that "verbal agreement is an innovative feature in this type of sentence" (WATKINS 1988: 10) and considers agreement to be "solely a literary development" (WATKINS 1988: 11) – I am not certain if this implies that concord is an effect of grammaticalisation within a specific linguistic register. Simon EVANS (1971: 45), on the other hand, gives three examples from *Kulhwch ac Olwen* of non-concord between a fronted plural subject and its verb (9.1.1, 9.2, 9.3) which he characterises as "examples of the 'abnormal' and not the 'mixed' order (where the singular verb could be explained as the construction which normally obtains in an affirmative relative subject clause)".

(9.1.1) ***Y gwyr***$_{[pl]}$ ***a dywawt***$_{[3^{rd}\ sg]}$ *wrth Arthur* (CO 839) (= Red Book)
'The men said to Arthur'

(9.1.2) ***y trywyr***$_{[pl]}$ ***a ganant***$_{[3^{rd}\ pl]}$ *eu kyrn, a'r rei ereill oll a doant y diaspedein . . .* (CO 743–744)
'the three men blow their horns, and all the others come to shriek . . . '

(9.2) ***Pedeir meillonen gwynnyonn***$_{[pl]}$ ***a dyuei***$_{[3^{rd}\ sg]}$ *yn y hol myn yd elhei. Ac am hynny y gelwit hi Olwen* (CO 497–498)
'Four white clovers would spring up behind her wherever she went. And for that reason she was called Olwen [= 'White Track', *ol* + *gwen*]'

(9.3) *. . . a Henwas Edeinawc mab Erim a Henbedestyr mab Erim a Scilti Scawntroet mab Erim.* ***Teir kynedyf***$_{[pl]}$ ***a oed***$_{[3^{rd}\ sg]}$ *ar y trywyr hynny: . . .* (CO 233–236)
'. . . and Henwas Edeiniog son of Erim, and Henbeddestyr son of Erim, and Sgilti Sgafndroed son of Erim. Three magical qualities were about these three men: . . . '

22 See also EVANS (1964: 180), and EVANS (1964: 61, 1971: 44–45) for examples of (unexpected) concord in relative clauses.

Contrastivity in the narrow sense is nowhere expressed here. The contextually given, definite noun in (9.1.1) qualifies, I think, as a straightforward topic (or theme) – for a similar example with concord see (9.1.2).[23] However, Graham Isaac (p. c.) has pointed out to me that selecting, counter-presuppositional focus may be intended here, since the indubitable presupposition is that Arthur is in charge, but his men then tell Arthur what to do – under this analysis, focus marked by lack of concord, subtly encodes the storyteller's deference to the socio-cultural norms of hierarchical polity.[24] In this case, non-concord marks focus and carries the expected pragmatic load.

The subjects in (9.2) and (9.3) both introduce new referents and therefore represent contextually new information. The subject of (9.2) may be analysed as a topic, since the information centre of the sentence appears to be located in the verbal phrase, and in this case the topic is positioned considerably higher on a topic hierarchy, because of its informational status, than the topic of (9.1.1), if this is accepted as a topic. In (9.3), either the subject is the informational core of the sentence[25] and functions as a low value focus, or the informational core of the sentence is the nexus between the 'three magical qualities' and their being 'on' the three men – in the latter case the subject could be described as a topic high on a topic hierarchy. These instances exemplify the limits of functional interpretation.

There are a few more examples of non-concord in *Kulhwch ac Olwen* which were not analysed by Evans (10.1/10.2.1/10.3), and to these I will turn now.

(10.1) ***Deu synhwyr***$_{\text{[pl]}}$ ***a oed***$_{\text{[3rd sg]}}$ *genthi: …* (CO 454–455)
'Two minds were with her [= in two minds she was]: … '

(10.2.1) ***Trugein cantref Prydein***$_{\text{[pl]}}$ ***yssyd***$_{\text{[3rd sg]}}$ *[y]danawef* (CO 647–648)
'The sixty cantrefs of Prydyn are under him'

(10.2.2) *Sef achos oed: brenhin Lwmbardi a'e holl allu yssyd yghylch y castell ac Idrac yw y enw de Ualri. A gwr bieu y castell* ***yssyd*** *y mywn, ac ony cheif nerth a chanhorthwy yn ebrwyd, ef a geir y ty arnaw ac ynteu a difethei[r].* (YBH 1666–1673)
'This would be the reason: the king of Lombardy with all his forces is besieging his castle, and Idrac de Valri is his name. The man who owns the castle is inside, and if he does not get help and succour quickly, the fortress will be taken from him and he himself will be put to death'

(10.2.3) *a'm arglwyd inheu* ***ysy*** *gawr dewr dihafarch* (YBH 1366–1367)[26]
'and my master is a brave and fierce giant'

(10.3) *Drycheuwch y fyrch –* ***uy aeleu***$_{\text{[pl]}}$ ***ry syrthwys***$_{\text{[3rd sg]}}$ *ar aualeu uy llygeit – …* (CO 547–548)
'Raise the forks – my eyelids have fallen down over my eyeballs – … '

In all three instances the subjects represent contextually new information. (10.1/10.2.1) are structurally similar to (9.3) and present the same interpretational problems. (10.2.1) provides a further formal complication: the form *yssyd* is the third singular present

23 Patrick Sims-Williams has kindly pointed out to me that the interface of the presence of numerals in the subject phrase and of the presence or absence of concord requires further analysis.

24 I wish to thank Graham Isaac not only for suggesting this attractive alternative, which illuminatingly illustrates the problems of functional analysis and indicates the wide, and at the same time subtle, range of pragmatic functions that may have to be taken into account, but also for helpful discussions of terminological and descriptive issues from which the final version of this paper has benefited.

25 The 'three magical qualities' are described in greater detail in the immediately following context.

26 *ysy* is a variant of *yssyd*.

indicative relative of the verb 'to be',[27] but it is also used with a subject as topic in X1, or so-called 'abnormal', contexts, for which (10.2.2) would appear to be a reasonably uncontroversial example, as well as in copular clauses of the order [subject + copula + indefinite predicate] (10.2.3). The form *yssyd* may arguably have become fossilised in all such contexts irrespective of the number of a preceding subject in the third person.[28] In (10.3), one could argue either for explicative focus,[29] or for topicalisation of the subject, and the interpretational and functional uncertainties remain unresolved. Further textual analyses are needed to test the impression that *Kulhwch ac Olwen* prefers cleft constructions for subjects which represent contextually new information – but note the exception in (9.1.1) from the Red Book's text.[30] In this text a general tendency for modification, either by its scribe Hywel Fychan or the scribe of his exemplar, has been identified, "to make it easier to understand [...] and more consistent with the literary language of his day" (RODWAY 2004: 129),[31] and this could arguably account for the difference.

The next example (10.4.1) is philologically problematic, since in the White Book's text of *Kulhwch ac Olwen* two verbs depend syntactically on the collective noun *kyweithyd* 'troop, company', and the verb in the first clause is singular, whereas the verb in the second clause is plural. As in a number of similar instances in the *Pedeir Keinc*, which I will discuss below, this difference in the pattern of concord could be interpreted as an indication that a clear functional, or pragmatic, demarcation of ± concord was no longer always available – however, the first verbal form is the unique relative form *yssyd* of the verb 'to be' which presents its own problems and paths of development. On the other hand, a cleft construction could be pragmatically explained in terms of explicative focus (similar to (10.3)), and in this case the focused element would qualify as contextually new. The second clause could be analysed as a "conjoined structure" with verb-initial order, as identified by David WILLIS (1998: 108–113).[32] In the Red Book (10.4.2) the sentence has been rephrased along the norms of Middle Welsh syntax to consist of a relative clause without (semantic) concord and a main clause with (semantic) concord. For the use of the collective noun *pawb* with a verb in the plural see (10.4.3).[33]

---

27 Compare EVANS (1964: 63).

28 See also WATKINS (1988: 10), quoted in footnote 33 below, and compare (10.4.1) and (13.1/2) for other examples of *yssyd* and absence of concord.

29 For the concept of "explicative focus" see MAC CANA (1973: 103–106), WATKINS (1993: 129, 1997: 202–203), and POPPE (1991: 84–89).

30 This passage is not contained in the incomplete text of *Kulhwch ac Olwen* in the White Book, which breaks off at line 823 of CO.

31 For details compare CO, pp. xv–xxiii, WATKINS (1988), and RODWAY (2004).

32 Such conjoined structures are one of the two contexts for which V1 is available in Middle Welsh (prose), see also BORSLEY, TALLERMAN, WILLIS (2007: 299–302).

33 Since WATKINS (1988: 10) argues that "[f]ronting the subject in *KO* is always effected in the cleft order", his interpretation is different: "In two further cases (462.35 [= CO 226–227 = ex. 10.4.3] and 463.1 [= CO 229]) there is an 'ungrammatical' plural verb; the fronted subject in both these sentences is a singular mass noun *pawb* 'everyone, all'. The expected sing. verb occurs in *pawb rygauas y gyuarws* 470.27 [= CO 379]. The evidence suggests that verbal agreement is an innovative feature in this type of sentence. The fact that there are no examples of agreement when *yssyd*, the relative form of the 3 sg. pres. of *bod* is involved, seems not only confirmation of this, but might also suggest that agreement is solely a literary development. In this connection the sentence *kyweithyd yssyd yndrws ... ac a uynnynt dyuot y mwyn* 487.2 [= CO 779–781 = ex. (10.4.1)] is significant. There is no verbal agreement with the fronted mass noun subject *kyweithyd* 'company' in the first sentence (where the form *yssyd* is involved), but there is in the following coordinated sentence (where the verb is *mynnu* 'to want to')" (WATKINS 1988: 10–11). The forms of concord selected by collective nouns would repay further study.

(10.4.1) *"Whedleu porth y genhyt?" "Yssydynt genhyf.* ***Kyweithyd yssyd***$_{[3^{rd}\ sg]}$ *yn drws y porth ac* ***a uynnynt***$_{[3^{rd}\ pl]}$ *dyuot y mywn."* (CO 779–781 = White Book)
' "Do you have news from the gate?" "I do, a troop there is at the entrance of the gate, and they want to come in" '

(10.4.2) *Kyweithyd yssyd yn drws y porth a uynnynt dyuot y mywn* (= Red Book)
'A troop that is at the entrance of the gate, wants to come in'

(10.4.3) ***pawb a tybygynt***$_{[3^{rd}\ pl]}$ *y uod yn gythreul canhorthwy* (CO 226–227)
'everyone thought that he was an attendant demon'

There is another instance where the two manuscripts of *Kulhwch ac Olwen* differ with regard to the realization of concord (10.5), and the Red Book would appear to have the contextually appropriate topic construction with concord between the 2nd sg pronominal subject and its verb.[34]

(10.5.1) *y neb pieu y gelein* ***ti a'y gwelho*** *yma ochwinsa* (CO 451 = White Book)
'the one whose body that is, (it is) you (who) will see him here soon'

(10.5.2) *y neb pieu y gelein* ***ti a'y gwelhy*** *yma y chwinsaf* (= Red Book)
'the one whose body that is, you will see him here soon'

Arwyn Watkins' lists of word-order patterns attested in the *Pedeir Keinc*[35] indicate that concord is always realized in the case of fronted pronominal subjects, which represent contextually given or previously mentioned referents. The pattern with a fronted personal pronoun as subject without concord, however, is found once in *Ystorya Bown* (11.1). In comparison with (11.2/3) I find it difficult to detect pragmatic differences to explain the different syntax; and sentence (11.3) shows that the conjunctive pronoun *minneu* has no inherent contrastive force strong enough to enforce in all contexts a formal focus construction. This may need to be reconciled with the description of their use in, typically, "contrastive contexts (for instance, topic shift [...])" (Borsley, Tallerman, Willis 2007: 321).[36] Topic shift would arguably still be situated within the functional domain of 'topic' rather than 'focus', but other examples[37] require more detailed consideration.

(11.1) *Darllein y llythyr hwn heb olud, neu* ***minneu***$_{[1^{st}\ sg]}$ ***a lado***$_{[3^{rd}\ sg]}$ *dy penn a'r cledyf hwn* (YBH 940–942)
'Read this letter without delay, or I will cut off your head with this sword'

(11.2) *"myn y gwr y credaf inheu idaw," heb y Bown, "****mi***$_{[1^{st}\ sg]}$ ***a ladaf***$_{[1^{st}\ sg]}$ *y benn a'm cledeu yn ddiannot"* (YBH 2040–2043)
' "by the lord in whom I believe", said Bown, "I will cut off his head at once with my sword" '

(11.3) *A* ***minneu***$_{[1^{st}\ sg]}$ ***a af***$_{[1^{st}\ sg]}$ *auory yno yn vore* (YBH 128–129)
'And I will go there tomorrow morning'

34 Compare Watkins (1988: 12): "Formally this is cleft [in the text of the White Book] since there is no agreement. However, the type of meaning normally associated with cleft fronting (e. g. 'the one whose body that is, (it's) you who will see him') is not acceptable, and in this connection it is significant that in the corresponding sentence in the (later) *RM* [= Red Book] text there is verbal agreement". Pragmatic values associated with low value focus (non-contrastive prominence, linking, explication) are probably also inappropriate in this context.

35 See Watkins (1977/78: 382–386, 1983/84: 149–152, 1993: 135–138, 1997: 211–217).

36 With reference to Mac Cana (1990).

37 For example, Borsley, Tallerman, Willis (2007: 322, ex. (94)).

In the case of fronted nominal subjects in the plural, concord as well as non-concord is attested in the *Pedeir Keinc*, and to these examples I will turn now. In sentences (12.1/2) two coordinated verbs depend on a fronted plural subject, and the first verb shows no concord, whereas the second does (the sequence non-concord – concord is probably significant). These examples are embarrassing for any attempt to relate the formal differences to pragmatic differences, and the only conclusion that one can draw from these is, I think, that formal clefts may be used pragmatically unmarked, as instances of X1, following EVANS (1971: 45). The two subjects furthermore represent contextually given information, in contrast to the tendency tentatively identified in *Kulhwch ac Olwen*, that contextually new referents are associated with non-concord.

(12.1) ***Y gwyr***$_{[\text{pl}]}$ ***a wiscawd***$_{[3^{\text{rd}}\ \text{sg}]}$ *amdanunt ac* ***a nessayssant***$_{[3^{\text{rd}}\ \text{pl}]}$ *attunt y wayret* (PKM 29.22–23)
'The men armed themselves and went down towards them'

(12.2) ***Y guyr hynny***$_{[\text{pl}]}$ ***a'y godiwawd***$_{[3^{\text{rd}}\ \text{sg}]}$, *ac* ***a ouynyssant***$_{[3^{\text{rd}}\ \text{pl}]}$ *idaw, pa darpar* ... (PKM 32.20–21)
'these men overtook him and asked him why ...'

The subject phrases in (12.3) are contextually given and have the same structure, and the two sentences appear within one narrative unit – the realization of concord is different however. The formally cleft construction in (12.3.2) would appear to be pragmatically unmarked, and this is also Evans' analysis (EVANS 1971: 46), since the informational core of the sentences are the different emotions of the two groups of men coming back to their respective regions.[38]

(12.3.1) ***Gwyr***$_{[\text{pl}]}$ ***y Deheu a gerdassant***$_{[3^{\text{rd}}\ \text{pl}]}$ *ac argan truan ganthunt parth ac eu gwlat* (PKM 73.18–19)
'The men of the South set off for their land with bitter lamentation'

(12.3.2) ***Gwyr***$_{[\text{pl}]}$ ***Gwyned a ymchweles***$_{[3^{\text{rd}}\ \text{sg}]}$ *dracheuyn yn llawen orawenus* (PKM 73.22–23)
'The men of Gwynedd returned home happy and joyful'

Although the majority of fronted plural subjects which do not trigger concord in the *Pedeir Keinc*, represent contextually given information,[39] there are also instances of such subjects which represent contextually new information (12.4) and which must be analysed as topics. Informational status, therefore, does not seem to impact unambiguously on a preference for concord or non-concord.[40]

(12.4.1) ***A chenadeu***$_{[\text{pl}]}$ ***a aeth***$_{[3^{\text{rd}}\ \text{sg}]}$ *y ouyn idaw* ... (PKM 32.18–19)
'and messengers went in order to ask him ...'

(12.4.2) ***Deu uarchauc***$_{[\text{dual}]}$ ***a doeth***$_{[3^{\text{rd}}\ \text{sg}]}$ *i waret i wisc hela y amdanaw* (PKM 4.10–11)
'two knights came in order to take off his hunting clothes'

38 It is marginally possible to argue for low contrastivity on the subject in (12.3.2), 'the men of Gwynedd, however, ...', but this interpretation may strain the context and the formal representations of pragmatic nuances available. EVANS (1971: 46) considers (12.3.2) to be an instance of the "abnormal order".

39 See PKM 18.9, 33.10, 39.5, 40.1–2, all analysed by EVANS (1971: 45–46) as instances of the "abnormal order".

40 It should be noted, however, that there are sentences in the *Pedeir Keinc* structurally parallel to (12.4), but with definite subjects and with concord (PKM 33.26, 5.19).

It is difficult at the moment to draw any definitive and general conclusions from this survey, but my tentative and preliminary hypothesis is that in the *Pedeir Keinc* the rules of concord were not systematically exploited, at least in the case of fronted plural subjects, in order to distinguish between the pragmatic functions of topic and focus. Concord between a topical plural subject and its verb was not (yet?) fully grammaticalised in X1 sentences; the informational status of such subjects, as either new or given, seems to have had no impact on the selection of concord. If my impression is correct that (the White Book's text of) *Kulhwch ac Olwen* prefers cleft constructions for plural subjects which represent contextually new information, this no longer holds for the *Pedeir Keinc*.

The area of formal overlap between X1 and cleft constructions is therefore even larger than indicated in my first table, and since the use of *ys* as a formal marker of focus is also in decline in our texts, it must be a matter of discussion what bearing this situation has on the validity of a formally distinguished and productive category "cleft sentence" in (some registers of) Middle Welsh (prose). Alternatively, one may wonder whether pragmatically fully-fledged focus was so infrequently used that formal cleft constructions simply do not show up in our texts. A survey of formally marked cleft constructions in different Middle Welsh prose texts and genres, and of the range of their pragmatic functions, still needs to be produced; the few observations that I offer, are intended to draw attention to some areas in which formal and functional categories do not interact unambiguously and in which the grammatical system of (some registers of) Middle Welsh (prose) is unstable.

To round off this section of my paper and to initiate further discussion, I venture the following (admittedly bold) suggestion, but still mindful of the unresolved question of the impact of a distinctive sentence stress: since in a large group of Middle Welsh positive statements X1 and cleft structures would not be formally distinguished (namely with fronted 3rd singular subjects and adverbial phrases), the formal and conceptual distinction between the two structures was partially lost – or never fully developed. In this view, frontings would operate on a pragmatic cline, from highly marked (focus) to unmarked (topic) fronting, rather than as a straightforward and discrete dichotomy. This is possible because "topic" and "focus" belong "to a single, more general pragmatic function, which is that of "centering attention". However, compared to FOCUS, TOPIC takes the lowest place in such a general function, while FOCUS takes the highest" (SORNICOLA 2006: 377).[41]

5 A brief diachronic detour

It is tempting to relate the formal and functional ambiguities in the use, and non-use, of concord discussed in the preceding to a mixed historical background of concord, along the lines suggested by Graham ISAAC (1996: 62–64).[42] He argues that concord in X1 constructions with fronted subjects arose from left-dislocations into which the particle *a* was secondarily inserted, after this particle's original relative function in cleft sentences had become opaque as a result of the loss of the copula: "From the base of i) and ii), the particle *a* was generalised to iii) in its function as a structural-case marker of a constituent preceding the clause. The result was the 'abnormal' sentence [iv]" (ISAAC 1996: 64).[43]

41 For some typologically instructive discussion of the functional range of elements which may fill either the pre-verbal "Vorfeld" in German, or the sentence-initial position in other languages, see Augustin SPEYER's contribution to this volume. The literature on functional syntax is vast; my own thinking has been significantly informed by the non-binary concept of "communicative dynamism" advocated by Jan Firbas, for example FIRBAS (1992), and by the work of Simon Dik, for example DIK (1989).

42 Alternatively, one would have to argue that [... X1 + particle + verb ...] in Middle Welsh, Middle Breton, and Middle Cornish all originate from Brythonic clefts, via de-marking, and provide a motivation for the rise of concord in Middle Welsh.

43 Cf. Table 1 on p. 259. Examples based on ISAAC (1996: 62, 63–64).

relative	[i]	. . . * *beird*$_{[pl]}$ *y byt a uarn*$_{[3^{rd}\ sg]}$ *wyr* . . .
		‘. . . poets of the world who judge men . . . ’
“mixed”/cleft		* *ys beird*$_{[pl]}$ *y byt a uarn*$_{[3^{rd}\ sg]}$ *wyr*
		‘it is the poets of the world who judge men’
	> [ii]	* *beird*$_{[pl]}$ *y byt a uarn*$_{[3^{rd}\ sg]}$ *wyr*
		‘(it is) the poets of the world (who) judge men’
left-dislocation	[iii]	* *beird*$_{[pl]}$ *y byt, barnant*$_{[3^{rd}\ pl]}$ *wyr*
		‘the poets of the world, they judge men’
“abnormal”/X1	[iv]	* *beird*$_{[pl]}$ *y byt a uarnant*$_{[3^{rd}\ pl]}$ *wyr*
		‘the poets of the world judge men’

Table 1: Diachronic development

If this view can be upheld, the functionally similar X1 patterns of Breton, Cornish, and Middle Welsh arose along different paths from the same source, namely Insular Celtic/Brythonic V1 in combination with various pragmatically marked options. In Breton and Cornish X1 without concord was the result of cleft-constructions acquiring unmarked, topical readings, whereas in Middle Welsh X1 with concord was the result of blending cleft constructions marked for focus with left-dislocations marked for topic. Both developments could have been facilitated further by left-dislocated adverbial phrases in unmarked and iconic sentence-initial position.

6 Another detour: the changing syntax of *canys*

Simon Evans (1971: 56) and David Willis (Borsley, Tallerman, Willis 2007: 327) note instances of concord of person and number following *canys*, the combination of the conjunction *can* ‘because’ and the copula *ys*, and therefore in origin a cleft marker. The expected relative cleft construction without concord is realized in (13.1/2), in both instances with the relative form *yssyd* of ‘to be’, which would appear to be insensitive to the demands of concord.

(13.1) *“Arglwyd,” heb ef, “mi a uynaf genhat y vynet y’m gwlat y ymwelet a’m gwreic ac a’m tir a’m dayar* ***canys seith mlyned***$_{[pl]}$ ***yssyd***$_{[3^{rd}\ sg]}$ *yr pan yttwyf gyt a thi”* (YBH 3835–3839)
‘ “Lord,” he said, “I ask permission to go to my country, in order to see again my wife and my land and my country, because it is seven years since I have been with you.” ’

(13.2) *“Arglwydi,” heb hi, “perwch awch holl niueroed gwiscaw arueu y vynet y ganorthwyaw Sabaot,* ***canys Arabyeit***$_{[pl]}$ ***yssyd***$_{[3^{rd}\ sg]}$ *yn chwerwdic yn y ymlit”* (YBH 3958–3962)
‘ “Lord,” she said, “let all your troops arm themselves, in order to come to Sabaot’s help, because Arabs are pursuing him angrily.” ’

In these two examples of formal clefting, from the same text, fronting would appear to serve different pragmatic ends: in (13.1) the temporal phrase is fronted for non-contrastive, explicative focus, whereas in (13.2) the informational core, the explanation for the call to arms, is the fact that Sabaot is being pursued angrily, and not the fact that is being done by Arabs. I therefore suggest that *Arabyeit* is a topicalised subject and that the lack of concord is probably triggered by the special form *yssyd*. In the same text we find at least one instance of concord with a topicalised subject, (13.3),[44] and a number of instances of *canys* as a complementiser with the finite verb immediately following, as in (13.4). The ability of the syntactic system to tolerate side by side different structures with minimal syntactic and semantic differences, is impressive.

(13.3) *Arglwydi, bydwn da* ***kanys ni***$_{[1^{st}\ pl]}$ ***a gawssam***$_{[1^{st}\ pl]}$ *dechreu da, ac nyt oes na ffrwyth na nerth yn y bopyl a welwch racco* (YBH 600–603)
'Lords, let us be brave, because we had a good beginning, and there is neither strength nor energy in the folk you see over there'

(13.4) *Y rof a duw, Bratmwnd, da yd ymgarfuwyt a thi* ***canys kefeist*** *dy vrdaw yn effeirat gan esgob kystal ac y kefeist, kanys tebic wyt y effeirat yr awr hon* (YBH 1272–1276)
'By God, Bratmwnd, you were well treated, because you received your ordination as a priest from such a good bishop as you had, because you look like a priest now'

I can offer one example (13.5) in which *canys* is followed by an inserted conditional clause, and the main verb of the *canys*-clause is then preceded by adverbial *kynt* 'earlier' > 'rather', which would appear to trigger a cleft construction.[45] *Ystoryaeu Seint Greal* seems to be a treasure house of interesting and varied uses of *kanys*: a very preliminary search yielded one example of the fronting of an adverbial phrase and plural subject with concord observed (13.6),[46] as in main X1 clauses, and another example of the fronting of an adverbial phrase and an expletive subject in one manuscript of the text (13.7), but with the adverbial phrase placed at the end of the sentence in the second manuscript.

(13.5) ***kanys o*** *ffaraf y lad neu y grogi* ***kynt*** *y bydaf varw i noc ef o achos y vot (y vot) yn vabmayth im a meint y caraf ef* (YBH 816–819)
'because if I have him killed or crucified, I would rather be dead than he, because he is my foster son, and dearly I love him'

(13.6) ***kanys gwedy*** *dyuot Iessu Grist attunt y'r dayar,* ***wynt*** *a debygassant panyw …* (YSG 816–817)
'because after Jesus Christ had come to them in the world, they thought that …'

(13.7) ***Kanys kynn*** *gorffen y Keis hwnn* ***ef*** *a gyll llawer gwrda y eneit* (YSG 372–373)
'because before the end of this quest many a lord will loose his life'

Examples as in (13.3) are evidence for the loss of focus values within the history of Middle Welsh and for the concomitant rise of new X1 structures with topicalisation and with concord, which was already available in other X1 sentences.[47]

44 For some similar examples compare YSG 126, 219, 559, 698, 183–184, 1749 (and contrast 339 with a cleft construction), 193 (with differences with regard to the realization of concord between the two manuscripts), 374–375; a systematic analysis of the syntax and pragmatics of *canys* in *Ystorya Bown* and *Ystoryeu Seint Greal* would probably yield interesting results.

45 Further collection and analysis of examples is necessary, but compare, for instance, *byd kynt y key dy grogi wrth y iubet* (YBH 627–628) 'you will rather be hanged on the gallows', *Yskynnu a oruc Pwyll ar y uarch, ac nyt kynt yd yskynn ef ar y uarch, noc yd a hitheu hebdaw ef* (PKM 11.27–12.1) 'Pwyll mounted his horse, and no sooner had he mounted his horse than she rode past him', *kanys kynt y gwnaethost ti wrogaeth ymi noc y tebygy di* (YSG 2127–2128) 'since you will sooner do homage to me than you think'.

46 See similarly YSG 956–957.

47 For another example of grammaticalisation through the loss of an originally emphatic value in the history of Welsh see the development of the negation *(d)dim* within the Welsh "Jespersen's Cycle", compare WILLIS (2006) and BORSLEY, TALLERMAN, WILLIS (2007: 311–313).

7 Breton again, and some tentative conclusions

A comparative perspective on the pragmatics of X1 in Breton may be instructive for a refined understanding of the pragmatics of X1 in Middle Welsh. It is, however, beyond the scope of my present discussion, mainly because text-based research on these matters is lacking. For Middle Breton, LE ROUX (1957: 450–468) proposes a ± emphatic scale for the pragmatic value of sentence-initial constituents. But the demarcation between the domains of emphatic and non-emphatic frontings remains as unspecified as the demarcation between the domains of clefts proper and of "emphatic" frontings.

In order to indicate the potential, as well as the problems of a functional interpretation of frontings in Middle Breton, I will present only two sentences taken from *Buhez an Itron Sanctes Cathell*, the life of Saint Catherine of Alexandria, printed in 1576 and translated from either a Latin or a French source, in which pronominal subjects of the first person singular are fronted.

(14.1) *an sanctes a respontas scriffet eo na dle den e nem meuly nac yuez e nem vitupery entrase a custum en tut sot da ober, hac en re trauaillant gant vanegloer : euit se* ***me*** *a lauaro dit ma lingnez : ne deo quet euit ma em v[a]ntaff : hoguen ma em humiliaff* ***me*** *so Cathell merch vnic dan roue coste* (BISC § 7.5–9)
'the saint answered: "it is written that nobody should praise or disparage himself, what stupid people ordinarily do and those that strife for fame; therefore I will tell you my origins, in order not to boast, but to humiliate myself: I am Cathell, the only daughter of king Coste".'

(14.2) *an dez oar lerch pan deuz an tirant cesar do inclasç petra ayoa great da corph an rouanes ha palamour dan trase an tirant cesar a falle dezaff laquat dan marou cals a ch[r]istenyen, incontinant porphirius a nem presentas dirazaff en vn lauaret:* ***me*** *a meux sebeliet corff an roanes* (BISC § 28.1–5)
'the next day, when the tyrant Cesar came in order to enquire what had been done with the queen's body, and as the tyrant Cesar intended to have so many Christians killed because of this, immediately Porphirius presented himself to him, saying: "I buried the body of the queen".'

I think that it is fairly uncontroversial to suggest that the pre-verbal subject pronouns in (14.1) are of lower information value than the constituents following the verb and that they are therefore fronted as topics. I would suggest, however, that the pre-verbal subject pronoun in (14.2) is fronted as focus and for exhaustive listing: 'I, and nobody else' (compare similarly (8.1) above).[48]

These analyses are based on an interpretation of the contexts, and the hermeneutic problems for similar analyses of the pragmatic functions of frontings in Middle Welsh have been pointed up by Arwyn Watkins:

> "[T]here is, in certain circumstances, no formal distinction between focused fronting (as in (i)), and unfocused fronting (as in (ii)):
>
> (i) *ac yno y mae y llech* [PKM] 92.20 [...]
> 'and it's there that the stone lies'
>
> (ii) *A'r nos honno y buant y rwng Keri ac Arwystli* [PKM] 71.5 [...]
> 'And that night they were between Keri and Arwystli'

48 My interpretation would appear to be supported by Ernault's translation (BISC, p. 91): 'C'est moi qui ai enseveli le corps de la reine'. For an example of a fronted adverbial phrase in focus see BISC § 22.7–8; the fronted adverbial phrase in BISC § 17.4 is more difficult to locate on the pragmatic scale.

> The foregoing interpretation is based on context, since form is of no help. Interpretation based on context can of course be inconclusive. Thus, the particle [*y*] in the following sentence: *ac o'r achaws hwnnw y dodet Creuwyron ar y dref* [PKM] 71.15 [...] could be interpreted as subordinating [i. e., 'cleft/mixed'] ('and it was for that reason that the town was called Creuwryon') or declarative [i. e., 'X1/abnormal'] ('and because of that the town was called Creuwyron'). Both suit the context." (WATKINS 1997: 198)

As the foregoing discussions have indicated, interpretation by context, which may turn out to be inconclusive, is necessary also in cases of various residual instances which are formally marked as clefts, be it by the presence of a form of a copula or by the absence of concord. With regard to the wider issues in the analysis of Middle Welsh word order, I am currently inclined to favour a model of X1 which resorts to "topic" and "focus" as polar values on a scale of pragmatic nuances and which takes account of typical, but non-necessary associations of topichood with, e. g., givenness and subjecthood, and which also allows for speakers' choices. I therefore prefer to remain sceptical, and at least agnostic, about the unambiguous mapping of syntactic form on pragmatic function and about the discreteness of the pragmatic functions "topic" and "focus" – positions that I argued for with greater optimism in POPPE (2000). I would now propose to look for cut-off areas, in which pragmatic functions oscillate and change, rather than for one discrete cut-off point. The move away from binary categories of analysis may have one potentially problematic methodological side-effect, namely that their application and their validation will become increasingly more difficult, and arguably more subjective – but it may open new conceptual perspectives.

Bibliography

Primary sources

BISC: Emile ERNAULT, 'La vie de sainte Catherine', *Revue Celtique* 8 (1887), pp. 76–95.

BSG: Françoise LE ROUX & Christian-J. GUYONVARC'H, *La légende de la ville d'Is*, Rennes, 2000.

CO: Rachel BROMWICH & D. Simon EVANS, *Culhwch and Olwen. An Edition and Study of the Oldest Arthurian Tale*, Cardiff, 1992.

COMPUTUS: Ifor WILLIAMS, 'The Computus Fragment', *Bulletin of the Board of Celtic Studies* 3.4 (1927), pp. 245–272.

DOB: Léon FLEURIOT & Claude EVANS, *A Dictionary of Old Breton*, 2 parts, Toronto, 1985.

MÜHLHAUSEN PKM: Ludwig MÜHLHAUSEN, *Die Vier Zweige des Mabinogi (Pedeir Ceinc y Mabinogi)*, 2., durchgesehene und erweiterte Auflage von Stefan ZIMMER, Tübingen, 1988.

P: Whitley STOKES, 'The Passion. A Middle Cornish Poem', *Transactions of the Philological Society* (1860–61), Appendix, pp. 1–100.

PKM: Ifor WILLIAMS, *Pedeir Keinc y Mabinogi allan o Lyfr Gwyn Rhydderch*, Caerdydd, 1930.

Wb: Whitley STOKES & John STRACHAN, 'The Würzburg glosses and scholia on the Pauline Epistles', in Whitley STOKES & John STRACHAN, *Thesaurus Palaeohibernicus.* Vol. I. *Biblical Glosses and Scholia*, Dublin, 1975, pp. 499–712.

WLSD: D. Simon EVANS, *The Welsh Life of St David*, Cardiff, 1988.

YBH: Morgan WATKIN, *Ystorya Bown de Hamtwn*, Caerdydd, 1958.

YSG: Thomas JONES, *Ystoryeu Seint Greal.* Rhan I: *Y Keis*, Caerdydd, 1992.

Secondary literature

BORSLEY, TALLERMAN, WILLIS 2007: Robert D. BORSLEY, Maggie TALLERMAN, David WILLIS, *The Syntax of Welsh*, Cambridge, 2007.

DAVIES 2007: Sioned DAVIES, *The Mabinogion*, Oxford, 2007.

DIK 1989: Simon C. DIK, *The Theory of Functional Grammar. Part I: The Structure of the Clause*, Dordrecht & Providence, 1989.

DI TULLIO 2006: Angela DI TULLIO, 'Celfting in Spoken Discourse', in Keith Brown, *Encyclopaedia of Language and Linguistics*, 2nd ed., Amsterdam, 2006, pp. 483–491.

EVANS 1964: D. Simon EVANS, *A Grammar of Middle Welsh*, Dublin, 1964.

——— 1971: D. Simon EVANS, 'Concord in Middle Welsh', *Studia Celtica* 6 (1971), pp. 42–56.

FAVEREAU 1997: Francis FAVEREAU, *Grammaire du breton contemporain*, Morlaix, 1997.

FIRBAS 1992: Jan FIRBAS, *Functional Sentence Perspective in Written and Spoken Communication*, Cambridge, 1992.

HEWITT 1998: Steve HEWITT, 'The Impersonal in Breton', *Journal of Celtic Linguistics* 7 (2002), pp. 1–38.

ISAAC 1996: Graham R. ISAAC, *The Verb in the Book of Aneirin. Studies in Syntax, Morphology and Etymology*, Tübingen, 1996.

LE ROUX 1957: Pierre LE ROUX, *Le Verbe Breton (Morphologie, Syntaxe)*, Rennes & Paris, 1957.

LEWIS & PIETTE 1990: Henry LEWIS & J. R. F. PIETTE, *Handbuch des Mittelbretonischen*, Innsbruck, 1990.

MAC CANA 1966: Proinsias MAC CANA, 'An Old Nominal Relative Sentence in Welsh', *Celtica* 7 (1966), pp. 91–115.

——— 1973: Proinsias Mac Cana, 'On Celtic Word-Order and the Welsh "Abnormal" Sentence', *Ériu* 24 (1973), pp. 90–120.

——— 1990: Proinsias MAC CANA, 'On the uses of the Conjunctive Pronouns in Middle Welsh', in Martin J. BALL et al., *Celtic Linguistics. Ieithyddiaeth Geltaidd. Readings in the Brythonic Languages. Festschrift for T. Arwyn Watkins*, Amsterdam & Philadelphia, 1990, pp. 411–433.

MANNING 2002: H. Paul MANNING, 'Orderly Affect: The Syntactic Coding of Pragmatics in Welsh Expressive Constructions?', *Pragmatics* 12: 4 (2002), pp. 415–446.

——— 2004: H. Paul MANNING, 'The Geology of Railway Embankments: Celticity, Liberalism, the Oxford Welsh Reforms, and the Word Order(s) of Welsh', *Language & Communication* 24 (2004), pp. 135–163.

MILLER 2006: Jim MILLER, 'Focus', in Keith BROWN, *Encyclopaedia of Language and Linguistics*, 2nd ed., Amsterdam, 2006, pp.511–518.

POPPE 1991: Erich POPPE, *Untersuchungen zur Wortstellung im Mittelkymrischen. Temporalbestimmungen und funktionale Satzperspektive*, Hamburg, 1991.

——— 2000: Erich POPPE, 'Constituent Order in Middle Welsh. The Stability of the Pragmatic Principle', in Rosanna SORNICOLA, Erich POPPE, Ariel SHISHA-HALEVY, *Stability, Variation and Change of Word-Order Patterns over Time*, Amsterdam & Philadelphia, pp. 41–51.

RICHARDS 1938: Melville RICHARDS, *Cystrawen y Frawddeg Gymraeg*, Caerdydd, 1938.

RODWAY 2004: Simon RODWAY, 'The Red Book Text of "Culhwch ac Olwen": A Modernising Scribe at Work', *Studi Celtici* 3 (2004), pp. 93–161.

SORNICOLA 2006: Rosanna SORNICOLA, 'Interaction of Syntactic and Pragmatic Factors on Basic Word Order in the Languages of Europe', in G. BERNINI & M. L. SCHWARTZ, *Pragmatic Organization of Discourse in the Languages of Europe*, Berlin & New York, 2006, pp. 357–544.

TERNES 1992: Elmar TERNES, 'The Breton Language', in D. MACAULAY, *The Celtic Languages*, Cambridge, 1992, pp. 371–452.

TIMM 1987: Lenora A. TIMM, 'Cleft Structures in Breton', *Word* 38 (1987), pp. 127–142.

——— 1991: Lenora A. TIMM, 'Discourse Pragmatics of NP-initial Sentences in Breton', in J. FIFE & E. POPPE, *Studies in Brythonic Word Order*. Amsterdam, 1991, pp. 275–310.

TRÉPOS 1980: Pierre TRÉPOS, *Grammaire bretonne*, Rennes, 1980.

WATKINS 1977/78: T. Arwyn WATKINS, 'Trefn yn y Frawddeg Gymraeg', *Studia Celtica* 12–13 (1977/78), pp. 367–395.

——— 1983/84: T. Arwyn WATKINS, 'Trefn y Constitwentau Brawddegol yn *Branwen*', *Studia Celtica* 18–19 (1983/84), pp. 147–157.

——— 1988: T. Arwyn WATKINS, *Constituent Order in the Positive Declarative Sentence in the Medieval Welsh Tale 'Kulhwch ac Olwen'*, Innsbruck, 1988.

——— 1993: T. Arwyn WATKINS, 'Constituent Order in Main/Simple Verb Clauses of *Pwyll Pendeuic Dyuet*', *Language Sciences* 15.2 (1993), pp. 115–139.

——— 1997: T. Arwyn WATKINS, 'Constituent Order in the Main/Simple Verbal Declarative Clause in *Math uab Mathonwy*', *Studia Celtica* 31 (1997), pp. 195–217.

WATKINS & MAC CANA 1958: T. Arwyn WATKINS & Proinsias MAC CANA, 'Cystrawennau'r cyplad mewn Hen Gymraeg', *Bulletin of the Board of Celtic Studies* 18.1 (1958), pp. 1–25.

WILLIS 1998: David W. E. WILLIS, *Syntactic Change in Welsh. A Study of the Loss of Verb-second*, Oxford, 1998.

——— 2006: David WILLIS, 'Negation in Middle Welsh', *Studia Celtica* 40 (2006), pp. 63–88.

Hethitisch *kāša, kāšma, kāšat(t)a*: drei verkannte deiktische Partikeln

Elisabeth RIEKEN (Philipps-Universität Marburg)

§ 1 Der folgende Beitrag ist einer kleinen, offensichtlich zusammengehörigen Gruppe von hethitischen Partikeln gewidmet: *kāša, kāšma* und *kāšat(t)a*. Alle drei wurden seit Beginn der hethitologischen Forschung gleichermaßen mit ‚siehe, fürwahr, nun' oder englisch ‚look here, lo, behold' übersetzt.[1] FRIEDRICH (1952: 104f.) stellte zusätzlich fest, daß *kāša* und *kāšma* zur Einleitung neuer Abschnitte dienten. Konsens herrschte von Anfang an auch über den etymologischen Zusammenhang mit dem deiktischen Pronomen *kā-* ‚dieser hier' und mit dem Pronominaladverb *kā* ‚hier'. An der beschriebenen Communis opinio änderte sich zunächst auch nichts, als HOFFNER (1968: 532) die Funktion der von ihm als Interjektionen klassifizierten Partikeln abweichend bestimmte, und zwar zur Hervorhebung des Gegenwartsbezugs einer Sachverhaltsbeschreibung. Ein Präteritum habe dann die Geltung eines Resultativperfekts, während das Präsens-Futur in Verbindung mit den Partikeln eine unmittelbar bevorstehende Handlung oder eine Absicht zum Ausdruck bringe. Diese Auffassung hat HOFFNER (2002/03) jüngst wiederholt und für das Präsens-Futur dahingehend ergänzt, daß es zusammen mit *kāša* etc. nicht nur das unmittelbare Bevorstehen einer Handlung markiere, sondern je nach Kontext auch ihren gegenwärtigen Verlauf sowie gegebenenfalls eine performative Komponente, vgl. für die letztgenannte Verwendung:

(1) KUB 1.16 II 37
ka-a-aš-ma ^{m}*mur-ši-li-iš* DUMU-*Y*[*A*]
‚Muršili is hereby my (adopted) son (and designated heir).'

Die festgestellten Gebrauchsweisen stehen nach Hoffner in Kontrast zur Verwendung von hethitisch *āšma*, für das er überzeugend eine zeitlich, räumlich und emotional distanzierende Funktion nachweist. Wichtig ist auch sein Hinweis, daß *kāšma* im Gegensatz zu *kāša* erst nachalthethitisch bezeugt ist (HOFFNER 2002/03: 81).

§ 2 In den letzten Jahren scheint sich diese Gesamtdeutung zunehmend durchzusetzen (vgl. z. B. die Übersetzungen durch MILLER 2004: 72 als ‚here' und ‚hereby'), doch zeigt bereits eine kursorische Durchsicht der Belege, daß seine Funktionszuweisung mindestens einer Modifikation bedarf. Im folgenden stehen zunächst die beiden häufigeren Partikeln *kāša* und *kāšma* im Vordergrund, während das seltenere *kāšat(t)a* im Anschluß behandelt wird.

Die erste Feststellung, die eine Untersuchung der Belegstellen erlaubt, ist, daß es typische Kontexte gibt, in denen ausschließlich *kāša* auftritt. Umgekehrt existieren auch solche, die durchgehend *kāšma* aufweisen. Für *kāša* sind Anrufungen von Gottheiten im Rahmen magischer Rituale mit der Beschreibung ritueller Handlungen üblich:

1 Stellvertretend sei hier auf die betreffenden Lemmata aus FRIEDRICH (1952: 104, 105) und PUHVEL (1984ff.: K 118f.) verwiesen, wo auf Arbeiten von Sommer, Ehelolf und Hrozný Bezug genommen wird.

(2) KUB 24.9 + I 55–57
[ku-i-š]a-an al-wa-an-za-aḫ-ḫi-iš-ki-it ku-i-ša-an a-ša-ri-eš-k[(i-it) ki-nu-n]a-aš-ši-kán ka-a-ša ḫu-u-ma-an-da-az ^{UZU}ÚR-*na-a[z (da-aš-ki-mi) na-at* EGIR-*p]a iš-ḫa-aš-ši pí-iš-ki-mi*

‚[Wer] ihn verzaubert (und) wer ihn mit weißer Wolle gebunden [(hat), jetzt] aber *kāša* [(nehme ich)] (es) ihm von allen Gliedern [und] gebe [es] seinem Besitzer [zurück.]‘

(3) KUB 24.10 III 25–27
ka-a-ša-aš-ši-kán ḪUL EME-*[an* ḪU]L *ḫu-u-ul-la-an-za-tar* ḪUL UḪ$_4$-*tar* Ḫ[UL$^?$-]× *kar-ta-a-nu-un*

‚*kāša* ich habe ihm das böse Gere[de, den bös]en Streit (und) die böse Verzauberung abgeschnitten.‘

Die Annahme eines Gegenwartsbezugs oder einer performativen Komponente mit Hoffner scheint hier durchaus möglich. Die häufigsten Belege mit *kāšma* sind indessen Warnungen an einen Vertragspartner, daß er mit bestimmten Handlungen den Vertrag nicht brechen solle, vgl.:

(4) KBo 4.3 I 22'–24'
(‚Mit dem Aštarpa-Flußland und mit dem Šiyanta-Flußland sollst du nicht eine einzige Stadt besiedeln.‘)
ma-a-an-za 1^{EN} URU^{LIM}-*ma ku-in-ki a-ša-aš-ti nu-kán ka-a-aš-ma NI-EŠ* DINGIR^{LIM} *šar-ra-at-ti*

‚Wenn du aber auch nur irgendeine einzige Stadt besiedelst, brichst *kāšma* du den Eid.‘

Hier käme am ehesten noch die performative Deutung Hoffners in Frage, ein unmittelbarer Gegenwartsbezug ist in dem Konditionalgefüge aber keinesfalls gegeben. Heth. *kāša* kommt in diesen Kontexten niemals vor. Überschneidungen im Gebrauch der beiden Partikeln gibt es indessen in Äußerungen, in denen der Gottheit ein Opfer angeboten wird:

(5) KBo 15.25 Vs. 22
ka-a-ša-wa-aš-ma-aš EN SÍSKUR SÍSKUR *pa-iš*

‚*kāša* der Opfermandant hat euch ein Opfer gegeben.‘

(6) KUB 27.29 III 4
ka-a-aš-ma-wa-at-ta ^{GIŠ}ŠÚ.A *ar-ta-ri*
‚*kāšma* ein Thron steht für dich da.‘

§ 3 Da die Funktion von Partikeln oft weniger semantischer als vielmehr pragmatischer Natur ist, sollen zunächst in Anwendung des von Caroline Kroon (1998: 221) vorgeschlagenen heuristischen Verfahrens verschiedene formale Kriterien im Bereich der Pragmatik untersucht werden. Sie stellt folgende Liste der zu überprüfenden Faktoren auf:

- discourse type: dialogical, monological or diaphonic
- collocations with other particles
- illocutionary force of the clause in which the particle occurs
- communicative structure (i. e. position of the host unit in the hierarchically organized, communicative structure)
- information structure

a. global: thematic structure, b. local: focus marking
– syntactic status of the clause in which the particle occurs (subordinate or main)

Nicht sehr aussagekräftig ist die Feststellung der Textsorten, in denen die hethitischen Partikeln bezeugt sind, da diese weit gestreut sind, von magischen und Festritualen über Staatsverträge bis hin zu Briefen. Interessanter ist jedoch der Typ des jeweiligen Diskursabschnitts, der stets dialogische Züge trägt. Oft handelt es sich um eine direkte Rede, in der der Adressat angesprochen wird, wie im Falle der oben zitierten Götteranrufungen im Ritual. Sonst hat der Verfasser sein Gegenüber immerhin geistig vor Augen, so in den Briefen und in den beschriebenen Warnungen, die Eide des Staatsvertrags nicht zu verletzen. Diese eigentlich monologischen Texte besitzen also Elemente des Dialogs; sie sind – in der Terminologie der Paris-Geneva-School – „diaphonisch" (zum Begriff vgl. KROON 1998: 212–214).

Regelmäßig auftretende Verbindungen mit anderen Partikeln sind nicht festzustellen. Die Position der Partikel ist diejenige des ersten betonten Wortes im Satz, also unmittelbar nach der Satzeinleitung *nu* mit Partikelkette oder am Satzanfang selbst als Träger der Partikelkette. Diese Stellung besagt zwar nicht mit absoluter Sicherheit, daß die Partikel den gesamten Satz im Skopus hat; sie legt es aber immerhin nahe. Es fällt zudem auf, daß die Partikeln zwar nicht grundsätzlich, aber recht häufig entweder am Anfang oder am Ende der betreffenden Diskursabschnitte auftreten. Dies könnte darauf hindeuten, daß der Skopus in manchen Fällen sogar über den Satz hinausgreift und den gesamten Abschnitt umfaßt, und damit auch Merkmale der Interaktion zwischen Sprecher und Adressat signalisiert.

Hinsichtlich des Satztyps überwiegen deutlich assertierende, nicht modalisierte Hauptsätze, doch sind Nebensätze, Aufforderungen bzw. Verbote sowie epistemisch neutral modalisierte Matrixsätze in Konditionalgefügen durchaus möglich. Beide Tempora, Präsens und Präteritum, kommen mit den Partikeln zusammen vor. Dies alles entspricht ungefähr dem auch sonst bestehenden Zahlenverhältnis der genannten Satztypen zueinander. Auch ein Zusammenhang mit der Informationsstruktur ist nicht erkennbar: Weder die Topik-Komment-Gliederung noch die Fokussierung von Satzgliedern scheint Einfluß auf die Setzung der Partikeln zu nehmen.

Bemerkenswert ist jedoch ein anderes Merkmal, nämlich daß die betreffenden Sätze unverhältnismäßig oft ein Prädikat in der 1. oder 2. Person aufweisen – ein Merkmal, das zwar mit dem dialogischen bzw. diaphonischen Charakter der Textpassagen in Einklang steht, aber wenig typisch für Partikeln wäre, deren Hauptfunktion nach Hoffner in der Hervorhebung des Gegenwartsbezugs, d. h. in der Zeitangabe, liegen soll. Stattdessen liegt die Vermutung nahe, daß es sich bei den Partikeln um Morpheme handelt, die in einer noch zu bestimmenden Weise auf die beiden Kommunikationspartner Bezug nehmen.

Diese Erkenntnis steht ganz in Einklang damit, daß *kāša* und *kāšma* mit sehr großer Wahrscheinlichkeit vom Pronominalstamm *kā-* abgeleitet sind. Denn *kā-* – so hat unlängst Petra GOEDEGEBUURE (demnächst und 2002/03) überzeugend durch Kontextanalysen nachgewiesen – zeichnet sich ebenso wie *apā-* nicht wie zuvor vorausgesetzt durch entfernungsbezogene, sondern durch personenbezogene Deixis aus: *kā-* heißt also nicht lokal ‚der hier in der Nähe', sondern ‚der hier bei mir, dem Sprecher'; *apā-* bedeutet nicht ‚der dort in Entfernung', sondern ‚der dort bei dir, dem Adressaten'. Auch in den Partikeln ist der personendeiktische Bezug, den die oben im ersten Schritt untersuchten Indikatoren nahelegen, vorhanden.[2] Zum Nachweis steht im zweiten Schritt die Detailanalyse der bezeugten

2 In seiner jüngeren Stellungnahme zum Thema stellt auch HOFFNER (2002/03: 81) den etymologischen Zusammenhang zwischen den Partikeln und dem deiktischen Pronomen fest, sieht darin aber nur den früheren Ausgangspunkt für eine semantische Weiterentwicklung, die zu der von ihm angesetzten Bedeutung geführt habe.

Kontexte zur Verfügung. Mittels derselben wird sich auch der Unterschied zwischen den Partikeln herausstellen. Wegen des beschränkten Raums werden nur wenige, dafür aber besonders aufschlußreiche Textpassagen vorgeführt.

§ 4 Am Anfang der Untersuchung soll die Partikel *kāša* stehen. Das erste signifikante Belegpaar entstammt den in der Provinzstadt Tapikka (heute: Maşat Höyük) gefundenen Briefen. Die Schreiber der Briefe nutzten die Möglichkeit, im Anschluß an den diktierten Text der Majestät eigene, private Nachrichten an den Schreiberkollegen niederzuschreiben. In einem der Briefe beruhigt der Schreiber aus der Hauptstadt seinen Kollegen auf dem Vorposten in der Provinz hinsichtlich der daheim gebliebenen Familie:

(7) HBM 3, o. Rd. 21–l. Rd. 23
ka-a-ša I-NA É-*K*[*A*] *ŠAL-MA MA-ḪAR* DAM-*KA ḫu-u-ma-a*[*n*] SIG$_5$-*in na-aš-ta* ŠEŠ.DÙG.GA-*YA la-aḫ-la-aḫ-ḫi-iš-ki-zi* [*le-e ku-wa-at-ka$_4$*]
,*kāša* **hier** in dein[em] Haus geht es gut. Bei deiner Gattin ist alle[s] in Ordnung. Mein lieber Bruder soll sich [in keiner Weise] beunruhigen.'

In einem anderen Brief zwischen denselben Schreibern lautet die Formulierung leicht abweichend:

(8) HBM 2, l. Rd. 1–5
ka-a-ya I-NA É-*K*[*A*] *ḫu-u-ma-a*[*n*] SIG$_5$-*in na-aš-ta* ŠEŠ.DÙG.GA-[[ḪI]] *YA* [*l*]*e-e ku-wa-at-ka$_4$ la-aḫ-la-aḫ-ḫi-i*[*š-k*]*i-ši*
,Auch hier (*kā*) in dein[em] Haus ist alle[s] in Ordnung. Mein lieber Bruder, beunru[hi]ge dich [in ke]iner Weise.'

Offensichtlich besitzen *kā* ,hier bei mir' und *kāša* in diesen Belegen eine ähnliche semantische Funktion – mit dem Unterschied, daß *kā* als ein normales Adverb syntaktisch die Position der adverbiellen Bestimmung des Ortes einnimmt, während *kāša* als Satzpartikel lediglich in unspezifischer Weise den gesamten Sachverhalt der lokalen Sphäre des Sprechers zuweisen kann. Diese Annahme erlaubt auch eine sinnvolle Übersetzung der beiden bereits unter (2) und (3) zitierten Belege aus den Ritualtexten. Im Deutschen hat ein schwach betontes, partikelartiges ,hier' (im Fettdruck) eine vergleichbare Funktion, vgl.:

(2) ,[Wer] ihn verzaubert (und) wer ihn mit weißer Wolle gebunden [(hat), jetzt] aber [(nehme ich)] *kāša* **hier** (es) ihm von allen Gliedern [und] gebe [es] seinem Besitzer [zurück.]'
(d. h. ich hier im Gegensatz zum abwesenden, feindlichen Magier)

(3) ,Ich *kāša* **hier** habe ihm das böse Gere[de, den bös]en Streit (und) die böse Verzauberung abgeschnitten.'

Ein weiterer Beleg stammt aus den Ritualen im Rahmen der Militärischen Eide:

(9) KBo 6.34 + III 4–9
(,Nun bringt man eine blinde und taube Frau an ihnen vorbei fort, und du sprichst zu ihnen folgendermaßen:')
ka-a-ša MUNUS ^{LÚ}IGI.NU.GÁL ^{LÚ}Ú.ḪÚB *nu-wa-kán* [(*k*)]*u-iš A-NA* LUGAL MUNUS.LUGAL ḪUL-*lu ták-ki-iš-z*[*i*] ... *na-an* ^{LÚ}IGI.NU.GÁ[L-*aš*] *i-wa-ar da-*[*šu-wa-aḫ-ḫa-a*]*n-du*! *ŠA* ^{LÚ}Ú.ḪÚB-*ma-an i-wa-ar* [*du-ud-du-mi-y*]*a-an-du*
,Eine Blinde (und) Taube *kāša* **hier**. [(Wel)]cher [...] nun dem König und der Königin Böses zufüg[t], ... den sollen sie wie einen Blind[en] b[lend]en (und) wie einen Tauben [taub ma]chen.'

Die Partikel *kāša* dient dem Hinweis auf die Frau, die sich beim Sprecher befindet und deren Präsenz für das Gelingen des Analogiezaubers unerläßlich ist. Ein zeitlicher Bezug auf die Gegenwart kann hier nicht gemeint sein.

5 Das funktional komplementäre Gegenstück zu *kāša* bildet *kāšma:* Hier ist der inhaltliche Bezug zum Adressaten eklatant. Er kommt meist zusätzlich in eindeutiger Weise durch Pronomina und Verbalformen der 2. Person zum Ausdruck. Dafür läßt sich beispielsweise die unter (4) schon zitierte Formel aus den Staatsverträgen anführen. Im Deutschen existiert hierfür keine exakte Entsprechung, so daß hier behelfsweise verschiedene Pronomina und Pronominaladverbien (im Fettdruck) verwendet werden, um der Zielsetzung des vorliegenden Beitrags gemäß zu einer expliziten Wiedergabe zu gelangen, vgl.:

(4) ‚Wenn du aber auch nur irgendeine einzige Stadt besiedelst, dann brichst du *kāšma* **deinerseits** den Eid.‘

Der nächste Beleg, der aufgrund seiner Kürze den Adressatenbezug besonders deutlich werden läßt, ist einem mythologischen Text entnommen:

(10) KUB 33.58 II 13’
ka-a-aš-ma da-a
‚Nimm *kāšma* **du!**‘

In dem folgenden Beispiel aus einem Ritual geht der Adressatenbezug zwar nicht unmittelbar aus dem *kāšma*-Satz selbst hervor, ist aber durch den folgenden Kontext eindeutig, da die Gottheit den Weg der Angesprochenen kreuzt:

(11) KUB 17.12 II 15–17
nu-wa ka-a-aš-ma ^{d}GAZ.BA.A.A GAŠAN-*YA* ⌜*ú-iz-zi*⌝ *nu-wa-kán šu-um-me-eš* $^{\text{LÚ.MEŠ}}$KALAG.GA LÚ^{MEŠ} *MA-AḪ-RI-ya* KASKAL-*za ar-ḫa ti-i-ya-at-tén*
‚^{d}GAZ.BA.A.A, meine Herrin, kommt *kāšma* **zu euch**. Ihr starken und erstrangigen Männer tretet aus dem Weg!‘

Entsprechendes gilt für das nächste Beispiel, ohne daß dafür sich im Deutschen eine gute Übersetzung finden ließe:

(12) KBo 5.13 I 6’
nu-wa-ra-aš-kán ka-a-aš-ma an-da ú-it nu-wa-ra-an e-ep-tén
‚Und er kam *kāšma* **zu euch**. Ergreift ihn!‘

Markant ist schließlich die folgende, leider etwas zerstörte Textpassage, in der die Analogie zwischen der Sphäre der angesprochenen Gottheit und der menschlichen Sphäre des Betenden von entscheidender Bedeutung ist:

(13) KUB 40.110 Rs. 10’f.
[(*ka-a-aš-ma*) GI]M-*an ŠAL-MU nu-wa ŠA* LUGAL KUR-*e tu-uz-z*[*i-iš ŠAL-MU-TIM* (*a-ša-an-d*)]*u*
‚[Wi]e es [(*kāšma* **bei dir**)] in Ordnung ist, so sollen auch des Königs Land (und) Hee[r in Ordnung (sein)]!‘

Gemeint sind die Brote, die der Gottheit als Opfer hingelegt worden sind. Der einzige explizite Ausdruck, der auf den Adressaten verweist, ist hier *kāšma*.

§ 6 Schließlich gibt es die dritte Gruppe von Belegen, in denen sich zunächst kein Unterschied zwischen *kāša* und *kāšma* feststellen ließ: die Äußerungen, in denen der Gottheit ein Opfer angeboten wird. Unter Anwendung der oben vorgenommenen Deutungen von *kāša* und *kāšma* auf diese Textpassagen ergibt sich für die Übersetzung:

(5) ‚Der Opfermandant *kāša* **hier** hat euch ein Opfer gegeben.'

Der Opfermandant, der durch die sprechende Magierin vertreten wird, steht mit seiner Gabe im Mittelpunkt. Im zweiten Fall ist die Tatsache, daß der Thron der angesprochenen Gottheit zur Verfügung steht, sich also in ihrer Sphäre befindet, entscheidend:

(6) ‚Ein Thron steht für dich *kāšma* **da bei dir**.'

Verallgemeinernd läßt sich also sagen, daß in Sachverhaltsbeschreibungen, die einen Transfer wie Schenken, Geben, Bringen, Schicken oder auch das Schreiben von Briefen zum Inhalt haben, entweder der Sender oder der Empfänger in Abhängigkeit von der Sprecherintention durch eine der beiden Partikeln eigens markiert werden kann. Dies sei anhand von zwei weiteren charakteristischen Beispielen aus den Maşat-Briefen belegt:

(14) HBM 2 u. Rd. 10–Rs. 13
ŠA ŠEŠ ᵐ*ḫi-mu*-DINGIR-*LIM-ma ku-it ut-tar ḫa-at-ra-a-[e]š na-an-kán ka-a-ša pa-ra-a ne-eḫ-ḫi*

‚Was aber das betrifft, daß du über die Angelegenheit des Bruders des Ḫimuili geschrieben hast: ihn schicke ich hier aus.'

(15) HBM 2 Vs. 4–9
ŠA ANŠE.KUR.RA$^{\text{ḪI.A}}$-*mu ku-it ut-tar ḫa-at-ra-a-eš na-aš-ta ka-a-aš-ma* ANŠE.KUR.RA$^{\text{ḪI.A}}$ *ka-ru-ú pa-ra-a ne-eḫ-ḫu-un na-an-za-kán me-na-aḫ-ḫa-an-da a-ú*

‚Was das betrifft, daß du mir über die Angelegenheit der Pferde geschrieben hast, ich habe die Pferde schon früher *kāšma* **dir** ausgeschickt. Sieh ihnen entgegen!'

In HBM 2 steht der Sprecher, d. h. der hethitische König, in den Zeilen 10–13 – dies wird auch durch das präsentische Verb angezeigt – im Begriff, den Bruder des Ḫimuili auszuschicken, der sich zum Sprechzeitpunkt also noch beim Sprecher befindet. Zuvor, in den Zeilen 4–9, ist von einer anderen Angelegenheit die Rede, die gleichfalls eine Aussendung notwendig macht. Durch *kāšma* in Verbindung mit dem Adverb *karū* ‚vormals, früher, bereits, schon' ebenso wie durch den Nachsatz ‚Sieh ihnen entgegen' wird deutlich, daß hier die Wagenkämpfer den hethitischen König bereits verlassen haben und dieser die Situation der Ankunft beim Adressaten vor Augen hat.

Natürlich ist die Verteilung von *kāša* und *kāšma* nicht an allen Stellen so eindeutig, aber immerhin enthalten elf der zwölf vollständigen Belegkontexte von *kāšma* in den Maşat-Briefen ein Transferverb. Demgegenüber gibt es in demselben Corpus über 60 Belege für *kāša,* von denen nur ein Drittel ein Transferverb aufweist. Es ist klar, daß sich der Sprecher überwiegend über seine eigene Situation und seine eigenen Handlungen äußert und daß der Adressat vor allem dann ins Zentrum tritt, wenn der Sprecher ihm etwas schickt oder schreibt. Es ist diese Möglichkeit der Verschiebung der Perspektive, die in Kontexten, in denen die Sphäre sowohl des Sprechers als auch des Adressaten eine Rolle spielt, den Wechsel von *kāša* und *kāšma* hervorruft.

§ 7 Bei der dritten Partikel, *kāšat(t)a,* handelt es sich von Hause aus um eine Zusammensetzung aus *kāša* und dem enklitischen Personalpronomen der 2. Person Singular *-tta*. Komplementär zu *kāšma* tritt sie in Textkompositionen der althethitischen Zeit auf, scheint sonst aber – soweit die vier einzigen Belege eine sichere Bestimmung erlauben – dieselbe Funktion zu besitzen, vgl.:

(16) KBo 3.27 Vs. 13'
ka-ša-at-ta-aš-ma-aš ^m^*mu-ur-ši-li-in pé-eh̯-h̯u-un*
'*kašatta* euch **(in euren Bereich)** habe ich den Muršili gegeben.'

(17) KBo 17.1 I 11' mit Dupl. KBo 17.3 I 6'
('Und zu König und Königin spreche ich folgendermaßen:')
[(*ka-*)]*a-ša-ta-aš-ma-aš-kán ut-ni-ya-an-da-an la-a-lu-uš da-a-ah̯-h̯u*[*-un*]
'*kāšata* von euch **(aus eurem Bereich)** nahm ich die Nachrede der Bevölkerung.'

(18) KBo 22.1 Rs. 18'f.
ka-a-ša-at-ta-wa LÚ.MEŠ*NA-ŠI ṢÍ-DI-TI*$_4$*-KU-NU da-me-eš-kit*$_9$*-te-ni*
'Ihr bedrängt fortgesetzt *kāšatta* eure **eigenen** Zulieferer!'

(19) KBo 22.1 Rs. 24'f.
ka-a-ša-at-ta-wa ut-ni-ya pa-it-te-ni nu ŠA MÁŠDA *e-eš-h̯ar-še-et na-at-ta ša-an-h̯i-iš-kit*$_9$*-te-ni*
'**Eurerseits** geht ihr ins Land und die Bluttat am Armen verfolgt ihr nicht!'

Es ist bemerkenswert, daß alle vier Belege sich auf einen pluralischen Adressaten beziehen, der zweimal sogar durch das Pronomen *-šmaš* zum Ausdruck kommt. Das Pronomen der 2. Person Singular *-t(t)a* stand offenbar im Begriff, seine Funktion im Zuge der Grammatikalisierung der Partikel vollständig zu verlieren (vgl. auch Otten 1976: 307). Da aber *kāšat(t)a* jederzeit in seine ursprünglichen Komponenten *kāša* und *-t(t)a,* die weiterhin bestehen blieben, zerlegt werden konnte, wurde der Grammatikalisierungsprozeß abgebrochen bzw. rückgängig gemacht: *kāšat(t)a* wurde durch die Kontrastivbildung zu *kāša,* nämlich *kāšma,* ersetzt und erhielt seine ursprüngliche Bedeutung zurück. Diese bestand aus der Summe der beiden Komponenten *kāša* 'ich hier' und *-t(t)a* 'dir, dich' und ist in zahlreichen Passagen wie der folgenden belegt:[3]

(20) KUB 7.1 + I 6
i-na-na-aš dUTU*-i ka-a-ša-at-ta* SÍSKUR *pé-eh̯-h̯u-un*
'Sonnengottheit der Krankheit, ich *kāša* **hier** habe **dir** ein Opfer dargebracht.'

§ 8 Es wird nun klar, weshalb Hoffner in vielen der Belege von *kāša* und *kāšma* meinte, einen Gegenwartsbezug feststellen zu können: Wenn auf das Hier der Kommunikationssituation Bezug genommen wird, dann ist in vielen Kontexten gleichzeitig auch eine Aussage über das Jetzt gemacht. Dies ist aber – das sei hier betont – lediglich ein Nebeneffekt. Der deiktische Charakter der beiden Partikeln bezieht sich auch synchron auf die lokale Zuordnung des beschriebenen Sachverhalts zu Sprecher und Adressat. Der explizite personendeiktische Bezug kann nicht ohne Einfluß auf die kommunikative Interaktion von Sprecher und Adressat bleiben: der lokale Abstand zwischen beiden und damit wohl auch die Abgrenzung zwischen erfolgten, gerade durchgeführten und erwarteten Handlungen der beiden Parteien wird hervorgehoben. Dies wird auch in den hier vorgeführten Textpassagen deutlich, wo es jeweils um Informationen geht, die auf eine Reaktion des Adressaten abzielen (z. B. die Ankündigung eines Opfers für die Gottheit oder die eigene Bewertung eines Vertragsbruchs) bzw. die die eigene Reaktion auf eine Erwartungshaltung des Adressaten darstellen (z. B. die Versicherung, erwartete Boten bereits ausgesandt zu haben). Eine solche Funktion in der Markierung der Interaktion mit ihrem über die Satzgrenze hinausgreifenen

3 Vgl. u. a. KUB 31.127 + I 12, KBo 11.17 II 6'f., KUB 33.75 II 12. Es sei an dieser Stelle Gernot Wilhelm und seinen Mitarbeitern sehr herzlich gedankt für den Zugang zu den lexikalischen Sammlungen der hethitologischen Arbeitsstelle der Akademie der Wissenschaften und der Literatur, Mainz.

Skopus bietet zugleich eine Erklärung für die häufige Randstellung der Partikeln in den betreffenden Diskursabschnitten.

§ 9 Diachron ist der Ausgangspunkt formal nach allgemeiner Auffassung im Pronomen mit Sprecherdeixis *kā-* ‚dieser hier (bei mir)' zu suchen. HOFFNER (2002/03: 81) erklärt *kāšma* als modernisierte Form von *kāša,* indem die Topikalisierungspartikel *-a* regelgerecht im Mittelhethitischen durch *-ma* mit derselben Funktion ersetzt worden sei. Darüber hinaus gibt es bisher keine überzeugenden Vorschläge für eine Herleitung.

Formal gleicht *kāša* jedoch der Kasusform des Nom. Sg. c. *kāš* in erster Position mit der Partikel *-a* ‚aber', die den Wechsel des Topik bzw. des situativen Rahmens angibt. In Kontexten wie im Beispiel

(5) KBo 15.25 Vs. 22
ka-a-ša-wa-aš-ma-aš EN SÍSKUR SÍSKUR *pa-iš*

konnte ein ursprünglicher nominativischer Subjektsausdruck *kāš-a* EN SÍSKUR ‚dieser Opfermandant hier (bei mir) aber' als eine Gruppe aus einer sprecherbezogenen Partikel *kāša* und einem Subjektsausdruck EN SÍSKUR ‚hier (bei mir) der Opfermandant' reinterpretiert werden. Die Häufigkeit solcher ambiguen Kontexte führte zur Grammatikalisierung des nicht mehr analysierten Ausdrucks *kāša* als Partikel. Durch die semantische Generalisierung im Zuge des Prozesses ist dann die syntaktische Funktion des Nominativs ganz verloren gegangen.

Für *kāšma* bietet sich eine ähnliche Analyse an. Wird das Pronomen nach dem Schema *kā-* NP ... *kā-* NP-*ma* gedoppelt, ergibt sich die Bedeutung ‚dieser X hier ... der X dort aber' – so bezeugt auch für die Adverbialausdrücke *kā* ... *kā-ma* ‚hier ..., dort aber' und im Ablativ *kez* ... *kez-ma* ‚diesseits ..., jenseits aber' (Belege bei PUHVEL 1984ff.: K 6 und 10). In der korrelierenden zweiten Position verbindet sich der Nom. Sg. c. *kāš* NP mit *-ma* ‚aber' zu *kāšma* NP. Auch hier ist in den frequenten Kontexten eine Reinterpretation als unanalysierbare Partikel mit nominativischer NP erfolgt. Der Verlust der allgemeineren lokalen Funktion von *kā-* und die Festlegung auf den Adressaten muß hier durch eine sekundäre Bedeutungsverengung zustande gekommen sein. Die so entstandene Partikel *kāšma* hat dann in mittelhethitischer Zeit älteres *kāšatta* abgelöst. Es ist bemerkenswert, daß die eigentlich zu erwartende Form ***apāš-ma* mit Adressatenbezug nicht vorhanden ist.[4]

§ 10 Zusammenfassung: Es konnte gezeigt werden, daß die Partikeln *kāša, kāšma* und *kāšatta* keine temporale, sondern eine primär sprecher- und adressatendeiktische Funktion besitzen und damit auf die Gesprächssituation und die kommunikative Interaktion Bezug nehmen. Den entscheidenden Hinweis für diese Bedeutungsbestimmung hatte die Betrachtung der Diskurstypen der jeweiligen Textabschnitte sowie der Position der Partikeln innerhalb der kommunikativen Struktur ergeben, also die Untersuchung pragmatischer Kategorien. Dadurch ließ sich der anschließenden Detailanalyse der betreffenden Kontexte eine erfolgversprechende Richtung geben. Das Ergebnis der philologischen Untersuchung erlaubte schließlich eine sprachhistorische Erklärung der Partikeln, die in Einklang mit den bekannten Grammatikalisierungsprozessen steht.

4 Die Tatsache, daß *āšma* mit negativ evaluierender Jener-Deixis vormittelhethitisch bezeugt ist, zeigt deutlich, daß auch in dieser Partikel nicht der von Hoffner angenommene, seit dem Mittelhethitischen übliche Austausch von *-a* durch *-ma* in der Position nach konsonantischem Auslaut des Trägerwortes vorliegt. Stattdessen muß man annehmen, daß es sich um eine archaische Bildung aus einer Zeit handelt, in der *-ma* noch nicht die historisch bezeugte Beschränkung auf die Position nach Vokal aufwies und wohl auch funktional als Marker einer Korrelation von *-a* geschieden war. Auch für *naššu* ... *našma* ‚entweder ... oder' erlaubt dies eine direkte Herleitung aus **n(u)-os-we* ... *n(u)-os-me/o* (ohne Synkope).

Bibliographie

FRIEDRICH, Johannes 1952. *Hethitisches Wörterbuch. Kurzgefaßte kritische Sammlung der Deutungen hethitischer Wörter.* 1. Auflage. Heidelberg: Winter.

GOEDEGEBUURE, Petra 2002/03. „The Hittite 3rd person/distal demonstrative *aši* (*uni, eni* etc.)", Die Sprache 43, 1–32.

———, demnächst. *Reference, deixis and focus in Hittite. The demonstrative* ka- *„this", apa- „that" and* asi *„yon"*, unpubl. PhD Dissertation Amsterdam.

HOFFNER, Harry A., Jr. 1968. Rezension zu: Onofrio Carruba, Das Beschwörungsritual für die Göttin Wišurijanza (Studien zu den Boğazköy-Texten 2), Wiesbaden: Harrassowitz, 1966, in: *Journal of the Ancient Oriental Society* 88, 531–534.

———, 2002/03. „Hittite *a-aš-ma*", *Die Sprache* 43, 80–87.

KROON, Caroline 1998. „A framework for the description of Latin discourse markers", *Journal of Pragmatics* 30, 177–204.

MILLER, Jared 2004. *Studies in the origins, development and interpretation of the Kizzuwatna Rituals* (Studien zu den Boğazköy-Texten 46), Wiesbaden: Harrassowitz.

OTTEN, Heinrich 1976. Rezension zu: Annelies Kammenhuber. Materialien zu einem hethitischen Thesaurus, Lfg. 3/4, Heidelberg: Winter, 1976, in: *Indogermanische Forschungen* 81, 305–308.

PUHVEL, Jaan 1984ff. *Hittite Etymological Dictionary.* Berlin–New York–Amsterdam: Mouton Publishers.

Left and right periphery in Hittite. The case of the translations from Hattic*

Alfredo Rizza (Università di Pavia)

1 Introduction

Hattic-Hittite bilinguals,[1] despite their highly problematic nature, are of great interest not only for what they can offer to the deciphering attempts about Hattic, but also for the syntactic and morphosyntactic patterns shown in the Hittite counterpart. In particular, the Hittite translation can highlight relevant problems in the regular order of the (basic) sentence constituents, in the syntax of enclitic pronouns and in the appearance of other linguistic material such as the "reflexive-medial" particle *-z(a)-* or the connectives and the "local particles" typically aligned in the "Wackernagel position".

The peculiarities of the appearance of such material have always been considered decisive for the understanding of Hattic, however a closer look to the proper Hittite situation can reveal a more accurate estimation of the heuristic relevance for Hattic and some points of interest for Hittite syntax and pragmatics.

2 Patterns of Hittite sentence constituents syntax

2.1 To start with, you can notice the following sketch of the basic syntactic pattern of Hittite as presented by C. Watkins in the *Cambridge World's Ancient Languages*:[2]

##(N) (E) *TOP* C X##.

To the right end the X represents the nucleus, the centre of the sentence, where the basic agreement operations between arguments and predicate take place, as a norm with an S

---

* The present study is a completely revised version of a paper read at the Sodalizio Glottologico Milanese in June 2006. Its aim is to present, with new insights, the most relevant results of my PhD dissertation, *Ricerche di morfosintassi "hattico-etea"*, Firenze 2004. I would like to thank for their kindness, patience and attention Prof. Dr. Paola Cotticelli, Prof. Dr. Silvia Luraghi, Dr. Mauro Giorgieri and Dr. Andrej Sideltsev with whom I started a prolific discussion immediately after coming to know our similar studies and contributions on the subject of proleptic pronouns (see Sideltsev 2002, Sideltsev, forthc. (LIII *Rencontre Assyriologique Internationale*, Moskow – Saint Petersburg, July 2007) and the announced paper *The Origin of a Syntactic Construction: Right Dislocation in Hittite* at the LIV *RAI* in Würzburg, July 2008). I would also like to thank Prof. Dr. Onofrio Carruba and Prof. Dr. Gernot Wilhelm for his hospitality at Würzburg University where I attended his courses in Hurrian.

1 In the documentation from Hattusa and some other archives of II Mill. Anatolia, we find texts in several languages, mostly of IE origin, but also of other linguistic stocks: Sumerian, Akkadian (Semitic), Hurrian (Hurro-Urartian), Hattian (isolated). Some of the clay tablets transmit bilingual (or multilingual) texts: for a typological survey of this kind of documents see Marazzi 1998. An up-to-date introduction to the Hattic material is Soysal 2004, pp. 1–67.

2 Watkins 2004, pp. 551–575.

O V alignment. The nucleus can be introduced by a complementizer (C). To the left end optional N and E positions represent the absolute initial part of a clause with a sentence connective, typically *n(u-)* (or *ta(-)* or *š(u-)* in older texts) with enclitics in the so-called "Wackernagel" position. In the middle we find a *TOP* position for fronted elements. This is a simple scheme of Hittite syntax, but it can be useful for the purpose of this study so far as it can depict a very typical situation, that is to say a nucleus where the basic actants and the predicate are disposed with some rigidity into an SOV order and a left periphery of the sentence where various elements can be added or can "land" in case of syntactic movement.

There is also a possible configuration with a position to the left of (N), that we might introduce here as a second *TOP* position: this would be the typical position for participants promoted to topic in the so called *casus pendens* or with the introduction of a "clitic doubled" structure with a co-referent enclitic resumptive pronoun. Therefore we can propose to modify the initial syntactic scheme as follows: $\#\#TOP_2\#$ (N) (E) TOP_1 C X##,[3] where the single # marks a limit for predicate-actants agreement operations.

2.2 Superficially, whenever a constituent moves from its canonical position somehow changing the order of the actants in a sentence and so producing a different configuration from the usual unmarked SOV alignment, we have instances of marked syntactic order (also called "inversions" or "inverted orders")[4]. Marked orders are not common in Hittite texts, so they are of great interest especially when in a specific class of documents they appear with a relative large frequency.

In this paper only inversions of the actants-verb order will be considered; this kind of inversion is extraordinarily common in translation texts from Hattic where we can also find a high concentration of another special feature of Hittite syntax: cataphoric enclitic pronouns.[5]

The particular syntax of Hittite in Hattic-Hittite bilingual texts has actually been a clue to the understanding of the Hattic language. This unusual syntax has always been considered as determined by Hattic syntax. An approximate figure of the relation between Hattic word order and the one in the Hittite translations, together with the rate of clauses with inversions, looks as follows:

Same – different order	Inversion of actants-predicate order in the Hittite translation
88% – 12% ca. (based on CTH 725[6] and 726[7])	47% ca., of which 90% ca. copies the Hattic word order.[8]

Table 1: Word Order in translations from Hattic

This figure is quite self-explanatory, there is surely a strong tendency to the syntactic calque, but the most interesting data is the high percentage of sentences showing a marked syntactic pattern with an extremely high rate of correspondence with the Hattic situation.

3 For instances of *casus pendens* and left dislocation with a resumptive element, see GARRETT 1990a, pp. 266–269, LURAGHI 1990, p. 92.

4 Cf. SIDELTSEV 2002.

5 Cf. now SIDELTSEV, forthc.

6 Cf. SCHUSTER 1974 (with HAAS 1976 and BERMAN 1977). Add now SÜEL, SOYSAL 2007.

7 KLINGER 1996; SCHUSTER 2002.

8 Cf. RIZZA 2007, pp. 72–74. Only well preserved situations have been counted, so the statistics are provisional.

A typical example of sentences in a marked constituent order, without cataphoric pronouns, is (1):[9]

(1) V – S – O without cataphoric pronouns
KUB 2.2 iii.48 (CTH 725)

48 *dā-š* =*ma* =*z* *Šulinkatte-š* LUGAL-*u-š* *UNUTE*^{MEŠ}
'take'-3.SG.PRET =CONN =M/R Š.-NOM.CM 'king'-NOM.CM '(ritual) objects'
Sulinkatte the king took (his)[10] (ritual) objects

In this example the verb *dā-* might be analysed as fronted to position TOP_1, possibly in order to respect the word order of Hattic. Šulinkatte, the subject, and *UNUTE*^{MEŠ}, the object, are new information.

Example (2) will be introduced with its preceding sentence, so to show the very typical deletion of the known subject with transitive constructions,[11] the initial position of the verb and the two following actants in inverse order.

(2) V – OI – O with cataphoric pronouns
KUB 2.2 ii.43–44 (725.A)

43 DINGIR^{MEŠ} KUR^{MEŠ} *manijaḫḫ-ir*
'god'.PL 'land'.PL 'assign'-3.PL.PRET
dā-ir=*ma*=*at* ^{URU}*Ḫattuš-i*
'place'-3.PL.PRET=CONN=PRON.NOM.SG.NT(O) H.-DAT

44 *šalli* ^{GIŠ}ŠÚ.A *dā-ir*=*ma*=*at* *nu*=*z* *labarna-š*
'great' 'seat'(O) 'place'=CONN=PRON.NOM.SG.NT(O) CONN=M/R 'L.'-NOM
LUGAL-*u-š* [*andan ēš-zi*]
'king'-NOM 'there' 'sit'-3SG.PRS/FT
The gods have distributed the lands; they have placed it, however, the great seat, in Hattusa: (but) they have placed it, and Labarna, the king will sit there.

Another peculiar situation of the translation texts from Hattic (and to a certain extent also from Hurrian) is the repetition of the same marked structure with cataphoric pronouns in sequences of sentences like (3):

(3) V – O; V – O; V – O sequence with cataphoric pronouns
KUB 2.2 ii.48–50 (CTH 725.A = H ii.4'–6' = E 1'–3')

48 *mān*=*at* *taparija-weni*=*ma* *labarna-š*
'when'=PRON.NOM.3.SG.NT(O) 'govern'-1.PL.PRS/FT=CONN 'L.'-GEN

49 LUGAL-*w-aš* É-*ir* *ija-weni* =*ma*
'king'-GEN 'house'.NOM.SG.NT(O) 'do/treat'-1.PL.PRS/FT =CONN
=*aš* ḪUR.SAG^{MEŠ}
=PRON.ACC.PL.CM 'mountain'.PL(O)

50 *n* =*aš* =*ši* *pi-weni* SIG_5-*and-uš*
CONN =PRON.ACC.PL.CM =PRON.DAT.3.SG.CM 'give'-1.PL.PRS/FT 'good'-ACC.PL.CM
$\text{NA}_4^{\text{ḪI.A}}$
'stone'.PL(O)
When we govern it, the palace of Labarna, the king, we (magically?) treat them, the mountains, we send them to him, the good stones.

---

9 Glosses are explained in Appendix 1.
10 This is a possible value to assign to the \-z-\ particle, cf. HOFFNER 1969; JOSEPHSON 2003.
11 Cf. especially GARRETT 1996.

In all occasions the clitic doubled direct object is new information.

Even more interesting are situations in which a coherent text/(sub)section shows an identical syntactic disposition, all verb-initial, but does not use cataphoric pronouns in every sentences, like (4) and in (5).

(4) V – O with enclitic pronoun + V – LOC without enclitic pronoun
KUB 2.2 iii.21–22

21 *dā-š* =*ma* =*aš*[12] =*z* TÚG$^{\text{HI.A}}$ ^{KUŠ}NÍG.BARA$^{\text{HI.A}}$
'take'-3.SG.PRET =CONN =PRON.ACC.PL.CM =M/R 'dress'.PL(O) 'cloak/mantle'.PL(O)
^{KUŠ}E.SIR$^{\text{HI.A}}$
'shoes'.PL(O)

22 *n* =*aš* =*šan* *dāi-š* ^{GIŠ}DAG-*t-i*
CONN =PRON.ACC.PL.CM =PRTCL 'put'-3.SG.PRET 'throne'-LOC

[*scil.* Zilipuri] took (them) (his own) clothes, cloaks and shoes and he put them on the throne

This example is of double interest, because we find in the second sentence a "normal" resumptive pronoun for the object (known information, just introduced) and no proleptic for the locative (^{GIŠ}DAG-*ti*), whereas in (2) we see also a cataphoric pronoun for ^{URU}*Hattuši*. In that case we might consider ^{URU}*Hattuši* as an indirect object with the status of actant while here ^{GIŠ}DAG-*ti* might be considered with the status of adjunct, but this might be an ad hoc explanation. Moreover, there is the duplicate text KUB 48.3 where we do not find any cataphoric pronouns.

(5) V – O without enclitic pronoun; V – O + V – O with encl. pron.; V – O without encl. pron.
KBo 37.1 Vs. 11b–16b

11b *nu*=*z* *halzai-š* ^{LÚ}SIMUG.A *innarauwanda-n*
CONN=M/R 'summon'-3.SG.PRET 'forgeman'(O) 'strong'-ACC

12b *ehu* =*uš* =*z* *dā* *ŠA* AN.BAR
INTERJ =PRON.3.PL.ACC =M/R 'take".IMP.2.SG.PRS/FT of(accad.) 'iron'
^{GIŠ}GAG$^{\text{HI.A}}$
'nail'.PL(O)

13b URUDU-*aš* ^{GIŠ}NÍG.GUL
'copper'-GEN 'hammer'(O)

14b vacat

15b *dā* =*ma* =*an* =*z* AN.BAR-*aš* ×-*ka*[*m*-
'take'-.IMP.2.SG.PRS/FT =CONN =PRON.3.SG.ACC =M/R 'iron'-GEN '× × ×'(O)

16b *nu* *iškalli* *daganzipa-n*
CONN 'plough'-IMP.2.SG.PRS/FT 'earth'-ACC

Summon the strong forgeman: „Go! Take (your) iron nails (and) the copper hammer. Take (your) iron ×-*ka*[*m* and plough the soil (*daganzipa*)."

In this last example we have sequences with verb initial order and an alternating presence of cataphoric pronouns: in only one case is the verb absolute initial, so we can exclude (see also (3)) that this property might have a role in the choice of proleptic pronouns. In all four

12 Duplicate KUB 48.3 (F) reads *da-a-aš-ma-za* (*dāš*=*ma*=*z*), without the pronoun.

instances the direct objects are new information, but the iron nails, the copper hammer and the last iron object might be considered as implicitly known as long as they can be thought as typical tools of a smith, but again, this very fine analysis might turn out to be purely speculative. Another interesting fact is, I think, that the AN.BAR ^{GIŠ}GAG$^{\text{ḪI.A}}$, the URUDU-*aš* ^{GIŠ}NÍG.GUL and the AN.BAR-*aš* tool are all "things" while the ^{LÚ}SIMUG.A *innarauwanda-* and *daganzipa-* are persons or personified elements. However it does not seem that in this property can lie a rule for the use of the cataphoric pronouns (just cf. *infra*).[13]

3 The Hattic-Hittite interface: cataphoric pronouns as a translation device

3.1 Now, apart from the word order, the presence or absence of cataphoric pronouns is of great interest, not only for Hittite, but also for the understanding of Hattic. In fact, in this high concentration of clitic pronouns, otherwise definitively rare in Hittite documents, one can suspect the influence of some grammatical property of Hattic. So H. S. Schuster, to take one of the scholars that has studied Hattic grammar and has dedicated a certain attention to this phenomenon, thought that the pronouns were used to translate some specific morpheme, probably a verbal affix, devoted to the agreement between actants and predicates.[14]

> "Mit *-at* wird [...] das nachher genannte Objekt vorausgenommen [...]; ein solcher Gebrauch des enklitischen Personalpronomens ist aber im Heth. äusserst selten [...]. Wenn er hier gehäuft auftritt [...], ist dies ein deutlicher Hinweis darauf, dass die Setzung des Pronomens nicht im heth. Satz verwurzelt ist, sondern die ḫ. Konstruktion reflektiert; m. a. W.: das ḫ. Verbum enthält ein auf das zugehörige Objekt usw. verweisendes Element, sei es als Präfix oder als Suffix [...]"[15]

Implicit in this proposal is the idea that Hattic had an object conjugation and was probably an ergative language with respect to the actants – predicate cross-reference system. As a matter of fact, if we find, within Hattic-Hittite bilinguals, subject enclitic proleptic pronouns in intransitive constructions,[16] we might think to have discovered the proof of Hattic ergativity: if the accusative clitic translates a verbal agreement marker with the direct object and the nominative clitic translates a similar verbal agreement marker with the subject of intransitive constructions, we could reconstruct a cross-reference system in Hattic with an ergative typology, but this could not be conclusive because a subject clitic in transitive constructions is not possible in Hittite, so, in case of a Hattic verbal

13 A clear figure of grammatical, semantic and pragmatic properties of the clitic-doubled nouns in search for possible restrictions in the use of cataphoric pronouns is in elaboration.

14 Cf. KAMMENHUBER 1969, pp. 428–546, part. p. 471: "Alle vier Sätze [KBo 37.1 Vs. 3b–8b] enthalten transitive Verba [...] und die Hethiter machen das in ihrer Übersetzung deutlich durch proleptische pronominale Akkusativobjekte. Obgleich sie fast ebenso konsequent bei intrans. Prädikatsverba einen proleptischen pronominalen Nominativ in ihrer Übersetzung verwenden, scheint das hatt. Verbum keine diesbezüglichen Kennzeichen zu enthalten".

15 SCHUSTER 1974, p. 85.

16 E. g.: KBo 37.1 (CTH 726) Vs. 17b

andan	*=ma*	*=aš*	*=kán*	*pai-t*	^{D}*Ḫa[šāmmiliš*
ADV	=CONN	=PRON.3.SG	=PRTCL	'go'-3.SG.PRET	Ḫ.

'but inside he entered, Ḫassamili-'.

agreement marker also for the subject of a transitive construction there would not be the possibility of a visible translation in the same term, i. e. with a clitic cataphoric pronoun.[17]

3.2 A similar approach was taken by E. Neu for the same phenomenon in Hurrian Bilinguals, see Neu 1996, p. 398 (KBo 32.19 II 3–4): "[…] wobei proleptisches pronominales *-an* ‚ihn' den transitiven Charakter der hu. Imperativform *nakk=i* markiert […]", or in Neu 1996, pp. 113–114 (KBo 32.14 II 13–14): "Mit den Pronomen *-an* ‚ihn', das der he. Übersetzer dem Objekt *alijanan* proleptisch voranstellt, ahmt dieser wohl die Transitivität der hu. Verbalform nach", where it is stated that the cataphoric pronouns can translate the transitive diathesis of the Hurrian verb. As long as we may have dedicated morphemes for transitivity in Hurrian,[18] we may think that the Hittite cataphoric pronoun is translating that specific morpheme. Otherwise the proleptic pronouns can translate directly a similar Hurrian pronoun, see Neu 1996, p. 324 (KBo 32.15 II 18'–21'): "Das an diese Verbalform angehängte Enklitikon *-ša* beruht auf dem Absolutivpronomen *-(n)na* ‚ihn', […]. Das Pronomen steht proleptisch mit Bezug auf den Absolutiv ᴰTeššub, was vom he. Übersetzer nachgeahmt wird (*-an* … ᴰIM-*an*, Akkus.).". But it is the same E. Neu who also suggests a different function for the cataphoric enclitic pronouns in the Hittite translation from Hurrian when commenting KBo 32.14 I 55–56:

> "Dass der he. Übersetzer hinter *walḫdu* noch das Pronomen *-an* ‚ihn' setzt, obwohl es im hu. Text nicht vorgegeben ist, kann einen internen, aber auch externen Grund haben, vielleicht wirkten auch beide Gründe zusammen. Der innerhethitische Grund könnte auf der Abneigung beruhen, das direkte Objekt bei (ungewöhnlicher) Anfangsstellung des Verbums nicht allzu weit von seinem regierenden Verbum zu trennen. Wenn auf das Verbum das Subjekt *(Tarhunnaš)* folgt, wird aus syntaktischen Gründen ein Pronomen an das Verbum gefügt, das das erst später genannte Objekt gleichsam proleptisch vorwegnimmt. Das Objektspronomen *-an* könnte aber auch durch bewußte Nachahmung des transitiven Charakters hu. Verbalformen gesetzt sein."[19]

We find here the very important idea that this phenomenon can have an internal, syntactical reason, even if in Neu's commentary the "external" reason is generally preferred.[20]

We will try to show that the comparison with Hurrian is indeed useful but with a totally different analysis.

3.3 Schuster's and Neu's idea is in itself problematic:[21] why do these proleptic pronouns, if they do translate morphemes of the original language, appear only when an inverted order is utilized in the Hittite translation? Now, if we put together the significant amount of inverted orders and the extremely high rate of maintained constituents orders, we might start thinking that the appearance of clitic pronouns is determined by the markedness of

17 Restrictions on the use of enclitic pronouns in Hittite: Garrett 1990a, Garrett 1990b, Garrett 1996.

18 Cf. Giorgieri 2000, pp. 226–229; Wegner 2007, p. 90

19 Neu 1996, p. 157.

20 Neu's statement should not be interpreted as an implicational rule (i. e. within a transitive construction, if the subject breaks the sequence verb – direct object then a cataphoric accusative pronoun is inserted), we find in fact cases where we do not have a proleptic pronoun but the subject is still explicitly breaking the sequence verb – object (VSO order; e. g. KUB 2.2 + iii.48, *dāš=ma=z Šulinkatteš* LUGAL-*uš* *UNUTE*ᴹᴱŠ [Hattic-Hittite]).

21 Cf. already, among others, Melchert 1998 and Melchert 2003. Recently Sideltsev 2002 and Sideltsev forthc.

the syntax in Hittite and, in final analysis, by the will to copy the disposition of words of the original language (i. e. a word-by-word literal translation).

In my opinion there is one particular example from the Hurrian-Hittite "Song of liberation" text that can give us a very clear and decisive picture. Here I report only the Hittite translation directly transcribed with the most important glosses.

KBo 32.15 ii.4'–17'

4' [^{DINGIR}I]M-*a-š* *šiššijan-it* *tammišḫan-z*
'Tarḫunta'-NOM 'oppression'-INSTR 'damaged'-NOM)

5' [*parā tarnumar* *we*]*wakk-i* *mān* ^{DINGIR}IM-*a-š*
'release'.NT.NOM(O) 'demand'-3.SG.PRS/FT 'if' 'Tarḫunta'-NOM

6' [......... *ši*]*ššijawan-z* *nu* *kuišša* ^{DINGIR}IM-*unn-i*
S.-NOM CONN 'each'-NOM 'Tarḫunta'-DAT

*6' ⟨1(DIŠ) GÍN KÙ.BABBAR *pā-i*⟩
'1' 'shekel'(O) 'silver' 'give'-3.SG.PRS/FT

---

7 [_ _ _- GUŠKIN *kui*]*šša* MAŠ($\frac{1}{2}$) GÍN *pā-i*
'gold' 'each'-NOM '$\frac{1}{2}$' 'shekel'(O) 'give'-3.SG.PRS/FT
KÙ.BABBAR=*ma*=*šši*
'silver'=CONN=PRON.3.DAT

8' 1 GÍN *kuišša* *pi-weni* *mān*=*aš* *kišduwan-z*=*ma*
'1' 'silver'(O) 'each'-NOM 'give'-1.PL.PRS/FT 'if'=PRON.3.NOM.SG 'hungry'-NOM=CONN
^{DINGIR}IM-*a-š*
'Tarḫunta'-NOM

9' *nu* [_ _ _]-× *kuišša* 1 *PA* ŠE *pi-weni*
CONN 'each'-NOM '1' 'parisu' 'barley' 'give'-1.PL.PRS/FT

10' ZÍZ-*tar* [ ] *kuišša* MAŠ *PA-RI-SI* *šunna-i*
'Emmer' 'each'-NOM '$\frac{1}{2}$' 'parisu'(O) 'fill'-3.SG.PRS/FT
ŠE-× =*ma*=*šši*
'barley'=CONN=PRON.3.DAT

11' *kuišša* 1 *PA-RI-SA*$_{\times}$ *šunna-i* *mān* ^{DINGIR}IM-*a-š*=*ma*
'each'-NOM '1' 'parisu'(O) 'fill'-3.SG.PRS/FT 'if' 'Tarḫunta'-NOM=CONN

12' *nekuman-z* *n*=*an* *kuišša* ^{TÚG}*kušišija-z* *wašša-weni*
'naked'-NOM CONN=PRON.3.ACC 'each'-NOM 'kušišija-'-ABL 'dress'-1.PL.PRS/FT

13' *×* AN(-)UŠ(-)UN[22]

14' *mān*=*aš* *ḫurtanz*=*ma* ^{DINGIR}IM-*a-š* *nu*=*šši*
'if'=PRON.3.NOM 'injured'=CONN 'Tarḫunta'-NOM CONN=PRON.3.DAT

15' ⌜Ì⌝.DÙG.GA 1 *kūpi-n* *pi-weni* *nu*=*šši*
'fine oil' 'vessel'-ACC 'give'-1.PL.PRS/FT CONN=PRON.3.DAT
išḫueššar
'mass/pile'-NOM.NT(O)

16' *parā* *šunnu-meni* *n*=*an*=*kan* *pallantij-az*
PREV 'fill, prepare'-1.PL.PRS/FT CONN=PRON.3.ACC=PRTCL 'necessity'-ABL

22 A rather controversial hypothesis of interpretation of this sequence of signs can be found in NEU 1996, pp. 314–316; a similar interpretation in HAAS 2006, pp. 182–184. *Aliter* CHD, s. v. *pallanti(ya)*-, WILHELM 1997, p. 280. Cf. also RIZZA, forthc.

17' *āppa tarnu-meni* AN(-)UŠ(-)UN
PREV 'free'-1.PL.PRS/FT

(4') [if?] the Storm-God is damaged by some oppression
(5') (and) he requires [liberation]; if the Storm God
(6') [ ]is oppressed, each (of us) will give to the Storm God
(*6') ⟨one shekel of silver,⟩ (7') each will give half a shekel of gold; but to him, of silver
(8') we will give a shekel each; but if he is hungry, the Storm God,
(9') [ ] we will give one *PARISU* of barley each,
(10') of emmer [ ] each will fill half a *PARISU*; but of barley, to him
(11') each will fill one *PARISU*; but if the Storm God
(12') is naked, we will dress him with a *kušišija*-cloth each.
(13') AN UŠ UN (14') If he is injured, the Storm God, to him
(15') a *kupi*- of fine oil we will give; to him the pile
(16') we will fill and from the oppression (17') we will free him. AN UŠ UN

This passage is taken from KBo 32.15, where Zazzalla, one of the elders of the city of Ebla, is speaking on behalf of the other elders and is explaining to the king of Ebla, Meki, that they will not satisfy his request of release and why. Basically, Zazalla says that they are ready to satisfy the requests of the God, but not that specific one (the liberation of war prisoners, most probably). In fact, if they release who is taking care of them, how can they then be free to take care of the god(s)?[23]

In this specific passage Zazalla is explaining what they can do. The structure is of much interest. We have a series of conditional clauses, but the first one – starting at line ii.4" has its apodosis further away in lines ii.15'–17'; nested between this protasis and its apodosis there are four other conditional clauses: ii.5'–6" – ii.6'–8'; ii.8' – ii.9'–11'; ii.11'–12" – ii.12'; ii14" – ii.14'–16". There is an evident difference in the syntax of these clauses. The protases of the first (of this set) and the third show a S – Predicate order (actually a nominal predicate, here aligned with an intransitive construction) while the second and the fourth show a Predicate – S order. What is interesting here, is the fact that the Hurrian text shows four protases with Predicate – Subject order in all cases, as can be seen in the Table 2.

clause	lines	Hurrian word order	Hittite word order
1	i.5" = ii.5'–6' apodosis: i6'–8" = ii.6'–8'	Predicate – S	S – Predicate
2	i.8" = ii.8' apodosis: i.9'–11" = ii.9'–11'	Predicate – S	=proN$_i$ Predicate – S$_i$
3	i.11" = ii.11'–12' apodosis: i.11'–12" = ii.12'	Predicate – S	S – Predicate
4	i.14" = ii.14' apodosis: i.14'(?)–15" = ii.14'–16'	Predicate – S	=proN$_i$ Predicate – S$_i$

Table 2: Word order correspondences

23 This is what, in my opinion, Zazalla actually means by his speech. Cf. RIZZA, forthc.

Whenever the Hittite translation preserves the original order, a cataphoric[24] pronoun is inserted, but when the order is re-arranged into the canonical predicate-final one, pronouns do not appear at all. This, I think, is an important evidence against the idea that cataphoric/proleptic pronouns translate morphological elements of the Hattic/Hurrian verb and a cogent argument for the idea that it is the syntax of the constituent order which is the ultimate reason for the appearance of cataphoric clitic pronouns.

4 Catching some conclusions by simulation

4.1 Now, trying to draw some conclusions, I would like to simulate a situation in which we are requested to translate from a language which is characterized by a totally different constituent order and we are also requested to keep that very order.

Let us imagine a situation in which we have to translate into Italian a sentence like the following from a language with a canonical word order V – S – O.

A. The sentence can be: *the vase hit John*

Original: V – S – O: **hit the vase John*

Italian translation with identical word-order: ?*Ha colpito il vaso Gianni*
'hit' 'vase' (S) John (O)

The Italian sentence *ha colpito il vaso Gianni* is, if not ungrammatical, ambiguous, but, if we insert a clitic proleptic pronoun for the object, the situation changes:

→ *L'ha colpito il vaso, Gianni*
him_i-hit the vase (S), John_i (O)

B. Another starting situation with the same sentence, but taken from a language with a canonical O –V – S word order might be:

Original: O – V – S: **John hit the vase*

Italian translation with same order: **Gianni ha colpito il vaso*
John (O) hit the vase (S)

This sentence is completely ungrammatical. But, again, if we resort to the insertion of a clitic pronoun (anaphoric in this case), we can succeed in keeping the original order:

→ *Gianni, l'ha colpito il vaso*
John_i(O) him_i-hit the vase (S)

The clitic pronoun can be used to obtain an adjustment of the basic syntactic relations. Can this be true also in all Hittite cases (from bilinguals, obviously)? This seems to be problematic because Hittite does know orders like V(S)O, and – this is a very important difference between Hittite and Italian – Hittite has a full nominal declension.[25] So, it is perhaps the pragmatic function of the syntactic patterns that requires different solutions in the translations. Maybe some instances of marked order resulting in Hittite from a "literal" translation were not accepted because they ended to be instances of some text-syntactic or

24 Here a definition as "proleptic" might not be correct because, if the noun IM-*aš* would not appear, the pronoun would be considered as simply anaphoric. Still, the construction is a "clitic-doubled" one and the pronoun can be defined as cataphoric.

25 We should remember, however, that in the recent phases of Hittite the phenomenon of deletion of the opposition between nominative and accusative in the plural is active, so that we find the terminations \-uš\ or \-aš\ (acc. pl.) in the function of marking the subject.

pragmatic functions (or even grammatical relations?) not coherent in the context. Therefore, whenever the enclitic pronoun was inserted, we might think of an operation that tries to keep the original order resorting to a linguistic device for a reconfiguration into a more (functionally, at some level) coherent syntax. At least, we can imagine that the translator had at his disposal a solution to avoid either a functionally/pragmatic unmotivated pattern or an ungrammatical one.

4.2 The difference between a marked order without a cataphoric pronoun and one with such a pronoun, asks for a formal description that involves, in addition to a "left" sentence periphery, a "right" one.[26] Some cases of marked syntax can be explained by the operation of verb fronting, but again, the pragmatic function of this operation could not be considered appropriate in all cases in the context of the Hittite translations. Cases in which we find a proleptic pronoun used to be defined instances of the right dislocation operation with clitic doubling, but nowadays, a structural analysis that does not appeal to a rightward movement is generally considered preferable to the alternative structural analysis with such a movement. One possibility, I think, can be the simple adjunction of the nouns to the right of the predicate.[27] That is to say that when the Hittite translator found in Hattic a word order corresponding to a marked one in Hittite, he might have perceived the nouns as if they were outside the centre of the clause, and so he needed to add cataphoric pronouns in order to satisfy verbal agreement.

According to these considerations we can further propose to modify the syntactic scheme of the simple sentence in Hittite as follows: $\#\#\, TOP_2 \,\#\, (\mathrm{N})\ (\mathrm{E}_{(\mathrm{i})})\ TOP_1\ \mathrm{C\ X} \,\#\, ADJ_{(\mathrm{i})} \#\#$.

4.3 So far, I have presented a possible synchronic explanation. Is there also a diachronic stratification in the use of proleptic pronouns in translation texts and, more generally, in the Hittite language? Can we foresee an increasing Luvian influence[28] and/or a grammaticalization process that transforms the cataphoric pronouns into agreement markers[29] (as in some romance languages, e. g. some Northern Italian dialects)?[30]

These and many other questions can arise from Hittite translations of Hattic and Hurrian. Here I hope to have illustrated a concrete example of the relevance of a linguistic study on Hittite bilingual and translation texts.

Appendix 1: Glosses

/ /	phonemic transcription
\ \	morphemic transcription
⟨ ⟩	graphemic transcription
-	morphological boundary
.	morph. bound. internal to a single morph (or not analysed), e. g.: 3.SG.PRS is a single morph or a morph not further analysed with the features: third person, singular, present
CM	*communia* (nominal class)

26 On "right periphery" in Hittite cf. now ZEILFELDER 2004.; cf. etiam MCCONE 1979.; LURAGHI 1990, pp. 19, 21–22; GARRETT 1990A, pp. 252–256.

27 Another one can invoke multiple leftwards movements that finally leave to the right the clitic-doubled noun(s). This would be a coherent approach within the so-called "cartographic program" of the fine structure of the left periphery: for an application of such theories and reference bibliography (derived from the Generative Grammar) in ancient languages cf. VAI, 2008.

28 For right dislocation in Cun. Luvian see GARRETT 1990a, pp. 252–256; MELCHERT 2003, pp. 296–298.

29 Cf. already GARRETT 1996.

30 For Northern Italian dialects cf., among others, POLETTO 2000.

CONN	connective
FT	future
IMP	imperative
NOM	nominative
PRON	pronoun
PRS	present tense
PRET	preterite tense
PRTCL	particle

Appendix 2: Hattic and Hurrian counterparts to the examples cited

In accordance with the requirements of the Publisher, I give here only the bare indication of the texts of the Hattic and Hurrian counterparts with reference to RIZZA 2007 where transliterations, transcriptions and comments with previous bibliography can be found.

1. Hattic: KUB 2.2 + iii.45; RIZZA 2007, p. 61.
2. The original Hattic is preserved on two duplicates: KUB 2.2 + ii.40–42 and KBo 19.162 Vs. 4–7. Cf. RIZZA 2007, pp. 96–98.
3. Hattic original: KBo 19.162 Vs. 8–10 (= KUB 2.2 + ii.45–47); RIZZA 2007, pp. 102–103.
4. Hattic: KUB 2.2 + iii.19–20; RIZZA 2007, pp. 106–107.
5. Hattic: KBo 37.1 Vs. 11a–16a; RIZZA 2007, pp. 121–123.
6. Hurrian: KBo 32.15 i.4'–16'; RIZZA 2007, pp. 146–149.

References

BERMAN, H. (1977). 'A Contribution to the Study of the Hatti-Hittite Bilinguals', Rev. of: SCHUSTER 1974. In: *Orientalistische Literaturzeitung* 72, 453–460.

CHD = Güterbock, H. G., Hoffner, H. A., van den Hout, T. (eds.), *The Hittite dictionary of the Oriental Institute of the University of Chicago.* Chicago: The Oriental Institute of the University of Chicago, 1989sqq.

GARRETT, A. J. (1990a). *The syntax of Anatolian pronominal clitics.* Dissertation for the degree of PhD in Linguistics. Cambridge (Mass.): Harvard University.

——— (1990b). 'Hittite Enclitic Subjects and Transitive Verbs'. In: *Journal of Cuneiform Studies* 42, 227–242.

——— (1996). 'Wackernagel's law and unaccusativity in Hittite'. In: HALPERN, A. L. & A. M. ZWICKY (eds.), *Approaching* second: *second position clitics and related phenomena*, Stanford: CSLI Publications, 85–153.

GIORGIERI, M. (2000). 'Schizzo grammaticale della lingua hurrica'. In: *La Parola del Passato* LV, 171–277.

HAAS, V. (1976). Review of SCHUSTER 1974. In: *Wiener Zeitschrift für die Kunde des Morgenlandes* 68, 201–207.

——— (2006). *Die hethitische Literatur. Texte, Stilistik, Motive.* Berlin: de Gruyter.

HOFFNER, H. A. (1969). 'On the Use of Hittite -za in Nominal Sentences'. In: *Journal of Near Eastern Studies* 28, 225–230.

JOSEPHSON, F. (2003). 'The Hittite reflexive construction in a typological perspective'. In: BAUER, B. L. M. & G. PINAULT (eds.), *Language in Time and Space. A Festschrift for Werner Winter on the Occasion of his 80th Birthday* (Trends in Linguistics – Studies and Monograph, 144). Berlin – New York: Mouton de Gruyter, 212–232.

KAMMENHUBER, A. (1969). 'Das Hattische'. In: Handbuch der Orientalistik. I. Ab., II Band, I–II. Abschnitt, Lief. 2. *Altkleinasiatische Sprachen.* Leiden – Köln: Brill, 428–546.

KLINGER, J. (1996). *Untersuchungen zur Rekonstruktion der hattischen Kultschicht* (Studien zu den Boğazköy-Texten, 37). Wiesbaden: Harrassowitz.

LAROCHE, E. (1947). 'Études « protohittites »'. In: *Revue d'Assyriologie* 41, 67–98.

LURAGHI, S. (1990). *Old Hittite Sentence Structure.* London – New York: Routledge.

MARAZZI, M. (1988). 'Bilinguismo, plurilinguismo e testi bilingui nell'Anatolia hittita: autopsia dello stato delle ricerche'. In: CAMPANILE, E., G. R. CARDONA & R. LAZZERONI (eds.), *Bilinguismo e biculturalismo nel mondo antico. Atti del Colloquio interdisciplinare tenuto a Pisa il 28 e 29 settembre 1987* (Testi Linguistici 13). Pisa: Giardini, 101–118.

MELCHERT, H. C. (1998). 'Poetic meter and phrasal stress in Hittite'. In: JASANOFF, J., H. C. MELCHERT & L. OLIVER (eds.), *Mír Curad. Studies in honor of Calvert Watkins* (Innsbrucker Beiträge zur Sprachwissenschaft 92). Innsbruck: Institut für Sprachwissenschaft, 483–493.

——— (2003). 'Indo-European Verbal Art in Luvian'. In: PINAULT, G.-J. & D. PETIT (eds.), *La langue poétique Indo-Européenne. Actes du Colloque de travail de la Société des Études Indo-Européennes (Indogermanische Gesellschaft/Society for Indo-European Studies). Paris, 22–24 octobre 2003* (Collection linguistique publiée par la Société de Linguistique de Paris 91). Leuven – Paris: Peeters, 291–298.

NEU, E. (1996). *Das hurritische Epos der Freilassung* (Studien zu den Boğazköi-Texten 32). Wiesbaden: Harrassowitz.

POLETTO, C. (2000). *The higher functional field: evidence from Northern Italian Dialects*. Oxford: Oxford University Press.

RIZZA, A. (2007). *I pronomi enclitici nei testi etei di traduzione dal Hattico* (Studia Mediterranea 20). Pavia: Gianni Iuculano Editore – Italian University Press.

——— (forthc.). 'Cercato in traduzione: su di un passo problematico della bilingue « SÌR para tarnum(m)aš »'. In: BELLUCCI, B., E. JUCCI, A. RIZZA & B. TOMASSINI PIERI (eds.), *Traduzione di tradizioni e tradizioni di traduzione. Atti del IV Incontro «Orientalisti»*, Pavia, 19–21 aprile 2007, forthcoming at http://www.orientalisti.net/attiPV.htm.

SCHUSTER, H.-S. (1974). *Die ḫattisch-hethitischen Bilinguen I. Einleitung, Texte und Kommentar.* Teil 1 (Documenta et monumenta Orientis antiqui XVII). Leiden: Brill.

——— (2002). *Die ḫattisch-hethitischen Bilinguen II.* Textbearbeitungen Teil 2 und 3 (Documenta et monumenta Orientis antiqui XVII/2). Leiden: Brill.

SIDELTSEV, A. V. (2002). 'Inverted word order in Middle Hittite'. In: Ševoroškin, V. (ed.), *Anatolian Languages.* Canberra, 137–188.

——— (forthc.). *Proleptic pronouns in Middle Hittite.* Forthcoming in the *Acts of the LIII Rencontre Assyriologique Internationale.*

SOYSAL, O. (2004). *Hattischer Wortschatz in hethitischer Textüberlieferung* (Handbuch der Orientalistik I/74). Leiden: Brill.

SÜEL, A. & O. SOYSAL (2007). 'The Hattian-Hittite Foundation Rituals from Ortaköy (I). Fragments to CTH 725 "Rituel bilingue de consécration d'un temple"'. In: *Anatolica* 33, 1–22.

VAI, M. (2008). 'La posizione del verbo in Vedico'. In: ASPESI, F., BRUGNATELLI, V., CALLOW, A. L. & C. ROSENZWEIG (eds.), *Il mio cuore è a Oriente. Studi di linguistica storica, filologia e cultura ebraica dedicati a Maria Luisa Mayer Modena* (Quaderni di ACME 101). Milano: Cisalpino, 261–279.

WATKINS, C. (2004). 'Hittite'. In: WOODARD Roger D. (ed.), *World's ancient languages.* Cambridge: Cambridge University Press, 551–575.

WEGNER, I. (2007). *Hurritisch. Eine Einführung.* 2., überarbeitete Auflage. Wiesbaden: Harrassowitz.

WILHELM, G. (1997). 'Die Könige von Ebla nach der hurritisch-hethitischen Serie „Freilassung". In: *Altorientalische Forschungen* 24, 277–293.

——— (2001). 'Epische Texte. Das hurritisch-hethitische „Lied der Freilassung"'. In: KAISER, O. (ed.), *Texte aus der Umwelt des Alten Testaments. Ergänzungslieferung.* Gütersloh: Gütersloher Verlagshaus, 82–91.

ZEILFELDER, S. (2004). 'Topik, Fokus und rechter Satzrand im Hethitischen'. In GRODDEK D. & S. RÖSSLE (eds.), *Šarnikzel. Hethitologische Studien zum Gedenken an Emil Orgetorix Forrer.* Dresden: Technische Universität Dresden, 655–666.

Versuch zur Syntax im Proto-Indoeuropäischen*

Augustin SPEYER (Eberhard Karls Universität Tübingen)

1 Einleitung

1.1 Fragestellung

Wiewohl es nahezu unmöglich scheint, die Syntax einer Proto-Sprache zu rekonstruieren (s. z. B. LIGHTFOOT 1980), gibt es doch einige Faktoren, die diesen Eindruck relativieren. Zum einen pflegen die syntaktischen Systeme von Sprachen tendenziell stabil zu sein. Syntaktische Parameter wandeln sich nicht sehr oft, und wenn sie es tun, geschieht der Wandel meist in wohlbekannten, eingehend studierten Bahnen. Zum anderen ist es oft so, dass verwandte Sprachen, deren Geschichte über einen weiten Zeitraum attestiert ist, sich in der Syntax desto ähnlicher sind, je ältere Sprachstufen man betrachtet. Der Schluss, dass diese jeweiligen ähnlichen „alten" Strukturen sehr nahe am System der Proto-Sprache sein müssen, ist fast unausweichlich. Wenn wir also solche ähnlichen Strukturen finden können, ist die Chance sehr groß, dass diese Strukturen denen der Protosprache entsprechen.[1]

Für das Proto-Indoeuropäische, oder Urindogermanische, scheint das Gesagte in hohem Maße zu gelten. Nehmen wir drei heutige Sprachen, die sich in ihrer Syntax stark unterscheiden, z. B. Französisch, Neugriechisch und Hindi. Wenn wir ihre ältesten attestierten Stufen betrachten, nämlich Latein, Altgriechisch und Sanskrit, sehen wir, dass alle drei Sprachen syntaktische Ähnlichkeiten aufweisen, wie eine „freie" Wortstellung, eine mehr oder minder stark ausgeprägte Tendenz, das Verb am Satzende zu realisieren, sowie feste Positionen für bestimmte Elemente in der linken Satzperipherie. Die Wahrscheinlichkeit, dass diese drei Merkmale auch dem Proto-Indoeuropäischen geeignet haben, ist sehr groß.

In meiner Studie will ich versuchen, solche Gemeinsamkeiten für einige alte Sprachstufen herauszuschälen, wobei das Hauptaugenmerk dem Lateinischen, Altgriechischen und den alten germanischen Sprachen gelten soll, und von dort aus einige Aussagen über das Proto-Indoeuropäische zu machen. Vorher will ich aber noch eine kleine methodologische Anmerkung machen.

---

* Diesem Aufsatz liegen zwei Vorträge zugrunde, der eine im Institutskolloquium des Philologischen Seminars in Tübingen (12. Juli 2007), der andere auf der Arbeitstagung der Indogermanischen Gesellschaft in Marburg (26. September 2007). Ich danke Jürgen Leonhardt und Jörg Förstner für die Einladung zum Institutskolloquium, ferner Caroline Kroon und den Zuhörern bei den Vorträgen für Ihre wertvollen Hinweise.

1 Diese Sichtweise ist wesentlich optimistischer als die von LIGHTFOOT (1980), doch ich denke, mit Recht. Es kommt natürlich darauf an, ob man ein geschlossenes syntaktisches System aus Stücken von Evidenz, die miteinander im Widerstreit stehen, rekonstruieren will (was wohl wirklich nicht geht, da es keine anerkannte Methode gibt zu entscheiden, welche die „ursprünglichere" Struktur ist), oder ob man manche Aspekte von Einzelsprachen, die untereinander in dieser Hinsicht genau gleich sind, nach hinten projiziert.

1.2 Zur Vereinbarkeit von generativer Syntax und funktionaler Satzperspektive

Wenn man Syntax betreibt, ist man in vielleicht stärkerem Maße als z. B. bei der Phonologie darauf angewiesen, ein theoretisches Instrumentarium zur Hand zu haben, das die Beschreibung ermöglicht und einige Voraussagen macht. In der zweiten Hälfte des 20. Jh. waren v. a. zwei Ansätze in der syntaktischen Forschung maßgebend, die beide letztlich aus dem Strukturalismus bzw. in Auseinandersetzung mit ihm entstanden sind, nämlich die generative Syntax Chomsky'scher Prägung und die funktionale Satzperspektive in der Tradition v. a. der sogenannten Prager Schule. Beide Herangehensweisen werden oft als unvereinbar betrachtet.

Erst in den letzten Jahren hat sich zögerlich die Erkenntnis herausgebildet, dass eine Synthese dieser beiden Positionen nicht nur möglich, sondern tatsächlich dringend notwendig ist. Tatsächlich haben beide Felder verschiedene komplementäre Untersuchungsgebiete, wenn man eine modulare Grammatikkonzeption annimmt. Die „enge Syntax“ (*narrow syntax*) der generativen Schule beschreibt im Wesentlichen mentale Prozesse, die nicht unbedingt mit dem identisch sein müssen, was tatsächlich artikuliert wird. In der „engen Syntax“ geht es um semantische Prädikate, die Art, wie ihre Argumente realisiert werden und miteinander in Beziehung treten (Bindung und Kontrolle ist hier zu nennen). Ihre lineare Anordnung ergibt sich als ein Nebenprodukt aus den hierarchischen Beziehungen und ist von entsprechend untergeordneter Bedeutung. Der Untersuchungsgegenstand der generativen Grammatik deckt sich somit eher mit dem der Valenztheorie in der Tradition z. B. TESNIÈRES (1959), und tatsächlich sind auch zwischen diesen beiden Ansätzen, so verschieden sie zunächst scheinen mögen, Synthesen möglich (z. B. die Tree Adjoining Grammar, z. B. JOSHI & KROCH 1985; FRANK 2002). Doch soll es hier nicht darum gehen.

In der funktionalen Satzperspektive geht es hingegen um Sätze im Kontext und in der Interaktion, also die tatsächlichen Äußerungen. Die lineare Struktur ist hier entscheidend, sowie ihr Beitrag zur Strukturierung der Äußerung in ihrem Kontext nach pragmatischen Größen wie Thema-Rhema-Struktur, Fokussierung, kognitiver Status etc. Im Rahmen der generativen Grammatik sind solche Strukturprinzipien erst seit RIZZI (1997) darstellbar, ihre Existenz wurde aber durchaus schon vorher anerkannt, wenngleich auch als außerhalb des Untersuchungsgegenstands der generativen Grammatik befindlich ausgeklammert (z. B. ROSS 1967), da schon früh erkannt wurde, dass sich die generative Syntax am besten auf den Bereich der semantisch interpretierbaren syntaktischen Gebilde beschränkt.

Die Unterscheidung zwischen „enger Syntax“ und funktionaler Linearisierung entspricht also etwa der Unterscheidung, die gemeinhin zwischen Semantik und Pragmatik gemacht wird, (vgl. etwa GAZDAR 1979), dass also der eine Bereich „feste“, kontextunabhängige Aspekte der Syntax untersucht (wozu die Inbezugsetzung von Konzepten grundsätzlich zu zählen hat), während der andere Bereich kontextuell relevante Aspekte untersucht. Die Syntax muss demnach zwei Module aufweisen, in denen diese beiden Bereiche repräsentiert sind und die so hintereinandergeschaltet sind, dass die kontextfreie „enge Syntax“ den Input für die kontextgebundene funktionale Syntax bildet. Wenn wir in einem generativen Modell bleiben, dürfen wir dieses zweite Modul mit PF, der „phonetischen Form“ gleichsetzen (ROCHEMONT 1978; Grammatikmodell nach CHOMSKY 1995). Diese Arbeitsteilung ist durchaus sinnvoll: Die „enge Syntax“ generiert semantisch interpretierbare Gebilde, die aber kontextfrei sind und damit keinen pragmatischen Wert haben, wohingegen die PF-Syntax pragmatisch glückhafte Gebilde generiert, die sich in den Kontext einpassen. Man kann also sagen, dass erst die PF-Syntax aus Rohsätzen, wie sie von der engen Syntax generiert werden, kommunikative Äußerungen macht.

Wie arbeitet aber diese PF-Syntax konkret? Diese Frage ist durchaus berechtigt. Ein Problem, das sich gerade hier stellt, ist die Tatsache, dass gerade die klassischen indogermanischen Sprachen eine recht freie Wortstellung haben. Für die Erklärung dieses Phänomens existieren zwei Ansätze innerhalb der Tradition der generativen Grammatik: der nicht-konfigurationelle Ansatz und der Bewegungs-Ansatz.

Im nicht-konfigurationellen Ansatz (z. B. HALE 1983) wird angenommen, dass es zwei Typen von Sprachen gibt, konfigurationelle und nicht-konfigurationelle, und dass für erstere das hierarchische X-bar-Modell gilt (1a) – also die Idee, dass alle Strukturen sich durch binär verzweigende, zweistöckige Bäume darstellen lassen – während für letztere eine „flache“ Struktur zu gelten hat (1b).

(1) a. konfigurationeller Satz (Schreibweise der 1970er Jahre)

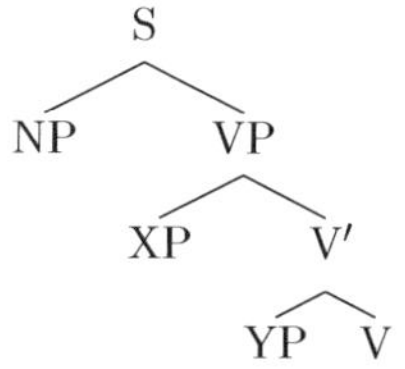

b. nicht-konfigurationeller Satz

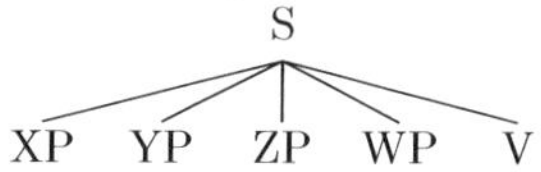

Das nicht-konfigurationelle Modell wurde sehr bald verworfen (z. B. KRUEGER 1983). Sobald eine Sprache nicht vollständig „frei“ ist, sondern Elemente mit einer festen Position aufweist, versagt das Modell, da es keine Möglichkeit gibt, diese Positionen über die Struktur zu definieren (s. auch SCHÄUFELE 1991). Wie wir aber in Abschnitt 2 sehen werden, haben die klassischen indogermanischen Sprachen durchaus gewisse Fixpunkte, die sich aber mit solch einem Modell nicht beschreiben lassen. Folglich tun wir gut daran, den Bewegungsansatz als Ausgangspunkt zu nehmen.

Nach dem Bewegungsansatz werden neben dem „syntaktisch notwendigen“ Satzrahmen mit VP und IP bestimmte weitere Positionen zur Verfügung gestellt, in die Elemente bewegt werden können. War die Natur dieser Positionen zunächst eher unklar, hat sich seit den neunziger Jahren und dem Werk von Luigi RIZZI (1997) herausgestellt, dass Elemente bestimmte informationsstrukturelle Eigenschaften aufweisen müssen, um in diese Positionen bewegt werden zu können.

Rizzis Satzmuster sieht also so aus wie in (2) auf S. 290 angezeigt. Selbst dem ungeübten Betrachter wird auffallen, dass sich eine Vielzahl an Positionen ausmachen lässt, in die Material bewegt werden kann. Fast mehr, als man tatsächlich braucht, aber das ist ein separates Problem.

Wenn dieser Ansatz zutrifft, lassen sich folgende Bedingungen formulieren, denen eine Sprache mit freier Wortstellung gehorchen muss, die direkt aus dem Ansatz folgen:

- Es muss in aller Freiheit eine Grundabfolge erkennbar sein, in der Elemente stehen, wenn sie informationsstrukturell nicht markiert sind. Das wäre entweder die Abfolge, in der die Elemente innerhalb IP und VP basisgeneriert sind, oder eine direkt davon abgeleitete Abfolge.
- Elemente, die an Positionen stehen, die nicht ihrer Grundposition entsprechen, müssen eine informationsstrukturelle Markierung aufweisen, mit anderen Worten, es muss einen Grund dafür geben, dass sie bewegt worden sind.
- Funktionalere Elemente, wie Verben, satzverknüpfende Partikeln etc. müssen feste Positionen erkennen lassen (da diese ja nicht so sehr der informationsstrukturell motivierten Bewegung unterliegen können).

Im Folgenden wird dafür argumentiert, dass die klassischen indoeuropäischen Sprachen diesen drei Punkten genügen und darum dieser Ansatz für ihre Beschreibung geeignet ist.

(2)

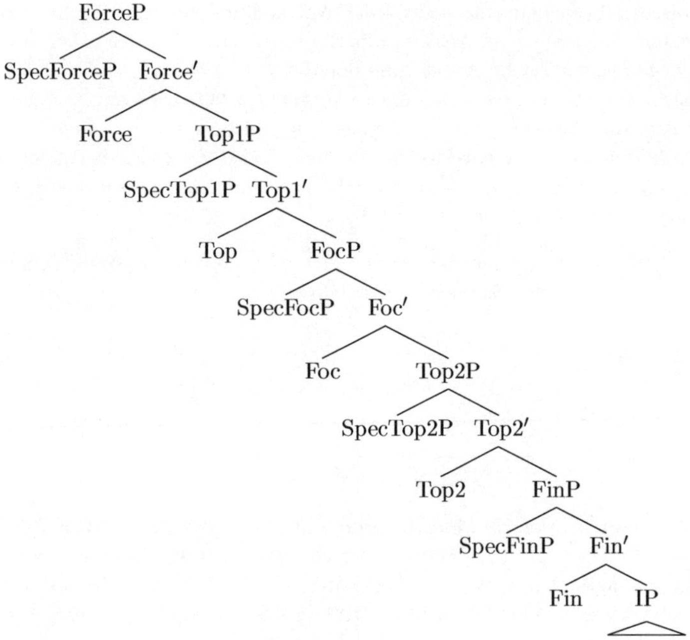

Kehren wir zurück zu den zwei Modulen. Wenn man Rizzis Hypothese daraufhin modifiziert, könnte man sagen, dass der gesamte Bereich oberhalb IP – also die „Split-C-Domäne", die den Großteil des Bildes unter (2) ausmacht, von der PF-Syntax aufgebaut wird, während alles, was unterhalb und innerhalb von IP aufgebaut wird, Aufgabe der „engen Syntax" ist. Dass der Bruch gerade hier liegen soll, lässt sich leicht nachvollziehen, da Bewegungsoperationen innerhalb und unterhalb von IP dem strengen Regime der Merkmalssättigung unterliegen – Bewegung kann nur stattfinden, wenn bestimmte „Merkmale", z. B. Kasuseigenschaften, nur in einer Konfiguration „gesättigt" werden können, die nur durch Bewegung erzeugt werden kann; in diesem Fall *muss* aber auch bewegt werden – wohingegen Bewegungsoperationen oberhalb von IP optional sind und in der Regel keinen Einfluss auf die semantische Interpretation des Satzes haben.

Es gibt nun Sprachen, in denen die PF-Syntax einen starken Einfluss auf die endgültige Linearisierung hat (z. B. Tschechisch, Lateinisch, Altgriechisch, Sanskrit), neben Sprachen, in denen der Einfluss durchaus vernachlässigbar zu sein scheint (Englisch, die romanischen Sprachen, Altirisch). Man kann dies auf einer Skala wie in (3) darstellen.

(3)

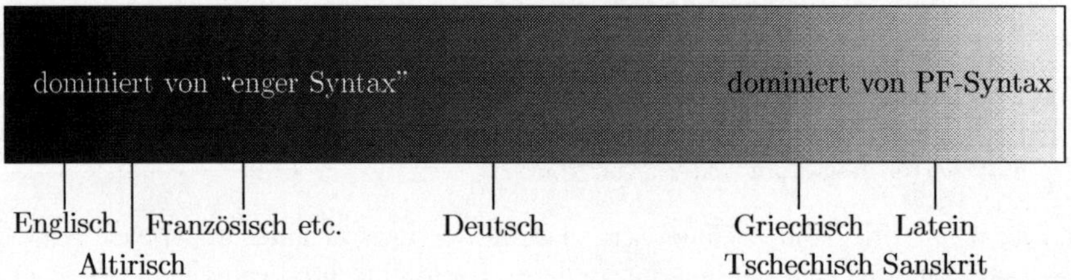

Wo steht nun das Proto-Indoeuropäische auf dieser Skala? Nachdem wir uns die Aspekte der indoeuropäischen Syntax angeschaut haben, die eher für eine festgelegte, starre Syntax sprechen (Abschnitt 2), schauen wir, inwiefern Freiheiten möglich waren (Abschnitt 3), bevor wir am Ende zu der Frage zurückkehren, wie frei die protoindoeuropäische Syntax war (Abschnitt 4).

2 Fixpunkte im Satzbild

Einige der älteren Sprachen zeigen ganz deutliche Fixpunkte in der syntaktischen Struktur, also Elemente, die nur an bestimmten Stellen im Satz auftreten können. Im Folgenden soll ein kurzer Überblick über diese Punkte gegeben werden.

Viele der alten indogermanischen Sprachen haben eine eindeutige Markierung für interrogativen Satzmodus in der linken Peripherie. Im Gegensatz zu den meisten heutigen indogermanischen Sprachen werden nicht nur Wortfragen, sondern auch Entscheidungsfragen durch ein artikuliertes Element in der linken Peripherie markiert. Zu diesen Markierungen zählt das griechische *ăra* und die lateinischen Partikel *num, nonne* und *-ne*. Analysiert werden können solche Elemente als phonetische Realisierung des Satzmodusmerkmals [+w], das in der linken Peripherie beheimatet ist und bei Wortfragen die Bewegung des Frageworts nach vorne bewirkt (Brandt, Reis, Rosengren & Zimmermann 1992). Darüber hinaus haben alle indoeuropäischen Sprachen zumindest die Tendenz (Sanskrit und Hethitisch), in den meisten Fällen aber den Zwang, das Fragewort nach vorne zu ziehen.

Dieser Befund spricht deutlich für die Existenz einer funktionalen Projektion an der linken Peripherie, die ein bewegungsauslösendes Satzmodusmerkmal beherbergt. In der Tradition von Rizzi wollen wir diese Projektion ForceP nennen und feststellen, dass es die höchste Projektion im Satz ist. Dies sieht man einerseits daran, dass die Fragewörter oder Fragepartikeln immer die am meisten links stehenden Elemente sind,[2] zweitens daran, dass der Fragesatzstatus für Einbettung unter bestimmte Prädikate von entscheidender Bedeutung ist; das Prädikat kann aber nur „sehen", dass ein bestimmter Satz ein Fragesatz ist, wenn in der höchsten Projektion des Satzes die erforderliche Information (in Form des Satzmodusmerkmals) vorhanden ist (s. Reis 1992; Chomsky 2001).

Ein weiterer Fixpunkt ist das Verb. Viele der alten indoeuropäischen Sprachen sind verbfinal (z. B. das Hethitische, Lateinische, Althochdeutsche, Sanskrit), haben aber in der Regel die Möglichkeit, das Verb weiter nach vorne, an die erste oder zweite Position, zu bringen. Nennen wir diese Sprachen „Gruppe 1". Andere Sprachen (z. B. das Altirische) haben das Verb obligatorisch an erster Stelle („Gruppe 2"), wieder andere (z. B. das attische Griechisch oder teilweise das Altenglische) haben die Tendenz, das Verb hinter die erste volle Konstituente zu stellen („Gruppe 3"). Daraus kann man einiges für die syntaktische Struktur dieser Sprachen erschließen:

1. Die Basisposition für das Verb in Sprachen der Gruppe 1 ist hinten. Das bedeutet, dass in ihrer Struktur der Kopf der IP (der Landeplatz des finiten Verbs) rechts stehen muss, vermutlich auch der Kopf der VP (da Infinitive ebenfalls hinten in ihrem Syntagma zu stehen pflegen). Darüber hinaus existiert (mindestens) eine linksköpfige Position oberhalb IP, in die das Verb optional bewegt werden kann, und mindestens

2 Die Klitisierung von *-ne* im Lateinischen ist ein rein phonologischer Prozess, eine lokale Umtauschung der syntaktisch generierten ersten und zweiten Wörter. Ich halte es für wahrscheinlich, dass die meisten „Wackernagel"-Elemente (also alle außer Pronomen und Verbformen) in erster Position generiert sind und lokal umgetauscht werden, um ihrem Klitikumstatus Rechnung zu tragen. Möglicherweise befindet sich direkt unterhalb von ForceP eine Position, in der logische Konnektoren (die häufig zu Wackernagelelementen werden, s. Spevak 2006) generiert werden; da im Aussagesatz ForceP frei bleibt (wegen der Abwesenheit des [+w]-Merkmals) bilden diese logischen Konnektoren dann die Satzspitze.

eine phrasale Position oberhalb dieses Verblandeplatzes, in die Konstituenten bewegt werden kann (vgl. auch KRISCH 2002).

2. In Gruppe 3 ist die Bewegung des Verbs in diese linksköpfige Position fast der Normalfall.
3. In Gruppe 2 ist die Bewegung des Verbs in diese linksköpfige Position obligatorisch, so dass wir sogar annehmen können, dass das Satzbild zugunsten einer linksköpfigen IP reanalysiert wurde.

Es ist wohl daher nicht zu weit gegriffen, wenn wir annehmen, dass Gruppe 1 den Gegebenheiten im Proto-Indoeuropäischen entspricht. Das bedeutet, dass bereits im Proto-Indoeuropäischen die Wortstellung nicht einheitlich war, sondern variabel (s. auch KRISCH 2002: 250). Gruppe 3 ist grundsätzlich mit Gruppe 1 kompatibel; der einzige Unterschied ist die Häufigkeit der Bewegung des Verbs nach vorne. Der Grund dafür, dass ich mich für Gruppe 1 und nicht z. B. Gruppe 2 entscheide, ist nicht nur das Prinzip „die Mehrheit siegt", sondern v. a. die Tatsache, dass die inselkeltischen Sprachen, die Vertreter der Gruppe 2 – die einzige, deren Analyse nicht konsistent mit einer verbfinalen IP ist – auch sonst viele syntaktische Abweichungen zeigen, die nachgewiesenermaßen erst sekundär entstanden sind (da sie im Festlandkeltischen, das eine frühere Sprachstufe eines verwandten Dialekts darstellt, nicht zu finden sind).

Schließlich wurde wiederholt dafür argumentiert, dass selbst die klassischen Sprachen eine „Basiswortstellung" SOV aufweisen,[3] auch wenn diese oft verunklart ist (KRISCH 2002; vgl. Lateinisch: HOFMANN & SZANTYR 1965: 397; Sanskrit: SPEIJER 1886: 9f.; Proto-Indoeuropäisch: LEHMANN 1974). Für das Hethitische konnte diese Abfolge sogar zu Subjekt – direktes Objekt – indirektes Objekt – Verb verfeinert werden (LURAGHI 1990: 36). Darum soll es aber im Folgenden nicht gehen; es wird jedoch vorausgesetzt.

Wir können also versuchen, diese Ergebnisse in einem Baum darzustellen (s. (4) auf S. 293. Die Projektion, in die das Verb gegebenenfalls bewegt wird, ist C. Der Spezifikator von CP ist die Position, in die die erste volle Konstituente bewegt wird. Tatsächlich werden wir sehen, dass dieses Bild noch etwas zu einfach ist; wir werden sehen, dass sich mehr Material nach CP bewegen lässt als nur eine Phrase. Darum soll es im nächsten Abschnitt gehen.

3 Einfluss der Informationsstruktur

3.1 Das Deutsche als Musterfall

Man ist sich weitgehend darüber einig, dass die Wortstellung zwischen diesen Fixpunkten weitgehend frei ist. Frei heißt jedoch nicht „beliebig", sondern „empfänglich für informationsstrukturelle Vorgaben". Wie muss man sich aber den Einfluss informationsstruktureller Faktoren auf die Wortstellung vorstellen? Um dies zu veranschaulichen, nehmen wir als Ausgangspunkt eine Sprache, die modern ist (so dass wir auf Intuitionen von Muttersprachlern zurückgreifen können), zu deren informationsstrukturellen Gliederung bereits Forschungen existieren und die sich etwa in der Mitte der PF-Syntax-Skala (s. (3)) befindet, d. h. bei der der Einfluss informationsstruktureller Faktoren nicht so groß ist, dass die formal-syntaktischen Abfolgeprinzipien völlig dahinter verschwinden. Das heutige Deutsch erfüllt all diese Kriterien und bietet sich deshalb als Ausgangspunkt an.

Im Deutschen gibt es zwei Prozesse, die aus der eng-syntaktisch generierten Abfolge Oberflächenstrukturen ableiten, nämlich Scrambling (ROSS 1967; MÜLLER & STERNE-

3 Wobei die Objekte ebenfalls eine Reihenfolge zeigen, z. B. Akkusativobjekt vor Richtungsergänzung (KRISCH 2002: 258). S(Adv)O(Adv)V für das Lateinische hat PINKSTER (1990: 179f.) ermittelt.

(4)

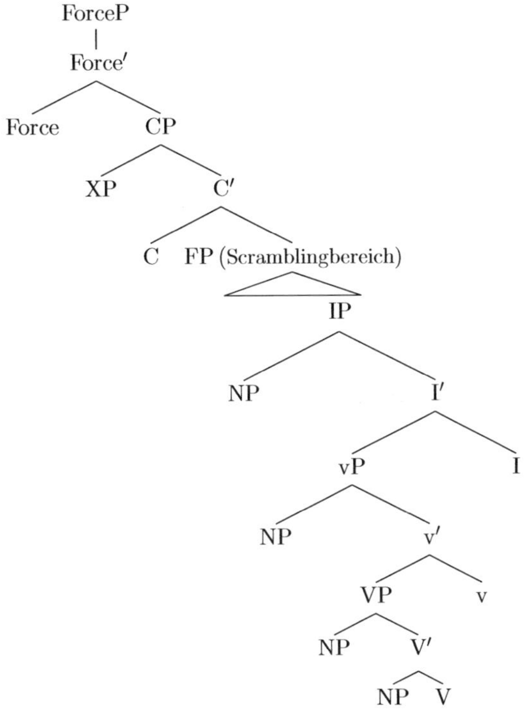

feld 1993; Haider & Rosengren 2003) und Vorfeldbesetzung (Behaghel 1932). Der Unterschied ist hier v. a., dass bei Scrambling Elemente an Positionen bewegt werden, die sich rechts von der linken Satzklammer, also noch im sog. Mittelfeld, befinden, wohingegen bei Vorfeldbesetzung das Vorfeld, also die Position links von der linken Satzklammer, angesteuert wird. Die meisten Studien zur Mittelfeldabfolge im Deutschen sind sich einig, dass informationsstrukturelle Faktoren eine wichtige Rolle spielen (Lenerz 1977, Hoberg 1997, Eroms 2000, Frey 2004). Für die Vorfeldbesetzung wurden ebenfalls informationsstrukturelle Motivationen vorgeschlagen (Eroms 2000). Wir wollen uns im Folgenden auf das Vorfeld konzentrieren, da dieser Spitzenstellung im Satz eine besondere Rolle zukommt und wir außerdem sicher sein können, dass diese Position nur nach informationsstrukturellen Gesichtspunkten besetzt wird, da im Vorfeld nichts basisgeneriert wird.

Im Deutschen können im Wesentlichen Konstituenten in das Vorfeld gelangen, wenn sie eine der drei folgenden Eigenschaften aufweisen (genauere Definition u. a. Speyer 2008b):

1. wenn sie den situativen Rahmen angeben, innerhalb dessen die Proposition zu evaluieren ist (Rahmenbildner),
2. wenn sie mit anderen Entitäten im unmittelbaren Kontext in einem Set-Verhältnis stehen, also mit ihnen zusammen gelistet werden können, und damit im weitesten Sinne kontrastiv sind (Listenelemente),
3. wenn sie das Thema (bzw. Topik) der Äußerung bilden (Thema).

Im Zweifelsfall sind Rahmenbildner gegenüber den anderen Arten von Elementen bevorzugt, und Listenelemente sind gegenüber Themen bevorzugt (Speyer 2008b).

Die Definition von Rahmenbildnern (nach JACOBS 2001) dürfte unmittelbar einleuchten. Die Definition von Listenelementen fußt auf Arbeiten zur englischen Topikalisierung (KUNO 1982; PRINCE 1999). Dass schließlich Sätze in vielen Sprachen nach der Thema-Rhema-Gliederung aufgebaut sein können, ist spätestens seit den eingehenden Arbeiten der Prager Schule bekannt (MATHESIUS 1928; FIRBAS 1964; DANEŠ 1966). Das Thema eines Satzes schließlich ist nach einer gängigen Definition (REINHART 1982) das, worum es in einem Satz geht. Diese Definition ist recht intuitiv; da unsere Intuitionen in diesem Bereich aber sehr gut sind, herrscht selten Uneinigkeit darüber, was das Thema eines Satzes ist.[4]

Themen können weiterführend sein (wenn sie das Thema des Vordersatzes wieder aufnehmen), sie können aber auch wechseln. Wenn ein Thema wechselt, geschieht dies meistens dadurch, dass ein Teil des Rhemas des vorigen Satzes aufgegriffen und zum Thema gemacht wird. Wir können diesen Rhementeil „Themavorbereitung" nennen. Schließlich kann ein Thema auch eine Weile fallen gelassen werden, um dann wieder, nach einem Einschub, aufgegriffen zu werden. Solche Fälle nennen wir „wieder eingeführtes Thema".

Interessanterweise lässt sich zeigen, dass diese Arten von Elementen, also Rahmenbildner, Listenelemente, Themen, auch in früheren germanischen Sprachen eine Tendenz hatten, vorne im Satz zu stehen. Für das Althochdeutsche werden von HINTERHÖLZL, PETROVA & SOLF (2005) eben Themen und Listenelemente genannt, die (entgegen der lateinischen Vorlage) das Vorfeld füllen. Das deckt sich mit meinen Eindrücken vom Altenglischen. Dort wurde in noch viel stärkerem Maße als im heutigen Englisch topikalisiert. Der Unterschied zwischen dem Deutschen und dem Altenglischen besteht nun darin, dass das Altenglische wohl nicht der strengen Verbzweit-Beschränkung folgt, sondern Sätze der Form X – S – V ... bilden konnte (KROCH & TAYLOR 1997; HAEBERLI 2002; SPEYER 2008a). Wenn man sich eine Probe dieser Sätze anschaut (nämlich alle, in denen das Subjekt nicht pronominal ist), stellt man fest, dass das topikalisierte Element sich regelmäßig als Rahmenbildner (5a), Listenelement (5b) oder Thema (5c) charakterisieren lässt (SPEYER 2008a).[5]

(5) a. AC ÞÆRE ILCAN NIHT [...] *wulfas atugan þa stacan up,*
‚And in the same night wolves (= devilish persons) drew up the pin'
(coorosiu,Or_5:5.119.25.2504)

b. ðone ungeðyldegan *ðonne swiðe* lytel *scur ðære costunga mæg onhreran,*
swæ swæ lytel wind mæg ðone cið awecggean,
ac ðone yfelan *fæstrædan willan folneah* nan *wind* ne mæg awecggean.
‚An impatient will, then, a very little shower of temptation can excite, just as a little breeze may arouse altercation, but the constantly evil will almost no storm may awake.' (cocuraC,CP%[Cotton]:33.224.4.86)

c. (*Hæfde þæt deor þrie hornas on foran heafde, & mid þæm hornum wæs egeslice gewæpnod*)
þæt deor *Indeos hatað dentes tyrannum.*
‚Das Tor hatte drei Hörner oben an der Vorderseite, und mit den Hörnern war es furchterregend gesichert. Dieses Tor nannten die Inder Dentes Tyrannum.'
(coalex,Alex:20.3.231)

4 Zur Thema-Rhema-Struktur existiert eine Fülle anderer Definitionen. Wie in SPEYER 2008a dargelegt gehe ich davon aus, dass es nicht nur eine informationsstrukturelle Dimension gibt, sondern mehrere; Thema-Rhema ist eine, Fokus-Hintergrund eine andere, Alt-Neu wieder eine andere. Diese Dimensionen bilden Schnittmengen; deshalb schließen sich z. B. Topik, Fokus und Neu nicht aus.

5 Das Altenglische ist nach dem YCOE Korpus (TAYLOR et al. 2003) zitiert.

Bereits diese kleine Probe zeigt, dass der neuhochdeutsche Zustand mit hoher Wahrscheinlichkeit einen Zustand wenigstens des Proto-Westgermanischen widerspiegelt, nämlich dass eine Tendenz besteht, Rahmenbildner, Listenelemente und Themen an die Satzspitze zu bringen. Hier ist besonders das Altenglische hervorzuheben, das diese Tendenz zeigt, obwohl der syntaktische Rahmen dieser Tendenz eher gegenläufig angelegt ist.

3.2 Informationsstruktur im Lateinischen

Nachdem diese Daten nahelegen, dass diese drei Faktoren für die Wortstellung im Germanischen eine Rolle gespielt haben, wollen wir prüfen, ob diese Faktoren für die Wortstellung in einer anderen indogermanischen Sprache eine Rolle spielen, z. B. dem Lateinischen. Die Untersuchung wird an einem Teil des zweiten Buchs der Briefe Ciceros an seinen Bruder Quintus durchgeführt.[6]

Beginnen wir mit der Einteilung in Rahmen und Inhalt. Die absolute Spitzenstellung im Satz für Rahmenbildner ist deutlich bevorzugt (6).

(6) KAL. FEBR. *legationes in Id. Febr. reiciebantur;*
Kalenden Februar Gesandtschaften in Iden Februar verschoben
‚Am 1. Februar wurde die Debatte über die Gesandtschaften auf den 13. Februar verschoben.'

EO DIE *res confecta non est.*
dieser Tag.ABL Sache beendet nicht ist
‚An diesem Tag wurde über keinen Streitpunkt entschieden.'

A.D. *IIII* NON. FEBR. *Milo adfuit.*
vor Tag 4 Nonen Februar Milo da-war
‚Am 2. Februar war Milo anwesend.' (2.3.1)

(7) a. ID. MAI. *senatus frequens divinus fuit in supplicatione Gabinio deneganda*
Iden Mai Senat gutbesucht göttlich war in Bittgesuch Gabinius.DAT verweigernd
‚Am 15. Mai war der gutbesuchte Senat in göttlicher Form, als er Gabinius seine Bitte um ein Dankfest abschlug.' (2.7.1)

b. IN MANILIANO *offendi Diphilum Diphilo tardiorem.*
In Manilianum antraf-ich Diphilus.ACC Diphilus.ABL Träger.ACC
‚Auf dem Manilianum traf ich Diphilus noch träger an, als es bei Diphilus üblich wäre.' (3.1.1)

Am Beispiel (6) lässt sich schön zeigen, dass ein rahmenbildendes Element nicht einfach nur ein Satzglied ist, das eine temporale Bestimmung enthält; das Präpositionalobjekt im ersten Satz, das ebenfalls eine Datumsangabe enthält, steht an der normalen Stelle zwischen Subjekt und Verb. Während bei diesem Beispiel ein anderer Faktor, nämlich der des Kontrastes im weiteren Sinne, interferieren könnte, lassen sich genügend andere Beispiele anführen, in denen das rahmenbildende Element isoliert, nicht im Kontrast zu anderen, genannt ist (7a, b). (7a) stellt die einzige temporale Rahmenbestimmung in dem (kurzen) Brief 2.7 dar, ebenso wie (7b) weitgehend isoliert dasteht. In Tabelle 1 auf S. 296 sehen wir, dass der Effekt, rahmenbildende Elemente voranzustellen, recht stark ist.

6 Das Textkorpus wurde gewählt, da es relativ wenig rhetorische Überhöhungen aufweist (vgl. zur Methode DE JONG 1994).

Rahmenbildner am Anfang	Rahmenbildner nicht am Anfang	Proportion von Rahmenbildnern am Anfang
36	4	**90 %**

Tabelle 1: Position rahmenbildender Elemente

am Anfang	weder am Anfang noch am Ende	am Ende (Verb nicht mitgezählt)
18	3	8

Tabelle 2: Position von Listenelementen

3.2.1 Listenelemente

Betrachten wir nun, ob sich auch bei Listenelementen irgendwelche Stellungstendenzen im Lateinischen finden lassen.

Hier ist keine so eindeutige Aussage möglich. Es ist zwar der Fall, dass Listenelemente häufig am Anfang stehen (Tabelle 2). Doch sind viele dieser Listenelemente Subjekte, deren unmarkierte Position sowieso eher am Anfang ist. Tatsächlich stellt sich heraus, wenn man überprüft, wie viele der Listenelemente in situ, also an dem Platz, an dem man sie erwarten würde, stehen, dass in zwei Drittel der Fällen offensichtlich keine Bewegung stattgefunden hat (Tabelle 3 auf S. 297). Ein Beispiel ist unter (8). Hier steht die gelistete Konstituente *Racilium* am Ende des nonverbalen Satzbereiches. *Racilium* ist eindeutig ein Listenelement, da auf eine potentielle Menge von Alternativen expressis verbis referiert wird (*de tribunis pl.*). Die Position unmittelbar vor dem satzabschließenden Verb ist eine Position, die im Deutschen fokussierte Phrasen anzieht, aber weniger Listenelemente per se. Das könnte theoretisch im Lateinischen ebenso sein, nur lässt es sich an diesem oder an vergleichbaren Beispielen aus dem Korpus nicht zeigen, da bei „normaler" Wortstellung das Akkusativobjekt sowieso an dieser Stelle stehen würde.

(8) *de tribunis pl. longe optimum* Racilium *habemus* (2.1.3)
‚Unter den Volkstribunen haben wir in Racilius den weitaus besten.'

Mitunter findet Bewegung statt, und diese Bewegung stellt das Listenelement tatsächlich an den Beginn des Satzes. Es ist aber wichtig festzuhalten, dass dies bei weitem nicht die Regel ist (9). Es ist aber möglich, dass dies eine idiosynkratische Vorliebe Ciceros ist; DE JONG (1990: 98f.) beobachtet, dass Listenelemente (die er *Topic/Focus ambivalence* nennt) in Catos *de Agricultura* eine deutliche Tendenz zur Voranstellung haben; auch PINKSTER (1990: 172) sieht fokalisierte Elemente bevorzugt am Satzanfang.

(9) me *enim nemo adhuc rogavit num quid in Sardiniam velim,*
te *puto saepe habere qui num quid Romam velis quaerant.* (2.2.1)
‚Mich hat nämlich bis jetzt niemand gefragt, ob ich etwas nach Sardinien ausrichten lassen wolle, dich haben aber, glaube ich, schon oft Leute gefragt, ob du etwas nach Rom ausrichten wollest.'

Ein Effekt, dessen eigentliche Bedeutung genauer unter die Lupe genommen werden sollte, ist, dass die Rate von Voranziehungen des Verbs in Sätzen, die ein Listenelement aufweisen, weitaus höher als erwartet ist (Tabelle 4 auf S. 297). Dies ist recht häufig in Fällen, in denen

Listenelement in Normalstellung	Listenelement nicht in Normalstellung
20	9

Tabelle 3: Listenelemente in situ

Verb in linker Peripherie	Verb hinten	Proportion von Verb links
13	16	**44.8 %**

Tabelle 4: Verbstellung in Sätzen mit Fokus

die erste Konstituente im Satz ein Listenelement ist, egal, ob es sich hierbei um das Subjekt handelt oder ein anderes Satzglied. Der 2. Satz vom (9) ist ein Beispiel. Wir müssen uns nun vor Augen halten, dass Listenelemente häufig Fokus anziehen (ROOTH 1985). Gehen wir also davon aus, dass eine Korrelation zwischen Fokus und Verbstellung herrscht. Dass Verbbewegung für Fokus sensitiv sein soll, ist zwar auf den ersten Blick überraschend, wurde aber kürzlich auch für das Frühneuhochdeutsche nachgewiesen (SAPP 2006).

3.3 Thema-Rhema-Struktur

Wenden wir uns schließlich der Thema-Rhema-Struktur zu. Die Thema-Rhema Struktur wurde bereits in früheren Studien als relevant für verschiedene Aspekte der lateinischen Wortstellung festgestellt (z. B. PANHUIS 1982; PINKSTER 1990). Sie zeigt sich in einer klaren Tendenz in der lateinischen Wortstellung. In den Tabellen 5–8 auf S. 298 sind die Positionen der drei verschiedenen Typen von Themata sowie von Themenvorbereitungen im Korpus angegeben, wobei unterschieden wird, ob das Thema als Subjekt oder nicht als Subjekt fungiert.

Betrachten wir nun, wie sich die verschiedenen Fälle von Thema verhalten. Bei neu eingeführten Themata sehen wir, dass sie bevorzugt am Satzanfang auftreten (ähnlich DE JONG 1990). Hierbei macht es keinen Unterschied, ob das Thema ein Subjekt oder nicht ist (10). Dasselbe gilt für weitergeführte Themata (11), wenn sie realisiert werden (was v. a., wenn sie das Subjekt darstellen, selten der Fall ist) und, in weniger auffälligem Maße, Themata, die nach einem Einschub wieder aufgenommen werden (12).

(10) ***De rege Alexandrino*** *factum est senatus consultum cum multitudine eum reduci periculosum rei publicae videri reliqua cum esset in senatu contentio Lentulusne an Pompeius reduceret …*

‚Betreffs des Königs von Alexandria wurde ein Senatsbeschluss gefasst, dass es zu gefährlich für den Staat scheine, wenn er mit einer Menge (sc. Soldaten) zurückgeführt würde. Des weiteren gab es im Senat Streit, ob Lentulus oder Pompeius (sc. ihn) zurückführen solle.‘ (2.2.3)

(11) *hic* pro oikonomesámen *quid⟨d⟩am* eukaíros *de iis quae in Sestium apparabantur crimina*
et ***eum*** *ornavi veris laudibus magno adsensu omnium.*

‚Hier habe ich *just in time gemanagt*, dass nichts gegen Sestius vorgenommen wird, und ich bedachte ihn mit ehrlich gemeinten Lobreden unter großer Zustimmung aller.‘ (2.3.6)

	Satzspitze	im Satzverlauf	Satzende
Subjekt	9	6	1
Nicht Subjekt	6	4	–

Tabelle 5: Position und Funktion des neu eingeführten Themas

	Satzspitze	im Satzverlauf	Satzende
Subjekt	15	1	–
Nicht Subjekt	20	6	1

Tabelle 6: Position und Funktion des weitergeführten Themas

	Satzspitze	im Satzverlauf	Satzende
Subjekt	2	3	–
Nicht Subjekt	2	2	–

Tabelle 7: Position und Funktion des wieder aufgenommenen Themas

	Satzspitze	im Satzverlauf	Satzende
Subjekt	–	2	6
Nicht Subjekt	–	5	7

Tabelle 8: Position und Funktion der Themavorbereitung

(12) *sic legibus perniciosissimis obsistitur, maxime Catonis;*
***cui** tamen egregie imposuit ⟨plagam⟩ Milo noster ...* (2.5.3)
(sequitur passus in quo de Milone narratur)
***hunc** igitur **Catonem** Lentulus a legibus removit* (2.5.3)
‚So wird entsetzlich schädlichen Gesetzen Widerstand geleistet, vor allem denen von Cato. Dem hat unser Milo allerdings ganz großartig einen Schlag versetzt ... Diesen Cato hat also Lentulus von seinen Gesetzesvorschlägen abgebracht.‘

Das bedeutet, dass sich Themen unabhängig von anderen informationsstrukturellen Eigenschaften, wie Neuheit etc., einheitlich verhalten (s. auch PINKSTER 1990: 182, contra PANHUIS 1982). Daraus dürfen wir den Schluss ziehen, dass der Thema-Rhema-Struktur ein höherer Stellenwert zukommt als anderen Strukturierungsprinzipien wie zum Beispiel dem nach Neuheit.

Ein interessanter Befund findet sich bei Themavorbereitungen (13). Diese werden, ebenfalls unabhängig von der syntaktischen Funktion, auffallend oft nachgestellt, wobei Nachstellung hier die absolut letzte Position im Satz, noch nach dem Verb (bei Verbletztsätzen), bezeichnet. Bei Mittelstellung finden sie sich auch regelmäßig eher im rechten Bereich.

(13) a. *commorat expectationem Lupus. egit causam ... sane accurate*
‚Alles wartete auf Lupus. Er verhandelte die Sache wirklich sorgfältig.‘ (2.1.1)

b. *sed ut [sc. Pompeius] peroravit, surrexit Clodius.* ***ei*** *tantus clamor a nostris [...]*
,Aber als er geendet hatte, stand Clodius auf. Ihm schlug soviel Geschrei von unserer Seite entgegen [...]' (2.3.2)

Wenn der Thema-Rhema-Struktur solch eine zentrale Rolle zukommt, ist dieses Stellungsverhalten wenig überraschend. Themen können auf zweierlei Weise eingeführt werden: Entweder ein Satz stellt sein eigenes Thema (und das der Folgesätze) vor – das ist der Fall des neu eingeführten Themas. Oder ein Satz nimmt sein Thema aus dem Rhemateil des vorangehenden Satzes, was wir hier als Themavorbereitung bezeichnet haben. Der vorangehende Satz hat entweder ein eigenes, anderes Thema (wie *Pompeius* in 11b), oder er ist ein präsentationeller Satz, d. h. ein Satz, der kein eigenes Thema hat, sondern nur aus Rhema besteht und zur Ankündigung des Themas der Folgesätze dient (wie 11a). Da durch die Tatsache, dass eine Themavorbereitung vorliegt, eine enge Bindung zwischen diesem weiterführenden Rhemateil und dem Folgesatz besteht, wird diese enge Bindung ikonisch dadurch ausgedrückt, dass das weiterführende Element tatsächlich in die größtmögliche Nähe desjenigen Satzes, in welchem es eine Themarolle einnehmen wird, gerückt wird. Die Themavorbereitung fungiert somit als ein nach vorne gerichtetes Verbindungsstück (oder „Link"). Folgerichtig wird das Thema im nächsten Satz, wenn es denn lexikalisch realisiert ist, möglichst nach vorne gerückt (13b).

Daneben gibt es jedoch noch Sätze, in denen das Thema nicht an der Satzspitze steht. Die meisten dieser Fälle lassen sich einer speziellen Kategorie zuordnen: Das Thema steht an zweiter Stelle, während die erste Stelle von einem rahmenbildenden Element eingenommen wird. In (14) haben wir zwei Beispiele. Man beachte, dass in diesen Fällen das Thema in der Regel als Subjekt fungiert (14a); eine andere syntaktische Funktion nimmt es nur ein, wenn das Subjekt nicht overt realisiert ist (z. B. wenn der Satz in der ersten Person steht, wie in (14b).

(14) a. A.D. IIII ID. FEBR. ***Sestius*** *ab indice Cn. Nerio Pupinia de ambitu est postulatus* (2.3.5)
,Am 10. Februar wurde Sestius auf eine Anzeige des Cn. Nerius aus Pupinia wegen Wahlbetrugs angeklagt.'

b. LUCI ***eum*** *convenire non potueram quod afuerat* (2.6.3)
,Bei Tageslicht hatte ich ihn nicht treffen können, weil er unterwegs war.'

Wir können also, ähnlich wie im Deutschen, eine Konkurrenzsituation zwischen zwei Funktionstypen, Rahmen-Inhalt und Thema-Rhema, ausmachen, die fast regulär zugunsten von Rahmen-Inhalt entschieden wird. Das bedeutet, dass die Spitzenstellung dem rahmenbildenden Element zugeschlagen wird; das Thema muss sich mit einer Position möglichst weit vorne begnügen, also an zweiter Stelle. Eine Ausnahme bilden nur Brieffänge, wo es offenbar von größerer Wichtigkeit ist, ein Thema prominent zu etablieren, als an anderen Stellen (15).

(15) ***Sestius noster*** *absolutus est* A.D. II ID. MART.
,Unser Sestius wurde am 14. März freigesprochen.'

3.4 Vergleich mit dem Griechischen

Im Altgriechischen – genauer dem Attisch des Thukydides – finden sich nun dieselben Tendenzen, die für das Germanische und zum Teil für das Lateinische zu gelten scheinen.

Rahmenbildende Elemente werden in dem untersuchten Textabschnitt – Thuk 2.90-3.8 – mit großer Mehrheit an die Satzspitze bewegt (16). Die Zahlen finden sich in Tabelle

9. Damit befindet sich das Altgriechische im Einklang mit dem Lateinischen und den germanischen Sprachen.

(16) META DÈ TÈN ESBOLÈN TÕN PELOPONNESÍON EUTHÙS *Lésbos plèn Methúmnes apéste ap' Athenaíon* (Th. 3.2.1)
‚Direkt nach dem Einfall der Peloponnesier fiel Lesbos mit Ausnahme Methymnes von Athen ab.'

Satzspitze	Teil von Partizipialkonstr. an Satzspitze	nicht Satzspitze
20	3	5
71,4 %	**10,7 %**	**17,9 %**

Tabelle 9: Position von Rahmenbildnern in Thukydides

Listenelemente zeigen ebenfalls eine starke Tendenz, an die Satzspitze zu treten (17a). In Tabelle 10 finden sich die Zahlen. Man beachte, dass von den Beispielen, bei denen das Listenelement nicht vorne steht, fünf von der Art sind, dass die Anfangsposition von einem Rahmenbildner eingenommen wird, während das Listenelement darauf folgt (17b). Zwei weitere sind Doppelfokuskonstruktionen, also zwei Sätze, in denen pro Satz zwei Listenelemente vorkommen, so dass jeweils eines notgedrungen weiter hinten im Satz stehen muss (17c). Die Tendenz, Listenelemente nach vorne zu ziehen, ist also sehr stark. Das verbindet das Altgriechische mit den germanischen Sprachen, wohingegen das Lateinische ja Listenelemente weniger nach vorne zieht und statt dessen gelistete – und, wie wir annehmen dürfen, zumeist fokussierte – Elemente durch Erosion freilegt, v. a. durch Bewegung des Verbs nach vorne, so dass das Listenelement das Satzende bildet.

(17) a. tàs dè tõn Mutilenaíon déka triéreis [...] *katéschon hoi Athenaĩoi, kaì* toùs ándras ex autõn es phulakèn epoiésanto. (Th. 3.3.4)
‚Die zehn Trieren aus Mytilene hielten die Athener zurück, ihre Besatzung verhafteten sie.'

b. ÉPEITA tàs mèn pleíous *apopémpei tõn neõn pálin ep' oíkou ho Asópios,* autòs d' échon dódeka *aphikneĩtai es Naúpakton* (Th. 3.7.3).
‚Danach schickte Asopios die meisten Schiffe wieder nach Hause, er selbst aber fuhr mit zwölf Schiffen nach Naupaktos.'

c. *kaì* toútou tò mèn pléon pezòn *ẽn*, tritemórion *dè málista* hippikòn. (Th. 2.98.4)
‚Von denen war der größte Teil Fußtruppen, ein Drittel aber hauptsächlich Reiterei.'

Satzspitze	Als 1. Konstituente nach Verb (in V1-Sätzen)	nicht Satzspitze
38	2	9
77,6 %	**4,1 %**	**18.4 %**

Tabelle 10: Position von Listenelementen in Thukydides

Bei Themen ist das Griechische insofern vom Lateinischen und insbesondere den germanischen Sprachen verschieden, als dort fast regelmäßig Topik-Drop eintritt, sprich: Weiterführende Themen werden in der Regel gar nicht, nicht einmal mit einem Pronomen, realisiert. Das liegt u. a. auch daran, dass das Griechische eine stärkere Tendenz als andere Sprachen zu zeigen scheint, das Thema mit dem grammatischen Subjekt gleichzusetzen. Bei neu eingeführten und wieder eingeführten Themen, die sich identisch verhalten, ist eine ganz klare Bevorzugung der Satzspitze zu erkennen. Weiterführende Themen sind sehr unausgesprochen, was daran liegt, dass sie, wenn sie auftauchen, meist in Nebensätzen als Pronomen auftauchen. Wenn sie als unmittelbare Hauptsatzkonstituente auftreten, zeigt sich jedoch eine gewisse Bevorzugung der satzinitialen Position oder, in Verberstsätzen, der Position unmittelbar nach dem Verb. Verberstsätze scheinen gerade in diesem Fall relativ häufig zu sein, was aber der weiteren Untersuchung bedarf. Themenvorbereitungen schließlich tendieren, ähnlich wie im Lateinischen, zu einer Position gegen Ende des Satzes. Die Ergebnisse sind in Tabelle 11 zusammengefasst.

	vorne		in der Mitte		hinten	
	Satzspitze	als 1. Konst. nach Verb	als UK	in untergeordnetem Satz	vor satz-finalem Verb	Satzende
neu eingeführt	13	1	5	–	–	–
%	**73,7**		**26,3**			
wieder aufgenommen	15	3	4	–	–	–
%	**81,8**		**18,2**			
weiterführend	8	7	7	5	–	4
%	**48,4**		**38,7**		**12,9**	
Themen-Vorbereitung	–	1	1	–	3	–
%	**20**		**20**		**60**	

Tabelle 11: Positionen verschiedener Typen thematischer Elemente

Wir sehen also, dass, wie im Deutschen, diese drei Arten von Elementen an die Spitzenposition drängen. Von den Beispielen, bei denen die fraglichen Elemente nicht am Satzanfang stehen, sind viele Beispiele Konkurrenzfälle, also Fälle, wo ein Listenelement, Rahmenbildner oder Thema nur deshalb nicht vorne steht, weil ein anderes nach vorne drängendes Element es „ausgestochen“ hat. Die Datenlage erlaubt es sogar, eine Rangfolge dieser Elemente zu etablieren (Tabelle 12 S. 302). In dieser Tabelle sind die drei Fälle, die wir nach dem Befund im Deutschen (s. SPEYER 2008b) erwarten würden, angegeben und es wird in der ersten Zahlenspalte die Zahl der Fälle im Thukydidestext gegeben, die dieser angegebenen Folge entsprechen. In der zweiten Zahlenspalte finden sich die Fälle, bei denen es gerade umgekehrt ist, also z. B. Thema vor Rahmenbildner steht. Die 3. Zahlenspalte gibt das Verhältnis von angegebener Folge zur Zahl der jeweiligen Konkurrenzfälle.

Wir sehen, dass die Verhältnisse mit denen im Deutschen weitgehend übereinstimmen. Das etwas bessere Abschneiden des Themas im Vergleich zu Rahmenbildnern ergibt sich daraus, dass, im Gegensatz zum Deutschen, weiterführende Themen weitgehend fehlen.

			erw. Folge	umgekehrt	**% erw. F.**
Rahmen >>	Listenel.		5	1	**83,3**
Rahmen >>		Thema	11	3	**78,7**
	Listenel. >>	Thema	2	0	**100**

Tabelle 12: Konkurrenzfälle in Thukydides

4 Syntax und Informationsstruktur im Indoeuropäischen

Es konnte gezeigt werden, dass in drei Zweigen des Indoeuropäischen, repräsentiert durch Althochdeutsch/Altenglisch, Latein und Altgriechisch, die Tendenz besteht, rahmenbildende Elemente an die Satzspitze zu stellen, während innerhalb der Proposition das Thema vor das Rhema gestellt wird. Dies zeigt sich, obwohl diese drei Zweige z. T. syntaktische Idiosynkrasien aufweisen (z. B. die Verbzweit-Beschränkung im Germanischen). Für weitere Sprachen, z. B. das Hethitische, wurde ebenfalls eine bevorzugte Stellung von Rahmenbildnern am Anfang beobachtet (Luraghi 1990: 93). Wir können daraus schließen, dass sich für das Proto-Indoeuropäische dasselbe sagen lässt, sprich, dass der proto-indoeuropäische Satz tendenziell so geordnet war, wie in (18) dargestellt.

(18)
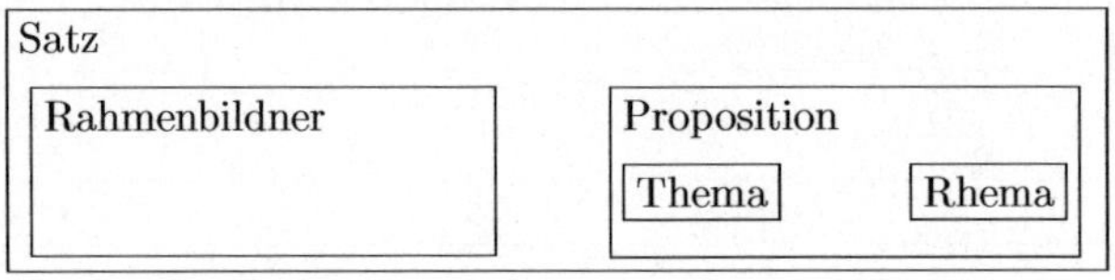

Der Satz war also zunächst zweigeteilt in Rahmenbildner und Proposition, die Proposition war so organisiert, dass das Thema vor dem Rhema stand. Das gilt auf alle Fälle für neu eingeführte und wiederaufgenommene Themen; weiterführende Themen mögen auch im Proto-Indogermanischen phonetisch nicht realisiert worden sein. Ein rhematisches Element, das zum Thema des Folgesatzes promoviert wird, stand wohl auch im Proto-Indogermanischen eher gegen Ende des Rhemas. Die Tatsache, dass in drei ansonsten nicht näher miteinander verwandten Zweigen im Wesentlichen dieselben Parameter hinsichtlich der Anordnung von funktionalen Elementen vorherrschen, lässt darauf schließen, dass dieser Zug in allen drei Zweigen aus dem Proto-Indoeuropäischen ererbt ist.

Über die bevorzugte Position von gelisteten Elementen lässt sich hingegen nichts Sicheres sagen, da sich die drei Einzelsprachen dort uneinheitlich verhalten und überdies Interaktion mit der Stellung des Verbs festzustellen ist. Wenn wir weitere Sprachen hinzunehmen, wird das Bild nur noch uneinheitlicher: In Sanskrit scheint die Position für fokalisierte Elemente (die ja oft Listenelemente sind) eher unmittelbar neben dem Verb zu sein (Schäufele 1991: 160ff.), während das Hethitische eher eine Voranstellung von Listenelementen zeigt (Luraghi 1990: 100). Hier war das Proto-Indoeuropäische wohl noch nicht auf eine Möglichkeit festgelegt, obwohl wohl die Möglichkeit der Topikalisierung von Listenelementen bestand; die Tatsache, dass die Rangfolge Rahmenbildner >> Listenelement >> Thema sich jedoch in zwei so unterschiedlichen Sprachen findet wie dem Griechischen und dem Deutschen, gibt zu denken.[7]

7 Man könnte nun einwenden, dass dieses Ergebnis trivial ist. Über das Verhalten von Rahmenbildnern in verschiedenen Sprachen ist noch zu wenig geforscht, doch bei der Thema-Rhema-Gliederung gilt es als sprachliche Universalie (nahegelegt z. B. von Firbas 1964: 115), dass das Thema dem Rhema vorangeht. Insofern würde sich das Proto-Indogermanische nur so verhalten, wie sich alle Sprachen verhalten. Tatsächlich ist jedoch die Anordnung Thema-vor-Rhema mitnichten eine Universalie, sondern nur eine Tendenz, der die meisten Sprachen gehorchen, aber eben nicht alle (Hockett 1963: 23). Im

Neben der oben dargelegten funktionalen Linearorganisation muss aber im Proto-Indoeuropäischen die eng-syntaktische Grundstruktur immer noch erkennbar gewesen sein. Das kann man daraus schließen, dass sich innerhalb der Indogermania unabhängig voneinander immer wieder Sprachen entwickelt haben, die auf informationsstrukturell motivierte Organisation verzichten und eine feste Abfolge haben, wie z. B. Altirisch, Englisch, die romanischen Sprachen und in gewisser Weise auch das Hethitische. Diese feste Abfolge ist aber in allen Fällen identisch, nämlich Subjekt – Objekt – Adverbiale (s. LEHMANN 1974), so dass daraus geschlossen werden kann, dass diese Abfolge die eng-syntaktische Grundabfolge sowohl zu der Zeit, als sich die anatolischen Sprachen abgespalten haben, war, als auch zu der Zeit, als sich das Englische entwickelte. Das Proto-Indoeuropäische wäre also nicht ganz am „PF-Ende" der Skala (3) anzusiedeln, sondern eher irgendwo im Bereich, wo ich in (3) das Griechische eingetragen habe. Dass sich selbst im Proto-Indoeuropäischen die eng-syntaktische Grundstruktur offensichtlich hinreichend leicht erkennen ließ (so dass z. B. Sprecher eines südlichen Dialektes diese Abfolge durch Reduktion informationsstrukturell motivierter Vorgänge freilegen konnten und eine Sprache wie Hethitisch entstehen konnte), nimmt Wunder, da das Indoeuropäische durch seine reiche Kasusmarkierung davon befreit ist, syntaktische Abhängigkeiten durch die Position im Satz kenntlich zu machen. Wir dürfen aber nicht vergessen, dass die reiche Kasusmarkierung möglicherweise ein vergleichsweise junges Phänomen innerhalb des Proto-Indoeuropäischen war, entstanden durch Inkorporation von Postpositionen, während der ältere Status morphologisch wesentlich ärmer war, wenn wir dem Ausweis des Personalpronomensystems Glauben schenken wollen, das nur eine Dichotomie in Subjekt und Obliquus zu kennen schien (KATZ 1997). Es ist möglich, dass in einer früheren Periode des Proto-Indoeuropäischen der eng-syntaktisch motivierten Anordnung eine größere Bedeutung zukommt und dass eine Strukturierung nach Thema-Rhema etc. erst vergleichsweise kurz vor dem Beginn der Ausdifferenzierung, nach der Entwicklung des reichen Kasussystems, möglich war und angewandt wurde.

Literatur

BAKKER, Egbert J. (1997). *Poetry in Speech: Orality and the Homeric Discourse.* Ithaca and London: Cornell University Press.

—— (2005). *Pointing at the Past. From Formula to Performance in Homeric Poetics.* Washington, D. C.: Center for Hellenic Studies – Harvard University Press.

BEZUIDENHOUT, Anne (2004). ‚Procedural Meaning and the Semantics/Pragmatics Interface'. In: C. BIANCHI (ed.), *The Semantics/Pragmatics Distinction.* Stanford: CSLI Publications, 101–131.

BEHAGHEL, Otto (1923-1932). *Deutsche Syntax. Eine geschichtliche Darstellung.* 4 Bd., Heidelberg: Winter (zitiert wird ausschließlich der 4. Bd., Heidelberg 1932).

BRANDT, Margareta, Marga REIS, Inger ROSENGREN & Ilse ZIMMERMANN (1992). ‚Satztyp, Satzmodus und Illokution'. In: ROSENGREN, Inger (Hg.): *Satz und Illokution.* Bd. 1. Tübingen: Niemeyer, 1–90.

CHOMSKY, Noam (1995). *The Minimalist Program.* Cambridge, Ma.: MIT Press.

—— (2001). ‚Derivation by Phase.' In: KENSTOWICZ, Michael (Hg.): *Ken Hale. A Life in Language.* Cambridge, Ma.: MIT-Press, 1–52.

Ojibwe z. B. (Algonkische Sprache, Minnesota und Manitoba) oder Mazateco (Oto-Mangueanische Sprache, Südmexiko) ist die unmarkierte Abfolge Rhema vor Thema (TOMLIN & RHODES 1979). Es ist nur so, dass der Untersuchungsgegenstand der Prager Schule v. a. indogermanische Sprachen wie Englisch (MATHESIUS 1929), Deutsch und Tschechisch waren. Und innerhalb der indogermanischen Sprachen scheint in der Tat zu gelten: wenn eine Sprache auf informationsstrukturelle Organisation Rücksicht nimmt, dann dergestalt, dass die Reihenfolge Thema-vor-Rhema obligatorisch ist.

DANEŠ, František (1966). ‚A Three-Level Approach to Syntax'. In: VACHEK, Josef (Hg.): *Travaux Linguistiques de Prague 1: L'École de Prague d'aujourd'hui.* University of Alabama Press, 225–240.

EROMS, Hans-Werner (2000). *Syntax der deutschen Sprache.* Berlin/New York: de Gruyter.

FIRBAS, Jan (1964). ‚From Comparative Word Order Studies'. In: *Brno Studies in English* 4, 111–128.

FRANK, Robert (2002). *Phrase Structure Composition and Syntactic Dependencies.* Cambridge, Ma.: MIT Press.

FREY, Werner (2004). ‚A Medial Topic Position for German'. In: *Linguistische Berichte* 198, 153–190.

GAZDAR, Gerald (1979). *Pragmatics: Implicature, Presupposition, and Logical Form.* New York: Academic Press.

HAEBERLI, Eric (2002). ‚Inflectional Morphology and the Loss of Verb-Second in English'. In: LIGHTFOOT, David W. (Hg.): *Syntactic Effects of Morphological Change.* Oxford: OUP, 88–106.

HAIDER, Hubert & Inger ROSENGREN (2003). ‚Scrambling: Nontriggered Chain Formation in OV-languages'. In: *Journal of Germanic Linguistics* 15, 203–266.

HEIM, Irene (1982). ‚The semantics of definite and indefinite noun phrases'. Dissertation, MIT.

HINTERHÖLZL, Roland, Svetlana PETROVA & Michael SOLF (2005). ‚Diskurspragmatische Faktoren für Topikalität und Verbstellung in der ahd. Tatian-Übersetzung (9. Jh.)'. In: *Interdisciplinary Studies on Information Structure* 3, 143–182.

HOBERG, Ursula (1997). ‚Die Linearstruktur des Satzes'. In: ZIFONUN, Gisela, Ludger HOFFMANN & Bruno STRECKER (Hgg.): *Grammatik der deutschen Sprache.* Band 2. Schriften des Instituts für deutsche Sprache 7.2. Berlin: de Gruyter, 1496–1680.

HOCKETT, Charles F. (1963). 'The Problem of Universals in Language'. In: GREENBERG, Joseph H. (Hg.): *Universals of Language.* Cambridge, Ma.: MIT Press, 1–29.

HOFMANN, Johann B. & Anton SZANTYR (1965). *Lateinische Syntax und Stilistik.* Handbuch der Altertumswissenschaften 2.2.2. München: Beck.

JACOBS, Joachim (2001). ‚The Dimensions of Topic-Comment'. *Linguistics* 39, 641–681.

DE JONG, Jan R. (1994). ‚Word Order in Cato's De Agricultura'. In: HERMAN, József (Hg.): *Linguistic Studies on Latin.* Amsterdam/Philadelphia: Benjamins, 91–101.

JOSHI, Aravind & Anthony S. KROCH (1985). *The Linguistic Relevance of Tree Adjoining Grammar.* University of Pennsylvania, Department of Computer and Information Science Technical Report no. MS-CIS-85-16.

KATZ, Joshua (1998). *Topics in Indo-European Personal Pronouns.* Dissertation, Harvard.

KRISCH, Thomas (2002). ‚Indogermanische Wortstellung'. In: HETTRICH, Heinrich & Jeong-Soo KIM (Hgg.): *Indogermanische Syntax. Fragen und Perspektiven.* Wiesbaden: Reichert.

KROCH, Anthony S. & Ann TAYLOR (1997). ‚Verb movement in Old and Middle English: Dialect variation and language contact'. In: VAN KEMENADE, Ans & Nigel VINCENT (eds.): *Parameters of Morphosyntactic Change.* Cambridge: CUP, 297–325.

KUNO, Susumu (1982). ‚The Focus of the Question and the Focus of the Answer'. In: SCHNEIDER, Robinson, Kevin TUITE & Robert CHAMETZKY (Hgg.): *Papers from the Parasession on Nondeclaratives.* Chicago: Chicago Linguistics Society, 134–157.

LEHMANN, Winfred P. (1974). *Proto-Indo-European Syntax.* Austin: University of Texas Press.

LENERZ, Jürgen (1977). *Zur Abfolge nominaler Satzglieder im Deutschen.* Tübingen: Narr.

LIGHTFOOT, David (1980). ‚On Reconstructing a Proto-Syntax'. In: RAMAT, Paolo (Hg.): *Linguistic Reconstruction and Indoeuropean Syntax.* Amsterdam: Benjamins, 27–45.

LURAGHI, Silvia (1990). *Old Hittite Sentence Structure.* London: Routledge.

MATHESIUS, Vilém (1928). [1964]: ‚On Linguistic Characterology with Illustrations from Modern English'. In: *Actes du Premier Congrès International de Linguistes à La Have*, 56–63 (Hier zitierter Nachdruck: VACHEK, Josef (Hg.): *A Prague School Reader in Linguistics*, Bloomington: Indiana University Press, 1964, 59–67).

MÜLLER, Gereon & Wolfgang STERNEFELD (1993): ‚Improper Movement and Unambiguous Binding'. In: *Linguistic Inquiry* 24, 461–502.

PANHUIS, Dirk G. J. (1982). *The communicative perspective in the sentence. A Study of Latin Word Order.* Amsterdam/Philadelphia: Benjamins.

PINKSTER, Harm (1990). *Latin Syntax and Semantics.* London/New York: Routledge.

PRINCE, Ellen F. (1999). ‚How Not to Mark Topics: "Topicalization" in English and Yiddish'. In: *Texas Linguistics Forum.* Austin: University of Texas Press.

REINHART, Tanya (1982). ‚Pragmatics and Linguistics: An Analysis of Sentence Topics'. In: *Philosophica* 27, 53–94.

REIS, Marga (1992). ‚Zur Grammatik und Pragmatik von Echo-w-Fragen'. In: ROSENGREN, Inger (Hg.): *Satz und Illokution.* Bd. I. Tübingen: Niemeyer, 213–262.

RIZZI, Luigi (1997). ‚The Fine Structure of the Left Periphery'. In: HAEGEMAN, Liliane (Hg.): *Elements of Grammar.* Dordrecht: Kluwer, 281–337.

ROCHEMONT, Michael S. (1978). *A theory of stylistic rules in English.* Dissertation, University of Massachusetts (veröffentlicht von Garland Press 1985).

ROOTH, Mats E. (1985). *Association with Focus.* Dissertation, University of Massachusetts.

ROSS, John (1967). *Constraints on variables in syntax.* Dissertation, MIT.

SAPP, Christopher D. (2006). *Verb order in subordinate clauses from Early New High German to Modern German.* Dissertation, Indiana University.

SCHÄUFELE, Steven W. (1991). *Free Word-Order syntax: The Challenge from Vedic Sanskrit to Contemporary Formal Syntactic Theory.* Dissertation, University of Illinois at Urbana-Champaign.

SPEIJER, Jacob S. (1886). *Sanskrit Syntax.* Leiden: Brill.

SPEVAK, Olga (2006): ‚Les enclitiques en latin'. In: *Indogermanische Forschungen* 111, 249–274.

SPEYER, Augustin (2008a): *Topicalization and Clash Avoidance. On the interaction of prosody and syntax in the history of English with a few glimpses at German*, Dissertation, University of Pennsylvania.

——— (2008b). ‚German Vorfeld-filling as Constraint Interaction'. In: BENZ, Anton & Peter KÜHNLEIN (Hgg.): *Constraints in Discourse.* Amsterdam/Philadelphia: Benjamins, 267–290.

TAYLOR, Ann, Anthony WARNER, Susan PINTZUK & Frank BETHS (2003). *The York-Toronto-Helsinki Parsed Corpus of Old English Prose (YCOE).* University of York.

TESNIÈRE, Lucien (1959). *Eléments de syntaxe structurale.* Paris: Klincksieck.

TOMLIN, Russell S. & Richard RHODES (1979). ‚An Introduction to Information Distribution in Ojibwa'. In: CLYNE, P., W. HANKS & C. HOFBAUER (Hgg.): *Papers from the Fifteenth Regional Meeting.* Chicago: Chicago Linguistic Society, 307–320.

VALLDUVÍ, Eric & Maria VILKUNA (1998). ‚On Rheme and Kontrast [sic]'. In: CULICOVER, Peter W. & Louise MCNALLY (Hgg.): *Syntax and Semantics 29: The Limits of Syntax.* New York: Academic Press, 79–108.

A quantitative analysis of the OSV word order in Vedic*

Carlotta VITI (Friedrich-Schiller Universität Jena)

1 Introduction

While SOV is typologically the most widespread word order, its symmetrical pendant OSV, where the verb is final but the order of the subject vis-à-vis the object is reversed, is considered as being the rarest across languages. This finding was launched in GREENBERG's (1966) pioneering study of word order, and has been more recently demonstrated by DRYER's (2005) research. Dryer takes into consideration a sample of 1228 languages, including 497 SOV languages (41 %), 435 SVO languages (35 %), 85 VSO languages (7 %), 26 VOS languages (2 %), 9 OVS languages (0.7 %), and 4 OSV languages (0.3 %; the remaining 172 languages, corresponding to 14 % of cases, lack a dominant word order). The 4 OSV languages analyzed by Dryer are Nadëb in Brazil (1), Tobati in West-Papua, Warao in Venezuela, and Wik Ngathana in north-eastern Australia.

(1) *awad kalapéé hapuh*
jaguar child see.IND
'The child sees the jaguar.'

On the basis of a different sample MORAVCSIK (2006: 39–40) reaches the same results, whereby OSV – this time identified in Apurinã, a Carib language – is the rarest word order. Moravcsik relates the frequency or the rarity of a word order to the obedience or disobedience to the two syntactic principles that regulate word order in declarative sentences with nominal subject and nominal object, such as the principle of precedence and the principle of adjacency. The principle of precedence states that the subject must precede the object. The principle of adjacency states that the object and the verb must be syntactically contiguous to build together the verbal phrase. SOV and SVO, the most frequently occurring patterns, abide by both principles. VSO abides by precedence but violates adjacency. VOS and OVS abide by adjacency but violate precedence. OSV is the only order where both precedence and adjacency are infringed, and this may be a reason for its extreme rarity. This seems to suggest that OSV goes against certain syntactic principles of Universal Grammar.[1]

* I am grateful to the organizers, Elisabeth Rieken and Paul Widmer. I also express my gratitude for helpful comments or support to Eystein Dahl, Michiel de Vaan, Thomas Krisch, Leonid Kulikov, Romano Lazzeroni, Alexander Lubotsky, Rosemarie Lühr, Craig Melchert, Georges-Jean Pinault, and Saverio Sani.

1 It must be pointed out that the violation of precedence seems heavier than the violation of adjacency (VOS, OVS, and OSV, represented by 39 languages in Dryer's sample, are less than a half of the VSO languages, where only adjacency is contravened). In fact, the feature "object before subject in basic word order" is included in the *grammatische Raritätenkabinett*, a leisurely collection to entertain and instruct assembled by Frans PLANK (feature nr. 77, downloadable from http://typo.uni-konstanz.de/rara/nav/search.php).

Typological findings are consistent with the early discussions on *ordo naturalis*, which developed especially during the XVIII–XIX centuries in France, moving from the proper domain of grammar to philosophy and politics. Here word order became a privileged arena for the *querelle* between rationalists and empiricists, or between followers of the Ancien Regime and supporters of the Revolution. According to Beauzée, one of the most convinced rationalists, it is a logical imperative that the subject, representing the person or thing from which the action comes out, logically precedes the object, denoting the person or thing towards which the action is directed, so that any alternative order is against nature. To say that Alexander defeated Darius, for example, one cannot use the OVS clause *Darium vicit Alexander*, since the situation would be presented from result to cause, from end to beginning, like a painter representing a tree with its roots up and its leaves down. The inversion would be maximally disadvantageous with the OSV order. "En disant : *Darium Alexander vicit*, vous vous éloignez ancore plus de l'ordre naturel, vous en rompez l'enchaînement, vous en rapprochez les parties sans affinité et comme au hasard." (quoted in Weil 1879: 13)

One may wonder why, if OSV is so abnormal, it does exist. An answer implies an investigation of the contexts in which OSV is used, since labels of marked and unmarked do not suffice, and even the marked term must be ascribed a meaning and explained. This is especially feasible when the investigation is addressed to the early stages of a language, where the motivation of a certain word order may be still transparent. As Hirt (1937: 227) put it, „Freilich kann auch in dem Ungewöhnlichen etwas Uraltes, das Überbleibsel einer früher gewöhnlichen Ausdrucksweise vorliegen und dieses ‚Ungewöhnliche' eine besondere Bedeutung bekommen. Daher nützt uns diese Unterscheidung gar nichts. Auch das Ungewöhnliche muß erklärt werden." The early IE languages are particularly suitable for such an investigation, since they show in the simple clause the same word order flexibility as that exhibited by the modern IE languages in the period or complex discourse. The following example reports the first OSV clause attested in the Rig-Veda.[2]

(2) *tvā́ṃ stómā avīvṛdhan*
'Praises have increased you.' (1.5.8)

It may be objected that the appearance of OSV is due to the poetic register of the Rig-Veda. Although poetry is less close than prose to the natural arrangement of syntactic constituents, its word order variation is neither arbitrary nor mechanically due to metrical pressure. The fact that one has to consider additional criteria related to prosody and euphony as determinants of word order does not go against the possibility that semantic and pragmatic considerations play a role in poetry as they do in prose. Accordingly, word order in poetry may be considered a more complex, and therefore more interesting, material to analyze.

2 The Animacy Hierarchy

A first clue to the hypothesis that some functional principles underline the OSV order is offered by the observation that the fronted object is more individuated than the subject in (2). The subject *stómāḥ* 'praises' is a plural common noun with an inanimate referent, while the object *tvā́m* 'you' is a singular personal pronoun with a human (or humanized) referent.

2 Example (2) represents the first OSV clause where S and O are nouns or stressed pronouns. We have excluded clauses with enclitic objects (as in 1.1.7 *úpa tvāgne divé-dive dóṣāvastar dhiyā́ vayám / námo bháranta émasi* 'We approach you, Agni, dispeller of the night, day after day, with prayer, bringing reverence'), since the position of the enclitic is conditioned by Wackernagel's law. Cf. § 5.

This suggests the idea that the OSV order is a strategy to assign more prominence to the object than to the subject, contrarily to what would be expected instead in a prototypical transitive clause. Typically, the most salient participant is encoded as grammatical subject (cf. HOPPER & THOMPSON 1980; DOWTY 1991; TAYLOR 2003: 231–239).

Since prominence is a quite subjective concept, it must be related to some structural manifestations, which can be empirically tested on a given corpus. A valid tool for this can be found in SILVERSTEIN's (1976) Animacy Hierarchy, also presented as hierarchy of individuation, person, referentiality, definiteness, or topicality in TIMBERLAKE (1977), COMRIE (1981: 178ff.), MALLINSON & BLAKE (1981: 158ff.), LAZARD (1984), CROFT (2003: 128ff.), LYONS (1999: 213ff.), CORBETT (2000: 56ff.) etc. Accordingly, singular nominals referring to specific entities rank higher (>) in prominence than plural nominals and singular mass nouns; definite descriptions of proper nouns rank higher than generic descriptions of common nouns; nouns with animate referents rank higher than nouns of inanimates etc. as illustrated in (3).

(3) First / second person pronouns > third person pronouns > proper nouns > common nouns of human beings > common nouns of animate, non-human beings > common nouns of inanimate beings > mass nouns.

In the original formulation of SILVERSTEIN (1976), the Animacy Hierarchy was related to the regulation of split ergativity, whereby if a language applies the ergative alignment and the accusative alignment to different types of noun phrases, the accusative is found for those noun phrases that occupy the high or left part of the Animacy Hierarchy, and the ergative for the noun phrases located in the low or right part of it. *Lato sensu*, however, many other linguistic phenomena such as number, case, agreement etc. have been proven to be sensitive to the Animacy Hierarchy cross-linguistically. If a number opposition, for example, is not generalized in a language, it will be found in noun phrases higher on the Animacy Hierarchy (English *boy-boys* vs. **sugar-sugars*). If subject-verb agreement may apply or not, it will be lacking with inanimate subjects (Ancient Greek *τὰ ζῷα τρέχει*). If a language uses a differential case marking for some types of objects, the noun phrases higher on the Animacy Hierarchy will be distinguished by the separate accusative case (Spanish *veo un coche* vs. *veo a Maria*). The influence of the Animacy Hierarchy on word order has also been observed. In Navajo, for example, the higher-animacy argument regularly precedes the lower-animacy argument: a proposition such as 'the man kicked the horse', for example, always has the noun 'man' fronted to the noun 'horse', while the verbal morphology clarifies which is the agent and which is the patient (cf. CROFT 1990: 114).

3 Syntagmatic ranking of S and O

The hypothesis that the Vedic OSV order may be motivated by the principles of the Animacy Hierarchy in (3) has been tested on the 136 OSV clauses attested in the first book of the Rig-Veda (cf. Appendix A). First, we performed a "syntagmatic" analysis, by analyzing the relative ranking of S and O in the same OSV clause. Consider Table 1 (p. 310).

As can be seen, the object outranks the subject in the Animacy Hierarchy in 70 out of 136 OSV clauses (51.5 %), as in (2) and in (4). Here the object is a proper noun and the subject is a common noun.

(4) *hótrābhir* ***agním mánuṣaḥ*** *sám indhate / titirvā́ṃso áti srídhaḥ*

'Men kindle Agni with their sacrificial gifts, victorious over the enemies.' (1.36.7cd)

OSV clauses in RV I	N	(%)
S > O	49	(36 %)
O > S	**70**	**(51.5 %)**
S = O	17	(12.5 %)
Total	136	(100 %)

Table 1: Relative ranking of S and O in OSV clauses

If we add this percentage to the 17 passages (12.5 %) where subject and object have equal ranking, as in (5), we may observe that in the large majority of OSV clauses the subject is not the most salient participant of the clause. The subject ranks higher than the object in 49 out of 136 OSV clauses, corresponding to 36 % of cases, as in (6).

(5) *ná vépasā ná tanyat**éndram vṛtró** ví bībhayat*

'Vṛtra did not scare Indra with his shaking or with his thunder roar.' (1.80.12ab)

(6) *ā́ te **vájram** jaritā́ bāhvór dhāt / **yénā**viharyatakrato amítrān púra iṣṇā́si puruhūta pūrvīḥ*

'The singer laid in your arms the *vájra*, with which you smite down foes and many fortresses, O Much-invoked, in will resistless.' (1.63.2)

When the subject ranks equal or higher than the object from a purely semantic point of view, the consideration of the context clarifies that the referent of the object is presented as a more important piece of information with respect to the referent of the subject. It is acknowledged that, when lexical-semantic properties and context-pragmatic properties clash, the latter take the upper hand in determining the word order of that nominal constituent (cf. PAYNE 1992: 3–4). We may argue that the object is more prominent than the subject when the object has been more recently mentioned in the preceding discourse, or when it persists the longest in the subsequent text, either as mere repetition of the same lexeme or as anaphoric resumption, by means of pronouns or alternative lexemes that have the same referent. In (5), for example, both subject and object are proper nouns, but the object Indra, addressee of the hymn 1.80, is contextually given more prominence with respect to the subject Vṛtra, his mythological antagonist. In (6), the subject is the human common noun *jaritṛ́-* 'singer', while the fronted object is the inanimate common noun *vájra-*, which denotes the legendary weapon of Indra, often conceived as a thunderbolt. The fact that *jaritṛ́-* is neither modified nor specified suggests that we have to deal with a generic singer, which in fact decays in the following verses. Instead, *vájra-* is modified by a relative clause (*yéna* etc.), which entirely occupies the second hemistich of the stanza. We may consider *vájra* as the *σφραγίς* of hymn 1.63, where Indra is constantly called *vajrin* 'endowed with the *vájra*', and where alliterations and puns are created with words that are etymologically related, such as *vā́ja* 'vigour, prize of a race' (from the same root *vaj/uj* as *ugrá-* 'strong' and *ójas-* 'strength') or unrelated, such as *vṛjána-* 'battlefield, enclosure' (from the root *vṛj* 'withhold, divert, exclude').

In case of S = O or S > O, the fronted object may be fronted not only when it represents the main topic of the text, but also when it is focused information. In (7) both the subject *raśmí-* 'ray' and the object *dyú-* 'sky' are common nouns with inanimate referents, but the object is the focused constituent of a *wh*-question, signalled by the interrogative adjective *katamá-* 'which one'.

(7) *katamā́ṃ* ***dyā́ṃ raśmír*** *asyā́ tatāna*
'To which sky has his ray extended?' (1.35.7)

Focused constituents often have a contrastive interpretation. Contrast may be implied by the juxtaposition between two lexically opposite items, or more generally by referring to some situation that is at odds with the background knowledge of the speech act participants. In this case, contrast in Vedic is often explicitly signalled by the enclitic particle *cid* 'even'. In (8) the verb *ruj* 'break' governs the object *vīḷú cid dṛḷhā́* 'solid and fixed things', which are not broken under normal circumstances. Although the subject is represented by a common noun (*pitáraḥ* 'fathers') and by a proper noun (Angirases) referring to a human being, the contrastive object is the fronted constituent.

(8) ***vīḷú cid dṛḷhā́*** *pitáro na ukthā́ir ádriṁ rujann áṅgiraso rávena*
'Our fathers, the Angirases, broke even the solid and fixed things, the rock, with their lauds, with their roar.' (1.71.2)

The fact that contrast triggers syntactic fronting is not limited to Vedic: "the pattern of marked [i. e. discontinuous; added] and contrastive topics coming in initial position is possibly universal" (MYHILL 1992: 212).

4 Paradigmatic ranking of S and O

SILVERSTEIN's (1976) Animacy Hierarchy collapses the linguistic features of the *signans*, such as person and grammatical category, and the extra-linguistic features of the *signatum*, such as humanness, into one hierarchy, owing to the fact that they usually go in the same direction. Personal pronouns, for example, are more often used for human than for inanimate participants, since humans are more likely to persist in the discourse, and therefore to be indicated by anaphoric means more often than by lexical material. This, however, does not imply that linguistic and extra-linguistic properties always match. Here we analyze separately linguistic properties such as the type of lexical category (pronoun, proper noun, and common noun, cf. § 4.1) and grammatical number (singular, dual, and plural, cf. § 4.2) that are more often associated with S and with O. Then, we will consider the extra-linguistic properties, humanness in particular (§ 4.3). We will search these properties "paradigmatically", i. e. in the group of all Ss and of all Os attested in our corpus, independently of whether they co-occur or not in the same OSV clause.

4.1 Category

A remarkable difference between S and O in OSV clauses concerns their grammatical category. Table 2 represents how the form of pronouns, proper nouns, and common nouns are differently used to express the functions of either the subject or the object. It appears that 56 out of 72 stressed pronouns (78 %) express the object function, while 79 out of 144 common nouns (55 %) express the subject function. Cf. example (2) and Appendix B for reference to the single passages.

The privileged association between stressed pronouns and objects in OSV clauses emerges not only in its high frequency, as compared to the relations of objects with proper nouns and with common nouns, but also in the different type of pronouns that occupy the object or the subject position. True, both subject pronouns and object pronouns are mainly personal pronouns (which also include demonstrative pronouns for the third person: Vedic, like other early IE languages, does not possess a proper stem of third person pronoun, and exploits the stem of the demonstrative pronoun for this purpose, cf. MACDONELL 1910: 300). This is unsurprising, given that personal pronouns represent the prototype of the pronominal category, as acknowledged in the Indo-Europeanist tradition: MEILLET (1937: 325), for example, remarks that the definition of pronoun is improper when used for stems other than personal pronouns, which he considers as being "les plus importants des pronoms, les plus spécifiquement pronominaux". Indefinite, interrogative, reciprocal, possessive pronouns etc. may be used not only *in the place of* a noun, as the term "pro-noun" implies, but also *beside* a noun, as adjectives, and often alternate between the pronominal and the adjectival declension. Grammars usually relegate forms such as *anyá* 'other', *sárva-/víśva-* 'all', *éka-* 'one', *ubháya-* 'both' etc. at the end of the section devoted to pronouns (cf. WHITNEY 1889: 199; MAYRHOFER 1978: 62), as a sort of waste-basket. Interestingly, these elements, for which the pronominal classification is *mal choisi* according to Meillet, occur less frequently with objects than with subjects in OSV clauses. Only 4 out of 72 object pronouns are non-personal pronouns (5.5 %). The percentage is higher for subject pronouns, which include 7 out of 16 non-personal pronouns (44 %).

In particular, the non-personal pronouns found in object position are *anyá-* (in 1.93.6 and 1.115.5), *éka-* (in 1.164.46), and *víśva-* (1.164.44). In subject position, the non-personal pronouns are *anyá-* (in1.113.3), *éka-* (in 1.161.9, 1.161.10b, 1.161.10c, and 1.164.44), *ubháya-* (in 1.60.2), and *náki-* 'nobody' (in 1.155.5). It appears that non-personal pronoun subjects are less referential than non-personal pronoun objects. If we compare a form that is only found as object, such as *víśva-* 'all', with a form that is only found as subject, such as *náki-* 'nobody', we easily notice that the latter is absolutely non-referential, in that its very function is to deny the existence of a referent.[3] The same idea is suggested if we compare the contexts of the forms shared by subjects and objects, such as *anyá-* 'other' and *éka-* 'one'. In its two occurrences as object, the form *anyá-* has a clear contrastive value, in the correlation *anyá- ... anyá-* 'the one ... the other', as in (9), where the origins of Agni and Soma are distinguished.

(9) ***ā́nyáṃ*** *divó mātaríśvā jabhāra*
amathnād ***anyám pári śyenó ádreḥ***

'The one Matariśvan brought from heaven,
the Eagle rent away the other from the mountain.' (1.93.6)

A similar contrast emerges in the other occurrence of the object pronoun *anyá-*, in 1.115.5, where the bright manifestation of Mitra (*anyád rúśat*) is contrasted with the black appearance of Varuna (*kṛṣṇám anyád*), symbolizing the night. Brightness and darkness also represent the main topic of the remaining OSV clause where *anyá-* occurs, this time in the subject position. However, in this clause, reported in (10), no contrast is implied, and the reciprocal meaning 'one another' is expressed. Here Night and Dawn are portrayed as belonging to the same race (*samānábandhū*) and following each other (*anūcī́*). Common

CATEGORY	S	O	TOTAL N (%)
Pronoun	16 (22 %)	**56 (78 %)**	72 (100 %)
Proper Noun	**41 (73 %)**	15 (27 %)	56 (100 %)
Common Noun	**79 (55 %)**	65 (45 %)	144 (100 %)

Table 2: Syntactic function of pronouns, proper nouns, and common nouns

3 The other form that is found only as subject, such as *ubháya-* 'both', is used in the plural with a sense of generality in its context of 1.60.2: *ubháyāsaḥ ... uśíjo yé ca mártāḥ* 'both gods and men'. Although the noun *Uśíj-* properly denotes a class of priests, 'mit den beiden Teilen meint der Dichter jedenfalls Götter und Menschen.' (GELDNER 1951: I, 77, in note).

(*samānáḥ*) and unending is the path of the two sisters. They do not clash (*ná methete*). They have different colours and yet the same mind (*sámanasā*).

(10) *tám* ***anyā́nyā*** *carato devā́śiṣṭe*
'They run it (i. e. the path) one toward the other, taught by the gods.' (1.113.3)

A different meaning is also expressed by the pronominal adjective *éka-* 'one' according to whether it works as object or as subject of an OSV clause. When it is a subject, it has the meaning of an indefinite pronoun, denoting several persons whose identity is left unspecified. Hymn 1.161, for example, describes the group of the Ṛbhus while performing various activities. 'One praised a lightning cloud to many' (*vadharyántīm bahúbhyaḥ praíko abravīd*, stanza 9), 'One trims the meat brought on the carving-board' (*māṃsám ékaḥ piṃśati sūnáyā́bhṛtam*, stanza 10b), 'One carries off the refuse at the set of sun' (*ā́ nimrúcaḥ śákṛd éko ápābharat*, stanza 10c). Similarly, in 1.164, three nameless characters are introduced. 'One consumes (the offerings) when the year is ended. One surveys the universe with his powers (*víśvam éko abhí caṣṭe śácībhir*, stanza 44c). Of one the onrush is visible but not his figure.' We do not deal with a binary contrast as we have seen for the object *anyám*, where a comparison was established between two situations that are opposed with respect to the same parameter (origin from heaven vs. origin from the mountain in 1.93.6; bright appearance vs. black appearance in 1.115.5). With subject *éka-*, we have a series of semantically unrelated activities accomplished by non-contrasted characters. The same hymn 1.164 attests also an instance of object *éka-*, but this time the meaning is completely different: stanza 46 *ékaṃ sád víprā bahudhā́ vadanti / agníṃ yamáṃ mātaríśvānam āhuḥ* 'They call the only one in many ways, they call (it) Agni, Yama, Matariśvan.' Here *ékam* is qualified with the participle *sát* 'existing', and denotes the unique being or "the One Real" in the terms of Norman BROWN (1968), who carried out a detailed comment of this hymn. In this sense, the object *ékam* is more individuating than the subject *ékaḥ* in the passages reported above.

As can be seen in Table 2 (p. 312), the category of proper nouns is much more frequently found for subjects (73 %) than for objects (27 %). The clause in (11) represents a common combination of S and O in an OSV clause from the point of view of their lexical category. The fronted object is the stressed second person pronoun *tvā́m* 'you' (SG) and the object is the noun *mánu-*, which can be interpreted either as a common noun, with the meaning 'man, human being' or as a proper noun, as the celebrated eponym of the human race (in our counting, it has been considered a proper noun, according to Geldner's interpretation).

(11) *ní* ***tvā́m*** *agne* ***mánur*** *dadhe jyótir jánāya śáśvate*
'Manu / The man established thee, Agni, as a light for all the people.' (1.36.19)

Subject proper nouns, however, are not exactly the same type as object proper nouns in the OSV order. First, object proper nouns usually denote individual deities, as in (4), while subject proper nouns often refer to series of deities. A unique addressee is found as object of an OSV clause in all but one case, i. e. in 1.23.4, when Mitra and Varuṇa appear: *mitráṃ vayáṃ havāmahe váruṇaṃ sómapītaye* 'we invoke Mitra and Varuna to drink the soma'. However, Mitra and Varuṇa represent an established couple in the Vedic pantheon (for example, they are often referred by copulative compounds such as *mitrā́váruṇāu*), so that we may consider them substantially equivalent to a sole addressee. Instead, proper noun subjects are often nouns of groups of deities where no member is particularly identifiable, e. g. the Ṛbhus (1.20.4), the Āyus (1.117.25), the Maruts (1.169.3) etc. Alternatively, proper noun subjects are a list of disparate deities, as in (12), where the familiar couple of Mitra and Varuṇa are flanked by various appellatives literally meaning 'innocence', 'river', 'earth', and 'sky'.

(12) *tán no mitró váruṇo māmahantām áditiḥ síndhuḥ pṛthivī́ utá dyaúḥ*
'This may grant us Mitra, Varuṇa, Aditi, Sindhu, Pṛthivī and Dyau!' (1.94.16)

Moreover, object proper nouns usually refer to deities that have a prominent position in the Vedic imagery: in addition to Indra, Mitra, and Varuṇa, we also find Agni (1.36.7cd), to whom so many hymns are devoted in the Rig-Veda. By contrast, subject proper nouns, such as Bhṛgavan (1.71.4), Mataríśvan (1.93.6), and Tvaṣṭṛ (1.142.10), have a minor role, and even Viṣṇu (1.22.17), who will become a primary deity in later Hinduism, has a limited position in the earliest Brahmanism. Subject proper nouns also include obscure mythological characters, such as Aruna (1.130.9). We may argue that object proper nouns present a lower degree of topicality than subject proper nouns in OSV clauses.

Subject proper nouns commonly denote the poet or the family of poets, such as Kutsa (1.106.6), the Kaṇvas (1.49.4), and the Gotamas (1.61.16). Clearly, in a basic clause such as "the poet X calls/asks/celebrates, etc. the god Y", the name of the invoked deity is given more weight than the name of his invoker. In (13), the name of the poet Kutsa is respectably behind the name of Indra, although it is in front of the many appositions represented by common nouns.

(13) ***índraṃ kútso*** *vṛtrahánaṃ śácīpátiṃ kāṭé níbālha ṛ́ṣir ahvad ūtáye*
'The poet Kutsa called Indra, the Vṛtra-slayer, the lord of power, when he sank in the pit, to get help.' (1.106.6)

Apparently, the semantic principles of the Animacy Hierarchy do not influence only the reciprocal position of the subject vis-à-vis the object, but are pervasive in the organization of the whole clause, so that passages such as (13) present proper nouns before common nouns, and common nouns of concrete items before common nouns of abstracts. Purposive datives such as *ūtáye*, which have abstract denotata and therefore are low in referentiality, usually appear at the end of the clause in Vedic.

4.2 Number

As anticipated in examples (2), (4) and (12), an OSV clause usually consists of a singular subject and of a plural object.[4] If we put together all instances of singular nominals found in our corpus (169 instances), we get 118 objects (70 %) and 51 subjects (30 %). The discrepancy is even higher in the category of the plural: 78 out of 90 instances of plural nominals, corresponding to 87 % of cases, express the function of the subject, as can be seen in Table 3 (p. 315) and in Appendix C. This situation is in conflict with what we expect in a prototypical transitive clause, where the subject is usually presented as more specific than the object.

4.3 Humanness

Now we consider the properties of the extra-linguistic referents of S and O, in order to establish to what extent they may be relevant in determining the OSV word order. In Table 4 (p. 315), human referents are more frequent in the subject position, while inanimate referents are consistently associated with objects (animal referents show a

4 Establishing the number of the subject in clauses such as (12), which presents a series of coordinated singular nouns, may be controversial, because each member per se is singular, but all members taken together denote a plurality. We counted the passage in (12) as an instance of plural number because the coordinated noun phrases trigger plural agreement in the verb *māmahantām* 'may they give'. By contrast, if no plural agreement appears, a coordination of singular noun phrases has been included in the group of the singular.

NUMBER	S	O	TOTAL N (%)
Singular	51 (30 %)	**118 (70 %)**	169 (100 %)
Dual	7 (54 %)	6 (46 %)	13 (100 %)
Plural	**78 (87 %)**	12 (13 %)	90 (100 %)

Table 3: Syntactic function of singular, dual, and plural nominals

ANIMACY	S	O	TOTAL N (%)
Human	**104 (65 %)**	57 (35 %)	161 (100 %)
Animal	**11 (85 %)**	2 (15 %)	13 (100 %)
Inanimate	21 (21 %)	**77 (79 %)**	98 (100 %)

Table 4: Syntactic functions of human, animal, and inanimate referents

decided predilection for subjects, but their amount is too low to be statistically significant). Cf. Appendix D.

These counts seemingly contradict the results offered in § 4.1 and § 4.2, where it was observed that the object is higher in individuation with respect to the subject in OSV clauses. We would have expected that in these clauses the object is also the participant that more frequently has a human referent, according to the Animacy Hierarchy in (3). A partial explanation of this inconsistency may be the fact that most inanimate referents in object function are represented by pronouns, as can be seen in (12) and in (14), where the pronoun *idám* 'this' refers to the world or to the seven regions of the earth, mentioned in the preceding stanza. Pronouns rank higher than proper nouns in the Animacy Hierarchy, independently of whether they have an inanimate referent.

(14) ***idáṃ víṣṇur*** *ví cakrame*

'Through this strode Viṣṇu.' (1.22.17)

More generally, however, the discrepancy between category and number on the one hand, and humanness on the other, indicates that one has to distinguish between the linguistic and the extra-linguistic properties of a noun phrase. Clearly, the same human referent may be presented in the discourse by means of a pronoun, a proper noun, or a common noun according to whether it is more or less definite in the preceding discourse. It may be assigned singular or plural number according to whether it is conceptualized as an individual entity or as a member of a group. It appears that in Vedic an OSV clause denotes a situation where a human or animate subject is presented as a less important piece of information with respect to the object referent. In (15), for example, S and O share a human(ized) referent, but the pronominal category and the singular number make O rank higher in the Hierarchy in (3) than S, which is represented by a plural common noun with a generic interpretation.

(15) ***tvā́m*** *agne prathamám āyúm āyáve* ***devā́*** *akṛṇvan náhuṣasya viśpátim*

'The gods made thee the first Āyu for the Āyu, the lord of the tribe of Nahuṣa.' (1.31.11)

5 The functional domain of OSV in the taxonomy of Vedic word orders

Expressing different degrees of individuations of the main clause arguments seems to motivate much of the word order flexibility of the Vedic language. Here we limit ourselves to compare the function of OSV with the function of its formally closest word orders, such as the verb-final order SOV and the object-before-subject order OVS.

OSV shares the presence of a [+human] subject with SOV, which is predictably more usual. However, these orders differ in the type of object selected, since the object of an SOV clause is usually less topical (that is, it ranks lower in the Animacy Hierarchy) than its subject. This can be seen especially when similar lexemes occupy different syntactic functions of S and O in different contexts. Compare the first SOV clause of the Rig-Veda (16) with the similar OSV clause in (17).

(16) ***sá devā́n*** *éhá vakṣati*
'May he carry the gods here.' (1.1.2)

(17) ***tvā́m devā́*** *ábibhyuṣas tujyámānāsa āviṣuḥ*
'Fearless, incited, the gods have aided thee.' (1.11.5)

Both (16) and (17) contain a singular personal pronoun and a plural common noun meaning 'god'. In the SOV clause in (16) the personal pronoun (*sáḥ* 'he') is inflected in the nominative and represents the subject, while the common noun (*devā́n*) is the accusative object. Conversely, in (17) the noun of the gods is the subject, and the personal pronoun (*tvā́m* 'you') is the object. Despite the different order, in both cases the pronoun syntactically precedes the noun.

One may object that the order pronouns-common nouns is due to prosodic or syntactic rules, in that pronouns are usually lighter constituents, and therefore are likely to precede heavier constituents such as common nouns according to Behagel's law. However, that of Behagel is a tendency rather than a law in Vedic, where it is by no means obligatory for short forms to precede long forms. Formally, stressed pronouns have the same word order freedom as full-fledged non phrases. Moreover, the fact that some principles other than mere length underlie the distribution of stressed object pronouns emerges when one considers the correlation between objects and grammatical number in OSV clause, as described in Table 3. If prosodic or syntactic considerations were responsible for the order of the different types of noun phrases, the preferred singular number of objects in OSV clauses would be unexplained. Instead, we interpret the preference of pronouns to precede nouns in Vedic OSV clauses in semantic and pragmatic terms, owing to the fact that pronouns rank higher in the Animacy Hierarchy, and represent more topical expressions, than common nouns. The same principle lies behind the almost categorical use of the OSV order when the object is an enclitic pronoun, as in 1.14.2 *ā́ tvā káṇvā ahūṣata* 'The Kaṇvas have invoked thee', where the enclitic object pronoun leans on a preverb and occupies the second position of the clause, according to Wackernagel's law. These cases, which have not been included in our corpus, represent the grammaticalization of the pragmatic situation, still transparent with stressed pronouns and with full noun phrases, whereby an OSV clause is recruited to assign more prominence to the object rather than to the subject. The competition between OSV and SOV clauses, which we have seen with pronominal arguments in (16) and (17), is also found when both arguments are nominal, as in the following clauses extracted from the same context.

(18) ***índram*** *íd* ***gāthíno*** *br̥hád índram arkébhir arkíṇaḥ /*
índram̐ vā́ṇīr anūṣata

'Indra the singers with high praise, Indra reciters with their lauds, Indra the choirs have glorified.' (1.7.1)

(19) ***índro*** *dīrghā́ya cákṣasa ā́* ***sū́ryam̐*** *rohayad diví*

'Indra raised the sun on high in heaven, so that one may see afar.' (1.7.3)

In this context, Indra is the most prominent participant, both semantically and pragmatically. From a semantic point of view, it co-occurs with common nouns of human beings, generically denoted by the plural, in (18), and with an inanimate common noun in (19). From a pragmatic point of view, the name of Indra is the most definite piece of information with respect to the previous discourse and the most persistent piece of information with respect to the following, as can be seen in the iteration *índram ... índram ... índram* in (18). Accordingly, the proper noun of Indra is syntactically fronted independently of whether it is the object, in the OSV clause in (18), or the subject, in the SOV clause in (19).

The higher topicality of the object with respect to the subject characterizes both argument-initial orders where the object precedes the subject, such as OSV and OVS. In a previous contribution (Viti 2007), we showed that most of Vedic OVS clauses present a singular object and a plural subject, as we have seen here for OSV. These orders, however, differ in the selection of the subject. OVS clauses mainly comprehend an inanimate object, as can be seen in the first instances of this order in the Rig-Veda, such as 1.5.8 *tvā́m̐ vardhantu no gíraḥ* 'May our songs increase you', 1.11.1 *índram̐ víśvā avīvr̥dhan samudrávyacasam̐ gíraḥ* 'All songs have increased Indra, expansive as the sea' etc. Although inanimate subjects are also found in OSV clause, cf. (2), this is by no means the usual situation, as seen in Table 4. Instead, in OVS clauses inanimate subjects represent the main choice.

6 Cross-linguistic correspondences of the OVS order

The observation that the OVS word order is a strategy to promote the patient to the status of the most prominent participant of the clause suggests a comparison with other strategies that are typologically used to express the same de-transitive function. In the domain of de-transitive voice, Givón (2001: 91ff.) distinguishes the inverse from the passive, according to whether the agent still retains a certain degree of topicality or not. Inverse constructions are typically found in North-American languages, especially in the Algonquian stock. The Algonquian languages make a systematic grammatical distinction between the case in which the agent is more important than the patient, in the so-called "direct" construction, and the case in which the patient outranks the agent in importance, in the "inverse" construction. In these languages, the inverse construction is generally characterized by an extra-morpheme as compared to the direct construction. This manifests the discoursive unmarkedness of the direct construction, to the extent that what is more frequent is also more susceptible to being eroded. In the Ojibwa example in (20), the suffix *-igw* signals that the less topical participant (indicated by a third person pronoun) is the agent of the verbal action, while the most topical participant (indicated by a first person pronoun) is the patient.

(20) Ojibwa (Algonquian; Mithun 1999: 224)

*n-bi-n-**igw***
1sg-bring-3sg-**INV**
'S/he brings me.'

Although it is explicitly signalled as less topical, the agent is still indicated in the inverse form, so that Givón and colleagues (cf. COOREMAN 1982, RUDE 1985, THOMPSON 1987 etc.) represent the inverse with the symbol Agent < Patient. Differently, the passive receives the symbol Agent << Patient, since when they speak of the passive they have in mind the cross-linguistically most frequent type of passive, where the mention of the agent is demoted altogether from the clause. In this type of passive, called "backgrounding passive" in FOLEY & VAN VALIN (1985), the patient often retains morphological traces of its non-subject status. In example (21) from Ulcha, a language spoken in Siberia, the patient ("undergoer" in the terminology of FOLEY & VAN VALIN) is encoded in the accusative clause, as it would be in the corresponding active clause, rather than in the nominative case. This is a type of non-promotional passive: as long as it is not a *bona fide* subject, the undergoer cannot be the target of many grammatical rules, such as control of equi-deletion in coordinate clauses. Instead, European languages such as English, German, or Italian also possess a type of "foregrounding passive", as in (22)–(24), where the agent ("actor" in FOLEY & VAN VALIN) is expressed by means of an oblique phrase.

(21) Ulcha (Manchu-Tungusian; FOLEY & VAN VALIN 1985: 318)

Ti dūse-we hōn-da ta-wuri?
DEM tiger-ACC how-PCL do-PASS

'What's to be done about that tiger?'

(22) *The sandwich was eaten by the boy.*

(23) *Das Butterbrot wurde von dem Jungen gegessen.*

(24) *Il panino è stato mangiato dal ragazzo.*

The OSV order in the Rig-Veda is functionally similar to de-transitive constructions such as inverse and foregrounding passives across languages. Interestingly, the grammarian Hermogene in *De Formis Orationis* (1.3) used the term *ὀρθότης* 'direct' and *πλαγιασμός* 'inverse' according to whether the subject precedes or follows, respectively, the object.

To the extent that an explanation implies reference to something else, something external, not included in the premises, cross-linguistic comparisons often cast some light also on a linguistic phenomenon analyzed in only one language, and even in only one text. The functional similarity of OSV in the Rig-Veda with inverse structures and foregrounding passives in other languages may offer a better interpretation of OSV clauses. So far, we have translated Vedic OSV clauses with English SVO clauses, since in English there is not much room for alternations of the major constituent orders. Clauses such as *agním mánuṣaḥ sám indhate* in (4) have been rendered as 'Men kindle Agni', as we find in GRIFFITH's (1896: 24) English translation. A translation that is more faithful to the Vedic original meaning, however, would present a foregrounding passive such as 'Agni has been kindled by men' or alternatively a left-dislocation such as 'Agni, men kindle him'.

7 Conclusion

In this paper we have performed a quantitative analysis of a typologically unusual word order such as OSV in the earliest Vedic text, the Rig-Veda, where OSV is quite common. Synchronically, an OSV clause represents a non-prototypical transitive situation, where O is presented as more prominent than S. This may explain why OSV, like OVS, diachronically decays. With time, the pragmatic motivation underlying a certain word order becomes opaque. The SOV word order, which was originally more frequent as long as it was more consistent with typical transitive clauses, extends its functional domain to include also those situations that were expressed by competing orders.

More generally, the fact that in the Rig-Veda the OSV order is found in a coherent set of situations indicates that its cross-linguistic rarity has to do with context, rather than with the violation of some syntactic principles of Universal Grammar. A confirmation of this can be found in Sign Languages, where object-before-subject clauses are naturally used ("While the basic word order for a sentence containing an object is Subject-Verb-Object, very often the object is the first element of the sentence. The placement of the object at the beginning of the sentence is called *topicalization* and is very common in American Sign Language", VALLI & LUCAS 1992: 132). The OSV clause reflects a non-conventional perspective or a divergent point of view on the event.

Appendix

A) Relative ranking of S and O inside the same OSV clause. The clauses where O > S are the following: 1.5.8, 1.6.6, 1.7.1, 1.11.5, 1.11.8, 1.22.17, 1.22.21, 1.31.11, 1.33.11, 1.35.5, 1.36.7ab, 1.36.7cd, 1.36.19, 1.40.2, 1.49.4, 1.51.2, 1.63.6, 1.66.9, 1.71.7, 1.74.5, 1.77.3, 1.84.2, 1.93.6, 1.94.16 (plus additional 18 times), 1.98.3, 1.100.7a, 1.100.7b, 1.101.7, 1.102.1, 1.107.3, 1.115.5, 1.116.16, 1.125.1b, 1.125.4, 1.129.2, 1.129.10, 1.130.7, 1.131.1, 1.134.5, 1.136.4, 1.136.5, 1.140.8, 1.143.7, 1.149.1, 1.158.4b, 1.158.4c, 1.161.2, 1.164.46, 1.182.6, 1.183.5, 1.186.7c, 1.190.2. The OSV clauses where S = O are the following: 1.14.9, 1.23.3, 1.35.7, 1.44.7, 1.71.10, 1.80.12ab, 1.84.3, 1.92.18, 1.102.2, 1.106.6, 1.113.3, 1.119.5, 1.143.2, 1.163.13, 1.164.44, 1.179.1, 1.179.4d. The OSV clauses where S > O are the following: 1.7.5, 1.16.8, 1.20.4, 1.22.14, 1.23.4, 1.24.6, 1.26.4, 1.33.10, 1.34.3, 1.46.12, 1.58.3, 1.60.2, 1.61.16, 1.63.2, 1.71.2, 1.71.4, 1.73.5, 1.80.7, 1.85.1, 1.92.2, 1.104.5, 1.114.4, 1.116.14ab, 1.116.14cd, 1.116.17, 1.117.13, 1.117.25, 1.118.5, 1.119.9, 1.125.1a, 1.125.2, 1.130.6, 1.130.9, 1.142.10, 1.148.4, 1.153.4, 1.155.5, 1.159.5, 1.161.9, 1.161.10b, 1.161.10c, 1.162.22c, 1.162.22d, 1.164.45, 1.164.47, 1.164.51, 1.165.14, 1.169.3, 1.180.10.

B) Grammatical category. S is a pronoun in 1.7.5, 1.23.4, 1.34.3, 1.60.2, 1.80.7, 1.113.3, 1.114.4, 1.116.14ab, 1.116.14cd, 1.155.5, 1.159.5, 1.161.9, 1.161.10b, 1.161.10c, 1.164.44, 1.180.10; S is a proper noun in 1.16.8, 1.20.4, 1.22.17, 1.26.4, 1.33.10, 1.33.11, 1.36.19, 1.49.4, 1.61.16, 1.71.4, 1.80.12, 1.93.6, 1.94.16 (plus additional 18 times), 1.106.6, 1.107.3, 1.117.25, 1.125.2, 1.130.9, 1.136.5, 1.142.10, 1.162.22c, 1.169.3, 1.183.5; S is a common noun in 1.5.8, 1.6.6, 1.7.1, 1.11.5, 1.11.8, 1.14.9, 1.22.14, 1.22.21, 1.23.3, 1.24.6, 1.31.11, 1.35.5, 1.35.7, 1.36.7ab, 1.36.7cd, 1.40.2, 1.44.7, 1.46.12, 1.51.2, 1.58.3, 1.63.2, 1.63.6, 1.66.9, 1.71.2, 1.71.7, 1.71.10, 1.73.5, 1.74.5, 1.77.3, 1.84.2, 1.84.3, 1.85.1, 1.92.2, 1.92.18, 1.98.3, 1.100.7a, 1.100.7b, 1.101.7, 1.102.1, 1.102.2, 1.104.5, 1.115.5, 1.116.16, 1.116.17, 1.117.13, 1.118.5, 1.119.5, 1.119.9, 1.125.1a, 1.125.1b, 1.125.4, 1.129.2, 1.129.10, 1.130.6, 1.130.7, 1.131.1, 1.134.5, 1.136.4, 1.140.8, 1.143.2, 1.143.7, 1.148.4, 1.149.1, 1.153.4, 1.158.4b, 1.158.4c, 1.161.2, 1.161.13, 1.162.22d, 1.164.45, 1.164.46, 1.164.47, 1.164.51, 1.165.14, 1.179.1, 1.179.4d, 1.182.6, 1.186.7c, 1.190.2. O is a pronoun in 1.5.8, 1.11.5, 1.22.17, 1.22.21, 1.36.7ab, 1.31.11, 1.33.11, 1.36.19, 1.40.2, 1.49.4, 1.63.6, 1.66.9, 1.74.5, 1.77.3, 1.80.7, 1.93.6, 1.94.16 (plus additional 18 times), 1.98.3, 1.100.7a, 1.100.7b, 1.102.1, 1.107.3, 1.113.3, 1.115.5, 1.125.1b, 1.129.2, 1.134.5, 1.136.4, 1.136.5, 1.140.8, 1.158.4b, 1.158.4c, 1.161.2, 1.164.44, 1.164.46, 1.183.5, 1.186.7c, 1.190.2; O is a proper noun in 1.7.1, 1.7.5, 1.11.8, 1.23.4, 1.36.7cd, 1.71.7, 1.80.12ab, 1.84.2, 1.101.7, 1.106.6, 1.116.16, 1.130.7, 1.131.1, 1.143.7, 1.182.6; O is a common noun in 1.6.6, 1.14.9, 1.16.8, 1.20.4, 1.22.14, 1.23.3, 1.24.6, 1.26.4, 1.33.10, 1.34.3, 1.35.5, 1.35.7, 1.44.7, 1.46.12, 1.51.2, 1.58.3, 1.60.2, 1.61.16, 1.63.2, 1.71.2, 1.71.4, 1.71.10, 1.73.5, 1.84.3, 1.85.1, 1.92.2, 1.92.18, 1.102.2, 1.104.5, 1.114.4, 1.116.14ab, 1.116.14cd, 1.116.17,

1.117.13, 1.117.25, 1.118.5, 1.119.5, 1.119.9, 1.125.1a, 1.125.2, 1.125.4, 1.129.10, 1.130.6, 1.130.9, 1.142.10, 1.143.2, 1.148.4, 1.149.1, 1.153.4, 1.155.5, 1.159.5, 1.161.9, 1.161.10b, 1.161.10c, 1.161.13, 1.162.22c, 1.162.22d, 1.164.45, 1.164.47, 1.164.51, 1.165.14, 1.169.3, 1.179.1, 1.179.4d, 1.180.10.

C) Grammatical number. S is singular in 1.14.9, 1.16.8, 1.22.17, 1.33.10, 1.33.11, 1.35.7, 1.36.19, 1.40.2, 1.46.12, 1.51.2, 1.58.3, 1.63.2, 1.71.4, 1.71.10, 1.80.7, 1.80.12ab, 1.84.3, 1.93.6, 1.101.7, 1.104.5, 1.106.6, 1.107.3, 1.116.16, 1.116.17, 1.117.13, 1.118.5, 1.119.9, 1.125.1a, 1.125.1b, 1.125.2, 1.129.10, 1.130.7, 1.130.9, 1.134.5, 1.136.5, 1.142.10, 1.143.2, 1.143.7, 1.148.4, 1.155.5, 1.158.4c, 1.161.9, 1.161.10b, 1.161.10c, 1.161.13, 1.162.22c, 1.162.22d, 1.164.44, 1.165.14, 1.179.4d, 1.183.5; S is dual in 1.34.3, 1.84.2, 1.113.3, 1.116.14ab, 1.116.14cd, 1.119.5, 1.158.4b; S is plural in 1.5.8, 1.6.6, 1.7.1, 1.7.5, 1.11.5, 1.11.8, 1.20.4, 1.22.14, 1.22.21, 1.23.3, 1.23.4, 1.24.6, 1.26.4, 1.31.11, 1.35.5, 1.36.7ab, 1.36.7cd, 1.44.7, 1.49.4, 1.60.2, 1.61.16, 1.63.6, 1.66.9, 1.71.2, 1.71.7, 1.73.5, 1.74.5, 1.77.3, 1.85.1, 1.92.2, 1.92.18, 1.94.16 (plus additional 18 times), 1.98.3, 1.100.7a, 1.100.7b, 1.102.1, 1.102.2, 1.114.4, 1.115.5, 1.117.25, 1.125.4, 1.129.2, 1.130.6, 1.131.1, 1.136.4, 1.140.8, 1.149.1, 1.153.4, 1.159.5, 1.161.2, 1.164.45, 1.164.46, 1.164.47, 1.164.51, 1.169.3, 1.179.1, 1.180.10, 1.182.6, 1.186.7c, 1.190.2. O is singular in 1.5.8, 1.6.6, 1.7.1, 1.7.5, 1.11.5, 1.11.8, 1.16.8, 1.22.14, 1.22.17, 1.22.21, 1.23.4, 1.24.6, 1.26.4, 1.31.11, 1.33.10, 1.33.11, 1.35.7, 1.36.7ab, 1.36.7cd, 1.36.19, 1.40.2, 1.44.7, 1.46.12, 1.49.4, 1.51.2, 1.60.2, 1.63.2, 1.63.6, 1.66.9, 1.71.4, 1.71.7, 1.71.10, 1.74.5, 1.77.3, 1.80.7, 1.80.12ab, 1.84.2, 1.84.3, 1.92.2, 1.93.6, 1.94.16 (plus additional 18 times), 1.100.7a, 1.100.7b, 1.101.7, 1.102.1, 1.102.2, 1.104.5, 1.106.6, 1.107.3, 1.113.3, 1.114.4, 1.115.5, 1.116.14ab, 1.116.14cd, 1.116.16, 1.116.17, 1.117.13, 1.118.5, 1.119.5, 1.119.9, 1.125.1a, 1.125.1b, 1.125.2, 1.125.4, 1.129.2, 1.129.10, 1.130.6, 1.130.7, 1.130.9, 1.131.1, 1.134.5, 1.136.4, 1.136.5, 1.140.8, 1.142.10, 1.143.7, 1.149.1, 1.153.4, 1.155.5, 1.158.4b, 1.158.4c, 1.159.5, 1.161.2, 1.161.9, 1.161.10b, 1.161.10c, 1.161.13, 1.162.22c, 1.162.22d, 1.164.44, 1.164.45, 1.164.46, 1.164.47, 1.164.51, 1.169.3, 1.179.4d, 1.180.10, 1.182.6, 1.186.7c, 1.190.2; O is dual in 1.20.4, 1.23.3, 1.85.1, 1.92.18, 1.143.2, 1.183.5; O is plural in 1.14.9, 1.34.3, 1.35.5, 1.58.3, 1.61.16, 1.71.2, 1.73.5, 1.98.3, 1.117.25, 1.148.4, 1.165.14, 1.179.1.

D) Humanness. S is human in 1.7.1, 1.7.5, 1.11.5, 1.14.9, 1.16.8, 1.20.4, 1.22.14, 1.22.17, 1.22.21, 1.23.3, 1.23.4, 1.26.4, 1.31.11, 1.33.10, 1.33.11, 1.34.3, 1.36.7ab, 1.36.7cd, 1.36.19, 1.40.2, 1.44.7, 1.46.12, 1.49.4, 1.58.3, 1.60.2, 1.61.16, 1.63.2, 1.63.6, 1.66.9, 1.71.2, 1.71.4, 1.73.5, 1.74.5, 1.77.3, 1.80.7, 1.80.12ab, 1.85.1, 1.92.18, 1.93.6, 1.94.16 (plus additional 18 times), 1.100.7a, 1.100.7b, 1.102.1, 1.106.6, 1.107.3, 1.113.3, 1.114.4, 1.116.14ab, 1.116.14cd, 1.116.16, 1.116.17, 1.117.13, 1.117.25, 1.118.5, 1.125.1a, 1.125.1b, 1.125.2, 1.129.2, 1.130.6, 1.130.7, 1.130.9, 1.131.1, 1.134.5, 1.136.4, 1.136.5, 1.140.8, 1.142.10, 1.143.7, 1.148.4, 1.155.5, 1.159.5, 1.161.2, 1.161.9, 1.161.10b, 1.161.10c, 1.162.22c, 1.164.44, 1.164.45, 1.164.46, 1.164.51, 1.165.14, 1.169.3, 1.179.1, 1.179.4d, 1.180.10, 1.183.5; S is animal in 1.24.6, 1.35.5, 1.84.2, 1.92.2, 1.104.5, 1.115.5, 1.119.9, 1.153.4, 1.161.13, 1.162.22d, 1.164.47; S is inanimate in 1.5.8, 1.6.6, 1.11.8, 1.35.7, 1.51.2, 1.71.7, 1.71.10, 1.84.3, 1.98.3, 1.101.7, 1.102.2, 1.119.5, 1.125.4, 1.129.10, 1.143.2, 1.149.1, 1.158.4b, 1.158.4c, 1.182.6, 1.186.7c, 1.190.2; O is human in 1.5.8, 1.6.6, 1.7.1, 1.7.5, 1.11.5, 1.11.8, 1.14.9, 1.20.4, 1.23.3, 1.23.4, 1.31.11, 1.33.11, 1.35.5, 1.36.7ab, 1.36.7cd, 1.36.19, 1.40.2, 1.44.7, 1.49.4, 1.51.2, 1.63.6, 1.66.9, 1.71.7, 1.74.5, 1.77.3, 1.80.7, 1.80.12ab, 1.84.2, 1.92.18, 1.93.6, 1.98.3, 1.100.7a, 1.100.7b, 1.101.7, 1.102.1, 1.106.6, 1.116.14cd, 1.116.16, 1.125.4, 1.129.2, 1.129.10, 1.130.7, 1.131.1, 1.134.5, 1.136.4, 1.136.5, 1.140.8, 1.143.7, 1.149.1, 1.158.4b, 1.158.4c, 1.179.1, 1.179.4d, 1.182.6, 1.183.5, 1.186.7c, 1.190.2; O is animal in 1.116.14ab and 1.161.13; O is inanimate in 1.16.8, 1.22.14, 1.22.17, 1.22.21, 1.24.6, 1.26.4, 1.33.10, 1.34.3, 1.35.7, 1.46.12, 1.58.3, 1.60.2, 1.61.16, 1.63.2, 1.71.2, 1.71.4, 1.71.10, 1.73.5, 1.84.3, 1.85.1, 1.92.2, 1.94.16 (plus additional 18 times), 1.102.2, 1.104.5, 1.107.3, 1.113.3, 1.114.4, 1.115.5, 1.116.17, 1.117.13, 1.117.25, 1.118.5, 1.119.5, 1.119.9, 1.125.1a, 1.125.1b, 1.125.2, 1.130.6, 1.130.9, 1.142.10, 1.143.2, 1.148.4, 1.153.4, 1.155.5, 1.159.5, 1.161.2, 1.161.9, 1.161.10b, 1.161.10c, 1.162.22c, 1.162.22d, 1.164.44, 1.164.45, 1.164.46, 1.164.47, 1.164.51, 1.165.14, 1.169.3, 1.180.10.

References

BROWN, N. (1968). 'Agni, Sun, Sacrifice, and Vāc: a sacerdotal ode by Dīrghatamas.' In: *Journal of American Oriental Studies* 88: 199–218.

COMRIE, B. (1981). *Language Universals and Linguistic Typology*. Oxford, Blackwell.

COOREMAN, A. (1982). 'Topicality, ergativity and transitivity in narrative discourse: Evidence from Chamorro'. In: *Studies in Language* 6: 343–374.

CORBETT, G. (2000). *Number*. Cambridge, Cambridge University Press.

CROFT, W. (1990). *Typology and Universals*. Cambridge, Cambridge University Press.

——— (2003). *Typology and Universals*, revised edition. Cambridge, Cambridge University Press.

DOWTY, D. (1991). 'Thematic proto-roles and argument selection'. In: *Language* 67: 547–619.

DRYER, M. (2005). 'Order of subject, object, and verb'. In: HASPELMATH, M. et al. (eds.) *The World Atlas of Language Structures*. Oxford, Oxford University Press, 330–333.

FOLEY, W. & R. VAN VALIN (1985). 'Information packaging in the clause'. In: SHOPEN, T. (ed.) *Language typology and syntactic description*, Volume I, *Clause structure*. Cambridge, Cambridge University Press, 282–364.

GELDNER, K. (1951). *Der Rig-Veda aus dem Sanskrit ins Deutsche übersetzt und mit einem laufenden Kommentar versehen* von Karl FRIEDRICH, I–III; IV Index by NOBEL J. (1957). Cambridge (Mass.), Harvard University Press.

GIVÓN, T. (2001^2). *Syntax*, Volume II. Amsterdam–Philadelphia, Benjamins.

GREENBERG, J. (1966). 'Some universals of grammar with particular reference to the order of meaningful elements'. In: GREENBERG, J.(ed.) *Universals of language*, 2nd edition. Cambridge (Mass.), MIT Press, 73–113.

GRIFFITH, R. (1896^2). *The Hymns of the Rig-Veda*. Delhi, Motilal Banarsidass.

HIRT, H. (1937). *Indogermanische Grammatik*, Teil VII. *Syntax* II. *Die Lehre vom einfachen und zusammengesetzen Satz*. Heidelberg, Winter.

HOPPER, P. & S. THOMPSON (1980). 'Transitivity in grammar and discourse'. In: *Language* 56: 251–99.

LAMBRECHT, K. (1994). *Information structure and sentence form. Topic, focus and the mental representations of discourse referents*. Cambridge, Cambridge University Press.

LAZARD, G. (1984). 'Actance variations and categories of the objects'. In: PLANK, Frans (ed.) *Objects. Toward a theory of grammatical relations*. London, Academic Press, 269–292.

LYONS, C. (1999). *Definiteness*. Cambridge, Cambridge University Press.

MACDONELL, A. (1910). *Vedic grammar*. Straßburg, Trübner.

MALLINSON, G. & B. BLAKE (1981). *Language typology*. Amsterdam, New Holland.

MAYRHOFER, M. (1978). *Sanskrit Grammatik mit sprachvergleichenden Erläuterungen*. Berlin–New York, de Gruyter.

MEILLET, A. (1937). *Introduction à l'étude comparative des langues indo-européennes*, 8th edition. Paris, Hachette.

MITHUN, M. (1999). *The languages of the Native North America*. Cambridge, Cambridge University Press.

MYHILL, J. (1992). *Typological discourse analysis*. Oxford, Blackwell.

MORAVCSIK, E. (2006). *An introduction to syntax*. London-New York, Continuum.

PAYNE, D. (1992). 'Introduction'. In: PAYNE, D. (ed.) *Pragmatics of word order flexibility*. Amsterdam-Philadelphia, Benjamins.

RUDE, N. (1985). *Studies in Nez Perce grammar and discourse.* PhD. dissertation, University of Oregon.

SILVERSTEIN, M. (1976). 'Hierarchies of features and ergativity'. In: DIXON, Robert (ed.) *Grammatical categories in Australian languages.* Canberra, Australian Institute of Aboriginal Studies, 112–71.

TAYLOR, J. R. (2003³). *Linguistic categorization.* Oxford, Oxford University Press.

TIMBERLAKE, A. (1977). 'Reanalysis and actualization in syntactic change'. In LI, Charles N. (ed.) *Mechanisms of Syntactic Change.* Austin-London, University of Texas Press, 141–177.

THOMPSON , C. (1987). 'Pronouns and voice in Koyukon Athabaskan'. In: *International Journal of American Linguistics* 55: 1–24.

VALLI, C. & C. LUCAS (1992²). *Linguistics of American Sign Language. An introduction.* Washington, Gallaudet University Press.

VITI, C. (2007). 'The information structure of OVS in Vedic'. Paper presented at the *29. Jahrestagung der Deutschen Gesellschaft für Sprache.* Siegen.

WEIL, H. (1879³). *De l'ordre des mots dans les langues anciennes comparées aux languages modernes. Question de grammaire générale.* Paris, Vieweg.

WHITNEY, W. (1879). *Sanskrit Grammar.* Leipzig; repr. and transl. in English (1989), Motilal Banarsidass, Delhi.

Hethitisch *nu* als Mittel der informationsstrukturellen und syntaktischen Verknüpfung

Paul WIDMER (Philipps-Universität Marburg)

1 Einleitung

Die grundlegenden Probleme bei der Bestimmung der Funktion einer Partikel wie heth. *nu* sind hinlänglich bekannt: In erster Linie ist hier die teilweise fragmentarische Überlieferung zu nennen und das allein dadurch gestörte Textverständnis. Ein weiterer wichtiger Faktor ist die historische Tiefe der Überlieferung. Zeitgenössisches Kopieren und Redigieren kann dazu führen, dass Sprachstufen sich vermischen. Gleichzeitig besteht die Möglichkeit, dass genrespezifische Gegebenheiten das Bild des synchronen Zustandes verzerren. Ebenso schwierig gestaltet sich die Auswertung von Übersetzungsliteratur.

Ein schwer einzugrenzender Problemkreis bei der Interpretation von Sätzen und Texten, aus der die Funktionsbestimmung einzelner struktureller Elemente ja i. d. R. erfolgt, ist auch die Intertextualiät: Kein Text ist als solcher eigenständig noch ist er einzigartig, sondern er besteht aus einem Gewebe von Bezügen, Referenzen und Zitaten aus anderen Texten. Diese Kotexte und ihr kulturelles Umfeld beeinflussen und steuern immer die Bedeutung und im Fall von mehrfachen Deutungsmöglichkeiten auch die Deutung eines Texts.[1]

Der Intertextualität und somit der Bedeutung von Texten und Textbestandteilen rein sprachwissenschaftlich Herr zu werden, ist nur begrenzt möglich, wie WIDDOWSON 2004, 22, vielleicht – gerade für ein sprachwissenschaftliches Publikum – etwas überspitzt, festhält:

> „[...] significance ist not a function of signification. You cannot read it off from linguistic features. Text does not signal its own meaning, so [...] linguistic analysis, no matter how detailed, cannot result in an understanding of 'how and why a text means what it does', for this must also take into account, among other things, what Harris [i. e. HARRIS 1952] refers to as 'what the author was about when he produced the text.'"

Hinzu kommt das prinzipielle Problem, dass auf höherer Komplexitätsebene auch automatisch die sprecher- bzw. schreiberspezifische Varianz struktureller Operatoren und die Konvergenz verschiedener Verfahren zunimmt. Auf einer wenig komplexen Ebene wie etwa der Phonologie ist die sprecherspezifische Varianz relativ gering. Auf der viel komplexeren Textebene ist diese Varianz und Konvergenz jedoch schon beträchtlich: Wir hätten ja sonst auch nur genau gleich strukturierte Texte.

1 Der Begriff Intertextualität ist fest mit dem Schaffen von Julia Kristeva verbunden, s. KRISTEVA 1980, KRISTEVA 2002. Auf die Relevanz der Intertextualität mit historischer Tiefe für die Bedeutung mittelpersischer Texte weist nachdrücklich VEVAINA 2007a, 2007b hin.

Ein gewisse Kontrolle und Einschränkung der Variablen für die Untersuchung der Funktion von *nu* bietet in dieser Beziehung das mittelhethitische Briefkorpus aus Maşat. Der wesentliche Vorteil dieses Korpus' liegt darin, dass etliche Texte vollständig sind, und dass der Kotext zu einem Brief meist angesprochen wird. Dieser Kotext ist zwar in der Regel nicht bekannt, doch wird darauf meist referiert, indem daraus explizit zitiert wird: Die Kotextualität ist demnach zumindest eingrenzbar. Zudem ist die Briefliteratur im Hethitischen nicht ein ausgeprägtes literarisches Genre, sondern ganz klar auf Kommunikation fokussiert. Als weiterer Pluspunkt kommt hinzu, dass die historische Tiefe innerhalb des Korpus gering ist. Das folgende beschränkt sich deshalb i. w. auf diese Textgruppe. Eine detaillierte Darstellung folgt separat.

2 Gebrauch von mittelheth. *nu* in den Maşat-Briefen

2.1 Organisation der Makrostruktur

Zu Beginn eines Briefes, d. h. nach der stereotypen Briefeinleitung und den eventuellen standardisierten Grussformeln finden sich typischerweise Beispiele wie (1). Im ersten Teil wird dem Briefempfänger der Sachverhalt, um den es im folgenden geht, expositionsartig dargelegt, i. e. dem Schreiber wurde ein Rind in Aussicht gestellt, und im darauffolgenden, mit *nu* eingeleiteten Teil wird dazu das Anliegen des Senders vorgebracht, hier in Form eines Befehls oder einer Aufforderung: Der Empfänger soll in dieser Sache tätig werden. *Nu* fungiert also als Verbindung zwischen zwei illokutiven Akten, wobei der zweite Akt erst auf der Grundlage des ersten verständlich wird.

(1) HBM 31 Rs. 25–27

^{m}*Ḫi-im-mu*-DINGIR^{LIM}-*iš=mu* 1 GU$_4$ *te-et*
nu-u=*š-ši* ŠEŠ.DÙG.GA=*I̯A* EGIR-*an ti-i̯a*

Ḫimuili hat mir ein Rind versprochen;
werde diesbezüglich, mein lieber Bruder, bei ihm tätig!

Dieses Schema entspricht offensichtlich der linearen sprachlichen Organisation von Sachverhalten in Topic und Comment. Mit einem hier recht umfangreichen Topikalisierungsverfahren in Form eines autonomen Satzes[2] werden expositionsartig die Einheiten eingeführt, auf deren Basis die Information des Comments seine Bedeutung entfalten kann.[3]

---

2 Topikalisierungen in Form von Sätzen mit geringer syntaktischer Integration in den Commentteil werden selten als solche beschrieben, doch ist ihre Existenz trivial, zumal wenn komplexe Sachverhalte topikalisiert werden und nicht nur einzelne referentielle Entitäten. Funktional ist die Topikalisierung offenbar, vgl. die mögliche Substitution der Übersetzung in (1) durch ‚Apropos des Versprechens des Ḫimuili, mir ein Rind zu geben – werde bei ihm tätig, lieber Bruder!' Die Begriffe Topic und Comment werden deshalb hier auch für komplexe Konstruktionen verwendet, die aus mehr als einer Klause bestehen. Für die monoklausale Strukturierung dieser Art bieten sich die Begriffe Thema und Rhema an.

3 Die Organisation in Topic und Comment in dieser Reihenfolge ist natürlich sinnvoll und korrespondiert mit der allgemeinen Maxime, dass Information in einer logischen Abfolge organisiert werden soll, s. Krifka 2007b, 67 für die Entsprechung davon in der mathematischen Formelsprache. Diese Struktur kann natürlich durchbrochen werden. An die systematische Abweichungen sind dann in der Regel bestimmte Effekte gekoppelt, die in gewissen Literaturgattungen und Literaturstilen ganz gezielt eingesetzt werden können. So ist z. B. in der Gattung der Rätsel die Inversion von Topic und Comment konstituierend:

(2) *Es sitzt weinend auf dem Rand des Herdes. – Der Teekessel* (Honti 1989, 583)

Gewissen Literaturstile zielen gerade darauf ab, die Erwartungshaltung an die Organisation von Information zu enttäuschen.

Zu den gängigen Topikalisierungsverfahren an der linken, unmittelbaren Peripherie gehören neben den einfachen Hauptsätzen auch adsentenzielle Nebensätze wie in (3). Typisch für die Maşat-Briefe – und das Hethitische überhaupt – ist, dass die Beziehung zwischen Topicteil und Commentteil diptychäisch aufgebaut wird, wobei der Anschluss des Comments an das Topic jeweils mit *nu* bewerkstelligt wird.

(3) a. HBM 9 Vs. 3–5
13 $^{\text{LÚ.MEŠ}}$*pít-te-an-du-uš=kán ku-it pa-ra-a na-it-ta*
n*=a-aš ú-u̯a-te-er*
Was das anbelangt, dass du die 13 Flüchtlinge ausgeliefert hast –
man hat sie hergebracht.

b. HBM 24 Vs. 2–3
2 $^{\text{LÚ.MEŠ}}$*pí[t-t]i-i̯a-an-du-uš=kán ku-i-uš pa-ra-a [n]a-it-ta*
n*=a-aš ú-u̯a-te-er*
Welche beiden Flüchtlinge du ausgeliefert hast –
man hat sie hergebracht.

Gerne wird dabei auch ein *general noun* im Sinn von HALLIDAY–HASAN 1976: 27 eingesetzt, das eine Referenz auf den zitierten Brief setzt. Wie ein *label* (FRANCIS 1994: 86) benennt und referiert *uttar-* ein Stück Diskurs, auf das aktuell Bezug genommen wird. Dieser Diskurs kann im weiteren die Thematik des ganzen Briefes dominieren; es handelt sich also um ein Diskurstopic.

(4) HBM 22 Vs. 4–5
ŠA ÉRIN.MEŠ*=mu ku-it ut-tar ḫa-at-ra-a-eš*
n*=a-at AŠ-ME*
Welche Angelegenheit der Truppe du mir geschrieben hast –
ich habe es vernommen.‘

Solche Strukturen können grosse Komplexität entwickeln, wenn im Topicteil Kotexte zitiert werden, auf die der Absender in seinem Brief reagiert; die Reaktion mittels *nu* erfolgt dann mit der entsprechenden Verzögerung:

(5) HBM 6 Rs. 17–23
$[_{\text{T}}$ *ki-iš-ša-an=ma=mu ku-it ḫa-at-ra-a-eš*
„*ka-a-ša-u̯a* $^{\text{LÚ.MEŠ}}$*ša-pa-ša-al-li-e-eš AŠ-PUR*
nu=u̯a ^{URU}*Ma-la-az-z[i]-an* ^{URU}*Tág-ga-aš-ta-an-n=a ša-pa-ši-i̯a-ar*“]
$[_{\text{C}}$ ***n****=a-at AŠ-ME*]
Was du mir folgendermassen geschrieben hast:
„Ich habe hier Späher ausgeschickt,
damit sie die Städte Malazzia und Taggašta auskundschaften.“
Ich habe es vernommen.

In all diesen Fällen stellt *nu* im Commentteil den Anschluss an den Topicteil her und signalisiert, dass die beiden Teile eine zusammengehörige Texteinheit bilden.

Solche Texteinheiten können dann weiter zu Texten zusammengestellt werden. Als Koordinator zwischen diesen Texteinheiten fungiert der Konnektor *-(m)a*. Daraus ergibt sich eine typische Makrostrukturierung wie in (6) S. 326, in der sich Texteinheiten mit thematisch unterschiedlichen Inhalten zu einem Text (i. e. Brief) fügen. In diesen Beispielen schafft die Topiketablierung eine informationsstrukturelle Leerstelle für den Comment, wobei die Natürlichkeit der Linearisierung von Topic und Comment in eben dieser Abfolge die Normalitätsannahme schafft, dass der Comment folgen wird. Die Aufgabe von *nu* besteht darin zu signalisieren, dass nach dem Topic im folgenden die Besetzung dieser Leerstelle beginnt. Die Erwartungshaltung an die unkontroverse Reihung von Topic und Comment erfährt dadurch ihre Bestätigung.

(6) HBM 10 Vs. 3–21

ŠA ᵐ*Pí-ḫi-na-ak-ki=mu ku-i[t] ut-tar ḫa-at-ra-a-eš* ᵐ*Pí-ḫi-na-ak-ki-iš=za ma-aḫ-ḫa-an* ᵁᴿᵁ*Li-ši-ip-r[a]-an e-eš-ki-i[t-t]a-ri …*	Topic
n*=a-at AŠ-ME …*	Comment
ŠA ᵐ*Pí-ḫa-ap-zu-up-pí=****ma****=mu kuit ŠA* ᵐ*Kaš-ka-nu=i̯a ut-tar ḫa-at-ra-a-eš*	Topic
n*=a-at AŠ-ME*	Comment
*ki-iš-ša-an=****ma****=mu ku-it ḫa-at-ra-a-eš …*	Topic
nu LU.MEŠ ᵁᴿᵁ*Ga-aš-ga ku-i-e-eš …*	Comment
…	Text

2.2 Binnenstruktur

Die Funktion von *nu* anzuzeigen, dass zwei Teile eines Texts in sinnvoller und erwarteter Abfolge gereiht sind, ist nicht auf die Schnittstelle der grösseren Einheiten Topic und Comment beschränkt. *Nu* signalisiert diese Verhältnisse auch zwischen Sätzen auf der weniger komplexer Satzebene wie in (7). Daraus ergibt sich das für das Hethitische ab mittelhethitischer Zeit typische Bild, das zunehmend von dem Konnektor *nu* dominiert wird. Die Kohäsion, die für sich bereits durch die gewählte Anordnung der Sätze ikonisch erzeugt werden kann, wird durch die Verwendung von *nu* explizit gemacht.

(7) HBM 5 Vs. 3–6
[Š]A ᵁᴿᵁ*Ga-ši-pu-u-ra kuit* GU_4.ḪI.A *da-at-t[a]*
n*=a-an=ša-an ŠA* ᵐE[N-*t*]*a-ra-u-u̯a ma-ni-i̯a-aḫ-ḫi-i̯a iš-ḫu-u̯a-it-ta*
Was die Rinder aus Gašipūra anbelangt, die du genommen
und (dann) im Verwaltungsbezirk des Išḫatarau̯a verteilt hast, …

Möglichen Lesarten, die bei solchen Reihungen typischerweise vorliegen, werden morphologisch oder lexikalisch meist nicht weiter ausdifferenziert; die Kohärenzrelation zwischen den zwei Sätzen ergibt sich aus dem Kontext. Typisch sind konsekutive, kausale und finale Relationen, wie im CHD L–N sv. *nu* A unter a 1′ b′–d′ und in Hoffner–Melchert 2008, 415f. dargelegt ist.

(8) a. HBM 6 Vs. 12–u. Rd. 14
nu a-pa-a-aš ᴸᵁ́KÚR *al-u̯a-an-za-aḫ-ḫa-an-za im-ma e-eš-ta*
n*=a-an Ú-UL ša-a-ak-ta⟨⟨-aš⟩⟩*

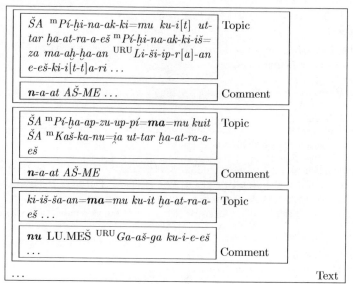

War dieser Feind etwa verzaubert,
so dass du ihn nicht bemerktest?

b. HBM 19 Vs. 7–10
I-NA ^{URU}*Ka$_4$-aš-ka$_4$=[m]a=u̯a ḫal-ki*$^{\text{ḪI.A}}$*-uš* BURU$_5$.ḪI.A *e-ez-za-aš-ta* §
nu=*u̯a-a=š-ma-aš=kán ŠA* ^{URU}*Ga-ši-pu-u-ra ḫal-ki*$^{\text{ḪI.A}}$*-aš zi-ig-ga-an-zi*

In Kaška andererseits haben die Heuschrecken das Getreide gefressen;
deshalb vergreifen sie (die Kaskäer) sich an ihrem, der Stadt Kašipūras, Getreide.

c. HBM 68 Rs. 14–17
nam-ma=aš MA-ḪAR ^{D}UTU$^{\check{S}I}$ *ú-u̯a-da-an-zi*
n=*a-aš* ^{D}UTU$^{\check{S}I}$ *a-pa-ši-la pu-nu-uš-zi*

Man kann sie sogar vor Seine Majestät bringen,
damit er sie selbst verhört.

Auf weniger komplexer Ebene und bei geringem Topikalitätspotential der betreffenden Sätze signalisiert *nu* also die Existenz von Kohärenzrelationen und stellt zu diesem Zweck ein Set von verschiedenen Interpretationsmöglichkeiten zur Verfügung.

Prinzipiell genügt auf Grund ihrer Ikonizität Adjazenz von Sätzen für sich allein bereits, um eine kohäsive Verbindung entstehen zu lassen (Bublitz 1998, 5). Ab mittelhethitischer Zeit verfügt das Hethitische insofern über eine Besonderheit, als Kohäsion overt mit *nu* erzeugt wird. Die Deutung der Kohärenzrelationen zwischen den Sätzen bleibt aber, wie so oft (Bublitz 1998, 12), ein dynamischer Prozess.

Gelegentlich tritt *nu* in Kontexten auf, in denen sich keine bestimmte Kohärenzrelation aufdrängt, vgl. das folgende Beispiel:

(9) HBM 3 Vs. 3–9
§ (3) *ŠA* ^{LÚ}KÚR=*mu ku-it ut-tar* (4) *ḫa-at-ra-a-eš*
n=a-at AŠ-ME
§ (5) ***nu-u***=*t-ta ka-a-aš-ma* (6) *ka-ru-ú ku-it ḫa-at-ra-a-nu-un*
(7) *a-pé-el ku-iš* KUR-*e* ÉRIN.MEŠ
(8) *n=a-aš=kán nam-ma* (9) *ar-ḫa le-e ú-iz-zi*

Was du mir bezüglich des Feindes$_j$ geschrieben hast,
das habe ich zur Kenntnis genommen.
Da ich dir **diesbezüglich** schon früher geschrieben habe,
welche Truppen in dessen$_j$ Gebiet (sind/sein sollen),
sollen sie (folglich) nicht wieder abgezogen werden!

Mit *nu* in Z. 5 wird lediglich signalisiert, dass die folgende Aussage im Bezug auf das Vorausgehende zu verstehen ist und somit in der Übersetzung etwa mit ‚diesbezüglich' wiedergegeben werden kann. Im übrigen ist es sicher diese Funktion, die systematisch auch in der Verknüpfung von Topic- und Commentteil vorliegen wird. Die Reaktion auf den Topicteil erfolgt mit einer Bezugnahme:

(10) [*Was du mir bezüglich X geschrieben hast*]$_{\text{Topic}}$ [*diesbezüglich* ...]$_{\text{Comment}}$

2.3 Komplementarität mit anderen Konnektoren

Konnekte, die mittels des Konnektors -*(i̯)a* koordiniert werden, unterscheiden sich funktional insofern von *nu*, als sie nicht zwangsläufig gemäss einer ikonischen Abfolge die an der betreffenden Stelle gewählte Linearisierung aufweisen. Die Nebensächlichkeit der Abfolge der koordinierten Teile im Gebrauch von *-(i̯)a* zeigt sich auch daran, dass dieser Konnektor auch nicht-satzhafte Konnekte wie Nominalphrasen koordinieren kann (s. (11a)), bei denen die Linearisierung nicht a priori durch die natürliche Abfolge bestimmt ist. Von dieser Art Konnexion ist *nu* systematisch ausgeschlossen (11b).

(11) a. HBM 65 Rs. 23–o. Rd. 24

[n]=a-aš-ta ^{mD}U*-mi-im-ma-an* ^{m}*Na-a-ni-in* ^{m}*Ku-u̯a-am-mi-in-n=**a*** *p[a]-r[a]-a na-i*

und schick den Tarḫumimma, den Nāni und den Kuu̯ammi los!

b. * ^{mD}U*mi-im-ma-an* ^{m}*Na-a-ni-in* ***nu*** ^{m}*Ku-u̯a-am-mi-in*

Die komplementär-additive Funktion von *-(m)a* geht z. B. aus (12) hervor.[4]

(12) HBM 55 Vs. 11–17

ki-nu⟨-un⟩=u̯a ^{URU}*Da-a-pí-ik-ka₄ a-ni-i̯a-an-da*
*ke-e=**ma**=u̯a* ^{URU}*An-zi-li-i̯a*
*ke-e=**ma**=u̯a* ^{URU}*[Ḫ]a-a-ri-i̯a*
*ke-e=**ma**=u̯a* ^{URU}*Ḫa-a-ni-ik-ka₄-u̯a*
In Tapikka ist es (sc. das Saatgut) bereits ausgesät,
das andere andererseits in Anzilii̯a,
das andere seinerseits in Ḫarii̯a,
das weitere seinerseits in Ḫanikkau̯a.

Deutlich tritt die komplementäre Verteilung von *nu* als Konnektor ikonisch gereihter Elemente einerseits und von auflistendem *-(m)a* andererseits in dem mittelhethitischen Itinerar in (13) hervor, in dem listenartig verschiedene Reiserouten nach Anzilii̯a beschrieben werden.

(13) Ortaköy, ohne Signatur, 1'–7'; Süel 2005, 682[5]

x+1 1 KASKAL=***ma*** ^{URU}*Iš-ga-ma-az* ***nu*** *I-NA* $^{\mathrm{ḪUR.SAG}}$*Uš-na-it-te-na*
2' ***nu*** ^{URU}*Ḫa-an-zi-u̯a* ***nu*** ^{URU}*An-zi-li-i̯a*

3' 1 KASKAL=***ma*** ^{URU}*Ga-am-ma-ma-az I-NA* $^{\mathrm{ḪUR.SAG}}$*Uš-ḫu-pi-ti-ša*
4' ***nu*** *du-um-na-an-za al-ta-an-na-an-za* ***nu*** ^{URU}*An-zi-li-i̯a*

5' 1 KASKAL=***ma*** *nam-ma* ^{URU}*Kam-ma-ma-az* ***nu*** *I-NA* $^{\mathrm{ḪUR.SAG}}$*Ud-ḫa-i-iš-kar-ri-iš-ši*
6' ***nu*** *I-NA* $^{\mathrm{ḪUR.SAG}}$*I-i̯a-ma-aḫ-ḫa-la-aš-ti-ga-i-lu-u-lu* ***nu*** ^{URU}*An-zi-li-i̯a*

7' 1 KASKAL=***ma*** *nam-ma=pát* ^{URU}*Kam-ma-ma-az* ***nu*** *I-NA* $^{\mathrm{ḪUR.SAG}}$*Ud-ḫa-i-iš-kar-⟨ri-⟩iš-ši*

x+1 Eine weitere Route von Išgama aus, dann zum Berg Ušnaittena,
2' dann Ḫanziu̯a, dann Anzilii̯a.
3' Eine weitere Route von Kammama aus zum Berg Ušḫupittiša,
4' dann die *dumnanza* Quelle, dann Anzilii̯a.

4 S. auch CHD L–N, 92 mit Beispielen wie ABoT 44.1 59–60 (ah./jh.; Lebrun 1980, 96) ZAG-*az=tet* ... GÙB-*laz=ma=tta* ‚zu deiner Rechten (einerseits) ... und dir zur Linken (andererseits)'.
5 Die Zeilenzählung stammt von mir. Umzeichnung oder Photo sind nicht verfügbar.

5’ Eine weitere Route wiederum von Kammama aus, dann zum Berg

6’ Udḫaiškarriši, dann zum Berg Ii̯amaḫḫalaštigailūlu, dann Anzilii̯a.

7’ Eine weitere Route wiederum von selbigem Kammama aus, dann zum Berg Udḫaiškarriši.

Zu konstatieren ist noch, dass *nu* hier nicht Klausen verknüpft sondern NPs und PPs, die allerdings auch einfach als Konstituenten von jeweils elliptischen Konstruktionen interpretiert werden können.

Nu ist auch von der Koordination grösserer, in sich abgeschlossener Textteile, die an sich in beliebiger Reihenfolge auftreten könnten, zu ganzen Texten ausgeschlossen. Diese Funktion übernimmt auch die Partikel *-(m)a*, wie aus (6) hervorgeht; s. in diesem Sinn CHD L–N, 96b („marking continuation“).

Mit *-(m)a* interagiert *nu* ganz spezifisch auch in der Evaluierung von Normalitätsannahmen. Ein instruktiver Beleg für den Gebrauch von *-(m)a* zur Signalisierung einer Erwartungsenttäuschung, in dem auch noch ein additives *-(m)a* vorkommt, findet sich in HBM 68:

(14) HBM 68 Vs. 4–7
§ (4) *am-mu-uk Ú-UL ku-it-ki ku-it* (5) *dam-mi-iš-ḫa-an ḫar-mi*
*Ú-UL=***ma***=kán* (6) *da-a-an ku-e-da-ni-ki ku-it-ki ḫar-mi*
(7) *QA-TAM-MA=***ma***=mu ku-u̯a-at dam-mi-iš-ḫi-iš-kán-zi*

Da ich keinerlei Schaden verursacht habe
noch (andererseits) irgendjemandem irgendetwas genommen habe. –
Warum bringt man mich derart in Bedrängnis?

Das Vorgehen gegen den Schreiber dieser Zeilen, einen UGULA NIMGIR.ÉRIN.MEŠ ‚Anführer der Truppenaufseher‘, widerspricht sichtlich den Erwartungen, die der Anführer aufgrund seines doch korrekten Verhaltens haben konnte. Diese Konstellation erlaubt hier sogar eine konzessive Lesart: ‚Obwohl ich keinerlei Schaden verursacht habe noch (andererseits) irgendjemandem irgendetwas genommen habe. – Warum bringt man mich trotzdem derart in Bedrängnis?‘

Die Anknüpfung der Aussage in Zeile 7 mit *nu* anstelle von *-ma* mit notwendiger Modifikationen der Konstruktion und der illokutiven Funktion (z. B. … *nu=mu QATAMMA ku̯u̯atka dammišḫiškanzi*) würde implizieren, dass eine unkontroverse Abfolge von Begebenheiten stattgefunden hat, die zu interpretieren wäre als ‚Da ich keinerlei Schaden verursacht habe noch irgendjemandem irgendetwas genommen habe, folgerichtig bringt man mich so in keiner Weise in Bedrängnis.‘

Da mit *-(m)a* auch neue Handlungsstränge eingeleitet werden können und gleichzeitig neue Handlungsstränge durch einen Bruch im Normalverlauf eines Sachverhalts bedingt sein können, ist die Konvergenz der beiden Funktionen „Neues Topic“ und „Enttäuschung einer Normalitätsannahme“ in *-(m)a* sicher nicht zufällig. In der Interpretation einzelner Textstellen ist aus diesem Grund zu beachten, dass beide Funktionen vorhanden sein können, ohne dass der Anteil der beiden immer genau beziffert werden kann:

(15) HBM 36 u. Rd. 31ff.
(31) 3 *ME* ÉRIN.M[E]Š=*u̯a=kán da-[aḫ]-ḫ[u-u]n*
(32) *nu=u̯a-r=[a-a]n=kán I-NA* ^{URU}*Ka-ši-p[u-ra]* (33) *ša-ra-a tar-na-aḫ-ḫu-un*
*ku-u-un=***ma***=u̯a* [ ] (34) *nam-ma* ÉRI[N.M]EŠ *ša-ra-am-ni-it da-aḫ-ḫu-un*
(35) *nu=u̯a-r=a-an=kán I-NA* ^{URU}*I-[š]a-aš pa-ra-a*[6] (36) *ne-eḫ-ḫu-un*
[n]=a-at [AŠ-M]E nu SIG$_5$-*in*

6 So wohl zu lesen, s. CHD L–N, 358a.

„300 Soldaten habe ich geno[mmen]
und sie dann nach Kašip[ura] hinaufgehen lassen.
Diese Truppen habe ich aber wieder von oben herunter[7] genommen,
und sie nach Išaš entsandt (~ um sie nach Išaš zu entsenden)."
Ich habe es zur Kenntnis genommen, es ist in Ordnung.

Der Autor des zitierten Textstücks, an den die Tafel HBM 36 auch gerichtet ist, berichtet in Z. 31–33, dass er Truppenverlegungen nach Kašipura hinauf veranlasst hat. Im anschliessenden Satz wird eine gegenläufige Truppenbewegung beschrieben, nämlich „wieder von oben herunter". Die Verknüpfung dieser beiden Begebenheiten erfolgt dabei grammatikalisch nicht mittels *nu*, dem normalen Konnektor bei der häufigen Verbindung von zeit- und raumikonisch linearisierten und sachlich unkontroversen Ereignissen (vgl. etwa in Zeile 32 oder 35). In Zeile 33 folgt somit eine Begebenheit, die als Beginn eines neuen Handlungsstranges gesehen werden kann. Es fliesst jedoch auch mit ein, dass der Abzug der Truppen aus Kašipura in Konflikt stehen kann mit den Erwartungen an den Verlauf der thematisierten Truppenstationierung, i. e. der Abzug und die folgende Truppenverschiebung nach Išaš war nicht genau so vorgesehen oder geplant. Es kann auch genau diese Diskrepanz sein, die den Autor der Zeilen dazu bewogen hat, die Begebenheiten rund um die Truppenbewegungen dem Sender von HBM 36[8] überhaupt erst zu melden: Der Abzug bedurfte zumindest der Kenntnisnahme des Senders von HBM 36. Genau diese Kenntnisnahme erfolgt dann in Zeile 36, wo anschliessend das Vorgehen gutgeheissen wird: *[n]=at [AŠM]E nu* SIG$_5$-*in* ‚Ich habe es zur Kenntnis genommen, es ist in Ordnung.' Ob der Empfänger von HBM 36 lediglich rapportiert hat, was vorgefallen ist, oder ob er im Rapport primär bemerkenswerte Vorgänge gemeldet und die Zustimmung des Vorgesetzten eingeholt hat, lässt sich nicht entscheiden; es ist vielleicht beides enthalten.

Zu beachten ist, dass hier mit dem Gebrauch von *-(m)a* weder ein Subjektswechsel einhergeht noch neue Referenten eingeführt werden. Wenn ein Satz mit *-(m)a* eingeleitet wird, ist zwar häufig ein Wechsel des Subjekts zu beobachten, umkehrbar ist diese Regelhaftigkeit jedoch nicht. – Im übrigen tritt Subjektswechsel auch in Sätzen mit *nu* oft auf.

In der Regel wird, wie o. dargelegt wurde, nach der briefeinleitenden Topiceröffnung der Commentteil mttels eines *nu* mit dem Topicteil verknüpft. Dies unterbleibt nur in ganz wenigen Fällen, in denen die Signalisierung enttäuschter Erwartung involviert ist. *-(m)a* verhindert in diesen wenigen Fällen den Gebrauch von *nu*:

(16) HBM 56 Vs. 7–10
§ ⁽⁷⁾ *am-me-el [k]u-it* ^LÚ^*ṬE₄-MU* ⁽⁸⁾ *a-pí-iz ú-it*
ŠEŠ.DÙG.GA=*IA*=***ma***=*mu* ⁽⁹⁾ *aš-šu-ul ku-u̯a-at Ú-UL* ⁽¹⁰⁾ *ḫa-at-ra-a-eš*
Angesichts der Tatsache, dass mein Bote von dort (bei dir) gekommen ist, –
Weshalb hast Du mir keinen Gruss geschrieben?

-(m)a signalisiert auch hier die Annulierung der Normalitätsannahme: Die damit verknüpften Begebenheiten stehen nicht in Einklang mit den Vorgabe des aktuell gültigen *common ground*.[9] Funktional komplementär dazu verhält sich systematisch die Verknüpfung mittels *nu*, das die Bestätigung von Normalitätsannahmen anzeigt, d. h. dass zwei Begebenheiten gemäss den Erwartungen stattgefunden haben und deshalb nach dem Abgleich

7 *Šaramnit* ist hier am besten adverbiell ‚von oben herab' zu verstehen; es korreliert mit *šarā* ‚hinauf' in Zeile 33, s. zu *šaramnit* in dieser Funktion auch MELCHERT 1983, 1f. Fn. 4; HEG II, 875f. Anders CHD Š, 241b, das *šaramnit* zu ^(NINDA)^*šaraman-* stellt: ‚Then I took this troop together with (their) bread allotment(?) and sent it to the city of Išaša.'
8 Wahrscheinlich der König. s. HBM, S. 184 Fn. 131.
9 MEACHAM 2000, 203ff. benutzt dafür den Begriff „counterexpectation".

mit diesen ohne spezielle Selektion aus einem Set von Alternativen wiedergegeben werden können.

Eine besondere Stellung nehmen Segenswünsche ein, die ohne nennenswerte Variation zu Beginn eines Briefes geäussert werden können. Diese Wünsche werden immer mittels *nu* verknüpft.

(17) HBM 73 Rs. 19–23
§ (19) *kat-ti=ti ḫu-u-ma-an* SIG₅-*in e-eš-du*
(20) ***nu-u***=*t-ta* DINGIR.MEŠ TI-*an ḫar-kán-du*
(21) ***nu-u***=*t-ta* ŠU.ḪI.A-*uš a-ra-aḫ-za-an-da* (22) *aš-šu-li ḫar-kán-du*
(23) ***nu-u***=*t-ta pa-aḫ-ša-an-da-ru*

Bei dir soll alles in Ordnung sein, die Götter sollen dir das Leben erhalten, sollen ihre Arme wohl schützend um dich halten und dich behüten!

Man darf vermuten, dass an die Äusserung der formelhaften Segenswünsche zeremonielle Praktiken wie Gesten, Händedruck und Verbeugung gekoppelt waren, deren Ablauf durch gesellschaftliche Normen klar vorgegeben war. Die Abfolge der Äusserungen ist dadurch konventionell gebunden und kann nicht ohne weiteres umgestellt werden. Dies kann durchaus die Motivation für die systematische Verwendung von *nu* in diesen Textstücken sein. Es manifestiert sich in diesen eng zusammengehörigen Passagen jedoch auch der Aspekt, dass mit *nu* primär die enge, sachlich inhärente Verbindung von Sachverhalten angezeigt wird, während -*(i̯)a* vornehmlich zur Verbindung zufälliger Sachverhalte zum Zug kommt.

3 Reihung vs. Koordination

Im Vergleich mit den Konnektoren -*(i̯)a* und -*(m)a* heben sich also zwei wesentliche Funktionen von *nu* ab: Die Verknüpfung von ikonisch linearisierten Begebenheiten und die Bestätigung von Normalitätsannahmen. Die Kombination dieser beiden Funktionen lässt Begebenheiten, die in der Wiedergabe grammatikalisch durch *nu* verknüpft werden, zu einem Strang von unkontrovers beurteilten Ereignissen amalgieren, die zusammen eine „expectancy chain“ im Sinne von Longacre 1996, 91f. bilden. Solche Ketten verzahnen nach Longacre typischerweise Handlungen, die generellen Erwartungen an eine Abfolge von Begebenheiten entsprechen und in der Regel vorhersagbar sind wie z. B. *von einem Ort aufbrechen ... unterwegssein ... an einem Ort ankommen.*[10] Durch die Festlegung von gemeinsamen Normen im *common ground* können natürlich auch viel spezifischere Kettungen auftreten.

Die zentrale Funktion von hethitisch *nu* in mittelhethitischer Zeit besteht gemäss dem oben Gesagten darin, auf Satzebene die natürliche lineare Abfolge der beschriebenen Begebenheiten anzuzeigen, die in den mit *nu* verbundenen Sätzen zu einem Sachverhalt verknüpft werden. Dies ist die grundlegende Funktion der Satzverknüpfungsart *Reihung* (Bickel 1991, 31–43). Reihung impliziert eine gegebene Abfolge von Gegebenheiten, für die das Prinzip gilt, dass die Reihenfolge der Sätze die Reihenfolge der dargestellten Ereignisse wiedergibt: Allein schon durch die Kontingenz in der Abfolge der Darstellung der Begebenheiten ergibt sich, dass das eine aus dem anderen folgt, normalerweise im Sinne des *post hoc, ergo propter hoc* (Bickel 1991, 35.)[11] Diese Feststellung impliziert, dass gereihte Sätze typischerweise nicht ohne weiteres umlinearisiert werden können, ohne dass die Gefahr besteht, dass dadurch ein anderer Sachverhalt dargestellt wird.

10 S. Longacre 1996, 91; auch Thompson–Longacre–Hwang 2007, 277.
11 Grammatikalisierte Verfahren der Reihung sind vor allem Sequenzialisierung, Verkettung und Serialisierung, s. Bickel 1991, 36–42.

Dadurch unterscheidet sich die Reihung von dem alternativen Verfahren der Satzverknüpfung, der Koordination, die Bickel 1991, 34 wie folgt von der Reihung abhebt:

(18) „Es sind parallel laufende, in ihrem Erzählwert [...] gleichwertige Ereignisse, die in der Koordination bald kontrastiert werden, bald zu einem komplexen, aber einheitlichen Sachverhalt zusammenfliessen."

Koordination wird im Mittelhethitischen systematisch durch die beiden Konnektoren *-(i̯)a* und *-(m)a* vorgenommen; prinzipiell davon geschieden ist wie gesehen die Reihung mittels *nu*.[12]

Bemerkenswert am diesen Zustand ist, dass indogermanische Sprachen ausserhalb der anatolischen Familie eine solche strukturelle Trennung von Reihung und Koordination kaum kennen; für sie ist ein hoher Grad an Konvergenz dieser beiden Verfahren typisch.[13] Die starke Ausprägung der Reihung mittels *nu* als Satzverknüpfungsverfahren im Hethitischen korreliert dabei mit der nur schwach ausgeschöpften Möglichkeit zur Bildung komplexer Sätze. Verglichen mit dem Lateinischen, Griechischen oder Indoiranischen macht das Hethitische in wesentlich geringerem Umfang Gebrauch von komplexeren Verfahren wie Desentenzialisierung (z. B. Partizipial-, und Absolutivkonstruktionen) und Subordination, in denen Begebenheiten allein schon durch die internen syntaktischen Rektionsverhältnisse als zusammengehörig gekennzeichnet werden können. Hinzu kommen in diesen Sprachen als Desambiguierungshilfen oftmals Adverbien mit einer Semantik wie *dann, darauf, deshalb, also* etc., die im Hethitischen in viel geringerem Masse eingesetzt werden.

Strukturalistisch ausgedrückt werden prototypisch mit *nu* Sätze syntagmatisch verknüpft und ohne weitere Evaluation der Abfolge ikonisch gereiht. Die Koordination mit *-(i̯)a* und *-(m)a* ist in viel geringerem Masse an die Ikonizität gebunden, beinhaltet jedoch eine klare Komponente der Selektion von Alternativen; die Koordination ist deshalb als paradigmatisches Verfahren anzusehen. Auf dieser Achse operiert auch Fokussierung als ein weiteres Verfahren der Informationsstrukturierung. Krifka 2007a, 18 (mit Literatur; s. (19)) definiert Fokus überzeugend als die Anwesenheit von Alternativen, aus denen durch Fokussierung eine Untermenge ausgewählt wird.

(19) „Focus indicates the presence of alternatives that are relevant for the interpretation of linguistic expressions."

Die Funktion der Wahl von Alternativen prädestiniert *-(i̯)a* und *-(m)a* dazu, neben der Koordination auch als strukturelle Mittel für die Fokussierung eingesetzt zu werden wie in (20a–20b).

(20) a. HBM 2 Vs. 17–19
kat-ti=mi SIG$_5$*-in*
*tu-uq-q=***a** *MA-ḪAR* ŠEŠ.DÙG.GA=*I̯A* *ḫu-u-ma-an* SIG$_5$*-in e-eš-tu*
Bei mir (ist alles) in Ordnung.
[Auch bei dir]$_F$, mein lieber Bruder, möge alles in Ordnung sein!

12 Die in CHD L–N, 461b sv. *nu* A a 1′ a′ 1″ genannten Beispiele für „simple parataxis" können ohne weiteres als gereiht verstanden werden. Deutlich ist dies in KUB 1.2 I 14–15 (Apologie des Ḫattušili, Otten 1981, 4): *[n]u=u̯ar=an ammuk parā pāi nu=war=aš=mu* [LÚ]*šankunniš ēšdu* ‚Gib ihn mir! Er soll mein Priester werden' ~ ‚Gib ihn mir, auf dass er mein Priester werde!'; KUB 24.1 I 16–17 (Muršili II; Lebrun 1980, 181) *nu=mu* DINGIR-*LUM ištamanan lagān ḫark n=at ištamaški* ‚Neige mir, Gott!, (dein) Ohr zu und höre es!' ~ ‚Neige mir, Gott!, (dein) Ohr zu, auf dass du es hörst!'; KUB 36.75 II 12'–14' (ah./mh.; Eichner 1971, 33) *ūk=za neku* DINGIR-*I̯A tuk kuit i̯i̯[anu]n nu kuit waštāḫḫun* ‚Ich habe dir doch, mein Gott!, nichts getan, so dass ich einen Frevel begangen hätte?'.

13 Einen noch höheren Grad an Konvergenz dieser beiden Verfahren weist das Chinesische auf, s. Bickel 1991, 40f.

b. HBM 72 Vs. 9–10
n=a-aš-ta ^{GIŠ}*mu-ur-ta tu-el=**ma** kar-aš-ša-an-du*
Sie sollen [DEIN]$_{\mathrm{F}}$ *murta*-Holz fällen!

(20b) ist eines der wenigen Beispiele, in denen *nu* mit *-(m)a* vorkommt. Dass *-ma* in diesem Beispiel nicht Sätze koordiniert sondern eine einzelne Konstituente fokussiert und folglich nicht mit *nu* konkurriert, ist auch daran ersichtlich, dass es nicht an gewohnter Position in der Partikelkette steht, sondern weiter hinten im Satz. Auch in den beiden anderen Belegstellen von *nu* mit *-(m)a* (HBM 47 Rs. 50; HBM 17 Rs. 26) wird letzteres nicht in die Partikelkette integriert.

Als komplementäres Korrelat der fokussensitiven Partikeln *-(i̯)a* und *-(m)a* erweist sich die Partikel *nu* allerdings ebenfalls als fokussensitiv: Sie zeigt an, dass die Aussage des folgenden Satzes nicht durch ein Selektionsverfahren aus einer Anzahl von relevanten Alternativen speziell für den vorliegenden Kontext ausgewählt wurde, sondern als gegebener, erwartungsgemässer Verlauf verstanden werden kann.

4 Sätze ohne *nu*

Der Gebrauch von *nu* als Verfahren der Reihung erlaubt die Voraussage, dass *nu* in solchen Sätzen nicht verwendet wird, die nicht der Reihung von Begebenheiten oder Sachverhalten dienen. Dies trifft – abgesehen von den bereits erwähnten Fällen von Koordination und von den Briefanfängen ohne *nu* auf Attributsätze wie in (21) zu; solche Sätze werden nicht mit *nu* eingeleitet.[14]

(21) a. HBM 21 Vs. 3–6
ŠA ÉRIN.MEŠ=*mu ku-it ut-tar ḫa-at-ra-a-eš*
[$_{\_\varnothing}$ *ar-ḫa ku-iš* [*k*]*u-na-an ḫar-zi a-pé-e=i̯a* [*ku*]*-iš še-er*]
Was du mir in der Angelegenheit der Truppen – (i. e.) wer abseits und wer dort bei dir oben getötet hat – geschrieben hast, ...

b. HBM 8 Vs. 3–7
ud-da-a-ar=mu ku-e ḫa-at-ra-a-eš
[$_{\_\varnothing}$ ^{LÚ}KÚR *ma-aḫ-ḫ*[*a*]*-an ḫal-ki-uš dam-me-*[*i*]*š-*[*ḫ*]*i-iš-ki-iz-zi*]
^{URU}*Kap-p*[*u*]*-ši=i̯a ma-aḫ-ḫa-an ŠA* É MUNUS.LUGAL *u̯a-al-aḫ-ta* ...
Welche Sachverhalte – (i. e.) dass/wie der Feind das Getreide zerstört und dass/wie er in Kappuši (den Besitz) des Hauses der Königin beschädigt hat – du mir geschrieben hast, ...

Auch Komplementsätze sind regelmässig nicht mittels *nu* an den vorausgehenden Matrixsatz angebunden, da auch in diesen Fällen die Komplementsätze nicht der Weiterentwicklung des Erzählverlaufs dienen, sondern primär innerhalb des Matrixsatzes syntaktische Funktionen erfüllen. Dies betrifft insbesondere nachgestellte Objektsätze wie (22), die mit *kuit* eingeleitet werden.

(22) KBo 4.4 IV 28–29 (Annalen des Muršili, GÖTZE 1967, 138)
ma-aḫ-ḫan=ma LÚ.MEŠ ^{URU}*A-ŠUR*$_4$ *a-ú-e-ir*
[$_{\_\varnothing}$ URU.DIDLI.ḪI.A BÀD=*kán ku-it za-aḫ-ḫi-i̯a-az kat-ta da-aš-ki-u-u̯a-an te-eḫ-ḫu-un*] ...

14 PROBERT 2006 weist darauf hin, dass im Althethitischen vorangestellte relativische Komplementsätze in Subjektfunktion keine Setzung von *nu* auslösen; s. auch HOFFNER 2007, 391f.

> Als aber die Assyrer sahen, dass ich begonnen hatte, mit kriegerischen Mitteln befestigte Städte einzunehmen, ...

In nachgestellten adsentenziellen Nebensätzen, die mit *kuitman* ‚(solange) bis; während' eingeleitet werden, wird ebenfalls kein *nu* verwendet. Dieser Umstand erklärt sich ohne weiteres daraus, dass hier keine Abfolge von Begebenheiten vorliegt. Vielmehr werden in dem Nebensatz und dem Hauptsatz jeweils gesonderte Sachverhalte widergegeben, die parallel oder zumindest temporal überlappend nebeneinanderher ablaufen, wobei der Nebensatz eine untergeordnete Handlung wiedergibt. Dies ist ein generelles Merkmal adsentenzieller Subordination: Sie verfügt über eine wesentlich geringere kommunikative Dynamik als Hauptsätze und trägt so nicht direkt zur Entwicklung des zentralen Handlungsstrangs bei; ihre Aufgabe ist die Beschreibung des Hintergrunds (Tomlin 1985).

(23) HBM 22 Vs. 6–8
nu=za PA-NI ^{LÚ}KÚR *pa-aḫ-ḫa-aš-nu-an-za e-eš*
[$_{\_\emptyset}$ *ku-it-ma-an* ÉRIN.MEŠ EGIR-*an-da ú-iz-zi*]
Lass vor dem Feind Umsicht walten,
bis die Truppen zurückkehren.

Das Fehlen von *nu* in Irrealisperioden wie (24) (s. CHD L–N, 141f., Hoffner 2007, 390) findet seine Erklärung in dem faktischen Nichteintreten der Handlung in der Apodosis, i. e. die Realität der faktischen Nichtreihung wird im Hethitischen schwerer gewichtet als die potentielle Reihbarkeit der beiden Begebenheiten.

(24) HBM 54 u. Rd. 14–Rs. 17
ma-an Ú-UL a-pé-e-ez da$^{!}$*-at-ta*
[$_{\_\emptyset}$ *ma-an a-pé-e* $^{\text{A.ŠÀ}}$*te-ri-ip-pí a-ni-ir*]
Hättest du ihnen (das Saatgut) nicht weggenommen,
hätten sie die Felder bestellen können.

5 Zusammenfassung

Nu wird ab mittelhethitischer Zeit systematisch zur Verknüpfung der informationsstrukturellen Einheiten Topic und Comment verwendet, wenn Topic und Comment nicht in derselben Klause vertreten sind. Syntaktisch gehört der Gebrauch von *nu* zum Verfahren der Reihung, die Begebenheiten zeit- und kausalikonisch darstellt; Kohäsion wird dadurch overt angezeigt. *Nu* bestätigt dabei die aktuell gültigen Normalitätsannahmen und bildet so bei rekursiver Verwendung Handlungsketten.

Nu operiert i. w. auf syntagmatischer Ebene und unterscheidet sich dadurch systematisch von *-(i̯)a* und *-(m)a*, die primär paradigmatisch koordinieren und selegieren. Diese Funktionen stehen im Einklang mit ihrer Verwendung als Fokuspartikeln.

Literatur

Bublitz, Wolfram 1998. Cohesion and coherence. In J. Verschueren, J.-O. Östman, J. Blommaert, C. Bulcaen (Hgg.), *Handbook of Pragmatics*, Amsterdam – Philadelphia: John Benjamins, 1–15.

Bickel, Balthasar 1991. *Typologische Grundlagen der Satzverkettung. Ein Beitrag zur allgemeinen Grammatik der Satzverbindung und des Fährtenlesens.* Zürich: Seminar für allgemeine Sprachwissenschaft.

CHD L–N = Hans G. GÜTERBOCK – Harry A. HOFFNER, *The Hittite Dictionary of the Oriental Institute of the University of Chicago.*. Volume 3. Chicago: Oriental Institute 1980–1989.

FRANCIS, Gill 1994. Labelling discourse: an aspect of nominal-group lexical cohesion. In: Malcolm COULTHARD (Hg.), *Advances in written text analysis*, London: Routledge, 83–101.

EICHNER, Heiner 1971. Urindogermanisch *$k^{w}e$ im Hethitischen. *Münchener Studien zur Sprahwissenschaft* 29, 27–46.

GÖTZE, Albrecht 1967. *Die Annalen des Muršiliš.* Nachdruck der Ausgabe Leipzig 1933. Darmstadt: Wissenschaftliche Buchgesellschaft.

HALLIDAY, Michael A. K. – HASAN, Ruqaiya 1976. *Cohesion in English.* London: Longman.

HARRIS, Zelig 1952. Discourse analysis. *Language* 28, 1–30.

HBM = Sedat ALP, *Hethitische Briefe aus Maşat-Höyük.* Ankara: Türk tarih kurumu basımevi 1991.

HOFFNER, Harry A., Jr. 2007. Asyndeton in Hittite. In D. GRODDEK, M. ZORMAN (Hgg.), *Tabularia Hethaeorum: Hethitologische Beiträge Silvin Košak zum 65. Geburtstag*, Wiesbaden: Harrassowitz, 385–399.

HOFFNER, Harry A, Jr. – MELCHERT, H. Craig 2008. *A Grammar of the Hittite Language. Part I: Reference Grammar.* Winona Lake: Eisenbrauns.

HONTI, László 1989. Rätsel. In Gert SAUER (Hgg.), *Wolfgang Steinitz, Ostjakologische Arbeiten, Band III, Texte aus dem Nachlass*, Budapest: Akadémiai Kiadó, 575–635.

KRIFKA, Manfred 2007a. Basic Notions of Information Structure. *Interdisciplinary Studies on Information Structure* 6, 13–55.

——— 2007b. Bimanual Coordination and Topic/Comment Structure. *Interdisciplinary Studies on Information Structure* 8, 61–96.

KRISTEVA, Julia 1980. *Desire in Language: A Semiotic Approach to Literature and Art.* New York: Columbia University Press.

——— 2002. ‚Nous deux' or a (Hi)story of Intertextuality. *Romanic Review* 93, 7–13.

LEBRUN, René 1980. *Hymnes et prières hittites.* Louvain-La-Neuve: Centre d'histoire des religions.

LONGACRE, Robert E. 1996. *The Grammar of Discourse.* Second edition. New York and London: Plenum Press.

MEACHAM, Michael David 2000. *A Synchronic and Diachronic Functional Analysis of Hittite* -ma. Dissertation, University of California, Berkeley.

MELCHERT, Craig H. 1983. A "New" PIE **men* Suffix. *Die Sprache* 29, 1–26.

OTTEN, Heinrich 1981. *Die Apologie Hattusilis III. Das Bild der Überlieferung.* Wiesbaden: Harrassowitz.

PROBERT, Philomen 2006. Clause Boundaries in Old Hittite Relative Sentences. *Transactions of the Philological Society* 104/1, 17–83.

SÜEL, Aygül 2005. Ortaköy tabletlerinde geçen bazı yeni coğrafya isimleri. In Aygül SÜEL (Hg.), *V. uluslararasi hititoloji kongresi bildirileri, Çorum 02–08 eylül 2002 – Acts of the Vth International Congress of Hittitology, Çorum, September 02–08 2002.* Ankara, 679–685.

THOMPSON, Sandra – LONGACRE, Robert E. – HWANG, Shin Ja J. 2007. Adverbial Clauses. In Timothy SHOPEN† (Hg.), *Language Typology and Syntactic Description, Second edition, Volume II: Complex Constructions.* New York: CUP, 237–300.

TOMLIN, Russell S. 1985. Foreground-background information and the syntax of subordination. *Text* 5, 85–122.

VEVAINA, Yuhan Sohrab-Dinshaw 2007a. *Studies in Zoroastrian Exegesis and Hermeneutics with a Critical Edition of the* Sūdgar Nask *of* Dēnkard *Book 9.* Dissertation, Harvard University.

——— 2007b. Studies in Zoroastrian Exegesis and Hermeneutics with a Critical Edition of the *Sūdgar Nask* of *Dēnkard* Book 9. *Harvard Theological Review* 100/4, 514. (Zusammenfassung von VEVAINA 2007a.)

WIDDOWSON , H. G. 2004. *Text, Context, Pretext. Critical issues in discourse analysis.* Malden–Oxford–Victoria: Blackwell.